Adolf Tobeña

EL CEREBRO ERÓTICO

Rutas neurales de amor y sexo

L'esfera dels llibres
Barcelona

Primera edición: enero del 2006

L'esfera dels llibres
World Trade Center Barcelona
Edifici Nord, planta 3.ª, mòduls 309-310
Moll de Barcelona, s/n
08039 Barcelona
Pàg. web: www.esferallibres.com

Diseño de la cubierta: Opalworks
Ilustración de la cubierta: Tratamiento digital de OPALWORKS sobre imagen
© Gettyimages / Kazchiva
Figuras, gráficos y tablas: © Olga Lloberes y Eulàlia Castellà
ISBN: 84-9734-404-9
Depósito legal: B-48499-2005
Fotocomposición y fotomecánica: Pacmer
Impresión y encuadernación: E. Balmes, S. L.
Impreso en Espanya - *Printed in Spain*

Para Isabel de Vallparadís

ÍNDICE

PREÁMBULO

LA QUÍMICA DEL AMOR

Siempre se ha sabido que los episodios amorosos disparan secreciones más o menos turbadoras. Ese dato tan aparente no es primicia reciente sino sabiduría de toda la vida. La administración de pócimas misteriosas o de elixires mágicos, con el propósito de encender apetitos pasionales, es una tradición ineludible en el romancero popular y en toda la literatura de tonos rosáceos. Por poco que se reflexione sobre el asunto, habrá que convenir que la fe en las recetas de brujo o de boticario debía sustentarse en la convicción de que los desasosiegos sentimentales derivan de turbulencias en los fluidos internos, porque sólo así puede entenderse que se esperara desvelar o anular, a voluntad, un fervor pasional usando las fórmulas de la farmacopea folclórica.

A pesar de contar con unos antecedentes tan venerables, el concepto de la «química amorosa» es bastante reciente. Eso no debe extrañar porque la ciencia de los encantamientos erotizantes, a base de cócteles enigmáticos, siempre fue muy insegura y era preciso revestirse con los ornamentos del misterio para poderla practicar con fingida solvencia. Últimamente, no obstante, se han dado pasos firmes en el camino que permitirá dar con los escurridizos componentes de los efluvios internos (y quizá también de los externos), que gobiernan las tempestades, los devaneos o las resacas de amor. Con los datos que aportan la exploración minuciosa del cerebro y la sólida garantía de la potentísima farmacología actual, la noción fríamente materialista de una química de las pasiones ha conquistado la calle y se ha instalado en el acervo más común. Es decir, en las gacetas dominicales y en la publicidad televisiva, que es donde se ventila la suerte de los conceptos más sesudos hoy en día.

Sospecho que la consagración definitiva de la idea de la química amorosa se produjo el día de San Valentín de 1992. A principios de los años noventa del pasado siglo, los hallazgos sobre una posible descripción neuroquímica de las relaciones amorosas eran tan sorprendentes que la revista *Time* decidió dedicar una portada monográfica al asunto aquel 14 de febrero de 1992. Me parece que ahí cristalizó la idea. La influyente publicación estadounidense debió de considerar que había llegado la hora de informar al mundo sobre los avances en la neurología y la hormonología de los sentimientos amorosos y mediante un extenso y bien documentado reportaje pregonaba que comenzaba a ser viable una explicación biológica de las complejas etapas y modalidades de los episodios pasionales. A partir de ahí empezó la reberveración inclemente en todo tipo de secuelas, papeles y medios de enorme difusión, hasta el punto de que la noción de la *química amorosa* quedó perfectamente integrada en la cultura cotidiana. Todo el mundo se refiere a ello con gran naturalidad, sin saber exactamente de qué va, pero con una seguridad y un convencimiento envidiables.

Conviene insistir, sin embargo, que la noción es antiquísima y de ahí proviene, seguramente, su aceptación fulminante. De todos modos, hasta hace muy poco cuando se hablaba de las secreciones mediadoras de los lazos amorosos se acostumbraba a pensar en jugos explícitos: en humedades de un origen glandular estratégico y de una materialidad incontrovertible. Efervescencias y sofocaciones detectables, al fin y al cabo, con los sensores más primitivos. En cambio, la noción de unos efluvios plácidos o mórbidos circulando por el cerebro y disparando desvelos, sudores y tumefacciones en diversos puntos de la geografía corporal, aunque ciertamente se había apuntado, se tenía como una especulación injustificada o como mera divagación literaria (de mal gusto, por regla general). La inaccesibilidad de la enorme y nobilísima glándula que trabaja dentro del cráneo se encargaba, por sí sola, de desbaratar cualquier intento confirmatorio.

Tan pronto como el cerebro ha comenzado a filtrar secretos, los conceptos de *sintonías* o *incompatibilidades químicas* han cuajado, sin embargo, instantáneamente. Hasta el punto de que esas nociones han superado los lindes de la señalización amorosa y se recurre a ellas para analizar todo tipo de interacciones sociales. La buena o mala «química» entre los dúos estelares en el cine, o en el teatro, constituye un comentario obligado a la salida de la función y en las reseñas distinguidas. Y no es infrecuente, tampoco, que los resultados de las cumbres políticas sean descritos en función de un hipotético intercambio de secreciones armónicas o inarmónicas entre los protagonistas que serían procesados por regiones singulares de su cerebro afectivo. Conjeturas que han servido, dicho sea de paso, para humanizar el comportamiento de unos personajes en general muy poco explícitos en sus efusiones sensibles. No solamente se acepta, por consiguiente, la existencia de vibraciones internas de naturaleza muy sutil sino que se especula abiertamente con la posibilidad de captarlas sin necesidad de soportes tecnológicos auxiliares: con el olfato y los periscopios visuales bien entrenados sería suficiente.

Es evidente que las afinidades electivas de Goethe han dejado de ser una metáfora deliciosa para convertirse en un tópico estentóreo. La culpa de todo ello la tiene el empuje imparable de la investigación neurobiológica y la banalización que practica cierto periodismo de tintes cientificistas, que no cesa de inundar los suplementos de los rotativos y la cháchara radiofónica y televisiva. La cuestión de fondo, sin embargo, dista mucho de estar resuelta y como se me ha presentado una ocasión favorable, en forma de encargo, he decidido aprovecharlo para efectuar una expedición exploratoria al territorio aún inseguro de la neurociencia del amor. Mis pretensiones son humildes y ambiciosas a un tiempo: he intentado elaborar una guía de los senderos que se han empezado a trazar en los diversos frentes de ataque de las disciplinas que trabajan en la «neurología de los afectos o los sentimientos». Una guía tentativa, puesto que todo ello solamente está en sus inicios, pero que quizá podrá ser útil a los ciudadanos prudentes y a los que no lo son tanto.

Así lo estimo, porque a despecho de la reserva obligada en materia tan provisional, pienso que disponer de algún conocimiento objetivo sobre los resortes neuroendocrinos que intervienen en las relaciones amorosas, puede ayudar a entender algo mejor los traspiés, desgraciados o felices, tan típicos en esos menesteres. Nada más que eso, y ya me parece mucho, porque cualquier pretensión de descripción convincente de las pasiones amorosas y los nexos afectivos, desde el punto de vista de los mecanismos biológicos es, hoy en día, una simplificación pedantesca o, lo que es peor todavía, feísima. Cada vez que se ha intentado, no se ha conseguido otra cosa que pergeñar groseras banalizaciones de los viejos cuentos de hadas o de los nuevos y mucho más interesantes que fabrican en Hollywood.

Esa convicción me ha llevado hasta ámbitos muy alejados, en ocasiones, de la neurobiología para recabar evidencias con las que anclar mejor las novedades que van surgiendo en la exploración del cerebro erótico. Debo reconocer que he seleccionado, con notoria imprudencia, elementos que provienen de disciplinas muy variadas con las cuales no estoy plenamente familiarizado. Costumbre que no suele ser nada buena. E incluso he acudido, más de una vez, a la anécdota trivial e intempestiva cuando me ha parecido que podía ser pertinente. Porque la pretensión última no era trabar una obra sabia sino una introducción sugerente.

GUÍA DE LECTURA Y AVISOS IMPRESCINDIBLES

Como el material que discuto a lo largo del libro es dispar y proviene de áreas que van desde la genética hasta la sociología o la economía, puede degustarse, si se tiene el apetito inexcusable, de la manera que mejor plazca. Quiero decir, con ello, que la lectura ordenada de principio a fin no resulta indispensable. En realidad, ni siquiera estoy seguro de que sea lo más recomendable porque cada capítulo permite una cata independiente. El panorama global quizá se aprecie mejor mediante una secuencia ortodoxa de lectura, pero como los ejes de la estructura de conjunto son aún frágiles, se puede inspeccionar y escanear, insisto, a voluntad. El provecho general o particular resulta mucho más difícil de augurar porque las digestiones son siempre un asunto personalísimo. Hay que tener en cuenta que en las paredes del tubo digestivo reside un sistema nervioso de gran complejidad: una especie de cerebro periférico en conexión permanente con la sede central, que va modulando la riquísima variedad de paladares, y degustaciones, que se da en los humanos.

Conviene, en cualquier caso, que el lector tenga presente que este libro se adentra en una temática sensible y que lo hace usando un tono que puede resultar irreverente. Ése es el primero de los avisos. Con materiales similares a los que analizo aquí he acumulado diversos encontronazos infelices con las aduanas de medios de comunicación barceloneses de presunta tradición liberal. Considero, por tanto, que pregonar las obligadas señales de precaución no es ocioso. Cuando se intentan describir los sentimientos y los afectos con las sondas de la biología moderna estamos ante escarceos de frontera. Territorios plenamente discutibles porque se diseccionan los recodos de unas experiencias de naturaleza privada que se habían tenido, hasta hace cuatro días, por estrictamente inaccesibles al abordaje empírico.

A pesar de las posibles objeciones a la legitimidad o la viabilidad de la aventura que ha emprendido la neurobiología afectiva, al desmenuzar los resortes de las vivencias sentimentales, mi impresión es que se ha conseguido culminar ya un buen trecho de andadura provechosa. Y como me gusta explicarlo sin edulcorantes o velos innecesarios, no me extraña en absoluto que ande provocando alguna alergia de vez en cuando. Para obviar agravios innecesarios, los que piensen que todo este asunto es un gran despropósito es mejor que lo dejen correr aquí mismo, en el pórtico. Porque, conviene repetirlo, el texto que sigue puede herir sensibilidades muy diversas desde los primeros párrafos.

Segundo aviso: los que no se hayan sentido intimidados por esas amenazas tan estentóreas, pueden descubrir, con gran desilusión, que el verdadero problema no reside en la carga ideológica de la narración sino en la maraña de términos técnicos que van obstaculizando la lectura. Para esos intrépidos he preparado un vocabulario funcional, al final del libro, al que deberán dirigirse cada vez que se sientan perdidos en la selva aparentemente impenetrable del cerebro humano y los abstrusos recovecos del lenguaje que se usa para cartografiarlo.

Tercer aviso: este libro es la traducción al castellano de una versión publicada en catalán en 1995.* He incorporado las actualizaciones pertinentes, pero el texto de origen está conservado íntegramente salvo cuando ha sido necesario enmendarlo para ajustarlo a hallazgos recientes que confirmaban (o hacían chirriar) lo que allí se afirmaba. Es probable que el texto deje traslucir en algún punto ese origen. Cuestiones de ritmo sobre todo y alguna referencia contextual, quizá. No creo que sea grave. Si ha tardado tanto en llegar a la lengua española es porque nadie, en diez años largos, se interesó en traducirlo. Tampoco se consiguió reeditarlo en catalán a pesar de que se agotó muy pronto y pasó a ser un texto del que han circulado versiones fotocopiadas con profusión. Hay que agradecer a L'esfera dels llibres esta edición estupenda que no sólo mantiene la lozanía exigible sino que ha alcanzado el punto de madurez más apetitoso.

* A. Tobeña: *El cervell eròtic: neurologia sentimental,* Barcelona, La Campana, 1995.

I

BIOLOGÍA DE LA PASIÓN AMOROSA: EL CEREBRO ERÓTICO

Existe un cerebro para el amor. Además del corazón, que es donde la fiebre amorosa late con más fuerza, y de la entrepierna, que es donde se aprecian más intensamente sus exigencias, hay unas zonas cerebrales muy concretas para el amor. Ahora sabemos que la pasión amorosa no corresponde, únicamente, al desenfreno transitorio de unas glándulas periféricas que escapan del control central, cuando se avistan incentivos muy poderosos, sino que se trata de una reacción global en la que el cerebro desempeña un papel capital.

Woody Allen ya lo entendió así cuando, en una de sus primeras películas, visitaba a menudo unos artilugios en forma de sarcófagos verticales que estaban instalados en todos los bares de una ciudad vagamente futurista. Cada vez que sentía un desasosiego más o menos identificable entraba en la cafetería más cercana y se colocaba en el interior de uno de esos cilindros para recibir unas dosis de estimulación erotógena que lo dejaban aparentemente satisfecho. Salía de la máquina con porte fresco y enérgico, y se largaba contentísimo sin necesidad de efectuar consumición alguna. Con unas sesiones de autoestimulación amorosa obtenida mediante procedimientos físicos insuficientemente aclarados –unas ondas dirigidas al cráneo que impactaban de lleno en los recovecos del cerebro pasional–, quedaba perfectamente complacido.

Por cierto que quizá valga la pena comentar que ése ha sido el método con el que el famoso cineasta ha conseguido resolver los problemas sentimentales de sus personajes de una manera más solvente y expeditiva. Buena parte de su filmografía gira alrededor de unas complicaciones pasionales exquisitamente urbanas, que intenta solucionar con denuedo a base de intercambios verbales tan prolijos y chispeantes como poco eficaces. Efusiones cuyo objetivo es alcanzar unos resultados similares a los suministrados al instante y por un precio muy módico, por el Orgastrón (ése era, creo recordar, el nombre del formidable aparato).

LAS ÁREAS DEL PLACER

En aquella época, a principios de los años setenta del siglo pasado, ya se habían practicado experiencias similares a las de la película de Allen en diversos pacientes con anomalías neurológicas focales. Se les pidió permiso para introducir unos electrodos muy finos en su cerebro, con el objetivo de localizar unas zonas que en animales de experimentación se había descubierto que estaban relacionadas con la satisfacción sexual (y con otros tipos de placeres).

Una intervención quirúrgica de esa naturaleza es plausible porque hay pacientes (en Estados Unidos y Canadá, al menos) con una predisposición espléndida cuando hay que prestar ayuda a la investigación biomédica. Pero todavía es más determinante el hecho de que el cerebro sea insensible al dolor local. El tejido cerebral procesa las señales dolorosas que provienen de otros territorios del cuerpo, pero cuando debe ocuparse de las irritaciones propias no dispone de detectores adecuados. Esa analgesia garantizada permite efectuar algunas operaciones neuroquirúrgicas con el individuo despierto y plenamente consciente, lo cual otorga ventajas al neurocirujano cuando debe transitar por territorios delicados. En esas circunstancias, se puede interrogar directamente a los pacientes intervenidos sobre los efectos de la estimulación eléctrica en áreas específicas. Durante aquellas pruebas, las caras de los individuos fueron perfectamente informativas sin necesidad alguna de confirmación verbal: la aplicación de pulsos eléctricos muy tenues en algunas zonas de la base del cerebro provocó reacciones instantáneas que iban desde el espasmo de exaltación gratificante hasta las expresiones de beatitud más absoluta. Se había confirmado, en humanos, la existencia de áreas cerebrales relacionadas con la percepción placentera.

Unas décadas antes, a mediados de los años cincuenta, un psicobiólogo estadounidense, James Olds, y el estudiante que colaboraba con él, Peter Milner, que más adelante lideraría este campo de investigación, habían conseguido establecer la localización de las regiones cerebrales del placer en el cerebro de los mamíferos. En una serie de experimentos pioneros demostraron que diversas agrupaciones neuronales diseminadas en las profundidades de la base del encéfalo y que se encuentran interconectadas mediante filamentos nerviosos (el haz prosencefálico medial), constituyen el soporte neural que hace posible la percepción de la satisfacción gratificante. Una especie de senda cerebral de la felicidad. Olds y Milner trabajaban con ratas albinas a las que habían implantado unos electrodos que, desde una placa situada sobre los orificios trepanados en el cráneo, iban a parar a diferentes regiones que habían sido seleccionadas, con gran precisión, gracias a la ayuda de sistemas de guía espacial durante la intervención quirúrgica. Cuando los animales ya se habían recuperado plenamente de la operación, se les daba la oportunidad de trabajar en unos habitáculos (cajas de Skinner), que constituyen uno de los entornos preferidos por los experimentadores para registrar conductas en el laboratorio. Si los roedores se mostraban capaces de adquirir comportamientos totalmente arbitrarios, como presionar palancas o accionar manivelas, teniendo como única recompensa la estimulación eléctrica de un lugar de su cerebro, eso indicaba que los pulsos de corriente estaban activando un territorio neural gratificante. Por el contrario, si no se obtenía aprendizaje alguno o decrecía incluso el interés por obtener recompensas ordinarias (comida, bebida o sexo, por ejemplo), indicaba que se estaban estimulando zonas neutras o con efectos desagradables.

Las ratas de Olds y Milner (32) no solamente aprendían a responder disciplinadamente para recibir choques eléctricos tenues sino que se aplicaban a hacerlo de manera compulsiva e imparable. Podían alcanzar ritmos altísimos de trabajo (diversos miles de respuestas por hora) y se comportaban con una fijación que rememoraba el desasosiego perentorio de los que se inyectan sustancias adictivas muy poderosas. Si no se las extraía a la fuerza de la jaula experimental llegaban incluso a obviar la satisfacción de las necesidades alimentarias básicas y se concentraban, de manera casi exclusiva, en la autoaplicación indefinida de pulsos eléctricos a su cerebro. Parecía como si estuvieran viviendo trances monográficos y muy exigentes que sólo interrumpían, muy de vez en cuando, para descansar, recuperar fuerzas y lanzarse de nuevo a la fuente de gratificación eléctrica.

Esa técnica tan impactante y truculenta a primera vista (la autoadministración eléctrica intracraneal), permitió mapear las áreas cerebrales del placer en animales (22). Constituye, todavía hoy, un procedimiento rutinario en no pocos laboratorios de neurobiología, donde la usan para estudiar los mecanismos neurales de las drogadicciones, los efectos de fármacos antidepresivos o los resortes moleculares de la memoria, por ejemplo. Al cabo de más de cincuenta años de pesquisas y usando procedimientos muy variados y no siempre tan espectaculares de acceso al interior del cerebro, se ha conseguido una descripción muy detallada de las regiones cerebrales que procesan los placeres. Una descripción, por cierto, que no se ha limitado tan sólo a los aspectos geográficos, ya que se han podido identificar un buen puñado de sustancias (neurorreguladores químicos) que intervienen tanto en la satisfacción global como en las sutilezas y perfiles de las modalidades placenteras.

Conviene dejar constancia, finalmente, que las técnicas de estimulación eléctrica intracerebral en humanos nos retrotraen a épocas pioneras de la neurobiología. Por razones éticas obvias se hicieron pocas pruebas como las comentadas al principio, aunque en los últimos años las sutilezas microtecnológicas han permitido la reavivación de ese tipo de aproximaciones para tratamientos neurológicos. En cualquier caso, la introducción de las técnicas radiológicas de alta resolución para obtener, desde fuera y sin daño alguno, imágenes nítidas de los territorios cerebrales y de su nivel de actividad revolucionaron el panorama. La Resonancia Magnética Nuclear (RMN estructural o funcional) o la Tomografía de Emisión de Positrones (TEP) han sido las técnicas más fructíferas para acercarse a las áreas de los placeres amorosos y tendremos ocasión, más adelante, de referirnos a estudios cruciales sobre el asunto (capítulo 3). De todas maneras, cumpliendo con una tradición bastante corriente en tecnología de vanguardia, los finlandeses fueron pioneros en este campo. Un grupo de psiquiatras y radiólogos de la Universidad de Kuopio, trabajando con SPECT (otra técnica de neuroimagen) inició ese tipo de trabajos, por lo que respecta a las incursiones al cerebro erótico (41). La gratificación resolutiva que acompaña a la eyaculación masculina ocasionaba cambios notables de actividad en las partes más anteriores y basales de la corteza prefrontal derecha. Es decir, que la onda de satisfacción paroxística durante el orgasmo masculino se corresponde con un impacto singular en una región de la corteza cerebral que, diversas evidencias anteriores obtenidas en animales, ya habían relacionado con la regulación placentera. Lo cual, por supuesto, no suponía un mal comienzo.

LOS GOZOS SENSORIALES

Es obvio, en cualquier caso, que ni los animales ni los humanos circulan por el mundo con unos electrodos implantados en el cráneo para irse suministrando dosis de gratificación espasmódica. Aunque no puede descartarse, en absoluto, que eso llegue a ocurrir porque no son pocos los humanos contemporáneos que se acercan a ese estadio cuando corretean con los auriculares siempre en ristre de los sistemas de música onanista, o cuando se enchufan sin parar a la cháchara de los telefoninos. De todas maneras, no se trata exactamente del mismo fenómeno por cuanto el gozo que obtienen los viciosos de las sintonías (musicales o verbales) perennes, es de naturaleza más bien indirecta en comparación con los pulsos eléctricos genuinos sobre las mismísimas neuronas que procesan placer.

Únicamente los individuos que consumen drogas adictivas consiguen enviar disparos, de manera eficaz y sin intermediario alguno, hasta los territorios cerebrales del placer. Los tóxicos adictivos viajan, con gran celeridad, hasta los rincones neurales más recónditos donde interactúan, directísimamente, con las neuronas que procesan el placer (22, 23). Y lo hacen con una especificidad que depende de la forma y la apetencia de cada una de las sustancias intoxicantes. Se trata, obviamente, de una estrategia aplicada por muchísima gente para procurarse momentos insuperables de éxtasis, a pesar de los graves problemas colaterales que acarrea y que no enumeraremos aquí por ser de sobra conocidos.

Los placeres ordinarios, sin embargo, surgen al transitar senderos mucho más indirectos y dependen, en buena medida, del trabajo de los sentidos. Los órganos sensoriales envían, río arriba, hasta las estaciones-término en el cerebro, muchísimas entradas que llevan asociada una valencia agradable, desagradable o neutra. Los diferentes tipos de sensores están diseñados para suministrar no sólo información fría sino estímulos coloreados con las tonalidades de «satisfactorio» o «molesto», además de otros matices. Se trata de un marcaje inicial que las neuronas de las zonas del placer procurarán redondear. Al fin y al cabo, la propia noción de sensualidad ya sugiere que la devoción por las amenidades placenteras requiere sabiduría en la utilización de los recursos del sensorio. Una sabiduría que puede abarcar, como es notorio, una amplísima variedad de matices para cada una de las tipologías sensoriales: desde el placer moderado y benigno hasta el abrupto o excelso, y desde la aversión tenue hasta la insufrible.

H. J. Campbell, un fisiólogo de la Universidad de Londres, decidió reorientar su carrera científica, cuando ya era un investigador muy respetado en otras áreas, para intentar describir los vínculos entre las entradas sensoriales y el funcionamiento de las áreas cerebrales del placer. En una obra deliciosa (12) narró esa aventura que comenzó, en realidad, de modo muy humilde en las peceras ornamentales de su propia casa. Quería demostrar, en primer lugar, que los animales se autoestimulan por su cuenta y de una manera perfectamente ordinaria. Es decir, sin necesidad de introducir electrodos en su cerebro y sin recurrir, obligatoriamente, a los alimentos o a la bebida. Ideó un procedimiento para montar un campo eléctrico que proporcionaba descargas muy suaves en un extremo poco concurrido de los tanques. Lejos, por tanto, de los lugares donde los peces iban a buscar alimento o de las zonas con relieves explorables y escondites interesantes. Escogió, por consiguiente, una zona deliberadamente anodina de la pecera para aplicar unas corrientes eléctricas que suministraban un cosquilleo, en forma de estimulación rápida, discontinua y muy tenue. Comprobó enseguida que los peces circulaban, muy a menudo, por aquel rincón para probar la sesión de «masajes». Muchos de ellos ejecutaban una danza peculiar alrededor del haz eléctrico con el objetivo de obtener dosis óptimas y repetidas de cosquilleo.

Campbell pudo incluso demostrar que un perezoso caimán suspendía, de vez en cuando, su inalterable inmovilidad para desplazarse con gran parsimonia al rincón del terrario donde se obtenían unas buenas dosis de masaje eléctrico. Todo ello, por supuesto, después de haber trasladado el área de experimentación hasta el zoo local y de haber incrementado, convenientemente, la intensidad de la corriente para superar el umbral del cosquilleo en la coraza del saurio. O sea, que los adormilados reptiles se unen a los peces juguetones en su interés por acudir al «gimnasio» y ganarse una sesión de tratamiento táctil reparador. Todo ello sugería, por tanto, que las propiedades agradables de la estimulación táctil son un fenómeno vigoroso que compartimos con los vertebrados remotos.

A partir de esas observaciones y trabajando con los refinamientos inexcusables para efectuar registros de laboratorio en territorios neurales particulares, Campbell demostró que la activación de las áreas cerebrales del placer depende, en condiciones ordinarias, de la intensidad y la modalidad de la estimulación sensorial. Es decir, que la experiencia y la calidad de los diferentes tipos de placer provienen, en primera instancia, de las conexiones funcionales entre unas zonas cerebrales concretas y las neuronas receptoras de los órganos de los sentidos. En definitiva, y para alejarnos del lenguaje técnico: cuando un paisaje, una melodía, una silueta, un perfume o una caricia consiguen desvelar la sensación genuina de agrado, lo hacen porque unas entradas sensoriales particulares generan resonancias, asimismo singulares, en la circuitería central del placer. De todas maneras, las entradas sensoriales desnudas son probablemente insuficientes para revelar las vivencias de armonía, elegancia o perfección que los humanos experimentan, con frecuencia, ante algunos estímulos. La distancia que separa la satisfacción sensorial primaria de esas percepciones globales implica la participación de unas marañas neurales todavía inexploradas que incluirán, con toda seguridad, dispositivos que deberán ser integrados con los que codifican el bienestar primario. Dicho de otro modo, hay eslabones de complejidad en el trabajo cerebral que permiten diferenciar entre el gozo primario y las sutilezas del deleite formal o los criterios estéticos. Sin embargo, sospecho que incluso esas cimas de la satisfacción requieren la participación de los sistemas neurales mediadores del hedonismo más directo y sencillo, cuando los juicios son sinceros. Si responden, en suma, a una vivencia real y no a los rituales exigidos por la disciplina escolástica o la moda social.

En cualquier caso, el placer sensorial es la fuente más notoria de la gratificación cerebral. Existen, por supuesto, maneras más elaboradas de desvelarlo pero no son ni tan inmediatas ni tan impactantes. Basta, por ejemplo, con recapitular sobre las dificultades que ya hemos acumulado hasta aquí, en esta incursión al cerebro erótico que tan jugosos alicientes prometía al inicio. Ocurre que cuando derivamos placer de un ejercicio abstracto nos saltamos unos detectores (los sentidos) que han sido diseñados para diversificar y marcar las entradas del mundo con tonalidades y valencias atractivas. Conviene no desesperar, sin embargo, porque después del esfuerzo viene la recompensa y la parte más dura de la ascensión se verá gratificada, como en las buenas caminatas, con unas perspectivas y una pureza del aire que dejará huella. Ésa es la intención, al menos.

SENSUALIDAD AMOROSA Y CEREBRO

El juego amoroso es un compendio completísimo de placeres sensoriales. Los incluye todos, en realidad, porque permite el disfrute global del cuerpo encendido del otro. La fusión erótica bien trabajada nace, como es bien sabido, con el prurito del contacto epidérmico y el relampagueo de las miradas pero puede reclutar, en un estallido gozoso, toda la maquinaria sensorial a un tiempo (21). Ese asunto tan complejo, que acabamos de liquidar con una sola frase, constituye la base de diversos géneros literarios e impregna toda suerte de elaboraciones artísticas. Es natural que así sea, porque cuando el arte de amar se practica con sabiduría las destrezas combinadas de los protagonistas potencian los resortes del gozo primario hasta extremos formidables. De ahí su interés perenne: existen verdaderos paraísos en el universo de encuentros amorosos que se renuevan, sin cesar, en todos los rincones del planeta.

Hay que reconocer que el párrafo precedente ha quedado algo cursi, pero en un lugar u otro debíamos topar con la cursilería si tenemos en cuenta el tema que llevamos entre manos. Blandenguerías al margen, todo lo que se ha consignado allí es rigurosamente verificable. De todas maneras, para ser ponderados tendremos que añadir que bajo aquel panorama tan fantástico pueden esconderse océanos de tedio y otras muchas trampas y emponzoñamientos no menos nocivos. Las matizaciones las dejaremos, sin embargo, para más adelante. Por cierto, que espero haber dejado claro que me referiré primordialmente a las interacciones amorosas duales porque son las más habituales. Y las más bien vistas, por supuesto. Evitaré, por razones metodológicas y de espacio manejable, las efusiones onanistas o los juegos que superen la frontera estricta del dúo amoroso, mucho más conocido en este campo con el muy respetable término de «relaciones de pareja».

Si retomamos la sensualidad, no obstante, debo decir que las posibilidades de exaltación durante los intercambios eróticos son tan inagotables que han dado lugar al nacimiento de una potente industria especializada. Una industria que ha sabido crear una oferta variadísima que se nutre de todo tipo de artilugios tecnológicos *low* y *high-tech*. Para apreciar el salto enorme que se ha dado en pocos años, en un ámbito de gran tradición, sólo es preciso comparar la ingenuidad de la fotografía y el cine pioneros, con los impactos electrizantes que consiguen las imágenes de hoy en día. Imágenes que nos asaltan en cualquier momento desde lugares tan inocuos y regulados, en principio, como los pasquines publicitarios o la propaganda televisiva. Hasta las aplicaciones informáticas se han sumado a la tecnología dedicada a la exaltación erotizante y proliferan, desde hace tiempo, los anuncios sobre todo tipo de ingenios sofisticados para practicar el sexo virtual.

Tanto si el fuego erotógeno lo encienden los intercambios sensoriales en vivo como si lo hacen las imágenes servidas en papel satinado o los juegos mediante sensores y pantallas portátiles de alta resolución, la prontitud y la intensidad de la fiebre amorosa depende siempre, en último extremo, de las resonancias en regiones del cerebro (30). La más relevante de todas ellas es el hipotálamo.

EL SANTUARIO CEREBRAL DEL SEXO

El hipotálamo es una zona particularmente angosta y compacta de la base cerebral. Está constituida por algo así como un par de aceitunas situadas a ambos lados de la línea media encefálica, en el mismo centro de la base del cerebro. Es una región terminal, un verdadero confín cerebral. Inmediatamente por detrás suyo aparecen las estructuras que forman el tallo encefálico y que dan lugar, más abajo, a la médula espinal. Y justo por debajo, manteniendo una conexión íntima con aquél, se descuelga la glándula pituitaria (la hipófisis), que ya no es propiamente un territorio neural. Para localizar al hipotálamo, de manera aproximada, debemos imaginarlo situado en el mismo centro de la esfera craneana y podríamos llegar hasta él penetrando, en línea recta y ligeramente descendente, desde la raíz de la nariz entre ambas órbitas oculares.

Encima del hipotálamo reside el tálamo, un gran conglomerado ovoidal de grupos de neuronas que se encuentran dispuestas de modo altamente organizado y que actúan de estación de enlace, de relés intercambiadores para prácticamente todas las señales que llegan al cerebro. El tálamo participa en las funciones mentales más sutiles: ayuda a los inmensos territorios de la corteza cerebral a decodificar e interpretar el mundo y a poder navegar por él consciente y libremente. En cambio, las neuronas que trabajan en el angosto receptáculo del hipotálamo se dedican a asuntos mucho más prosaicos, aunque no menos cruciales.

En medio de un embrollo de grumos neuronales y en un espacio muy reducido, en el hipotálamo se ventilan cuestiones decisivas para la regulación del hambre, la sed, el sueño o el mantenimiento de la temperatura corporal. Mencionamos sólo cuatro funciones para dar una idea de la relevancia del trabajo que se efectúa en este punto. Los neurólogos del primer tercio del siglo XX ya consideraron al hipotálamo como la sala de máquinas principal de las funciones «instintivas». Y quizá por eso mismo tendieron a relegarlo en las prioridades investigadoras, para poderse concentrar en aptitudes mucho más elevadas como el lenguaje, la motricidad fina o la percepción visual.

Fueron los endocrinólogos los primeros en rescatarlo del ostracismo al que lo había relegado la neurología beata, cuando dilucidaron los resortes reguladores de las múltiples secreciones hormonales que elabora la pituitaria. La hipófisis (el otro nombre que recibe esa glándula) es el gran centro de mando de todo el sistema endocrino. En buena medida, el trabajo secretor de las diversas glándulas del cuerpo (la tiroides, el páncreas, las suprarrenales, los ovarios o los testículos), depende de las órdenes que se reciben desde la pituitaria mediante señalizadores hormonales que recorren largas distancias a través del torrente sanguíneo. La disposición anatómica del hipotálamo, encima mismo y en conexión directa con la hipófisis, lo convertía en un sospechoso inevitable para participar en funciones de control y así va, en efecto. Mediante sustancias que se elaboran en sus grupos neuronales o a través de conducciones nerviosas que llegan hasta el mismo corazón glandular modula el trabajo del laboratorio hormonal principal (véase Figura 3, p. 122).

Con esos antecedentes, no debieran sorprender las estrechas relaciones entre el hipotálamo y la conducta amorosa. Algunas regiones hipotalámicas constituyen, en realidad, el santuario cerebral del erotismo. Debemos tener presente que toda el área está subdividida en múltiples agrupaciones neuronales, discernibles desde un punto de vista anatómico, que se encargan de funciones parcialmente distintas. El amor y el sexo se incuban allí, de incógnito, en esos pequeños núcleos encefálicos aunque se manifiesten, afortunadamente, de manera mucho más suculenta y estentórea en otros sitios más accesibles. Sin el trabajo pertinente del hipotálamo sexual y de algunos territorios cerebrales adyacentes, todavía es viable alguna actividad erótica de naturaleza esencialmente refleja. Pero ya no lo es la conducta integrada que va desde la atracción y selección de las dianas amorosas hasta los inseguros tanteos del cortejo o la exaltación del apareamiento gozoso.

EL HIPOTÁLAMO SEXUAL MASCULINO Y FEMENINO

El mapeo de esas zonas tan sólo ha comenzado, recientemente, en humanos, pero hace ya tiempo que los psicobiólogos (otro gremio que ayudó a los endocrinos a rescatar al hipotálamo del limbo donde lo habían postergado los neuropsiquiatras más recatados), perfilaban sus contornos esenciales en los mamíferos más cercanos a nosotros. Así, en los roedores hay una clara diferenciación entre machos y hembras en la organización y el trabajo de algunas áreas hipotalámicas que gobiernan las conductas y los ritmos sexuales típicos de cada sexo (26, 30). En los monos, la morfología y los cometidos de las zonas equivalentes de su cerebro son también distintas entre los dos sexos.

En hombres y mujeres hace poco que han empezado a detectarse diferencias en el mismo sentido. Bien mirado, sería muy extraño que no fuera sí, cuando sabemos con toda seguridad que en el repertorio de la conducta sexual de los hombres y las mujeres se dan unos ritmos y unas manifestaciones explícitas muy diferenciadas. Y es bien notorio, asimismo, que los móviles afectivos y las fiebres pasionales de los dos sexos presentan sutilezas perfectamente distinguibles. En algún lugar del cerebro debía germinar la elaboración de todo ello y sólo se necesitaba tiempo y refinamiento en los instrumentos exploratorios para poder identificar los lugares y engranajes responsables de esos matices diferenciadores.

Una de las zonas hipotalámicas que ha recibido mayor atención por parte de los neurobiólogos que se dedican a desentrañar los santuarios de la sexualidad animal, es el núcleo sexual dimórfico. Se trata de una minúscula agrupación neuronal que está situada en una de las porciones más anteriores (frontales) del hipotálamo: el área medial preóptica. Se llama así porque se encuentra inmediatamente por delante y encima del gran entrecruzamiento de los nervios ópticos, en su camino desde la retina hasta la corteza visual del cerebro, que es donde tenemos las «pantallas» de seguimiento del mundo. Se sabía que el área medial preóptica del hipotálamo modula las conductas sexuales típicamente masculinas. Allí se organiza, por ejemplo, la secuencia de persecución, monta, penetración, envestidas copulatorias y eyaculación que caracteriza la respuesta sexual de los mamíferos macho. Las anomalías espontáneas o inducidas en esa región provocan disfunciones severas en la secuencia completa o en componentes aislados de esas conductas. En concordancia con todo ello, también quedó probado que la concentración de moléculas-diana (receptores) para las hormonas sexuales masculinas es particularmente abundante en esa y otras regiones hipotalámicas. Es decir, que el largo viaje que emprenden esas hormonas desde el lugar de producción (los testículos) hasta el cerebro, tiene un destino final bien delimitado.

Se demostró muy pronto, en ratas, que el núcleo sexual dimórfico es cinco veces más grande en machos que en hembras. En estudios efectuados en regiones equivalentes del cerebro humano se constató que esa misma zona es del orden de dos veces y media mayor en los hombres que en las mujeres (1, 38). Ésa no es, ni de lejos, la única distinción estructural entre los cerebros femenino y masculino (7, 36, 37, 40). En realidad, el flujo de datos procedente de los laboratorios que se dedican a explorar rincones y funciones cerebrales donde se aprecian diferencias sexuales ha sido incesante en las dos últimas décadas. De manera que en algunos momentos el seguimiento periodístico llegó a tener visos de moda. Cosa no del todo perniciosa porque ha permitido cercenar algo el mito vigente de la igualdad (42), a costa, eso sí, de una carga inevitable de banalizaciones. En cualquier caso, a pesar de la acumulación de hallazgos sobre diferencias entre cerebro masculino y femenino (16, 36), hay que dejar constancia que uno de los datos más potente es, aún hoy, el comentado en relación con regiones del hipotálamo anterior (37). En lo que concierne al gobierno de los diferentes componentes y etapas de las conductas amorosas y de las variedades de la respuesta sexual es hacia esa zona y otros núcleos próximos donde deben dirigirse los periscopios. En poco tiempo, sin embargo, cabe esperar que se añadan otros territorios a un listado que englobará diversas regiones dedicadas al procesamiento afectivo y emotivo (2, 21).

A pesar de las complejidades adicionales que habrá que integrar, el crisol del erotismo, el meollo impulsor de los desvelos amorosos es muy probable que continúe situado en las regiones hipotalámicas que acabamos de describir. Un elemento para afianzar esa conjetura lo constituyen los hallazgos de Simon Le Vay sobre diferencias anatómicas relacionadas con la orientación homosexual o heterosexual.

AMORES HOMOSEXUALES Y CEREBRO

Le Vay era un científico del Salk Institute de San Diego, en California, cuando se vio catapultado a la fama. Sus trabajos como neuroanatomista eran muy apreciados, hasta el punto de que sus descripciones sobre la organización de la corteza visual figuran como ilustraciones inevitables en prácticamente todos los tratados modernos de neurociencia. Cabe hacer constar, además, que trabajó durante muchos años al lado de David Hubel y Thosrten Wiesel, premios Nobel ambos por sus aportaciones sobre los mecanismos cerebrales de la visión.

Los hallazgos anatómicos de Le Vay sobre la orientación homosexual se publicaron en *Science* el mes de agosto de 1991 y provocaron una polémica que ocupó, durante una larga temporada, no poco espacio en los rotativos y que, quince años después, todavía no se ha apagado del todo. Además del impacto general y de las discusiones estrictamente científicas sobre el asunto (9, 10, 25, 26, 28), la propia comunidad homosexual se escindió al valorar aquellos resultados. Existen a día de hoy posiciones totalmente contrapuestas en relación con esos datos históricos: desde los que piensan que los descubrimientos sobre el cerebro homosexual ayudarán a liberar a este colectivo, definitivamente, del estigma de la desviación pecaminosa, hasta los que opinan que acabarán sirviendo para consagrar el rechazo y el ostracismo por la vía de la anomalía inapelable.

Sin ánimo de reavivar esa polémica hay que dejar constancia que Le Vay (25) situó el lugar concreto de la diferenciación entre homosexuales y heterosexuales masculinos en cuatro pequeños botones (núcleos neuronales) situados en las regiones hipotalámicas donde radican las áreas sexuales dimórficas estudiadas previamente en mamíferos. Esos botones se denominan «núcleos intersticiales del hipotálamo anterior» y ocupan un volumen que apenas si llega al milímetro cúbico. Debe subrayarse, además, que la epidemia de sida en Estados Unidos, entonces en su punto álgido, fue determinante para poder llevar a buen puerto el estudio ya que permitió disponer de un buen número de cerebros de difuntos relativamente jóvenes. Le Vay comparó el cerebro de diecinueve homosexuales fallecidos por sida y con edades comprendidas entre los 26 y los 53 años, con el de dieciséis heterosexuales de un rango de edades similar, seis de los cuales también habían muerto a causa de esa enfermedad infecciosa. Como tercer grupo de comparación usó los cerebros de seis mujeres heterosexuales.

Las diferencias más claras aparecieron en el tercero de aquellos núcleos (INAH3). Le Vay confirmó, en primer lugar, los datos de estudios anteriores que ya habían detectado diferencias entre hombres y mujeres en aquellas regiones (1, 38). El resultado más notable fue, no obstante, la constatación de una diferencia de magnitud similar entre los cerebros masculinos heterosexuales y los homosexuales. En realidad, los núcleos INAH3 de los gays eran equivalentes en tamaño a los femeninos. El distingo no se refería únicamente al volumen sino a la organización: el núcleo INAH3 de los heterosexuales presentaba una forma elipsoidal con unos contornos bien delimitados y perfectamente visibles al microscopio, mientras que en los cerebros femeninos y el de la mayoría de homosexuales el perfil de esa agrupación neural tendía a difuminarse. El estudio tuvo en cuenta las cautelas metodológicas inexcusables como, por ejemplo, efectuar las medidas en ciego; es decir, sin saber a qué grupo correspondían las distintas preparaciones histológicas. Se compararon, además, los volúmenes de los cerebros gays con los de los cerebros heterosexuales que habían muerto de sida, para poder descartar alguna influencia de la enfermedad sobre los tejidos neurales. Los resultados fueros idénticos también en ese caso: el núcleo INAH3 de los heterosexuales fallecidos por sida era mayor que el de los homosexuales.

No era la primera vez, sin embargo, que se habían demostrado diferencias entre el cerebro gay y el cerebro heterosexual. Previamente, el grupo de Dick Swaab en el Instituto de Investigación sobre el Cerebro, en Amsterdam, encontró que el núcleo supraquiasmático (otra agrupación neuronal del hipotálamo, no lejana a las mencionadas pero situada un poco más atrás) era bastante mayor en los varones homosexuales que en los heterosexuales (39). Esa diferencia regional es más difícil de interpretar, en principio, porque no hay datos que permitan relacionarla directamente con la conducta amorosa o con la orientación sexual. El núcleo supraquiasmático cobija relojes internos que regulan los ciclos secretorios de varias hormonas, algunas de las cuales trabajan en territorios adyacentes que se ocupan de modular la conducta sexual. En cualquier caso, ese vínculo es especulativo y los eslabones de conexión, si es que existen, no han sido establecidos todavía.

En cambio, los datos anatómicos de Le Vay sitúan los trazos neurales de la orientación sexual justo allí donde debían buscarse. Es decir, en las mismas regiones donde muchos datos anteriores, en mamíferos particularmente, habían situado el origen de los patrones distintivos de la conducta sexual masculina y femenina. Esos resultados anuncian, por ejemplo, que las mujeres lesbianas deberían tener un núcleo INAH3 mayor y mejor estructurado que el de las mujeres heterosexuales. Ésa sería una conjetura plausible si la estructura anatómica de ese núcleo reflejara, de lleno, una orientación sexual preferente hacia el sexo femenino y un patrón masculinizado de conducta sexual. Mientras no haya, sin embargo, evidencias morfológicas suficientes habrá que dejarla en suspenso. Todos esos datos sirvieron, como cabía esperar, para reavivar las pesquisas sobre el posible origen genético de la orientación sexual.

GENÉTICA Y ORIENTACIÓN SEXUAL

Diversos estudios genéticos indican que la homosexualidad masculina y la femenina no se distribuyen al azar en las familias. A los geneticistas les apasionan los análisis sistemáticos de los árboles familiares, pero cuando quieren obtener indicios verdaderamente seguros sobre el posible peso hereditario de atributos del comportamiento, la estrategia más rentable es el estudio comparativo de gemelos. Existe una razón para esa predilección: las dos variedades habituales de gemelos (monozigóticos o dizigóticos) constituyen un experimento espontáneo de la naturaleza donde el grado de concordancia genética viene determinado de entrada. Se parte, por tanto, de un escalonamiento fijado en la distancia genética con el que se pueden comparar, entonces, las coincidencias en los hábitos, las habilidades o las actitudes de los gemelos y las gemelas.

Hay trabajos, ya clásicos, que muestran una mayor coincidencia en la homosexualidad de los gemelos cuando la pareja es idéntica (monozigóticos) que cuando son distintos (dizigóticos). Si lo ponemos en cifras, entre los pares monozigóticos la concordancia en la tendencia gay de esos hermanos es del 57 %, mientras que entre los dizigóticos la coincidencia en la orientación sexual desciende hasta un humilde 23 % (4). A su vez, la concordancia del lesbianismo entre las gemelas idénticas es del 50 %, mientras que en los pares de gemelas dizigóticas decae hasta el 16 % (5). Las dos comparaciones indican, por consiguiente, lo mismo: cuando un gemelo procedente de una camada monozigótica resulta ser homosexual, la probabilidad de que su hermano/hermana sea asimismo gay/lésbica es mucho mayor que cuando se trata de gemelos o gemelas disimilares. Son cifras que sugieren una notable predisposición hereditaria de la orientación homosexual en hombres y en mujeres –del orden del 60 %, según las estimaciones más ajustadas (20)–, pero que no resuelven la cuestión por sí mismas. Sobre todo porque si no es posible discernir entre los gemelos que han sido criados juntos de los que no lo han sido, no pueden excluirse las influencias asimiladoras de la crianza compartida. Por la sencilla razón de que los padres tienden a acentuar las similitudes de todo tipo (desde la indumentaria hasta la escolarización), en los gemelos y gemelas idénticos.

De todas maneras, cuando se obtienen cifras de concordancia diferencial tan sospechosas como éstas los geneticistas no se dan por vencidos e insisten mediante otras aproximaciones. Un equipo del Instituto Nacional de la Salud USA, en Bethesda (Washington), dio con unos resultados muy curiosos (17). El seguimiento exhaustivo de algunos árboles genealógicos donde aparecían homosexuales varones, en diversas generaciones, indicó que los hermanos no gemelos de los gays tenían una probabilidad del 14 % de serlo a su vez, mientras que en los varones de comparación tal contingencia no superaba el 2 %. Cifra cercana, como cabía esperar, a las prácticas homosexuales de población general: 2,7 %, en los estudios más sistemáticos (24). Pero lo verdaderamente curioso fue constatar que la incidencia de la homosexualidad tendía a ser claramente superior en los tíos y los primos de la línea materna de los gays. Lo cual permitía sospechar una propagación de la predisposición gay a través del cromosoma X.

Efectuaron entonces un estudio de marcadores génicos en cuarenta familias seleccionadas a partir de un único criterio: era indispensable que coincidieran dos hermanos en la orientación homosexual (18). Es decir, dos de los hermanos tenían que ser gays y cuando había, además, hermanos no gays servían de control de comparación. Se trataba, en definitiva, de identificar algún segmento génico particular que los hijos gays pudiesen compartir con su madre. Mediante esa estrategia localizaron una porción del extremo del brazo largo del cromosoma X (el segmento Xq28) que se asociaba específicamente con la tendencia homosexual. En treinta y tres de las parejas de hermanos gays, las concordancias en diversos marcadores de aquella región génica resultaron ser muy superiores a las que cabría esperar al azar. No se tienen indicios, sin embargo, sobre posibles mecanismos de conexión entre la presencia de esos marcadores y la orientación sexual. De todos modos, hay que consignar también que había una proporción de hermanos homosexuales que no compartían aquellos marcadores génicos, con lo cual quedaban inhabilitados como vía exclusiva de la tendencia gay. Tiene que haber, necesariamente, otros mecanismos génicos en juego. Todo eso a despecho de los vínculos aún por establecer entre una presumible predisposición genética y la organización de los territorios neurales que intervienen, como se ha visto, en las preferencias sexuales y en la expresión de la conducta amorosa.

Durante unos años el segmento cromosómico Xq28 se convirtió en una enseña del orgullo gay en las comunidades de homosexuales estadounidenses. En los campus universitarios proliferaron las camisetas con la inscripción «Gracias, mamá, por haberme dado el gen Xq28», aunque esa aceptación gozosa de una singularidad biológica jamás alcanzó a los gays europeos. La efervescencia coincidió, por cierto, con el período en que Simon Le Vay fue promovido a la presidencia de las organizaciones gay en Estados Unidos y se convirtió en un divulgador de las peculiaridades (y las amenidades) del cerebro homosexual (27). Desde muy pronto, sin embargo, tuvo que prodigarse en debates de fondo para contrarrestar las refutaciones apasionadas que procedían desde las propias filas científicas (28). Los datos de Le Vay han aguantado bien y han sido confirmados incluso por algunos de los grupos competidores que inicialmente se mostraron más escépticos (11), de manera que ahora aparecen en buena parte de los grandes tratados de neurociencia. En cambio, para Dean Hamer, el líder del grupo washingtoniano, las cosas no han sido tan halagüeñas. El mismo año 1995 salieron a la luz las primeras dificultades para corroborar los resultados con el gen Xq28 en diversos intentos preliminares y cuatro años más tarde un equipo canadiense publicaba un resultado negativo con una muestra importante (34). La polémica que siguió fue dura y no está resuelta todavía porque depende, en definitiva, de sutilezas técnicas en las estimaciones de asociación (29). Hay que concluir, por tanto, que aquellos resultados deben considerarse como meramente tentativos.

Otros tipos de incursiones en el marcaje genético que han orientado las pesquisas hacia genes de enzimas conversoras en el paso de andrógenos a estrógenos, tampoco han aportado resultados positivos (14). Hay que reconocer que el rango de dianas que deben ser exploradas es muy grande pero los datos sólidos sobre heredabilidad auguran que podrá atraparse alguna señalización molecular inambigua. Por otro lado, el número de hermanos varones que han precedido a un embrión, en el útero materno, se asocia con un incremento de probabilidad de ser gay (6), lo cual apunta a otro tipo de procesos moleculares. Últimamente se han enfocado los periscopios hacia el grupo de genes del cromosoma Y que codifican las instrucciones cruciales para la concreción de las gónadas masculinas porque se tienen datos sobre su acción en el cerebro (3, 37).

TRENZADOS NEURALES, MASCULINIDADES Y FEMINIDADES

Hay que apresurarse a matizar que las predisposiciones génicas de las que estamos hablando no deben entenderse como un molde prefijado del cual deba derivarse, rígidamente, la morfología y el cableado de las zonas cerebrales que gobiernan la conducta sexual. En los roedores, por ejemplo, es bien conocido que el núcleo sexual dimórfico se organiza de manera distintiva, en machos y en hembras, durante los quince días que transcurren entre la semana anterior y la posterior al parto. Se trata de un período madurativo crítico en las áreas hipotalámicas durante el cual acaba por redondearse el entramado íntimo de ese y otros grupos neuronales que regularán, más adelante, el variado repertorio de las conductas sexuales. Esos procesos van dirigidos a completar un trenzado neural particular y dependen, en gran medida, del baño relativo de andrógenos y de estrógenos que reciben los receptores para esas sustancias (3). Dianas moleculares que son muy abundantes, como se ha dicho, en esas regiones y que en función de su actividad y su sensibilidad también ayudan a moldear los entramados del cerebro afectivo. Esa impregnación temprana de hormonas sexuales está en función, a su vez, de la cantidad secretada por los testículos y los ovarios todavía en formación, en los fetos, de las adrenales y la placenta de las madres e incluso de los tratamientos hormonales que estas últimas puedan recibir en ocasiones (3, 19, 25). Debe concluirse, por tanto, que la regulación de ese proceso de maduración neural es múltiple, depende de cascadas moleculares complejas y tiene, además, diversos momentos críticos.

Esa maduración escalonada es susceptible al impacto de factores del entorno de naturaleza diversa. Impacto que puede ser todavía más notable cuando coincide con períodos excepcionales del desarrollo neural, en el dilatado recorrido que debe efectuar el encéfalo hasta cristalizar en unas estructuras bien definidas. Al hablar de cambios ambientales queremos apuntar, sobre todo, hacia los factores materno-fetales capaces de provocar variaciones en la secreción de hormonas sexuales y otros neurorreguladores. Unas oscilaciones endocrinas que acaban por conformar unos dispositivos y unos resortes singulares en el cerebro sexual. El asunto no acaba ahí, por cierto, ya que se han empezado a acumular indicios que señalan que durante la tempestad hormonal que inaugura la pubertad hay terreno practicable para el perfilado ulterior de las zonas cerebrales del amor (31). Es decir, para añadir o modificar algunos matices o tonalidades a los complejos tapices que cada cual acarrea en su cerebro afectivo. En definitiva, que además de los sesgos iniciales en forma de predisposiciones genéticas que desempeñan un papel no obviable, hay diversos hitos madurativos (en etapas fetales, especialmente) de gran importancia para cristalizar las masculinidades, las feminidades y toda una gama de opciones mixtas en las estructuras del cerebro amoroso (3).

Pero todos esos factores marcan restricciones. Límites no fácilmente salvables. La maleabilidad no es omnímoda como quedará de manifiesto enseguida. Puede ayudarnos a entender eso el hecho de que aunque demos por sentado que existe una delimitación clara entre los atributos sexuales masculinos y los femeninos, la biología no siempre consigue una diferenciación taxativa entre ellos. No sólo permite un enorme rango de variabilidad entre las tipologías y atributos normativos en ambos sexos sino que tolera, incluso, las zonas de transición y las tierras de nadie. Los estados intersexuales y los hermafroditismos son anomalías afortunadamente infrecuentes, pero sirven para recordar que esas cristalizaciones admiten rumbos intermedios (19, 31).Y si la biología admite transiciones difusas en los atributos externos e internos más conspicuos, no debería extrañarnos que tales complejidades se den, en mayor grado si cabe, en los trenzados neurales del cerebro afectivo.

Para los transexuales, por ejemplo, hay hallazgos más que interesantes. El grupo de Dick Swaab en Amsterdam aportó los primeros datos sobre una diferencia estructural en el cerebro de esas personas que se encuentran irremisiblemente a disgusto en su chasis sexual (43). El suyo es un caso excepcional como variedad biológica: pueden gozar de todos los atributos que ayudan a definir el sexo sin ambigüedad alguna (desde los cromosomas hasta las gónadas, el aparato reproductor interno y los caracteres sexuales secundarios), pero sentir que han ido a parar a un cuerpo inapropiado. Es decir, pueden presumir de una carrocería de macho impecable y sentirse mujer por todos los poros en los deseos, apetencias y aficiones. O a la inversa, ser mujer por los cuatro costados y soñar con saltar al otro lado de la barrera. Tal es la fuerza de la disonancia entre la vivencia íntima y la morfología corporal en esos individuos, que emprenden costosos y largos tratamientos quirúrgicos y hormonales para conseguir revertir la incongruencia y aterrizar en un cuerpo acorde con sus deseos. En el caso de los transexuales hombre-hacia-mujer el equipo de Swaab demostró que tenían la parte central del núcleo del lecho de la estría terminal con un volumen y configuración típicamente femeninas (43). Se trata de un núcleo neuronal cercano a las áreas hipotalámicas ya comentadas aunque en la periferia de esa región. Muchos datos experimentales anteriores (10) lo habían relacionado con comportamientos femeninos en mamíferos. Aquella singularidad anatómica no dependía de los tratamientos efectuados y los resultados han ido seguidos de confirmaciones ulteriores donde se ha medido el número total de neuronas y los tipos de neurorreguladores químicos preferentes en ese territorio (37).

Hay incluso algún dato sobre transexuales de patrón inverso, mujer-hacia-hombre, donde se ha encontrado el perfil revertido en el mismo núcleo cerebral. No parece nada malo, en principio, disponer de algunos datos preliminares que permitan anclar unas motivaciones tan excepcionalmente exigentes. Porque además de iluminar enigmas y abrir rutas investigadoras tienen la virtud de recordar las sutilezas de las interacciones biológicas. Que en el caso de las masculinidades y feminidades se relacionan con las interdependencias entre las instrucciones génicas de base, los niveles de hormonas (las oscilaciones androgénicas, en particular) que circulan por el cerebro en etapas críticas y los trenzados neurales en territorios concretos. Ignorarlas puede conducir a desgracias considerables, como veremos a continuación.

IDA Y VUELTA EN CAMBIOS DE SEXO

John era un bebé de ocho meses en 1963, cuando perdió el pene a causa de una cauterización traumática mientras le practicaban una corrección de fimosis. Sus padres acudieron al Hospital Universitario John Hopkins, en Baltimore, y el caso quedó bajo la supervisión del doctor J. Money, un endocrinólogo de gran reputación. Se tomó la decisión de cambiarle la identidad sexual y convertirlo en niña para que de mayor pudiera tener una vida feliz y adaptada. Debe recordarse que en aquella época la cirugía reconstructiva del pene no había alcanzado el grado de desarrollo que tiene hoy. Y además se pensaba que el rol sexual de las criaturas cristalizaba, esencialmente, como consecuencia de las influencias del entorno. Es decir, que eso de sentir y actuar como chico o chica dependía, en primer término, del tipo de educación sistemática recibida durante la infancia. Por consiguiente, los médicos y los padres, de común acuerdo, decidieron que aquella reconversión era el mejor camino que podía seguirse teniendo en cuenta la tierna edad del bebé (y la presunta maleabilidad cerebral).

Para garantizar el éxito tenían que practicarse una serie de correcciones anatómicas y hormonales de manera que proporcionaran a John unos atributos genitales y corporales de chica homologable. De entrada, lo castraron para esterilizarlo como futuro varón. Más adelante, se le habilitó un canal vaginal, dado que tal intervención era ya técnicamente plausible y ofrecía buenos resultados. Comenzaron, asimismo, una serie de tratamientos con hormonas femeninas, a medida que John iba madurando, para ayudarle a concretar en el físico aquello que la educación cotidiana se encargaría de enraizar en su identidad íntima. Los padres, por su parte, le proporcionaron una crianza sistemática como niña, con el cambio de nombre (Joan), de indumentaria, de grupo escolar, de juguetes, de actividades deportivas y de aficiones extraescolares que reforzaran el rol femenino. Estaban plenamente convencidos de que tenían una niña que nunca les podría dar nietos –le faltaban los órganos reproductivos internos– pero que podía aspirar a una vida satisfactoria como mujer joven y adulta. La «niña» creció con normalidad aparente y el caso quedó fijado en los libros de endocrinología y de sexología como el ejemplo más espectacular de la plasticidad y la versatilidad de los mecanismos que regulan la identidad de género. Todavía hoy puede encontrarse su rastro en no pocos tratados como la muestra más notoria de la primacía de los factores educativos sobre los biológicos en la fijación del rol sexual de los humanos.

En un reportaje publicado en 1997, *Science* recogió y difundió los datos esenciales de un informe clínico de M. Diamond (13), un sexólogo que había podido seguir el caso desde los años setenta. Parece ser que la «niña» dio señales muy tempranas de tener un temperamento de chaval inquieto, juguetón y revoltoso. En el parvulario mostró una incomodidad manifiesta al tener que participar en los juegos y el resto de actividades con sus compañeras. Esa sensación de extrañeza respecto del rol impuesto se fue acentuando a medida que iba creciendo, a pesar de la influencia de los tratamientos hormonales que, al llegar al umbral de la adolescencia, ya le habían perfilado un cuerpo de chica. A los 14 años decidió rebelarse y pidió explicaciones a sus padres, exigiendo que tuvieran en cuenta sus sentimientos. Es decir, las sensaciones y vivencias que le indicaban que era un chico y no una chica, como todo el mundo pretendía.

Ante el fracaso radical de la «transexualidad impuesta» y una vez efectuadas las consultas de rigor con varios especialistas, se decidió dar marcha atrás para devolver a Joan a su condición inicial de varón que, según todos los indicios, jamás había sido borrada. O sea, que de nuevo se tuvieron que emprender una serie de reajustes: suspender los tratamientos con hormonas femeninas; practicar una mastectomía reparadora para darle unos pectorales de chaval eliminando las mamas que ya habían crecido; sellar el conducto vaginal y reconstruir una especie de bolsa escrotal más un pene (ya era plausible, entonces); e instaurar, finalmente, un tratamiento sustitutorio con hormonas masculinas para remedar a los andrógenos que no podía secretar a causa de la extirpación precipitada de los testículos. Gracias a todo ello recuperó una morfología corporal masculina bastante homologable y adecuada en atributos como la voz, las pilosidades, la musculatura y la distribución de la grasa corporal. Y congruente, sobre todo, con la conciencia íntima de muchacho que John siempre sintió en su interior.

Inició entonces el tipo de vida que había deseado y a los 25 años se casó con una mujer que ya tenía dos hijos de un matrimonio anterior. Vivió durante más de diez años de manera satisfactoria como marido y padre (adoptivo), después de haber conseguido una concordancia aceptable entre los atributos físicos y su identidad sexual al cabo de ese dilatado calvario. Es decir, reencontró un mejor ajuste entre sus sentimientos y el chasis donde ese tipo de vivencias se cobijan, aunque la historia terminó dramáticamente, en 2004, con el suicidio de John (37).

Hay en esa historia una severa lección que aprender sobre la potencia de los resortes biológicos que a menudo pretendemos obviar. Unos engranajes que modulan la identidad sexual de una manera mucho más determinante de lo que nos agrada aceptar. Esos factores son múltiples e incluyen el marcaje cromosómico y sus productos moleculares (John era XY, y eso nunca varió); las gónadas y los genitales externos (que perdió por la concatenación de un accidente y decisiones erróneas); las hormonas propias del género masculino (que también perdió, en gran medida, como consecuencia de la castración); y finalmente, el trenzado particular de las regiones cerebrales que median la identidad de género desde etapas muy primerizas del desarrollo (y eso tampoco había cambiado en John, a pesar de la potencia y la reiteración del tratamiento con hormonas exógenas).

Ese último punto es capital. En el cerebro existen regiones donde anidan unos entramados neurales que deben regular, en el futuro, todo tipo de actitudes, conductas y vivencias que se relacionan con la expresión diferenciada de la sexualidad masculina y femenina. Esa fijación ocurre de manera muy precoz. Los datos sugieren que en el pequeño John ya se habían concretado cuando perdió el pene. Pero como los endocrinólogos y sexólogos de la época tendían a obviar la importancia de esos hitos neuromadurativos tempranos y pensaban que la modulación de los roles afectivos y sexuales era plenamente influenciable desde fuera, cometieron una serie de imprudencias que el paciente y su familia pagaron muy caras.

El caso John-Joan-John confirma el grueso de datos que indican que los sutiles engranajes que median las identidades y orientaciones amorosas tienen una plasmación anatómica precoz en zonas específicas del cerebro sexual. Unas áreas que quedan organizadas, en primera instancia, en períodos muy tiernos del desarrollo infantil. Esos trenzados neurales cristalizan como consecuencia de la acción de diversas y complejas señales moleculares actuando sobre el cerebro en crecimiento. En algunos casos ya hemos visto que existen indicios suficientes para pensar que eso se dilucida en etapas fetales. Aunque la interacción con influencias del entorno en esos mismos períodos o en etapas muy tempranas de la vida extrauterina debe ser tenida en cuenta.

Hay algún caso parecido al de John donde la decisión precoz de promover una crianza revertida ha tenido algo más de éxito (8), con reservas. La mayor parte de datos indican, sin embargo, que hay que andarse con mucho tiento al forzar cambios de identidad sexual por más tempranos que sean. Una serie de dieciséis niños con una malformación genital que cursa con una herniación cloacal de la vejiga urinaria y que conlleva ausencia de pene (con preservación testicular), fueron asignados al nacer al sexo femenino con castración incluida. Ésa era la norma de actuación (33). Al llegar a la pubertad, la mitad de ellos ya habían pedido, espontáneamente, a los padres y a los médicos la reversión perentoria al sexo masculino. Sólo tres vivían cómodamente, al parecer, en la identidad femenina y el resto sufría problemas de identidad sexual. En todos los casos las actitudes y aficiones eran preferentemente masculinas.

¿CINCO SEXOS?

El caso John-Joan-John debería funcionar como un antídoto para prevenir el altivo intervencionismo de unos médicos que, con intenciones benefactoras de las que no cabe dudar, a menudo se atreven a pasar por alto las exigencias de unos mecanismos extremadamente sutiles que desconocen en gran medida. Mecanismos que tienen sus ritmos y sus requerimientos inexcusables. Y debería servir, asimismo, para contrarrestar el fundamentalismo ambientalista todavía más altanero y peligroso si cabe, de los omnipresentes psicoeducadores que siguen partiendo de la presunción de que la mente humana es una tábula rasa susceptible de infinitas remodelaciones plásticas. Aunque se haya probado, reiteradamente, que no va así para ningún atributo humano. Pero luchar contra ese tipo de beaterías es, evidentemente, un asunto arduo.

Si regresamos a los trenzados neurales y las orientaciones sexuales ya hay quien se ha apresurado a indicar que debería erradicarse, en los humanos, el binomio excluyente de los dos sexos tradicionales. Existen propuestas serias (15) de extender la división sexual bipolar, de los hombres y las mujeres, a un mínimo de cinco variedades sexuales diferentes: los gays y las lesbianas constituirían la tercera y la cuarta, y los transexuales considerados como un solo grupo (de manera provisional y abusiva, claro está), sería la quinta tipología. Seguramente en una sociedad que acepte las sofisticaciones biológicas ese incremento taxonómico será insuficiente. Nos queda, además, el vasto campo de matices y de gustos que pueden instaurarse durante el larguísimo período que los verdaderos golosos dedican al aprendizaje amoroso. Aunque los último datos sobre las tendencias genuinas de los bisexuales, por ejemplo, no apuntan precisamente a la universalidad (35).

De todos modos, aquí nos limitaremos casi en exclusiva al binomio tradicional de los machos y las hembras heterosexuales, porque continúan siendo la inmensa mayoría y porque han sido siempre la diana preferente de la curiosidad general. En realidad, si hemos usado datos sobre la homosexualidad y la transexualidad en el pórtico ha sido por el prurito de aprovechar datos impactantes que van iluminando los secretos de la maquinaria cerebral. Eso sólo ya puede considerarse un fruto excelente de la polémica que continúa viva sobre los orígenes de las tendencias sexuales (6). Ha servido, en definitiva, para potenciar la investigación y gracias a ello tenemos estudios efectuados en humanos en un campo donde hasta hace muy poco sólo cabía discutir a partir de indicios obtenidos en animales. Y no es lo mismo, claro.

Los capítulos que siguen son, en realidad, un recorrido tentativo por las reacciones diferenciales de los hombres y las mujeres convencionales a través de los múltiples recodos que deparan las relaciones amorosas. Con ello no nos referimos únicamente a las interacciones sexuales sino a las muy diversas tonalidades afectivas que saben alumbrar los quehaceres sentimentales: desde el juego centelleante de los atractivos y los revoloteos del cortejo, hasta la desolación incontenible de los desengaños amorosos. Teniendo muy presente que buena parte de esos desasosiegos y gozos se explican por las resonancias que desvelan, al fin y al cabo, en unos humildes rincones del cerebro sexual. Unos islotes cerebrales que mantienen conexiones funcionales con otros muchos lugares del universo neural y que cada cual recibe y fragua, en la compleja lotería de las interacciones biológicas, en las dosis y cristalizaciones que lo convertirán en uno de los motores ineludibles de la historia personal.

2

HORMONAS PASIONALES

El cerebro, además de contener unos circuitos intrincadísimos, es una gran central glandular. Los núcleos y redes neurales trabajan mediante un trasiego espectacular de sustancias que actúan localmente y a cortas y largas distancias. Algunas de esas moléculas neurorreguladoras se han convertido en protagonistas inexcusables para abordar los asuntos de amor. No hay mejor manera de acercarse a ellas que a través del enamoramiento.

LA TEMPESTAD DEL ENAMORAMIENTO

En sus fases iniciales, el enamoramiento compartido es un episodio de euforia dual. Un éxtasis sincrónico que va acompañado de fallos estentóreos en el discernimiento de la realidad circundante y de un encapsulamiento perceptivo muy peculiar. Los enamorados emprenden un viaje exclusivo que se nutre de miradas absortas y de intercambios táctiles y secretorios que unas urgencias difícilmente aplazables imponen con asiduidad. La pasión romántica es un desvarío transitorio, un desasosiego mental y gonadal acuciante que cualquier especialista en psiquiatría podría etiquetar de episodio hipomaníaco o con epítetos todavía más gruesos para los casos más estrepitosos.

No tiene nada de extraño todo eso porque la aparatosa sintonía entre dos seres que estalla durante el enamoramiento, se nutre de unos estados anímicos muy singulares. Los amantes derrochan gozo y entusiasmo a raudales, desprenden y se contagian una confianza ilimitada, son capaces de apreciar las cualidades más sublimes en las situaciones más insulsas o en las conversaciones más vulgares, muestran una propensión insuperable a quedarse embobados, en desconexión total respecto del entorno, y menosprecian, sin inmutarse, los obstáculos e inconvenientes que esperan en el recodo más cercano. Si añadimos a todo ello una drástica reducción de la necesidad de dormir y de comer, una considerable tendencia a la hiperactividad y una sorprendente resistencia a la fatiga, tenemos, en conjunto, un cuadro bastante parecido a los síndromes inducidos por la ingesta aguda de cocaína o de anfetaminas.

Michael Liebowitz, un conocido psiquiatra de la Universidad de Columbia, en Manhattan, efectuó una de las primeras incursiones a la química amorosa a mediados de los ochenta del pasado siglo. En un libro pionero (20), señaló las concomitancias entre el pico vivencial del enamoramiento y los éxtasis que provocan las sustancias psicoestimulantes. Liebowitz ha desarrollado su carrera en la Clínica Psiquiátrica de Columbia, junto a Donald Klein, un profesional muy conocido por sus aportaciones al tratamiento de los trastornos depresivos y ansiosos, y por haber liderado el viraje de la psiquiatría estadounidense hacía planteamientos biológicos y farmacológicos. Un cambio que ha acabado cuajando pero que costó mucho de enraizar porque los rescoldos del pensamiento psicoanalítico que atenazaban a la disciplina tuvieron una influencia notabilísima en Estados Unidos. Probablemente a causa de la inspiración que proporcionaban (y que aún suministran) a los novelistas y dramaturgos que trabajan con la mirada siempre puesta en Hollywood.

Bajo el magisterio de Klein no es extraño que Liebowitz orientara las pesquisas sobre la pasión romántica y sus anomalías con una perspectiva muy poco cinematográfica. Sustituyó, en realidad, las fabuladoras fuentes de inspiración de la biografía personal, por las pistas algo más sólidas que ofrecen algunas disciplinas de la neurobiología aunque partió, en su análisis, de la observación clínica. De un dato, en concreto: el disparo amoroso tiene puntos de contacto con lo que sucede, en ocasiones, cuando se recetan antidepresivos a los pacientes que tienen trastornos del estado de ánimo. Vale la pena que lo expliquemos con algún detalle. La euforia del enamoramiento colorea la existencia con tonalidades soberbias. El pico romántico desmonta rutinas, ahuyenta el tedio y destroza cualquier atisbo de monotonía. La fiebre pasional conlleva una sacudida íntima intensísima. Todo el mundo, o casi, ha podido degustar esas turbulencias de los hervores amorosos. Pues bien, en ocasiones los fármacos antidepresivos no se limitan únicamente a rescatar a los pacientes del pozo de melancolía y desesperanza donde se habían sumido, sino que los llevan a embarcarse en amores repentinos y desaforados. Pueden provocar, quiero decir, el encendido de unas pasiones impetuosas y desmedidas que, más de una vez, acaban en disgustos sonoros.

Estamos, por tanto, ante un efecto indeseable, aunque con tonalidades inicialmente felices, de la medicación antidepresiva. Cuando la acción energizadora que se busca con esos medicamentos sobrepasa el punto de equilibrio en la regulación del humor, se disparan los resortes pasionales en algunos pacientes hasta el punto que establecen fijaciones sentimentales intempestivas. Por intempestivas debe entenderse imposibles de concretar o flagrantemente inconvenientes. El fenómeno es anecdótico pero conviene tenerlo presente, en la rutina clínica, para evitar las descompensaciones o las recaídas severas que los grandes desengaños pueden provocar. Es bastante habitual, además, la observación clínica que los individuos que, espontáneamente y por razones temperamentales, andan algo pasados de vueltas se enzarzan en vorágines pasionales incontrolables. Cosa que también sucede, en dosis más espectaculares si cabe, en algunos pacientes que presentan brotes expansivos e hiperenergéticos que acaban en la confusión total (episodios maníacos, en la jerga psiquiátrica). Existen, por consiguiente, unas interacciones más que probables entre la regulación fina del estado de ánimo y los umbrales para los estallidos amorosos. O, por decirlo de otro modo, que los sistemas neurales que regulan el empuje y el gozo de vivir, y los del encendido romántico parecen diseñados para trabajar en sintonía parcial.

ESTIMULANTES AMOROSOS Y DOPAMINA

Liebowitz postuló la existencia de unas sustancias estimulantes endógenas (unas hipotéticas «anfetaminas» o «feniletilaminas» elaboradas por el propio cerebro), que serían secretadas durante las fases ascendentes de la tempestad amorosa. En los escarceos y las culminaciones inaugurales: cuando surge la atracción y se impone la necesidad imperiosa de fusión carnal y afectiva. Los comportamientos y los ritmos durante el juego amoroso (las miradas insistentes, el magreo tentativo, los besos e intercambios salivares), van detonando la traca neurohormonal que conducirá al abandono enfervorizado de la cópula. El *crescendo* de la excitación amorosa es una experiencia de una visceralidad tan abrumadora y de una automaticidad tan agradecida (cuando conduce a algún tipo de consumación, por supuesto), que sorprende que todavía no se hayan identificado los eslabones cruciales que le dan curso. Porque hay que apresurarse a señalar que de las «feniletilaminas naturales» de Liebowitz hay pocas noticias, a pesar de la enormidad del conocimiento acumulado durante los últimos cincuenta años sobre los sistemas de neurorregulación química en el cerebro.

De todas maneras, esa falta de noticias sobre presuntas «anfetaminas» endógenas no es en absoluto preocupante ni ha impedido los avances en las interioridades de los sistemas cerebrales del placer y de las sustancias que allí se secretan y trabajan. De manera que puede decirse, sin riesgo, que sabemos muchas cosas sobre los engranajes del gozo genuino, aunque nos falten bastantes concreciones y sutilezas sobre los resortes particulares del deleite sexual y amoroso. La dopamina es, en realidad, el neurorregulador químico preferente de los sistemas de gratificación en el cerebro. Mediante sus propiedades, ya pueden explicarse buena parte de los fenómenos que interesaban a Liebowitz. Existen otras sustancias que ayudan a la dopamina en la tarea de inducir el cosquilleo imperativo del deseo, la exaltación del clímax y el gozo reconfortante (véase Tabla 1, p. 70). Pero todos los datos indican que, en la cocina íntima de los placeres, las rutas neurales cuyo neurorregulador primordial es la dopamina desempeñan un papel decisivo.

Así, por ejemplo, la capacidad que tienen diversas sustancias para generar adicciones y atrapar a algunos individuos en pasiones irremediablemente tóxicas depende, en última instancia, de su acción sobre unos haces neurales que usan la dopamina como neurorregulador primordial (17). Son unas sendas nerviosas, las vías dopaminérgicas mesolímbicas, que van desde el tronco encefálico hasta diversos territorios del cerebro afectivo. Todo el mundo sabe que hay muchas variedades de drogas adictivas y que tienen, además, un abanico de efectos perfectamente diferenciables. Por otra parte, los usos consumísticos en el mercado de los estupefacientes varían según la época, de manera que las sustancias más codiciadas en un período, pierden protagonismo en el siguiente. Puede resultar algo extraño, por tanto, que se intente adscribir tamaño universo de diferencias a la acción de una sola ruta neural. No va así, por descontado. En realidad, cuando las diferentes sustancias adictivas llegan al cerebro usan puertas de acceso específicas. Activan unos portones neurales propios (receptores) que les dan acceso, asimismo, a unos engranajes singulares. Así, la heroína y otros tóxicos emparentados con el opio como la morfina, la metadona, la buprenorfina y otros, penetran a través de los receptores donde trabajan los opioides endógenos (las famosísimas encefalinas, endorfinas y dinorfinas que tanto juego han dado a los publicitarios, que no han dudado en asociarlas a los coches deportivos, a los juegos competitivos y a cualquier tipo de actividad excitante). Por su parte, el venerable y siempre concurrido alcohol etílico, en cualquiera de sus incontables preparaciones, sigue un camino muy diferente para adentrarse en los recovecos del espíritu. Lo hace a través de unas proteínas de la membrana neuronal que vehiculan los efectos de un neurorregulador inhibitorio abundantísimo en el cerebro (el GABA). Las prudentísimas cafeína y teína ayudan, por otro lado, a disciplinar y a sincronizar las rutinas de la gente en las duras jornadas laborales, mediante su acción sobre unos receptores adenosínicos que muestran una apetencia específica por esas xantinas.

Esa selectividad en la ruta de acceso a la maquinaria neural ayuda a explicar las propiedades más características de cada una de esas familias de sustancias adictivas. Las acciones primordiales de los opiáceos son la analgesia y la placidez, mientras que los efectos más notorios del alcohol son la desinhibición social y la somnolencia. En cambio, el resultado más habitual de la ingestión de xantinas es el desvelamiento y el aumento de vigilancia. Son acciones prototípicas, todas ellas, que dependen de su perfil de acción sobre engranajes neurales particulares. Pero la capacidad adictiva, la potencia para el enganche vicioso que comparten todas esas sustancias en tanto que drogas (con potencias muy desiguales, eso sí), no depende de esos primeros pasos en su periplo por el cerebro. Su capacidad adictiva depende de la efectividad para disparar la transmisión (es decir, el trabajo) de los sistemas de dopamina en las regiones cerebrales del placer. Unos circuitos con los que vamos topando una y otra vez desde que iniciamos esta incursión al cerebro erótico. Ésa es, pues, la razón primordial de la equiparación de las cimas amorosas con la acción de las sustancias adictivas. A pesar de la indiscutible singularidad de los vértigos románticos, parece ser que lo que enciende el deseo acuciante, el apetito duradero y la evocación obsesiva requiere una amplificación desbocada de las vías dopaminérgicas mesolímbicas (26, 27). Existen incluso datos convergentes que sugieren que la potencia viciadora de los juegos de azar, de los deleites culinarios, del gozo sexual y hasta del ejercicio del poder político se sustenta en modificaciones, a largo plazo, del funcionamiento de esos sistemas neurales del placer. Modificaciones que derivan de cambios celulares duraderos que se dan en esos sistemas cuando son sometidos a impactos notorios y reiterados. En el caso de la cocaína, la morfina y el alcohol esos cambios han sido ya demostrados de manera precisa (7).

Se trata de unos resultados que puede que satisfagan a los puritanos que siempre se han dedicado a señalar al hedonismo como pórtico invariable de las obsesiones pecaminosas. Ahora pueden recurrir, si lo desean, al soporte de los datos neurobiológicos porque los sistemas dopaminérgicos actúan como sustrato común para las satisfacciones más corrientes e inocuas, y también para los arrebatos inmoderados. El demonio del vicio, por consiguiente, lo llevamos dentro invariablemente. La distancia entre el pecado y la virtud recae, en esencia, en la dosis: en las variaciones de la sensibilidad individual y los impactos que reciben aquellos sistemas neurales en cada itinerario personal (6, 26). La cocaína, las anfetaminas y otros psicoestimulantes naturales o de «diseño» actúan, directísimamente, sobre esos sistemas dopaminérgicos del placer proverbial. Constituyen, en realidad, su ruta de acceso a los engranajes cerebrales. No deben pasar, como el resto de sustancias adictivas a las que nos referíamos antes, por portones y dispositivos previos para acabar actuando sobre los motores de la exaltación gratificante. Los estimulantes impactan de lleno y sin intermediarios sobre esos sistemas y ésa es la razón de que sean tan apreciados cuando se buscan combinaciones amplificadoras durante los juegos sexuales de alto voltaje: el perfil de efectos es muy parecido en uno y otro caso, tal como ya señaló Liebowitz, y la sinergia puede alcanzar cotas espléndidas. Al alcohol, por cierto, no le ocurre lo mismo: aunque la desinhibición ayuda notablemente a favorecer los abordajes y los escarceos, los rendimientos a menudo se resienten. Y lo mismo podría decirse de otras familias de drogas.

Si a todo ello le añadimos que uno de los medicamentos en boga para tratar los trastornos eréctiles en los varones y las anomalías del impulso sexual en ambos sexos es prodopaminérgica (la apomorfina), podremos concluir que no andamos cortos de datos. Con medicaciones prodopaminérgicas selectivas que se administran a los enfermos de parkinson se han dado, incluso, casos de inducción al juego compulsivo y la actividad sexual desaforada (13). El panorama permite afirmar que disponemos ya de un buen conjunto de indicios para relacionar los picos amorosos con la hiperactivación dopaminérgica en unas regiones neurales particulares.

CASCADAS NEUROGONADALES: DE LA NORADRENALINA A LAS HORMONAS SEXUALES

Los desvelos amorosos cabalgan, como se ha visto, sobre peculiaridades funcionales de los sistemas de dopamina, pero su disección pormenorizada sería demasiado simplista si lo dejáramos aquí. Los gozos amorosos tienen recovecos inagotables y el paladeo de sus posibilidades, aun aceptando las restricciones monogámicas más estrictas, ofrece un mundo de deleites sustanciosos. Sólo se necesita que el producto básico sea apetecible y la aplicación entusiasta. En realidad, si la llama pasional mantiene algún vigor y no se ha instalado el aburrimiento devastador, el simple transcurso de los días o los cambios de escenario son suficientes para generar cadencias y ritmos inesperados entre los amantes más trabajados. El asunto es, por naturaleza, bastante complejo. Y si se le añaden refinamientos todavía puede serlo mucho más. Por consiguiente, en los eslabones descriptivos más elementales de la conducta amorosa tiene que haber muchos más resortes que el mero enervamiento de los sistemas dopaminérgicos. Si así no fuera, sería imposible distinguir entre una noche álgida entre sábanas o una brillante sesión de discusión política, artística o de negocios. Y aunque parece ser que en la actualidad hay más de uno (y de una) que confunde esos estratos, el paladeo distintivo es siempre mucho más aconsejable. Tendremos que recurrir, por tanto, a otros dispositivos neurohormonales para acercarnos con la sofisticación y la complejidad requeridas a los múltiples componentes que intervienen en los apetitos anticipatorios, el embeleso romántico o las fiebres eróticas desmedidas (véase Tabla 1, p. 70).

En la vecindad de los sistemas del placer cerebral, las neuronas noradrenérgicas (las que secretan y usan la no-

Tabla 1. Cascadas neurogonadales: protagonistas principales

– Urgencias sexuales:
testosterona, dihidrotestosterona, androstenodiona...
– Deseo / apetencias / *appeal*:
dopamina, androstenos, copulinas, noradrenalina...
– Placer / satisfacción sexual:
oxitocina, opioides...
– Afecto / vínculo / fusión:
oxitocina, euclozepinas, prolactina...
– Posesividad / celos:
vasopressina, serotonina...
– Recuerdos afectivo / eróticos:
glutamato, óxido nítrico...

INTERACCIONES COMPLEJAS QUE DAN PERFILES DISTINTIVOS, PATRONES ♂ VS. ♀, VARIACIONES EN FUNCIÓN DE LA EXPERIENCIA ERÓTICA...

radrenalina como neurotransmisor primordial) ayudan a las dopaminérgicas a cristalizar las vivencias de gratificación. Los grandes haces neurales que usan la noradrenalina como mensajero químico parten, asimismo, de zonas del tronco encefálico y se dirigen hacia arriba, en el encéfalo, para acabar conectando con diversas estructuras relevantes para la regulación emotiva y sexual. Hay otros haces noradrenérgicos que descienden por la médula espinal para estimular la puesta en marcha de inquietudes periféricas a través de los nervios que llegan a las vísceras. Las primeras, las rutas noradrenérgicas ascendentes, se encargan de focalizar la atención sobre estímulos potencialmente apetitosos al tiempo que amplifican el estado de excitación global. Conviene recordar, por ejemplo, que la yohimbina, una sustancia que potencia los sistemas de noradrenalina gracias al bloqueo de un receptor que suele tener frenado el disparo de esas neuronas, es un afrodisíaco potente y con acciones comprobadas en humanos. Combinada con la naltrexona (un fármaco que tiene efectos antiopiáceos), esta sustancia ha demostrado una capacidad para inducir excitaciones sexuales apoteósicas. Erecciones de más de seis horas de duración en voluntarios masculinos y ostentosas lubrificaciones vaginales, de duración similar, en voluntarias femeninas (12). La yohimbina fue usada regularmente en clínica para tratar trastornos eréctiles y del impulso sexual en la época pre-Viagra, aunque no llegó a imponerse a causa de su perfil de efectos secundarios. En consonancia con todo ello, hay datos sólidos que muestran que la administración de una sustancia adrenérgica (la efedrina) tiene una potente acción excitadora en mujeres. La efedrina es una variante sintética de la adrenalina, un primo hermano molecular de la noradrenalina que se encarga de complementar las acciones de esta última en muchos lugares del cuerpo, porque tiene menor apetencia por las células del cerebro aunque a los publicitarios les dé por implicarla en toda suerte de excitaciones mentales.

Las hormonas gonadales, por su parte, desempeñan un papel crucial en la modulación pasional. Un rol que no se limita, en absoluto, a la función de calentar motores y de poner a punto el instrumental para el acoplamiento feliz, sino a sus efectos directos sobre el cerebro. Existen receptores específicos destinados a captar los mensajes que los andrógenos, los estrógenos y los progestágenos acarrean hasta allí desde los testículos, los ovarios y otros lugares, no tan relevantes, de elaboración. Receptores que se concentran, precisamente, en las regiones hipotalámicas que regulan la intensidad y la direccionalidad de las conductas sexuales en ambos sexos (y en sus variantes). Están situados, por consiguiente, allí donde cabría esperar que estuvieran (19, 23).

El ingrediente principal de las urgencias inequívocamente sexuales es la testosterona o alguna de las variantes moleculares que adopta para trabajar. Los andrógenos son el detonante inexcusable de la excitación sexual. Pero a pesar de la gran cantidad de datos que avalan su función energizadora de la motivación erotógena en todos los mamíferos estudiados, con datos asimismo coincidentes en los primates, hasta hace muy poco teníamos que darnos por satisfechos con unos resultados más bien precarios al referirnos a los humanos. Hasta el punto de que ese famoso y asumido papel animador de los andrógenos era más una sospecha que un hecho indiscutible (4). Es más que probable que la reserva y la aprensión inalterable que tienden a mostrar los humanos cuando se tocan estos temas, haya contribuido a mantener el asunto en una relativa penumbra. Porque, al fin y al cabo, no es lo mismo desvelar secretos sobre las cifras de glucosa o de colesterol, en una hoja de análisis clínicos, que hacerlo sobre unos perfiles hormonales que pueden relacionarse con los rendimientos amorosos.

Un trío definitivamente indiscreto de médicos griegos (21) se encargó de despejar las brumas sobre el tema gracias a un estudio efectuado con muchachos jóvenes y sanos recién incorporados al ejército. Con la financiación procedente de una beca concedida a la Universidad de Harvard por un multimillonario griego muy conocido, se dedicaron a obtener muestras plasmáticas y datos diversos sobre la vida sexual de cien reclutas que pasaban su primera revisión en el Hospital Militar de Atenas. Encontraron una relación positiva y muy consistente entre el número de eyaculaciones semanales de los chavales y las cifras de dihidrotestosterona en plasma. Es decir, cuanto mayor la actividad sexual cotidiana mayores eran los índices del metabolito de la hormona sexual masculina que muestra más apetencia por los receptores androgénicos. Ninguna otra de las hormonas gonadales y adrenales estudiadas presentó relaciones con la actividad eyaculatoria, salvo la delta-4-androstenodiona que mostró una tendencia asimismo positiva a la covariación con las descargas sexuales frecuentes. Se trata de unos resultados que venían a corroborar multitud de indicios previos obtenidos en sujetos con dificultades de rendimiento sexual y también en muestras de adolescentes perfectamente sanos (5, 29). En las mujeres, los niveles de andrógenos que circulan por el torrente sanguíneo son, también, un buen indicador de su apetito sexual, aunque las oscilaciones cíclicas en las cifras de estrógenos y de progestágenos le añaden tonalidades particulares que acaban marcando unos períodos de mayor o menor receptividad erótica (19, 30). Unos períodos más o menos favorables para las interacciones sexuales que son obviables en las féminas humanas, dada la ausencia de un celo estentóreo y la receptividad continua de base, pero que son detectables cuando se tiene que hilar fino.

El papel de las hormonas sexuales no se agota ahí, sin embargo. Como resultado de sus acciones sobre las áreas del cerebro sexual, pueden modificar los efectos de otras neurohormonas que intervienen en la regulación de la atracción y la satisfacción amorosa (28). Los esteroides gonadales masculinos y femeninos ayudan, por tanto, a modular unas cascadas singulares que todavía no conocemos al detalle pero que permiten aventurar hipótesis plausibles sobre los mecanismos que subyacen a las efusiones sentimentales más idiosincráticas. La noción de cóctel particularizado es pertinente porque las neurohormonas de origen hipotalámico que interactúan con esas secreciones gonadales trabajan, a su vez, en otros territorios del cerebro. En regiones dedicadas, por ejemplo, a fijar imágenes o a evocar vivencias con carga emotiva. Estamos, por tanto, ante unos cócteles neurohormonales versátiles en cuanto a la composición y el lugar de acción. Esas sofisticaciones permiten las incursiones tentativas al campo de las tonalidades diferenciales en los sentimientos amorosos. Dicho de otro modo: empezamos a tener indicios para acercarnos a los sustratos de las fantasías, de las frustraciones o de las fatigas amorosas. Podemos considerar, por consiguiente, que estamos algo más cerca de las descripciones sutiles que todo el mundo reclama cuando se trata de un segmento tan secreto y aparentemente intransferible de la historia personal.

COMPLEJIDADES ADICIONALES EN LA NEUROMODULACIÓN AMOROSA

Hasta no hace mucho, cuando se hablaba de neurohormonas y de conducta sexual se partía de la base de que al llegar al meollo del asunto habría que referirse, de un modo u otro, a los engranajes endocrinos de la reproducción. Y así es, en efecto, a pesar de que algunas moléculas recién llegadas a la neurorregulación erótica hayan conseguido sustraer el protagonismo a sustancias con una venerable tradición a sus espaldas en lo que concierne a las funciones sexuales. Conviene, por tanto, dejar constancia de que existen diversas familias de hormonas que desde su lugar de producción, en el hipotálamo o en la hipófisis, se encargan de ir modulando los sutiles y sincronizados eslabones reproductivos mediante sus acciones sobre las gónadas y otras dianas. Así, por ejemplo, las hay que intervienen en la maduración de las células germinales (los óvulos y los espermatozoides); en la regulación de la concepción mediante la fusión feliz de esas células; en el desarrollo ordenado del embrión; en las interacciones madre/feto a través de la placenta; en los trabajos musculares del parto y en la alimentación del recién nacido. Son procesos cruciales, todos ellos, en la biología de los mamíferos y dependen, en gran medida, de múltiples señales hormonales que deben acoplarse con una finura y una precisión espléndidas.

Pero también hay que dejar constancia de que los estudios iniciales sobre el papel de esas neurohormonas hipofisarias e hipotalámicas en funciones amorosas independientes de las exigencias reproductoras, no fueron esperanzadores. Esa sequía inaugural de datos fue aprovechada por todos aquellos que confiaban (y que aún confían) en poder preservar los sentimientos humanos de la grosera intromisión de la endocrinología, la fisiología y otros impertinentes estiletes de la biología. Era un argumento potente y ampliamente usado, incluso, en las propias tribunas científicas, porque ayudaba a situar la afectividad humana lejos del abordaje empírico. Es decir, en el limbo de los misterios inasibles. Pasto exclusivo, en definitiva, para las reconfortantes divagaciones estéticas o filosóficas. No obstante, con las oleadas de hallazgos más recientes sobre múltiples neurorreguladores cerebrales de naturaleza química muy diversa (péptidos, esteroides, aminoácidos e incluso gases), se ha abierto un mundo de posibilidades y se ha reavivado el interés por la posible participación de las neurohormonas hipotálamo-hipofisarias en la regulación de los estados pasionales y de los diferentes componentes del gozo amoroso. Esas oleadas vinieron precedidas por un viraje muy notable en las concepciones de la neuroquímica cerebral: se desechó la idea de unas cuantas familias de neurotransmisores (sustancias que actúan como mensajeros químicos principales entre neuronas) y se la sustituyó por esquemas más complejos de regulación interneuronal con la participación, en una misma zona de contacto, de moléculas muy diferentes y con efectos asimismo muy distintos. Los datos forzaron el cambio, en definitiva, como siempre acostumbra a ocurrir. Algunas de las nuevas sustancias identificadas como neurorreguladores cerebrales constituyeron una sorpresa total. Pero en otros casos, los investigadores toparon con unos compuestos muy familiares. Viejos conocidos para los cuales se disponía de numerosas evidencias sobre sus acciones en lugares de la geografía corporal alejados del cerebro. Las «nuevas» acciones de esas sustancias redescubiertas han sido exploradas sistemáticamente y la pareja de neurohormonas que ha proporcionado más juego ha sido, probablemente, la formada por la oxitocina y la vasopresina.

OXITOCINA Y VASOPRESINA

Las dos neurohormonas se parecen mucho estructuralmente y son elaboradas por unas neuronas de considerable tamaño de los núcleos supraóptico y paraventricular del hipotálamo. Es decir, dos agrupaciones hipotalámicas diferenciadas que están situadas, respectivamente, encima del quiasma óptico y en la pared del tercer ventrículo cerebral. Desde esos lugares de origen emergen haces nerviosos (axones) que se dirigen a la estructura que se encuentra inmediatamente por debajo: la parte posterior de la hipófisis (la glándula principal del sistema endocrino, como vimos en el capítulo 1). La oxitocina y la vasopresina son secretadas en los botones terminales de esos axones nerviosos y entran allí mismo en el torrente sanguíneo para ser transportadas hasta sus lugares de acción en la periferia del cuerpo. La vasopresina se dirige hacia los riñones para enviar órdenes de retención hídrica durante los procesos de filtración, aclarado y vaciado de sustancias en la orina, pero también ejerce funciones, en el cerebro, que se alejan muchísimo de sus acciones sobre el intercambio hídrico renal. La oxitocina, por su parte, desempeña un papel directísimo durante el ciclo reproductor porque dispara las contracciones uterinas que dan lugar al parto y gobierna, asimismo, la emisión de leche en las glándulas mamarias cuando los bebés se aplican a succionar a conciencia los pezones. Son propiedades importantes que tuvieron, décadas atrás, sus derivaciones farmacológicas, siendo la más conocida de ellas el uso de medicamentos oxitócicos y antioxitócicos para programar los partos a voluntad.

En los últimos quince años, sin embargo, se han reunido muchos datos que sugieren la intervención de esas dos neurohormonas en la regulación de diversos aspectos de las interacciones sociales y sentimentales. Inicialmente se obtuvieron más datos en relación con la oxitocina pero el trabajo progresó, con muy buen ritmo, por los dos lados. Es un claro exponente de ello el hecho que la Academia de Ciencias de Nueva York dedicara, en 1992, un volumen entero de sus celebrados *Anales* a recoger los avances sobre la participación de la oxitocina en la regulación de la conducta maternal, social y sexual de los mamíferos (25). Efeméride que se repitió de nuevo en 1997 (10) con otro volumen ampliado ya a otras moléculas que intervienen en los mecanismos de la afiliación social. El detonante de aquella explosión investigadora fue el descubrimiento de vías neurales oxitocinérgicas y de receptores para la oxitocina con una distribución peculiar en varias regiones del cerebro. En otras palabras, se localizaron unos circuitos intracerebrales (diferentes del hipotálamo-hipofisario descrito más arriba) que usan la oxitocina como neurorregulador preferente. Como cabía esperar, ese hallazgo disparó la sospecha de posibles funciones añadidas a las ya conocidas de la oxitocina sobre las paredes del útero y la eyección láctea.

Así, por ejemplo, cuando se administra oxitocina directamente al interior del cerebro mediante inyecciones que van a parar a las cavidades que contienen líquido cefalorraquídeo, los acercamientos sexuales y la cópula resultan estimulados en diversas especies de mamíferos. La oxitocina intracerebral favorece una sexualidad más vigorosa y persistente, tanto en machos como en hembras. Puede incluso revitalizar el pobre rendimiento fornicador de las ratas macho seniles provocando una revigorización que los animales celebran, por cierto, con un entusiasmo y una dedicación ejemplares (2, 3). Y para acabarlo de redondear, la oxitocina contribuye asimismo a la eficiencia de la erección del pene en esos roedores (1). En cambio, cuando se administran antagonistas específicos de los receptores de oxitocina (sustancias antioxitocina), ese reverdecimiento amoroso, a tiempo o a destiempo, se pierde completamente (8). Esos efectos son el resultado de la actividad de la oxitocina sobre territorios particulares del cerebro. Concretamente, sobre el área medial preóptica y el núcleo ventromedial del hipotálamo, que evidencias anteriores (véase capítulo 1) ya habían conectado con la inducción del apetito sexual, así como en otros lugares cercanos y con nombres tan sugerentes como el núcleo del lecho de la estría terminal (16). Obsérvese, de paso, que incluso la rigurosa nomenclatura anatómica ofrece resonancias interesantes al llegar a esos recovecos del cerebro. Como aquella potenciación oxitocinérgica de la sexualidad se obtiene administrando dosis ínfimas, es razonable deducir que funciona como un mediador fisiológico en esas zonas. Es decir, como un modulador natural en las circunstancias ordinarias que encienden las apetencias sexuales.

AFECTOS MATERNALES

La oxitocina promueve la aparición de conductas maternales en las hembras de los mamíferos. Es, en realidad, el elemento hormonal clave para regular los hábitos de cuidado y crianza durante el período de amamantamiento de las crías. Fue justamente por esa vía por donde comenzaron las pesquisas para intentar relacionar esa hormona con los vínculos afectivos. Desde que se supo que era el disparador de la eyección de la leche como respuesta a la succión mamaria, se pensó que podía intervenir en la aparición de fusiones afectivas entre madres y prole. Los primeros estudios dedicados a la cuestión toparon, sin embargo, con fracasos reiterados porque cuando se administra la oxitocina en periferia (por vía dérmica o venosa, por ejemplo) es incapaz de mostrar efectos sobre la crianza, sea cual fuere la dosis usada. Esos resultados negativos provocaron un abandono prematuro de esa línea de indagación y pueden explicar, asimismo, que cuando aparecieron los primeros datos positivos, décadas más tarde, fueran recibidos con escepticismo. Por último, quedó perfectamente establecido que la oxitocina es el neurorregulador básico de los patrones de conducta maternal en mamíferos. Y que hay sustancias precursoras de la oxitocina (por ejemplo, la vasotocina), que cumplen funciones parecidas en las aves, los peces y los reptiles (25).

Los primeros resultados concluyentes se obtuvieron a principios de los ochenta del siglo pasado, en el Departamento de Psiquiatría de la Universidad de Carolina del Norte, en Chapel Hill. Administraron oxitocina directamente al interior del cerebro (en el líquido cefalorraquídeo) de ratas hembras y efectuaron, posteriormente, diversas medidas de devoción maternal. Pudieron demostrar que ratas vírgenes tratadas con oxitocina se ocupaban de recién nacidos extraños obviando la tendencia natural a ignorarlos o incluso a deshacerse de ellos matándolos. Es decir, mostraron tendencias maternales no restrictivas sin necesidad de estar amamantando. Reprodujeron, por tanto, una característica parental que, en condiciones ordinarias, solamente presentan las hembras de los humanos y algunos primates.

En relación con la maternidad restrictiva, los pastores conocen muy bien las complicaciones que ocasiona, a menudo, la fijación que establecen las ovejas con sus vástagos. Por regla general, no aceptan a ningún otro cabrito aunque el propio haya muerto, y no queda más remedio que alimentar al huérfano con biberón. Cualquiera que se haya detenido a contemplar sin prejuicios la entrañable escena del retorno cotidiano del rebaño al establo, en los atardeceres estivales, habrá comprobado que a menudo los pobres cabritos que se equivocan de madre al buscar el pezón codiciado reciben una dosis implacable de coces. Eric Keverne y Keith Kendrick demostraron, en sus ovejas de Cambridge, que esa tendencia a repeler a los corderos extraños podía revertirse inyectando oxitocina en el cerebro de las «madres» adoptivas díscolas (15). La oxitocina tiene una efectividad comparable a la de la estimulación mecánica del conducto vaginal: un procedimiento rudimentario pero muy eficaz que los pastores británicos procuran aplicar para conseguir que las «madres adoptivas» se avengan a nutrir crías ajenas. Lo cual ahorra el engorro de dar biberones, por supuesto. Esos dos biólogos de Cambridge han podido constatar que ese tipo de consuelo vaginal reiterado dispara la secreción de unos espléndidos picos de oxitocina endógena en el cerebro.

Gracias a ese tipo de trabajos y a otros que han permitido cuantificar las densidades regionales de receptores para la oxitocina, se ha podido situar el inicio de los repertorios de la conducta maternal en los mamíferos en el núcleo del lecho de la estría terminal, una región cerebral que ya conocemos por sus vinculaciones a la regulación sexual y que no está lejos del hipotálamo. Para conseguirlo, se compararon las densidades de los receptores de oxitocina en especies con más o menos propensión a la conducta maternal, en diferentes momentos del posparto y del amamantamiento, al tiempo que se inducía o bloqueaba esa dedicación con sustancias agonistas o antagonistas de la oxitocina (16).

AFECTIVIDAD PARENTAL (Y AMOROSA) POR CONTACTO

Se abrió, por consiguiente, un sendero muy provechoso para explicar la génesis de ese nexo tan formidable que establecen las madres con sus criaturas. Tenía que ser algo así: una sacudida intensísima en los resortes neurales de la afectividad que deja trazos indelebles. Porque hay que explicar no sólo la dedicación intensiva inicial sino el seguimiento incansable que las madres mamíferas hacen de sus vástagos. Las madres humanas no se limitan, únicamente, a nutrir y proteger a sus criaturas mientras crecen y todavía no pueden valerse por sí mismas, sino que extienden esa vigilancia y mimo a todo el periplo vital. Están dispuestas a sacrificarse por la propia descendencia hasta épocas muy tardías. Con ellas, con las madres y las abuelas humanas, se puede contar prácticamente siempre. De manera incondicional, a todas horas y en cualquier circunstancia.

O se podía, pensará más de uno, porque el mundo familiar cambia a velocidad de vértigo gracias a las innovaciones tecnológicas, con lo cual ahora ya no hay nada seguro. No me refiero con ello a los casos de abusos graves o de rechazo o abandono de criaturas, porque madres «desnaturalizadas» siempre las hubo (pocas, porque deben bloquear o anular unos mecanismos de engarce muy poderosos y que se instauran automáticamente, como se ha visto). Me refiero a otro tipo de fenómenos mucho más cotidianos. Comienza a ser frecuente, por ejemplo, que esa dedicación primorosa a los hijos la muestren los padres, en lugar de las madres, cuando por circunstancias profesionales o personales son ellos los que asumen el seguimiento intensivo de la prole. Esos varones constituyen una nueva variedad de «padres maternales», que muestran unas capacidades domésticas y una devoción por sus hijos impecable. A tal punto de perfección pueden llegar, que no resulta raro pescar, en alguna conversación entre féminas dominantes, competiciones muy reñidas donde se presume de marido (maternal) modélico.

El verdadero pan que los recién nacidos traen al mundo son las estrategias prefijadas para seducir a las madres y a los padres. Están programados para proporcionar gratificaciones potentes y sutiles que superan, de lejos, los inconvenientes y preocupaciones que ineluctablemente acarrean. El olor, el calorcillo, la suavidad dulcísima de la piel, el lloriqueo benigno y la succión golosa de los pezones, además de las sonrisas reflejas y un repertorio sorprendente de comportamientos que van desplegando poco a poco, disparan cambios neurales que imprimen trazos imborrables en el cerebro de los progenitores. En todo ello participa la oxitocina, porque su actividad facilitadora de la formación de vínculos afectivos va más allá de la relación madre/prole. Promueve, en realidad, aproximaciones y contactos táctiles entre los individuos de cualquier edad, aunque sean extraños. Se ha podido demostrar, por ejemplo, que induce incrementos de la interacción social en las ardillas, los campañoles y los simios. También lo consigue en variedades de ratones solitarios que sólo se preocupan de congeniar cuando hay oportunidades de apareamiento. Bajo los efectos de la oxitocina, incluso esos animales tan displicentes por naturaleza, presentan un incremento de los acercamientos, del juego en grupo y del tiempo total que dedican a estar en compañía (25). Hay multitud de datos que indican, por consiguiente, que ese nanopéptido, es un elemento crucial en los cócteles emotivos que se sustancian durante las interacciones amorosas. La estimulación táctil es uno de los inductores fisiológicos de la secreción de ese tipo de neurohormonas (12, 24). Hay que sospechar, por tanto, que las dependencias afectivas que nacen de las caricias y los abrazos entre amantes son el resultado del trabajo que efectúan esas sustancias endógenas. Unas acciones que consisten, probablemente, en ir dejando trazos persistentes en recodos cerebrales concretos. Es quizá prematuro afirmarlo con esa rotundidad aunque los indicios sean más que sugerentes, pero es probable que los hallazgos sobre la pareja oxitocina-vasopresina, que nos esperan a continuación, sirvan para remachar el clavo.

FUSIÓN (HORMONAL) MONÓGAMA

Los campañoles de prado (*Microtus ochrogaster*) norteamericanos son unos roedores que muestran un gran sentido de eso que solemos denominar vínculos familiares sólidos. Forman parejas estables, los machos ayudan a las hembras en la crianza de la prole y también en tareas domésticas como la construcción y conservación del nido; la fidelidad sexual es la norma, con esporádicas aventuras extraconyugales; les gusta jugar y prodigarse muestras de afecto en el núcleo familiar, que es donde procuran pasar la mayor parte de su tiempo; y, finalmente, los machos defienden a las hembras y a las criaturas con gran convicción ante los intrusos o los merodeadores. Thomas Insel, un psiquiatra muy activo que trabajó en los laboratorios de neurobiología del Instituto Nacional de la Salud Mental, en Maryland, y el Centro de Primates de Atlanta, antes de dirigir la mayor Agencia Federal de Investigación (NIH-USA), supo extraer un gran partido de los estudios sobre campañoles norteamericanos del género *Microtus*. Se dedicó a comparar las costumbres sociales y los engarces «sentimentales» en esos roedores y a relacionarlos con diversas neurohormonas.

Hay que precisar, en primer lugar, que no todos los campañoles son tan virtuosos como los de prado. Los campañoles de los humedales se les parecen bastante, pero los de Montana, en particular, constituyen el reverso de la moneda: no establecen relaciones estables de pareja, practican la poliginia con un entusiasmo desbordante, las hembras deben apañarse por su cuenta con las criaturas mientras los machos eluden la defensa del nido y las obligaciones domésticas porque prefieren deambular en busca de oportunidades. Un equipo de zoólogas de la Universidad de Maryland que acabaron colaborando con Insel, había comprobado todo eso en exhaustivos y bastante entretenidos, por lo que se ve, trabajos de campo (9, 10). La tendencia a la monogamia y a la corresponsabilización parental surge, en los campañoles de prado, de una manera automática cuando se aparean. Las fornicaciones inducen la propensión al núcleo familiar fusionado, como una especie de imperativo preprogramado. Cuando conocen hembra, los machos vírgenes, que suelen ser muy inquietos y curiosos, quedan atrapados para formar el nido. Lo mismo sucede con las hembras jóvenes, que no les van a la zaga en curiosidad y jugueteo. Se requiere, no obstante, un período mínimo de apareamiento de unas cuantas horas (con unas seis seguidas, suele bastar). Hay que dar la oportunidad de combinar las cópulas repetidas, por tanto, con ratos de juego, carantoñas y correteos. En cambio, la cópula ultrarrápida e intempestiva, tan característica de muchos roedores, no consigue fijar ningún lazo firme.

El grupo de Insel demostró (31) que el nacimiento de esa fusión monógama súbita depende, en los machos, de la actividad de los circuitos cerebrales de la vasopresina (la hormona antidiurética), un péptido que ya vimos que se elabora en el hipotálamo y que es un viejo conocido de los endocrinólogos, aunque el reconocimiento de su papel como neurotransmisor cerebral sea cosa reciente. Antes de esos trabajos con los campañoles monógamos se sabía, por ejemplo, que es un componente relevante en la fijación de jerarquías de dominancia / sumisión en hámsteres y su participación en la agresividad y en la reacción ante las emergencias vitales había empezado a ser estudiada (9). Volviendo a los campañoles, si han tenido la oportunidad de aparearse durante las horas imprescindibles, los machos atacan vigorosamente a los intrusos y muestran una clara preferencia por permanecer en compañía de su pareja, incluso cuando se les da la oportunidad de elegir entre ella y otras hembras alternativas. Esa fusión ya puede observarse veinticuatro horas después del apareamiento y se mantiene, sin pérdida de intensidad ni de calidad, aunque se los aísle interrumpiendo así la luna de miel. Si se les deja juntos, sin estorbarlos en absoluto, el vínculo conyugal entre los protagonistas se refuerza hasta alcanzar un máximo que garantiza una fidelidad consistente y una vigilancia celosa y duradera. Fidelidad con resquicios, no obstante, para las aventuras ocasionales extra-pareja de la monogamia imperfecta.

Si inmediatamente antes de aparearse se inyecta en el cerebro de esos campañoles una sustancia que anula los efectos de la vasopresina porque tapona selectivamente sus receptores neurales, entonces no surge ni la fusión conyugal ni los celos subsiguientes. Es decir, dejan que los intrusos merodeen cerca del nido sin inmutarse apenas y dedican idéntica atención a la compañera con la que han compartido cópulas fusionadoras que a las hembras alternativas. Se comportan, por tanto, como lo harían los sinvergüenzas de Montana. El fenómeno es totalmente dependiente del período de apareamiento inicial, porque si se repite la maniobra cuando el vínculo ya se ha establecido es difícil desmontarlo. Es decir, aquello que la vasopresina ha unido, permanece unido. Para remachar el asunto decidieron suministrar vasopresina a machos vírgenes. Observaron que la infusión repetida de hormona en el interior del cerebro provocaba la aparición de la defensa territorial con ataques contra los intrusos, que podían ser bloqueados mediante el correspondiente antagonista hormonal. Comprobaron, asimismo, que la vasopresina sola era capaz de inducir una clara preferencia por una compañera con la cual los machos habían tenido una convivencia casta (proximidad sin fornicaciones). Al ofrecerles, después, la opción de escoger entre la compañera o forasteras, los machos vírgenes tratados con vasopresina exógena se decantaban por pasar un 75 % de su tiempo con la compañera amical. Es decir, se indujo fusión sin pasar por la vía natural del fornicio repetido (véase Figura 1, p. 91).

Los resultados, en definitiva, sugieren que la vasopresina desempeña un papel nuclear en la fusión monógama de los campañoles machos. La oxitocina cumple funciones equivalentes en las hembras de esa especie. Se efectuaron experimentos, en paralelo, donde se medía el grado de preferencia de las hembras por la pareja masculina con la que habían disfrutado de un episodio óptimo de luna de miel, respecto de machos extraños. Mostraban una preferencia espectacular por sus amantes, pero los antagonistas de la oxitocina pueden destruir esa fusión inducida por vía natural. En el experimento contrario, un plus de oxitocina intracerebral generaba fusión afectiva donde no debería haberla: es decir, llevaba a mostrar preferencia por un macho al que no se había conocido sexualmente y tan sólo se le había tenido como acompañante casto (véase Figura 1). Hay ahí, por tanto, evidencias coincidentes que indican que se pueden manipular a voluntad la fusión afectiva en una especie monógama (potenciándola o destruyéndola) mediante acciones sobre los engranajes neuroquímicos que la regulan (32, 34).

FIGURA 1. Test de preferencia de pareja y mecanismos neurohormonales de la fusión monógama en campañoles: la «luna de miel» (círculo, arriba) da curso a una preferencia por el compañero fusionado (en negro) en el test de elección (caja de 3 compartimentos). Abajo: la oxitocina puede inducir fusiones sin período previo de «luna de miel» en hembras, y los antagonistas de la oxitocina destruyen una fusión bien fijada. Lo mismo ocurre con la vasopresina en los machos. (Modificado a partir de 2, 32.) ►

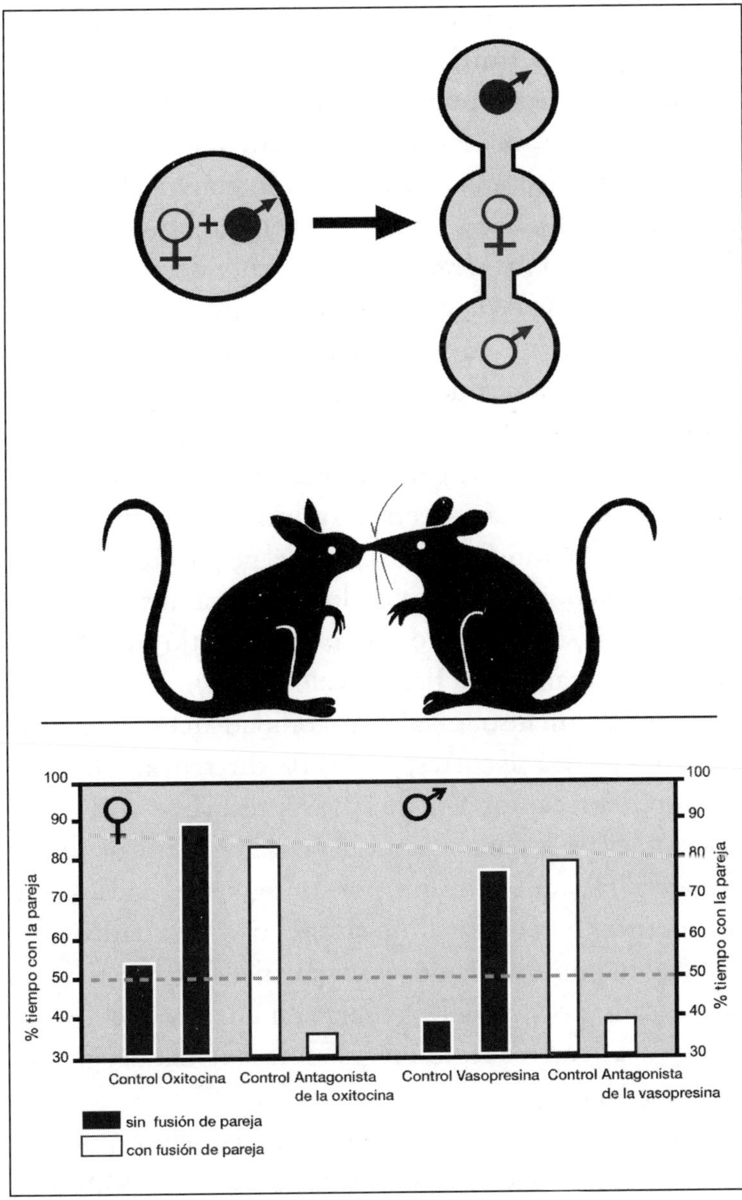

% tiempo con la pareja
100
90
80
70
60
50
40
30
Control Oxitocina
Control Antagonista de la oxitocina
Control Vasopresina
Control Antagonista de la vasopresina
sin fusión de pareja
con fusión de pareja

Con la incorporación de las técnicas de bricolage génico que han permitido fabricar todo tipo de roedores mutantes que acarrean una variante molecular (animales transgénicos), cabía esperar que se intentara el desafío de inducir fidelidad afectiva y devoción conyugal en especies promiscuas. Se ha tenido éxito en dos ocasiones. Mediante la inserción en ratones promiscuos de la modalidad del receptor V1a de la vasopresina que poseen los campañoles de prado, se convirtió a los primeros en animales devotos y vigilantes de su pareja (33). El segundo éxito consistió en transferir la propensión a la fidelidad entre diferentes especies de campañoles, mediante una intervención todavía más selectiva. Al inducir la expresión de una región polimórfica reguladora del gen del receptor V1a vasopresínico, prototípica de los monógamos de prado, en los promiscuos de Montana, se convirtió a estos últimos en unos animales fieles y celosos (22). Se ha llegado a demostrar, incluso, que la variabilidad en esa región reguladora génica se corresponde con diferencias en la expresión del receptor V1a de la vasopresina en áreas cerebrales relevantes para las conductas parentales y de fusión de pareja. Hay que convenir, por consiguiente, que los neurogenetistas han conseguido rizar el rizo, en cuanto a capacidad manipuladora de los engranajes de la afectividad. Sobre todo porque debe tenerse en cuenta que los humanos acarrean esa región reguladora singular del gen del receptor V1a (14).

Ese conjunto de hallazgos permite concluir, por tanto, que la actividad de esas dos hormonas, la vasopresina y la oxitocina, constituye un sutil mecanismo de modulación de las dependencias y los vínculos emotivos en diversas especies de roedores, con especialización relativa entre sexos. Se ha podido demostrar, asimismo, que esos engranajes están íntimamente conectados con los sistemas de gratificación cerebral que usan la dopamina como neurorregulador preferente (34). Con lo cual, los mecanismos de la fusión afectiva y los del placer erótico quedan enlazados en circuitos interdependientes que ya pueden comenzar a trazarse. Es más que probable que esos datos tan consistentes en los campañoles puedan trasladarse a otros mamíferos que tienden a formar engarces afectivos firmes: ya se dispone de algunos datos coincidentes en monos monógamos y en otros roedores (34). La aventura más interesante consistirá en trasladar todo ello, si es posible, a los humanos (18).

ENDOCRINOLOGÍA DE LA SATISFACCIÓN Y LA BEATITUD AMOROSA

La oxitocina ha sido ya bautizada como la hormona de la satisfacción y la plenitud afectiva en muchas ocasiones. En algunas pruebas efectuadas en humanos se han medido descargas acentuadas de oxitocina no solamente durante el *crescendo* de la excitación sexual, sino muy especialmente durante el relajo postorgásmico (24). También se cuenta con algún dato paralelo con la vasopresina en el período posteyaculatorio. De todos modos, la cosecha de este tipo de datos en humanos es precaria por razones obvias. Pero si se combinan esos hallazgos incipientes con la plétora obtenida en animales muy cercanos a nosotros y que indican, tal como acabamos de ver, que la oxitocina promueve proximidad social, afabilidad y satisfacción, mientras que la vasopresina induce posesividad afectiva, hay que concluir que la conjetura de que ambas trabajan tocando los resortes más hondos de las dependencias sentimentales está bien sustentada. Que se encargan, en definitiva, de fabricar esos engarces induciendo sintonías durante las interacciones agradables y marcando el cerebro con la potente capacidad evocadora del deleite.

En asuntos sentimentales, sin embargo, la plenitud gozosa puede venir, en ocasiones, del retiro y la distancia. No surge únicamente durante la fusión sensitiva dual característica de los períodos de exaltación pasional. Cuando los vínculos son sólidos y existen puertos seguros donde amarrar, los tránsitos en solitario pueden ser una gran fuente de satisfacción en hombres y en mujeres. La acción de algunas drogas adictivas reproduce justamente ese perfil: en lugar de enervar el espíritu con la fiebre del apetito, lo alejan de los trasiegos inclementes. El pico de placer que proporcionan los tóxicos opiáceos tiene, a diferencia del de los estimulantes, esas características. El bienestar que resulta de la acción de los opioides cerebrales (las endorfinas y encefalinas) es de esa naturaleza: favorece la mansedumbre y el distanciamiento benefactor. Y la inhibición sexual, por descontado. Es de sobra conocido que los opiáceos son unos perfectos anafrodisíacos: instauran una beatitud satisfecha, una saciación armoniosa que amortigua las inquietudes del magín y las de la entrepierna. La suavidad de los momentos de reposo amoroso tiene su fundamento en la acción de diversas sustancias internas que promueven inercias plácidas en el estado de ánimo. Es decir, unas tonalidades afectivas bastante parecidas, al fin y al cabo, a las provocadas por los tóxicos opiáceos.

Los opiáceos endógenos muestran esas propiedades apaciguadoras. Además de la tonalidad beatífica de sus efectos gratificantes se ha podido demostrar que inhiben, en los roedores machos, la erección del pene inducida por oxitocina exógena (1). En las hembras colaboran con la oxitocina generando repertorios de conducta maternal y haciendo surgir vínculos afectivos durante los períodos de cría. Son efectos que pueden parecer antagónicos, pero no lo son. Al bloquear la erección, los opiáceos inhiben las posibilidades de acoplamiento y el surgimiento de vínculos basados en la resolución pasional. Sin embargo, contribuyen a fabricar otro tipo de vínculos por una vía diferente: promoviendo satisfacción en los momentos de interacción restauradora. Lo cual nos devuelve a la noción del cóctel particularizado dependiendo de los ingredientes y el contexto. En cualquier caso, la complejidad de las interacciones amorosas exigirá discernir esos ingredientes y el rendimiento global de unos cócteles mucho más elusivos y sutiles que los que acabamos de enunciar. Pero no son inaprensibles, ni mucho menos.

Es probable, en este sentido, que la conyugalidad amable que consiguen no pocas parejas humanas estables, repose en la acción de sustancias cerebrales cuyo trabajo consista en suministrar placidez. Los más sabios y las más sabias cultivan sutilmente esas propiedades y saben convertirlas en un mundo de detalles del cual extraen placeres incontables. Es el refinamiento de las cadencias suaves. Si sabe administrarse su flujo y combinarlo con una variabilidad suficiente de ingredientes, se puede llegar a vencer la monotonía que siempre acecha agazapada. Y también la tentación, cómo no, de las pasiones intempestivas colaterales. Puede haber nostalgia incluso del dulce discurrir del tedio amoroso. Es así porque los cócteles hormonales que trabajan en zonas críticas del cerebro y que hemos asociado a multitud de circunstancias vitales, también permiten ese tipo de perversiones castas.

3

AMORES ESCANEADOS

De vez en cuando, algún príncipe del pensamiento se descuelga con la archirrepetida historia de que la fiebre del enamoramiento es un «invento» reciente. Un artefacto estrictamente cultural. Que la pasión romántica es una destilación versificadora de los trovadores provenzales que el romanticismo del siglo XIX, en primer término, y el cinematográfico, más adelante, consagraron como modelo social. Dicho de otro modo, que el enamoramiento sería un imperativo artificial. Una autointoxicación de la complaciente modernidad que ha venido a trastocar unos códigos que transitaban, en otras épocas, por senderos más directos en lo que concierne a los intercambios carnales y a las instituciones que de ellos dependen.

Según esta curiosa hipótesis, únicamente se enamoran los humanos contemporáneos porque han sido entrenados en el romanticismo obnubilador desde la más tierna infancia. Los antiguos no se enamoraban, por supuesto, y nuestros ancestros prehistóricos jamás habrían experimentado unos desvelos de tan notorio histrionismo porque las exigencias del entorno eran mucho más acuciantes. Todo eso que queda tan delicioso y que engatusa a la cuota siempre renovable de incautos, denota una tendencia incurable a la desvergüenza porque choca contra evidencias monumentales. Desde los trastornos que los enamoramientos pueden provocar en los adolescentes tiernos o en los individuos ya más maduros, a pesar de las sucesivas revoluciones en los usos sexuales, hasta el mismísimo registro histórico que contiene, en todo tipo de civilizaciones y épocas, un rosario de enfrentamientos no precisamente triviales a causa de amores desbocados.

HAY ANIMALES QUE SE ENAMORAN

Los datos que mejor contrarrestan esa improbable conjetura no hay que irlos a buscar, sin embargo, en la crónica histórica o en la persistencia de las patologías amorosas sea cual fuere la época y el lugar. Nuestros parientes, los animales subhumanos, muestran ejemplos conspicuos de vínculos amorosos exclusivizantes. Konrad Lorenz (17), por ejemplo, dejó páginas de lectura imprescindible cuando anotó los rituales que acompañan a la fusión monógama en las parejas de ocas. La ceremonia triunfal que, de vez en cuando, dedica la oca macho a su amada constituye una «liturgia» singular, una señalización del «enamoramiento» exclusivo. De la fusión intensa (aunque imperfecta, por descontado) entre dos individuos. Por cierto que, en esas aves, los amores apasionados, con sus correspondientes ceremonias de triunfo, también se dan entre machos. Forman, de esa guisa, alianzas homosexuales que cursan con un vigor y una lealtad fortísima. Con recompensas añadidas, vale la pena constatarlo, porque esas ocas gays acostumbran a hacerse con el liderazgo de las tropas donde residen al formar dúos imbatibles.

En los pájaros no es infrecuente la fórmula del apareamiento monogámico mediante fusiones exclusivistas (21). Las alianzas pueden ser muy duraderas y mantenerse bajo condiciones de alta exigencia ambiental, aunque con derivas hacia la traición ocasional, por ambos lados (son sistemas de monogamia imperfecta). Las golondrinas, por ejemplo, forman parejas macho/hembra que permanecen unidas durante diversos períodos de crianza, en las sucesivas migraciones transecuatoriales que les llevan, año tras año, desde Escandinavia o el Mediterráneo, hasta Sudáfrica o Namibia. Esos «matrimonios» de golondrinas no sólo ven nacer y alimentan a sucesivas generaciones de polluelos, sino que acostumbran a visitar los mismos nidos en los cuarteles de invierno y de verano, a decenas de miles de kilómetros de distancia entre ellos (20). La tendencia a la infidelidad es muy notable, como se ha dicho, pero las conductas de salvaguardia y vigilancia de la pareja (por parte de los machos, en particular) alcanzan un nivel de sofisticación muy considerable.

En los mamíferos, eso de establecer vínculos de pareja más o menos duraderos, es un hábito mucho menos concurrido aunque hay algunas especies que han adoptado esa estrategia de relación sexual. En el capítulo anterior vimos, con particular detenimiento, que algunas especies de roedores se han convertido en los patrones de referencia para la caracterización neuroquímica de la monogamia imperfecta. Son el estándar vigente para la investigación molecular de la monogamia, aunque no estén solos en esa propensión. Entre los simios más cercanos a nosotros solamente los gibones presentan un tipo de arreglo «familiar» parecido. Los bonobos y los chimpancés están muy alejados de ese patrón de pareja amorosa. Los chimpancés se apuntan a la competición poligínica con dominio social masculino y promiscuidad franca. Los clanes de bonobos practican una sexualidad de amplio espectro con dominio social femenino y relaciones homosexuales y heterosexuales muy diversificadas. No es raro, sin embargo, que aparezcan en ambas especies demostraciones preferentes de afecto y algún que otro consorcio efímero, entre adolescentes sobre todo, que es un análogo del «enamoramiento» fugaz.

Los biólogos evolutivos sospechan que los exigentes requerimientos de las crías humanas forzaron la tendencia a formar parejas duraderas con dedicación biparental a la tutela de la prole. Los recién nacidos humanos son unas crías técnicamente prematuras, al ser alumbradas, puesto que sin una intensa dedicación y vigilancia parental no serían viables. En los hábitats donde surgió el bipedalismo y la organización en tropas carroñeras/cazadoras de reducido tamaño, en los primeros homínidos, parece ser que se dieron circunstancias favorecedoras del aparejamiento duradero (9). Eso es, al menos, lo que pretenden los atrevidos cronistas de esas épocas tan oscuras y alejadas. Según esos relatos, las relaciones amorosas en los antecesores humanos han oscilado entre la poliginia y los sistemas de monogamia imperfecta, pero siempre con un decantamiento hacia la formación de parejas exclusivas.

Por otro lado, en los sondeos antropológicos sistemáticos que se han llevado a cabo en multitud de culturas primitivas que subsisten, en el mundo, el enamoramiento es un fenómeno descaradamente mayoritario (14). Se sospecha que las pocas excepciones a esa regla derivan del despiste o la impericia de los antropólogos para dar con las preguntas pertinentes. En cualquier caso, el fenómeno de la pasión monopolizadora es muy robusto se inquiera donde se inquiera. La persistencia de los dispositivos neurohormonales que modulan la fusión amorosa sería el garante de esa tendencia a aparearse de manera preferencial. Aunque debe añadirse, inmediatamente, que aquellos engranajes neuroendocrinos tienen múltiples protagonistas y aquí hemos enfocado los periscopios tan sólo a los más relevantes. El área simplemente ha iniciado su andadura, pero las correspondencias entre los sistemas neuroendocrinos que sustentan la fusión afectiva en animales y los enamoramientos en humanos le dan una innegable consistencia. Es tiempo, ahora, de cambiar la orientación de los visores para dirigirlos hacia las rutilantes técnicas de escaneo cerebral.

SEMIR ZEKI Y EL CEREBRO ROMÁNTICO

We have shown that underlying one of the richest experiences of mankind (love) is a functionally specialised system of the brain. It is perhaps surprising that so complex and overwhelming a sentiment should correlate differentially with activity in such restricted regions of the brain, and fascinating to reflect that the face that launched a thousand ships should have done so through such a limited expanse of the cortex.

ANDREAS BARTELS Y SEMIR ZEKI, *Neuroreport*, 2000

Semir Zeki es uno de los neurólogos más sofisticados del mundo. Desde su laboratorio en pleno centro de Londres, en el University College, ha ideado trabajos particularmente elegantes para adentrarse en los mecanismos cerebrales de la visión cromática. Trabajando con pacientes que presentaban anomalías en la percepción del color y también con monos, para llevar a cabo registros precisos de la actividad neuronal ante patrones coloreados, ha dado pasos decisivos en la descripción de los circuitos cerebrales que procesan los matices cromáticos del mundo. Ese tipo de estudios lo llevó a interesarse por las propiedades de ese fenómeno tan sutil que es el instante de la consciencia visual: la detección de las singularidades de los objetos y de las imágenes autogeneradas. Y de ahí saltó al proceso de la creación artística porque el trabajo mental del pintor o del escultor suele comenzar con un esbozo o presunción ideatoria (una imagen autogenerada) que acabará siendo un objeto del mundo si llega a una plasmación feliz. Todo eso convierte a Zeki en el paradigma del científico ilustrado a la antigua. Sus amigos del Museu de la Ciència de Barcelona conocen bien sus escapadas, a veces de una sola noche, para acudir a la ópera, en el Liceu barcelonés o a alguna exposición, y lo aprovechan para montar veladas en La Balsa o en Casa Calvet, donde se van espigando los temas (y los idiomas) con un desparpajo envidiable.

En los últimos años Zeki ha aprovechado a fondo las facilidades de los equipos de neuroimagen fMRI que el Instituto Wellcome ha puesto a su disposición, para escanear la actividad cerebral en sujetos normales mientras efectúan algún tipo de tarea. Los resultados durante la visión de patrones procedentes de obras pictóricas con fuertes contrastes geométrico-cromáticos (Mondrian, por ejemplo) han sido magníficos y buena parte de las enseñanzas obtenidas las ha recogido en *Inner vision,* un pequeño y sensacional libro donde combina sus apetitos como neurólogo y como gourmet artístico (30). Estoy convencido de que esos trabajos en la frontera del arte y la ciencia fueron el germen para acometer los primeros estudios de neuroimagen dedicados al enamoramiento. En el año 2000 dio a conocer junto a Andreas Bartels un estudio, en *Neuroreport,* que constituye el hito inaugural en este campo (4). Hay que dar por hecha esa conexión porque el procedimiento empleado –registrar la actividad cerebral ante el rostro de la persona amada– supone una continuidad sin fisuras con sus trabajos anteriores.

Decidieron colocar anuncios en Internet y pósteres en los vestíbulos de centros académicos para reclutar voluntarios que estuvieran intensamente enamorados y dispuestos a dejarse escanear el cerebro. De las más de setenta peticiones recibidas seleccionaron, mediante una entrevista adicional, a diecisiete sujetos (once mujeres y seis hombres), con edades comprendidas entre los 21 y los 37 años. Procedían de once países diferentes, los había de diversas razas y el grado de pasión romántica medido con las escalas pertinentes (13) confirmó que estaban en el pico del enamoramiento. Los escaneados fMRI en los equipos de neuroradiología y las puntuaciones de intensidad de la pasión romántica y del atractivo sexual, se obtenían en la misma sesión. Se reservaba otro día para los registros de la actividad electrodermal ante los mismos rostros. Las caras que se presentaban como estímulos partían de fotografías proporcionadas por los propios sujetos: primeros planos en color del rostro de la persona amada y de amigos del mismo sexo y edad que esta última. Se procuró que el fondo de todas las fotografías fuera neutro y uniforme, además de igualar sus tamaños. Los amigos cuyo rostro fue utilizado no eran recientes: 4,3 años de relación con los protagonistas mientras que los amantes llevaban de promedio 2,4 años como tales. Cada serie de rostros contenía cuatro estímulos: el de la persona amada y tres rostros amigos, pero el orden de las presentaciones iba variando a lo largo de nueve repeticiones. El objetivo era detectar diferencias de activación/desactivación neural en zonas particulares del cerebro que reflejaran, específicamente, respuestas distintas ante la contemplación del rostro amado respecto de los rostros amigos. Es decir, amor *versus* amistad.

Los resultados fueron estupendos. Las fotografías funcionaron muy bien como estímulos inductores: hubo diferencias sustanciales en la intensidad de los sentimientos amorosos o del atractivo sexual que evocaban en los sujetos. Es decir, tal como muestra la Figura 2 de la p. 107, los rostros del amante triplican de largo los sentimientos románticos y el deseo sexual en comparación con las facies amigas. Debe recordarse que esas medidas se tomaban al final de la sesión de escaneado, después de haber pasado por multitud de repeticiones y la consiguiente habituación/fatiga, lo cual aumenta su potencia. En el registro de la actividad electrodermal (una reacción fisiológica inespecífica que denota tan sólo el impacto emotivo global), también las caras de los amantes se mostraron más incisivas. Los resultados de las activaciones/desactivaciones neurales en las sesiones fMRI fueron aun mejores. Un rosario de zonas cerebrales formado, en ambos hemisferios, por subáreas de la corteza insular medial, la corteza cingulada anterior, la cabeza del núcleo caudado y el putamen, se activó más ante el rostro de los amantes que ante los rostros amigos. Ese hallazgo sugiere la existencia de una red neural al servicio de los sentimientos romántico-pasionales evocados por el rostro amado. Una red o sistema que reúne varias regiones dedicadas al procesamiento de la contemplación placentera, con componentes particulares que van desde el cosquilleo del atractivo hasta la urgencia apetitosa (véanse Figuras 3 y 4 para localizar, aproximadamente, algunas de esas zonas cerebrales). Los datos fueron particularmente favorables porque permitieron descartar efectos distorsionadores debidos a la familiaridad o la atención. Si las caras amadas y las de los amigos hubieran diferido en esos parámetros, se habría reflejado en el trabajo de algunas zonas de la corteza fusiforme y la propiamente visual del cerebro, que son las encargadas de captar ese tipo de disparidad. Al no ser así, pueden adjudicarse las diferencias encontradas a las vivencias distintivas de pasión amorosa y amistad.

Las desactivaciones fMRI correspondían a las comparaciones zonales que ofrecían una dirección inversa a la anterior, es decir, un mayor trabajo neural ante los rostros amigos que ante los de los amantes. El panorama también resultó convincente. Había, por un lado, menor

FIGURA 2. Intensidades / pico de la pasión romántica. Gráficos superiores: sentimientos amorosos, deseo sexual y actividad electrodermal evocada por los rostros de amantes (negro) *versus* amigos (blanco) en los sujetos del Experimento de Bartels-Zeki (4). Gráfico inferior: cinética pasional. Evolución temporal de los diferentes componentes de los episodios amorosos intensos (enamoramientos). m = punto de agotamiento (variable) de la pasión / atracción. ►

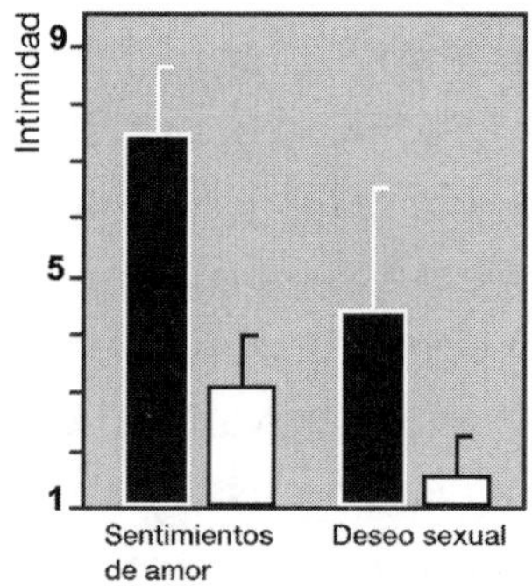

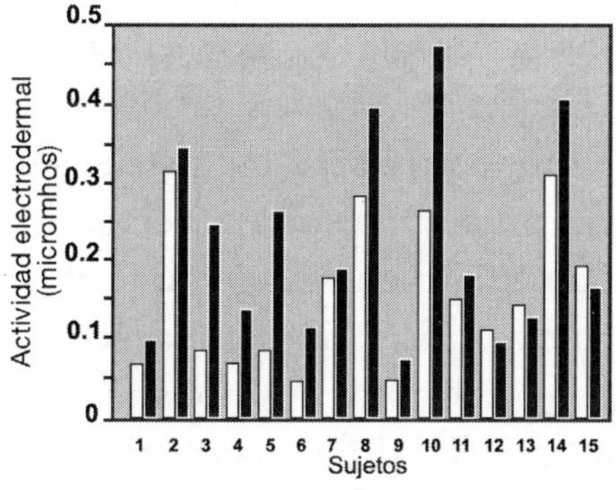

CINÉTICA DE LA PASIÓN AMOROSA

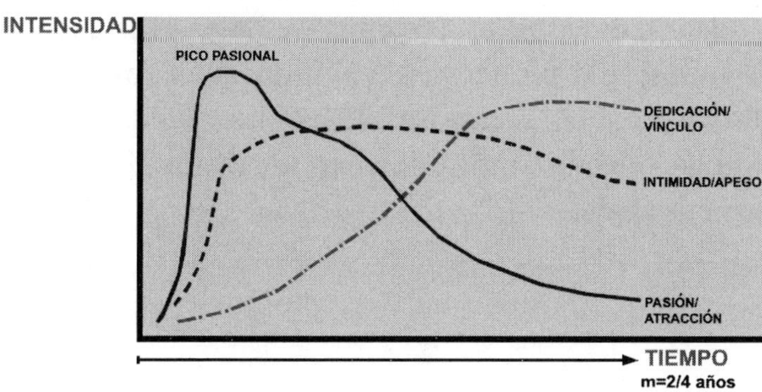

respuesta de las amígdalas cerebrales y de la corteza cingulada posterior. Y aparecieron, además, amplias zonas de desactivación en la corteza prefrontal, temporal y parietal particularmente del hemisferio derecho. La combinación es muy sugestiva porque permite conjeturar que, ante el rostro venerado y en el período de máxima intensidad pasional, se desactivan las regiones dispuestas para las alertas emotivas intensas y automáticas (amígdalas, cíngulum posterior) y decrece, asimismo, el trabajo de los territorios dedicados a la ponderación reflexiva y a la evaluación de mensajes y comportamientos (cortezas prefrontal, parietal y temporal). Los resultados, tomados en conjunto, corroboran la existencia de una red neural dedicada a procesar la euforia y el candor que evoca el rostro bienamado. Bienestar genuino al tiempo que se suspende el juicio crítico y las alarmas sociales. Esa experiencia de sintonía positiva y bobalicona que todo enamorado conoce. Sin diferencias, por cierto, entre hombres y mujeres aunque la parquedad de la muestra (seis y once individuos, respectivamente) no permitía ahondar en ese aspecto. No era, pues, una mala cosecha para un estudio pionero y de ahí, quizá, el entusiasmo historicista sobre las crónicas de pasiones álgidas del párrafo con que abríamos este apartado y que sirvió para cerrar el trabajo.

DEL CEREBRO ROMÁNTICO AL MATERNAL

Cuatro años después, el dúo Zeki-Bartels volvió a la carga con el mismo tipo de aproximación, centrándose, en esta ocasión, en el amor maternal (5). Reclutaron a veinte madres recientes (edad promedio: 34 años, con una distribución entre los 27 y los 49 años) a partir de pósteres colocados en clínicas pediátricas londinenses. Las madres tuvieron que acreditar una historia médica y psicológica de estricta normalidad y proporcionaron fotografías de sus hijos (con edades comprendidas entre los 9 meses y los 6 años; el promedio era 2,5 años). Además se les pidieron fotografías de criaturas conocidas (compañeros de la guardería o de la escuela de sus hijos, por ejemplo, de una edad similar a la de éstos). Y también fotografías de su mejor amiga (la edad promedio era 36,4 años, con una relación de amistad que venía durando unos 15,9 años) y de mujeres conocidas pero sin relación de amistad alguna. Con todas esas fotos y con otras de criaturas y mujeres totalmente desconocidas (como controles de comparación) se elaboraron las series de estímulos que se presentarían en las sesiones de escaneado cerebral. Se igualaron, por descontado, las condiciones de los rostros, los fondos y los tamaños de dichas imágenes. Durante la sesión radiológica las madres tan sólo tenían que contemplar las fotos que iban apareciendo y mantenerse relajadas. Cada fotografía se mantenía en pantalla durante quince segundos y era sustituida, sin pausa, por la siguiente, en un proceso que se repitió en seis ocasiones para cada categoría. Al final de la sesión las madres rellenaron unas escalas que medían la intensidad del amor maternal, la amistad, la ternura, la indiferencia o el atractivo sexual ante las fotos. Los resultados de esas evaluaciones, en intensidades que podían variar del 1 (nada) al 9 (máximo), vienen reflejados en la Tabla 2, y vuelven a indicar que la técnica de presentar rostros es un buen inductor de sentimientos fiables y distintivos a pesar de los inconvenientes (inevitables, por razones de método) de las repeticiones múltiples.

Para proceder a la evaluación de las activaciones/desactivaciones en zonas cerebrales durante el escaneado fMRI, se efectuaron múltiples comparaciones. Era un experimento mucho más complejo que el anterior al reunir más categorías: «amor maternal» (criaturas propias *versus* conocidas), «amistad» (mejor amiga *versus* señora conocida), además de las comparaciones cruzadas entre «amor maternal» y «amistad», y de las imprescindibles de control respecto de los rostros de criaturas o de señoras desconocidas. En una fase ulterior del análisis se contrastaron los patrones de trabajo neural correspondientes al «amor maternal» con los del «amor romántico», comparando los resultados de las veinte madres, ante los rostros de sus hijos, con los de los diecisiete enamorados del estudio previo, ante los rostros de sus amantes. En una vuelta de tuerca final se restringió ese contraste a las once mujeres del primer estudio, para uniformizar la comparación en relación con el sexo. Usando las palabras de los dos investigadores, los resultados globales pueden resu-

Tabla

Evaluación de las emociones experimentadas por las madres estudiadas durante el escáner fMRI.

	cO	cA	cU	aF	aA	aU
Amistad	6.2 ± 3.1	4.7 ± 2.9	2.6 ± 2.5	7.9 ± 1.8	3.9 ± 1.8	1.5 ± 1.2
Amor	8.3 ± 1.3	4.1 ± 2.5	2.3 ± 2.7	6.1 ± 2.3	2.1 ± 1.4	1.1 ± 0.3
Disgusto/rechazo	1 ± 0	1.5 ± 1.2	1 ± 0	1.1 ± 0.3	1.8 ± 1.7	1 ± 0
Indiferencia	1.2 ± 0.8	2.6 ± 2.6	4.9 ± 3.6	1.3 ± 0.8	3.3 ± 2.3	5.5 ± 3.9
Querer/proteger	7.7 ± 2.2	5.4 ± 1.6	3.1 ± 2.6	4.5 ± 3.1	1.7 ± 1.3	1.3 ± 1.1
Admiración/respeto	6.4 ± 3.3	3.1 ± 2.1	1.6 ± 1.2	6.3 ± 2.7	3.2 ± 1.9	1.7 ± 1.7
Deseo/erotismo	1.6 ± 1.9	1 ± 0	1 ± 0	1 ± 0	1 ± 0	1 ± 0
Ternura	8.7 ± 0.6	5.1 ± 2.1	6.5 ± 2.5	2.4 ± 1.9	2.4 ± 1.9	1.5 ± 1.2

Media ± Desviación estándar de 19 madres

GRADO DE EMOCIÓN

NINGUNA 1 — MEDIA 5 — INTENSA 9

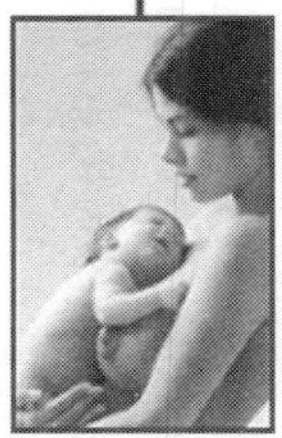

cO: niño propio

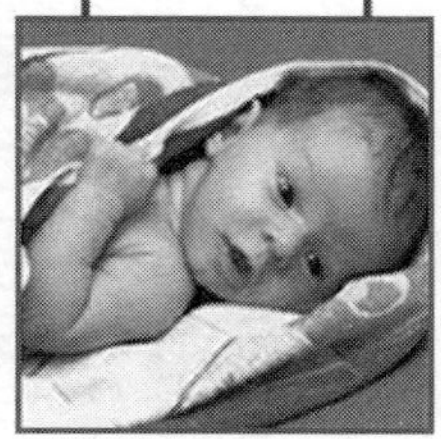

cA: niño conocido
cU: niño desconocido

aF: (adulto) mejor amiga

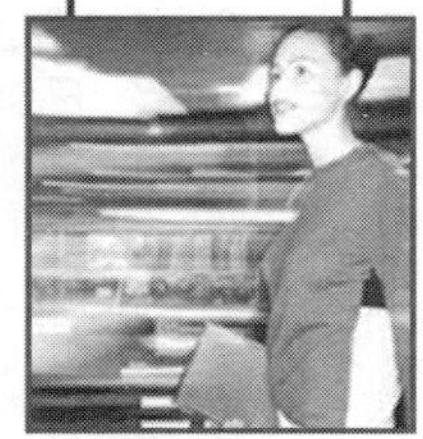

aA: (adulto) conocido
aU: (adulto) desconocido

TABLA 2. Modificado a partir de 5: las fotos tienen carácter ilustrativo. En el experimento Bartels-Zeki se igualaban en todos los parámetros: tamaño, fondo, plano, etc.

mirse de la siguiente manera: 1) El amor romántico y el maternal involucran a una red única y conjunta de áreas cerebrales, así como a algunas regiones específicas para cada una de esas dos formas de amor; 2) las zonas activadas pertenecen a los sistemas de gratificación/placer cerebral y contienen, además, una alta densidad de receptores para la oxitocina y la vasopresina, lo cual sugiere que el gobierno neurohormonal del apego/fusión afectiva, observado en animales, se aplica asimismo a los humanos, y 3) esas dos formas de amor suprimen la actividad neural en regiones asociadas a las emociones negativas, así como en áreas dedicadas a las tareas mentales reflexivas y al enjuiciamiento social (Bartels and Zeki, 2004, p. 1.162) (5). Ese resumen conecta explícitamente la neuroimagen del amor romántico y el maternal con la regulación neuroendocrina de las fusiones afectivas a la cual hemos dedicado el grueso del capítulo anterior. Se trata, por tanto, de una convergencia de resultados sensacional. Pero antes de dejarnos llevar por el entusiasmo zekiano conviene que repasemos los datos obtenidos en este segundo estudio.

Los resultados tomados uno a uno volvieron a ser estupendos y muy consistentes. El primer fenómeno destacable es que la contemplación de los rostros de los propios retoños reclutaba la misma red de zonas cerebrales que se activaba ante las caras de la persona amada. La ínsula medial, el cíngulum anterior, la cabeza del caudado y el putamen mostraban, de nuevo, un protagonismo especial ante un tipo de estímulo radicalmente diferente (la cara de una criatura respecto de la de un adulto), pero capaz de inducir un sentimiento parecido: ternura y fusión amorosa. El segundo hecho relevante era otra repetición: las zonas inactivas ante el rostro de los hijos bienamados eran las que procesan las alarmas emotivas (amígdalas, cíngulum posterior) y las que se dedican al enjuiciamiento social y el análisis ponderado de eventos del mundo (amplias áreas neocorticales del lóbulo prefrontal, parietal y temporal). Eso no suele ocurrir a menudo en biología del comportamiento. Que dos estudios diferentes, efectuados en muestras distintas y usando estímulos de categorías diversas acaben por generar un perfil muy parecido en el universo de las reacciones del cerebro, es absolutamente espectacular.

Los análisis más completos de este segundo estudio permitieron identificar más detalles para completar el panorama general. Así, a la red de zonas activadas en ambas modalidades de amor hay que añadirle el globus pallidum, el núcleo subtalámico y el área tegmental ventral del mesencéfalo. Lo cual viene muy bien porque completa el conjunto de circuitos que se sabe, desde hace tiempo, que están relacionados con los sistemas cerebrales del placer (6, 27). Encontrarlos activados también aquí, en este tipo de montaje con imágenes de rostros supone un espaldarazo a datos anteriores que habían constatado activaciones parecidas ante la anticipación de cocaína o chocolate, por ejemplo, u otros estímulos gratificantes (7, 16, 23). Esos análisis ulteriores permitieron detectar zonas de activación específica para el amor romántico: subáreas hipotalámicas y la circunvolución dentada del hipocampo. Lo cual tampoco resulta nada problemático porque permite conectar (el trabajo hipotalámico, al menos) con el deseo sexual que la contemplación del amante debe inducir. Finalmente, las zonas con activación específica en el amor maternal incluyeron la sustancia gris periacueductal, la corteza órbito-frontal lateral y las cortezas fusiforme y occipital. Lo cual también es más que congruente. La participación de la sustancia gris periacueductal en la regulación de la conducta maternal es un dato muy sólido de la literatura con mamíferos (24). La activación preferente de zonas de atención y de reconocimiento visual ante el rostro de los retoños (sin afectar al resto de patrones), puede ser un reflejo de la mayor dedicación de las madres a rastrear elementos en la cara de sus hijos durante los quince segundos que los tenían ante sí. Por consiguiente, no queda más remedio que quitarse el sombrero y saludar como se merece esa incursión que el dúo Bartels-Zeki ha protagonizado al escaneado del cerebro ensimismado ante el rostro de los seres queridos.

NEURORRADIOLOGÍA DE LA FASE ASCENDENTE DEL ENAMORAMIENTO

Estaba cantado que los estadounidenses no podían dejar que un asunto tan trascendente como la exploración del cerebro enamorado quedara en manos exclusivas de los británicos que, como todo el mundo sabe, son siempre sospechosos en todo lo que atañe a los placeres vitales. Y si no que se lo pregunten a Mr. Chirac, el presidente de la República francesa. Un dúo británico con apellidos tan exóticos, además, como Zeki y Bartels y trabajando sobre materias románticas en el circunspecto Bloomsbury superaba todas las cotas permisibles en Estados Unidos (y en Francia). Un grupo de científicos neoyorquinos fueron los primeros en reaccionar quizá para mantener el liderazgo que Manhattan ha sabido ejercer, sobre las tipologías y los modelos del amor contemporáneo, gracias a los musicales, las comedias azucaradas y los filmes de Woody Allen. Un equipo de neurólogos y radiólogos impulsados por el entusiasmo de Helen Fisher (11), una antropóloga con la querencia tradicional de esa disciplina hacia las relaciones sentimentales, decidieron irrumpir en el área y en la primavera de 2005 anunciaron sus resultados *urbi et orbe* desde la portada del *New York Times* y los reportajes de las grandes cadenas televisivas. El resto de medios del mundo siguió, disciplinadamente, la estela marcada por las fuentes imperiales e ilustró a los ciudadanos del planeta sobre la gran noticia: los americanos habían conquistado otro territorio virgen del cerebro humano (sin explicar que un par de londinenses ya se habían paseado previamente por allí sin ningún aspaviento).

La introducción del trabajo (3) denotaba, a las claras, que eran plenamente conscientes de haber llegado con retraso a la meta. Lo reconocían sin tapujos y aunque obtuvieron unos resultados más que interesantes necesitaron presentarlos como una novedad radical respecto de los estudios previos. La manera era pregonar que habían conseguido escanear, por primera vez, la fase ascendente del amor, las cimas iniciales del viaje romántico (véase Figura 2). Veamos si se aguanta la historia. Reclutaron a diez mujeres y siete hombres (edades entre 18 y 26 años) a partir de anuncios colocados en diversos campus neoyorquinos. Llevaban un promedio de siete meses de amor intenso (con una variación entre uno y diecisiete meses). Eso convertía su muestra de enamorados en más tierna que la de Bartels y Zeki. La intensidad del apasionamiento, medida en la escala correspondiente, también era ligeramente superior (una nota media de 8,54 –en un rango del uno al nueve–, en comparación con el 7,55 británico). El procedimiento y las tareas de base eran muy similares. Escaneaban el cerebro de sus sujetos mediante fMRI, mientras les hacían observar imágenes de los rostros del amante que se alternaban con caras de individuos conocidos, de la misma edad y sexo que el amado o amada, todo ello a partir de fotografías suministradas por los propios sujetos que fueron convenientemente uniformizadas. Introdujeron, no obstante, una serie de variaciones en el protocolo experimental. En primer lugar, los estímulos tenían mayor duración: los rostros se mantenían en pantalla durante treinta segundos en lugar de los quince de los estudios británicos; en segundo lugar, entre el estímulo diana (el rostro del amante) y el de comparación (el rostro de un conocido), los sujetos debían efectuar una tarea de distracción mental durante cuarenta segundos (ir contando hacia atrás, de siete en siete, a partir de una cifra que aparecía en la pantalla); y por último, los sujetos habían sido instruidos para que pensaran activamente en imágenes tiernas (no sexuales) mientras tenían el rostro del amante delante de ellos y en imágenes banales ante el rostro del conocido o conocida. Esa última diferencia es seguramente la más importante, porque las instrucciones en los dos estudios británicos eran tan sólo contemplar los rostros y mantenerse relajados, sin ocuparse de nada en absoluto, mientras que en éste había una demanda de recrearse buscando asociaciones visuales.

A pesar de todas esas variaciones obtuvieron unos resultados que confirman, en lo esencial, los datos británicos. Las áreas que mostraron un incremento de trabajo neural en los contrastes cruciales («rostro del amante» *versus* «rostro neutro conocido») fueron el área tegmental ventral del mesencéfalo y la cabeza y el cuerpo del núcleo caudado (en el hemisferio derecho, sobre todo, en ambos casos). Las amígdalas cerebrales, en cambio, se desactivaron en esa misma tesitura de acuerdo con lo esperado. Las tareas de distracción mental, por lo demás, no afectaron a esos resultados. Aunque la red regional y los patrones detectados por Bartels y Zeki eran mucho más complejos, que haya ese nivel de concordancia entre dos laboratorios distintos, con muestras diversas y tareas parcialmente diferentes es reconfortante. Más todavía, si se tiene en cuenta que la ínsula medial, la corteza cingulada anterior, el putamen o el globus pallidum –estructuras neurales implicadas en el procesamiento del «amor romántico», en los enamorados de Bartels-Zeki–, también demandaron protagonismo en el estudio americano. No lo hicieron en los contrastes entre rostros pero ahí estaban, en cambio, cuando el análisis se hizo en función de la duración del enamoramiento o de la intensidad afectiva. De manera que, a mayor duración del romance o mayor apego sentimental, mayor implicación de algunas de esas zonas cerebrales. Ése es el resultado (además de las diferencias, de partida, entre las dos muestras de enamorados) que permitió sostener, al equipo neoyorquino, que habían conseguido retratar los correlatos cerebrales del período álgido del amor. La fase ascendente del clímax romántico.

No estoy nada seguro de ello y se necesitarán más trabajos y otros tipos de montaje para dar por buena esa afirmación. En cambio, la suma de resultados entre los dos estudios es más que convincente. Se ha confirmado que el procesamiento cerebral de inductores visuales de amor (el rostro del amante venerado) activa los circuitos cerebrales de la motivación placentera: territorios neurales al servicio de los apetitos gratificantes y la direccionalidad del deseo (6, 27). Es más, alguna de esas zonas (el área tegmental ventral, sin ir más lejos) constituye el lugar preferente de origen de los sistemas de neuronas dopaminérgicas que, como hemos visto con reiteración en los capítulos anteriores, se encargan de liderar la neurorregulación química del deseo. Y otras zonas que aparecen como protagonistas en esos escaneados (caudado, putamen, *accumbens*, pallidum) son territorios de llegada de aquellas neuronas. Para remacharlo, la participación moduladora de la oxitocina y la vasopresina, en esas regiones, es asimismo muy relevante. En conjunto, por tanto, se ha obtenido un primer esbozo aproximativo del tipo de procesamiento neural que acompaña a la ternura, el deseo y el centelleo entusiasta que distingue la mirada de los enamorados. No está nada mal para empezar. Pero esas aproximaciones tan castas han perdido de vista, aparentemente, el sexo. Y en el amor apasionado hay urgencias sexuales, por descontado.

NEUROESCANEADOS LUJURIOSOS

Antes de adentrarse en los exigentes estudios de neuroimagen, el equipo estadounidense de Fisher y Aron había saltado a la palestra para intentar ordenar el panorama en la neurobiología de los amores humanos (10, 11). Como las pasiones eróticas tienen múltiples componentes propusieron un esquema simplificador. Habría, según ello, tres vectores biológicos preferentes: 1) la lujuria (urgencias copulatorias); 2) el atractivo euforizante (la incentivación de los desvelos amorosos), y 3) el apego (vínculos fusionadores, dependencias afectivas). Los tres habrían evolucionado al servicio del sistema de apareamiento más concurrido en los humanos: la monogamia imperfecta. Cada uno de esos tres sistemas tendría una neurorregulación química primordial a su servicio y unas regiones neurales selectivamente implicadas. En lascivia libidinosa, los andrógenos cumplen el rol protagonista.

En la incitación euforizante, que deriva en ocasiones hacia los tonos obsesivos de la pasión romántica, la dopamina y la noradrenalina tendrían los papeles cruciales. Y el sistema oxitocina/vasopresina y los opioides desempeñarían la llave de la cimentación de las interdependencias afectivas. Como puede verse, todo bastante ordenado y en franca concordancia con lo que ya hemos explicado en capítulos precedentes (véase Tabla 1, p. 70).

No obstante, en los resultados de neuroimagen que acabamos de discutir el sexo no aparece por ninguna parte. Los investigadores neoyorquinos no se lo tomaron como un problema sino más bien como un alivio, porque eso permite diferenciar las redes neurales al servicio del pico romántico de las que modulan los apetitos libidinosos. Pero hay que consignar que obtuvieron datos indicativos de activación diferencial del área tegmental ventral ante los rostros de los amantes en función del gradiente de atractivo físico. De manera que, a mayor atractivo, mayor trabajo neural en ese núcleo. Resultados que concordaban con otros que habían demostrado que la belleza de las caras, en mujeres y en hombres, predice su potencial gratificante (1). Una expectativa placentera, en definitiva, que cursa en paralelo con las activaciones de los sistemas cerebrales de la gratificación, incluyendo esa región del tronco encefálico. Por otro lado, en el estudio de Bartels-Zeki apareció actividad de algunas zonas altamente sospechosas de regulación sexual (el hipotálamo, por ejemplo) ante los rostros de los amantes. Con lo cual la posibilidad de obtener separaciones nítidas entre ternura, gozo afectivo y deseo/urgencias sexuales no parece cercana, al menos con los niveles resolutivos que tienen las técnicas de escaneado funcional por ahora.

Cuando se han estudiado las reacciones ante la visión de escenas con carga sexual explícita se han obtenido activaciones de redes cerebrales que se solapan, parcialmente, con las descritas para el cerebro enamorado (véase esquema de la Figura 3). Dado el bien ganado prestigio de los franceses en las sofisticaciones lascivas, cabía esperar que en este tipo de empresas investigadoras se adelantaran a los voraces estadounidenses, y así ha sido. Los trabajos de un grupo lionés pueden considerarse como los más completos sobre el asunto (25, 29), porque repitieron, aproximadamente, el mismo montaje en dos experiencias distintas y con sujetos diferentes obteniendo resultados concordantes. Escanearon el cerebro de nueve jóvenes heterosexuales mediante TEP (Tomografía de Emisión de Positrones), mientras les hacían contemplar diversos tipos de escenas: imágenes neutras, secuencias humorísticas, fotografías de señoras estupendas, convenientemente graduadas en intensidad erótica, y vídeos que mostraban penetraciones coitales. Además de medidas de excitación subjetiva ante las distintas imágenes, controlaban continuamente el grado de tumefacción del pene mediante pletismografía (registro de las variaciones de repleción sanguínea en el miembro viril) y extraían asimismo muestras de sangre, después de cada escaneado, para obtener medidas hormonales. En la Tabla 3, puede observarse que hay una gradación muy consistente entre el grado de ex-

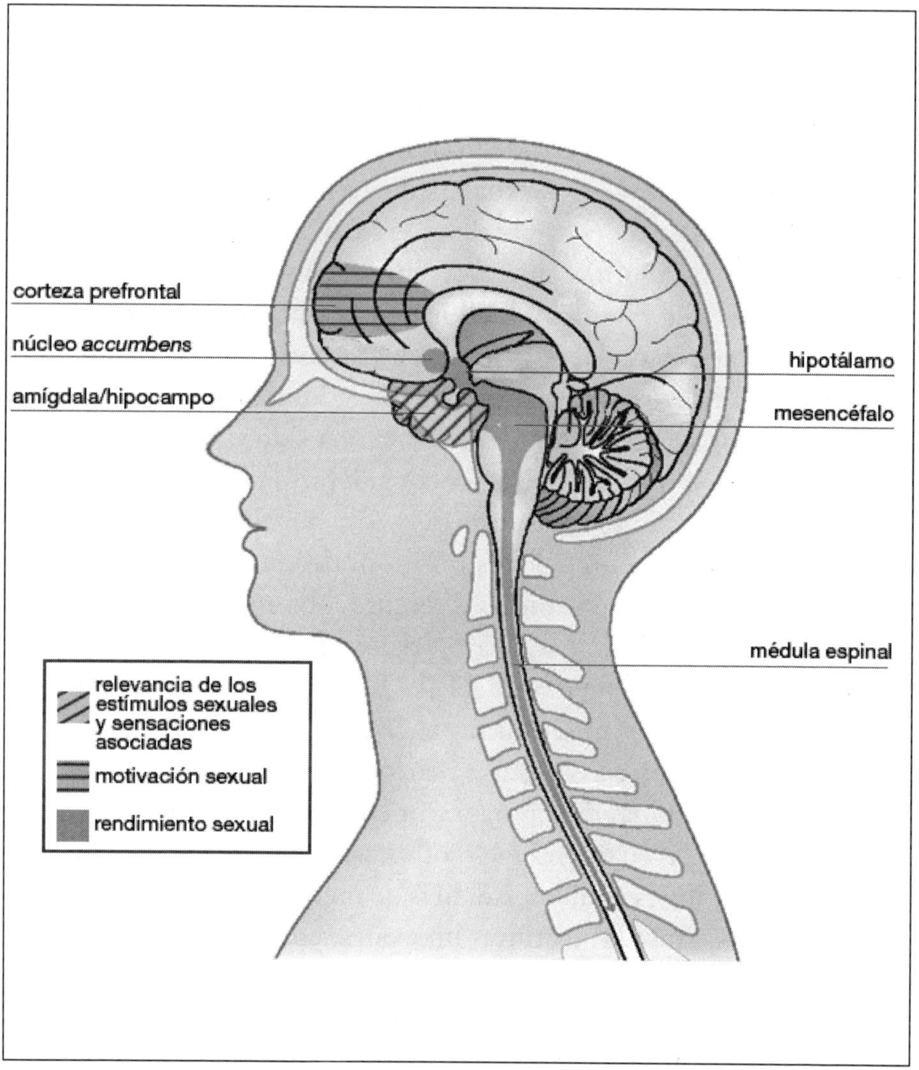

Figura 3. Régimen del encéfalo y la médula espinal que intervienen en la modulación de los atractivos, el deseo y los rendimientos eróticos. (Modificado a partir de 2, 29.)

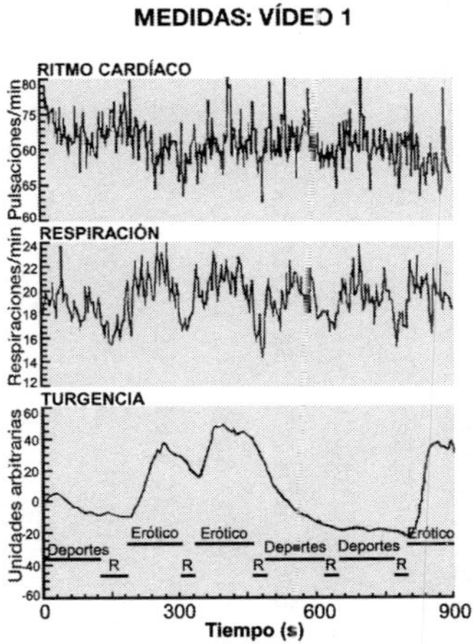

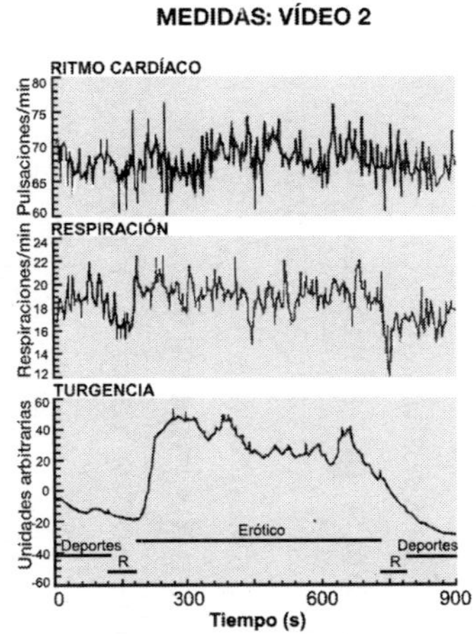

Tabla
Respuestas psicológicas y fisiológicas en condiciones experimentales en varones franceses ante estímulos eróticos

Condición	PSA*	Humor Percebido*	Tumescencia*	Ritmo cardíac****	Presión diastólica**	Presión sistólica**	Testosterona en plasma***
N	1,3 (0,8)	1,7 (1,1)	–0,87	64,2 (8,9)	7,9 (1,0)	15,1 (2,1)	442,3 (104,3)
H	1,2 (0,5)	6,2 (1,2)	–0,75	63,3 (10,8)	7,9 (1,0)	14,9 (2,4)	455,4 (117,2)
A	1,6 (0,9)	1,0 (0,0)	–0,55	63,6 (9,9)	8,1 (0,8)	15,2 (1,6)	435,2 (103,1)
B	4,2 (1,6)	1,0 (0,0)	–0,12	62,4 (9,5)	8,1 (0,8)	14,4 (1,5)	455,8 (112,9)
C	6,4 (1,0)	1,0 (0,0)	0,94	65,6 (7,6)	8,7 (1,1)	16,4 (1,9)	474,2 (125,2)
S	7,3 (1,5)	2,0 (1,8)	1,35	69,0 (15,4)	9,2 (1,1)	17,0 (1,6)	497,3 (136,9)

Los valores son medidas (desviaciones estándard). PSA: deseo sexual percibido. Las escalas de PSA y de humor van del 1 al 9. Tumescencia: puntuaciones «z» de la tumefacción peneana. Presión diastólica/sistólica: cm Hg. Testosterona: ng/dl. ANOVA: $^{*}P < 0{,}001$; $^{**}P < 0{,}01$: $^{***}P < 0{,}05$; $^{****}P$ = N. S.

N = neutral; H = película de humor (2); A = no sexual; B = moderadamente explícita (18 fotografías de mujeres); C = muy explícita (18 fotografías de mujeres); S = 2 películas con coito heterosexual explícito.

TABLA 3. Adaptada a partir de 25. Los gráficos superiores reflejan las variaciones en ritmo cardíaco, respiratorio y tumefacción peneana en chicos californianos. (Adaptados de 2.)

citación percibido ante las diferentes escenas, los incrementos del ritmo respiratorio y de la presión arterial así como en la descarga testosterónica. El ritmo cardíaco, en cambio, no se mostró sensible a la inducción excitadora de las imágenes presentadas. Esos resultados son importantes porque demostraron que se podía montar una cabina porno en las circunstancias más bien aparatosas y poco propicias de las exploraciones neuroradiológicas, pero con unos rendimientos científicos impecables.

En cuanto a los resultados sobre los cambios de irrigación en zonas específicas del cerebro, que es lo que miden los escaneados TEP, el patrón general obtenido era el siguiente: la zona que mostró mayores cambios y más relacionados con la turgencia del pene fue el claustrum en ambos hemisferios cerebrales. Además de esa estructura, una red de regiones entre las que se encontraban la corteza cingulada anterior, la cabeza del caudado, el putamen, el *accumbens*, la corteza orbitofrontal y el hipotálamo posterior, también dieron indicaciones de haber incrementado su trabajo en consonancia con la vivacidad de la respuesta del pene. Puede apreciarse, inmediatamente, que estamos ante el mismo sistema regional que sustenta cualquier ansia gratificante pero con la especificidad sexual del claustrum y el hipotálamo. La participación del segundo no debe suponer sorpresa alguna, a estas alturas, pero la del primero sí. El claustrum es una región adyacente a la ínsula medial y se la ha relacionado con funciones de integración de diferentes entradas sensoriales. Quizá valga la pena indicar aquí que durante sus últimos meses de vida Francis Crick (el codescubridor de la estructura del ADN) estuvo trabajando en un artículo donde proponía un rol crucial para el claustrum en la eclosión de la consciencia (8, 28). Pero eso nos desviaría muchísimo de nuestra ruta. Baste decir que se ha aventurado la posibilidad de que en el claustrum se efectúen conversiones de la imaginería visual en percepciones táctiles y viscerales. Eso podría venir muy bien para los escozores y expansiones genitales ante las escenas sexuales particularmente apetitosas.

Los resultados jugosos no acabaron ahí, sin embargo. Obtuvieron asimismo un reguero de desactivaciones cerebrales que se centraban en amplias zonas del lóbulo temporal y occipital. Lo cual también cuadra con la obnubilación tan característica de los calentones combinados de la entrepierna y el magín. Con esos territorios del cerebro desactivados hay que presumir que aquellos muchachos se quedaban prácticamente sin habla y con un discernimiento visual más bien torpón dentro del equipo TEP. Pero eso no es nada malo, en principio, porque sospecho que se ajusta al diagnóstico que proporcionarían muchas mujeres al ser interrogadas sobre el proceder de sus amantes novicios.

Ante esa cosecha tan frondosa de resultados los estadounidenses reaccionaron, por descontado, anunciando un neuroescaneado de muchachos californianos, de la misma edad y en una tesitura muy parecida a la francesa, pero que debía ofrecer mucha mayor resolución que los datos TEP lioneses al usar una fMRI de gran potencia (2). Pero no fue así. Aunque presentaron imágenes eróticas más *hard* que las francesas (para asegurar el tiro, cabe presumir), cometieron la imprudencia de usar como imágenes-control escenas deportivas. Todo el mundo sabe que los muchachos californianos pierden la chaveta ante el deporte, y en los contrastes entre las escenas culminantes de un *match* o las igualmente culminantes de una interacción sexual no se obtuvo ninguna diferencia de activación cerebral digna de reseñar. Pero no hay que regodearse con el fracaso de ese equipo de Stanford porque no hubo tal cosa, sino todo lo contrario. Al introducir la turgencia del pene en los análisis matemáticos, la cosecha de datos fue casi tan brillante como la francesa a pesar de la durísima competición con los mejores puntos de la NBA o las mejores carreras en la Superbowl. Volvieron a salir activaciones del claustrum, la ínsula medial, cingulado anterior, cabeza del caudado, putamen e hipotálamo posterior. Es decir, una réplica casi punto por punto de los resultados lioneses en condiciones harto más improbables (por la dificultad de superar las escenas control y la inmediatez de las presentaciones: en los estudios franceses había quince minutos de descanso entre las diferentes escenas, mientras que los temerarios californianos decidieron presentar series de escenas prácticamente sin pausas). A pesar de ello, los resultados fueron muy fructíferos, tal como recoge la Figura 4. Al final, los californianos heterosexuales quedaron exonerados de cualquier sospecha alimentada por su fijación por el deporte: los engranajes de su cerebro sexual trabajaron en plena sin-

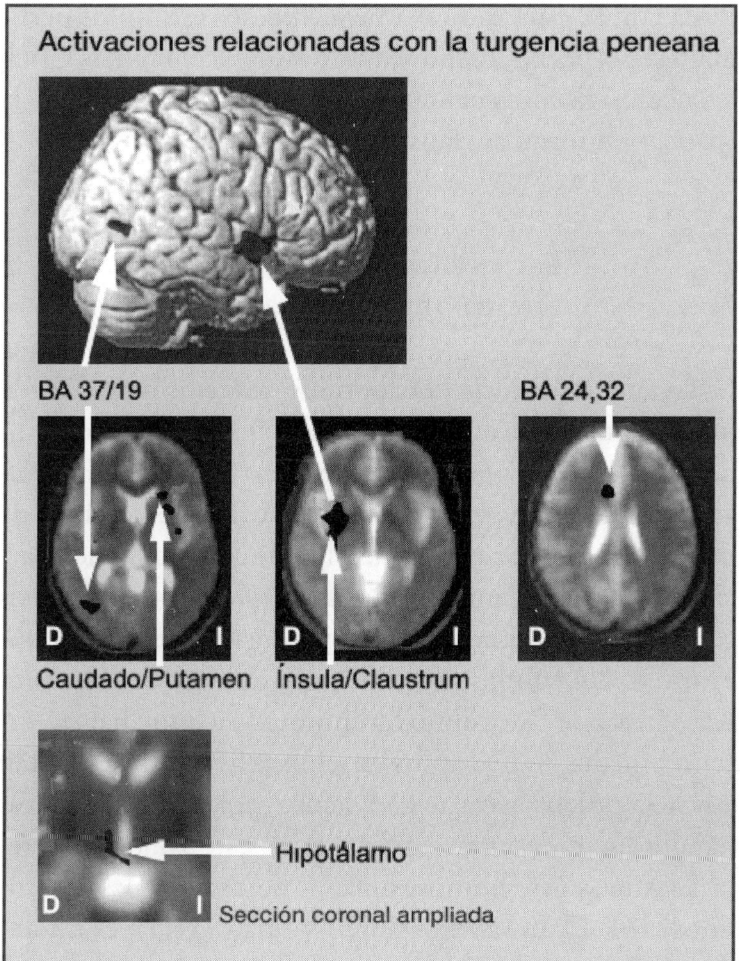

FIGURA 4. Zonas (en negro intenso) con una activación neural fMRI incrementada, en consonancia con la tumefacción peneana en muchachos californianos mientras observan vídeos eróticos. (Adaptada de 2, BA: Áreas de Brodman.)

tonía con la expansión del pene ante los estímulos pertinentes. Sospecho, dicho sea de paso, que a Francis Crick le encantó la congruencia de datos sobre la «consciencia erótica» en torno al claustrum.

ESCANEADOS CEREBRALES DE OLORES ATRACTIVOS

La sugerente historia del apartado anterior indicaba, de todos modos, que andamos todavía muy parcos de resultados de neuroimagen en los desvelos amorosos. Hay algún estudio muy preliminar de escaneado cerebral de mujeres ante escenas eróticas (15, 18) con resultados parcialmente coincidentes con los anteriores y faltan estudios equivalentes en muestras de sujetos gays y lesbianas, por ejemplo. Un equipo de neurólogos clínicos del Instituto Karolinska de Estocolmo ha empezado a remediar esa carencia mediante una aproximación muy sofisticada. Han puesto a prueba la capacidad de dos moléculas esteroideas para inducir reacciones diferenciadas, en zonas del cerebro sexual, entre homosexuales y heterosexuales masculinos (26). El 4,16androstadien-3-ona (AND), es un androsteno derivado de la testosterona que se secreta con el sudor axilar masculino. El estra-1,3,5 (10), 16-tetraen-3-ol (EST), es una molécula estrogénica que se secreta en la orina femenina. Estudios anteriores ya habían demostrado que esas dos sustancias pueden activar regiones cerebrales a concentraciones inferiores al umbral odorífero, lo cual les confiere una potencial actividad feromónica. El mismo grupo de investigadores suecos había demostrado que son capaces de activar zonas hipotalámicas distintas en hombres y en mujeres, con lo cual se convirtieron en una diana sugerente para estudiar posibles respuestas distintivas del cerebro gay respecto del heterosexual.

Para llevar a cabo el experimento reclutaron a treinta y seis sujetos sin historial médico y tests HIV negativos, doce de los cuales eran heterosexuales masculinos (HET-M), doce homosexuales masculinos (HOMO) y doce mujeres heterosexuales (HET-W). Las edades oscilaban entre los 26 y los 33 años. La nota Kinsey en la escala de homosexualidad era de seis en los HOMO y cero en los HET-M. Es decir, puntuaciones máximas en todos los sujetos gays (conductas, atracción y fantasías dirigidas hacia el propio sexo, desde la adolescencia) e inexistentes en los heterosexuales. Siete de las doce mujeres y seis de cada uno de los dos grupos de varones tenían pareja estable. Se hicieron medidas de umbrales odoríferos (el test del butanol) y se tomaron registros del ritmo respiratorio así como medidas hormonales y evaluaciones subjetivas para comparar los olores control respecto a las presentaciones de AND/EST. Las sesiones de escaneado cerebral mediante TEP (inyectando $H_2O\text{-}O_{15}$ para obtener estimaciones de la irrigación sanguínea regional). Las sesiones se efectuaron con los individuos tumbados, en reposo y con los frascos que contenían las sustancias odoríferas a diez milímetros de distancia de la nariz y con la indicación de respirar normalmente todo el rato. Se usaron tres condiciones de presentación de los olores. OO (olores ordinarios de control): lavanda, cedro, eugenol y butanol. AND/EST: las sustancias esteroideas objeto de estudio en preparaciones cristalinas al 98 % de pureza (con componentes odoríferos y feromónicos, por tanto). AIRE: un control consistente en respirar el aire ambiental. Se tomaron cuatro escaneados para cada condición, quince segundos de presentación para cada uno de los estímulos y se siguió un orden aleatorio.

Ante las presentaciones del androsteno (contrastes AND *versus* AIRE) se obtuvo una activación equivalente en regiones del hipotálamo anterior en las mujeres y en los varones homosexuales, que no aparecía en los varones heterosexuales. Esas regiones incluían el área preóptica, el núcleo hipotalámico anterior y el núcleo ventromedial. Es decir, ante un olor derivado del sudor fresco masculino el cerebro de las mujeres y el de los gays reacciona con un procesamiento neural incrementado en áreas hipotalámicas anteriores. En cambio, ante las presentaciones del esteroide estrogénico (contrastes EST *versus* AIRE) fue el cerebro sexual de los varones heterosexuales el que se activó, de manera selectiva, con un incremento de señal en las regiones hipotalámicas mediales que incluían el núcleo paraventricular, el supraóptico y el dorsomedial. Finalmente, no hubo diferencias entre los tres grupos de sujetos en los contrastes entre los olores cotidianos (las fragancias y alcoholes). Se obtuvieron las activaciones esperables en las amígdalas, la corteza piriforme y entorrinal, y en la corteza insular y orbitofrontal. Es decir, igualdad completa en todos los individuos, independientemente de su género u orientación sexual, ante los olores ordinarios y con un procesamiento incrementado en los territorios cerebrales correspondientes: allí donde se sitúa la percepción olfativa cotidiana. Estos resultados tan espectaculares se repitieron en todos los tipos de análisis probados: tomando la actividad cerebral en conjunto; definiendo previamente las áreas anatómicas diana o efectuando contrastes dos a dos, en lugar de únicamente con respecto del control ambiental sin olor.

No hubo diferencias, además, entre los sujetos en cuanto a los umbrales de olor, las reacciones subjetivas ante los diferentes olores y tampoco en cuanto al ritmo respiratorio. Las medidas hormonales en plasma (la testosterona, otros andrógenos, la prolactina, la hormona luteinizante y la estimulante folicular) tampoco distinguieron entre los varones gays y los heterosexuales aunque la testosterona era algo más alta en los heterosexuales. Por consiguiente, hay que concluir que además de reconfirmar los efectos duales (odoríferos y feromónicos) de esas sustancias esteroideas que producen los humanos, los gays tienen un patrón de respuesta cerebral ante AND que los hace similares, en este aspecto, a las mujeres. Captan un tipo de señal masculina que los varones heterosexuales no pueden apreciar. Y eso ocurre en las regiones hipotalámicas donde se dilucidan los mecanismos del interés sexual y la identidad de género. Por tanto, incluso los resultados de neuroimagen ante señales elusivas de tipo químico tienden a confirmar los resultados que vimos en los capítulos iniciales.

CONCLUSIÓN

Llama poderosamente la atención que los resultados obtenidos al aplicar las técnicas de escaneado cerebral en humanos confirmen, de una manera tan consistente, los mapas del cerebro sexual que se habían dibujado a partir de la experimentación con animales (12, 19, 21, 24). Sorprende porque esas técnicas están en sus albores y su potencia de resolución anatómica todavía es algo limitada, aunque los avances son impactantes. Los investigadores, además, se mueven con mucha cautela y tan sólo han montado las primeras probaturas en cuanto a protocolos, tareas y sujetos a explorar. Pero la confluencia de datos es sensacional. Bien pensado, sin embargo, no debería extrañarnos esa concordancia porque el sexo y las complejidades motivacionales que lo rodean están en el meollo de funciones biológicas insoslayables. Ocurre que, como en tantos asuntos humanos, habíamos envuelto al erotismo en tantas complicaciones conceptuales (a menudo totalmente averiadas), que habíamos perdido de vista su regulación y funciones esenciales. De ahí la sorpresa. Nace de la constatación de que la biología manda mucho en las conductas, los desvelos y las rumiaciones humanas. En el sexo y el amor eso tenía que notarse más que en cualquier otra área. Por eso concuerdan tan felizmente los datos.

4

CORAZONES ROTOS

De la misma manera que los hombres y las mujeres sienten una poderosa propensión a zambullirse en asuntos pasionales intensos, también experimentan impulsos no menos potentes que los llevan a romper los vínculos que habían fabricado con tanto entusiasmo. En materia de relaciones amorosas, los abandonos, las deserciones y las traiciones son tan frecuentes como las cimas encandiladoras del enamoramiento. La geografía descriptiva de los desencuentros y las frustraciones sentimentales tienen tanto público o quizá más que las historias edulcoradas y con final feliz. Los corazones rotos alimentan todo tipo de divagaciones más o menos literarias y son el caldo más propicio para los seriales audiovisuales y el cotilleo implacable de vecinos, colegas y conocidos.

La opinión más general, hoy en día, asegura que son los hombres quienes acostumbran a provocar esos desastres, mientras que las mujeres deben lamentarse, permanentemente, de la inconstancia y vileza masculinas. Con la excepción de la pérfida protagonista de algún bolero, ellos son los castigadores despiadados. Son ellos quienes, con alma de hielo, prometen amor eterno para traicionarlo a la primera de cambio; y son también ellos quienes, con maligna bajeza, engatusan a las jovencitas o a las señoras ya en sazón aprovechando el singular y conocido reblandecimiento que los sueños románticos inducen en el cerebro femenino.

Las cifras sobre la frecuencia de infidelidades y de traiciones amorosas tienden a dar la razón al tópico. Pero vale la pena observarlas con algo de atención porque esos porcentajes resultan, a menudo, tentativos o sospechosos.

DEMOGRAFÍA DE LA INCONSTANCIA AMOROSA

En un ensayo sobre las posibles raíces remotas de la infidelidad amorosa y las estrategias de seducción, David Buss (3) compiló datos muy diversos que indican que los hombres están siempre dispuestos a traicionar, si se presenta una oportunidad favorable, mientras que las mujeres se lo piensan algo más aunque no les falte el incentivo desertor. En un estudio que ha devenido un clásico, efectuado en la Universidad de Hawai, obtuvo respuestas muy diferentes, en hombres y mujeres, al medir la facilidad para aceptar invitaciones por parte de una persona extraña y atractiva del sexo contrario, con quien apenas se había trabado conocimiento. Las observaciones se efectuaron en diferentes situaciones en un ambiente urbano y los agentes masculinos y femeninos jóvenes, que trabajaban al servicio del equipo de investigación, usaron excusas mínimas para iniciar una conversación y romper el hielo con los interlocutores abordados, además de mostrarse corteses y de usar una indumentaria y un lenguaje indicativo de personas de buen nivel social.

Después de unas introducciones breves y estándares que habían sido ensayadas («Perdone, puedo tomar desde aquí un autobús para dirigirme a....»), efectuaban propuestas directísimas que podían ser de tres tipos diferentes: «¿Le apetece salir esta noche conmigo?»; «¿Puedo invitarle a mi apartamento a cenar esta noche?»; «¿Aceptaría una sesión de sexo conmigo esta noche?». El azar determinaba cuál de esas preguntas correspondía a cada interlocutor o interlocutora abordada. La propuesta súbita de una cita trivial para salir juntos consiguió respuestas afirmativas en aproximadamente la mitad de los consultados, sin distinción alguna entre sexos. Es decir, un 50 % de los individuos abordados por una persona joven del sexo opuesto se avenían a una invitación «inocente» por parte de un extraño educado, atractivo y cordial. En cambio, la propuesta de la cena íntima en un apartamento privado trastocó los resultados: únicamente sedujo al 6 % de las mujeres, mientras que el 68 % de los hombres se apuntó a ello sin ningún inconveniente. Por último, la invitación sexual directa no consiguió arrancar ni una sola aceptación femenina, pero en los hombres provocó una concurrencia espectacular. El 75 % de los abordados dieron su consentimiento, aparentemente complacidos, después de dudar poquísimos segundos (se medía también la velocidad de respuesta). Se han obtenido porcentajes parecidos en réplicas de ese estudio en diversos ámbitos urbanos de Occidente y también en otras culturas (4).

Los datos tienden a confirmar algo que todo el mundo ha sospechado siempre. Parece ser que en los hombres hay una permanente disponibilidad para el revolcón expeditivo, si las condiciones (es decir, las mujeres) lo permiten. En cambio, las féminas adoptan una prudencia más o menos coqueta ante la posibilidad de iniciar aventuras ocasionales. Es decir, los hombres procuran estar siempre a punto (o les gustaría estarlo) y se apuntan al pájaro en mano sin demasiados miramientos, mientras que las mujeres también consideran los devaneos episódicos, pero después de haber ponderado mejor la situación y los riesgos. Son resultados que concuerdan con otros muchos (2, 3, 4, 24) y que dibujan un patrón habitual en las comparaciones transculturales. Los hombres, si pueden, se saltan las restricciones monogámicas, mientras que las mujeres, por regla general, procuran promocionarlas. Se trata, en realidad, de una tendencia diferencial tan potente y universal, que muchos especialistas piensan que obedece a algún tipo de propensión biológica fijada por presiones evolutivas distintivas entre hombres y mujeres (14).

Sin entrar, no obstante, en los determinantes remotos de la cuestión, los datos actuales sobre la frecuencia de líos amorosos tienden a repetir patrones concordantes con los de aquellos estudios. Así, cuando se hacen recuentos fiables del número total de aventuras eróticas la diferencia entre sexos es notoria. En un gran sondeo efectuado en Francia, a mediados de la década de 1990, el galo prototípico había coleccionado entre doce-catorce parejas de cama como promedio, al llegar a la madurez, mientras que las francesas normativas no conseguían alcanzar ni la media docena de amantes. Son cifras, por cierto, que ilustran la golosa dedicación gala al sexo en consonancia con el cliché que tradicionalmente se les atribuye. Digo eso porque los estadounidenses se quedaron algo moscas con esas cifras porque en un gran estudio dedicado a la cuestión, de la misma época, se situaron muy por debajo de las cotas eróticas normativas alcanzadas por los franceses y las francesas: seis compañeras de sábanas, en conjunto, para el yanqui prototípico, y sólo dos-tres amantes, de media, para las estadounidenses normativas (11). Ese sondeo a gran escala (véase capítulo 6) dejó claro, por tanto, que a pesar de los filmes, la televisión, Internet y la literatura progresivamente indecente que va llegando desde Estados Unidos, la calidad y la frecuencia de los episodios amorosos en la sociedad estadounidense es, por regla general, tirando a anodina (8). Hay que añadir, para ser ecuánimes, que cuando se repitieron en Europa sondeos sobre conducta sexual efectuados con la misma pulcritud y exigencia que el estadounidense citado, las cifras salieron parecidas y con una cierta ventaja para Estados Unidos, incluso.

A despecho de la mayor o menor concupiscencia demostrable en países occidentales cercanos a nosotros, lo que suele ser invariable a pesar de los cambios constantes en las costumbres sociales, es que los hombres se embarcan en aventuras eróticas con mayor facilidad y frecuencia que las féminas. En parte, seguramente, porque tienen el sexo en el magín mucho más a menudo: el 54 % de los estadounidenses confiesan que dedican al tema, como mínimo, algún pensamiento diario, mientras que entre las estadounidenses sólo un 19 % confirma que le dedica tiempo mental cotidiano (11). Quizá sea por esa razón que los estadounidenses que no encuentran parejas plausibles, continúan acudiendo a los servicios de alquiler o compra de sexo con tanta asiduidad como siempre o más. Los españoles no les van a la zaga, en la vitalidad de ese mercado, si lo medimos por el gran auge de la oferta de prostitución femenina que se ha dado en los últimos años (*El País-Domingo*, 29-5-2005). Hay, por tanto, razones objetivas múltiples para sustentar la opinión de que los hombres están siempre más cerca de traicionar los compromisos de lealtad afectiva.

Lo que sucede es que los costes de la infidelidad amorosa, medidos por la inversión biológica, continúan gravitando de una manera muy diferente sobre los dos sexos, a pesar de los avances en las tecnologías contraceptivas y de fertilización. Téngase en cuenta que los dispositivos del aparato reproductor masculino parecen diseñados para descargar millones de células espermáticas tantas veces y en tantas vaginas como sea posible. Por el contrario, la mujer sólo puede aspirar a convertir en viables unas decenas de óvulos para garantizar la perdurabilidad de la simiente. Ésa es una diferencia de ingeniería básica que según los entusiastas de las aproximaciones evolutivas (12, 14, 19, 22, 24), probablemente ha favorecido la aparición, a lo largo de dilatadísimos períodos de tiempo, de estrategias muy distintas en los dos sexos. Estrategias que operan durante el tanteo, la selección y la preservación de las parejas sexuales. Conviene, no obstante, no avanzar elementos que trataremos más adelante porque nuestro objetivo aquí son los encontronazos sentimentales.

VARIEDADES DEL LLANTO AMOROSO

El grito y el lamento agudo, la herida que abre un dolor incontenible son reacciones típicamente femeninas ante los desengaños sentimentales. La sensación de abandono desgarra las entrañas de la mujer enamorada y dispara un llanto irremisiblemente visceral que recuerda la desesperación de las criaturas cuando se aferran a los padres porque no quieren quedarse solos o los gritos inconsolables que emiten cuando se pierden en medio de una multitud. Es una protesta abrupta por el retorno a la soledad esencial. Terror ante la pérdida de la compañía más preciada, la que protege en un mundo hostil al proporcionar el refugio crucial (9).

Hay mucho más orgullo, en cambio, en la mezcla de desesperación y despecho del hombre abandonado. Rencor a causa de la insumisión que lo humilla ante sí mismo y los demás. El miedo a la soledad, que también surge, poderoso, se mezcla con el odio alimentado por la defección y la sensación de engaño indigerible. La combinación de pereza y aprensión ante un horizonte de incómoda autonomía puede conducir, sin embargo, a que los varones consientan la traición ocasional siempre que no sea escandalosa y pregone una sumisión esclavista. Pero el hombre normativo, cuando se siente traicionado o abandonado, no llora con la cruda visceralidad de la mujer por la sencilla razón de que hay renglones añadidos en su agenda íntima.

Los perfiles distintivos que acabamos de apuntar destacan unas tonalidades emotivas diferenciables para una misma circunstancia: la fractura sentimental. Aunque son, tan sólo, unos patrones generales que no pueden abarcar la complejidad de los lamentos amorosos en los dos sexos. Un área, hay que añadir, donde la mezcla de sentimientos genuinos, las simulaciones y hasta las representaciones teatrales del más alto estilo, tienen gran predicamento. De todos modos, aquellos prototipos de serial rosa pueden servir para subrayar que las estrategias más primarias discurren, a menudo, por senderos diversos. O, dicho de otro modo, que la descarga hormonal que precipita la tempestad visible en esas tesituras tiene componentes distintivos en los hombres y en las mujeres.

Ésa es la conjetura que manejo: el llanto estentóreo de la mujer cuando protesta por la pérdida inminente o inapelable del amante es, en primera instancia, una crisis de ansiedad de separación. Así se denominan, en realidad, las reacciones provocadas por las fracturas de los vínculos afectivos más bien trabados. El duelo que estalla con la muerte de la persona querida y el poso de cruel melancolía que se instaura al romperse una unión sentimental sólida, comparten un mismo tipo de alarma biológica. Las mujeres emiten reacciones más a flor de piel en esas situaciones. Acusan el golpe de una manera más directa y cruda. Se quejan sin contemplaciones ni enmascaramientos, aunque sepan también convertirlo en ritual y usarlo en el oficio de plañideras, cuando así conviene. Al fin y al cabo, todo (o casi) se puede aprender en esta vida, aunque siempre hay quien demuestra mayores dotes naturales. Los hombres, por el contrario, son mucho menos efusivos ante el dolor de la pérdida aunque a la larga, o no tan larga, puedan aflorar flaquezas superiores.

No sabemos, en realidad, si la reacción de las mujeres proviene de la hondura de la herida o de la hipersensibilidad para el lamento. Falta investigación sobre este punto porque son fenómenos diferentes. Sabemos, eso sí, que en todos los trastornos psiquiátricos donde la ansiedad de separación funciona como resorte iniciador (las crisis de angustia, la fobia escolar, los duelos mórbidos) hay más presencia de féminas (13). Pero es un dato que no ayuda demasiado porque repite la observación sin desvelar pistas sobre el mecanismo. Los biólogos evolutivos sospechan que, para la mujer, ha resultado siempre más rentable invertir en mecanismos potenciadores de la fusión afectiva para intentar garantizar la perseverancia de la pareja masculina en su dedicación a la crianza de la prole. Cuando se habla de inversión hay que entender, por supuesto, tácticas comportamentales que han ido afianzándose a lo largo de la historia evolutiva como primates. En cambio, para los varones no es mal asunto dejar resquicios siempre abiertos a la promiscuidad para intentar optimizar la diseminación de la simiente. Si esas sospechas se confirman, los dos factores podrían ayudar a modular los perfiles peculiares de las reacciones emotivas de cada sexo ante las fracturas amorosas.

Porque a pesar de la influencia de los roles de hombre y mujer que deben asumirse de acuerdo con los usos culturales de cada lugar, sorprende que en todas las tradiciones se constate la facilidad femenina para el lamento y la deriva sistemática de los hombres hacia la inconstancia amorosa. Parece ser que hay, por tanto, unos mecanismos que favorecen una adscripción asimétrica a las ganancias innegables que proporciona la estabilidad afectiva. De todos modos, para estar seguro de que esas conjeturas tienen algún valor deberían demostrarse diferencias consistentes entre los dos sexos en los umbrales de reacción emotiva y en los perfiles de respuesta hormonal durante las fracturas sentimentales. Por el momento no hay datos empíricos sobre la cuestión.

FRACTURAS Y FUSIONES OPIÁCEAS

Las crisis emotivas que provocan las separaciones abruptas han podido estudiarse de manera sencilla y fiable en animales. Así, en los polluelos de una semana de vida, basta con sacarlos de la jaula donde viven arremolinados formando bolas de plumaje palpitante para que disparen una letanía de píos desesperados que quedan, afortunadamente, fuera del alcance del oído humano. Letanía que se trunca tan pronto como se les devuelve al nido comunal o tienen algún otro polluelo para compartir desventuras. La medida de esos gritos de alarma se toma en unas jaulas donde se instalan amplificadores para incrementar la señal de los píos y registrar así su intensidad y frecuencia. La intolerancia de los polluelos a la soledad es tan grande que si en las paredes de la jaula se colocan espejos de manera que el animal pueda ver reflejada su imagen, el piar lamentatorio disminuye drásticamente y se muestran mucho más tranquilos. Al verse acompañados en un dúo ilusorio se sienten parcialmente reconfortados, aunque no puedan apreciar el acogedor calorcillo de unos compañeros inexistentes (15, 16).

Hay diversas sustancias que pueden moderar la reacción de alarma de los polluelos y atenuar el coro de píos ultrasónicos. Los opiáceos son las más potentes y específicas: con dosis mínimas puede suavizarse muchísimo el espanto de esas aves. En cambio, cuando se administran antagonistas de los opiáceos que bloquean la acción de las encefalinas y las endorfinas (opioides naturales que trabajan en el cerebro), la alarma se dispara espectacularmente. Ésa es la razón que llevó a pensar que los opiáceos endógenos intervienen, de manera rutinaria, en la adquisición y trabazón de los vínculos afectivos. Los resultados no provienen únicamente de polluelos y pajarillos, porque se tienen datos concordantes en diversas especies de mamíferos y también en algunos primates. Se sabe incluso que en los roedores y en otros mamíferos, la magnitud de los cambios hormonales consecutivos a las separaciones bruscas dependen del tipo y la intensidad de los nexos sociales establecidos previamente (17).

El confort agradable de la compañía y la percepción de seguridad que proporcionan los lazos individuales y grupales, en hombres y mujeres, podrían estar en función, por tanto, del baño de opiáceos autosecretados que reciben algunos circuitos reguladores del estado de ánimo. Es sabido que de los demás, de las otras personas (y muy especialmente de los más allegados), extraemos una buena parte de la confianza que tenemos en nosotros mismos. La alimentación de esos resortes de pertenencia afectiva parece que depende, en definitiva, del suministro de neurohormonas, porque aquellos experimentos indican que los opiáceos endógenos no únicamente atemperan el dolor, sino que proporcionan serenidad y compenetración con la gente que nos rodea. En todos los que han establecido una red sólida de dependencias afectivas, los opioides cerebrales y otras sustancias junto a ellos, actúan como un bálsamo para amortiguar las cornadas de la vida. Ya vimos en el capítulo anterior que la estabilidad de los circuitos cerebrales sensibles a la acción opiácea puede modelar el confort que proporcionan los abrigos seguros. Los puertos amigos donde amarrar cuando hay temporal o dificultades severas en la navegación sentimental.

Los opiáceos no están solos al amalgamar las fortalezas sustentadas en los lazos afectivos. Tanto si se trata de dependencias amorosas como si son nexos amicales o familiares, la tarea de trabar pertenencias sólidas se produce mediante la concurrencia de diversas neurohormonas que trabajan codo con codo con los opioides, mediante unas combinaciones que han comenzado a dilucidarse.

APEGOS Y DESGARROS OXITOCÍNICOS

Jaak Pankseep es un psicobiólogo de la Universidad de Bowling Green, en Ohio, que ha dedicado toda su carrera a explorar los engranajes neuroquímicos de las emociones y ha conseguido unas cuantas aportaciones de primerísimo nivel, desde la modestia de un campus provinciano. Suya es, por ejemplo, buena parte de la investigación que reseñábamos hace un momento con polluelos y cachorros de mamíferos, que implicó, definitivamente, a los opiáceos endógenos en la regulación de las dependencias afectivas (15). En experimentos ulteriores demostró que los sistemas cerebrales que usan la oxitocina como neuromodulador, también desempeñan un papel relevante en el establecimiento de vínculos afectivos. Usando, de nuevo, la reacción de alarma de los polluelos se percató de que (16) la oxitocina y la vasotocina (un precursor fisiológico de la primera que reproduce sus funciones en las aves y los reptiles) atenúan espectacularmente el piar estentóreo que emiten esas crías cuando se las separa de modo abrupto del grupo.

El ritmo de esos píos ultrasónicos es desenfrenado durante el período de aislamiento: 420 brotes en cinco minutos, lo cual supera el pío por segundo. Con la administración intracerebral de aquellas dos sustancias (una maniobra cuidadosa pero fácil, que requiere inyectar atravesando el cráneo, blandísimo, de los polluelos, hasta llegar a las cisternas de los ventrículos cerebrales), se reducen las vocalizaciones de alarma hasta un 1 % del nivel inicial.

Es decir, se pasa a cuatro-seis píos en los cinco minutos que dura la sesión. Esa caída de las protestas sonoras depende estrechamente de la magnitud de la dosis suministrada. El efecto de la oxitocina no requiere las vías neurales opiáceas y es muy específico: no afecta a la emisión del piar en otras situaciones. Así, cuando se les agarra, bruscamente, con la mano vuelven a chillar como si nada. Tampoco compromete su atención o la conducta motora: los polluelos tratados con oxitocina están, en apariencia, muy despiertos pero relajados y tranquilos. La única anormalidad observable es que bostezan mucho y baten las alas con más frecuencia (16).

Esta última conducta aumenta todavía más en presencia de otros polluelos, por lo que se la considera una señal de confort social. Aunque también podría representar, en las aves, un equivalente de los «estiramientos» que los mamíferos prodigan cuando están aburridos o entumecidos. El típico estiramiento de extremidades que practican los felinos, por ejemplo, cuando no tienen nada mejor que hacer. La coincidencia con el incremento de los bostezos sugiere un estado de relajo y dejadez absoluta. Pero a diferencia de lo que ocurre con los opiáceos, los polluelos no están sedados ni dormidos durante esas impregnaciones intracerebrales de oxitocina o vasotocina, aunque las dosis usadas sean altas. Esa especie de flojera con bostezos y batir gratuito de alas vendría de la desactivación emotiva total: de la satisfacción y la calma completas (16). Una condición «anímica» que recuerda las beatitudes poslascivas habituales en la especie humana. El juego gozoso en roedores y hasta la inducción de cosquillas agradables (1), han sido otras dianas, en los estudios de Pankseep, para relacionarlas con el bienestar afectivo de origen neurohormonal.

Sería estupendo confirmar que las secreciones internas de opioides y de oxitocina (junto a otras sustancias que contribuyen a crear las sensaciones de dependencia y seguridad amorosa), tienen perfiles y ritmos secretorios distintos en hombres y en mujeres. Únicamente así podremos acercarnos con precisión a la cascada de reacciones diferenciales que provocan las fracturas sentimentales. De momento, no obstante, ese tipo de datos sigue faltando y habrá que esperar. Hay, de todos modos, alguna evidencia indirecta que sugiere que no navegamos sin rumbo. Los umbrales de dolor, por ejemplo, son claramente diferentes en hombres y en mujeres. La tendencia a somatizar (es decir, expresar el sufrimiento anímico mediante molestias orgánicas) es sistemáticamente mayor en las mujeres. Todos los estudios así lo indican y las encuestas oficiales de salud lo certifican, año tras año, en todas partes. Son relaciones que convendrá reforzar con datos precisos para acabar dilucidando las interconexiones entre el dolor físico y el sufrimiento emotivo. Los trabajos con algunas de las neurohormonas que acabamos de mencionar pueden ser una buena vía para empezar a tirar del hilo. En ese sentido, ya hay algunos resultados preliminares que indican que, al margen de los períodos de embarazo o lactancia, los disparos y los niveles de oxitocina son diferentes, en los dos sexos, en diversos momentos de las interacciones afectivas (17, 18).

FASES DE LAS RUPTURAS AMOROSAS

Es común que junto a la desesperación por la fractura sentimental brote el aliento del odio y crezca el deseo incontenible de venganza (21). La alarma provocada por el corte súbito de las fuentes neurohormonales de fusión y el hundimiento de los pilares de la seguridad afectiva disparan, automáticamente, los motores de la protesta. El lamento por la defección amorosa tiene tonalidades agresivas casi inmediatas, porque en el sufrimiento provocado por esas frustraciones están implicadas las zonas cerebrales que se encargan de vehicular la respuesta colérica. Los sistemas neurales que modulan los enojos del alma son indistinguibles, en algunas de sus rutas y engranajes, de los que dan salida a la irritabilidad. En el tronco encefálico (la zona de transición donde el cerebro y el el cerebelo dan paso al tubo nervioso de la médula espinal y, más concretamente, en una región denominada sustancia gris periacueductal) hay una enorme promiscuidad estructural y neurohormonal entre la modulación del dolor (el físico y el «anímico») y el de la rabia. Ésa es la razón última por la que las molestias dolorosas y el ánimo irritado van juntos a menudo. Y la que permite conectar de una manera tan previsible y cotidiana, las deserciones afectivas con el odio, el rencor y el despecho corrosivos (23).

La traición o el abandono sentimental dan lugar, no obstante, a unas reacciones agresivas peculiares porque tienen un origen perfectamente identificable: hay alguien, muy particular, muy apreciado, que nos ha jugado una mala pasada. La peor, en realidad. Al igual que el resto de animales sociales, los hombres y las mujeres tienen siempre a punto el castigo como respuesta (inmediata o demorada) ante un castigo previo (6). Las defecciones amorosas interrumpen, de pronto, los nexos de confianza y dependencia personal a través de los cuales los humanos intentan garantizarse los amarres y el consuelo ante los avatares de la vida. Los blindajes de seguridad para el periplo vital que tienen su correspondencia y engarce neurohormonal (10, 17). No debe extrañar, por tanto, que al contemplar su destrucción inesperada surja un abanico de emociones agresivas que caracterizan las primeras etapas de las rupturas sentimentales.

La descripción pormenorizada de las diversas variedades de reacción ante los desengaños amorosos debería ir mucho más allá de la identificación de raíces comunes entre el dolor físico, el sufrimiento anímico y la irritación visceral. Se trata de una empresa investigadora de viabilidad incierta todavía y con posibilidades de progreso algo lejanas, pero el camino ya ha empezado (8). De todas maneras, tampoco debe considerarse poca cosa el detectar ese tipo de concomitancias porque cuando hay que intervenir con fármacos, en casos de sufrimiento agudísimo a causa de frustraciones amorosas, no es en absoluto baladí conocer los posibles mecanismos que están alterados. Porque conviene acertar la intervención más incisiva y restauradora con las herramientas disponibles.

Es importante tener presente que a pesar de las diversas modalidades del sufrimiento generado por las rupturas traumáticas, hay patrones generales que permiten una descripción. Son una serie de etapas o eslabones que acostumbran a repetirse con regularidad. Ahí también vale la comparación con el curso característico de la aflicción que sobreviene cuando hay que afrontar la desaparición definitiva de una persona muy querida, con la muerte. La negación típica de los momentos iniciales, la protesta rabiosa, los regateos interiores en pleno desconcierto y obnubilación emotiva, la inhibición melancólica y, finalmente, la aceptación resignada, son fases distinguibles en la mayoría de casos de duelo. Etapas que tienen una mayor o menor duración en función de cada persona y circunstancia, aunque son difícilmente eludibles si el afecto era hondo. La reiteración de ese proceso sugiere algún tipo de requerimiento preestablecido, una exigencia metabolizadora ineluctable que imponen las penas intensas. Con el objetivo, por descontado, de reencontrar el equilibrio biológico y hacer posible el reajuste a un nuevo panorama (20).

Los corazones rotos deben transitar también por unos eslabones similares de reajuste. En las fases iniciales de negación y protesta, dominan la alarma y la desesperación encolerizada que ya hemos descrito. En el período de regateo íntimo hay tremendas oscilaciones afectivas que pueden provocar grandes cambios de conducta: desde los lamentos humillantes de auxilio, puestos al servicio del chantaje para intentar conseguir una marcha atrás *in extremis*, al cultivo de un rencor hondísimo y aparentemente inextinguible. Más adelante se puede entrar en el aislamiento y la desafección características de la tristeza, sin haber eliminado el odio corrosivo que continúa siendo alimentado por el impacto del amante en unos trazos neurales nunca borrados ni atenuados todavía. Cuando progresa, no obstante, la resignación a través de la asunción tranquila y creciente de nuevos vínculos y responsabilidades en un escenario diferente, comienza el período verdaderamente fructífero para el olvido. El antiguo nexo va perdiendo capacidad movilizadora a causa, esencialmente, de la ocupación inevitable de los canales de energía sentimental por otros intereses y dianas. Cuando el proceso de desenganche se ha completado, puede llegarse a constatar, con sorpresa, que el reencuentro con el antiguo amante ya no desvela ninguna sintonía especial. Que ha quedado colocado, para siempre, en el paisaje anodino de la neutralidad emotiva. El corazón y el cerebro se han recuperado y aquella persona que los hizo vibrar, como ninguna otra, ahora se ha difuminado.

CONCLUSIÓN PROVISIONAL

El estudio de las fracturas sentimentales nos ha permitido descubrir resortes neurohormonales adicionales de los vínculos amorosos. Hay que reconocer, no obstante, que se trata de un territorio esencialmente inexplorado. Las tentativas de escaneado de los estados de lamento o de despecho romántico (7), mediante estudios de neuroimagen, no han pasado de eso: meros sondeos preliminares para dar con los parámetros y montajes que deben permitir las incursiones empíricas fructíferas. Mientras todo eso llega, pasaremos a ocuparnos de elementos mucho más trabajados como los mecanismos del deseo y el atractivo.

5

DEL DESEO Y EL ATRACTIVO

Hasta aquí hemos abordado las interacciones amorosas como si fueran una fuente inagotable de amenidades. En el gozo exaltado del enamoramiento, en la tierna conyugalidad de las uniones sólidas o en el desconsuelo de las rupturas sentimentales parecía que el entretenimiento estaba siempre garantizado. Ojalá que así sea, pero me temo que deslumbrado por los avances de la hormonología y los mapas de las neuroimágenes, quizá haya podido alimentar falsas expectativas. Porque todo el mundo sabe que detrás del centelleo incitador o de los meandros vertiginosos de algunas aventuras amorosas, pueden esconderse unos océanos de aburrimiento inextinguible. El tedio es un acompañante fijo y perfectamente previsible en buena parte de esas excursiones.

El pórtico más habitual del desinterés amoroso es la difuminación del misterio. El tedio se instaura al desaparecer el enigma: cuando del amante lo sabemos todo o así lo creemos. Cuando podemos prever todas sus reacciones porque el repertorio de sorpresas está en las últimas, la llama de la pasión ya se ha extinguido. En general eso acostumbra a concretarse en un instante preciso: un día, una hora y un minuto perfectamente delimitables, quiero decir. Aunque muy raramente se lleve un registro taxativo de esos asuntos. Y mucho menos hoy en día, cuando ha periclitado el uso de los diarios íntimos y la única cosa que se apunta en las agendas son las reuniones y los horarios de las cenas y los vuelos. Pero la entrada del tedio es perceptible en un instante concretísimo. Hay, obviamente, errores de detección provocados sobre todo por la confusión entre la saciación amorosa y otros tipos de fatigas. Pero la defunción del afán explorador tiene un punto de inflexión neto que anuncia la invasión del desencanto y la progresión del aburrimiento. La convivencia siempre se lleva la mayor parte de culpa en ese proceso. No obstante, hay otros muchos factores además de la repetición de rutinas más o menos domésticas.

La calidad de los recursos amatorios es una de ellas, evidentemente. Supongo que queda claro que me refiero, con ello, a bastantes más cosas que a la estricta gimnasia erótica. Porque de la misma manera que hay aventuras que se precipitan desde unas perspectivas espléndidas hasta la inanidad total cuando alguna indiscreción desvela intimidades indecorosas, las hay también que progresan, inadvertidamente, desde la frivolidad más o menos excitante a la quimera incontrolable con capacidad para marcar, tenazmente, las trayectorias de los protagonistas. Son muchos y diversos los elementos que ayudan a encender las brasas del deseo y a mantener el apetito de complicidades (véase la cinética pasional en el gráfico de la Figura 2, p. 107). Algunos son muy sencillos y pertenecen a la ingeniería más elemental de los mecanismos del atractivo y la fatiga romántica.

EL «EFECTO COOLIDGE»

Hay que abordar, en primer lugar, las diferencias en la susceptibilidad a la saturación amorosa y no queda más remedio, en este asunto, que traer a colación el «efecto Coolidge». John Calvin Coolidge fue un presidente estadounidense del período de entreguerras del siglo pasado que dejó un anecdotario muy sabroso. Era un republicano que gobernó durante los felices veinte, en la época de la Ley Seca tan fructífera para el cine negro. Aunque no ha habido manera de certificar la verosimilitud del episodio que sirvió para dar nombre al famoso «efecto», tanto da porque se ha impuesto para siempre. En la mayor parte de los tratados eruditos sobre la fisiología de la conducta amorosa, aparece el fenómeno con esa imponente denominación académica. La prontitud que demuestran los machos, en particular, para recuperar el interés y los rendimientos sexuales cuando surgen oportunidades de cambiar de pareja, ha quedado ligada a aquel político amante de las chanzas desenfadadas (2, 38).

Lo contaremos tal como lo han fijado las crónicas. Durante una visita a una explotación avícola avanzadísima, en su época, la primera dama que acompañaba al presidente y lo precedía en el recorrido por las instalaciones, se detuvo, admirada, ante un gallo magnífico que mostraba un entusiasmo copulador infatigable ante una gallina aparentemente feliz. La señora Coolidge preguntó a los técnicos si aquel rendimiento era habitual y éstos asintieron glosándole las virtudes de aquel ejemplar. Entonces les pidió, con un punto de picardía, que cuando el presidente llegara a aquel lugar se lo hicieran notar. Así lo hicieron al acercarse el mandatario y éste, sin inmutarse, les preguntó si al gallo siempre le ponían la misma gallina o las cambiaban a menudo. Los técnicos replicaron diciendo que era el ejemplar con el harén más nutrido de toda la granja. El presidente se alejó, satisfecho, después de indicar a los granjeros que le explicaran esa minucia a su distinguida esposa cuando acabara el recorrido.

La anécdota ilustra la potente tendencia de los machos saciados a recuperar el apetito libidinoso y la eficiencia sexual cuando se pone a tiro una pareja nueva. E ilustra, asimismo, la tendencia al abatimiento cuando deben acoplarse, repetidamente, con la misma compañera. Además de aplicarse a las aves de corral, el «efecto Coolidge» se ha demostrado en una gran variedad de mamíferos domésticos y salvajes. Es probable que en los humanos tenga alguna relación con discrepancias entre la sexualidad femenina y la masculina. En particular, las relacionadas con la lealtad y la constancia amorosa. La recuperación motivacional que describe el Coolidge esconde fenómenos de habituación y de contraste que afectan poderosamente al curso y a la intensidad del deseo. Piénsese, por ejemplo, en el amplio abanico de recursos tecnológicos que se han desplegado para engañar o atenuar la propensión al Coolidge en humanos. Buena parte de la sabiduría (y el gasto) dedicada a la ornamentación corporal tiene esa sustentación. Son estrategias de captación y seducción basadas en la apariencia cambiante, con el objetivo de renovar el interés por un producto básico invariable. Envoltorios diferentes para el mismo objeto, quiero decir. Ornamentos que hay que saber usar y dosificar desde ambos lados de la barrera, el masculino y el femenino, porque a pesar de la mayor tendencia varonil a presentar flaquezas Coolidge, las mujeres no son inmunes a ello en absoluto.

En un estudio efectuado en la Universidad de British Columbia, en Canadá (9), el grupo de Anthony Phillips confirmó, en roedores macho, la mediación dopaminérgica del «efecto Coolidge». Mediante microcánulas implantadas crónicamente en el núcleo *accumbens* (una de las zonas cruciales de la regulación central del placer), midieron la excreción de dopamina usando técnicas de microdiálisis *in vivo*. Los niveles de dopamina en *accumbens* aumentaron un 44 %, de promedio, cuando los machos eran expuestos a una hembra que daba señales de receptividad, pero a la que no podían acercarse al estar detrás de una barrera transparente. Cuando se les permitió, a continuación, el acceso a la hembra los niveles de dopamina secretada se dispararon mucho más todavía. A medida que se instauraba la saciación (decremento progresivo en la frecuencia de montas, embestidas y eyaculaciones, así como aumento del tiempo de reposo: períodos de refractariedad), los niveles de dopamina fueron descendiendo hasta alcanzar las medidas basales (sin estímulos sexuales presentes).

La simple aparición (detrás de la barrera transparente) de una segunda hembra receptiva ante el macho totalmente saciado, conseguía hacer subir nuevamente la secreción de dopamina en el *accumbens* hasta niveles superiores al 30 % respecto de la línea basal. La Figura 5 ilustra la evolución de la conducta y las medidas neuroquímicas en este estudio que sirvió para afinar y corroborar resultados anteriores en el mismo sentido.

A estas alturas no nos extrañará, en absoluto, que la dopamina se haya mostrado como el neurorregulador crucial para modular esas reacciones ante los incentivos eróticos con una exquisita precisión. Sabemos que durante las tres últimas décadas se han acumulado evidencias múltiples para involucrarla como neurorregulador preferente, aunque no exclusivo, en todo tipo de apetitos ordinarios y extraordinarios. Los datos que ahora la relacionan con las incitaciones y los desasosiegos eróticos son abrumadores. Hay que empezar a considerarla ya como el engranaje primordial de la señalización incentiva (16, 21, 26).

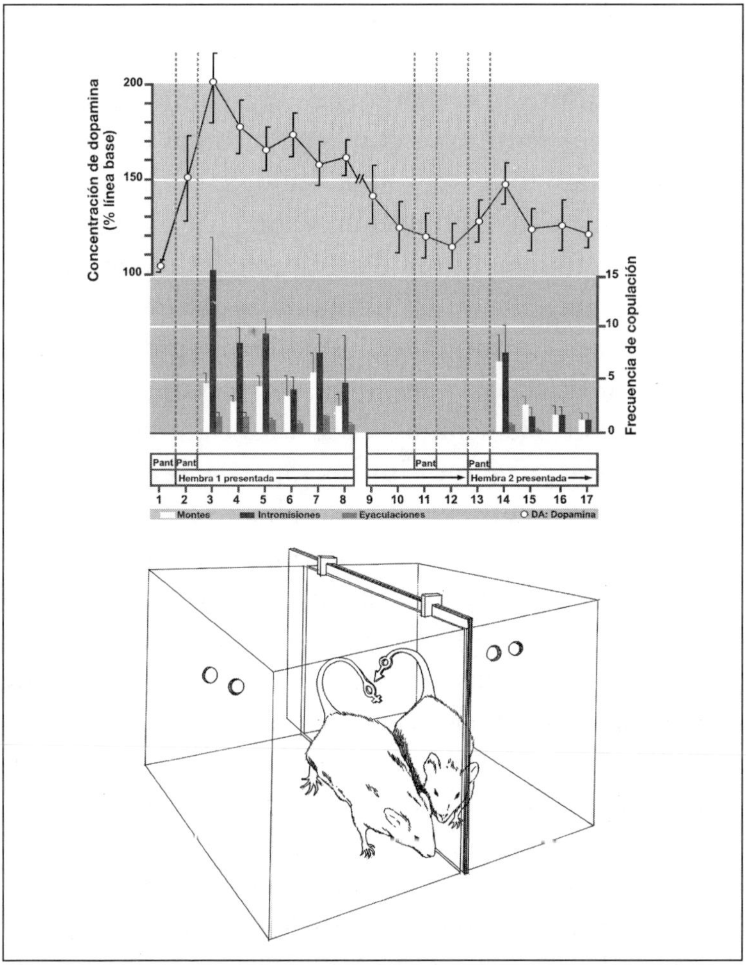

Figura 5. Curso temporal de las conductas sexuales y de la secreción de dopamina en el núcleo *accumbens* de ratas macho, en un experimento «coolidge». «Pant»: barrera transparente colocada (visión de hembra receptiva). «Hembra 1 presentada»: acceso franco a la primera hembra hasta la saciación. «Hembra 2 presentada»: acceso franco a la segunda hasta la saciación. (Modificada de 9.)

EL ATRACTIVO BÁSICO Y LOS RECLAMOS

Antes de entrar, sin embargo, en el vastísimo mundo de los incentivos seductores conviene recordar que los humanos pueden reconocer, con facilidad, el atractivo físico esencial. Es decir, la belleza corporal (cara y figura) sin retoques ni aditamentos. Lo digo con contundencia porque, aparentemente, va así: hay estudios que muestran que jurados de extracción diversa se ponen rápida y consistentemente de acuerdo cuando hay que evaluar el atractivo de los rostros femeninos. Cosa hasta cierto punto esperable si se trata de emitir juicios sobre caras de la misma etnia o ámbito cultural. Pero resulta algo más sorprendente saber que también se han obtenido notables concordancias, entre jurados, cuando hay que jerarquizar los atractivos de mujeres pertenecientes a razas y culturas distintas (22). Hay datos todavía más sorprendentes en este campo. Los recién nacidos de dos meses de edad, por ejemplo, dedican mucho más tiempo a observar caras femeninas que han sido clasificadas como atractivas por los adultos, que el que dedican a observar caras anodinas (7, 8). Es decir, las criaturas de pañales tienden a quedarse colgadas ante los rostros bellos (también ante los extravagantes, ¡todo hay que decirlo!). Un hallazgo así sugiere que los rostros atractivos han de ser forzosamente peculiares para captar la atención de unos retoños que pasan la mayor parte de su tiempo durmiendo.

Los intentos de medida de los patrones del atractivo derivan de los trabajos pioneros de Francis Galton, un estadístico, antropólogo, meteorólogo y psicólogo británico que llegó a conseguir, en su época, tanta notoriedad como su primo Charles Darwin. Galton intuyó que la belleza física debía obedecer a reglas objetivables y sugirió la noción de proporcionalidad de rasgos como requerimiento básico. Para comprobar esas intuiciones, llevó a cabo estudios comparando imágenes de rostros ficticios que obtenía a partir de composiciones fotográficas. Las fotos promedio, las composiciones ajustadas a la media de muchas fotografías partiendo de los rasgos faciales más significativos, eran percibidas como más atractivas que las originales. Usando técnicas de sumación de imágenes por ordenador a partir de series fotográficas de rostros, se ha podido confirmar que las intuiciones de Galton no iban, en absoluto, desencaminadas.

No es extraño que cuente la armonía de rasgos porque es bien sabido que el jugoso negocio de la cirugía plástica se sustenta, primordialmente, en la corrección de irregularidades o desviaciones groseras de los modelos estándares. Aunque es innegable que los cánones de la belleza femenina cambian mucho según las épocas (las variaciones de coloración de la piel y del cabello, de los peinados, del volumen mamario y de la distribución de la grasa corporal que va alimentando el carrusel de la moda), también lo es que esas oscilaciones del gusto nunca imponen desproporciones o asimetrías flagrantes como prototipos de beldad. En un estudio efectuado conjuntamente en las Universidades de St. Andrews (Escocia) y Oternon Gakuin, en Osaka (Japón), un equipo de neuropsicólogos (22) recuperaron la metodología galtoniana pero con las herramientas de los procesadores de imágenes contemporáneos. Demostraron que la proporcionalidad de los rostros, aun siendo un requisito indispensable de la beldad, no era el vector crucial del atractivo femenino. El verdadero atractivo reside en desviaciones mínimas, pero significativas, de las formas regulares. Usaron sesenta fotografías de chicas británicas normalísimas (con un gesto neutro y sin maquillajes ni retoques de ningún género), pero con diversos grados de atractivo según el criterio de un grupo de jueces jóvenes (chicos y chicas). Mediante un método informatizado de reconstrucción de caras, crearon entonces una imagen robot y obtuvieron un rostro final promedio a partir de esas «medianas gráficas» de la geografía facial. Unos rostros estrictamente virtuales pero verídicos para todo el mundo.

Cuando permitieron escoger a otros evaluadores entre la cara «media» absoluta y otra muy parecida pero derivada a partir de las quince fotos iniciales más atractivas, tanto los chicos como las chicas seleccionaban sistemáticamente (con un grado de concordancia del 70 %) el rostro promedio «atractivo». Al acentuar, mediante retoques optimizados por el software, las diferencias morfológicas entre las cualidades faciales que diferenciaban el rostro promedio «proporcionado» y el «atractivo» (creando así una tercera cara virtual, casi idéntica a las dos iniciales pero con un «aire» final mucho más interesante), la gran mayoría de los jueces se decantaban por el rostro optimizado.

Repitieron el estudio en el Japón usando 342 fotografías de chicas niponas como base de trabajo. Una vez fabricados los tres tipos de rostros robot plausibles, los presentaron a un grupo de evaluadores japoneses. En esta ocasión obtuvieron una concordancia de opiniones superior al 80 % y en el orden esperado: la chica japonesa «optimizada» tenía más admiradores que la atractiva y esta última ganaba, de largo, a la «proporcionada». Decidieron, no obstante, que faltaba el paso de la recomprobación transcultural cruzada: cuando un jurado británico evaluó las caras-promedio de chicas japonesas, las opiniones coincidieron mayoritariamente con la ordenación de atractivos que habían efectuado los propios nipones. Conclusión: es fácil reconocer los caracteres faciales que denotan atractivo femenino aunque los rostros procedan de razas o etnias distintas. Dicho en lenguaje sencillo, sabemos distinguir entre una chica o una mujer mona (es decir, con rasgos faciales simétricos y bien proporcionados) de las que son verdaderamente atractivas. Ese distingo lo aplicamos con independencia de que los rostros sean de jamaicanas, suecas o andaluzas. Si así no fuera, serían inviables los concursos de «misses» o los rankings de «top-models», mientras que es notorio que esos dos entretenimientos movilizan enormes energías y sumas monetarias. A menudo, sin embargo, se oculta esa realidad bajo el discurso bienpensante de que los gustos y las normas culturales lo impregnan todo, hasta el punto de que no existe una biología de la belleza.

Conviene que precisemos esos pequeños detalles o desviaciones de la proporcionalidad que convierten un rostro femenino armónico en una cara incitante y seductora. En las mujeres son cruciales los rasgos siguientes: unos pómulos altos y ligeramente prominentes, los ojos grandes en relación con la superficie total de la cara, una barbilla saliente que culmine un perfil triangular, distancias pequeñas nariz-boca y nariz-barbilla, labios carnosos y gruesos, y las cejas arqueadas de manera que el contorno ocular devenga almendrado. Eso es lo esencial, sin prescindir jamás de la simetría y la regularidad básica de las formas. Y sin olvidar, por supuesto, otras propiedades básicas como la lozanía, la piel sana y el cutis fino, que se mantuvieron invariables en las fotos del citado estudio para evitar que influyeran en los resultados. Hay, además, otros atributos corporales que complican y hacen mucho más interesante el asunto. Por cierto, al aplicar las reglas derivadas de rostros anodinos a las caras femeninas consideradas como las más bellas del planeta (las señoras Naomí Campbell, Kate Moss, Andie McDowell o Claudia Schiffer, por ejemplo) encontraron que se ajustaban a combinaciones óptimas de esas sutiles desviaciones.

En cuanto al atractivo facial masculino, los primeros resultados obtenidos con la misma metodología indican que esa acentuación de pequeños detalles sobre un rostro regular también desempeña un papel relevante aunque no tanto como en las mujeres. Hemos visto ya que el atractivo físico es menos crucial en la elección de parejas masculinas ocasionales que efectúan las mujeres (1, 2) (véase, además, el apartado «Belleza y poder», p. 274). En diversas especies animales se ha podido comprobar que las hembras muestran una preferencia considerable por la simetría del cuerpo y de los ornamentos masculinos. Aunque algunos resultados sugieran que eso representa un sesgo inevitable de los sistemas de detección neural, como consecuencia de los requerimientos de fiabilidad durante el reconocimiento perceptivo de compañeros sexuales (6, 13), vuelve a indicar la importancia de los rasgos armónicos. En cualquier caso, seguro que algún factor facial prevaldrá también en los hombres porque la cara (y la mirada) es siempre el elemento primordial para transmitir señales de salud, vigor y ambición (8, 14, 35). Incluso cuando se prescinde de los recursos de la expresión y de la ayuda de los retoques (como en el caso de los estudios con rostros fotográficos anodinos, que acabamos de discutir), la cara por sí sola es capaz de vehicular una publicidad sofisticada sobre las cualidades del producto global. Después hay, obviamente, otros atributos de la figura y habilidades complementarias. Sobre el rostro, sin embargo, recae una buena parte de los esfuerzos de optimización seductora que son el fundamento de la industria cosmética y reparadora.

SEÑALES SEDUCTORAS

En ocasiones, no obstante, las estrategias para incentivar son muy sencillas y se parecen a los recursos más elementales que usan los animales. De vez en cuando se menciona, por ejemplo, la función definidora de la belleza femenina que durante largos períodos de tiempo, y en sociedades muy distintas, han cumplido las pecas. Mediante unas solitarias y vistosas manchas oscuras convenientemente dibujadas en puntos estratégicos de la superficie facial, las mujeres podían sugerir (al magín efervescente de los varones, se entiende) todo un mundo de evocaciones pícaras o de promesas tentadoras. Porque al fin y al cabo, un lunar destacado en el paisaje más cambiante y enigmático con que topamos ordinariamente los humanos (los rostros de los conespecíficos cercanos), es siempre motivo del mayor interés. Es notorio, sin embargo, que la señalización seductora puede alcanzar unas cotas de enorme sofisticación y variedad. La versatilidad tecnológica al servicio de la seducción es ahora tan potente que rememorar las virtudes de los lunares puede parecer una ingenuidad. La candidez en este punto, como en otros, puede ser recomendable porque no me extrañaría que se acabara descubriendo que una buena parte de la sabiduría que aplican los científicos y los artesanos de la cosmética, cuando procuran conseguir unos acabados faciales y corporales óptimos, descanse en la acentuación y preservación de los rasgos naturales que convierten un rostro o un cuerpo en atractivo, de entrada.

La noción clave, al hablar de incentivos amorosos es la de señal o indicador. El lunar, además de focalizar la atención, enciende, automáticamente, los resortes de la evocación sugerente. Ésa es la base de una infinidad de recursos seductores que reposan sobre la capacidad insinuadora (señalizadora) de los reclamos eróticos más elementales. La turgencia coloreada de los labios, el perfil bien contrastado y sombreado de unos ojos acuosos y brillantes, o la pátina sedosa de una piel ávida de caricias mantienen la alerta permanente, el vigor de la evocación a pesar de las fatigas cotidianas o las prisas distractoras. En las distancias cortas, tal como indican los anuncios publicitarios, los retoques faciales hábiles son de una eficacia indestructible. Y eso no es más que el comienzo, porque con las variaciones y la disposición de la indumentaria sobre la anatomía humana y la sabiduría de la gestualidad insinuadora, las señales se multiplican en un festival evocador que sólo pide tiempo y un punto de dedicación golosa para saborearlo como corresponde. Piénsese si no, en las efusiones literarias provocadas por la frontera de algunos escotes o el ondear memorable de algunas faldas, por la gracia del calzado atrevido y los pendientes desaforados o incluso por los inocentes calcetines cortos o las negligentes zapatillas sobre unas piernas de lujo. Todo eso sin entrar en los contrastes de suavidades y texturas que sugiere la ropa interior, explícitamente incorporada al vestuario de calle, con el éxito de las estrategias cambiantes del destape.

Las señales sexuales encienden un mundo de anticipaciones gratificantes. Como el cerebro humano tiene una capacidad sensacional para secretar cascadas imaginativas que pueden ser, además, plenamente idiosincrásicas, el horizonte de posibilidades para el disparo de desasosiegos románticos y fiebres libidinosas es inacabable. Los incentivos trabajan dirigiendo la atención y promoviendo la delectación anticipada en todas las variedades golosas (26). Pero con una singular eficiencia en el campo de las *delicatessen* amorosas. Es perfectamente lícito usar la analogía con las tentaciones palatales, porque los estímulos olfativos y gustativos funcionan como inductores directísimos de la disposición al cortejo, tal como veremos más adelante. Ahora tenemos que ocuparnos de otro tipo de señales relacionadas con las habilidades para el cortejo.

ÉXITOS Y FRACASOS DE LOS PLAYBOYS DE RIBERA

Los seductores actuales deben residir necesariamente junto al mar. Los manuales de costumbres imponen unas temporadas marítimas tan inexcusables que los mujeriegos dedicados han de plegarse a la cultura de club náutico aunque no tengan ninguna inclinación por las velas o el agua salada. Hoy en día es literalmente inimaginable un donjuán sin un bronceado impecable y con un dominio cuando menos tentativo de la navegación de bajura. Las revistas del corazón lo tienen clarísimo: un playboy que se precie requiere la cubierta blanquísima de un yate bajo los pies y el torso desnudos, contrastando con el azul rutilante de la mar. Ya no valen los refugios en casonas o en aldeas remotas mientras se espera, tranquilamente, el regreso de unas presas fatigadas de salobre y sol pertinaz. No valen porque esos retiros no son tolerados por las señoras al coincidir con el período donde pueden llevar el ritual del sacrificio solar al apogeo de la exposición voluptuosa en las terrazas nocturnas o en las fiestas galantes.

Los seductores de tendencias horacianas lo tienen todavía peor si intentan compensar los déficit de coloración con algún baño furtivo en gargantas recónditas o en riachuelos de agua clara, por la sencilla razón de que todo el mundo sabe que esas aguas bajan siempre envenenadas por detritus de la ganadería industrial o de los campings siempre amenazadores. No hay estampa más ridícula, al fin y al cabo, que un playboy de ribera. Si el chulo de playa o de piscina convida a la conmiseración, a pesar de sus éxitos indudables en la fácil oferta de *guiris* importadas o locales, el seductor de río es patético.

En cambio, según los resultados de un trabajo (28) llevado a cabo en la Universidad de Texas, en Austin, parece ser que los ríos continúan siendo un excelente elemento para los peces donjuanescos. En algunas especies, la de dicación a las artes seductoras los ha llevado a desarrollar unas estrategias elaboradísimas. Un grupo de zoólogos liderado por Michael Ryan decidió estudiar la seducción de machos que efectúan las hembras de algunas especies de *Poecilidae*, unos peces muy decorativos del género *Mollienesia* que viven en los ríos del norte de México y sur de Texas, preferentemente. Les interesaba dilucidar, sobre todo, los motivos que llevan a los peces vela machos

(*Poecilia latipina*), a interactuar sexualmente con las *poecilias* amazonas, un grupo singular formado íntegramente por féminas que se reproducen clonalmente, sin intervención alguna del genoma masculino. Es decir, una especie ginogenética donde las hembras, al procrear, se lo montan solas y mantienen una perfecta viabilidad sin necesidad de machos.

Las amazonas *poecilia* han conseguido llevar los postulados del feminismo radical hasta sus últimas consecuencias, pero todavía necesitan machos para dar curso a la embriogénesis. La estimulación espermática es el mecanismo inductor de ese proceso y ahí reside el flanco débil de esa estrategia sexual. Para corregir esa carencia, captan machos de especies cercanas en un ejemplo espectacular de parasitismo basado en la esclavitud sexual intempestiva y sin recompensas reproductivas de ningún tipo. Hay que comprender a los pobres peces de vela macho cuando, extasiados ante las incitaciones de las amazonas texanas y mexicanas, se dejan llevar por el entusiasmo erótico confundiéndolas con las de su propia especie y expulsan la simiente, río abajo, sin conseguir otra cosa que hembras clónicas de las pérfidas amazonas. Y ni rastro, por descontado, de su genoma en esa progenie. Ryan y sus colaboradores sospechaban, no obstante, que esa historia guardaba algún recodo oculto porque resulta difícil de explicar, en términos evolutivos, que se mantenga tamaño despilfarro. Desde el punto de vista de las amazonas no hay problema, porque aprovecharse de los errores o las confusiones ajenas para ir tirando no es mal asunto y tiene multitud de adeptos en las sociedades animales y humanas. Pero el empeño de los pececillos de vela machos en mantener una estrategia de apareamiento totalmente inútil desde el punto de vista reproductor presenta complicaciones, a no ser que se puedan demostrar ganancias secundarias sustanciales.

Ese equipo de zoólogos texanos recopiló datos que indican que los pececillos de vela no son tan cándidos ni van tan ofuscados como aparentan. Parece ser que se dedican a conquistar amazonas con fruición porque eso los convierte en atractivos ante las hembras propias. Se ejercitan, por consiguiente, en las habilidades de playboy con las amazonas parasitarias. Para demostrarlo capturaron pececillos de las dos especies en el río San Marcos, en Martindale, y los mantuvieron en acuarios. Las medidas de cortejo sexual las efectuaron en un tanque especial que podía dividirse en compartimentos estancos, de manera tal que en la parte central ponían una hembra de vela para que pudiera observar lo que ocurría a ambos lados a través de las paredes transparentes. La primera parte del experimento consistía en inducirlas a escoger entre dos machos de dimensiones diferentes colocados, por separado, en ambos compartimentos laterales (en un montaje que recuerda a la caja de 3 compartimentos de la Figura 1, p. 91). Las hembras no tenían ninguna duda: se pasaban la mayor parte del tiempo nadando pegaditas junto a la pared del tanque que cobijaba al macho más robusto. A continuación subdividieron los compartimentos laterales de los machos en dos mitades con la correspondiente pared separadora perpendicular a la primera, e introdujeron sendas amazonas en los nuevos compartimentos así generados. La hembra vela que continuaba nadando y observando desde el centro del tanque podía ver, perfectamente, el intenso cortejo que el macho flacucho emprendía respecto a su cercana amazona. En cambio, contemplaba en el otro lado los enérgicos pero inútiles devaneos del macho robusto. Lo que sucedía era que la cara de la pared que daba al macho robusto era opaca y no podía percatarse, por tanto, de la presencia de su amazona. Es decir, la hembra de vela *voyeur* constataba que el macho enjuto se había vuelto un pretendiente entusiasta, mientras que el robusto se dedicaba al jugueteo y la ejercitación deportiva sin concentrarse en lo importante.

Los resultados fueron espectaculares. Cuando se les ofreció, de nuevo, la oportunidad de escoger a solas entre los dos machos, una gran mayoría de las hembras que pasaron por el experimento cambió radicalmente su preferencia inicial y se apuntó al cortejo con el macho pequeñín pero flamenco. Los controles pertinentes permitieron descartar los cambios de preferencia debidos a factores no relacionados con el juego sexual, como la posición en el tanque-acuario, por ejemplo. Hay, por consiguiente, aprendizaje imitativo en la elección de machos de acuerdo con lo que ya se había observado en otras especies. Las hembras muestran una preferencia notoria por los machos aficionados al flirteo y al apareamiento. Una preferencia por los donjuanes que lleva a los pececillos de vela macho a ejercitarse activamente con féminas de rendimiento nulo, porque luego tendrán mucho más éxito entre la clientela biológicamente rentable. Hemos dejado muy claro, al comenzar esta jugosa historia, que los playboys de ribera humanos probablemente no se coman un rosco. Pero no hay que descartar, en absoluto, que los mecanismos que subyacen al experimento con los pececillos mexicanos también operen en humanos. Hay más de un dato que sugiere que el atractivo masculino aumenta con la exhibición desinhibida de cualidades de mujeriego (18, 38). Es una señal incentiva añadida en los varones.

INCENTIVOS, TOLERANCIA Y SENSIBILIZACIÓN

El papel notabilísimo que tienen los incentivos puede servir para avanzar algunas hipótesis sobre las variaciones cinéticas del deseo y el atractivo erótico, que es el objetivo principal de este capítulo. La comparación con las drogas adictivas puede volver a ser provechosa. La potencia adictiva de las drogas depende, en primera instancia, de su capacidad para procurar episodios agudos de bienestar. Es decir, de su habilidad para «colocar». Ya lo dejamos descrito en el primer capítulo: sin esa propiedad no hay adicción posible. Todas las drogas adictivas interactúan con los sistemas neurohormonales del placer, aunque sea a través de rutas e impactos muy distintos. Senderos singulares que contribuyen, precisamente, a crear las tonalidades y los perfiles distintivos de las respectivas intoxicaciones (16). Hay que diferenciar, por un lado, las propiedades calmantes, estimulantes o euforizantes de una sustancia y, por otro, su capacidad para promover el vicio del abuso. Su potencia para atrapar o enganchar en un ciclo adictivo.

Algún elemento en común tiene que haber entre los dos fenómenos porque sin potencia gratificante es difícil que surja el desasosiego y el apetito enganchadores. Pero esas dos clases de atributos no tienen por qué ir plenamente entrelazados ni obedecer exactamente a los mismos mecanismos. La nicotina nos puede servir de ejemplo. Todo el mundo sabe que se trata de una sustancia con una gran capacidad enganchadora a pesar de tener unas cualidades palatales y alertadoras más bien suaves. Comparada con la potencia de algunos opiáceos, de los psicoestimulantes o del alcohol etílico, la nicotina es una sustancia casi anodina. Pero las trazas que sabe dejar en los resortes neurales del deseo son muy duraderas. El apetito de tabaco es exigente y difícil de borrar. Ése es el motivo primordial de la resistencia al cambio y de las recaídas sistemáticas en los fumadores empedernidos que desearían cortar el vicio.

Una mujer fatal o un tipo irresistible quizá no proporcionen el súmmum de placer erótico pero acostumbran a representar un punto álgido, una cima en el currículo sentimental de los que se topan con ellos. Funcionan así porque saben trazar unos surcos indelebles hasta el punto de condicionar, perdurablemente, la vida de unos amantes reducidos a la condición de títeres. Hay muchos elementos y habilidades en juego en ese tipo de encuentros amorosos. Tantos que es temerario despacharlos con unas referencias a las propiedades de las drogas adictivas. Pero a pesar de las limitaciones de la comparación, cuando las drogas tocan los resortes del deseo iterativo, cuando disparan el hambre irresistible de nuevas dosis mientras va creciendo la anticipación del gozo, han puesto ya a trabajar los engranajes neurales del incentivo. Evocan la delectación golosa de un bocado que debe volverse a saborear con urgencia (16, 21, 26). En los placeres intensos es usual que la satisfacción disminuya con la repetición, mientras que el deseo crece de manera automática y paralela durante las pausas o intervalos. Cuando se ha alcanzado una cumbre cuesta igualar la satisfacción a base de repetir cotas comparables, pero el deseo de superar la intensidad del clímax en una aventura todavía más arriesgada puede aumentar. Así es en buena parte de los episodios gratificantes de gran potencia que depara la vida. Tanto da que sean asuntos de amor como de victoria social o de lucimiento artístico o científico. Cuando se ha saboreado una verdadera porción de cielo las repeticiones estrictas tienden a perder sustancia, mientras que el ansia de reencontrar o aumentar el pico primordial de placer puede dispararse.

Esas propiedades antagónicas del curso del placer y el deseo surgen a partir de fenómenos neurales de una considerable complejidad que tan sólo han comenzado a ser estudiados (16, 26, 31). Dos de esos procesos pueden tener bastante que ver con nuestro tema. El primero es bien conocido y corresponde a lo que los farmacólogos denominan *tolerancia*. En nuestro caso equivaldría a la necesidad de incrementar progresivamente las dosis o las actividades hedonistas para obtener unos niveles de satisfacción óptimos con la práctica reiterada de una actividad placentera. El segundo es menos familiar y corresponde a lo que los psicobiólogos llaman *sensibilización incentiva*. Es decir, la tendencia al fortalecimiento automático de algunas memorias de placer, con el paso del tiempo, de manera que pueden acabar disparando urgencias apetitivas a largo plazo.

Las drogas adictivas tienen *per se* esa propiedad de generar sensibilizaciones incentivas potentes y duraderas. Ése suele ser el motor que está detrás del «apetito espontáneo» de droga que surge, abrupta e inesperadamente, meses y hasta años después de una abstinencia total. Se trata de una propiedad, no obstante, que las drogas pueden compartir con los reclamos sexuales y con otros incentivos apetitosos (21, 26). Un ejemplo experimental nos lo aclarará (19): se administró diariamente morfina o cocaína a ratas blancas de laboratorio en dosis pequeñas pero suficientes para provocar efectos agradables. La inyección de la droga se hacía coincidir con una sesión en un campo abierto, un test que consiste en dejar al animal en el centro de un espacio amplio e intensamente iluminado. Es una situación que, por lo general, inquieta a los roedores, unos animales de costumbres nocturnas y amantes de las madrigueras y pasadizos. El procedimiento se repitió durante diversos días para permitir que el campo abierto adquiriera cualidades de «zona de droga». Luego se dejaba pasar un tiempo sin tóxicos ni prueba alguna. Más adelante, cuando los animales eran reintroducidos en el campo abierto sin haber recibido ninguna sustancia, se dirigían de inmediato a cortejar a una hembra sexualmente receptiva que esperaba en un rincón del lugar. Esos acercamientos los ejecutaban con gran rapidez. Mucho más velozmente que los machos que entraban al campo abierto por primera vez (recordemos que se trata de un entorno atemorizante para los roedores), o que otros que tenían tanta experiencia como los primeros en la prueba pero que no habían tenido la oportunidad de asociarla con inyecciones de drogas agradables.

Por tanto, los que tenían una experiencia del campo abierto como una zona gratificante (habían instaurado una sensibilización incentiva a las señales de la situación convirtiéndola en: «ese bar de ambiente algo inquietante donde sirven unas copas excelentes»), se lanzaban a conectar con otra fuente de placer ajena a la situación a pesar de estar perfectamente sobrios. A la vista de estos resultados, es fácil relacionar esa habilidad que muestran las ratas de laboratorio para montar sensibilizaciones cruzadas entre diferentes señales de placer (21, 26), con múltiples estrategias usadas, sistemáticamente, por la publicidad audiovisual y otras artes de seducción típicas de los humanos.

ABURRIMIENTO AMOROSO Y NEUROLOGÍA DE LOS INCENTIVOS

Habíamos prometido, inicialmente, ocuparnos también del tedio y del desinterés erótico en esta incursión a los mecanismos del deseo. Con la sensibilización incentiva, sin embargo, no hemos hecho otra cosa que analizar los resortes dedicados a lo contrario. Es decir, a la eclosión de los apetitos inmoderados así como a las combinaciones sinérgicas entre diferentes modalidades de fuentes gratificantes. Bien mirado, tampoco está mal haberlo encarado así porque quizá podamos obtener alguna intuición útil para dilucidar los rendimientos de aquellos mecanismos aparentemente automáticos.

Si retomamos el tema de la combinación de incentivos, Josep Pla se complacía en repetir que una mujer con zapatos de tacón alto nunca resulta una buena cocinera (23). Según su opinión, el trabajo serio en los fogones requiere un calzado cómodo: zapatillas holgadas, preferentemente, para mimar los pies y las piernas durante una tarea que exige una gran atención y parsimonia. Tenía toda la razón. Es difícil que el cuidado paciente que requiere hasta el más humilde de los platos se avenga con el calzado de gran lucimiento. De lo que se deduce que la meta más conspicua del sistema monogámico tradicional, la que pretendía combinar en una misma fémina la elegancia seductora con el trato irreprochable del estómago, queda desmontada de entrada. De todas maneras, los usos actuales, eso que los pedantes llaman posmodernidad y que seguramente no es otra cosa que la asunción de papeles igualitarios en un mundo que promueve cuotas crecientes de autoservicio tecnológico, los usos actuales, decíamos, han venido a poner remedio a esa flagrante incompatibilidad. Así, me ha parecido observar que el vestuario deportivo aplicado a la cocina tiene un gran rendimiento seductor. Las oportunidades estrenadas con la incorporación de los pantalones cortos y las zapatillas de deporte son absolutamente extraordinarias sin traicionar, para nada, la atención a los fogones.

Lo mismo vale para el otro bando si lo medimos por la tendencia masculina a deambular por la cocina con camiseta holgada, tejanos y náuticas para redondear un aspecto fresco y jovial. Todo, evidentemente, gracias a la calefacción central y a la doble aportación de salarios, que son las condiciones inexcusables para que las exhibiciones domésticas, en el área más propicia para el cóctel de incentivos, no se limite a los meses de calor. Mientras la bonanza económica continúe no hay razones que justifiquen el aburrimiento amoroso, porque las posibilidades del juego de incentivos son inmensas. Sin dejar de reconocer, eso sí, que algunos elementos de la domesticidad presentan unas dificultades considerables (pienso, por ejemplo, en la obsesión femenina por los seriales televisivos o en la adicción a la tabla de planchar como actividades de una penetración anafrodisíaca indudable). Pero, en general, todo va a favor de una erotización creciente de las rutinas cotidianas, tanto en los ámbitos domésticos como en los espacios urbanos o suburbanos, que son las categorías en las que cabe el paisaje entero del mundo actual.

Esa tendencia imparable a aprovechar cualquier recurso para incorporarlo al festival de la seducción, coincide con la identificación de sistemas neurales para las funciones incentivas. De circuitos cerebrales particulares al servicio del disparo del deseo goloso (21, 26). En los mismos territorios cerebrales del placer que ya hemos explorado en otros capítulos (las vías neurales que conforman el haz prosencefálico medial y que conectan el área tegmental ventral del tronco encefálico, con el núcleo *accumbens*, el globus pallidum y la necorteza prefrontal) se han empezado a delimitar especializaciones. Es una ruta preferentemente dopaminérgica pero sujeta a modulaciones sutiles por parte de otros sistemas de neurorregulación, en función de la zona. Así, por un lado, hay engranajes que se encargan de proporcionar satisfacción directa durante la consumación de los placeres y, por otro, resortes que disparan las anticipaciones deseosas y las reacciones ante la insinuación eficiente. En las ratas de laboratorio esas dos funciones son claramente distinguibles. En registros eléctricos efectuados, momento a momento, en neuronas del *accumbens* se ha podido discernir entre la actividad dopaminérgica que corresponde al punto álgido del deseo alimentario o libidinoso, y la que se pone en marcha cuando los animales ingieren con avidez o están en plena consumación fornicadora (21, 26).

Cabe concluir, por tanto, que además de las observaciones que habían permitido sospechar la existencia de ese tipo de distinciones (35), ahora hay evidencias sólidas sobre el funcionamiento de subsistemas dedicados al deseo y a la gratificación. No es extraño, por consiguiente, que la oferta de herramientas dedicadas a potenciar el deseo en los usos amorosos, haya proliferado hasta el punto de dar vida a negocios de un volumen enorme. Vivimos en sociedades donde impera el consumo galopante porque se han magnificado los incentivos. La sociedades tecnológicas han hipertrofiado el cultivo del deseo. Y a despecho de la fama de puritanismo que acarrea la cultura occidental, suelo pensar que en materia hedonista ha superado las cotas de refinamiento y sofisticación que se habían tenido por enseñas de épocas ya periclitadas.

INCENTIVOS ODORÍFEROS

Hasta este punto hemos abordado el deseo amoroso como un asunto preferentemente visual y verbal. En los humanos ésos son los canales preferentes de intercomunicación y por esa razón hemos primado las señales que se sirven de esos detectores: son los filtros habituales a través de los cuales el deseo enciende zozobras. No hemos distinguido, además, entre sexos aunque haya decantamientos muy aparentes. La deriva masculina por las imágenes, los perfiles y los gestos de las señoras es espectacular. El voyeurismo pierde a los varones y las féminas lo conocen bien. Por otro lado, la deriva de las mujeres por las palabras evocadoras es, asimismo, un hallazgo repetido y absolutamente consistente (2, 38). Los seductores expertos también saben usarlo con ventaja. A pesar del predominio visuoverbal en los juegos de seducción, el impacto de señales elementales como las olfativas continúa siendo muy relevante en la sexualidad humana y buena prueba de ello es la tecnología cosmética que se dedica a cultivarla.

En asuntos de amor, sin embargo, el olor que cuenta de veras es el del cuerpo del otro. La singularidad odorífera de la piel del amante es más decisiva que la de los perfumes con que se ha irrigado o vaporizado (porque eso depende, en último extremo, de la tendencia de cada cual a abrir o cerrar frascos y del hambre que esté pasándose, evidentemente). Por piel entiendo, también, a las mucosas olfateadas o saboreadas en directo. A pesar de la indudable potencia cautivadora que tienen los perfumes sutiles, las marcas de fondo en la memoria amorosa, las que estiran de verdad dependen de las tonalidades de un cuerpo que se ha podido conocer y trabajar a fondo. Dicho de otro modo: las cualidades olfativas y gustativas de unas texturas absolutamente peculiares (5, 11, 27, 35, 36).

La gracia de las esencias florales, el frescor estimulante de los aromas afrutados o el impacto obnubilador de los aceites agridulces pueden, solos o en combinación feliz, servir de magníficos envoltorios para las estrategias de captación en el atolondramiento erotógeno. Los perfumes funcionan como anuncios sensacionales gracias a la capacidad de invasión de la transducción química que progresa, salvando muy pocas aduanas, desde los receptores en el epitelio nasal hasta el meollo del cerebro afectivo (4, 20, 33). Pero la verdadera memoria del gozo amoroso, aquella que pondrá las bases del deseo repetitivo y de la dependencia tiránica, se construye a partir de los olores más estrictamente personales precisamente por esa fuerza singular de los estímulos olfativos. Esas memorias se sustentan en un rendimiento olfativo y gustativo que sólo se pone a prueba, de veras, durante la intimidad epidérmica. Es decir, cuando el sudor y otros efluvios son descargados con la generosidad suficiente para diluir los envoltorios artificiales.

El problema, para los humanos, reside en la autonomía y la simplicidad de la memoria olfativa: no podemos evocar los olores a voluntad, ni recrearlos con el detalle y la finura deseables (12). Del mismo modo que un olor singular puede abrirnos, de par en par, las puertas de un mundo personal que creíamos enterrado, una vez hemos traspasado el umbral ya no hay modo de reiniciar la secuencia. Tenemos que chocar, necesariamente, con esas embajadas odoríferas. Son gobernadas por automatismos de la memoria que escapan, plenamente, a los procesos deliberativos que pueden iniciar un recuerdo consciente (17). Ésa es la razón por la cual más de una vez frecuentamos los escenarios del currículo sentimental, ya sea para transitarlos en directo o evocándolos desde lejos en los ensueños de las horas muertas. Perseguimos, mediante *flash backs* tentativos, las claves olfativas y gustativas que puedan devolvernos alguna nota del sabor perdido del amante. De su latido más certero, porque sabemos que a pesar de la potencia evocadora de los gestos, de la voz o de las miradas, su presencia en nosotros dependía, esencialmente, del perfume carnal.

Es verdad que podemos mejorar algo el rendimiento de la memoria con la ayuda que proporciona la recombinación de gustos y olores en la cata global. Sin aspirar, no obstante, a emular la precisión de aquel ayudante de Héctor Barrera (el sabueso de las intrigas policíacas del valenciano Ferran Torrent), que hacía diagnósticos afinadísimos sobre los banquetes recientes mediante un olfateo exhaustivo de los genitales femeninos. Pero hay que convenir que un buen entrenamiento lingual, palatal y nasal puede conseguir unas evocaciones bastante precisas. Mucho más que cuando hemos de fiarnos, únicamente, del encuentro proustiano con la fragancia elusiva. Los golosos de verdad pueden activar memorias detalladísimas de las mesas por donde han transitado y las manducas que han ingerido (23). Aunque resultaría difícil discernir entre la contribución estrictamente gustativa y la reverberación de las tertulias amables. En cualquier caso, los recuerdos gustativos desnudos pueden recurrir a las propiedades archivadoras de algunas sustancias neurohormonales (como la colecistoquinina) que trabajan durante las alegrías del estómago. Quizá el intercambio de sustancias durante las apetitosas oralidades de la sexualidad humana cumpla funciones similares.

Hay sospechas sobre ello para diversos compuestos salivares y también para algunos de origen epidérmico, aunque debe consignarse que esos datos son preliminares (2, 10, 15). La lengua bífida de las serpientes, por cierto, supone una adaptación al servicio del rastreo olfativo de indicios feromónicos dejados por las parejas o las posibles presas (29). Esa constatación preparó el terreno para novedades más que curiosas. Hay que tener presente que en los resortes de la comunicación química con finalidades sexuales, los vertebrados comparten mecanismos moleculares con organismos tan elementales como la levadura de la cerveza o con ciliados protozoarios como los paramecios (33). Es decir, que a pesar del desarrollo de sistemas nerviosos complejísimos para la detección de eventos y la elaboración de estrategias sofisticadas, algunos sistemas neurales como los del reconocimiento olfativo reposan en unas cascadas moleculares perentorias que han sido preservadas, a lo largo de la evolución, en todo el reino animal. Cascadas que han comenzado a ser descritas con minuciosidad (20).

El posible funcionamiento de reclamos químicos a distancia procedentes de secreciones humanas fue sugerido por primera vez en una experiencia con unos esteroides, los androstenos, estrechamente emparentados con las hormonas sexuales masculinas (5). El territorio de observación fue la confortable sala de espera de un odontólogo californiano. Una de las butacas fue vaporizada con un spray que contenía androstenol, una sustancia hormonal que se encuentra, en concentraciones mínimas, en el sudor axilar masculino. Se tomó la precaución de cambiar sistemáticamente la posición de la butaca para evitar que surgieran preferencias relacionadas con el rincón donde estaba situada. A medida que iban llegando las sucesivas señoras a quienes se había citado en horas correlativas para que hallaran la sala vacía, se registraban sus reacciones mientras esperaban ser llamadas al consultorio. La mayoría de ellas, después de ligeras vacilaciones, seleccionó la butaca que desprendía aquellos efluvios sutiles y aparentemente inaprensibles.

Fueron unos datos exploratorios, aunque al lado de otros como la detección de copulinas, de las afrodisinas (30) o la confirmación de que las señales androsténicas modulan los ritmos secretorios de las hormonas hipotalámicas en mujeres (24), auguran un futuro brillante para la cosmética erotógena. Una especialidad, por cierto, con una tradición centenaria en el uso de sustancias como el almizcle, el ámbar gris o la castórida para fijar los perfumes más sofisticados y sugerentes. Son grasas animales obtenidas a partir de glándulas anales o paragenitales de diversas especies, que funcionan como un reclamo sexual estentóreo (34). En más de una ocasión, la prensa ha tenido que recoger las advertencias de zoológicos europeos que se han visto obligados a impedir el acceso de los visitantes con perfumes demasiado cargados de almizcle, para mantener la calma entre las fieras. Es una anécdota que demuestra el éxito de la ornamentación odorífera y que ilustra, al mismo tiempo, la convicción generalizada, pero poco confesada, sobre la potencia de las claves olfativas en lo que se refiere a las trabazones y las aversiones pasionales (35). En las mujeres ese tipo de estudios fisiológicos ha llegado bastante lejos.

FEROMONAS FEMENINAS

Martha McClintock es una investigadora de la Universidad de Chicago que atesora un prestigio legendario en este campo. Demostró, hace ya unos treinta años, que los ciclos menstruales de las compañeras de habitación, en las residencias de estudiantes, o los de las amigas que comparten vivienda, tienden a sincronizarse con el tiempo. Es decir, que acaban menstruando prácticamente al unísono aunque partan de unas asincronías flagrantes en los ciclos respectivos. Ese dato sugirió que podía haber factores exógenos capaces de modificar los relojes neuroendocrinos particulares que regulan los ciclos ovulatorios. McClintock pensó en una posible comunicación olfativa vía feromonas (sustancias volátiles que usan muchos animales para transmitir señales e inducir conductas), aunque esa sincronización menstrual también podría deberse a factores múltiples que conlleva la convivencia (compartir costumbres dietéticas, térmicas, lumínicas o de horarios). Decidió perseguir la conjetura olfativa porque el fenómeno era muy robusto y ese tipo de regulaciones depende de estímulos odoríferos en los mamíferos.

Se puso a trabajar con roedores y aisló ratas en jaulas separadas que se comunicaban, únicamente, a través del sistema de ventilación. Con eso, los olores de los animales podían circular entre los compartimentos y la direccionalidad del intercambio ventilatorio quedaba a discreción del investigador. El resto de estímulos consonantes que proporciona el contacto físico quedaba automáticamente descartado. Usando este montaje, demostró que las variaciones en el período del celo ratonil dependían, esencialmente, de dos tipos de señales feromónicas: una que acelera la ovulación y acorta el celo (una especie de acelerador hormonal) y otra que enlentece la ovulación y retarda el celo (un frenador). La sincronización ovulatoria en los grupos de hembras dependía de la dinámica secretoria entre las dos sustancias. Entonces se planteó trasladar esos datos a mujeres (33) y demostró que en ellas también operan esas señales feromónicas duales. Seleccionó veintinueve mujeres (de 20 a 35 años de edad) que usaban métodos de barrera física como contraceptivos y con un historial de ciclos ovulatorios regulares. Les explicó que pretendían probar nuevos métodos para detectar la ovulación. Había nueve «dadoras» de olores y veinte «recipientes». Las primeras tenían permiso para bañarse diariamente y después habían de colocarse, durante ocho horas seguidas, unos algodoncillos bajo las axilas para recoger su olor corporal. Se obtuvieron muestras de la fase preovulatoria y postovulatoria de cada ciclo (medidos a partir de la temperatura basal, el mucus vaginal y los niveles de diversas hormonas). Esa fase de la experiencia se alargó durante cuatro ciclos menstruales consecutivos en cada mujer.

Los algodoncillos perfumados con el olor de las «dadoras» se conservaron a –80 °C en recipientes de vidrio, y previa impregnación en alcohol al 4 %, eran aplicados después a las veinte «recipientes» (restregándolos por el labio superior, bajo la nariz, cada día de buena mañana durante dos ciclos consecutivos). Una vez fuera del laboratorio, las mujeres «recipientes» podían dedicarse a sus actividades cotidianas con la única salvedad que no debían lavarse durante seis horas. Es decir, tenían que convivir buena parte de la jornada con la fragancia que les habían instilado bajo la napia. Las condiciones exigían, además, dos grupos de recipientes de manera que diez de ellas recibían primero las impregnaciones de algodoncillos preovulatorios y después los postovulatorios, mientras que en las otras diez iba al revés. Las nueve dadoras funcionaron, a su vez, como controles durante esa parte del estudio y recibieron impregnaciones de alcohol al 70 %, en el mismo lugar. Los resultados indicaron que los algodoncillos preovulatorios acortaban el ciclo en dos días, mientras que los postovulatorios lo alargaban cerca de dos días, asimismo, como promedio. En el primer ciclo ya empezaron a notarse esos cambios y se consolidaron en el segundo. Aunque la variabilidad fue notable (acortamientos y demoras que iban desde uno a catorce días), siempre fue superior a la basal, más bien escasa en mujeres de ciclos regulares. Los resfriados o los estados de congestión nasal no afectaron a las medidas. Las impregnaciones con alcohol, en los controles, tampoco alteraron el ciclo. Por consiguiente, debe haber una doble regulación oscilatoria, por vía olfativa, de la cascada endocrina que modula la ovulación femenina.

Ésa fue la conclusión de McClintock que anunciaba una feromona avanzadora y otra retardadora de la aparición de la ovulación. Una vez caracterizadas esas moléculas puede que sean una ventana provechosa para nuevos métodos anticonceptivos. Pero además de las aplicaciones tecnológicas ese hallazgo rompió moldes al ser la primera demostración de la inducción de cambios endocrinos, en humanos, a través de señales feromónicas no detectables por la percepción consciente. Puede afirmarse con seguridad esto último porque las mujeres recipientes fueron sometidas a pruebas de discriminación de los olores de los algodoncillos y no pudieron distinguir ningún perfil al margen del alcohol. Por tanto, quedó plenamente abierto un sendero exploratorio del papel de las sustancias feromónicas en momentos críticos de los ciclos reproductivos femeninos (inicio de la pubertad, intervalos entre embarazos, menopausia), que en animales están bajo el control de señales de ese tipo.

Esos datos confieren viabilidad, además, a las pesquisas sobre la funcionalidad del vestigio del órgano vomeronasal que los humanos tienen en el septum nasal (15). Ése es el lugar donde las señales feromónicas son captadas y procesadas en los animales. Es un dispositivo que conecta con el cerebro olfativo (y con el afectivo, al cual está íntimamente asociado) a través de una ruta accesoria que los anatomistas habían ignorado hasta hace muy poco. Una vía que procesa señales químicas no accesibles al escrutinio consciente que aplicamos cuando discernimos los olores que viajan por la ruta olfativa principal. Estudios diversos (36) ya habían puesto de manifiesto que la modulación olfativa en humanos puede ser tácita (implícita) y muy sutil. Así, por ejemplo, las madres pueden discriminar correctamente el olor de su recién nacido a base de olfatear una camisola que hayan vestido tan sólo unas horas. Y los recién nacidos, por su parte, prefieren olfatear unos algodoncillos impregnados con el olor de su propia madre que el de otras parturientas.

ELECCIONES OLFATIVAS EN BERNA

En un celebérrimo experimento quedó probado, a su vez, que las muchachas jóvenes pueden asignar y jerarquizar grados de atractivo sexual masculino a partir, únicamente, de olfatear camisetas que han sido vestidas durante dos días seguidos por chicos a los que no conocen de nada ni han podido ver jamás (37). Y no sólo categorizar atractivos sino mostrar preferencias muy relevantes. Fue llevado a cabo por el grupo de G. Wedekind, en la Universidad de Berna. Reclutaron a cien estudiantes procedentes de diversos centros y a los chicos se les suministró una camiseta (*T-shirt*) de algodón que debían vestir, sin interrupción, durante cuarenta y ocho horas. No podían fumar, comer alimentos especiados o beber alcohol. Se habían de abstener de mantener relaciones sexuales y tenían que evitar el uso de colonias, desodorantes y geles perfumados. El objetivo era que la camiseta quedara impregnada del olor corporal genuino de cada cual sin mixtificaciones enmascaradoras.

Cuando devolvían las camisetas al laboratorio se las guardaba en bolsas herméticas a baja temperatura. Más adelante se pasaba a la sesión de prueba donde las chicas debían olfatearlas sin tener ningún tipo de indicio sobre los muchachos que las habían vestido e impregnado. Las muchachas tenían que puntuar el olor de cada camiseta en intensidad, agradabilidad y atractivo sexual, mediante escalas de 0-10 puntos. Los experimentadores habían registrado, previamente, una serie de medidas (físicas, metabólicas, inmunológicas y psicológicas de todos los participantes) para poder establecer relaciones con las evaluaciones olfativas efectuadas por las jóvenes. De todas esas medidas, la que se asoció de manera más potente con las percepciones olfativas «atractivas» o «sexys» fue la disparidad entre los perfiles del complejo antigénico de histocompatibilidad. Es decir, con la distancia genética medida por el grado de compatibilidad inmunitaria. Lo cual indica que las mujeres pueden efectuar reconocimientos odoríferos que señalan concordancias y discordancias inmunitarias. Un diagnóstico automático que puede estar relacionado con evaluaciones sobre la viabilidad y la resistencia a las enfermedades en la prole potencial. Todo eso circula por vías de reconocimiento presumiblemente inconsciente y va asociado al atractivo diferencial de los olores masculinos (12). Cuanto más familiares y cercanos genéticamente esos olores, menos atractivos. Como en los animales hay muchos datos coincidentes se ha conjeturado que ese mecanismo puede funcionar como un protector automático ante el incesto. Como un freno para la endogamia para evitar los problemas asociados a los cruces demasiado próximos. Un «antiedipo» preprogramado, en definitiva.

Hay múltiples indicios, por tanto, que en las interacciones entre ambos sexos se ponen en marcha señales odoríferas que denotan, tal como sucede en muchos animales, el reconocimiento de la parentela, el atractivo sexual, la simpatía o la aversión, los grados de dominancia, los indicios de sufrimiento y otros estados o cualidades. La influencia de esos marcadores olfativos tendrá que delinearse con precisión para añadir complejidades al comportamiento de unos animales, los humanos, que son preferentemente visuales y auditivos (25). Pero la comunicación olfativa, la consciente y la no consciente, ya no puede minusvalorarse. La ingenuidad perseverante de la doctora McClintock al insistir en unas investigaciones que fueron recibidas, inicialmente, como una curiosidad de dudosa relevancia, se ha revelado crucial.

6

CONSUMO ERÓTICO, INFIDELIDADES Y CELOS

¿Quién puede resistirse, hoy en día, a las incitaciones eróticas? ¿Cómo pueden amortiguarse los omnipresentes reclamos para el enredo amoroso? Es evidente que siempre hubo líos más o menos festivos y que no son un invento de la sociedad actual. Los propósitos de lealtad y constancia amorosa han sido unos refinamientos reservados, en toda circunstancia, a minorías muy selectas. Pero cuentan las crónicas que se han vivido épocas, no muy lejanas, donde las flaquezas mayoritarias eran prudentemente ocultadas y la doble moral, sabiamente aplicada, era sinónimo de virtud.

Ahora, en cambio, se prodiga la exhibición de las aventuras amorosas. Con la erotización constante de la vida cotidiana se ha instaurado un afán competitivo tan notorio, en asuntos sentimentales, que para tener una vida satisfactoria hay que andar presumiendo de un rosario de episodios pasionales. No es raro que en los encuentros inaugurales se indague abiertamente sobre el currículo sentimental acumulado por los protagonistas para evaluar los saldos respectivos. Conviene conocer la experiencia amorosa recíproca para saber el territorio que está a punto de explorarse. A pesar de los antiguos y los nuevos peligros venéreos hay interés por destacar en la cantidad y la diversidad de las parejas sexuales. Si nos fiamos de las películas y de las revistas femeninas más cotizadas (los inductores de las doctrinas vigentes en este y en otros muchos ámbitos), una de las primeras preguntas que hay que plantear en los momentos iniciales del flirteo es: «¿Cuántos amantes has tenido?». Quizá fue ese desasosiego estadístico el que llevó a Hugh Grant, el prototipo actual del *gentleman*, a requerir los servicios de una prostituta que hacía la calle en Los Ángeles, con el consiguiente escándalo mayúsculo de sus admiradoras planetarias. Esa zozobra del señor Grant nació, estoy seguro, de la frustración provocada por la enigmática Andie McDowell en *Cuatro bodas y un funeral*. En la tierna conversación poscoital que mantienen en el *Inn* donde se habían refugiado huyendo de un bailoteo nupcial, ella confiesa con una expresión dulcísima y después de dudar un segundo tan sólo, que llevaba treinta y seis amantes acumulados. Con lo que, si no había perdido la cuenta, él era el número treinta y siete de la lista. Ya veremos más adelante si esas perspectivas tan optimistas respecto a los usos amorosos de las mujeres estadounidenses actuales se cumplen. De momento, aceptaremos la hipótesis.

RECLAMOS E HIPERCONSUMO SENTIMENTAL

La exaltación del éxito en las sociedades ricas ha comportado una presencia de los reclamos más vistosos e impactantes. Los hombres lucen automóviles y motocicletas imponentes, relojes roqueños y relucientes, trajes de diseñador exclusivo, corbata de tonos cambiantes y conexión instantánea a las redes comunicativas de la postúltima generación. Todo ello como aditamento imprescindible de unos cuerpos trabajados en los gimnasios y balnearios. Las señoras, por su parte, procuran combinar las sabias técnicas de ornamentación de la oferta anatómica con la gestualidad ingenua de las presas absortas o el desafío altivo de los contrincantes sutiles. Las señales seductoras se multiplican y las frenéticas variaciones de los estilos de vestir anteponen la vistosidad insinuadora a la armonía o los requerimientos del confort. Debe salirse a trabajar con disfraz de conquistador y conquistadora. Seguramente por esa razón menudea el flirteo en los ambientes profesionales. Priva, además, el concepto publicitario de considerar la actividad comercial como un engaño, mientras que la demostración de las cualidades objetivas del producto ha sido relegada a mejor vida en las técnicas propagandísticas vigentes. El imperativo de dominar todos los resortes de las relaciones interpersonales es, en consecuencia, altísimo y se impone el juego de las apariencias como preludio ineluctable de los dedicados a la seducción.

Tampoco hay gran novedad en todo ello, porque siempre ha funcionado más o menos de la misma manera (aunque con menos soportes tecnológicos, por descontado). Hay que tener presente que los acercamientos sexuales y las estrategias de abordaje se fundamentan en mecanismos de interacción competitiva: atraer es un reto y seducir una victoria. Aunque no se culmine con la consumación gratificadora. Sexo y dominio social están biológicamente emparentados y el intercambio de gratificaciones y de castigos que implica el mercado amoroso toca de lleno en los mecanismos básicos del poder interpersonal (4, 19). Hay que remarcar, como novedad, que la erotización publicitaria avasalladora ha introducido la preeminencia de criterios acumulativos: se prescinde del refinamiento goloso para lanzarse al hiperconsumo volátil. Se patrocina el multiviaje sentimental. Los imagólogos, en expresión de Kundera (33), ostentan la responsabilidad principal de todo ello porque han impuesto unas reglas de seducción basadas en elementos epidérmicos, evanescentes, con el único objetivo de propiciar el consumo trepidante. Abusando sistemáticamente de la asociación entre reclamos comerciales y sexuales han acabado promoviendo unas identificaciones radicales: hombres, mujeres y mercancías más o menos deseables van todos en el mismo lote.

La cultura de la imagen y los impactos instantáneos es poco conciliable con el paladeo sustancioso y la exploración exhaustiva de los recovecos que pueden ofrecer algunas relaciones amorosas. La degustación fugaz, el tapeo saltarín casa poco con la ingestión pausada de platos suculentos y memorables. Vivimos inmersos en el picoteo insustancial: en gastronomía, en turismo, en música, en amor y en todo. Parece que la tendencia a la hipervariedad sentimental y a quemar relaciones con rapidez ya no se limita a los individuos proclives a ello sino que ha acabado impregnando los hábitos de la gente más circunspecta. Los que tienden al multiconsumo acarrean temperamentos que disfrutan saltando de una relación a otra a velocidades de vértigo sin dejarse jirones de piel por el camino (54, 55). Son individuos que practican la «sociosexualidad»: se apuntan al disfrute no restrictivo y consumista de las relaciones sexuales y alcanzan unos récords en materia de revolcones que dejan en mantillas las gestas de los casanovas históricos o de las ninfómanas más acreditadas.

Me estoy refiriendo, por supuesto, a la sociedad estadounidense que es de donde vienen ese tipo de indagaciones minuciosas sobre el consumo erótico vigente. De todas maneras, el sondeo más exhaustivo y sistemático efectuado en las últimas décadas sobre la vida sexual en Estados Unidos (34, 40), vino a atenuar en gran medida las ufanosas cifras de actividad erótica que acostumbran a pregonar los magacines de mayor circulación (véase más adelante). Parece ser que, al fin y al cabo, sólo un 17 % de los hombres y un 3 % de las mujeres yanquis han acumulado más de veinte parejas sexuales al llegar a la madurez. Es entre esos individuos donde hay que localizar a los inquietos «sociosexuales» mencionados anteriormente. Pero al margen de la mayor o menor magnitud de las bolsas de erotómanos, lo que caracteriza a la sociedad actual es que la obsesión flirteadora se ha convertido en norma. En modelo a seguir. No todo el mundo lo resiste bien porque los senderos sentimentales no son igualmente digeribles para la gran variedad de caracteres que prodiga la naturaleza humana.

LOS ENAMORADIZOS Y LA DISFORIA HISTEROIDE

Hay gente que, de natural, recibe sacudidas más fuertes si se apuntan al carrusel de los enredos sistemáticos o de los intercambios amorosos fugaces. Son individuos que se enganchan con mucha facilidad a líos pasionales de gran intensidad y se ven abocados a sufrir, a menudo, unos disgustos fenomenales. Se trata de unos adictos a la excitación de los episodios románticos que van sucediéndose, en cadena, con los subsiguientes periplos por las montañas rusas del entusiasmo incontenible y los reveses devastadores. Como el umbral de la infatuación romántica es hoy en día muy bajo (36, 38), esos individuos seguramente lo llevan peor que en otras épocas. Con unas costumbres galantes moduladas por las revistas del corazón y las rutilantes historias hollywoodienses (o bollywoodienses, en otros rincones del planeta), el disparo pasional parece estar muy a punto en todo el mundo.

Los enamoradizos de verdad son gente peculiar. Son hombres y mujeres con un apetito continuo de amor intenso. Únicamente consiguen sentirse bien, en plenitud, cuando están enamorados. Cuando falta la inquietud de la pasión desatada tienden al abatimiento y al humor apagado, decaído e irritable. No consiguen mantener períodos largos de estabilidad afectiva sin el motor pasional a toda marcha. Necesitan experimentar la unción de los ojos extasiados del amante y suelen desvivirse por obtener la atención y veneración ajenas. Han de enamorar y enamorarse a menudo. Sin esa exaltación, pierden el empuje necesario para llevar adelante las rutinas básicas y todo deviene un obstáculo insalvable. La única manera de repostar, cuando han agotado las reservas, es volverse a enamorar y acaban usando el vértigo romántico como un energizador vital. Como un amenizador indispensable de la monotonía cotidiana. Se trata de un método euforizante que puede parecer inocuo y más natural que los medicamentos que recetan los psiquiatras porque a pesar de la probada utilidad de los psicofármacos en las crisis sentimentales (31) siempre tienen algún efecto indeseable. En cambio, el enamoramiento puede contemplarse como un estimulante sin riesgos, como un estabilizador para gente con vidas afectivas complicadas. A menudo, sin embargo, el nuevo brote pasional acaba provocando resultados contrarios a los previstos. En lugar de conseguir el equilibrio emotivo con la pareja renovada es corriente que esos individuos se precipiten, de nuevo, por toboganes afectivos que rememoran los ciclos inacabables que recorren los adictos a las drogas.

Michael Leibowitz y Donald Klein, los psiquiatras neoyorquinos con los que trabamos conocimiento al adentrarnos en la neuroquímica del enamoramiento (capítulo 2), recopilaron datos sobre ese estilo peculiar de afrontar las relaciones románticas y lo etiquetaron, incluso, con un nombre sonoro: *disforias histeroides*. Partieron de observaciones clínicas y propusieron unas conjeturas que fueron recibidas inicialmente con estupor porque se atrevían a relacionar las intimidades afectivas con los engranajes neurohormonales. Ahora ya se considera algo más corriente que los neurocientíficos anden husmeando por todos lados. La tendencia enamoradiza, según ellos, se basa en una inestabilidad de los mecanismos neurales que modulan la atracción interpersonal.

Veamos cómo iba la cosa. La sintonía intensa entre dos individuos dispara un conjunto de reacciones mentales y vegetativas que promueven, en primera instancia, deseo de proximidad y de contacto físico. Los apetitos que enciende la atracción sexual, aunque sean notoriamente exigentes, resultan por regla general perfectamente manejables. Puede que ni siquiera perturben la conducta de los protagonistas cuando se resuelven en las picardías coquetas, en la mecanicidad de los episodios fornicatorios efímeros o a través de la evaporación por abstinencia. En cambio, el disparo abrupto de la pasión romántica va mucho más allá. Supone una experiencia que se asemeja al pico eufórico que puede conseguirse con las drogas adictivas. En la fase ascendente del episodio romántico hay un optimismo ilusionado, una expansión de los horizontes personales y una energía infinita. Las necesidades fisiológicas son mucho menos imperativas y las dificultades ordinarias se difuminan o atenúan. La vida recupera de pronto muchas amenidades porque la sintonía pasional desvela oleadas de fusión con el resto del universo (véase la cinética pasional en el gráfico de la Figura 2, p. 107). Es un flujo restaurador de la energía perdida y de las ilusiones adormecidas. Hemos visto ya que Liebowitz postuló que todos esos cambios provocados por un enganche estrictamente psicológico tenían que ser modulados por sustancias endógenas de naturaleza similar a la anfetamina o la cocaína. Neurorreguladores secretados por el propio cerebro que encenderían reacciones similares a las de los psicoestimulantes en las zonas cerebrales encargadas de modular el humor, el empuje y el deseo (29, 30, 31). Para explicar la disforia histeroide, esta pareja de psiquiatras postuló una conjetura derivada de la anterior: tenía que darse una disregulación de los sistemas estimulantes endógenos en los individuos proclives a los enamoramientos en cadena. Una anomalía de la neuromodulación que se pondría de manifiesto mediante una mayor susceptibilidad a las señales seductoras y al impacto de la tempestad pasional. De tal manera que esas señales dejarían trazos neurales intensos y perdurables contribuyendo así a la génesis de ciclos adictivos en las relaciones sentimentales. Estamos, por tanto, ante una variante de la hipótesis adictiva del amor.

INESTABILIDAD ROMÁNTICA Y SENSIBILIZACIÓN

Liebowitz y Klein lo dejaron formulado de esa forma más bien nebulosa e imprecisa tan característica de los psiquiatras, pero intentaremos conectar sus intuiciones con algunos datos firmes. La administración aguda o crónica de psicoestimulantes puede dejar huellas perdurables en los sistemas de neurorregulación química que median sus efectos en el cerebro. Como resultado de ese contacto inicial con los estimulantes, los sistemas de dopamina pueden quedar «sensibilizados», es decir, a punto para responder de manera exagerada cada vez que haya un nuevo contacto con dosis ulteriores de esas sustancias euforizantes. Es un fenómeno de memoria neural a largo plazo (46, 50) que es mucho más fácil rastrearlo cuando se ha hecho un uso reiterado de aquel tipo de sustancias, aunque también puede darse después de dosis únicas muy intensas. La suspensión prolongada de todo contacto con los estimulantes no garantiza la inmunidad ante el riesgo adictivo porque el organismo queda predispuesto para reengancharse cuando se produce el desliz del nuevo contacto (46).

Esos fenómenos de sobreactivación o facilitación de la respuesta de los sistemas dopaminérgicos pueden llevar a los disfóricos histeroides a mantener una predisposición perenne para enredarse, con facilidad, en nuevos brotes pasionales. Es probable que vaya así porque la neurorregulación dopaminérgica es exquisitamente sensible a la señalización. A la carga predictiva (incentivadora) de los indicios de placer (31). La tendencia a la oscilación romántica sería, por consiguiente, el resultado de una inestabilidad de base en los sistemas neurales (dopaminérgicos) del deseo. Es por esa razón que los enamoradizos se dejan llevar, repetidamente, por la tentación de los anzuelos erótico-amorosos. Tentaciones que acostumbran a acabar casi siempre con el batacazo obligado al sufrir el enésimo desengaño. La misma inestabilidad de los sistemas de la neurorregulación amorosa facilitaría la propensión a engancharse y a cometer, por tanto, errores de bulto en la selección del amante adecuado.

El cultivo competitivo de la fugacidad amorosa, su plena vigencia como modelo de conducta que promueven los magacines femeninos que marcan eso que llaman «tendencias y estilos», sitúa a este tipo de temperamentos ante umbrales de riesgo. Viene siendo habitual que publicaciones como *Elle*, *Marie Claire*, *Cosmopolitan*, *Vogue* o similares, elaboren reportajes sobre las estrategias y procedimientos más convenientes para practicar el deporte de los enredos extraconyugales con seguridad y eficiencia. El objetivo no es impulsar la independencia femenina en materia de decisiones amorosas (faltaría más, en folletos tan delicadamente conservadores), sino el muy benemérito de dinamizar unas relaciones de pareja fatigadas o desgastadas. Renovar la ilusión, en definitiva, en el núcleo de la pareja principal o promover su sustitución por otra más principal todavía. Rejuvenecer a los dúos exhaustos o simplemente hastiados en lo que concierne a la agenda erótica. Maniobras de aprovechamiento de las tácticas de la monogamia imperfecta, de acuerdo con lo que van proclamando los biólogos, para intentar revitalizar el núcleo básico de la organización social. Es decir, la pareja estabilizada.

Pero ese juego aparentemente inocuo y revigorizador puede repercutir de manera muy diversa no solamente en función de la renta sino del temperamento de cada cual. Se lanzan ese tipo de mensajes erotógenos como si fueran viables, sin costos y perfectamente adecuados para todo quisque, sin tener en cuenta que las demandas sobre los sistemas neurales del deseo pueden ser extraordinariamente diferentes. Porque de la misma manera que hay gente con una piel y unas vísceras muy resistentes (es decir, con unos engranajes de la afectividad poco permeables), los hay que no tienen tanto margen para el amortiguamiento ante los impactos amorosos fuertes. Los de temperamento enamoradizo pueden representar un buen porcentaje del grueso de chicos y chicas plenamente desconcertados, en edades todavía muy tiernas, por una vida sentimental ahíta de accidentes y desengaños severos (3, 51, 53). Y por otra parte, la cuota de hombres y mujeres baqueteados por diversos proyectos de vida truncados, con costos notables y cicatrices más que aparentes, no hace más que crecer.

FUGACIDAD DE LA PASIÓN AMOROSA

Nuestra época no sólo potencia el apetito de experiencias intensas y variadas en asuntos amatorios sino en todo tipo de actividades gratificantes. La publicidad nos coloca ante los ojos un festín incesante, unas bandejas pródigas en paraísos inextinguibles. Nos induce a pensar que todos los placeres están al alcance de la mano y que podemos adquirir parcelas de cielo a precios de ganga. La cosa funciona a todo trapo porque a menudo es verdad (con los inconvenientes de rigor, por descontado). No es de extrañar, por tanto, que la búsqueda de episodios sexuales superlativos tenga tantos adeptos. Aunque es de sobra conocido que la pasión y el frenesí erótico tienden a ser efímeros. Son volátiles por estricto imperativo biológico (30, 31). Lo son tanto o más que los vergeles que promete la publicidad porque están sustentados en la cinética de los engranajes de la gratificación neural. Aunque la pasión romántica incorpore elementos peculiares, hay que tener siempre presente que en ella palpitan unas oscilaciones ancladas en los resortes de la atracción y el deseo sexual.

La pasión romántica es uno de los elementos clave para hacer que cristalice una relación de interdependencia afectiva. La fusión de pareja se amalgama gracias a esa enfervorización dual que caracteriza al enamoramiento y que abre el camino para el flujo de las intimidades compartidas y la dedicación recíproca y fiable. De esos tres factores clásicos, la pasión es el que crece más abruptamente, pero es también el que acostumbra a evaporarse con más rapidez y el que contribuye menos a la estabilidad de las relaciones a la larga (2, 15). Aunque la pasión haya sido invasiva y resistente a todo tipo de obstáculos y al paso del tiempo, en general tiende a irse diluyendo. La monotonía siempre acecha, implacable, en las relaciones prolongadas. No conocemos bien los procesos neurales que explican esa tendencia a la evaporación fácil de la pasión amorosa pero pueden estar relacionados, de manera parcial al menos, con las reacciones compensatorias que se disparan cuando hay una demanda exigente en los sistemas cerebrales del placer (30, 60). Hay que tener en cuenta que la sintomatología de la abstinencia amorosa es similar a algunos cuadros de abstinencia a las drogas adictivas. Son reacciones de «protesta» biológica ante la ausencia brusca de provisiones. Una protesta que surge de los cambios inducidos por los impactos intensos en los sistemas de gratificación. El encendido pasional supone una sacudida tremenda sobre las neuronas del deseo y su bloqueo súbito dispara fenómenos de rebote: unas reacciones resultantes de las adaptaciones moleculares sufridas por esos engranajes neuroquímicos cuando son sometidos a exigencias altísimas (31, 46).

Se sabe que la estimulación intensa y repetida de los sistemas que regulan las motivaciones apetitivas suele engendrar reacciones adaptativas de signo opuesto a las primeras (31). De manera tal que esas adaptaciones pueden llegar a contrarrestar incluso el impacto inicial. La propia exigencia pasional activa esas reacciones celulares compensatorias que tienden a facilitar la habituación y la tolerancia, abriendo así el camino de la saturación y el tedio. Un proceso va ligado inextricablemente al otro. Hemos visto ya cómo funciona el Coolidge en la mecánica sexual y los procesos de habituación romántica siguen un curso parecido aunque mucho más dilatado (véase el gráfico de la cinética pasional, en la Figura 2, p. 107). Hay más complicación en estos últimos porque incorporan incentivos y refuerzos diversos sobre los que descansan las relaciones intensas y trepidantes. Pero todo eso no los libera de la disipación. Al contrario, es probable que los que persiguen picos pasionales con desesperación topen con mayor facilidad con la monotonía y el hastío.

Dado que es frecuente, hoy en día, entrar en una relación sentimental con la aspiración de conseguir dosis abruptas de pasión y como quiera que se persiguen, con afán, las cimas gratificantes se acaban forzando los márgenes de respuesta de los sistemas del placer y el deseo. Se los somete a exigencias comparables a las que reciben durante la estimulación con drogas adictivas de enorme potencia. Es por ello que el frenesí por las pasiones excelsas pone las bases del fracaso de muchas aventuras que comenzaron con excelentes augurios. Cuando en las relaciones sentimentales privan los criterios de enganche automático y vibración superlativa que auspicia la propaganda erotizante, se está mucho más cerca de promover las reacciones de saturación. El pico pasional como factor preferente de sustentación de una relación afectiva jamás ha funcionado, tal como cuentan las letras de los tangos y las historias de amores fatales. Cuando se transita por senderos vertiginosos se abren, automáticamente, los goznes de la fatiga y también las quimeras por alcanzar gestas más sublimes todavía. Condiciones óptimas, las dos, para la inestabilidad de las relaciones. La devoción por la vibración pasional puede ser un buen recurso para los carruseles amorosos: para la variación erótica y el tapeo sexual. Pero es un predictor de encontronazos severos si se espera fundamentar, sobre ella, una relación duradera.

El predominio de criterios preferentemente pasionales margina, además, otros estilos de afrontar las relaciones amorosas (14, 22). Al atenuarse o diluirse la pasión se abandonan con excesiva precipitación las posibilidades de sustentar las relaciones con otros ingredientes de las atracciones interpersonales (2, 22). Hay poca tendencia a invertir en dedicación sutil y en dependencia íntima. A combinar esos dos factores con el esfuerzo imaginativo para obtener rebrotes de instantes pasionales aunque sean ocasionales y suaves. Ésos son estilos que casan poco con el apetito de consumo voraz que ahora domina. El incremento del estilo enamoradizo en las relaciones amorosas puede ser, a fin de cuentas, el resultado de la esperanza ilusoria de dar con la pasión inextinguible. Además de la aplicación a las relaciones sentimentales de criterios parecidos a los del supermercado: pruebe, compare y si no está plenamente satisfecho o lo encuentra insatisfactorio, devuélvalo y quédese con otro producto. Pero hay una salvedad relevante en este asunto y tiene que ver con las cifras. De la misma manera que no tenemos estimaciones sólidas sobre porcentajes de adictos al sexo (en sus diferentes modalidades), tampoco las tenemos sobre la adicción al disparo romántico. Ya va siendo hora, por tanto, que demos un repaso a los datos sobre usos y costumbres eróticas (13).

EL GUIRIGAY DE LAS CIFRAS EN EL CONSUMO ERÓTICO

Decíamos más arriba que dábamos por sentado que hay hiperconsumo amoroso en las sociedades opulentas. Nos hemos adentrado, en realidad, en el análisis de los carruseles sentimentales a partir de ese supuesto. Pero convendría analizar con detenimiento los datos más firmes sobre el asunto, porque hay razones para sospechar que no podemos afirmar con rotundidad que ahora haya más enredos amorosos que en otras épocas. Tampoco sabemos, a ciencia cierta, si ha cambiado el nivel de tolerancia ante las infidelidades a pesar de la aparente permisividad. Vale la pena fijarse en este detalle: en la época de las estadísticas sistemáticas, cuando se dispone prácticamente al minuto de las oscilaciones sobre los estados de opinión de los ciudadanos, los datos fiables sobre las relaciones sexuales continúan escaseando. Abundan las estimaciones falaces en los semanarios elegantes y en los suplementos de los rotativos, eso sí. Pero datos sólidos y rigurosos, pocos hay.

Algunas aproximaciones basadas en sondeos restringidos durante las felices décadas de los setenta y los ochenta del siglo pasado, se aventuraron a diagnosticar que en las sociedades occidentales aproximadamente la mitad de las mujeres y entre el 60 % y el 70 % de los hombres emprenden aventuras extrapareja (35). Parece ser, asimismo, que una vez se han estrenado en el devaneo tienden a reincidir. El retrato más habitual que ofrecían aquellos estudios era el de una sociedad donde proliferaban los líos amorosos colaterales y con una afición creciente a saborear las amenidades de la monogamia serial. Algún especialista se había atrevido a afirmar que el adulterio era un deporte de masas de gran concurrencia (44). Quizá sí. Puede que hayamos atravesado un largo período de euforia y bienestar donde las alegrías sexuales se han convertido en una de las modalidades deportivas con más adeptos. La obsesión deportiva de los ciudadanos del primer mundo es innegable. No hay duda alguna sobre eso. Pero de ahí a establecer paralelismos con la frecuencia de asuntos de cama hay un trecho que me parece atrevido salvar porque los estudios cuantitativos rigurosos no abundan. Todo el mundo sabe, además, que la sexualidad es un bien precioso que conviene preservar de las miradas indiscretas. Del mismo modo que a los recaudadores de impuestos les cuesta tasar de forma precisa la magnitud de las fortunas a pesar de los potentísimos medios que tienen a su disposición, los investigadores interesados en cuantificar las intimidades amorosas del prójimo deben sortear barreras múltiples para poder discernir la información verosímil de los simulacros o el simple cotilleo desorientador (26).

Será muy difícil, además, llegar a obtener resultados fiables en estos asuntos si a la reserva perfectamente comprensible del personal se le añaden las reticencias de los organismos de financiación de la investigación. En Estados Unidos, por ejemplo, a principios de la década de 1990 suspendieron todas las ayudas públicas a diversos proyectos que pretendían reproducir los famosos «informes Kinsey» (27, 28), mediante nuevos sondeos sistemáticos sobre la sexualidad y la vida afectiva de los estadounidenses en las postrimerías del siglo XX (41). Cosa que además de ser lamentable por sí misma ha acabado perjudicando a los esfuerzos de prevención y contención de las enfermedades de transmisión sexual, por falta de datos sólidos sobre los hábitos vigentes. En cuanto a los sondeos sobre las costumbres sexuales de los españoles, a pesar de los barómetros sociológicos que se publicitan periódicamente sobre hábitos y valores procedentes del Centro de Investigaciones Sociológicas (CIS) madrileño (consultable en cis.es), o los de algunos organismos o asociaciones sanitarias, carecemos de datos suficientemente completos y rigurosos para efectuar un retrato convincente.

EL INFORME «CHICAGO-STONY BROOK»

En ocasiones, no obstante, hay un golpe de suerte y se abre un resquicio practicable para dar pasos adelante. Eso es lo que ocurrió con uno de los estudios que había sido paralizado por el Senado estadounidense a finales de 1991 (34). La suspensión de la financiación oficial fue forzada por la mayoría conservadora de la cámara, que se mostraba totalmente reacia ante la perspectiva de indagar y publicar datos sobre los hábitos amorosos en ese país norteamericano. Esa decisión provocó una polémica que tuvo el impacto suficiente como para que diversas fundaciones privadas (la Rockefeller y la Ford, entre muchas otras) decidieran financiar el estudio. La aparición de los datos definitivos de ese informe en el otoño de 1994 (34, 40), fue recibida con expectación porque los primeros avances de cifras ofrecían un panorama sorprendentemente moderado del desempeño y las aficiones sexuales de los yanquis.

El trabajo fue llevado a cabo por un equipo de sociólogos de las universidades de Chicago y la de Stony Brook (Nueva York), liderado por Edward Launman, Robert Michael, Stuart Michaels y John Gagnon. Todos los comentarios coincidieron en catalogarlo como el sondeo más completo y riguroso sobre las intimidades de la vida sexual de los estadounidenses desde los «informes Kinsey» de finales de los años cuarenta del siglo pasado (13). En la investigación se usaron los requerimientos más exigentes de los métodos de prospección social para obtener una muestra que fuera una representación fiel, una radiografía válida de la complejísima sociedad estadounidense en una banda de edad comprendida entre los 18 y los 59 años. Se contactó, inicialmente, con 4.369 individuos que habían sido seleccionados al azar a partir de la parrilla básica estratificada de la población norteamericana. La información se obtuvo mediante entrevistas cara a cara efectuadas por doscientos veinte entrevistadores que se habían entrenado durante semanas para familiarizarse con el cuestionario y adoptar un estilo neutro y profesional en el abordaje de un tema siempre difícil. La mayoría, sin embargo, ya tenía experiencia en estudios anteriores del mismo equipo. Eran, sobre todo, mujeres de edades superiores a los 40 años. Las entrevistas se hacían en el domicilio de los interrogados, en un contexto de tranquilidad y privacidad, y tenían una duración mínima de noventa minutos. Se siguieron, además, diversas estrategias para confirmar la verosimilitud de la información, repitiendo las entrevistas cuando se consideró necesario y usando procedimientos de interpelación variados con el material más sensible. Todo eso junto a garantías muy estrictas sobre el anonimato y la confidencialidad de toda la operación, que condujeron incluso a la destrucción definitiva de los archivos que contenían los datos brutos.

Curiosamente, esas entrevistas comenzaron el día de San Valentín de 1992, en perfecta sincronía, por tanto, con el reportaje pionero que *Time* dedicó a la neuroquímica amorosa (58), tal como vimos en el preámbulo (p. 1). La obtención de los datos se prolongó hasta setiembre de aquel año en una operación de logística muy complicada a lo largo y a lo ancho de Estados Unidos, y luego vinieron dos años de análisis. En total se consiguieron 3.432 entrevistas válidas, lo cual significa que cuatro de cada cinco de los individuos seleccionados en todo el territorio de Estados Unidos se avino a colaborar proporcionando información exhaustiva y consistente sobre su vida afectiva.

Los resultados otorgaron un respiro considerable a los políticos conservadores que habían impedido que progresara el proyecto, porque reflejaban una imagen más bien moderada y contenida de la sexualidad norteamericana. Así, por ejemplo, el dato que nos interesa más en este punto indica que la mayoría de los estadounidenses se mantienen fieles una vez llegan al matrimonio o tienen pareja estable. El 75 % de los hombres y el 85 % de las mujeres sostenían que no habían engañado a su pareja. O sea, que la adscripción a las reglas monogámicas y a los usos sexuales convencionales es muy amplia. El informe detectó, no obstante, la existencia de unas bolsas con una actividad amorosa y una variedad de parejas y costumbres más que generosa. Son proporciones ciertamente minoritarias pero con un peso indudable en el conjunto de una población tan grande. Los afortunados que confesaban haber acumulado más de veinte compañeros de cama desde la mayoría de edad eran un 17 % del total, en los hombres, y un 3 % en las mujeres. Cuando se indagó sobre el número de parejas sexuales durante los doce meses anteriores a la entrevista, sólo un 5 % de los hombres y un 2 % de las mujeres admitían haber superado la cota de cinco aventuras. Hay que insistir que esos porcentajes tan pequeños equivalen a números finales muy grandes porque el estudio es aplicable a los más de ciento cuarenta millones de estadounidenses que forman el segmento de edad muestreado. A modo de ilustración, ese 5 % de casanovas recientes corresponde a un total de tres millones de varones y el 2 % de mujeres con un historial pródigo en el último año, llegan al millón y cuarto. Por consiguiente, en función del ambiente donde uno resida las costumbres pueden variar muchísimo y es por esa razón que los resultados generales pueden resultar chocantes o incluso increíbles para algunos.

La media global se situaba en cifras modestas de variedad erótica: seis compañeras de cama, en total, para el yanqui prototípico y entre dos-tres para las estadounidenses normativas. Muy lejos, por tanto, de las supuestas epidemias de hipersexualidad pregonadas por los archidivulgados informes *Playboy*, *Redbook*, *Durex* o *Hite*, o algunos otros elaborados con algo más de rigor metodológico pero procedentes de muestras sesgadas o de estratos sociales particulares. Los individuos que se habían conformado con una sola pareja sexual a lo largo de toda su vida constituían una minoría muy abundante: el 20 % de los varones y el 30 % de las féminas. Por lo tanto, la adscripción monogámica y la fidelidad suprema superaban claramente al segmento promiscuo aunque el reparto de la torta sexual daba una considerable variedad de opciones. En algunos grandes sondeos efectuados con posterioridad al Chicago-Stony Brook en otros países occidentales, aprovechando la estela y la metodología implantada por éste, las cifras medias estadounidenses quedan un punto cortas. Así se desprende, por ejemplo, de los datos del *Natsal* (*National Survey of Sexual Attitudes and Lifestyles*) de Gran Bretaña, que superó en potencia descriptiva al famoso informe americano en el análisis de la vida sexual de los británicos al entrar en el siglo XXI (25). La deriva promiscua de las sociedades opulentas sigue al alza, por tanto, aunque el escalonamiento de los comportamientos era bastante similar en los dos sondeos. La prospección británica llegó a detectar, incluso, que esa tendencia erotógena era particularmente acusada en el Gran Londres y eso probablemente se aplica a muchas grandes conurbaciones.

Los resultados *Chicago-Stony Brook* valen como representativos del global de los estadounidenses blancos, negros e hispanos, a finales del pasado siglo, porque fueron los tres grandes grupos bien representados en el estudio. Funcionan como estimación de conjunto en esas poblaciones porque no se apreciaron diferencias sustantivas en las cifras globales. En cambio, al tener en cuenta la religión, el nivel educativo o la etnia algunos comportamientos presentaban notables variaciones en sectores sociales particulares, tal como cabía esperar (véase capítulo 7). Pueden entenderse mejor los resultados si se los contempla en clave del típico sondeo político: las cifras ofrecen un retrato ajustado de las grandes tendencias comportamentales y podrían servir para efectuar una excelente predicción sobre el voto en una elección presidencial. Pierden precisión, por el contrario, cuando se pretende hacerlos servir para dibujar decantamientos en subgrupos sociales.

Esos promedios algo pacatos de la sexualidad de la mayoría de la gente en el país que constituye el laboratorio social más avanzado de nuestra época, no deben ocultar el hecho de que los intercambios sexuales han sufrido una gran expansión a lo largo del presente siglo. Una expansión manifiesta en todos los grupos de edad pero mucho más todavía en la adolescencia y la primera juventud. Son legión los datos que indican que en las sociedades occidentales cada vez se produce una iniciación más precoz al sexo. La sofisticación en las prácticas eróticas también se instaura pronto (3). El informe Chicago-Stony Brook confirmó plenamente esa tendencia al constatar un avance sistemático, en todos los grupos étnicos, de la edad del primer coito. Junto a un incremento consistente, además, del número de individuos que ya han sobrepasado las cinco experiencias sexuales a los 18 años de edad. Los cambios de actitudes ante el consumo erótico y muy particularmente en lo que concierne al sexo prematrimonial ha sido espectacular (20). Las actitudes permisivas y consumísticas cristalizaron durante la revolución de las costumbres en las décadas de 1960 y 1970 y han quedado perfectamente instaladas. El cambio más decisivo, no obstante, es el que concierne al comportamiento femenino. Algunos datos del informe *Chicago-Stony Brook* pueden corroborarlo: mientras que sólo un 2,5 % de las mujeres nacidas entre 1933-1942 habían superado, a los 18 años, la cota de los cinco compañeros de cama, en las chicas nacidas entre 1963-1974 esa proporción se acercaba al 10 %. Mientras que la proporción de muchachas que llegaban vírgenes al matrimonio era del 55 % en el primer segmento, en el segundo había caído hasta el 20 %. Es decir, apenas una de cada cinco estadounidenses lleva su virginidad hasta la boda (o pareja estable) mientras que hace cuarenta años más de la mitad de ellas alcanzaba ese objetivo.

Diversos sondeos en poblaciones jóvenes españolas efectuados durante los últimos diez años acusan esa tendencia al descenso progresivo de la edad de las primeras relaciones sexuales completas (véase en cis.es los datos del «Informe sobre la juventud española-2000» y oleadas posteriores). Un estudio efectuado en 2005 por la Agencia de Salud del Ayuntamiento de Barcelona, detectó un cambio notable en los adolescentes en una sola década. Así, el 11,13 % de las chicas entre los 15-16 años indicaban, en 1996, que habían tenido relaciones sexuales completas, por un 18 % en los chicos de esa franja de edad. En cambio, en 2005 esa cifra había alcanzado el 26 % para ambos sexos. Es decir, uno de cada cuatro adolescentes barceloneses en ese segmento de edad y sin distinción entre sexos habría mantenido relaciones coitales (*El País*, 22-6-2005). Nos igualamos así a las cifras de la población británica o estadounidense en ese aspecto, al situarnos en cotas que allí ya se alcanzaron a principios de los noventa y que se han mantenido bastante estables desde entonces (59).

Una novedad interesante que conviene registrar, en el ámbito de la cosecha de cifras, es el enorme éxito de los sondeos *online*. Desde que se descubrió que los humanos tienden a sentir menos aprensión en desvelar datos íntimos

mos ante la pantalla de un terminal que ante un entrevistador se abrió la veda para indagar sobre todo tipo de pormenores. Esa particularidad se ha aprovechado tanto para las prospecciones serias como para las folclóricas. La red internética está llena de sondeos variadísimos de ese tipo aunque el más conocido y monumental es el que promueve Durex, la marca líder en el mercado de los preservativos, que va ofreciendo actualizaciones anuales, a nivel planetario y distinguiendo por países, sobre las prácticas sexuales vigentes. Todo ello en función de las entradas proporcionadas por centenares de miles de visitantes registrados en su portal encuestador. Ni que decir tiene que esos datos suponen más una anécdota (con sus aspectos picantes e intrigantes, eso sí), que una base de trabajo sólida.

TOLERANCIA A LA INFIDELIDAD Y PERSISTENCIA DE LOS CELOS

La constatación de ese incremento sistemático en permisividad y en ejercitación sexual precoz no impide, sin embargo, que se acumulen indicios que denotan que las infidelidades continúan siendo muy mal digeridas. Crece la práctica de la diversidad erótica pero no cede la alarma ni el agravio ante la traición. Así, por ejemplo, se pudo constatar que las actitudes de tolerancia hacia la infidelidad conyugal se mantuvieron prácticamente inamovibles, en los estadounidenses, a lo largo de la alegre década de los setenta del pasado siglo (20). Solamente una minoría inferior al 5 % de los encuestados consideró aceptable la infidelidad mientras que la cifra subía hasta más allá del 30 % para las relaciones prematrimoniales. El 11 %, sin embargo, consideró que, en ocasiones, las infidelidades no tienen por qué ser necesariamente malas. Eso, sumado al 5 % inicial, da un 15 % de aceptación total a finales de 1970. En un estudio posterior (23), la intolerancia ante las relaciones extraconyugales no se había movido ni un milímetro. El informe *Chicago-Stony Broock* volvió a confirmar ese extremo con cifras concordantes: la gran mayoría no tolera el engaño cuando se vive una relación estable.

No son, tomados en conjunto, porcentajes que auguren una buena disposición para digerir con elegancia la tendencia a la acumulación de aventuras sexuales que ahora se lleva. Parece como si los cambios de comportamiento no acarrearan una oscilación paralela en las actitudes. De todos modos, hay que remarcar que existen grandes diferencias en la capacidad para aceptar las infidelidades amorosas. Los mismos factores que se asocian a la tolerancia ideológica o política tienden a ser los mejores predictores de aceptación de las aventuras amorosas extrapareja: clase social alta, educación superior y poca religiosidad (1). Pero eso informa poco sobre cambios en factores intrínsecos a las relaciones amorosas que modulen las actitudes hacia la infidelidad. Hay, además, una notable relación entre infidelidad y divorcio o separación. Estudios británicos efectuados a mediados de la década de 1980 (1) señalaban a la infidelidad como la primera de las razones para la ruptura sentimental y así continuó en la década de los noventa (8, 9).

Los hombres y las mujeres reaccionan, no obstante, de manera distinta ante las infidelidades. En esos estudios británicos y estadounidenses solamente un 20 % de las mujeres señalaban la infidelidad como motivo relevante para la fractura de una relación. En cambio, en los varones esa proporción superaba claramente el 50 % (1, 8, 9). Los hombres, por tanto, continúan digiriendo mucho peor la infidelidad femenina. Esa enorme diferencia de actitudes se mantiene asimismo para los enredos de los adolescentes y los jóvenes: ellos toleran mucho peor el engaño que ellas, a pesar de la creciente concurrencia de las probaturas amorosas en serie (o en paralelo) en esas edades. Ese contraste entre sexos ante la traición sentimental tiene su exacta correspondencia en los celos. Los hombres siguen siendo, por regla general, mucho más celosos que las féminas. Los varones de las sociedades ricas, avanzadas y progresivamente igualitarias no se han alejado demasiado de las actitudes características en las sociedades primitivas (7, 9, 19, 37, 45). Los varones actuales no solamente experimentan celos sexuales con mayor prontitud e intensidad que las mujeres sino que mantienen las obsesiones tópicas: lo que les preocupa de veras son los cuernos, mientras que las mujeres contemporizan mucho mejor ante los deslices furtivos. Probablemente estamos ante estrategias diferentes que modulan la misma variedad de reacción emotiva ante la defección sentimental.

Mientras que a los hombres les cuesta soportar el engaño sexual de la mujer, ellas consideran crucial garantizar la estabilidad y continuidad de la pareja. Los celos femeninos se disparan, sobre todo, ante las señales de peligro sobre la continuidad de la relación. Las infidelidades esporádicas, en cambio, los activan mucho menos. Hay muchos datos para sustentar ese patrón distintivo de los celos según el sexo. En algunos experimentos, por ejemplo, se analizaron las variaciones de ritmo cardíaco o de actividad electrodermal (es decir, el impacto visceral) ante unas filmaciones «retocadas» donde podía verse a la pareja en circunstancias muy comprometidas. Los varones se alteraban particularmente ante las imágenes que delataban cuernos directos o indicios de engaño inminente. En cambio, las muchachas reaccionaban de manera muy intensa ante las frases indicadoras de posible traición íntima y mucho menos ante los avances y gestos directamente sexuales. Es decir, el tanteo, el flirteo o las efusiones del compañero pescado *in fraganti* en la filmación amañada las alteraba mucho menos que algunas frases de la conversación (8, 9, 52). Hay, por tanto, un perfil diferente en la reacción de alerta celosa en los hombres y en las mujeres.

Es interesante que se mantengan esas diferencias a pesar de que las mujeres pueden dominar plenamente, si así lo desean, la disponibilidad reproductora gracias a la tecnología de contracepción hormonal. El acceso copulatorio durante los días fecundos del ciclo menstrual reducía las opciones de las mujeres al hacerlas vulnerables al dominio masculino por vía coercitiva. Con la introducción de la contracepción hormonal eficaz, la vigilancia que aplican los machos celosos sobre la hembra consorte con la pretensión de asegurarse que la prole que ayudan a criar y a preservar sea propia (39, 56), probablemente ya no tenga tanto sentido. Conviene tener presente que a pesar de que el control de la paternidad siempre ha estado en manos de la mujer podía ser revertido mediante el sexo forzado por parte de los varones. Ahora, en cambio, las posibilidades de la farmacología y otras intervenciones anticonceptivas sitúan la decisión fecundadora en manos de la mujer sin excepciones. No hay que extrañarse, por tanto, de los lamentos de los guías morales por la quiebra de algunos de los principios básicos que sustentaban el valor de la fidelidad. Las actitudes comprensivas ante los celos masculinos de índole peligrosa estaban entre ellos, por ejemplo.

Las condiciones de vida en las sociedades ricas con la igualación de roles entre hombres y mujeres, la tendencia a las parejas en serie y la movilidad enorme del personal hacen que la pervivencia de los celos sexuales pueda considerarse como un anacronismo biológico (45). Los usos culturales parece ser que así lo han asumido: los psiquiatras constatan que está en franco retroceso el concepto de celos «normales» y suele considerarse cualquier reacción celosa como excesiva cuando no anómala (44). Pero eso es un simple cambio de valoración social que no tiene por qué afectar a las pulsiones biológicas de base. Hay que insistir en que los celos masculinos eran hasta hace muy poco bien aceptados y se los distinguía de los delirios celotípicos claramente incapacitantes. Ahora, por el contrario, los desasosiegos celosos son vistos como una señal de inmadurez emotiva. Como un síntoma delator de un temperamento posesivo y exclusivista. Los celosos y las celosas, sin embargo, siguen siendo legión y se han de lamentar por ello. Sus zozobras y rumiaciones son consideradas como una manifestación neurótica que requiere una consulta obligatoria con el especialista para que intente aplicar las correcciones pertinentes (44).

No obstante, los celos cumplen funciones relevantes. De ahí su persistencia. Las mujeres, por ejemplo, siempre han sacado un gran partido a las preocupaciones masculinas por la exclusividad sexual. Unas cavilaciones que derivan, en último término, de la incertidumbre sobre la paternidad. Esas dudas antaño irresolubles ahora pueden esclarecerse gracias a las técnicas de casación de marcadores de ADN entre padres e hijos. Aunque hay que señalar que es una novedad tecnológica poco accesible todavía y no se recurre a ella con asiduidad salvo en casos de conflicto. Lynn Margulis, en un ensayo divulgativo dedicado a la evolución de la sexualidad humana (39), se hacía eco de los resultados preliminares obtenidos por un tándem de biólogos de la Universidad de Manchester, R. Baker y M. Bellis que se hizo muy famoso con el tiempo. Habían conseguido obtener datos que relacionaban la cantidad y la calidad del semen masculino con el grado de convicción sobre la fidelidad de sus parejas. De manera que los individuos que cultivaban sospechas intensas de ser engañados eyaculaban mucho más abundantemente y con unos espermatozoides más numerosos y enérgicos que los de los sujetos confiados respecto a las aventuras del cónyuge. Esos resultados han sido repetidos con diversas variantes hasta el punto de haber podido demostrar fenómenos similares a los de la competición espermática que se da en los primates promiscuos (42, 43). Hay que convenir, según eso, que los celos funcionan como un poderoso afrodisíaco tal como habían intuido los literatos más perspicaces sobre los resortes del erotismo. Por cierto que Margulis se rebelaba contra el retrato habitual de los varones como polígamos inveterados y de las mujeres como promotoras de la monogamia. Según ella, la evolución hacia los apareamientos preferentemente monógamos la forzaron los machos posesivos y celosos para asegurar un reparto equitativo del pastel de féminas durante la larga transición de los *erectus* a los *sapiens*. Esa posición de Margulis destila algo de añoranza por un mítico período de la historia hominoidea caracterizado por la «poliandria facultativa». Una época dorada en la que las hembras se habrían apareado tantas veces como fuera posible y con todos los machos disponibles en unas sociedades festivas y menos agresivas que las regidas por el poder masculino. En esas sociedades los varones declinaban entrar en combate y se dedicaban a gozar de la promiscuidad rampante porque toda la competición se sustanciaba dentro del conducto vaginal de las señoras plurimontadas. La suerte reproductiva quedaba en manos, por tanto, de los espermatozoides, que tenían que emprender carreras homéricas para llegar antes y en mejores condiciones que los de los machos rivales, hasta el umbral del huevo fecundable. Todo ello suena muy sugerente, pero es una historia sin soportes solventes mientras andemos huérfanos de datos sobre la organización social de los homínidos.

EL CEREBRO DE LOS MACACOS CELOSOS

A lo largo de esta incursión a las infidelidades hemos visto datos procedentes de sondeos y alguna medida fisiológica obtenida durante los celos inducidos ante filmaciones «amañadas» de traición amorosa. Pero hemos manejado muy pocos datos de naturaleza neurohormonal y prácticamente ninguno de estudios de neuroimagen. Puede llamar la atención esa ausencia aunque hay que entender que no es sencillo provocar reacciones genuinas de celos en condiciones de laboratorio, atendiendo a las comprensibles restricciones éticas. Un grupo de investigadores del Departamento de Psiquiatría de la Universidad Emory de Atlanta, en Georgia (EE.UU.), decidió solventar ese vacío mediante un rodeo plausible. Se propusieron investigar la cartografía cerebral durante las reacciones «celosas» de los macacos rhesus machos (49). Asumieron que las demostraciones agresivas por parte de los machos dominantes de esa especie, ante las tentativas de otros animales que amenazaban la exclusividad de su acceso sexual, podían ser un buen análogo de los celos masculinos humanos.

Los macacos no forman parejas estables y duraderas ni consta tampoco que machos y hembras compartan la dedicación parental a la prole, con lo cual se sitúan algo lejos del sistema de apareamiento más común en los humanos (10). No obstante, cuando las hembras entran en celo los machos dominantes procuran establecer «consorcios» monopolizando la compañía y el acceso sexual a esas hembras y mostrando signos de gran irritación y desasosiego si observan aproximaciones, contactos o copulaciones no permitidas. Para llevar a cabo el experimento se formaron «tríos» juntando a dos machos y una hembra adultos en una jaula suficientemente amplia y favoreciendo, por tanto, el establecimiento de los consorcios por parte del animal dominante. En ocho de los nueve tríos la dominancia surgió de inmediato: uno de los machos copulaba sin restricciones con la hembra, a la que procuraba mantener a su lado, mientras que el otro, el subordinado, solía cobijarse en un rincón alejado de la pareja consorciada. La postura, los gestos y los desplazamientos también permitían distinguir con claridad entre el macho dominante y el subordinado. Durante las dos semanas que duró esa experiencia jamás se registró un sólo caso de cópula entre el subordinado y la hembra. Los tríos se montaron en función de la disponibilidad de horas de acceso al equipo TEP (el método de neuroimagen que se utilizaba), y el experimento se efectuó en tandas secuenciales durante dos años por esa razón. En las nueve repeticiones de esa historia (los nueve tríos), el animal dominante cuyas reacciones se pretendía estudiar siempre fue diferente, pero las hembras y alguno de los subordinados reprodujeron la experiencia para garantizar la disponibilidad de animales. Todo ello tuvo lugar en el Centro Yerkes de Investigación en Primates, de Atlanta.

Una vez transcurridas esas dos semanas iniciales de vida en tríos se pasaba a otra fase que fue bautizada como de «habituación a las jaulas del test», unos compartimentos que estaban situados en unas instalaciones adosadas al centro de neuroimagen de la universidad. Los animales eran transportados cada mañana en una furgoneta desde el Centro Yerkes hasta esas instalaciones (un trayecto de entre veinte y treinta minutos, aproximadamente) y una vez allí se los colocaba en las siguientes condiciones: primero se introducía al macho dominante y al subordinado en jaulas separadas a 1,5 metros de distancia, de manera tal que se pudieran observar mutuamente; al cabo de treinta minutos, el subordinado era retirado y se introducía a la hembra en el compartimento del dominante (dándoles la oportunidad de copular después de una noche entera de abstinencia: la hembra había sido sacada del trío al atardecer del día anterior para favorecer la motivación sexual en un ambiente desconocido, y hay que decir que las cópulas fueron rápidas y vigorosas siempre); finalmente, el subordinado era devuelto a la jaula adyacente y la hembra era llevada a ese compartimento con la intención de generar la experiencia de estar a la vista, pero fuera del alcance del dominante, para poder copular de manera segura. Cada una de esas fases duraba treinta minutos y al final los animales eran devueltos en furgoneta al Centro Yerkes. Antes de empezar esas fases del experimento se había implantado una cápsula en las hembras (ovariectomizadas) que iba liberando las cantidades de estradiol convenientes para garantizar una receptividad sexual sostenida a lo largo del proceso. Por último, se pasaba al «test de la reacción celosa» propiamente dicho.

Los días de la prueba los machos dominantes de cada trío recibían una inyección intramuscular del trazador 18F-fluorodesoxiglucosa que había de servir para marcar las oscilaciones de actividad cerebral. A continuación se los exponía a dos condiciones diferentes, en orden aleatorio y días distintos: 1) *Desafío sexual*: se juntaba al mono subordinado del trío y a la hembra en la jaula situada a 1,5 metros de distancia del dominante para que este último pudiera observar lo que ocurría durante cuarenta y cinco minutos; 2) *Control*: la hembra receptiva era colocada sola en esa jaula adyacente ante la mirada presumiblemente interesada del macaco. Al acabar esas sesiones de tres cuartos de hora de voyeurismo, los dominantes eran anestesiados y transportados de inmediato al equipo TEP para efectuar un escáner del cerebro aprovechando las cualidades de marcaje del trazador ya mencionado que alcanzan sus óptimos al cabo de cuarenta y cinco minutos.

En cuanto a la conducta de los subordinados, en seis de los nueve tríos los machos montaron a la hembra en la condición de *desafío* y los acercamientos y contactos fueron generales. Los machos dominantes lo observaron todo con un interés muy visible y presentaron comportamientos que los investigadores dividieron en: a) expresiones de agresividad celosa; b) expresiones de estrés/sufrimiento, y c) expresiones afiliativas. No hubo diferencias entre las dos condiciones (desafío *versus* control) en el total de reacciones de estrés/sufrimiento. Sí las hubo, en cambio, en las expresiones de agresividad y en las afiliativas. Siete de los nueve macacos dominantes presentaron signos de agresividad muy marcada (gritos y muecas amenazantes, golpes en los barrotes, intentos de embestidas) ante la traición sexual consumada ante sus narices. Ese tipo de reacción alterada coincidió con un incremento pronunciado de testosterona en el plasma. Los dos dominantes restantes mostraron interés pero sin agresividad y finalmente se recluyeron en un rincón de su jaula contemplando el episodio (en esos dos casos la testosterona sufrió un claro bajón y uno de ellos, por cierto, era el que no había conseguido establecer claramente la dominancia en la vida en trío). La relación entre la variación testosterónica y la agresividad fue positiva y directa, de modo que a mayor incremento hormonal mayor irritación. En cuanto a las conductas afiliativas, la más aparente fue la presentación de los cuartos traseros como un reclamo de incitación al sexo.

Las medidas de la actividad cerebral TEP que distinguieron entre la condición *desafío* y la *control* subrayaron esos resultados comportamentales y hormonales. Hubo una serie de regiones con una predominancia marcada en el hemisferio derecho, que presentaron mayor actividad ante la «traición» sexual. Eran zonas del lóbulo temporal, de la corteza insular, de la sustancia gris mesencefálica y de la circunvolución órbitofrontal. Todas ellas relacionadas con la expresión de la irritación colérica (57). En cambio, las zonas que se activaron preferentemente ante la condición *control* (la visión de una hembra receptiva) correspondieron a regiones relacionadas con la regulación del impulso sexual (amígdala medial, hipotálamo, circunvolución órbitofrontal y cerebelo). Son resultados, vistos en conjunto, que tienden a favorecer la presunción de que las reacciones de los macacos dominantes burlados pueden funcionar como un buen análogo de los celos humanos. Se obtuvo incluso una variabilidad que recuerda a la observable, en humanos, ante circunstancias análogas de engaño sexual manifiesto: el estallido celoso fue la reacción mayoritaria pero en algunos casos hubo lamentos seguidos de resignación aparente.

Constricciones biológicas y nuevas culturas amorosas

Quizá no quede más remedio, al fin y al cabo, que apuntarse a la corriente que considera que los celos son un anacronismo biológico. Lo son, sin duda. Pero son uno de esos anacronismos que mantienen un vigor espléndido. Inalterable, casi podría decirse. Puede que ahí resida, en definitiva, la explicación más probable para la escasa tolerancia a la infidelidad a pesar de los enormes cambios culturales en las sociedades ricas, permisivas e igualitarias. Los celos continúan vivos y plenamente operativos a pesar de la vigencia de unos usos que tienden a ocultarlos al tiempo que amplifican, de forma paradójica, las condiciones para generarlos. Si hay que hacer caso, nuevamente, de los registros estadísticos, buena parte (entre el 50-70 %) de los casos de violencia doméstica más letal se deben a explosiones celosas (9, 49). En ese dato hay pocas diferencias entre sociedades muy distintas económica y legalmente. Aunque suele referirse la violencia de género a conflictos de estatus que son muy manifiestos en una época de acceso femenino a todos los segmentos del poder social, la capacidad corrosiva y detonadora de los celos sigue teniendo un papel determinante. Los datos con los macacos revisados más arriba así lo ilustran porque el patrón dominante es la agresividad.

La tozuda persistencia de los celos constituye uno de los índices más ilustrativos de las dificultades para metabolizar las nuevas costumbres en las relaciones sentimentales. Dificultades que derivan de la vigencia de antiguas reacciones emotivas que se encargan de amargar el festín incesante al que aspiran los humanos en las sociedades opulentas. Los carruseles amorosos se cultivan con una delectación formidable aunque haya gente que no sale en absoluto indemne de esas aventuras en cadena. Las relaciones sexuales abordadas desde un plano de igualdad estricta y sin restricciones prometen amenidades formidables, pero no es nada infrecuente que surjan calvarios en función de cargas emotivas enraizadas en los mecanismos neurohormonales de las diferencias entre géneros.

Los celos suponen un ejemplo conspicuo de reacción emotiva cuya susceptibilidad viene dada en el andamiaje temperamental de cada cual. Aunque los optimistas de turno habían llegado a predicar que se podría prescindir de ellos en un mundo sin trabas para las relaciones afectivas, jamás han perdido protagonismo y han regresado, además, a la palestra de la investigación (9, 48, 52).

Hemos visto antes que el ritmo de separaciones y divorcios que va deparando la monogamia serial actualmente en boga no cesa de crecer (25, 34). Pero la capacidad para compensar las cuotas de soledad que impone cada fractura amorosa no es equivalente en todos los individuos. Ni siquiera lo es entre los dos sexos. Hay muchos datos que indican que, en la sociedad actual, el hombre desaparejado es un animal mucho más vulnerable que la mujer sin compañero (1, 5, 6). Las medidas de capacidad de recuperación y de bienestar posfractura así lo indican además de los índices de resistencia ante las enfermedades y las expectativas de supervivencia. Seguramente la mayor fortaleza de las mujeres ante la soledad amorosa (9) viene de su habilidad para generar redes sólidas de soporte social. Nexos de pertenencia variados con familiares, amistades y conocidos de los que obtienen el amortiguamiento y consuelo indispensables cuando fallan los pilares de la alianza de pareja (24, 47).

Son conflictos característicos de una sociedad permisiva que emprende amable y confiadamente cambios de costumbres de gran magnitud. Cambios que promueven nuevos estilos en las relaciones afectivas y que se imponen, sobre todo, gracias a los recursos de la tecnología médico-farmacéutica (21). Pero que sin embargo, en las fases de adaptación hacen sufrir a muchos individuos. Penalidades, en definitiva, que aparecen cuando quiere saborearse con delectación entusiasta el repertorio entero de unos placeres que parecían, en principio, inocuos y saludables. Quizá no quede más remedio que insistir nuevamente en los viejos remedios de la ponderación y la prudencia en los asuntos amorosos. En no dejarse llevar por optimismos excesivos y recuperar algunas recetas hipócritas pero muy útiles que fueron abandonadas con precipitación. O tal vez sea cuestión, simplemente, de recomendar a cada cual que seleccione y actúe según sus habilidades para amortiguar los traspiés y las desventuras. Porque, a pesar de las espléndidas innovaciones en las muletas farmacológicas, los cócteles amorosos siguen siendo tan excitantes y peligrosos como siempre.

PLATONISMOS

El amor platónico es otro vestigio de la maduración sentimental que nace de la incertidumbre inherente a todo vínculo entre extraños (36). Roy Baumeister ha investigado a fondo ese tipo de enamoramiento y la primera constatación es que se trata de un fenómeno muy común: más del 90 % de sus universitarios de Ohio confiesan haber pasado por episodios de amor intenso unilateral, ya sea en la modalidad de enamorados silentes o incomprendidos, ya como recipientes de un amor no deseado. Baumeister es un psicólogo alemán que se estableció en la Universidad de Cleveland y que se ha dedicado a estudiar los pormenores de los amores no correspondidos (5, 6). Debe tratarse de un individuo muy persuasivo, porque sólo así se explica que obtuviera una beca de un organismo tan circunspecto como el Instituto Max Planck de Munich para abordar un tema tan volátil y aparentemente frívolo.

El problema principal del amor no correspondido es explicar el rechazo. La resistencia o la negación a recibir un afecto incondicional intriga porque hay una enormidad de datos coincidentes que indican que los regalos son, en general, muy bien recibidos por los humanos. En el amor platónico hay una fuente pródiga en dádivas: las señales de veneración, la unción devota y la cuidadosa atención por los detalles colocan al elegido o elegida en un altar privilegiado, en una peana que no los deja indiferentes en absoluto. A pesar de ello, a menudo consiguen cortar de raíz esas ofrendas tan generosas mientras se dedican a perseguir objetivos mucho más difíciles y quizá frustrantes o simplemente inconvenientes. A las mujeres les toca lidiar con ese dilema más a menudo que a los hombres (6). Se reproduce la misma desproporción que en las citas con finalidades mucho más tangibles: las féminas han de repartir muchas más calabazas que los varones (11, 12, 17). La facilidad masculina para el enamoramiento unilateral podría resultar del mayor desasosiego cortejador. Sería una deriva de la diferencia de revoluciones en los sistemas del deseo. El impulso que lleva a los hombres a tener los radares en permanente atención hacia las señoras haría que se equivocaran, con mayor frecuencia, en la selección de objetivos y que quedaran atrapados con más facilidad en metas inalcanzables. Porque la única teoría viable sobre el amor no correspondido es la del error en las dianas enfocadas por las antenas de la atracción. No hay otra manera de explicarlo convincentemente ya que se trata de una situación donde, más tarde o más temprano, todo el mundo acaba pasando un mal trago. Los enamorados sin esperanza porque deben digerir la indiferencía o, peor todavía, el menosprecio del amante soñado. Y los venerados, porque a pesar de los efectos inicialmente agradables de esa devoción adulatoria tienen remordimientos al no poder devolver las muestras de afecto o malestar notorio cuando deben pasar al rechazo activo. Salvo los que saben aprovechar la circunstancia para extraer ventajas sexuales o de otro tipo, la insatisfacción y las incomodidades son la norma por ambos lados (6).

Debe haber, por consiguiente, errores de enfoque en los disparadores del deseo y el enganche romántico. No me refiero, con ello, a transgresiones de las normas sociales (las fronteras de clase social, de grupo de amigos, de religión o de nivel educativo que suelen limitar las posibilidades de la selección amorosa), sino a fallos en la apreciación de las posibilidades de sintonía afectiva. Porque el enamoramiento persigue fusión y cuando hay asimetrías flagrantes el caldo de cultivo para los conflictos está servido. Cuando los platonismos se aplican a mitos inalcanzables, la lejanía mantiene encendida la llama pasional al tiempo que atenúa los inconvenientes. Pero cuando el platonismo enfoca un objetivo socialmente admisible, pero inviable a causa del rechazo sincero del elegido (por sincero, quiero decir glandular, visceral y no bajo el dictado de la presión social), está poniendo de manifiesto la tendencia al optimismo conquistador de los sistemas del deseo. Un optimismo que los condicionantes sociales procuran extinguir de raíz, si pueden (16, 34), y que muestra un máximo espontáneo en la adolescencia y la primera juventud, que son precisamente las etapas donde se concentra la mayor proporción de episodios de amor platónico. Más adelante, la predisposición platónica se mantiene viva en muchos individuos a pesar de haber podido aprender los costos de esos errores de fijación con sus correspondientes batacazos. El platonismo sobrevive a menudo en la madurez porque los sistemas del deseo continúan sensibles al festival de incentivos (18, 60). Van promoviendo atracciones y enganches que en general se descartan para mostrar obediencia a las costumbres normativas (ha aumentado el nivel de control sobre las exigencias glandulares) o se hacen derivar hacia aventuras intrascendentes (ha crecido el cinismo en este y otros ámbitos de gran importancia).

7

NEUROSOCIOLOGÍA AMOROSA

A Edward O. Wilson, el celebrado entomólogo de Harvard, le llovieron anatemas y hasta alguna agresión física con motivo de la publicación de su *Sociobiology* en 1975. Al saludar la edición conmemorativa de ese libro en el pórtico del nuevo siglo (49), más de uno se atrevió a proclamar que era el ensayo quizá más influyente en biología desde las obras de Darwin. El proyecto que esbozó Wilson allí, la necesidad de incorporar a la biología en la descripción sistemática de las conductas sociales en animales y en humanos ha triunfado en toda regla. Se ha impuesto gracias a la normalidad derivada de la incesante acumulación de datos en todos los frentes. Las resistencias inquisitoriales de los gremios humanísticos presuntamente atacados todavía colean, por descontado, pero son estertores más bien patéticos. Por eso pienso que ahora ya no resulta necesario justificar la serie de incursiones notoriamente «sociobiológicas» que conforman este capítulo. Constituyen una crónica de algunas, tan sólo algunas, fronteras de trabajo que me han parecido particularmente instructivas. En un campo, además, que desde Darwin ha sido crucial no sólo para la biología reproductiva sino para el edificio entero del pensamiento evolutivo: el de las preferencias y elecciones sexuales (30).

AMORES DESIGUALES EN GEMELOS IDÉNTICOS

A los gemelos idénticos les habrán silbado los oídos a menudo en estos últimos tiempos. En el fragor de la polémica desatada por los éxitos de las técnicas clonadoras en la obtención de copias de mamíferos, los gemelos idénticos se han visto situados, sin quererlo, en primerísimo plano. Ese protagonismo no ha servido, sin embargo, para que reciban un trato amable y cordial sino todo lo contrario. Los vigías de las fronteras morales que acechan desde las torres de defensa de las diferentes ortodoxias, han hecho sonar todas las alarmas contra la noción de copia. La condena de la réplica biológica fiel se ha presentado en términos tan dramáticos que los individuos que son un ejemplo viviente de ello deben haberse sentido insultados estentóreamente. La contundencia de los argumentos empleados puede llevar a pensar que los gemelos idénticos son un error de la naturaleza, cuando tan sólo constituyen una de las diversas posibilidades en el proceso de replicación génica. Una réplica no tan frecuente, ni probable, ni viable como otras variedades combinatorias, pero una posibilidad al fin y al cabo. Tan digna de respeto como las demás porque si bien se mira, cumple estricta y repetidamente la condición de estar hecha a imagen y semejanza del todopoderoso hacedor.

Pero ahí reside precisamente la fuente de inquietud de los guías de la humanidad: el haber podido desentrañar los engranajes de los mecanismos replicadores naturales y poderlos manipular a voluntad. Haber penetrado en el diseño originario de la reproducción y poderlo alterar en función de las necesidades o las circunstancias. Ése es el tema. Es ciertamente relevante y produce tanto vértigo ético que la reacción más inmediata es lanzar al viento los clarines del apocalipsis. Cosa nada buena porque cuando se disparan esas alarmas siempre hay alguien que resulta escaldado. Parte de la confusión deriva de la errónea pero ampliamente compartida noción, según la cual los gemelos monocigóticos son réplicas exactas. Fotocopias sin error ni mácula alguna. Y claro está, abrir el grifo para que circulen con profusión clónicos triples, cuádruples o quíntuples convida a imaginar un futuro de inquietante monotonía.

Cuando se ha estudiado a fondo la cuestión resulta que los gemelos univitelinos no son tan calcados como podía desprenderse de la identidad genómica. Hay que reconocer, de entrada, que la similitud de su apariencia física sorprende invariablemente y todavía más al comprobar que se acentúa con la edad. Por otra parte, la concordancia en habilidades, intereses, aficiones y en los rasgos del temperamento es, a menudo, tan notable en esas parejas de gemelos, que son una fuente inagotable de anécdotas, reportajes y hasta concursos de entretenimiento televisivo. Pero ese cúmulo de coincidencias no anula un resquicio de disparidades que pueden manifestarse de manera diversa y muy especialmente, por lo que veremos a continuación, en las preferencias amorosas. Los estudios más completos sobre el asunto corresponden al registro de gemelos de la Universidad de Minnesota, en Minneapolis, liderado por David Lykken, Auke Tellegen y Thomas Bouchard. Todos los gemelos de ese Estado son seguidos y estudiados sistemáticamente. Para aumentar las muestras y el potencial de los datos también han ido incluyéndose parejas de gemelos procedentes de todo el territorio estadounidense y de otros países anglosajones.

En 1990 se dieron a conocer los resultados (2) de un gran estudio de parejas de gemelos monocigóticos criados en ambientes totalmente diferentes. Se analizaron los datos procedentes de una amplia batería de pruebas médicas y psicológicas en cincuenta y seis pares que habían sido separados muy tempranamente y habían ido a vivir en familias (y ambientes) distintos, de modo que no se habían vuelto a reencontrar hasta treinta años después. En muchos de esos casos el motivo del reencuentro fue la participación en el estudio. Los resultados fueron espectaculares por dos razones: primero porque el haber crecido en entornos muy diversos no condujo a diferencias relevantes respecto a las parejas de gemelos que habían sido criados juntos. Es decir, los gemelos idénticos se parecen muchísimo tanto si crecen en el mismo núcleo familiar como si lo hacen en ambientes radicalmente distintos. Lo cual indica que el entorno social aporta relativamente poco a las similitudes detectables, al tiempo que sugiere que las influencias ambientales deben venir por otras vías.

El segundo resultado que cabe destacar fue la confirmación de grandes similitudes entre esos mellizos en algunas medidas psicológicas y la concordancia menor en otras. Hay que explicitar eso: los gemelos idénticos criados en ambientes dispares se parecen mucho en inteligencia o agudeza cognitiva. El grado de similitud puede sobrepasar el 70 %. Tanto, casi, como el de la presión arterial o las ondas electroencefalográficas pero por debajo de la concordancia en altura, en el peso o en los dibujos de las yemas de los dedos (superior al 90 %, en esas medidas). En cambio, la concordancia en la vocación, los intereses profesionales o lúdicos, los rasgos de personalidad y las actitudes políticas o religiosas oscilaba entre el 40 % y el 55 %. O sea, que las habilidades cognitivas mostraban una intensa dependencia de factores genéticos mientras que el carácter, las convicciones y las aficiones –aunque también arrastran una fuerte carga de la constitución biológica– presentaban un margen más amplio de variabilidad. Con influencias potenciales del entorno de mayor peso, por tanto. Aunque quizás convenga precisar aquí que disponer de un 30 % de variabilidad no génica para la agudeza mental no es poca cosa, ni muchísimo menos. En esa misma muestra había gemelos monocigóticos que diferían en más de veinte puntos de cociente de inteligencia. Y eso es una gran brecha cuando puede referirse a la influencia de ambientes favorables o desfavorables.

Ese mismo grupo de investigadores dio a conocer, más adelante, un trabajo efectuado con más de quinientos gemelos idénticos y cuatrocientos dicigóticos (desiguales) (24), con el objetivo de estudiar las concordancias en los criterios para escoger pareja estable. Es decir, determinaron la influencia de una gran variedad de rasgos en la selección de cónyuge. Los resultados también fueron muy ilustrativos. En primer lugar, los gemelos idénticos usan el mismo tipo de criterios para aparearse que los dizigóticos, los hermanos no gemelos y el resto de mortales no emparentados directamente. En segundo lugar, el grado de similaridad entre los consortes de los gemelos idénticos era algo superior al de las parejas de los gemelos desiguales, en casi todas las variables estudiadas, pero la distancia era nimia. Y por último, los gemelos y gemelas monocigóticos niegan haber sentido una predilección o atractivo especial por el consorte del hermano o hermana idéntico. Eso último es lo verdaderamente curioso: sólo un 5 % manifiesta que se habrían podido enamorar del cuñado o la cuñada seleccionada por su par idéntico, mientras que casi un 10 % afirmaba que hubiera preferido permanecer soltero antes que compartir la vida con semejante compañía. El resto de opiniones quedan repartidas entre simpatías y antipatías por los cuñados, con unos porcentajes parecidos a los de los mellizos (gemelos desiguales) o los hermanos no-gemelos cuando se les inquiere su opinión sobre los cuñados o cuñadas que les han caído en suerte. Conclusión: los gemelos monocigóticos no hacen elecciones idénticas, ni siquiera cercanas, cuando deciden formar pareja sentimental. Son tan variables y caprichosos en eso como el resto de la gente. Parece ser, por tanto, que actúan los mismos vectores azarosos que modulan las preferencias amorosas dentro de los márgenes de accesibilidad social que impone cada cultura.

Si se confirma, como acabamos de comprobar, que los gemelos univitelinos efectúan selecciones esencialmente desiguales cuando hay que escoger pareja amorosa, tendremos que aceptar que estamos ante un asunto donde la intervención del azar es relevante. Vale la pena detenerse en este punto porque el argumento no es banal. Los gemelos idénticos tienen una conformación génica prácticamente exacta y cuando crecen juntos suelen vivir un ambiente familiar y social que tiende a acentuar las similaridades que ya acarrean de entrada. Por tanto, todos los factores (naturaleza, crianza, clan y tribu) deberían empujarlos a establecer vínculos sentimentales con personas muy similares. Los resultados indican, sin embargo, que no es así. A pesar de las espectaculares coincidencias en la variedad de automóvil, de calzado, de pizza, de club político, de secta religiosa o de palo de golf que suelen preferir al unísono, cuando se trata de la pareja sentimental la concordancia entre los consortes de los gemelos idénticos es más bien moderada o pequeña. No mucho mayor, en definitiva, que la derivable del azar en poblaciones que ya tienden, por razones de asimilación social, a los apareamientos restringidos. Una pareja de investigadores del Instituto de Psiquiatría de Londres (37) ha intentado desmentir al grupo de Minnesota a partir de su propio registro de gemelos aunque, a mi modo de ver, no lo ha conseguido. Se dirigieron a 1.400 pares de gemelos mediante cuestionarios enviados por correo que contenían preguntas referidas a sus consortes y a sus mejores amigos, sobre toda suerte de materias: desde la personalidad, a las ocupaciones, aficiones y adscripciones político-religiosas. Sólo obtuvieron un retorno válido de 322 pares y demostraron que los consortes y los mejores amigos de los gemelos idénticos tendían a parecerse más entre ellos que las parejas y amigos de los dizigóticos. Pero esa ventaja era tenue (0,22 *versus* 0,14) y aunque permitía calcular la influencia de la carga genética en la elección de pareja (34 %), las experiencias vitales únicas de cada gemelo eran mucho más poderosas.

La intuición popular acierta, por tanto, al considerar que Cupido lanza los dardos de manera bastante imprevisible. La sabiduría tradicional lo adivina porque a pesar de las razones que existen para fijarnos más en un individuo que en otro (algunas, por cierto, las hemos examinado en el capítulo 5), la admiración que desencadenará la cristalización pasional (1, 44) es primordialmente azarosa. Ocurre en aquel instante y con aquella persona, cuando habría podido suceder la tarde siguiente, en otro grupo de clase o del campamento de verano, en otra cafetería o en otro vagón del ferrocarril metropolitano. En el fondo, sabemos perfectamente que candidatos plausibles dentro del segmento de edad, estrato social, inteligencia, aspecto físico y actitudes que consideramos convenientes para efectuar un «buen aparejamiento» (4, 5, 10, 19, 20) hay muchos, por no decir muchísimos. El abanico es muy amplio, en principio, aunque la selección recae luego en uno solo o en unos cuantos sujetos, sucesivamente, en los usos actuales más comunes. De todos modos, el papel del azar no resta importancia casadora al vecino o a la vecina, a los compañeros de trabajo o de estudios, al hijo del notario o a la heredera del concesionario de automóviles del barrio, en las versiones de estratificación social cosmopolita o suburbial que ahora dominan. El azar modula, simplemente, la elección dentro de ese sector «conveniente» en la gran mayoría de casos. Abriendo, de paso, la posibilidad para el aparejamiento extemporáneo y manifiestamente inadecuado que hará sufrir a los progenitores y a otros allegados durante una temporada.

GASES AMOROSOS

Aquella elección peculiar, el dardo intempestivo y envenenado, a menudo depende del desasosiego interior que arrastramos durante un período concreto de la existencia. Topamos «azarosamente» con alguien cuando zozobras muy personales han disparado los mecanismos de la alerta romántica o los de la urgencia erótica más prosaica. Se trata, por consiguiente, de una selección potenciada por factores de orden interno y externo que confluyen, de pronto, en los protagonistas del «encuentro» (1). En el caso de los machos esos desasosiegos (para los que hemos efectuado aproximaciones en capítulos anteriores) se acostumbran a expresar, en último término, por vía gaseosa. Así va: la replección efectiva y pertinente del ariete peneano depende, en una culminación estentórea de una cascada de complejas etapas neurohormonales, de un emisario tan volátil como el óxido nítrico (3, 42). La liberación local de este gas supone la orden final dilatadora a los depósitos cavernosos de la pared del pene para que se abomben con la entrada de sangre impetuosa y consigan, así, el volumen y la rigidez necesarios para los diferentes, y trascendentes, usos que dependen de la tumefacción del órgano reproductor masculino.

En los varones es bastante común que las inquietudes que se expresan a través de ese mecanismo no consigan una satisfacción sustantiva y reparadora. Al menos por lo que concierne a criterios de regularidad y variabilidad de la descarga. Hemos visto antes (capítulo 3) que cuando se inquiere directamente sobre las cavilaciones y las fantasías eróticas, en los hombres siempre ocupan un buen trecho del tiempo mental cotidiano. Esa sensación de déficit perenne asegura un interés inagotable por las oportunidades y los rendimientos amorosos y es una fuente de inspiración siempre renovada para las especulaciones psicológicas y una gran variedad de secreciones artísticas y literarias. Es sobradamente conocida la conjetura que sitúa la fuente principal del impulso creativo y la capacidad emprendedora del personal en esas inquietudes inguinales (30). Yo soy de los convencidos de que no todas las vetas creativas ni todos los aguijones de la ambición nacen de esos escozores, pero ello no excusa la ignorancia sobre su posible papel. Porque lo seguro, en este asunto, es que el óxido nítrico tiene unas funciones reguladoras periféricas y centrales muy relevantes (7). A partir del conocimiento de sus efectos tenemos otra vía de aproximación a los mecanismos que conectan las urgencias viscerales más primarias con la telaraña de evocaciones sentimentales que el cerebro es capaz de urdir.

Sabemos que parte de lo que sucede en el cerebro depende de la interacción entre sustancias que trabajan en los dos niveles: en las vísceras, glándulas y órganos del cuerpo y en el propio tejido nervioso. Cuando interpretamos estados anímicos peculiares, lo hacemos gracias al trabajo de ida y vuelta de una serie de moléculas que, desde el cerebro, van hasta las glándulas o el corazón y en sentido contrario. El óxido nítrico, por ejemplo, es un modulador fundamental de la presión arterial y la tensión muscular (42), propiedades que permiten atar algu nos cabos sueltos porque las tempestades románticas implican no sólo sofocos pubianos sino en diversos puntos de la geografía corporal. Si a ello añadimos la capacidad de ese gas para ayudar a fijar memorias en zonas cerebrales como el hipocampo o la corteza olfativa, regiones cruciales para el establecimiento de recuerdos emotivos, tenemos ya otro sendero para continuar explorando rincones de los negocios pasionales.

Un sendero, por cierto, que no es único porque sin movernos de las inquietudes relacionadas con la erección del pene hemos de tener en cuenta otros factores neurohormonales y quizá otros gases simples. Los datos sobre algunas de esas moléculas ya han permitido introducir nuevos fármacos para ayudar al sildenafil (Viagra) a corregir disfunciones y limitaciones diversas (15). La regulación sutil de aquel mecanismo eréctil es un asunto de gran delicadeza que ha preocupado, y preocupa aún, a los zoólogos, los antropólogos, los psiquiatras y otros gremios de gran sabiduría y con tendencias más que notorias a elaborar teorías ofuscadas (8, 10). Sin olvidar al común de la gente sin titulación específica ya que, con independencia de la variedad y la frecuencia de los intercambios sexuales que practican, el interés por las cuestiones del perineo parece ser inextinguible.

Parte de la fascinación perpetua que ejercen los mecanismos de los juegos amorosos proviene, seguramente, del hecho de que unos dispositivos tan vulnerables como el de la erección peneana alcancen una relevancia tan fundamental para modelar las costumbres sociales. Quiero decir con ello que la propensión a tener un hambre canina o la necesidad de dar una cabezada, de vez en cuando, también depende de resortes biológicos muy sutiles y pueden condicionar notablemente la vida de un individuo. Pero nunca de una manera tan determinante como las decisiones basadas en las urgencias y las preferencias sexuales: los resultados en materia de intercambios inguinales acostumbran a repercutir en una gran variedad de asuntos personales y colectivos de enorme transcendencia (9, 30).

HIENAS FEMENINAS Y MANDONAS

Tal vez valga la pena, a modo de ejemplo, dar un repaso a la vida de las hienas manchadas (13, 50). Esas alimañas fueron tenidas por hermafroditas durante siglos porque las hembras lucen unos genitales aparentemente idénticos a los de los machos. Exhiben un clítoris tan vistoso como el pene masculino y los labios vaginales se han soldado formando una bolsa que simula el escroto. O sea, que se trata de unas hembras con unos atributos varoniles más que presentables. Ahora bien, cuando copulan, las hienas macho montan y las hienas hembra reciben, en buena ley, a pesar de la peculiar morfología genital. En cuanto al aparato reproductor interno, las hembras son plenamente normales y viables como madres multíparas.

De todas maneras, en las particulares relaciones «amorosas» que se establecen en esa especie los machos lo tienen bastante crudo por dos razones primordiales: no sólo han de penetrar por una angosta vía uretral-vaginal que atraviesa el clítoris (en retracción, eso sí, para poder acomodar el pene), sino que les toca montárselo con unas parejas más corpulentas, vigorosas y agresivas que ellos mismos. Por regla general, las hembras acostumbran a ser un 10 % más voluminosas que los machos. Procuran además imponerse en todas las circunstancias: durante las expediciones de caza, en las luchas intergrupales y en el gobierno habitual de los clanes donde residen. Toda la organización social gravita alrededor de los rangos jerárquicos que se establecen por vía femenina. Así, las madres ayudan a sus hijas durante las batallas que suelen desatarse entre diferentes coaliciones (formadas por hembras, mayoritariamente). Algunos machos, pocos, son tolerados y colocados al mismo nivel que las «familias» femeninas mientras que el resto es obligado a dispersarse cuando alcanzan la pubertad.

Todas esas inversiones de rol social y sexual dependen, directamente, del perfil hormonal peculiar que presentan esas fieras. En las hienas manchadas (a diferencia de lo que es normal en otras hienas como las rayadas o las pardas) los niveles de hormonas masculinas son muy elevados. En las hembras adultas las concentraciones de testosterona en sangre se acercan a las de los machos y las de androstenodiona (una prohormona que puede convertirse en la hormona «masculina» principal) son claramente superiores a ellos. Ese cóctel hormonal refleja una organización neuroendocrina que quedó fijada, en realidad, en las últimas etapas de la vida fetal. Los niveles de hormonas masculinas son muy altos en los fetos femeninos de esa especie por dos razones: a causa de una secreción endocrina peculiar (ovárica y placentaria) de sus madres, pero sobre todo por el hipofuncionamiento de una enzima (la aromatasa placentaria) que se traduce en una conversión masiva de androstenodiona en testosterona. Ese tipo particular de «anomalía» en un período crítico de la maduración genital no sólo modifica la morfología de los órganos sexuales externos y la configuración posterior de todo el cuerpo, sino que condiciona la organización social y los rasgos de conducta, en esa especie, para toda la vida.

En realidad, las hembras manchadas presentan la tendencia a ser mandonas y agresivas desde la más tierna infancia. Durante los juegos primerizos corren, saltan y se ejercitan mucho más que los machos, y son siempre más revoltosas y violentas. La competición entre los cachorros es intensísima y se dan fratricidios frecuentes (con los machos como víctimas más asiduas). Cuando alcanzan la edad adulta, son ellas las que se dedican a marcar el territorio (una conducta típica de los machos en la mayoría de los mamíferos), dejando unos rastros odoríferos muy explícitos. Lo hacen mediante sustancias secretadas por glándulas de la región anal que van depositando sobre la vegetación.

Aunque no es lícito extrapolar esa peculiaridad de la naturaleza de las hienas a otras especies por más que los datos sean extremadamente sugerentes, proporciona claves para elaborar conjeturas sobre la perpetuación de estilos y estrategias diferenciales entre los dos sexos. Porque si un cambio tan nimio en la organización neuroendocrina resulta en unos efectos temperamentales y sociales tan potentes y duraderos en unos mamíferos relativamente cercanos a nosotros hay que tenerlo en cuenta. De todos modos, la distancia entre esas alimañas y los hombres y las mujeres es considerable a pesar de la tradición literaria que ha tendido a equipararlos en malignidad. Volviendo a los datos hay que decir que existe un caso registrado en la literatura médica, en una mujer, de una alteración hormonal con un perfil secretorio prácticamente idéntico al de las hienas manchadas. La conformación de los genitales externos y los rasgos de conducta eran muy similares, en ese caso, a los que acabamos de repasar en las hienas féminas (43).

Lo que debiera hacer pensar no es tanto la coincidencia en un sólo caso aberrante sino las regularidades comportamentales que muestran los humanos. Están, en realidad, en el lado opuesto al de las hienas manchadas. Desde muy pequeños, los varones son más violentos, revoltosos, competitivos y mandones que las niñas. Tienen mayor corpulencia, unos perfiles hormonales distintivos y una curiosa tendencia, que se mantiene a lo largo de toda la vida y en todas las culturas, a enfatizar los signos de hostilidad con expresiones verbales y gestuales que se refieren al tamaño y a las funciones de los genitales. De todas maneras, aunque la diferenciación de roles sociales en las hienas manchadas parezca bastante ajustada a unos parámetros endocrinos singulares, el asunto presenta complicaciones añadidas en los primates y particularmente en humanos. La plasticidad de la maquinaria neural humana y su dependencia de interacciones ambientales aconseja una rigurosa prudencia interpretativa, sobre todo porque el conocimiento sobre los factores inductores de la diferenciación de roles sexuales en la historia evolutiva de nuestra especie es todavía tentativo.

Es obvio que en los hombres y mujeres, la crianza y la cultura pueden modular las proclividades sustentadas en los patrones neurohormonales. La revolución femenina en curso puede servir como ejemplo paradigmático de ello. Pero quizá no vendría mal recordar que los mecanismos primarios del cerebro erótico y del agresivo continúan crepitando en el magín de los hombres y las mujeres (con diferencias de intensidad entre los individuos, naturalmente). No hay que descartar, por consiguiente, que los famosos «techos de cristal» que frenan tozudamente algunas aspiraciones femeninas se sostengan en resistencias neurohormonales disfrazadas, eso sí, con ropajes más presentables por ambos lados. Unas resistencias, por cierto, que tenderán a perdurar largamente.

LUCHA JERÁRQUICA, AUTOESTIMA Y EFICACIA AMOROSA

Si queremos derivar algún tipo de pista del estudio, en animales, de las relaciones entre la dominancia social, la conducta amorosa y el sistema neuroendocrino, es probable que los simios, al quedar mucho más cerca de los humanos que las hienas, puedan ofrecer información privilegiada. Robert M. Sapolsky se ha aproximado a esa cuestión trabajando con babuinos en libertad en las llanuras del Serengeti, en Kenia. Es un investigador de la Universidad de Stanford, que además de los viajes estivales a África para trabajar con aquellos primates y de la dedicación invernal a su laboratorio californiano, ha conseguido una considerable notoriedad gracias a sus artículos sobre biología y conducta en *The Sciences*, la ahora añorada revista de la Academia de Ciencias de Nueva York y diversos ensayos científicos (38, 39, 40). Las comunidades de babuinos del Serengeti constituyen un ejemplo de sociedades ricas y privilegiadas. Viven en reservas protegidas y muy extensas, tienen todo el alimento y más territorio del que necesitan, los predadores actúan muy raramente sobre ellos, la mortalidad infantil es bajísima y cuando hay enfermedades severas la vigilancia humana interviene para frenarlas o erradicarlas. Son, por tanto, un símil plausible de las sociedades humanas avanzadas que han sabido protegerse con eso que los especialistas en ciencias sociales decidieron bautizar como el *estado de bienestar*.

Parece ser, por consiguiente, que los babuinos keniatalos tienen un buen vivir. Pero ¿son realmente felices? Ésa es, como ahora veremos, otra cuestión muy diferente. Sapolsky ha demostrado que la ocupación primordial de esos monos pequeñoburgueses consiste en dedicarse a la lucha política. Es decir, a la competición por la dominancia, el estatus y la categoría social. A pesar de tener perfectamente asegurados los elementos básicos para una subsistencia cómoda y tranquila, hay resortes que les conducen a entablar desafíos muy duros que tienen como única finalidad obtener o defender situaciones de privilegio. En el caso de los machos eso significa, ordinariamente, acceder a la rama más bien situada del árbol donde la manada ha decidido hacer un descanso, disfrutar de la sombra más fresca, beber el agua más clara, llevarse el bocado más sustancioso y copular o corretear con la hembra disponible más apetitosa. En las hembras, exactamente lo mismo, sustituyendo la pareja del último apartado por el macho más aguerrido y simpático del grupo. Esas luchas jalonan al tiempo que estructuran, día a día, la organización social de la comunidad. Las coaliciones se forman y se disuelven con facilidad, las traiciones abundan aunque también hay ayudas generosas e inesperadas. La negociación y el uso de canales de información devienen elementos indispensables. Todo ello conlleva que, a pesar de tener la posibilidad de montarse un *modus vivendi* muy relajado, los babuinos keniatas circulen por la vida bastante inquietos y estresados. No todos, sin embargo, sufren el mismo grado de tensión y ésa es la aportación primordial de Sapolsky (38, 39).

Los machos que consiguen una situación dominante, estable y bien reconocida, no solamente tienen un acceso preferente a todos los privilegios apreciados en las tropas de babuinos, sino que muestran unas respuestas fisiológicas más efectivas y adaptadas a las situaciones de conflicto. Así, por ejemplo, cuando se desata alguna alarma o emergencia, tienen unos incrementos bruscos y breves de testosterona que optimizan el esfuerzo físico y la agresividad. En los machos subordinados, por el contrario, los niveles de aquella hormona decrecen durante las crisis. Por tanto, aunque en reposo hay pocas diferencias en los niveles de hormona masculina, en circunstancias de tensión la respuesta hormonal es totalmente diferente. Con los corticosteroides ocurre una cosa parecida. En los animales mandones y seguros de sí mismos aumentan bruscamente los niveles de cortisol plasmático para descender bastante rápidamente cuando hay indicios de que la situación ha quedado resuelta. En cambio, los babuinos subordinados acostumbran a tener, en reposo, unas cifras de cortisol elevadas y cuando se necesita su activación urgente para actuar ante un episodio crítico, la respuesta corticoidea se demora, no alcanza los niveles adecuados y después se mantiene anormalmente alta durante demasiado tiempo. Hay, por tanto, unos perfiles diferenciales de respuesta hormonal que covarían con el dominio social y que implican a cascadas específicas que interrelacionan el sistema hipotálamo-hipófisis, de un lado, y a las glándulas sexuales y adrenales, del otro.

Cuenta mucho la posición en la jerarquía pero todavía es más importante la estabilidad del estatus conseguido y el temple confiado y seguro del individuo (40). Machos que han alcanzado el máximo rango jerárquico pero que viven en una situación política voluble y difícil, con desafíos frecuentes, pueden presentar las reacciones endocrinas poco adaptadas que son características de los subordinados. En cambio, machos de rango intermedio o relativamente bajo, pero con buen olfato para evitar encontronazos con los dominantes y con capacidad para descargar agresiones, cuando llegan, sobre compañeros o compañeras de condición inferior, pueden presentar unos perfiles hormonales satisfactorios, tanto en reposo como durante las emergencias. El babuino subordinado que describe Sapolsky (*estresado* o *sufridor*, serían unos términos más apropiados), constituye un retrato paralelo al de las películas o las piezas teatrales de los tipos que se tambalean. De los que mantienen a duras penas su posición en la cima o de los «perdedores» clásicos, en los entornos altamente competitivos y cambiantes que los humanos saben montar. Quizá se trate, incluso, de un retrato demasiado paralelo para que resulte convincente.

Los datos indican que los babuinos hiperestresados a causa de conflictos sociales mal resueltos, tienen una mayor tendencia a la desmoralización y a la subsiguiente inhibición amorosa. Pueden entrar en bancarrota personal, en forma de trastornos físicos o afectivos de considerable severidad, y mostrar, incluso, signos de senilidad prematura (38, 39). Buena parte de la enorme demanda que tienen los antidepresivos selectivos como la fluoxetina (el famoso Prozac) u otras sustancias similares que recetan los psiquiatras (21), se explica por la capacidad de restaurar la autoestima y la confianza en uno mismo. Esos fármacos ayudan a recuperar el dominio efectivo de las situaciones sociales en un mundo duro y complejo. Una vez restablecido ese dominio puede reverdecer el interés por las interacciones amorosas frecuentes. Hay, por consiguiente, excelentes indicios de la interrelación entre los avatares de la lucha social y la eficacia erótica.

Unos resultados tentativos, pero ampliamente divulgados, sobre la conexión entre las victorias futbolísticas y las variaciones en los niveles de testosterona confirmaron rotundamente los datos de Sapolsky en los babuinos y todo lo que hemos discutido en este apartado. Un equipo de psicólogos de la Universidad de Georgia comprobó, durante la final de la Copa del Mundo de fútbol de 1994, que los seguidores de los dos contrincantes presentaban perfiles hormonales opuestos en función del resultado final. El estudio se efectuó en Atlanta, reclutando voluntarios en los bares donde se reunían los aficionados sin entrada al estadio para seguir el partido por televisión. Recogieron muestras de saliva antes y después de la final. Los *tifosi* que esperaban con ansia una victoria italiana tuvieron una caída considerable de testosterona (26,7 %), entre el inicio y el final del partido, mientras que los miembros de la *torcida* brasileña incrementaron sus cifras de testosterona en un 27,6 %, al confirmarse la victoria de Romario y sus compañeros. Hay que tomarse los resultados con algo de cautela por tratarse de un ensayo tan sólo y en una muestra reducida de sujetos, aunque confirman datos anteriores obtenidos en tenistas y en ajedrecistas después de un *match* con victoria o derrota. O en abogados penalistas después de ganar o perder un pleito (16, 27). Tienen la gracia adicional de poner de manifiesto la existencia de cambios endocrinos en los seguidores, además de los que presentan los protagonistas directos de la lucha deportiva o social. Cabía esperar que en un país como España, donde el vínculo entre las alegrías del personal y los avatares futbolísticos es tan firme, esos datos fueran recibidos en su día con gran interés (algunos de los rotativos tenidos por serios le dedicaron portada [35] a esa noticia testosterónica).

MACHOS SATÉLITES

Las condiciones de vida suelen ser duras para algunos machos no sólo entre las hienas o los babuinos sino en la mayoría de especies (23). Lo son durante la competición para acceder a los privilegios alimentarios o territoriales más solicitados o para hacerse con una hembra cuando hay ganas de fornicio. En muchos casos la condición de célibe no es una elección libre a partir de una opción «moral», más o menos elogiable o santificable, sino el resultado de una restricción impuesta, con métodos expeditivos, por los animales dominantes en un hábitat particular. A pesar de ello, de vez en cuando hay cambios de escalafón y es muy instructivo observar lo que sucede, entonces, en el cerebro. Algunos peces africanos ofrecen una información preciosa sobre esa cuestión que ha sido obtenida por Russell D. Fernald (11), otro psicobiólogo de Stanford, como Robert Sapolsky. En los marjales y las charcas cercanas al lago Tanganika viven unos cíclidos de la especie *Haplochromis burtoni* que tienen una organización social muy especial: sólo un 10 % de los machos son dominantes y mantienen esa condición a base de patrullar, incansablemente, por el rincón minúsculo de agua encharcada y rica en nutrientes que constituye su territorio. Esos peces lucen unas coloraciones fantásticas en las escamas para seducir a las féminas que se acercan por allí. Los machos satélites, por el contrario, no tienen territorio propio y deben permanecer al acecho para aprovechar alguna distracción de los dominantes y atrapar, apresuradamente, algún bocado de detritus orgánicos. Tampoco lucen una indumentaria presentable, y mientras esperan alguna oportunidad van tirando como solterones grises, vírgenes y más bien aburridos.

A veces surge la oportunidad de desplazar al macho dominante y entonces el satélite victorioso muda totalmente su aspecto externo, se reviste con una gran gala cromática y empieza a patrullar, incansable, por el territorio que acaba de conquistar. El elemento más fascinante del asunto es que las neuronas del hipotálamo sufren una transformación espectacular como consecuencia del cambio de estatus. En condiciones ordinarias los machos dominantes tienen un hipotálamo entre seis y ocho veces más grande que el de los satélites. Todo ello al servicio de la secreción de grandes cantidades de gonadotrofinas para estimular el crecimiento testicular y la producción espermática destinada a fecundar hembras visitantes. El cambio de rango social y el acceso a la condición de macho mandón y reproductor ocasiona variaciones sincrónicas en la vestimenta y en el cerebro sexual de esos cíclidos satélites, ajustándolos a su nueva condición. Son cambios que se producen cuando el animal ha alcanzado la madurez y pueden repetirse, además, en diversas ocasiones ya que algunos peces pueden pasar de dominante a satélite, o viceversa, unas cuantas veces a lo largo de su vida. Esa reversibilidad completa del comportamiento y la morfología cerebral en los territorios que regulan el sexo es un fenómeno inusual en el reino animal. No hay otros ejemplos de unos cambios automáticos tan espectaculares a no ser que se actúe durante períodos madurativos críticos del desarrollo cerebral, aunque puede haber sorpresas en la plasticidad hipotalámica.

Los estudios de Sapolsky en los babuinos del Serengeti ya sugerían que la maquinaria neuroendocrina que regula la conducta agresiva y sexual podía sufrir variaciones sutiles como consecuencia de los marcadores de estatus social. Es decir, que la experiencia vital de un individuo, su biografía social, desempeña también un papel cuando hay que modelar la geografía de un sistema neural. Cosa que no debería sorprender en absoluto porque ésa es la base, en definitiva, de todos los procesos de aprendizaje. Aunque no estará de más subrayarlo para intentar evitar las aprensiones a flor de piel que acostumbran a surgir cuando se proponen incursiones a la biología de la conducta social.

Para intentar dar una visión un poco más tierna de la desazón que la naturaleza ha impuesto a los machos para que compitan entre ellos y acosen a las hembras, será bueno añadir que las relaciones no siempre se establecen desde la hostilidad inclemente. Hay casos de cooperación altruista y amical aunque se basen en una desigualdad pavorosa. Tal vez el ejemplo de colaboración amatoria más curiosa de todas es la que practican los manaquines

(*Chiroxiphia linearis*) que viven en América central. Son unos pajarillos de plumaje negro muy brillante, casquete rojo en la testa y cola larga y fina. Viven en unas comunidades de machos que reciben visitas esporádicas de unas hembras que suelen escasear y van muy solicitadas. La voz cantante durante el cortejo la llevan el dúo de machos que se sitúa en la cúspide jerárquica de la comunidad. En ellos, el manaquín alfa siempre se aparea y el otro (el beta) se resigna, no pocas veces de por vida, a actuar como ayudante servicial.

La inversión es altísima porque hay que contribuir con cantos y vuelos muy elaborados para redondear las complejas maniobras que permitirán convencer a la hembra, a menudo voluble y reticente. El beneficiario del contacto sexual es siempre el mismo pájaro mientras las estaciones de cría van sucediéndose a lo largo de los años. Dos zoólogos estadounidenses (28) demostraron estudiando a manaquines en Costa Rica mediante métodos de identificación genética, que no hay parentesco entre los pájaros que forman esos dúos, lo cual permite descartar la intervención de los beneficios de transmisión del legado genético por vía familiar. ¿Cuál es la perspectiva de ganancia, entonces, que induce en los manaquines beta esas actitudes tan sacrificadas y leales? No hay otra que las oportunidades (remotas, pero demostradas con datos recogidos a lo largo de más de diez años) de sustituir al manaquín alfa cuando se ausenta por alguna razón accidental o en los casos en que es reemplazado por decisión grupal. Son conductas dedicadas a garantizar la fidelidad de la hembra a la comunidad de apareamiento. En otras palabras, el motor principal es el incremento de probabilidades, por remotas o demoradas que éstas sean, de catar alguna fémina en circunstancias de muy baja disponibilidad.

SALVEDADES CULTURALES EN HUMANOS

Los humanos se lo han montado, por regla general, bastante mejor que los manaquines. Todas las cifras sobre la distribución de la actividad amorosa que hemos repasado en otros capítulos así lo indican. De todas maneras, conviene tener presente que el concepto de satelización de machos no es ajeno, en absoluto, al comportamiento humano. Basta con echar un vistazo a algunos usos culturales no demasiado lejanos para encontrar ejemplos estentóreos. Las historias de eunucos y *castrati* se limitan ahora a las películas que recrean las finalidades ornamentales que antaño cumplían. De todos modos, la erradicación de esas prácticas extremas no excluye la vigencia de otros tipos de presión social que conducen a la satelización sexual. Los datos recientes sobre los usos amorosos en las sociedades avanzadas detectan la existencia de pequeñas bolsas, aunque no insignificantes, de varones con un acceso nulo a las féminas (29). Para ser exactos, hay que decir que cuando se hacen medidas globales para los períodos más fructíferos en actividad amorosa, la proporción de corazones solitarios es similar en machos y hembras. Si se afina algo más, no obstante, se observa que durante el final de la adolescencia y a lo largo de toda la juventud, siempre hay un exceso de varones que se quedan en ascuas en lo que concierne a conocer hembra. La virginidad total, tanto si se define de manera estricta como si se refiere a la ausencia de todo escarceo amoroso, es siempre más abundante en los chicos que en las chicas. Eso dura, aproximadamente, hasta los 30 años de edad y a partir de esa frontera comienza a crecer, de manera imparable, el número de mujeres que se quedan para vestir santos o en situaciones equivalentes. Es, por tanto, en pleno crecimiento, en el período de máxima lucha competitiva para hacerse un lugar en sociedad, cuando muchos varones son excluidos del mercado sexual (29).

Para las mujeres, en cambio, la juventud es la época de mayor demanda. El mercado se mantiene óptimo para ellas hasta que llegan las primeras señales de decadencia física. De los 35 para arriba, como decíamos, el asunto se pone progresivamente difícil porque ya empiezan a escasear los varones plausibles (se han ido perdiendo bastantes por el camino, a causa de su mayor «siniestralidad» y menor resistencia biológica) y hay que competir, además, con las nuevas hornadas de jovencitas que suelen convocar las miradas de los hombres mejor situados (5). El inicio de la decadencia femenina coincide, por tanto, con el período óptimo para los desvinculados y solteros de oro, tal como veremos a continuación. Son tan sólo unos cuantos ejemplos que muestran que el reparto de oportunidades y de satisfacciones amorosas continúa siendo clamorosamente desigual, a pesar de las transformaciones culturales. Y que aquellas desigualdades en el acceso a la oferta amorosa tienen, además, unos rasgos repetitivos a despecho de la revolución femenina y la enorme variedad de usos y costumbres en diferentes regiones del planeta (4).

Sea como fuere, hay que reconocer que la situación más habitual en la sexualidad humana es más equitativa, en general, que la observable en la parentela animal. Puede que muchos piensen que no era necesario hacer tanto camino para llegar a semejante obviedad: ¿para qué habrían servido, si no, las reglas culturales elaboradísimas que se han conseguido montar, con gran esfuerzo, a lo largo de milenios? Los datos demuestran taxativamente, por ejemplo, que la pareja monógama estable y la institución matrimonial que la consagra basan su vigencia en la optimización para repartir las oportunidades sexuales (29). En cualquier caso, conviene tener muy presente que las culturas eróticas humanas son unos productos espléndidos y complejísimos donde pueden rastrearse vestigios que no son propiamente culturales. A eso nos hemos dedicado, primordialmente, en este largo itinerario. Algunos de esos vestigios tienen consecuencias muy lesivas como, por ejemplo, el recurso a la violación (tácticas de sexo coercitivo) por parte de machos satélites humanos (46). Otros se ponen de manifiesto de manera mucho más sutil, como veremos a continuación.

SOLTEROS CASANOVAS EN QUEBEC

Los francófonos de Quebec tienen los índices de natalidad estancados. La fertilidad de los nativos no garantiza el recambio biológico y procuran compensarlo con inmigración multiracial procedente de regiones americanas y asiáticas de influencia francesa. Quebec es una provincia canadiense muy desarrollada y comparte, como el resto de sociedades ricas del mundo, el fenómeno de la mengua de población originaria. Se trata, por tanto, de una zona muy adecuada para los estudios sobre tendencias demográficas actuales. Así razonó Daniel Perusse, un antropólogo de la Universidad de Montreal, que decidió abordar un fenómeno que tiene intrigados a los demógrafos, los biólogos y los psicólogos desde hace mucho tiempo: la falta de relación, o la relación inversa incluso, entre el éxito social y la fertilidad que se da en las sociedades contemporáneas. Es decir, el bienestar y el progreso no solamente conllevan un estancamiento poblacional sino que las capas sociales privilegiadas son las menos fértiles. Los datos recogidos en Dinamarca, Gran Bretaña, Francia, Estados Unidos o Canadá indican que las clases bajas generan prole abundante mientras que las clases medias y altas dejan muy poca descendencia. Cosa que está en flagrante contradicción con los datos procedentes de las sociedades tribales, pastorales o agrícolas donde el estatus social era, y es todavía, un buen predictor de fertilidad en los varones. Tanto si se trata de los indios yanomami del Amazonas, de los aborígenes ifalukeses del Pacífico, de los mormones estadounidenses o de los campesinos portugueses, ingleses o suecos de los siglos XVIII y XIX, los estudios antropológicos indican que cuanto mayor es el prestigio y el poder de los varones, más numerosa la descendencia (legítima o ilegítima) que generan (34).

Esos datos concuerdan muy bien con la conducta observada en los primates y mamíferos más cercanos a nosotros, donde los machos dominantes suelen acaparar la parte más sustancial del pastel reproductivo. Si se confirma, no obstante, que en las sociedades postindustriales esa tendencia se ha invertido y que los varones dominantes ya no convierten el poder social (adquirido gracias al ingenio, la astucia, la fuerza física o la herencia patrimonial) en éxitos reproductivos, la aplicación de las teorías darwinianas a los hombres y las mujeres contemporáneos falla de manera apoteósica. Perusse intentó dilucidar esa paradoja partiendo de una duda de fondo sobre la bondad de los datos censales que se usan corrientemente, ya que tan sólo reflejan la descendencia legítima y eso puede enmascarar los resultados reales. Para llevar a cabo su estudio reclutó estudiantes pertenecientes a veinte facultades diferentes, de dos universidades de Montreal, y les pidió que contactaran con adultos conocidos suyos, de edades diversas, para que rellenaran anónimamente un cuestionario exhaustivo sobre su situación social, posición económica e historia sexual y reproductiva como una aportación a la demografía de los quebequenses. De los tres mil cuestionarios repartidos obtuvo un retorno válido cercano al 60 % y Perusse pudo analizar una muestra que cumplía los criterios para considerarla representativa de la población masculina originaria de la región.

Los datos ratificaron, inicialmente, la ausencia de relación entre la fertilidad y el estatus social de los varones, medido en función de los ingresos anuales, el nivel y el prestigio ocupacional y el poder efectivo en el ámbito profesional. Por consiguiente, aquel dato paradójico se repitió, de nuevo, a pesar del cuidado especial que puso en computar toda la descendencia: la legítima correspondiente al estado actual, la derivada de los aparejamientos en serie y la ilegítima conocida por los sujetos interrogados. El estudio confirmó, una vez más, la disociación entre el éxito social y el reproductivo en los varones de las sociedades modernas. Pero Perusse decidió calcular, además, un índice de fertilidad potencial para cada varón a partir de los datos individuales sobre el número de parejas sexuales anuales y la frecuencia de cópulas. Un índice convenientemente corregido por la fecundidad media de las mujeres cuando no usan medidas anticonceptivas y que suponía una aproximación numérica a la probabilidad de fecundar, ya que la contracepción se practica extensamente en Quebec.

Al usar ese índice de fertilidad potencial apareció una relación positiva con el estatus social de los varones. Es decir, los hombres con mayor éxito social eran los que exhibían una mayor potencialidad de fecundación, derivada de una superior actividad y diversidad de relaciones sexuales. La potencialidad fecundadora más alta no se concretaba en las cifras de fertilidad real porque los anticonceptivos lo impedían. He ahí, por tanto, un ejemplo de cómo la tecnología (farmacológica) puede ocultar, sin anularlos, fenómenos sociales que nos acercan al comportamiento de los monos. Esa relación positiva entre el éxito social y la potencialidad fecundadora era relevante, únicamente, en los individuos menores de 40 años y máxima durante la década de la treintena. Perusse llevó su análisis hasta distinguir entre los varones que vivían en una relación marital o convivencial estable y los desaparejados. El efecto se potenció, abruptamente, en los solteros y desapareció en los aparejados.

Lo cual indica, de un lado, que la práctica de la monogamia estable tiende a neutralizar el efecto y, por otro, que son los solteros o desaparejados los que se apuntan, preferentemente, a la competición exigente en su conducta reproductiva. Sin su aportación no surgiría la conexión entre éxito social y sexual. Hay que decir que en los desaparejados de más de cuarenta años (aunque sean pocos porque la mayoría han acabado entrando en relaciones monógamas estables) también se detectaba –aunque débilmente– aquella relación positiva. En los solteros situados en la treintena la relación era, en cambio, tan potente que con tan sólo dos parámetros de éxito social (el prestigio profesional y el poder laboral) se explicaba el 60 % del éxito sexual total. Hay que añadir, sin embargo, que mientras los monógamos obtenían cifras bastante comparables y equitativas de potencialidad fecundadora, en los desaparejados el reparto era muy desigual. Aparentemente, unos cuantos solteros muy bien situados económica y socialmente monopolizan los favores de las mujeres. Lo cual conlleva que haya un buen puñado de solteros que salen perdiendo con ese montaje, en relación con los monógamos, porque les toca probar hembra muy raramente o jamás (29).

En definitiva, que las estrategias en juego son diversas, los rendimientos también y la edad contribuye a modificar, en último término, ambas cosas. Todo eso ya se intuía pero era preciso demostrarlo consistentemente. De momento, ya se han dado a conocer datos que corroboran los quebequenses de Perusse en muestras de Nuevo México y globales estadounidenses. En cuanto a las mujeres, hay un sinfín de estudios (4, 5, 6, 49) que indican de manera concordante que el primer criterio para la elección sexual es el estatus social de los varones. La discusión, en tema de tanto jugo para los cotilleos, está servida.

BELLEZA Y PODER

Los sabios más sublimes y las sabias más eminentes no suelen destacar por sus atributos físicos. Ése es el tópico que hay que completar con la constatación de que los guapos y las guapas de gran cotización tampoco sobresalen por su agudeza o perspicacia. Suele considerarse que la belleza y la inteligencia son cualidades totalmente independientes. Hay que reconocer que ocasiones para robustecer ese estereotipo no faltan. Para ilustrarlo basta con comparar el ramillete de individuos que se reúne en Estocolmo, en la ceremonia anual de adjudicación de los Premios Nobel, con el que se da cita cada primavera en Los Ángeles al otorgar los Oscar de la academia americana de cine. Mientras que el primero lo forman unos personajes anodinos que han hecho cosas aparentemente extraordinarias que nadie consigue entender, en Hollywood se produce un estallido de lo mejorcito que produce la especie en cuanto a los rasgos visibles y a los añadidos por la industria cosmética y la reparadora. Dos sistemas de selección de talentos generan, por tanto, resultados radicalmente diferentes. El ingenio científico puede alcanzar la excelencia con independencia de la carrocería mientras que las aptitudes dramáticas requieren, casi invariablemente, la belleza impactante para llegar a la cúspide.

El segundo sistema ilustra mucho mejor que el primero las estrechas relaciones que existen entre el atractivo físico y el éxito social. O por decirlo en el lenguaje de los dramones televisivos, entre belleza y poder. Cuando nos sorprendemos al descubrir que aquella chica tan apetitosa es una investigadora brillante o que aquel individuo tan bien puesto es un sabio eminente, no hacemos otra cosa que mostrar la adscripción automática al cliché que asocia la buena estampa al estatus social de pasarela. Para los científicos el atractivo físico es un lujo innecesario, mientras que para el resto de mortales es un atributo capital. Si nos tomamos la molestia de repasar diversas áreas de las actividades humanas, podremos observar que hay una notable representación de físicos envidiables en los escaparates más rutilantes de la escala social. El atractivo físico y el estatus social muestran una gran tendencia a coincidir. La belleza es un atributo natural enormemente mejorable pero basado, en esencia, en la lotería biológica. La dominancia social (cuando no depende del privilegio consolidado) requiere una conjunción de talentos donde destaca la ambición, la audacia y sobre todo la sagacidad para anticipar y manipular las intenciones de los demás. Esos dos rasgos, belleza física y talento social, son bienes cotizadísimos y cuando puede conseguirse que vayan juntos el resultado es óptimo.

Tan potente es la tendencia a reunirlos que su participación en las estrategias de aparejamiento es decisiva. En un estudio efectuado con estudiantes universitarios en la Universidad de Arizona (20) constataron que el atractivo físico se situaba muy arriba entre las propiedades más apreciadas por los chicos y las chicas al seleccionar pareja estable o candidato plausible para el matrimonio. El físico agradable solamente fue superado por la necesidad de comprobar la estabilidad emotiva y la afabilidad de los futuros compañeros. Cosa, por cierto, que dice mucho de la sensatez de los jóvenes estadounidenses. Pero hay que indicar que la consideración que otorgaron al atractivo físico fue mucho más potente que la recibida por otros atributos importantes como la disposición para la vida familiar, los valores religiosos, la cultura o la inteligencia global. Los resultados revelaron unas notables diferencias entre sexos corroborando hallazgos previos (5). Mientras los muchachos acentuaban la importancia del físico en la elección de las parejas estables potenciales, en las muchachas el estatus social era un factor crucial que igualaba o superaba al atractivo corporal en cualquier elección. La mayoría de chicas tenía muy presente la importancia de la posición social del compañero no únicamente en las relaciones duraderas o matrimoniales, sino en circunstancias menos comprometidas como los noviazgos tentativos o en las relaciones sexuales estrictamente ocasionales. En cambio, ante la oportunidad sexual furtiva o poco comprometida los chicos sabían librarse con una gran facilidad de las consideraciones de estatus, cultura, valores y hasta de los umbrales mínimos de belleza que ellos mismos habían consignado previamente.

Esos resultados y muchos otros sugieren que a medida que aumenta la dominancia social de los varones se acentúa su exigencia en cuanto al atractivo físico femenino. En una estrategia complementaria las mujeres usan la belleza como un activo valiosísimo que ayuda a modular la elección del compañero mientras atienden, con gran detalle, a los marcadores de estatus. Se da, por consiguiente, una tendencia espontánea muy consistente hacia la obtención de estirpes hermosas y listas a un tiempo, a través de esa ingeniería genética rudimentaria que suponen los aparejamientos selectivos. Una práctica extendida en todos los estratos sociales: desde los que siempre lo tuvieron claro en la cima de la sociedad, hasta la solidísima tradición popular de redondear «buenas parejas» en las capas mayoritarias (6). A esa tendencia a concentrar belleza y efectividad social por la vía del mercado copulatorio se oponen, de manera espontánea, algunos factores naturales compensadores: la regresión hacia la mediocridad que acostumbra a surgir siempre que se reúnen rasgos o caracteres destacados y la variabilidad recombinatoria que hace posible la flor bellísima en un baldío o la sagacidad máxima a partir de un desierto empobrecedor. La potencia de esos factores no consigue moderar del todo, sin embargo, la fuerte tendencia humana a soldar el atractivo físico con el ingenio y el poder. Porque el cliché acertado no lo dan ni la muchacha escultural pero estúpida ni el chico deforme e inteligentísimo (excepciones, en definitiva, que por su singularidad captan poderosamente la atención y consolidan el falso estereotipo). El cliché efectivo lo nutren la legión de señores y señoras bien situados socialmente y muy presentables físicamente que han procurado aparejarse tal como aconsejan las telenovelas y recomienda el buen sentido.

SIMETRÍA CORPORAL Y FUNCIONES DEL ORGASMO

Para poner la guinda a todas esas sutilezas en las elecciones sexuales quizás valga la pena revisar las conexiones tentativas que se han establecido entre el grado de simetría corporal y la satisfacción amorosa durante los orgasmos femeninos. La función más obvia del orgasmo sexual es pasarlo bien, evidentemente. Proporcionar clímax placenteros. Pero los biólogos evolutivos tienen la mala costumbre de no conformarse con las explicaciones inmediatas y se dedican a buscar «porqués» remotos que yacen ocultos bajo los fenómenos aparentemente más diáfanos. La insistencia indagadora sobre las funciones últimas del orgasmo femenino ha generado no pocas discusiones y quebraderos de cabeza al gremio (25).

En los hombres el asunto está mucho más claro: el clímax sexual va estrechamente ligado a la eyaculación y actúa como un optimizador reproductivo. El orgasmo masculino no solamente facilita la eyección seminal a distancia sino que hay parámetros de movilidad y calidad espermática que dependen del pico de placer. En las mujeres, en cambio, es harto conocido que puede existir un enorme desfase entre la capacidad procreadora y la frecuencia y el entusiasmo orgásmico. No consta, por decirlo de otro modo, que las sociedades que han fustigado el placer sexual femenino hayan sufrido carencias demográficas severas. A pesar de ese curioso divorcio entre orgasmo y rendimientos, el clímax femenino se ha mantenido enérgico y sin mengua con unas manifestaciones tanto o más aparatosas, si cabe, que el masculino. Ése es el enigma que ha tenido entretenidos a algunos científicos durante mucho tiempo. Hay más de uno que se apuntó a la hipótesis puritana de la «reliquia» biológica (Stephen Jay Gould es, quizá, el caso más conocido entre ellos). Según esa conjetura no habría que buscar más funciones para el orgasmo femenino, al margen de las gratificantes, porque es otro ejemplo de diseño defectuoso o, mejor dicho, redundante. Se trataría, en puridad, de un fenómeno marginal y sobrero, tal como ocurre con las «funciones» de los pezones en los varones, del apéndice íleo-cecal, del lóbulo de la oreja o de las cosquillas. La madre naturaleza tiene esas cosas: proporciona unos adminículos o unos reflejos no estrictamente indispensables y ajustados a necesidad.

Esa explicación «artefactual» jamás consiguió convencer a los espíritus inquietos porque no podían aceptar que un reflejo tan rotundo, aparatoso y trabajado (mucho más que el estornudo, por ejemplo, que es otra reacción expeditiva y sonora aunque en ocasiones cueste también culminarlo), fuese un lujo biológico innecesario. Tampoco se contentaban con una versión alternativa, más sentimentaloide, según la cual el orgasmo procura una intensa fusión amorosa, porque vínculos intensos de ese tipo los hay a porrillo en ausencia de gemidos más o menos acoplados. F. B. Furlow i R. Thornhill (12), en una discusión sobre este problema, relatan que, a principios de los años sesenta del siglo pasado, un médico de un pueblo costero británico comunicó unos resultados que se han revelado muy pertinentes para desvelar las funciones ocultas del orgasmo femenino. En su época, sin embargo, nadie le prestó la menor atención. Dejó constancia del caso de una paciente que después de una relación aparentemente óptima con un marinero que había recalado en el pueblo presentó unas molestias intensas y repetidas en el bajo vientre. La única cosa peculiar que recordaba la paciente era que a pesar de que el coito se hizo con preservativo, al acabar no hubo manera de localizarlo y lo dieron por perdido. Después de descartar diversas posibilidades sobre el origen de los dolores, el facultativo procedió a la exploración ginecológica de rigor y apareció el preservativo invaginado en las profundidades del cuello uterino, prácticamente dentro ya de la matriz de la mujer. En su carta a *The Lancet*, aquel sagaz doctor proponía que las contracciones de la musculatura uterina quizá puedan inducir un efecto de succión del líquido seminal, durante los orgasmos intensos, para facilitar la llegada de los espermatozoides hasta el óvulo.

Hay datos de un conocido grupo de la Universidad de Manchester que dan soporte a esa noción de la succión optimizadora durante el orgasmo femenino. Robin Baker y Mark Ellis, estudiaron muestras de líquidos vaginales procedentes de más de trescientas cópulas. Habían instruido a un número considerable de mujeres para que recogieran muestras de manera estéril (y con disimulo) una vez había concluido la sesión fornicatoria habitual con sus parejas o amantes. Los resultados indicaron que en los orgasmos intensos y sincrónicos (con poco desfase temporal entre el clímax de los dos protagonistas) la calidad espermática en las muestras recogidas era alta. En cambio, cuando el orgasmo era poco convincente o llegaba de manera muy desincronizada la calidad espermática era baja. La intensidad y el acoplamiento orgásmico pueden cumplir, por tanto, funciones que hasta ahora eran oscuras (31, 33). Algunas sesiones ecográficas de tipo anecdótico, en orgasmos autoaplicados, han tendido a dar la razón a esos estudios pioneros aunque la discusión continúa muy viva. Dada la naturaleza del tema se entiende que así sea.

Randy Thornhill es uno de los biólogos con mayor tradición husmeadora de ese tipo de intimidades. Trabajando con Steve Gangenstad, en la Universidad de Albuquerque, Nuevo México, ha obtenido datos muy curiosos (45). Siguieron, con gran paciencia y meticulosidad, la conducta sexual de ochenta y seis parejas estables (estudiantes universitarios de 22 años de edad, de promedio), que mantenían relaciones desde hacía, como mínimo, dos años. Las entrevistas las hicieron siempre por separado con cada miembro de la pareja y con una total confidencialidad. Además de obtener datos de la vida sexual de los sujetos (dentro y fuera de la pareja regular), registraron diversas medidas anatómicas porque estaban interesados en obtener índices de la simetría corporal de los protagonistas masculinos. Ese interés provenía del hecho de que hay muchos datos sobre la existencia de un decantamiento potente, en las hembras animales, a favorecer a los machos simétricos en la elección sexual (32). El grado de simetría entre ambas mitades del cuerpo es un elemento que denota una buena maduración biológica y funciona, por consiguiente, como indicador visual de «calidad genética» (estamos ante la hipótesis de los machos de «buena planta», en los usos sociales humanos).

Midieron, de manera precisa, la anchura de los hombros y la espalda a ambos lados del cuerpo, y también la de los codos, las muñecas, las rodillas, los tobillos, los pies y las falanges del segundo y quinto dedo de las manos, además de diversos rasgos faciales en los dos lados de la cara. Es decir, delimitaron la calidad de bien o mal «diseñados» de los muchachos del estudio. Los resultados mostraron una notable relación positiva entre la frecuencia orgásmica de las chicas y el grado de simetría corporal de los chicos. Es decir, cuanto más simétricos eran los muchachos más orgasmos tenían las chicas. Hay que prestar atención a ese dato porque la frecuencia orgásmica femenina no mostraba relación ni con la intensidad confesada del vínculo romántico, ni con la experiencia o habilidad sexual previa de los protagonistas, ni con el uso regular de contraceptivos (que añaden, presumiblemente, tranquilidad y buena disposición para el juego gozoso). Parece, por tanto, que hay una tendencia en las féminas humanas a pasarlo automáticamente mejor cuando se topan con amantes de buena planta (con el personal potencialmente más saludable y resistente ante las enfermedades u otras adversidades). Si unimos esos dos tipos de resultados «orgásmicos», el del efecto succional de la progresión seminal y la facilidad para el clímax en los revolcones con machos simétricos, hay fundamento para plantear una hipótesis provisional (45). Según ella, el clímax sexual femenino podría haber sido ajustado por mecanismos evolutivos para dispararse, con facilidad, cuando las mujeres detectan «calidad genética» en los amantes. Unos mecanismos que, huelga decirlo, actuarían de manera inconsciente aunque ya cuentan con datos a favor al margen de la disposición orgásmica. Tan ajenos al escrutinio de la consciencia, por cierto, como el incremento espontáneo del atractivo facial femenino durante los días fértiles del período menstrual (36).

Hemos ido a parar bastante lejos de las nociones de reliquia biológica con funciones marginales que comentamos al inicio. Si todo eso se confirma en estudios ulteriores, tendremos acceso a complejidades desafiantes en los intercambios sexuales entre humanos. Thornhill y Gagenstad midieron otras características de los varones «simétricos/inductores de orgasmos»: todos ellos tendían a los cortejos expeditivos, conseguían alcanzar las relaciones coitales con menos solicitudes, invertían mucho menos en la relación (regalos, invitaciones, llamadas telefónicas, viajes, etc.) y eran infieles mucho más a menudo. En definitiva, parece ser que los machos biológicamente más apreciados por las mujeres son los sinvergüenzas (45). Hay que entender, para precisar, que todos esos datos valen para el orgasmo femenino genuino. Para el vivido con sinceridad, quiero decir. El panorama se complica notoriamente cuando se le añade la habilidad de las mujeres para simular orgasmos, como una estrategia adicional para ocultar infidelidades. Pero ésa es, obviamente, otra historia.

EL CELO (APARENTEMENTE) PERDIDO

Para rematar el asunto recurriremos a otro tipo de pista sobre los resortes de base biológica en la modulación de las complejas culturas eróticas humanas. Algunos biólogos juegan, desde hace tiempo, con la conjetura de que la ocultación de la disponibilidad reproductora en las mujeres puede haber sido esencial en la historia sexual humana. Me estoy refiriendo al celo. Al período estral fértil que publicitan estentóreamente la mayoría de mamíferos incluyendo a los primates más cercanos a nosotros, con la excepción, relativa, de los bonobos. (8, 41) Según eso, una notoria transición biológica (la ocultación del celo en las mujeres, con una disponibilidad sexual prácticamente permanente y la mengua de la seguridad en la paternidad), habría ayudado a modular la conducta amorosa humana y, con ella, una parte sustancial de la conducta social (26, 33, 47). La psicología evolutiva pretende que aquella transformación podría haber funcionado como un eslabón indispensable para convertir la conducta erótica en un asunto mucho más complejo y sutil (10, 17, 48). Y quizá como palanca para alejar a la mujer del destino de haber de servir como disparador ineludible de la competición masculina. Ese «quizá» y otras cautelas que acabo de usar pretenden ilustrar mis reservas ante el atractivo a menudo engañoso de esas explicaciones *a posteriori*. Hemos visto que en las culturas avanzadas continúan vigentes los mecanismos primarios de la seducción y la competición en el juego de las interrelaciones amorosas. Quizá más, podría opinarse, que en cualquier otra época. Mejor andarse con cautela, por consiguiente.

De todas maneras, hay que reconocer que las reglas de la cultura erótica actual permiten una enorme flexibilidad. Podemos situarnos, si queremos, a mucha distancia de las exigencias perentorias y de los impulsos preprogramados en materia amorosa y sexual. Tal vez algún día se podrá demostrar que la ocultación (relativa) del reclamo sexual de las hembras tuvo un papel relevante en el surgimiento de las sutilezas características de la afectividad humana y de las secreciones culturales que de ella dependen (36). Hasta entonces, debe quedar como una mera especulación. Como una conjetura enigmática porque implica que una transición biológica, de naturaleza muy conspicua, habría facilitado la aparición del mundo fastuoso y vastísimo de los amores y los valores humanos (9, 22).

8

EL FUTURO DEL AMOR

Neuroinmunóloga muy cerebral y con treinta años cumplidos, popperiana y aficionada a la teoría de números y a la espeleología, busca un vínculo covalente con un físico-químico. Debe ser bien parecido en bata blanca. Solamente se aceptan no fumadores, amantes de las largas caminatas, de las dietas saludables y de las películas de Woody Allen.

Este reclamo amoroso es fantasioso pero rigurosamente plausible. Es una muestra típica de los anuncios insertados en un portal de Internet que usan los científicos estadounidenses y canadienses para ligar. Esta línea de contactos románticos –*Science Connection*: sciconnect.com– fue fundada en el ya remoto 1991 (8). Tiene sus divisiones hetero y homosexuales, y sigue siendo un buen reducto para los hiperatareados investigadores sin pareja que quieren establecer «relaciones simbióticas» con gente que comparta su estilo de vida, según reza la página de bienvenida. Si nos guiamos por el anuncio insertado al principio tendremos que convenir que los requerimientos exigidos a los candidatos son complejos, pero no mucho más que los que aparecen habitualmente en las secciones equivalentes de la prensa o en las webs dedicadas al asunto. Vivimos en una sociedad que hace ya tiempo que usa este tipo de opciones para seleccionar pareja y aunque no es el primero, ni seguramente el mejor, de los procedimientos para inaugurar un asunto amoroso se ha impuesto como una alternativa importantísima en el mercado de los intercambios afectivos. No está garantizado que una línea de contactos gremial como *Science Connection* pueda resistir la competencia avasalladora de los grandes portales que han multiplicado el mercado de los contactos románticos, sin fronteras de ningún género, y que pueden ofrecer un acceso a «productos de perfil atractivo» con una vasta variabilidad. *Match.com*, el líder actual de esas opciones, ha sido usado por más de cuarenta y cinco millones de clientes en sus diez años de existencia. Según un informe de *El País-Negocios* (12-6-2005, p. 9) los estadounidenses gastaron 469 millones de euros, en 2004, tratando de encontrar su media naranja en la Red. En Europa los suscriptores superan, de largo, los dos millones y España es el segundo cliente europeo (y el cuarto mercado mundial). El perfil típico de cliente es como sigue: hombres (65 %), universitarios (80 %), solteros (70 %) y sin hijos (74 %).

Funciona, por tanto, en los desaparejados con disponibilidad económica y autonomía para la movilidad geográfica que no acaban de resolver, adecuadamente, los deberes en lo que concierne a los episodios sentimentales efímeros o a las relaciones afectivas estables. Es una estrategia de elección de parejas que se acostumbra a probar después de pasar, sin éxito, por los senderos amorosos más tradicionales que aquí hemos revisado. Cuando se instala la soledad gravosa y no se quieren reiterar las probaturas inútiles con personajes que incumplen los mínimos exigibles para los intercambios fructíferos. La tecnología acude, solícita, al rescate para ofrecer un mundo inacabable de posibilidades. Una tecnología, por cierto, que puede acabar impregnando todos los ámbitos de las relaciones amorosas y llegar mucho más allá de la promoción de sincronías en la búsqueda de complementos afectivos. Las misivas rosa cayeron en desuso gracias a la proliferación de la telefonía y al colapso de los servicios de correos, pero los diversos nexos de la mensajería instantánea y los foros del charloteo internético han reabierto un sinnúmero de posibilidades. Hoy en día toda la poesía, la prosa y la música amorosa está disponible para ser usada en los intercambios románticos en red. ¿Nos esperan, por tanto, períodos de romanticismo renovado y vehiculado a través de las autopistas de la información? Es difícil adivinarlo.

En los asuntos de amor, sin embargo, lo que no es eludible de ningún modo es la biología. Sea cual sea el cariz que acaben tomando los usos amorosos en cada época (lo cual depende, en primerísimo término, de las modas y de las innovaciones tecnológicas que las hacen posibles), la biología es inexcusable en asuntos de amor. Por más elaboración artística, literaria u ofimática con que se adornen, las interacciones amorosas siempre acaban generando urgencias y zozobras más o menos intempestivas. Desasosiegos y melancolías más o menos severos (10). Eso siempre se supo, evidentemente, tal como indicábamos en el preámbulo del libro. El salto que he intentado reflejar a lo largo de este itinerario por rincones inesperados consiste en que comienzan a ser desvelados los guiones íntimos de *algunos* de aquellos desasosiegos fisiológicos. Subrayo el «algunos» porque es estrictamente así: hemos pasado revista, tan sólo, a unos cuantos frentes de trabajo que han proporcionado pistas para dilucidar el funcionamiento de los mecanismos neuroendocrinos que modulan las pasiones amorosas. Estamos, por tanto, ante aproximaciones parciales pero no por eso irrelevantes porque han conseguido abrir resquicios para las intervenciones correctoras. Intervenciones que conviene plantearse cuando hay trastornos. Cosa bastante frecuente en los asuntos románticos porque, además de ser una fuente insuperable de amenidades, funcionan, asimismo, como un excelente generador de desajustes.

Al finalizar este recorrido debemos constatar que no hemos hecho más que adentrarnos, con la ayuda de mapas e instrumentos de navegación tentativos, en algunos tramos de la frondosa selva que el agudo pero inconsistente doctor Freud dejó bautizada con la etiqueta del «inconsciente libidinoso» (12). Nos hemos aventurado en esos intrincados senderos con la actitud explícitamente irreverente de la neurobiología actual. En lugar de darnos por satisfechos con nociones imprecisas y enigmáticas, hemos aceptado la limitación evidente de ir abriendo camino, trecho a trecho, gracias a un arsenal de instrumentos procedentes de disciplinas variadas. Conviene dejar claro que incluso para una excursión de tan cortas pretensiones, era imprescindible el oteo desde diversos frentes de ataque. No podía ser de otro modo trabajando con un material tan elusivo como los sentimientos humanos.

VIEJAS Y NUEVAS FÓRMULAS PARA LOS ASUNTOS SENTIMENTALES

Hace un instante he dejado consignada la obviedad monumental según la cual la biología es inevitable en los afanes amorosos. Hay que excusarse, de inmediato, por semejante desliz porque a pesar de que quizá no sea ocioso insistir en la evidencia palmaria, lo que de verdad quería decir es que circular, hoy en día, ignorando las aportaciones de las neurociencias en materia de relaciones sentimentales puede ser una imprudencia. En un área de tanta sensibilidad, que vive unos cambios tan apoteósicos y que impregna de una forma tan notoria los usos y normas de conducta, cerrar los ojos al conocimiento sustantivo sobre los factores que intervienen en los vínculos afectivos puede cronificar conflictos y cultivar actitudes manifiestamente desadaptativas.

La sociedad multicomunicada y espasmódica en que vivimos a menudo descubre que a pesar del bombardeo incesante de información sexual, de la amplificación inusitada de los placeres sensoriales y de la creciente autonomía de decisión de los hombres y las mujeres, algunas de las reglas básicas del juego amoroso rebrotan de la misma manera que siempre. Que cambia la epidermis de las interacciones afectivas pero que las necesidades y los lamentos resurgen con la misma intensidad que en cualquier época pasada, o todavía más. Seguramente porque ahora hay que disimular muchísimo para mantener, en todo momento, el tono vital del triunfador o triunfadora sin fisuras. Y cuando aparecen síntomas de flaqueza en la autoconfesión en solitario (la que cuenta al fin y al cabo), el panorama es a menudo desolador. Cuando las agendas íntimas se tambalean, las soluciones más concurridas consisten en elegir entre los Prozac a porrillo, como cataplasma expeditivo (19), o la conversación neurotizante de tonos estrictamente puritanos por más que venga revestida con los mejores ropajes de los salones literarios (15). No deja de ser curioso, sin embargo, que dos opciones tan antagónicas tengan cabida simultánea en el mundo actual y sean practicadas, sin contradicción aparente, por los mismos individuos.

No seré yo quien afirme que el recurso a la farmacología selectiva sea un mal asunto en los disgustos amorosos y sus secuelas. Al contrario: está bien probado que los fármacos cada día más precisos con que cuentan los especialistas en sanar los males del alma ayudan, sustancialmente, cuando se usan de manera ajustada y prudente. El Prozac y todos sus primos hermanos moleculares han sido los dinamizadores espirituales más en boga en los últimos tiempos. Tal vez porque las espaldas de los amigos o de los confesores, que en otras épocas habían servido como lugar donde apoyarse y sollozar, ahora andan tan atolondradas como las nuestras, y lo que es peor, con problemas similares de rumbo y estabilidad en la navegación vital. Por tanto, no hay que extrañarse de que la farmacoterapia sentimental vaya ganando adeptos, gracias a su eficiencia y seguridad, a pesar del coro de lamentaciones farisaicas que resuena por todos lados. El motivo genérico de esas quejas es, evidentemente, la posible merma de temple del personal a causa de la facilidad para efectuar correcciones neuroquímicas de las emociones naturales (13). Aunque a la hora de la verdad son pocos los que se atreven a prescindir de ese recurso tecnológico.

Si retomamos el hilo que habíamos iniciado, hay que señalar que seríamos ingenuos si nos quedáramos, tan sólo, con la noción de que la biología amorosa aún puede cobrarse facturas cuando estábamos convencidos de que podíamos ignorarla o tenerla a raya. Hay mucho más que eso, por descontado. El asunto se complica también por el lado de la cultura ya que los enormes cambios que los humanos promueven, sin descanso, puede que conduzcan a nuevas maneras de funcionar del cerebro amoroso. Vamos a detenernos un momento ahí. Decíamos al final del capítulo anterior que a algunos biólogos (9, 25, 29, 31) les gusta especular con la idea de la transición evolutiva que pudo representar la pérdida de las señales explícitas del celo sexual en las hembras de la línea hominoidea. Nos referimos a la desaparición, en algunos de los simios antropomorfos, de la publicidad franca del período de receptividad femenina. Se trata de una conjetura que pretende conectar aquella transición evolutiva con el incremento de sutileza en el cortejo y el acceso a la recompensa sexual. Y de una manera secundaria, con la espléndida complejidad de la vida social de la especie (23).

En relación con ello, hace tan sólo unas pocas docenas de años que la tecnología endocrinológica introdujo otro gran cambio de repercusiones todavía inexploradas. Con los anticonceptivos hormonales la decisión definitiva sobre la opción procreadora ha quedado en manos de la libre y soberana voluntad de la mujer. Quiero decir, con eso, que al margen de las decisiones consensuadas entre dos individuos maduros e iguales o de las imposiciones culturales, el control hormonal permite, por primera vez, una separación altamente fiable entre la conducta sexual y la actividad reproductora. Y que la llave esencial del asunto está en manos de la mujer (aunque con los anticonceptivos masculinos en el horizonte cercano, los hombres podrán añadir ambigüedades notorias). Porque hay que tener muy presente que el control farmacológico bien aplicado, cambia los cálculos sobre el riesgo o las expectativas reproductoras que eran inherentes a la relación sexual primitiva. En consecuencia, el grado de incertidumbre en la inversión procreadora ha variado extraordinariamente y las reglas del juego amoroso pueden ser, por eso mismo, muy diferentes. Están aún por estudiar los cambios de percepción que un vuelco así puede provocar en las interacciones afectivas entre los dos sexos (30). No podemos imaginar, tampoco, la repercusión que las nuevas actitudes pueden llegar a tener en las diferentes formas de relación sentimental.

Pero las variaciones en la «ecología reproductora» son ya, hoy en día, de enorme magnitud. Basta con meditar un momento sobre el derrumbe de los índices de fertilidad de la mujer, en las sociedades avanzadas, o sobre la demora progresiva en la edad «normal» para la procreación, para constatar unas tendencias sorprendentemente diferentes de aquello que fue habitual hasta hace muy pocas décadas (5). Tendencias que no deben vincularse, en exclusiva, a aquellas innovaciones en la tecnología farmacológica porque obedecen a razones ecológicas múltiples y de gran alcance (14). En cualquier caso, tales cambios de hábitos pueden tener enormes repercusiones no solamente en los usos amorosos, sino en la metabolización de las agendas íntimas que siempre llevan a cabo los humanos. Quizá convendría situar la génesis de esos cambios que llenan las páginas de los magacines con sucesivas «revoluciones» o «involuciones» sexuales, en aquellas transformaciones de base tecnológica. Las oscilaciones en las modas sentimentales tienen ahora una frecuencia tan alta, que cualquier intento de descripción exhaustiva de los usos amorosos suele quedar obsoleto en pocos años. Es probablemente por esa razón que los estudios sociológicos siempre dan la sensación de ofrecer radiografías periclitadas y que los psicológicos, a su vez, parecen perpetuamente destinados a ir detrás de unas tipologías inasibles.

En el mercado actual de las interacciones amorosas muchas de las probaturas que emprenden los adolescentes y los jóvenes, así como muchas de las tentativas que inician los no tan jóvenes están moduladas, en primerísima instancia, por la publicidad, el cine y la televisión, en unos ambientes sometidos a una gran presión innovadora. En eso me parece que no debe haber desacuerdo alguno. Pero sospecho que el fundamento último de aquella aceleración en el cambio de costumbres y de la propensión al tanteo incesante de nuevas fórmulas eróticas y sentimentales (21, 24), hay que irlo a buscar en la existencia de unos procedimientos baratos y muy efectivos de manipulación farmacológica de los engranajes de la biología amorosa (17). Unas tecnologías que eran impensables hasta hace muy poco. Si esta aproximación se muestra productiva obligará a complicar los niveles de estudio, abandonando el ámbito puramente descriptivo para intentar profundizar en el análisis fino de las tipologías amorosas.

TIPOLOGÍAS AMOROSAS

Hay muchísimas variedades y estilos amorosos. Tantos, quizá, como individuos porque las tonalidades sentimentales pertenecen a la esfera de la intimidad más compleja. Aceptado eso, la tentación de poner algo de orden en el inmenso paisaje de los afectos viene de lejos. Las incursiones literarias dirigidas a concretar los perfiles «básicos» del amor han sido múltiples, con grandes clásicos dedicados al tema en todas las tradiciones. Ciñéndonos a un intento relativamente reciente, Stendhal (26) se atrevió a avanzar una teoría general proponiendo cuatro tipologías esenciales de efusión amorosa: el amor pasión, el amor galante, el amor goloso y el amor vanidad. Vale la pena indicar que no se trata de una síntesis desenfocada porque los psicólogos sociales que se han dedicado a delimitar las tipologías de los amores usando las técnicas psicométricas y estadísticas más sofisticadas, han acabado proponiendo seis ejes o vectores básicos en un universo afectivo que permite todo tipo de combinaciones (16, 20). Stendhal (26) postuló incluso la existencia de patrones prototípicos para el amor según la cultura y hasta tonalidades regionales distintivas en los modos amatorios. Ahora, en cambio, con la potencia de las herramientas estadísticas de las ciencias sociales ni siquiera estamos convencidos de haber dado con una sólida descripción de los estilos amorosos más generales (16). ¿Retrocedemos, por tanto? No me lo parece. Sucede, simplemente, que los hábitos mundanos eran bastante estáticos y particularizados hace doscientos años y ahora, en cambio, o no existen como tales gracias a la influencia uniformizadora de los cánones mediáticos de alcance «universal» o son metabolizados a un ritmo vertiginoso por las modas cambiantes que imponen las reglas económicas.

Los seis perfiles amorosos básicos descritos por los psicólogos sociales responden al siguiente resumen descriptivo (16, 20). *Eros*: denota el estilo de los individuos que tienden a las relaciones apasionadas, con una gran intensidad emotiva y un fuerte componente de atracción física; *Ludus*: el de los casanovas devotos del juego goloso y saltarín, con parejas diversas y cambiantes; *Storge*: el de los que prefieren fundamentar las relaciones amorosas sobre el afecto leal y sólido de la amistad previa; *Pragma*: identifica a los planificadores milimétricos y exhaustivos de la opción afectiva más conveniente en todos los aspectos de la vida; *Mania*: es la etiqueta para los posesivos y obsesionados por la dependencia perenne del amante; y *Ágape*: para los generosos y abnegados que dedican todos sus desvelos a la felicidad y el bienestar supremo de la persona amada. Son maneras muy diferentes de acercarse al amor. Estilos distintivos de aproximación a las relaciones sentimentales que empiezan a ser medidos con precisión y fiabilidad. Lo que no queda claro a partir de los datos disponibles, es si aquellos patrones corresponden a rasgos persistentes del carácter que se acarrean toda la vida y que van modulando todas las relaciones afectivas; o si, por el contrario, se trata de unos perfiles que pueden cambiar en función de la acumulación de experiencias sentimentales y del tipo de parejas con las que uno va topándose. Los resultados tienden a indicar que las dos cosas pueden combinarse en modelos madurativos que permiten una descripción secuencial de las trayectorias sentimentales (16). Es decir, hablando claro, que a pesar del estilo idiosincrático que aparece en los primeros episodios amorosos, el impacto de cada experiencia puede dejar inercias de intensidad suficiente para marcar con nuevas tonalidades las vivencias sentimentales posteriores. Por consiguiente, aunque haya una fuerte propensión inicial hacia el apasionamiento romántico o el pragmatismo rentable, la biografía amorosa añade unos matices tan variados que cualquier intento de medida requiere, de hecho, la totalidad del espacio definido por aquellos vectores principales. Sería muy raro que así no fuera, cuando ya hemos visto que la descripción neurobiológica permite acercarse a muchas tonalidades diferenciadas en la experiencia sentimental.

Hay que reconocer, volviendo a Stendhal, que alguno de sus prototipos aguantan muy bien. El amor pasional (*Eros*, en la terminología de los psicómetras) es el patrón más potente y enervador. Domina el panorama en las fases de la vida donde hay disponibilidad plena para entrar en el mercado de las aventuras eróticas. El amor goloso (*Ludus*) le va a la zaga. Las eficientes tecnologías contraceptivas de la actualidad han propiciado un uso cada vez más extensivo y festivo de esa modalidad sentimental. Los amores basados en la devoción amical previa (*Storge*) y los que se fundamentan en cálculos de compatibilidad afectiva y económica (*Pragma*) tienen, todavía, un papel notable, mientras que los amores adictivos y ultradependientes tan característicos de la adolescencia (*Manía*) y los generosos, abnegados y sacrificados (*Ágape*) parece que están evaporándose. El amor-vanidad (el narcisista) y la variedad galante del amor, tan ligada a los convencionalismos de algunas modas sociales ya periclitadas, no dan señales de vida en las aproximaciones cuantitativas actuales. Está claro que conviene ajustar el refinamiento de las medidas. En cuanto a las taxonomías stendhalianas en lo que concierne a las tonalidades «regionales» de los amores, se trataba de pinceladas muy de superficie que no han aguantado el paso del tiempo.

Freud (12) fue mucho más ambicioso que Stendhal e intentó identificar un factor común para todos los amores. Postuló un impulso (la líbido) derivado del principio general del placer, como la energía alimentadora de todas las tipologías amorosas normales y también de las estrambóticas o disparatadas. Un tipo de pulsión primordial que cristalizaba, para bien o para mal, durante la gestación primeriza de los vínculos de dependencia entre las criaturas y sus progenitores. El edificio freudiano partió de un cierto conocimiento de las raíces evolutivas de las motivaciones humanas e intentó apuntalar sus cimientos acudiendo a lo que los biólogos ya habían definido como *instinto sexual*. Pero como los estiletes inventados por Freud para hurgar en los vericuetos de la sexualidad se movían en el terreno del esoterismo cautivador pero estéril, su taxonomía de los amores y los desamores es inservible. Un siglo después de Freud, la neurobiología ha perdido la vergüenza que impedía las incursiones científicas a esos territorios y ha comenzado a diseccionar, como hemos tenido ocasión de comprobar, los engranajes del cerebro afectivo. Se ha iniciado, además, una confluencia muy provechosa con los datos descriptivos que los zoólogos y los etólogos (mucho más desinhibidos que los neurobiólogos, por cierto) habían ido recogiendo, durante décadas, con gran paciencia y poca vistosidad (7, 9, 21). El panorama que empieza a emerger es más propicio para los intentos de síntesis empírica que para los meandros infinitos de la psicología especulativa, aunque alguna conexión puede intentarse (18). En la tarea que queda por delante son mucho más útiles las aproximaciones stendhalianas o las shakesperianas a los amores normales o excepcionales que las psicoanalíticas. Porque las primeras tienen la ventaja de ir desprovistas del lastre pseudocientífico. De la maraña que debe desbrozarse antes de encontrar (muy raramente, la verdad sea dicha), alguna noción aprovechable. La crónica literaria exigente e incisiva se acerca más, en definitiva, a los procedimientos inexcusables para generar orden: identificar fenómenos robustos para poder estudiar sus componentes esenciales.

AGENDAS OCULTAS EN ASUNTOS DE AMOR

En cualquier caso, hay que andar con pies de plomo en la caracterización de las tipologías amorosas cuando se usan medidas de «superficie» porque las agendas ocultas en esta materia, como en tantas otras referidas a las interacciones entre humanos, pueden proporcionar sorpresas mayúsculas. Cosa, por cierto, que también ocurre en mamíferos que los especialistas pensaban que tenían perfectamente delimitados en cuanto a sus relaciones eróticas. Véase, si no, lo que sucede en las focas grises del Atlántico Norte.

Cada otoño, en unos islotes remotos de la costa Oeste de Escocia, se reúnen grandes colonias de focas con una regularidad de calendario. Las hembras salen del océano y pasan unas tres semanas en las rocas y playas protegidas por los acantilados. En el período que va de mediados de octubre a principios de noviembre infantan, amamantan, entran en celo y copulan, con una curiosa sincronización anual. Un equipo de biólogos de las Universidades de Cambridge y Durham (2) ha seguido una de esas colonias que se instaló en North-Rona, una isla con arenales propicios bañados por aguas somas donde nacen, cada año, unas mil quinientas crías. Las focas tienen una gran memoria espacial y retornan con asiduidad al mismo lugar. Se hicieron observaciones de campo durante cuatro años seguidos basadas en los datos de 85 machos y 88 hembras que habían sido marcados. El porcentaje de retorno de las hembras al área de estudio fue del 67 %, lo cual permitió registrar muchos casos de crías de madre conocida. La proporción de hembras y machos varió con las estaciones pero las hembras dominaban claramente con una media de siete por cada macho.

Los machos no fueron tan asiduos como las hembras pero los marcados (animales dominantes y territoriales) también mostraron una gran fidelidad al lugar de apareamiento. Lo que no fallaba, en los machos, eran las luchas feroces para dominar una zona «restringida» de la playa y poder acceder así a las hembras cercanas. Hasta ahora se pensaba que estos mamíferos funcionaban con un sistema radicalmente poligínico, donde las hembras se apareaban con machos diferentes en función de las variaciones estacionales de dominancia y con nula dedicación parental a la crianza o la protección de los cachorros. Por tanto, se partía de la hipótesis de que la mayoría de criaturas tenían que ser hermanas sólo por parte de madre. El seguimiento cuidadoso de la colonia y los análisis de concordancia génica entre hermanos proporcionaron, no obstante, una gran sorpresa. Usaron dos métodos diferentes para determinar correspondencias entre les secuencias de ADN. El primero (en treinta y nueve parejas de cachorros) fue el de la huella genética que devino famosa con su llegada a los tribunales de justicia en casos penales y en litigios de paternidad. El segundo afinó los resultados del primero en cuarenta y ocho pares adicionales y detectó concordancias en unas regiones denominadas «microsatélites» de los trenzados del ADN. La sorpresa consistió en que encontraron un 30 % de hermanos genuinos. Es decir, hijos del mismo padre y la misma madre. Esto es, una notable proporción de crías compartían los mismos progenitores, lo cual sugería la existencia de fidelidades «conyugales» duraderas.

Enseguida se pudo descartar una explicación basada en la disposición geográfica de los animales en el área de crianza. Teniendo en cuenta que había una considerable revisitación de la zona por parte de las hembras y que los machos también mostraban tendencia a repetir localizaciones, podía suponerse que la coincidencia de progenitores era debida a la proximidad: si en cada estación vas a parar cerca del rango espacial de aquel macho dominante es esperable que tengas diversos hijos con él. Pero sin embargo había dos elementos clave para sospechar que el asunto no andaba por ahí. El primero es que las hembras son más diminutas que los machos y se mueven bastante por toda el área, con lo cual la probabilidad de topar con machos diferentes es grande. La mitad de las focas hembras efectuaban desplazamientos del orden de cincuenta metros y algunas llegaban a los ciento veinte metros en los arenales. Cifras que junto a las mínimas variaciones de lugar que adoptan los imponentes machos territoriales y la aparición fugaz de ejemplares no dominantes que pretenden (y a menudo consiguen) sumarse a la celebración, convierte en improbable la explicación de la mera proximidad.

Pero hay un dato *mucho* más relevante todavía. Se llevaron a cabo análisis de paternidad en ciento veinte crías, y se estudió el grado de concordancia genética entre ellas y setenta machos de fuerte asentamiento territorial. Aunque un buen puñado de la prole era suya (casi el 30 %), tan sólo les correspondía un 10 % de la cuota de hermanos de veras. Por consiguiente, la mayoría de hermanos de padre y madre había de venir por otra ruta: o representaban la descendencia exclusiva de algún macho territorial de gran éxito seductor que no había sido pescado en las operaciones de marcaje, o provenían de apareamientos colaterales al sistema poligínico. Los análisis de concordancia génica permitieron descartar la primera de esas posibilidades porque los índices de paternidad compartida entre los hermanos eran mínimos. Por tanto, sólo quedaba la conjetura de unos idilios estables entre algunas hembras y machos no dominantes: los que recalan fugazmente en la zona de cría para evitar a los compañeros mandones y agresivos. Se trata de una conjetura que demanda una gran capacidad para la memoria social por parte de ambos protagonistas. Algunas observaciones sugieren que la historia puede ir por ahí. Se han detectado, por ejemplo, «encuentros» furtivos entre parejas identificables después de siete años de separación y en lugares relativamente alejados de la zona estricta de crianza. Las focas hembra, además, no siempre aceptan los avances sexuales de los machos territoriales y a menudo consiguen rechazarlos. Se han observado incluso apareamientos ocasionales en las aguas bajas menos vigiladas que los arenales. Aventuras extemporáneas parecidas a los amores furtivos de los humanos. Por tanto, parece que la poliginia no excluye la aparición de fidelidades amatorias «colaterales» de larga duración en un porcentaje significativo de casos.

Lo cual sugiere que durante las magnas excursiones oceánicas suceden muchas cosas que no captan los ojos de los observadores. Esos biólogos británicos piensan que la aparición de fidelidades tan sólidas en unas condiciones tan difíciles quizá vaya ligada a la defensa de las crías. Cabe señalar que las duras agresiones entre los machos territoriales contribuyen de una manera notable a una altísima tasa de mortalidad infantil. Tal vez alguna hembra descubre que para garantizar la viabilidad de la prole sale a cuenta asociarse a un macho marginal y cumplidor, antes que a uno muy poderoso pero sometido a los avatares de la guerra sin cuartel. Se trata, de todos modos, de una historia muy bonita por dos razones. Demuestra, en primer lugar, que a menudo hay demasiada prisa para asignar los factores «determinantes» de un sistema de relación social, en animales, a partir de datos insuficientes. Sugiere, en segundo lugar, que mediante el refinamiento tecnológico y la tenacidad observadora se puede penetrar en materias vedadas detectando vectores y tipologías relevantes. Si esa mezcla de ingenuidad y refinamiento se traslada a la investigación con humanos nos podremos acercar, con más garantías, a la descripción de los mecanismos que corren por debajo de los estilos amorosos. Es decir, estaremos más cerca de las descripciones sólidas y, en la medida de lo posible, individualizadas, que es lo que interesa a la postre (27).

CIERRE: AMORES ANTIGUOS Y MODERNOS

El amor es uno de los motores cruciales en las trayectorias vitales de los hombres y las mujeres. No es el único, por descontado, pero es capital. Los humanos se afanan por dinero, por vanidad, por la simple curiosidad, por envidia, por vencer el hambre, el frío o el sufrimiento, por entretenerse, por obtener territorio o por acceder al poder, entre muchas otras pulsiones comunes de nuestra condición. Pero los amores y los desamores constituyen un móvil de primerísima importancia para todo el mundo, o casi (9, 21, 23). Digo casi, porque no puede excluirse que haya gente para quienes los intercambios afectuosos tengan una relevancia menor en las rumiaciones y efusiones del magín. Un ejemplo valdrá para sustentar eso último: los ancianos que deben recorrer, en solitario, las últimas etapas de su existencia son cada vez más numerosos en las sociedades urbanizadas y longevas que hemos montado. Sospecho que en muchos de ellos el gusanillo de la inquietud amorosa ha ido difuminándose no sólo por decrepitud biológica sino por dimisión deliberada. Continúan aferrados a la existencia por otros mecanismos, quiero decir. Del resto de mortales ya no esperan gentilezas, ni desvelos más o menos afectuosos. Con el ruido del trasiego humano cercano les basta. La estricta proximidad social puede compensar porque garantiza el acceso a servicios y permite sentir el latido sincronizado con el resto del mundo.

La ancianidad desenraizada no es, sin embargo, la única condición que lleva a minusvalorar los afanes sentimentales. Hay tipos humanos en los que ese tipo de desvelos cuenta más bien poco, aunque debe concederse que son raros (22). Los amores son quehaceres preferentes de gente adolescente y joven, o algo más madura pero con un cierto recorrido vital. Es así porque constituyen una inversión despilfarradora y abiertamente optimista. Con perspectivas amplias de futuro, quiero decir. Las especies afiliativas (los humanos lo son en grado sumo), gastan unas energías enormes para establecer y mantener vínculos de interdependencia afectiva (6, 32). Nexos que van más allá de las parejas más o menos fijas para extenderse a las redes amicales y los grupos a los que no queda más remedio que adscribirse. Pero esas pulsiones muestran una tendencia irrevocable a atenuarse con el paso del tiempo. Hemos visto que en la base de esas poderosas ligazones afectivas hay dispositivos neurohormonales muy sutiles y complejos. Engranajes que se encargan de ir modulando la intensidad y la calidad de las pulsiones que cada cual debe ir negociando durante el periplo vital. El conocimiento de esos engranajes conducirá a sendas nuevas en las exploraciones amorosas (28) y cabe esperar que se aplique, asimismo, a la corrección de algunos disparates. Todo eso, sin embargo, está por ver.

Cierro, pues, aquí este periplo de aproximación a los vectores neuropsicológicos que modulan la eclosión y la evolución de los negocios sentimentales. El viaje, que se había planificado como una incursión monográfica a los rincones del cerebro amoroso, nos ha llevado a menudo (a mí mismo y a los intrépidos que recluté al inicio y que han seguido hasta el final) muy lejos de la neurología y la psicología. Por mi parte debo confesar que no me arrepiento en absoluto por haber dado esos rodeos dilatorios, porque era preciso conocer los islotes de tierra firme que otras disciplinas han ido identificando en los intentos de descripción objetiva de las relaciones eróticas. En realidad, estoy convencido que sin ese prurito por conectar con los datos disponibles sobre los usos amorosos y sus sesgos culturales, la mera disección de los mecanismos neuroendocrinos hubiera perdido buena parte de su vigor para estimular la reflexión fructífera. Esa pretensión abarcadora tiene, por supuesto, costos en forma de flaquezas debidas a la falta de exhaustividad en el tratamiento del tema. Cosa que, a decir verdad, no me preocupa en absoluto. Me da pavor, en cambio, la temeridad en un terreno tan incierto y con tanta tradición de doctrinas deslumbrantes pero averiadas. Si he conseguido, no obstante, que las posibles inconsistencias y errores sean fácilmente detectables ya habremos dado un paso útil.

He escogido una aproximación primariamente psicobiológica de los asuntos amorosos, en lugar de los análisis sociales o psicológicos más convencionales, por dos razones básicas. Primero, porque ahora disponemos de un cuerpo de datos neurales suficientemente sólido para generar pistas con las que sustentar o refutar algunas de las buenas nociones psicológicas sobre la materia. En segundo lugar, porque los ensayos de descripción neurobiológica de las interacciones eróticas, cuando pretenden huir de la descripción mecanística o del mero anecdotario, suelen ser de un nivel tan rudimentario que dan grima. Las únicas excepciones fueron el libro ahora algo obsoleto, pero todavía aprovechable, de Jean Didier Vincent, *Biologie des Passions* (31), y el magnífico de Simon le Vay, *The sexual brain* (21). Pienso, por tanto, que valía la pena retomar el desafío con mucho trabajo de por medio (9, 11, 23, 32). La decisión nació de la convicción que empieza a ser posible el estudio sistemático de las relaciones sentimentales. Lo digo así de rotundo porque ya se han abierto nexos de interconexión que van desde la genética y la biología molecular hasta la economía de los afectos. Unos frentes de ataque tan diferentes como legítimos en un tema que permite un amplio abanico de estrategias combinadas. Ahora comienzan a ser visibles las rutas preferentes de una aventura que nos llevará, con toda seguridad, a lugares fascinantes e inesperados. Una empresa que aquí tan sólo hemos apuntado y para la cual ya puede augurarse el máximo interés, porque pocas cosas desvelan más la curiosidad de los individuos de nuestra especie que los líos amorosos. Las obsesiones por el sexo y el prestigio social están, probablemente, en la base de muchos de los rasgos que nos caracterizan como animales singulares. Ésa es la razón de que contribuyan, de manera tan sustancial, a generar los moldes de las estructuras sociales (4, 10, 23).

Que nadie se alarme, porque hay tema para largo y con unos márgenes tan amplios como siempre, o quizá más, para la curiosidad rudimentaria y para la literatura con pretensiones. No hay que sufrir, por tanto, por la irrupción de la neurobiología en un territorio que le estaba vedado a causa, primordialmente, de sus insuficiencias. Es probable, incluso, que el abordaje científico pueda renovar el sustrato necesario para la buena literatura al tiempo que se ensanchan las posibilidades, espléndidas y siempre renovables, de las experiencias amorosas. Sin repetir, en este caso, las frustraciones de los que se dejaron seducir por las doctrinas del doctor Freud, o la de sus epígonos más o menos disfrazados, en circunstancias parecidas de entusiasmo por el campo, esencialmente inexplorado, de la investigación sobre las relaciones afectivas. La ventaja de caminar con las muletas de la ciencia y de la técnica consiste en que junto a los artilugios que amenizan la existencia, hacen surgir realidades asombrosas aunque plenamente practicables. Escenarios nuevos e intrigantes que son un aguijón para el ingenio en todos los asuntos, sentimentales o no, donde hombres y mujeres entran en contacto. Si este libro ha conseguido sugerir alguno de esos nuevos escenarios para el amor, ya habrá cumplido su misión. Porque ése era el verdadero atrevimiento: entrar en un territorio donde el poso de sabiduría legado por las elaboraciones culturales y artísticas es formidable.

REFERENCIAS BIBLIOGRÁFICAS

I. BIOLOGÍA DE LA PASIÓN AMOROSA: EL CEREBRO ERÓTICO

1. Allen, L. S., Hines, M., Srhyne, J. E., y Gorski, R. A., «Two sexually dimorphic brain in the human brain», *Journal of Neuroscience*, 9, pp. 497-506, 1989.

2. Allen, L. S., y Gorski, R. A., «Sexual orientation and the size of anterior commisure in the human brain», *Proceedings of the National Academy os Sciences*, 89, 7199-8202, 1992.

3. Arnold, A. P., «Sex chromosomes and brain gender», *Nature Reviews Neuroscience*, 5, septiembre, pp. 1-8, 2005.

4. Bailey, J. M., y Pillard R. C., «A genetic study of male sexual orientation», *Archives of General Psychiatry*, 48, pp. 1089 1096, 1991.

5. Bailey, J. M., Pillard, R. C., Neale, M. C., y Agyei, Y., «Heritable factors influence sexual orientation in woman», *Archives of General Psychiatry*, 50, 3, pp. 217-223, 1993.

6. Blanchard, A., y Bogaert, A. F., «Proportion of homosexual men who owe their orientation to fraternal birth order: an estimate based on two national probability samples», *American Journal of Human Biology*, 16, pp. 151-157, 2004.

7. Blum, D., *Sex on the brain: the biological differences between men and women*, Penguin Books, Nueva York, 1997.

8. Bradley, S. J., Oliver, G. D., Chemick, A. B., y Zucker, K. J., «Experiment of nurture: ablatio panis at 2 months, sex reassignment at 7 monts and a psychosexual follow-up in young adulthood», *Pediatrics*, 102, pp. 1-5, 1998.

9. Byne, W., y Parsons, B., «Human sexual orientation: the biologic theories reappraised», *Archives of General Psychiatry*, 50, 3, pp. 228 -239, 1993.

10. Byne, W., «Homosexuality: the biology challenged», *Scientific American*, mayo, pp. 49-53, 1994.

11. Byne, W., Lasco, M. S., Kemether, E., Shinwari, A., Edgar, M. A., Morgello, S., Jones, L. B., y Tobet, S., «The interstitial nuclei of the human anterior hypothalamus: an investigation of sexual variation in volume and cell size, number and density», *Brain Research*, 856, pp. 254–258, 2000.

12. Campbell, H. J., *The pleasure areas*, Basic Books, Nueva York, 1978. (Traducción al español, Guadarrama, Madrid, 1980.)

13. Diamond, M., y Sigmundsson, K., «Sex reassignment at birth: long term review and clinical implications», *Archives of Pediatrics and Adolescent Medicine*, 151, pp. 298-304, 1997.

14. DuPree, M. G., Mustanski, B. S., Jocklandt, S., Nievergelt, C., y Hamer, D. H., «A candidate gene study of CYP19 (Aromatase) and male sexual orientation», *Behavior Genetics*, 34, 3, pp. 243-250, 2004.

15. Fausto-Sterling, A., «The five sexes: why male and female are not enough», *The Sciences*, marzo-abril, pp. 20-24, 1993.

16. Gurr, R. C., Mozley, L. H., Mozley, P. D., Resnick, S. M., Karp, J. S., Alavi, A., Arnold, S. E., y Gur, R. E., «Sex difference in regional cerebral glucose metabolism during a resting state», *Science*, 267, 5197, pp. 528-531, 1995.

17. Hamer, D. H., Hu, S., Magnuson, V. L., Hu, N., y Pattatucci, A. M. L., «A linkage between ADN markers on the X chromosome and male sexual orientation», *Science*, 261, pp. 321-327, 1993.

18. Hu, S., Patanucci, A. M. L., Patterson, C., Li, L., Fulker, D. W., Charney, S. S., Kruglyak, L., y Hamer, D. H., «Linkage between sexual orientation and chromosome Xq28 in males but not in females», *Nature Genetics*, 11, pp. 248-256, 1995.

19. Jones, S., *Y: The descent of men*, Abacus, Londres, 2002.

20. Kendler, K. S., Thornton, L. M., Gilman, S. E., y Kessler, R. L., «Sexual orientation in a U.S. national sample of twin and non-twin sibling pairs», *American Journal of Psychiatry*, 157, pp. 1843-1846, 2000.

21. Komisurakis, B. R., y Whipple, B., «Love as sensory stimulation: physiological consequences of its deprivation and expression», *Psychoneuroendocrinology*, 23, 8, pp. 927-944, 1998.

22. Koob, G. F., y Bloom, F. E., «Cellular and molecular mechanisms of drug addiction», *Science*, 242, pp. 715-722, 1998.

23. Koob, G. F., y LeMoal, M., «Drug abuse: hedonic homeostatic dysregulation», *Science*, 278, pp. 52-58, 1997.

24. Launman, E. O., Gagnon, J. H., Michael, R. T., y Michaelis, S., *The social organization of sexuality: sexual practices in the United States*, Chicago University Press, Chicago, 1994.

25. Le Vay, S., «A difference in hypothalamic structure between heterosexual and homosexual men», *Science*, 253, 1034-1037, 1991.

26. Le Vay, S., *The sexual brain*, MIT Press, Cambridge, 1993.

27. Le Vay, S., *Queer science*, MIT Press, Cambridge, 1998.

28. Le Vay, S., y Hamer, D. H., «Evidence for a biological influence in male homosexuality», *Scientific American*, mayo, pp. 44-49, 1994.

29. Marshall, E., «NIH's Gay gene' study questioned», *Science*, 268, p. 1841, 1995.

30. Meisel, R., y Sachs, B. D., «The physiology of male sexual behaviour», en Knobil, E., Neill, J. D. (eds.), *The Physiology of Reproduction*, vol. 2, Raven Press, pp. 3-105, Nueva York, 1994.

31. Morris, J. A., Jordan, C., y Breedlove, M., «Sexual differentiation of the vertebrate nervous system», *Nature Neuroscience*, 7, 10, pp. 1034-1039, 2005.

32. Olds, J., y Milner, P., «Positive reinforcement produced by electrical stimulation of septal area and other regions of rat brain», *Journal of Comparative and Physiological Psychology*, 47, pp. 419-427, 1954.

33. Reiner, W. G., y Gearhart, J. P., «Discordant sexual identity in some genetic males with cloacal exstrophy assigned to female sex at birth», *The New England Journal of Medicine*, 350, pp. 333-334, 2004.

34. Rice, G., Anderson, C., Risch, y Ebers, «Male homosexuality absence of linkage to microsatellite markers at Xq28», *Science*, 284, pp. 665-667, 1999.

35. Rieger, G., Chivers, M. L., y Bailey, J. M., «Sexual arousal patterns of bisexual men», *Psychological Science*, 16, p. 8, 2005.

36. Shaywitz, B. A., Shaywitz, S. L., Pugh, K. R., Todd Constable, R., Skudlarski, P., Fulbright, R. K., Bronen, R. A., Fletcher, J. M., Shankweller, D. P., Katz, L., y Gore, J. C., «Sex differences in the functional organization of the brain for language», *Nature*, 373, pp. 607-609, 1995.

37. Swaab, D. F., «Sexual differentiation of the human brain: relevance for gender identity, transexualism and sexual orientation», *Gynecology and Endocrinology*, 19, pp. 301-312, 2004.

38. Swaab, D. F., y Fliers, E., «A sexualy dimorphic nucleus in the human brain», *Science*, 228, pp. 112-114, 1985.

39. Swaab, D. F., Hoffman, M. A., «An enlarged suprachiasmatic nucleus in homosexual men», *Brain Research*, 537, pp. 141-148, 1990.

40. Swaab, D., Chung, W. C. G., Kruijver, F. P. M., Hoffman, M. A., y Ishunina, T. A., «Structural and functional sex differences in the human hypothalamus», *Hormones and Behavior*, 40, pp. 93-98, 2001.

41. Tiijonen, J., Kuikka, J., Kupila, J., Partanen, K., Uainio, P., Airaksinen, J., Eronen, J., Hallikainen, M., Paanila, J., Kinnunen, I., y Huttunen, J., «Increase in cerebral blood flow of right pre-

frontal cortex in man durin orgasm», *Neuroscience Letters*, 170, pp. 241-243, 1994.

42. Tobeña, A., *Intimitats del cervell humà*, La Campana, Barcelona, 1994.

43. Zhou, J. N., Hoffman, M. A., Gooren, L. J. G., y Swaab, D. F., «A sex difference in the human brain and its relation to transexuality», *Nature*, 378, pp. 68-70, 1995.

2. HORMONAS PASIONALES

1. Argiolas, A., «Oxytocyn stimulation of penile erection: pharmacology, site and mechanism of action», en Pedersen, C. A., Calwell, J. D., Jirikowski, G. F., y Insel, Th. R., (eds.), «Oxytocin in maternal, sexual and social behaviours», *Annals of the New* York *Academy of Sciences*, vol. 652, pp. 204-211, 1992.

2. Arletti, A., Benelli, A., y Bertolini, A., «Sexual behavior of aging rats is stimulated by oxytocin», *European Journal of Pharmacology*, 179, pp. 377-381, 1990.

3. Arletti, A., Benelli, A., y Bertolini, A., «Oxytocin involvement in male and female sexual behaviour», en Pedersen, C. A., Calwell, J. D., Jirikowski, G. F., y Insel, Th. R., (eds.), «Oxytocin in maternal, sexual and social behaviours», *Annals of the New York Academy of Sciences*, vol. 652, pp. 204-211, 1992.

4. Bagatelli, C. J., y Bremmer, W. J., «Androgens in men: uses and abuses», *The New England Journal of Medicine*, 334, 11, pp. 707-714, 1996.

5. Bancroft, J., y Machover Reinisch, J., (eds), *Adolescence and Puberty*, Oxford University Press, Nueva York, 1991.

6. Berridge, K. C., y Robinson, T. E., «Parsing reward», *Trends in Neurosciences*, 26, pp. 507-513, 2003.

7. Breitner Johnson, D., Guitart, X., y Nestler, E. C., «Common intracellular actions of chronic morphine, and cocaine in do-

paminergic brain reward region», en Kalivas, P. W., y Samson, H. H., (eds), «The Neurobiology of drug and alcohol addiction», *Annals NYAS*, vol. 654, pp 70-87, 1992.

8. Caldwell, J. D., Barakat, A. S., Smith, D. D., Hruby, V. J., y Pedersen, C. A., «An uterotonic antagonist bolcks the oxytocin-induced facilitation of female sexual receptivity», *Brain Research*, 512, 291-296, 1990.

9. Carter, C. S., y Getz, Ll., «Monogamy and the prairie vole», *Scientific American*, junio, pp. 70-76, 1993.

10. Carter, C. S., Williams, J. R., Witt, D. M., y Insel, Th. R., «Oxytocin and social bonding», en Pedersen, C. A., Calwell, J. D., Jirikowski, G. F., y Insel, Th. R., (eds.), «Oxytocin in maternal, sexual and social behaviours», *Annals of the New York Academy of Sciences*, vol. 652, pp. 204-211, 1992.

11. Carter, C. S., Lederhendler, L. I., y Kirpatrick, B., (eds), «The integrative neurobiology of affiliation», *Annals New York Academy of Sciences*, vol. 807, Nueva York, 1997.

12. Charney, D. S., y Heninger, H., «Alfa-2 adrenergic and opiate receptor blockade», *Archives of General Psychiatry*, 43, pp. 1037-1041, 1986.

13. Dodd, M. L., Klos, K. J., Bower, J. H., Geda, Y. E., Josephs, K. A., y Ahlskog, J. E., «Pathological gambling caused by drugs used to treat Parkinson disease», *Archives of Neurology*, 62, pp. 1-5, 2005.

14. Hammock, E. A. D., y Young, L. J., «Microsatellite instability generates diversity in brains and sociobehavioral traits», *Science*, 308, pp. 1630-1634, 2005.

15. Keverne, E. B., y Kendrik, K. M., «Oxytocin facilitation of maternal behavior in sheep», en Pedersen, C. A., Caldwell, J. D., Jirikowski, G. F., y Insel, T. R., (eds.), «Oxytocin in maternal, sexual and social behaviours 175», *Annals of the New York Academy of Sciences*, vol. 652, pp. 83-101, 1992.

16. Insel, T. R., y Shapiro, L. E., «Oxytocin receptors and maternal behaviour», en Pedersen, C. A., Caldwell, J. D., Jirikowski,

G. F., y Insel, T. R., (eds.), «Oxytocin in maternal, sexual and social behaviours», *Annals New York Academy of Sciences*, vol. 652, pp 122-141, 1992.

17. Koob, G. F., y Bloom, F. E., «Cellular and molecular mechanisms of drug addiction», *Science*, 242, pp. 715-722, 1988.

18. Kosfeld, M., Heinrichs, M., Zak, O. J., Fischbacher, U., y Fher, E., «Oxytocin increases trust in humans», *Nature*, 435, pp. 673-676, 2005.

19. Le Vay, S., *The sexual brain*, The MIT Press, Cambridge, Massachusets, 1993.

20. Liebowitz, M., *The chemistry of love*, Basic Books, Nueva York, 1983.

21. Mantzoros, C. S., Georgadis, E., y Trichopoulos, D., «Contribution of dihydrotestosterone to male sexual behaviour», *British Medical Journal*, 310, pp. 1289-1291, 1995.

22. Miranda, M. L., Wang, Z., Olazábal, D. E., Ren, X., Terwilliger, E. F., y Young, L. J., «Enhanced partner preference in a promiscuous species by manipulating the expression of a single gene», *Nature*, 429, pp. 754-757, 2004.

23. Morris, J. A., Jordan, C. L., y Breedlove, M., «Sexual differentiation of the vertebrate nervous system», *Nature Neuroscience*, 7, 10, 1034-1039, 2005.

24. Pankseep, J., *Affective neuroscience*, Oxford University Press, Nueva York, 1998.

25. Pedersen, C. A., Calwell, J. D., Jirikowski, G. F., y Insel, Th. R., (eds.), «Oxytocin in maternal, sexual and social behaviors», *Annals of the New York Academy of Sciences*, vol. 652, pp. 204-211, 1992.

26. Robinson, T. E., y Berridge, K. C., «The neural basis of drug craving: an incentive-sensitization theory of addiction», *Brain Research Reviews*, 18, pp. 247-291, 1993.

27. Schultz, W., «Multiple reward signals in the brain», *Nature Reviews Neuroscience*, 1, pp. 199-207, 2000.

28. Shumacher, M., Coirini, H., Pfaff, D. W., y McEwen, B. S., «Behavioural effects of progesterone associated with rapid modulation of oxytocin receptors», *Science*, pp. 691-694, 1990.

29. Sisk, Ch. L., y Foster, D. L., «The neural basis of puberty and adolescence», *Nature Neuroscience*, 7, 10, pp. 1040-1048, 2005.

30. Tuiten, A., Van Honk, J., Koppeschaar, H., Bernaards, C., Thijssen, J., y Verbaten, R., «Time course of effects of testosterone administration on sexual arousal in women», *Archives of General Psychiatry*, 57, pp. 149-153, 2000.

31. Winslow, J. T., Hastings, N., Carter, C. S., Harbaugh, C. R., y Insel, Th. R., «A role for central vassopressin in pair bonding in monogamous prairie voles», *Nature*, 365, pp. 545-548, 1993.

32. Young, L. J., Wang, Z., y Insel, Th. R., «Neuroendocrine bases of monogamy», *Trends in Neurosciences*, 21, pp. 71-75, 1998.

33. Young, L. J., Nilsen, R., Waymire, K. G., MacGregor, G. R., y Insel, Th. R., «Increased affiliative responses in mice expressing the V1a receptor from a monogamous vole», *Nature*, 400, pp. 766-768, 1999.

34. Young, L.J., y Wang, Z., «The neurobiology of pair bonding», *Nature Neuroscience*, 7, 10, pp. 1048-1054, 2005.

3. AMORES ESCANEADOS

1. Aharon, I., Etcoff, N., Ariely, D., Chabris, C. F., O'Connor, E., y Breiter, H. C., «Beautiful faces have variable reward value: fMRI and behavioral evidence», *Neuron*, 32, pp. 537-551, 2001.

2. Arnow, B. A., Desmond, J. E., Banner, L., Glover, G. H., Solomon, A., Polan, M. L., Lue, T. F., y Atlas, S. W., «Brain activation and sexual arousal in healthy, heterosexual males», Brain, 125, pp. 1014-1023, 2002.

3. Aron, A., Fisher, H. E., Mashek, D. J., Strong, G., Hai-Fang, L., y Brown, Ll., «Reward, motivation and emotion systems asso-

ciated with early-stage intense romantic love», *Journal of Neurophysiology*, 94, pp. 327-337, 2005.

4. Bartels, A., y Zeki, S., «The neural basis of romantic love», *Neuroreport*, 11 (17), pp. 3829-3834, 2000.

5. Bartels, A., y Zeki, S., «The neural basis of maternal and romantic love», *Neuroimage*, 21, pp. 1155-1166, 2004.

6. Berridge, K. C., y Robinson, T. E., «Parsing reward», *Trends in Neurosciences*, 26, pp. 507-413, 2003.

7. Breiter, H. C., y Rosen, B. R., «Functional magnetic resonance imaging of brain reward circuitry in the human», *NYAS Annals*, 877, pp. 523-547, 1999.

8. Crick, F. C., y Koch, C., «What is the function of the claustrum?», *Philosophical Transactions of the Royal Society of London*, (doi:10.1098/rstb2005.1661), 2005.

9. Diamond, J., *Why is sex fun?: the evolution of human sexuality*, Basic Books, Nueva York, 1997.

10. Fisher, H. E., Aron, A., Mashek, D., Haifang, L., y Brown, Ll., «Defining the brain systems for lust, romantic attraction and attachment», *Archives of Sexual Behavior*, 35, 5, pp. 413-419, 2002.

11. Fisher, H. E., *Why we love: the nature and chemistry of romantic love*, Henry Holt and Co., Nueva York, 2004.

12. Goldstein, I., «Male sexual circuitry», *Scientific American*, agosto, pp. 70-75, 2000.

13. Hatfield, E., y Sprecher, S., «Measuring passionate love in intimate relationships», *Journal of Adolescence*, 9, pp. 383-410, 1986.

14. Jankowiak, W. R., y Fischer, E. F., «A cross-cultural perspective on romantic love», *Ethology*, 31, pp. 149-155, 1992.

15. Karama, S., Lecours, A. R., Leroux, J. M., Bourguoin, P., Beaudoin, G., Joubert, S., y Beauregard, M., «Areas of brain activation in males and females during viewing of erotic film excerpts», *Human Brain Mapping*, 16, 1, 1-13, 2002.

16. Knutson, B., Adams, C. M., Fong, G. W., y Hommer, D., «Anticipation of increasing monetary reward selectively recruits nucleus accumbens», *Journal of Neuroscience*, 21, p. 16, RC159, 2001.

17. Lorenz, K., *On agression*, Methuen, Londres, 1966 (editado por Routledge en 1996).

18. Maravilla, K. R., Deliganis, A. V., Heiman, J., Fisher, D., Carter, W., Weisskoff, R., y otros, «fMRI evaluation of normal female sexual arousal response: sites of cerebral activation correlated with subjective and objective measures of arousal», *Proceedings International Society of Magnetic Resonance Medicine*, 8, p. 918, 2000.

19. Meston, C. M., y Frohlich, P. F., «The neurobiology of sexual function», *Archives of General Psychiatry*, 57, pp. 1012-1030, 2000.

20. Moller, A. P., *Sexual selection and the barn swallow*, Oxford University Press, Oxford, 1994.

21. Morell, V., «A new look on monogamy», *Science*, 281, pp. 1982-1983, 1998.

22. Meisel, R. L., y Sachs, B. D., «The physiology of male sexual behavior», en Knobil, E., Neill, J. D., (eds), *The Physiology of Reproduction*, vol. 2, pp.3-105, Raven Press, Nueva York, 1994.

23. O'Doherty, J. P., Deichman, R., Critchley, H. D., y Dolan, R. J., «Neural responses during anticipation of a primary taste reward», *Neuron*, 33, pp. 815-826, 2002.

24. Pankseep, J., *Affective* neuroscience, Oxford University Press, Nueva York, 1998.

25. Redoute, J., Stoleru, S., Gregoire, M. C., Costes, N., Cinotti, L., Lavence, F., Le Bars, D., Forest, M. G., y Pujol, J. F., «Brain processing of visual sexual stimuli in human males», *Human Brain Mapping*, 11, pp. 162-177, 2000.

26. Savic, I., Berglund, H., y Lindstrom, P., «Brain response to putative pheromones in homosexual men», *PNAS*, 102, 20, pp. 7356-7361, 2005.

27. Schultz, W., «Multiple reward signals in the brain», *Nature Reviews Neuroscience*, 1, pp. 199-207, 2000.

28. Stevens, Ch. F., «Consciousness: Crick and the claustrum», *Nature,* 435, pp. 1040-1041, 2005.

29. Stoleru, S., Gregoire, M. C., Gerard, D., Decety, J., Lafargue, E., Cinotti, L., Lavenne, F., Le Bars, D., Vernet-Maury, E., Rada, H., Colet, C., Mazoyer, B., Forest, M. G., Magnin, F., Spira, A., y Comar, D., «Neuroanatomical correlates of visually evoked sexual arousal in human males», *Archives of Sexual Behavior*, 28, pp. 1-21, 1999.

30. Zeki, S., *Inner vision: an exploration of art and the brain*, Oxford University Press, 1999, Nueva York.

4. CORAZONES ROTOS

1. Burgdorf, J., Pankseep, J., Brudzynski, S. M., Kroes, R., y Moskal, J., «Breeding for 50-KHz positive affective vocalization in rats», *Behavior Genetics*, 35, 1, pp. 67-72, 2005.

2. Buss, D. M., «Sex differences in human preferences: evolutionary hypothesis tested in 37 cultures», *Behavioral and Brain Sciences*, 12, pp. 1-49, 1989.

3. Buss, D. M., *The evolution of desire: strategies of human mating*, Basic Books, Nueva York, 1994.

4. Buss, D. M., *The dangerous passion: why jeaulosy is as necessary as love and sex*, Free Press, Nueva York, 2000.

5. Champagne, F. A., Chretien, P., Stevenson, C. W., Zhang, T. Y., Gratton, A., y Meaney, M. J., «Variations in nucleus accumbens dopamine associated with individual differences in maternal behavior in the rat», *The Journal of Neuroscience*, 24, 17, pp. 4113-4123, 2004.

6. Clutton-Brock, T. H., y Parker, G. A., «Punishment in animal societies», *Nature*, 373, pp. 209-216, 1995.

7. Elmer-Dewitt, Ph., «Now for the truth about America and Sex», *Time*, 144, 16, pp. 42-48, 1994.

8. Fisher, H. E., *Why we love: the nature and chemistry of romantic love*, Henry Holt and Co., Nueva York, 2004.

9. Komisurakis, B. R., y Whipple, B., «Love as sensory stimulation: physiological consequences of its deprivation and expression», *Psychoneuroendocrinology*, 23, 8, pp. 927-944, 1998.

10. Kosfeld, M., Heinrichs, M., Zak, P.J., Fischbacher, U., y Fher, E., «Oxytocin increases trust in humans», *Nature*, 435, pp. 673-676, 2005.

11. Launmann, E. O., Gagnon, J. H., Michael, R. T., y Michaels, S., *The social organization of sexuality: sexual practices in the United States*, The University of Chicago Press, Chicago, 1994.

12. Margulis, L., y Sagan, D., *Mistery dance: the evolution of human sexuality*, Yale University Press, NH, 1991. (Traducción al español de Editorial Kairós, Barcelona, 1992.)

13. Marks, I. M., *Fears, phobias and rituals*, Oxford University Press, Nueva York, 1987.

14. Miller, G., *The mating mind*, Free Press, Nueva York, 2002.

15. Pankseep, J., Siviy, S. M., y Normanselli, L. A., «Brain opioids and social emotions», en Reite, M., y Fields, T., (eds.), *The psychobiology of attachment and separation*, pp. 3-49, Academic Press, Nueva York, 1985.

16. Pankseep, J., «Oxytocin effects on emotional processes: separation distress, social bonding and relationships to psychiatric disorders», en Pedersen, C. A., Caldwell, J. D., Jirikowski, G. F., y Insel, Th. R., (eds.), «Oxytocin in maternal, sexual and social behaviors», *Annals of the New York Academy of Sciences*, vol. 652, pp. 243-252, 1992.

17. Pankseep, J., *Affective neuroscience*, Oxford University Press, Nueva York, 1998.

18. Pedersen, C. A., Caldwell, J. D., Jirikowski, G. F., y Insel, Th. R., (eds.), «Oxytocin in maternal, sexual and social be-

haviors», *Annals of the New York Academy of Sciences*, vol. 652, 1992.

19. Sagan, C., y Druyan, A., *Shadows of forgotten ancestors*, Random House, Nueva York, 1992. (Traducción al español de Planeta, Barcelona, 1993.)

20. Sapolsky, R. M., «The solace of patterns», *The Sciences*, 34, 6, pp. 14-16, 1994.

21. Sternberg, R. J., (ed.), *The psychology of hate*, American Psychological Association, Washington, 2005.

22. Symons, D., *The Evolution of Human sexuality*, Oxford University Press, Nueva York, 1979.

23. Tobeña, A., *Anatomía de la agresividad humana*, Galaxia Gutenberg, Barcelona, 1999.

24. Wilson, G., *The great sex divide*, Peter Owen Publish, Londres, 1989.

5. DEL DESEO Y EL ATRACTIVO

1. Buss, D. M., «Sex differences in human preferences: evolutionary hypothesis tested in 37 cultures», *Behavioral and Brain Sciences*, 12, pp. 1-49, 1989.

2. Buss, D. M., *The evolution of desire: strategies of human mating*, Basic Books, Nueva York, 1994. (Traducción al español de Alianza Editorial, Madrid, 1996.)

3. Bishop, J. E., «Biotech researchers follow a siren call: human pheromones», *The Wall St. Journal Europe*, mayo 13, pp. 4-5, 1992.

4. Castellucci, V. E., «The chemical senses: taste and smell», en Kandel, E. R., y Schwartz, J. H., *Principles of neural science*, Elsevier, Nueva York, 1985.

5. Dobb, E., «The scent around us», *The Sciences*, noviembre-diciembre, pp. 46-53, 1989.

6. Enquist, M., y Arak, A., «Symmetry, beauty and evolution», *Nature*, 372, pp. 169-172, 1994.

7. Etcoff, N., «Beauty and the beholder», *Nature*, 368, pp. 186-187, 1994.

8. Etcoff, N., *The survival of the prettiest*, Random House, Nueva York, 1999. (Traducción al español de Debate, Madrid, 2000.)

9. Fiorino, D. F., Coury, A., y Phillips, A. G., «Dynamic changes in nuclus accumbens dopamine efflux during the Coolidge effect in male rats», *The Journal of Neuroscience*, 17, 12, pp. 4849-4855, 1997.

10. Furlow, F. B., «The smell of love», *Psychology Today*, marzo-abril, pp. 38-45, 1996.

11. Fuster, J. M., *Memory in the Cerebral Cortex*, The MIT Press, Cambridge, Massachusets, 1995.

12. Jacob, S., McClintock, M. K., Zelano, B., y Ober, C., «Paternally inherited HLA allelles are associated with women's choice of male odor», *Nature Genetics*, 30, pp. 175-179, 2002.

13. Jonhnstone, R. A., «Female preference for symmetrical males as a by-product of selection for mate recognition», *Nature*, 372, pp. 172-175, 1994.

14. Kampe, K. K. W., Frith, C. D., Dolan, R. J., y Frith, U., «Reward value of attractiveness and gaze», *Nature*, 413, p. 589, 2001.

15. Keverne, E. B., «The vomeronasal organ», *Science*, 286, pp. 716-720, 1999.

16. Koob, G. A., Markou, A., Weiss, F., y Ahulteis, G., «Opponent process and drug dependence: neurobiological mechanisms», *Seminars in the Neurosciences*, 5, pp. 351-358, 1993.

17. Le Doux, J. E., «Emotion, memory and the brain», *Scientific American*, junio, pp. 32-39, 1994.

18. Michael, R. T., Gagnon, J. H., Laumann, D. O., y Kolata, G., *Sex in America: a definitive survey*, Little, Brown and Co., Boston, 1994.

19. Michell, J. B., y Stewart, J., «Facilitation of sexual behaviors

in the male rat associated with intra-VTA injections of opiates», *Pharmacology, Biochemistry and Behavior*, 35, pp. 643-650, 1990.

20. Mombaerts, P., «Genes and ligands for odorant, vomeronasal and taste receptors», *Nature Reviews Neuroscience*, 5, 4, pp. 263-278, 2004.

21. Nestler, E. J., «Molecular basis of long-term plasticity underlying addiction», *Nature Reviews Neuroscience*, 2, pp. 119-128, 2001.

22. Perret, D. I., May, K. A., y Yoshikawa, S., «Facial shape and judgements of female attractiveness», *Nature*, 368, pp. 239-242, 1994.

23. Pla, J., *El que hem menjat*, obra completa, Destino, Barcelona, 1968.

24. Preti, G., Wysocki, C. J., Barnhart, K. T., Sondheimer, S. J., y Leyden, J. J., «Male axillary extracts contain pheromones that affect pulsatile secretion of luteinizing hormone and mood in women recipients», *Biology of Reproduction*, 68, pp. 2107-2113, 2003.

25. Roberts, S. C., Harlicek, J., Flegr, J., Hruskova, M., Little, A. C., Jones, B. C., Perret, D. I., y Petrie, M., «Female facial attractiveness increases during the fertile phase of the menstrual cycle», *Proceedings of the Royal Society of London: Biological Sciences*, 271, sup. 5, pp. 270-272, 2004.

26. Robinson, T. E., y Berridge, K. C., «The neural basis of drug craving: an incentive-sensitization theory of addiction», *Brain Research Reviews*, 18, pp. 247-291, 1993.

27. Russell, M. J., «Human olfactory communication», *Nature*, 260, pp. 520-522, 1976.

28. Schlupp, I., Marler, C., y Ryan, M. J., «Benefit to male sailfin mollies of mating with heterospecific females», *Science*, 263, 373-374, 1994

29. Schwenk, K., «Why snakes have forked tongues», *Science*, 263, pp. 1573-1577, 1994.

30. Singer, A. G., Agosta, W. C., Clancy, A. N., y otros, «Aphrodisins», en Roper, S. D. y Atema, J., (eds), «Olfaction and Taste IX»,

Annals of the New York Academy of Sciences, vol. 510, pp 287-298, 1997.

31. Solomon, R. L., «An opponent-process theory of acquired motivation: the affective dynamics of addiction», en Maser, J. D., y MEP Seligman, (eds.), «Psychopathology: experimental models», pp. 66-103, Freeman, San Francisco, 1977.

32. Stern, K., y McClintock, M., «Regulation of ovulation by human pheromones», *Nature*, 392, pp. 177-179, 1998.

33. Van Houten, J., «Chemosensory transduction in eukaryotic organisms: trends for neuroscience?», *TINS*, 17, 2, pp. 62-71, 1994.

34. Van Toller, S., y Dodd, G. H., (eds.), *Perfumery: The Psychology and Biology of Fragance*, Chapman and Hall, Routledge, Londres, 1989.

35. Vincent, J. D., *Biologie des Passions*, Odile Jacob, (ed.), París, 1986. (Traducción al español de Anagrama, Barcelona, 1987.)

36. Weller, A., «Communication through body odor», *Nature*, 392, pp. 126-127, 1998.

37. Wedekind, C., Seebeck, T., Bettens, F., y Paepke, A. J., «MHC-dependent mate preferences in humans», *Proceedings of the Royal Society of London: Biological Sciences*, 260, pp. 245-249, 1995.

38. Wilson, G., *The great sex divid*, Peter Owen Publish, Londres, 1989.

6. CONSUMO ERÓTICO, INFIDELIDADES Y CELOS

1. Argyle, M., y Henderson, M., *The Anatomy of relationships*, Penguin Books, Harmondsworth, 1985.

2. Avery, C. S., «How do you build intimacy in an age of divorce?», *Psychology Today*, mayo, pp. 27-31, 1989.

3. Bancroft, J., y Machover Reinisch, J., (eds.), *Adolescence and puberty*, Oxford University Press, Nueva York, 1991.

4. Barkow, J. H., «Darwin, sex and status: a biological aproach

to mind and culture», *Behavioral and Brain Sciences*, 14, pp. 295-334, 1990.

5. Baumeister, R. F., y Wotman, S. R., *Breaking hearts: the two sides of unrequietd loves*, Guilford Press, Nueva York, 1992.

6. Baumeister, R. F., Wotman, S. R., y Still Well, A. M., «Unrequited love: on heartbreak, guilt, scriptlessness and humiliation», *Journal of Personality and Social sychology*, 64, 3, pp. 377-394, 1993.

7. Buss, D. M., «Sex differences in human preferences: evolutionary hypothesis tested in 37 cultures», *Behavioral and Brain Sciences*, 12, pp. 1-49, 1989.

8. Buss, D. M., *The evolution of desire*, Basic Books, Nueva York, 1994. (Traducción al español de Alianza Editorial, Madrid, 1995.)

9. Buss, D. M., *The dangerous passion: why jeaulosy is as necessary as love and sex*, Free Press, Nueva York, 2000.

10. De Waal, F., y Lanting, F., *Bonobo: the forgotten ape*, University California Press, Berkeley, 1997.

11. Diamond, J., *The rise and fall of the third chimpanzee*, Vintage Books, Londres, 1993. (Traducción al español de Espasa, Madrid, 1994.)

12. Diamond, J., *Why is sex fun?: the evolution of human sexuality*, Basic Books, Nueva York, 1997.

13. ElmerDewit, P., «Now for the truth about Americans and sex», *Time*, 42, pp. 42-48, 1994.

14. Fenney, J. A., y Noller, P., «Attachment style as a predictor of romantic relationships», *Journal of Personality and Social Psychology*, 58, 2, pp. 281-291, 1991.

15. Fisher, H. E., *Why we love: the nature and chemistry of romantic love*, Henry Holt and Co., Nueva York, 2004.

16. Freud, S., *Obras completas*, Biblioteca Nueva, Madrid, 1968. (Traducido por el profesor Rey Ardid.)

17. Furlow, F. B., y Thornhill, R., «Orgasm wars», *Psychology Today*, enero-febrero, pp. 42-46, 1996.

18. Furlow, F. B., «The smell of love», *Psychology Today*, marzo-abril, pp. 38-45, 1996.

19. Ghiglieri, M. P., *The dark side of man: tracing the origins of male violence*, Perseus, Nueva York, 1999. (Traducción al español de Tusquets, Barcelona, 2005.)

20. Glenn, N. D., y Weaver, C. N., «Attitudes towards premarital, extramarital and homosexual relations in the US in the 1970's», *The Journal of Sex Research*, 15, pp. 108-118, 1979.

21. Hawton, K., «Integration of treatments for male erectile dysfunction», *The Lancet*, 351, pp. 7-8, 1998.

22. Hendrick, C., y Hendrick, S., «Theory and method of love», *Jounal of Personality and Social Psychology*, 50, 2, pp. 392-402, 1985.

23. Hendrick, S., Hendrick, C., y Slapion Foote, M. J., «Gender differences in sexual attitudes», *Journal of Personality and Social Psychology*, 4, 6, pp. 1630-1642, 1985.

24. House, J., Landis, K. R., y Umberson, D., «Social relationships and health», *Science*, 241, pp. 540-545, 1988.

25. Johnson, A., Mercer, C. H., Erens, B., Copas, A. J., McManus, S., Wellings, K., Fenton, K. A., Korovessis, Ch., Macdowall, W., Nanchahal, K., Purdon, S., y Field, J., «Sexual behavior in Britain: Partnerships, practices and HIV risk behaviors», *The Lancet*, 358, pp.1835-1842, 2001.

26. Kahneman, D., Krueger, A. B., Schkade, D. A., Schwarz, N., y Stone, A. A., «A survey method for characterizing daily life experience: the day reconstruction method», *Science,* 306, pp. 1776-1780, 2004.

27. Kinsey, A., Pomeroy, W., y Martin, C., *Sexual behavior in the human male, Philadelphia*, Saunders Publish, 1948.

28. Kinsey, A., Pomeroy, W., Martin, C., y Ghebard, P., *Sexual behavior in the human female,* Saunders Publish, Filadelfia, 1953.

29. Koob, G. F., y Bloom, F. E., «Cellular and molecular mechanisms of drug addiction», *Science*, 242, pp. 715-722, 1988.

30. Koob, G. F., Markou, A., Weiss, F., y Shulteis, G., «Oppo-

nent process and drug dependence: neurobiological mechanisms», *Seminars in the Neurosciences*, 5, pp. 351-358, 1993.

31. Koob, G. F., y LeMoal, M., «Drug abuse: hedonic homeostatic dysregulation», *Science*, 278, pp. 52-58, 1997.

32. Kramer, J., *Listening to Prozac*, Penguin Books, Nueva York, 1993.

33. Kundera, M., *La inmortalidad*, Tusquets, Barcelona, 1989.

34. Launmann, E. O., Gagnon, J. H., Michael, R. T., y Michaels, S., *The social organization of sexuality: sexual practices in the United States*, Chicago University Press, Chicago, 1994.

35. Lawson, A., *Adultery: an analysis of love and betrayal*, Basic Books, Nueva York, 1987.

36. Lee, J. A., *The colors of love: an exploration of the ways of loving*, DonMills, New Press, Ontario, 1973.

37. Le Vay, S., *The sexual brain*, The MIT Press, Cambridge, Massachussets, 1993. (Traducción al español de Alianza Editorial, Madrid, 1995.)

38. Lykken, D. T., y Tellegen, A., «Is human mating adventitious or the result of lawful choice?: a twin study of mate selection», *Journal of Personality and Social Psychology*, 65, 1, pp. 56-68, 1993.

39. Margulis, L., y Sagan, D., *Mistery dance: the evolution of human sexuality*, Yale University Press, New Haven, 1991. (Traducción al español de Kairós, Barcelona, 1992.)

40. Michael, R. T., Launmann, E. O., Gagnon, J. H., y Kolata, G., *Sex in America a definive survey*, Little and Brown Publish, Nueva York, 1994.

41. Moffat, A. S., «Another sex survey bites the dust», *Science*, 253, p. 1483, 1991.

42. Moller, A. P., «Ejaculate quality: testes size sand sperm competition in primates», *Journal of Human Evolution*, 17, pp. 479-488, 1988.

43. Moller, A., P., y Birkhead, T. R., «Copulation behaviour in mammals: evidence that sperm competition is widespread», *Biological Journal of Linnean Society*, 38, pp. 119-131, 1989.

44. Mullen, P. E., «Jeaulosy: The pathology of passion», *British Journal of Psychiatry*, 158, pp. 593-601, 1991.

45. Nesse, R., «What good is feling bad: the evolutionaty benefits of psychic pain?», *The Sciences*, 11, pp. 30-37, 1991.

46. Nestler, E. J., Hope, B. T., y Widnell, K. L., «Drug addiction: a model for the molecular basis of neural plasticity», *Neuron*, 11, pp. 995-1006, 1993.

47. Olkes, V. S., «Communicating the reasons for social rejection», *Journal of Experimental and Social Psychology*, 18, pp. 235-252, 1982.

48. Parrot, W. G., y Smith, Rh., «Distinguishing the experiences of envy and jeaulosy», *Journal of Personality and Social Psychology*, 64, 6, pp. 906-920, 1993.

49. Rilling, J. K., Winslow, J. T., y Kilts, C. D., «The neural correlates of mate competition in dominant male Rhesus Macaques», *Biological Psychiatry*, 56, pp. 364-375, 2004.

50. Robinson, T. E., y Berridge, K. C., «The neural basis of drug craving: an incentive-sensitization theory of addiction», *Brain Research Reviews*, 18, pp. 247-291, 1993.

51. Roscoe, B., Cavanaugh, L. E., y Kennedy, D. R., «Dating infidelity: behaviors, reasons and consequences», *Adolescence*, 23 (89), pp. 35-43, 1988.

52. Sabini, J., y Green, M. C., «Emotional responses to sexual and emotional infidelity: constants and differences across genders, samples and methods», *Personality and Social Psychology Bulletin*, 30, 11, pp. 1375-1388, 2004.

53. Simpson, J. A., «The dissolution of romantic relationships: factors involved in relationships stability and emotional distress», *Journal of Personaliity and Social Psychology*, 53, 4, pp. 683-692, 1987.

54. Simpson, J. A., y Gagenstad, S. W., «Individual differences in sociosexuality: evidence for convergent and discriminant validity», *Journal of Personality and Social Psychology*, 60, 6, pp. 870-883, 1991.

55. Snyder, M., Simpson, J. A., y Gagenstad, S. W., «Personalitiy and sexual relations», *Journal of Personality and Social Psychology*, 53, 1, pp. 181-190, 1986.

56. Thornhill, R., y Gagenstad, S. W., «The evolution of human sexuality», *Trends in Ecology and Evolution*, 11, 2, pp. 98-102, 1996.

57. Tobeña, A., *Anatomía de la agresividad humana*, Galaxia Gutenberg, Barcelona, 1999.

58. Toufexis, A., «The right chemistry», *Time*, 141, 7, pp. 39-41, 1992.

59. Wellings, K., Nanchalal, K., Macdowall, W., McManus, S., Erens, B., Mercer, C. H., Joohnson, A. M., Copas, A. J., Korovessis, Ch., Fenton, K. A., y Fierld, J., «Sexual behavior in Britain: early heterosexual practice», *The Lancet*, 358, pp. 1843-1850, 2001.

60. Wise, R. A., «Dopamine, learning and motivation», *Nature Reviews Neuroscience*, 5, pp. 483-494, 2004.

7. NEUROSOCIOLOGÍA AMOROSA

1. Alberoni, F., *Enamoramiento y amor*, Gedisa, Barcelona, 1983.

2. Bouchard, T. J., Lykken, D. T., McGue, M., Segal, N., y Tellegen, A., «Sources of human psychological differences: the Minnesota study of twins reared apart», *Science*, 250, pp. 223-250, 1990.

3. Burnett, A. L., Lowenstein, Ch. J., Bredt, D. S., Chang, T. S. K., y Snyder, S., «Nitric oxide: a physiological mediator of penile erection», *Science*, 275, pp. 401-403, 1992.

4. Buss, D. M., «Sex differences in human preferences: evolutionary hypothesis tested in 37 cultures», *Behavioral and Brain Sciences*, 12, pp. 1-49, 1989.

5. Buss, D. M., *The evolution of desire: strategies of human mating*, Basic Books, Nueva York, 1994.

6. Buston, P. M., y Emlen, S. T., «Cognitive processes underlying human mate choice: the relationship between self-per-

ception and mate preference in Western society», *PNAS*, 100, 15, pp. 8805-8810, 2003.

7. Dawson, T. M., y Dawson, V. L., «Nitric oxide: actions and pathological roles», *The Neuroscientist*, 0, pp. 9-20, 1994.

8. De Waal, F., y Lanting, F., *Bonobo: the forgotten ape*, University California Press, Berkeley, 1997.

9. Diamond, J., *The rise and fall of the third chimpanzee*, Vintage Books, Londres, 1993. (Traducción al español de Espasa, Madrid, 1994.)

10. Diamond, J., *Why is sex fun?: the evolution of human sexuality*, Basic Books, Nueva York, 1997.

11. Fernald, R. D., «Cichilds in love: what a fish's social caste tells the fish's brain about sex», *The Sciences*, julio-agosto, pp. 27-31, 1993.

12. Furlow, F. B., y Thornhill, R., «Orgasm wars», *Psychology Today*, enero-febrero, pp. 42-46, 1996.

13. Glickman, S. E., Frank, L. G., Licht, P., Yalcinkaya, T., Siiteri, P. K., y Davidson, J., «Sexual differentiation of female spotted hyenas: one of nature experiments», en Turkewitz, G., (ed.), «Developmental Psychobiology», *Annals NYAS*, vol. 662, pp. 159-171, 1992.

14. Hendrick, C., y Hendrick, S., «A theory and method of love», *Journal of Personality and Social Psychology*, 50, 2, pp. 392-402, 1986.

15. Hawton, K., «Integration of treatments for male erectile dysfunction», *The Lancet*, 351, pp. 7-8, 1998.

16. Holden, C., «Winning with testosterone», *Science*, 269, pp. 1341-1343, 1995.

17. Hrdy, S. B., y Whitten, P. L., «Patterning of sexual activity», en Smuts, B. B., Cheney, D. L., Seyfarth, R. M., Wrangham, R. W., y Strushaker, T. T., (eds.), *Primate societies*, Chicago University Press, Chicago, 1987.

18. Kendrik, K. M., Hinton, M. R., y Atkins, K., «Mothers determine sexual preferences», *Nature*, 395, pp. 229-230, 1998.

19. Kenrick, D. T., y Keefe, R. C., «Age preferences in mates reflect sex differences in human reproductive strategies», *Behavioral and Brain Sciences*, 15, pp. 75-133, 1992.

20. Kenrick, D. T., Groth, G. E., Trost, M. R., y Sadalla, E. K., «Integrating evolutionary and social exchange perspectives on relationships: effects of gender, self-appraisal and involvement level on mate selection», *Journal of Personality and Social Psychology*, 64, 6, pp. 951-969, 1993.

21. Kramer, P., *Listening to Prozac*, Viking Books, Nueva York, 1993. (Traducción al español de Seix Barral, Barcelona 1994.)

22. Le Vay, S., *The sexual brain*, The MIT Press, Cambridge, Massachussets, 1993. (Traducción al español Alianza Editorial, Madrid, 1995.)

23. Lorenz, K., *On agression*, Methuen, Londres, Routledge Pub., 1966.

24. Lykken, D. T., y Tellegen, A., «Is human mating adventitious or the result of lawful choice?: a twin study of mate selection», *Journal of Personality and Social Psychology*, 65, 1, pp. 56-68, 1993.

25. Lloyd, E. A., *The case of female orgasm: bias in the science of evolution,* Harvard University Press, Cambridge, Massasuchets, 2005.

26. Margulis, L., y Sagan, D., *Mistery dance: the evolution of human sexuality*, Yale University Press, New Haven, 1991. (Traducción al español de Kairós, Barcelona, 1992.)

27. Mazur, A., y Booth, A., «Testosterone and dominace in men», *Behavioral and Brain Sciences*, 21, pp. 353-397, 1998.

28. McDonald, D. B., y Potts, W. K., «Cooperative display and relatedness among males in a lek-mating bird», *Science*, 266, 5187, pp. 1030-1032, 1994.

29. Michael, R. T., Gagnon, J. H., Launman, D. O., y Kolata, G., *Sex in America: a definitive survey*, Little and Brown Co., Boston, 1994.

30. Miller, G., *The mating mind: how sexual choice shaped the evolution of human nature*, Vintage, Random House, Londres, 2001.

31. Moller, A. P., «Ejaculate quality, testes size sand sprem competition in primates», *Journal of Human Evolution*, 17, pp. 479-488, 1988.

32. Moller, A. P., «La nature prefere la symmetrie», *La Recherche*, 304, pp. 50-55, 1997.

33. Moller, A. P., y Birkhead, T. R., «Copulation behaviour in mammals: evidence that sperm competition is widespread», *Biological Journal of Linnean Society*, 38, pp. 119-131, 1989.

34. Perusse, D., «Cultural and reproductive success in industrial societies: testing the relationship at the proximate and ultimate levels and Open Peer Commentary», *Behavioral and Brain Sciences*, 16, pp. 267-322, 1993.

35. Ramos, R., «Las victorias en el fútbol estimulan el apetito sexual», *La Vanguardia*, p. 44, 26 de septiembre de 1995.

36. Roberts, S. C., Harlicek, J., Flegr, J., Hruskova, M., Little, A. C., Jones, B. C., Perret, D. I., y Petrie, M., «Female facial attractiveness increases during the fertile phase of the menstrual cycle», *Proceedings of the Royal Society of London: Biological Sciences*, 271, (sup. 5), pp. 270-272, 2004.

37. Rushton, J. P., y Bons, T. A., «Mate choice and friendship in twins», *Psychological Science*, 16, 7, pp. 555-559, 2005.

38. Sapolsky, R. M., «Stress in animals», *Scientific American*, marzo, 1990. (Reproducido en *Psicología Fisiológica*, Libros de Investigación y Ciencia, pp. 92-99, Prensa Científica, Barcelona. 1994.)

39. Sapolsky, R. M., «Lessons from the Serengeti: why some of us are more susceptible to stress», *The Sciences*, pp. 38-42, 1991.

40. Sapolsky, R. M., «The influence of social hierarchy on primate health», *Science*, 308, pp. 648-652, 2005.

41. Sillen-Tullberg, B., y Moller, A. P., «The relationship between concealed ovulation and mating systems in anthropoid pri-

mates: a phylogenetic analyses», *The American Naturalist*, 141, 1, pp. 1-25, 1993.

42. Snyder, S., «More jobs for that molecule», *Nature*, 372, pp. 504-505, 1994.

43. Shozu, M., Akasofu, K., Harada, T., y Kubota, Y., «A new cause of female pseudohermaphroditism: placental aromatase deficiency», *Journal of Clinical Endocrinology and Metabolism*, 72, pp. 560-566, 1991.

44. Stendhal, *De l'Amour*, Gallimard (ed. 1980), París, 1822.

45. Thornhill, R., y Gangestad, S. W., «The evolution of human sexuality», *Trends in Ecology and Evolution*, 11, 2, pp. 98-102, 1996.

46. Thornhill, R., y Palmer, C. T., *A natural history of rape: biological basis of sexual coertion*, The MIT Press, Cambridge, Massachusets, 2000.

47. Vincent, J. D., *Biologie des Passions*, Odile Jacob, París, 1986. (Traducción en castellano de Anagrama, Barcelona, 1987.)

48. Wilson, G., *The grat sex divide*, Peter Owen Publish., Londres, 1989.

49. Wilson, E. O., *Sociobiology: The new synthesis-25th. Anniversary edition*, Harvard University Press, Cambridge, Massachusets, 2000.

50. Yalcinkaya, T. M., Siiteri, P. K., Vigne, J. L., Licht, P., Pavgi, S., Franck, L. G., y Glickman, S. E., «A mechanisms for virilization of female spotted hyenas in utero», *Science*, 260, pp. 1929-1931, 1993.

8. EL FUTURO DEL AMOR

1. Alberoni, F., *Enamoramiento y amor*, Gedisa, 1983, Barcelona.

2. Amos, B., Twiss, S., Pomeroy, P., y Anderson, S., «Evidence for mate fidelity in the gray seal», *Science*, 268, 1897-1899, 1995.

3. Auger, J., Kuntsmann, J. M., Czyglik, F., y Jouannet, P., «Decline in semen quality among fertile men in Paris during the past 20 years», *The New England Journal of Medicine*, 332, 5, pp. 281-285, 1995.

4. Barkow, J. H., «Darwin, sex and status: biological approaches to mind and culture», *Behavioural and Barin Sciences*, 14, pp. 295-334, 1991.

5. Campbell, K. L., y Wood, J. W., «Human reproductive ecology: interactions of environment, fertility and behavior», *Annals of the New York Academy of Sciences*, vol. 709, Nueva York, 1994.

6. Carter C. S., Lederhendler, L. I., y Kirpatrick, B., (eds.), «The integrative neurobiology of affiliation», *Annals New York Academy of Sciences*, vol. 807, Nueva York, 1997.

7. De Waal, F., y Lanting, F., *Bonobo: the forgotten ape*, University California Press, Berkeley, 1997.

8. Desonie, D., «Looking for Dr. Right: catalyzing love for the lab-bound», *The Sciences*, enero-febrero, 6, 1995.

9. Diamond, J., *Why is sex fun?: the evolution of human sexuality*, Basic Books, Nueva York, 1997.

10. Domínguez, M., *Peiximinuti*, València: Editorial Tres i Quatre, Valencia, 1993.

11. Fisher, H. E., *Why we love: the nature and chemistry of romantic love*, Nery Holt and Co., Nueva York, 2004.

12. Freud, S., *Obras completas*, Biblioteca Nueva, Madrid, 1968. (Traducción del profesor Rey Ardid.)

13. Fukuyama, F., *Our posthuman future*, Profile Books, Nueva Cork, 2002. (Traducción al español de Ediciones B, Barcelona, 2002.)

14. Galiana, A., «Una visió ecològica de la política», *Revista de Catalunya*, 95, pp. 11-27, 1995.

15. Giroud, F., y Levy, B. H., *Les hommes et les femmes*, Oliver Orban, París, 1993. (Traducción al catalán de La Campana, Barcelona, 1993.)

16. Hendrick, C., y Hendrick, S., «A theory and method of love», *Journal of Personality and Social Psychology*, 50, 2, pp. 392-402, 1986.

17. Hawton, K., «Integration of treatments for male erectile dysfunction», *The Lancet*, 351, pp. 7-8, 1998.

18. Kendrik, K. M., Hinton, M. R., y Atkins, K., «Mothers determine sexual preferences», *Nature*, 395, pp. 229-230, 1998.

19. Kramer, P., *Listening to Prozac*, Viking-Penguin Books, Nueva York, 1993. (Traducción al español de Seix y Barral, Barcelona, 1994.)

20. Lee, J. A., *The colors of love: an exploration of the ways of loving*, New Press, Don Mills (Ontario), 1973.

21. Le Vay, S., *The sexual brain*, The MIT Press, Cambridge, Massachussets, 1993. (Traducción al español de Alianza Editorial, Madrid, 1995.)

22. McHoskey, J. W., «Machivellianism and sexuality: on the moderating role of biological sex», *Personality and Individual Differences*, 31, pp. 779-789, 2001.

23. Miller, G., *The mating mind*, Free Press, Nueva York, 2002.

24. Rieger, G., Chivers, M. L., y Bailey, J. M., «Sexual arousal patterns of bisexual men», *Psychological Science*, 16, p. 8, 2005.

25. Sagan, C., y Druyan, A., *Shadows of forgotten ancestors*, Scott, Meredith and Co., Nueva York, 1992. (Traducción en castellano de Planeta, Barcelona, 1993.)

26. Stendhal, *De l'amour*, Gallimard, París, 1980.

27. Sternberg, R. J., *Cupid's arrow: the course of love through time*, Cambridge University Press, Nueva York, 1998.

28. Stowers, L., Holy, T. E., Meister, M., Dulac, C., y Koentges, G., «Loss of sex discrimination and male-male aggression in mice deficient for TRP2», *Science*, 295, pp. 1493-1500, 2002.

29. Thornhill, R., y Gangestad, S. W., «The evolution of human sexuality», *Trends in Ecology and Evolution*, 11, 2, pp. 98-102, 1996.

30. Tiger, L., «Living with abortion», *The Sciences*, septiembre-octubre, pp.12-15, 1992.

31. Vincent, J. D., *Biologie des Passions*, Odile Jacob Ed., París, 1986. (Traducción al español de Anagrama, Barcelona, 1987.)

32. Young, L. J., y Wang, Z., «The neurobiology of pair bonding», *Nature Neuroscience*, 7, 10, pp. 1048-1054, 2005.

VOCABULARIO FUNCIONAL

La que sigue es una guía de bolsillo para turistas del cerebro erótico: una colección de tecnicismos que han ido salpicando y, a buen seguro, obstaculizando la lectura del libro. Se comentan aquí para aclarar localizaciones y funciones de manera frívola pero bastante precisa. Algunos términos no recogidos como voces separadas aparecen en cursiva. La lectura de este breviario puede servir como una introducción hipercondensada a la neurobiología de los sentimientos afectivos.

Accumbens. Agrupación de neuronas que forman uno de los hitos de los circuitos del placer en el cerebro límbico. Allí germinan los apetitos por las cosas buenas de la vida: desde el deseo fugaz hasta las ansias inmoderadas y obsesivas. Las drogas adictivas atrapan en el vicio gracias, en buena medida, a las resonancias intensísimas que despiertan en las neuronas (dopaminérgicas) de ese lugar.

Adenosina. Sustancia resultante de la mezcla de un azúcar y la adenina, uno de los componentes primordiales de los ácidos nucleicos que gobiernan la gran factoría química del cogollo celular. La adenosina adopta diversas formas que son moneda de cambio usual en el metabolismo energético. También actúa como mensajero intercelular en el cerebro. Las popularísimas acciones estimulantes del café, del té y de la Coca-Cola dependen directamente de rutas adenosínicas.

ADN. Una enorme molécula que enrosca su doble trenzado helicoidal en el núcleo de todas las células del organismo. Tiene una estructura química repetitiva donde la combinación secuencial de cuatro bases diferentes permite formar unos segmentos (genes) que funcionan como moldes inductores de la inmensa cantidad de sustancias que deben elaborarse, o silenciarse, para ir renovando y reparando los materiales biológicos. La catalogación de las secuencias génicas y no génicas de las moléculas de ADN es tarea muy ardua. De ahí que llevara tanto tiempo y esfuerzo completar un buen borrador del genoma humano y que los de las especies que más nos interesan vayan conociéndose con cuentagotas. Algunas secuencias génicas son particularísimas (estrictamente idiosincráticas) y por eso se han puesto de moda las técnicas de mapeo de huellas génicas para resolver enigmas derivados de las relaciones conflictivas (o cooperativas) entre humanos. El ADN es el icono fundamental de la biología: acarrea la historia y el «destino» de los organismos y eso le confiere una jerarquía inigualable. Pero es un destino maleable por avatares diversos. En eso se basan las tecnologías de reparación y reprogramación génica.

Adrenalina. Hormona secretada por las glándulas adrenales que están situadas encima del riñón. Aunque provoca una tempestad consignable en todo el cuerpo (aceleración cardíaca, aumento de la presión arterial, amplificación respiratoria, potenciación de la eficiencia muscular, sudoración, dilatación pupilar, piloerección, etc.), mantiene el magín bastante tranquilo porque tiene muy poca importancia como mensajero químico cerebral.

Agonista. Sustancia que mimetiza o amplifica las propiedades de un mensajero neuronal o de una hormona al inducir cambios similares en sus receptores. Dicho de otro modo: los fármacos agonistas son tropas de refuerzo para las sustancias que trabajan en el cerebro (o en otros órganos), cuando se requieren efectivos adicionales o más expeditivos.

Anfetaminas. Sustancias estimulantes con propiedades adictivas. Amplifican el funcionamiento de diversos sistemas de neurorregulación cerebral y periférica con una potenciación preferente de los de dopamina. Tienen unos usos clínicos restringidos (el trastorno por déficit de atención en las criaturas, por ejemplo). Algunas variedades recientes o de diseño se han impuesto como drogas de consumo habitual (pastillas) en el frenesí discotequero.

Aminoácidos. Componentes esenciales que usa la factoría química intracelular para elaborar péptidos y proteínas. Algunos aminoácidos también actúan como mensajeros principales (neurotransmisores) entre las células nerviosas del cerebro, normalmente en las conexiones a corta distancia. Los compuestos que se prescriben para estimular el apetito de los niños reticentes y tiquismiquis son mezclas de aminoácidos.

Andrógenos. Hormonas esteroideas que son secretadas por los testículos, preferentemente, por las glándulas suprarrenales y en alguna región dérmica como las axilas. Se las suele llamar hormonas masculinas con toda propiedad aunque las mujeres también los fabrican (en cantidades irrisorias, eso sí, pero suficientes para dar una variabilidad apreciable entre las féminas). La testosterona es el miembro más relevante de la familia androgénica: tiene un papel capital durante la maduración temprana del cerebro sexual y en los aparatosos cambios corporales (y de carácter) que cristalizan durante la pubertad. Los andrógenos incrementan el apetito y la actividad sexual, disparan la agresividad y promueven la ambición competitiva. La castración química que reclaman algunos reclusos condenados a causa de agresiones sexuales reiteradas se lleva a cabo mediante la administración de antiandrógenos de efecto prolongado. Las versiones sintéticas de varios andrógenos suelen formar parte de los cócteles dopantes que usan multitud de deportistas y aficionados al exhibicionismo muscular.

Antagonista. Sustancia que anula o atenúa los efectos de un mensajero intercelular porque secuestra sus receptores al combinarse con ellos con una mayor apetencia y especificidad. Los fármacos antagonistas funcionan como diques de contención ante las hormonas o los neurorreguladores que trabajan en un lugar particular de los engranajes celulares.

Antidepresivos. Diversas familias de medicamentos que restauran el estado de ánimo y el empuje vital en individuos hundidos en una aflicción irremediable y con apatías muy severas y prolongadas. Necesitan semanas para corregir las disfunciones neurohormonales que se han instaurado en el cerebro en paralelo a la melancolía insuperable. Los más nuevos y selectivos tienen pocos efectos secundarios y pueden incrementar la autoestima y la confianza en uno mismo en personas con problemas más benignos de tipo adaptativo o de relación interpersonal. Es probable que ésa sea la razón por la que se han impuesto como fármacos de dispensación masiva, superando a los ansiolíticos y acercándose a los analgésicos. Los médicos de cabecera ya no podrían concebir su profesión sin ellos. Y los psicoterapeutas tampoco, aunque suelan minusvalorarlos (por envidia profesional).

Área cerebral. Sinónimo aproximado de región, centro o núcleo del cerebro. En general, corresponde a una agrupación de neuronas que observadas al microscopio muestran una ordenación peculiar y distinguible de los territorios circundantes. Afortunadamente, a menudo se les puede asignar también una función singular (o preferente, al menos). El tamaño no es un criterio definitorio: las áreas de la corteza cerebral son muy vastas y las del hipotálamo, minúsculas.

Aromatasa. Fermento capaz de convertir los andrógenos en estrógenos. Importante en algunos períodos de la maduración sexual, cuando la presencia de aquellas hormonas es crucial para modelar los atributos sexuales externos e internos y los trenzados característicos del cerebro sexual masculino o femenino.

Autoestimulación intracraneal. Técnica de autoinducción de placer en el laboratorio. Los animales aprenden a accionar resortes (palancas, interruptores), para suministrarse suaves descargas eléctricas a través de unos electrodos implantados que llegan hasta las áreas cerebrales de la gratificación. Existe una técnica inductora equivalente, la *autoadministración intravenosa o intracerebral de drogas adictivas*, a través de microcánulas, que los animales también aprenden a practicar con gran dedicación.

Axones. Largos filamentos o haces que salen de las neuronas. Cada célula nerviosa tiene una de esas prolongaciones y la emplea para alcanzar y establecer conexión con otros territorios (neuronas del propio cerebro o de la médula espinal, así como las glándulas o los músculos). Son tubos peculiares, a medio camino entre un hilo eléctrico y una cánula: conducen pulsos de corriente a una notable velocidad y por su interior hay un considerable trasiego de sustancias en todas direcciones. Los hay de alcance modesto (inferior a un centímetro). Pero los hay también que superan el metro de recorrido cuando saliendo de la columna vertebral como fibras nerviosas (nervios), llegan hasta los lugares más distantes del cuerpo (la punta de los dedos de las manos o los pies).

Bisexuales. Individuos que se sienten atraídos y mantienen relaciones amorosas con hombres y mujeres indistintamente. Casi ausentes de este libro, por razones de espacio. Presentes en sociedad aunque en proporciones escasas, si hay que hacer caso a los estudios más rigurosos sobre el asunto. Son un buen ejemplo de las inconcreciones del diseño biológico en lo que se refiere a la orientación sexual, aun cuando los datos más recientes sugieren que siempre predomina un tipo de atracción sobre la otra en esos cosmopolitas eróticos.

Bivitelinos. Véase dicigóticos.

Cafeína. Xantina primordial de las infusiones a base de té o de café y de las bebidas de cola. Bloquea las acciones de la adenosina en el cerebro. Sincronizador indispensable de los horarios y los ritmos del trabajo humano en las sociedades industriales y postindustriales: sin dosis regulares de esa droga, el mundo tal como lo conocemos se sumiría en un caos paralizante.

Caudado. Núcleo cerebral que forma parte del conjunto de los *ganglios basales* del encéfalo, que incluye también al *putamen, pallidum y claustrum.* Como sus células presentan una disposición en estrías en las imágenes microscópicas, al caudado y putamen se les conoce también con el nombre de *estriado.* Esos dos grandes núcleos tienen una participación crucial en la regulación de las salidas motoras que gobiernan la sustentación, la marcha y la manipulación fina. Son, además, puntos de llegada de los haces dopaminérgicos. Aprovechan sus relaciones íntimas con el *pallidum* y el *accumbens* para conectar, asimismo, con los sistemas del placer y los incentivos en el cerebro. En los estudios de neuroimagen, el caudado y en particular su polo anterior denominado «cabeza», ha sido relacionado con la devoción amorosa.

Centro cerebral. Véase «área cerebral».

Cíngulum. Circunvolución cingulada. Extensa zona de la neocorteza situada inmediatamente por encima del *cuerpo calloso,* el gran sistema de fibras que interconecta ambos hemisferios del cerebro por su parte medial. El cíngulum participa en múltiples procesos, aunque los más estudiados son su contribución al mantenimiento de la atención, la detección final de errores en las salidas motoras/cognitivas y la modulación del dolor/aflicción. Está profusamente interconectado con los circuitos del *sistema límbico,* hasta el punto que se la considera una parte integrante de él. En los estudios pioneros de neuroimagen sobre funcionalidad erótico/amorosa, en humanos, aparecen activaciones de algunas regiones cingulares anteriores y posteriores.

Claustrum. Fina capa de sustancia gris que se extiende en ambos hemisferios cerebrales entre la *corteza insular* y el *putamen.* Poco trabajo se ha hecho todavía en ese recóndito arrecife cerebral, pero últimamente ha ganado notoriedad porque Francis Crick, en un trabajo póstumo, lo postuló como sustrato del escrutinio consciente del mundo externo e interno. Sus interconexiones y situación hacen de él un candidato plausible. El sólo hecho de encontrarse en la inmediata vecindad de la *ínsula* ya constituye una pista sugerente, porque la implicación de ese inmenso repliegue de la neocorteza en el procesamiento de las percepciones viscerales es crucial.

Cocaína. Euforizante y energizador de efectos muy potentes. El joven Sigmund Freud intuyó unas aplicaciones clínicas espléndidas para los extractos de coca y contribuyó a popularizarlos a finales del siglo XIX. Freud era entonces un médico prometedor del Hospital General de Viena con algo de prisa por alcanzar la fama, pero al comprobarse la toxicidad y la potencia adictiva de la cocaína fue relegado de la academia. Supo resarcirse, no obstante, con enorme ingenio inventando el psicoanálisis. Un procedimiento de confesión remunerada y con cita previa que le cerró definitivamente las puertas de la ciencia pero que le encumbró hasta la cima del pensamiento (baldío), donde continúa instalado. En la actualidad la cocaína constituye un producto básico de la economía de diversos países sudamericanos y una continua fuente de preocupaciones, en todo el mundo, por la gran concurrencia que consigue como droga recreativa.

Coito. Inserción del pene dentro de la vagina, en la versión más solicitada y practicada. Normalmente va seguida de unos movimientos más o menos acoplados de los protagonistas que culminan en unos escandalosos espasmos que facilitan el intercambio de líquidos (eyaculación seminal masculina y descargas glandulares femeninas). Es la interacción sexual más fructífera en términos de rendimiento biológico (probabilidad fecundatoria). Y también la más trascendente en lo que concierne a la estructuración de las relaciones familiares y sociales. A pesar de que algunas campañas del feminismo desorientador pretendían desacreditarlo como fuente de gratificación, continúa siendo el juego amoroso predilecto de los hombres y de la inmensa mayoría de las mujeres. La mayor parte de la incidencia de enfermedades de transmisión sexual gravita sobre esa predilección.

Colecistocinina. Hormona peptídica secretada por células de la pared del intestino. Ayuda a descargar la bilis almacenada en la vejiga biliar hacia la luz intestinal. También se elabora y actúa en el cerebro: sus niveles constituyen una señal de saciedad alimentaria; interviene asimismo en la fijación de algunos recuerdos y en las reacciones de miedo.

Corteza cerebral. Véase «neocorteza».

Corticosteroides. Familia de hormonas secretadas en la corteza de las glándulas suparrenales. No participan directamente en la regulación de los sentimientos amorosos ni en los impulsos sexuales, pero gobiernan las reacciones de emergencia del organismo ante las situaciones de compromiso físico o de conflicto social. Así, acaban teniendo una influencia (en general, atenuadora) sobre las alegrías amorosas.

Cromosomas. Bastoncillos emparejados dentro de los núcleos celulares. Son aglomerados de ADN que contienen el genoma (nuclear) entero de un organismo. En los humanos, el par número 23, el último, contiene los moldes básicos que hacen diferentes a los hombres de las mujeres: el par XX en las féminas y el XY, en los varones. En realidad, los inductores principales de esa diferencia de destino vital son unas secuencias muy particulares del cromosoma Y. El gen *Sry*, sobre todo, y unos cuantos segmentos génicos más contienen las instrucciones decisivas para la formación de los atributos varoniles más conspicuos (los testículos y la morfología distintiva de los genitales externos e internos). Hay que fijarse en el detalle de que los machos transportan carga femenina (acarrean un cromosoma X), que los vectores génicos incluidos en el bastoncillo Y deberán contrarrestar. En general lo consiguen, aunque para ello necesitan ayudarse de diversos resortes auxiliares en los períodos críticos de la maduración sexual.

Dihidroepiandrosterona. Hormona precursora de andrógenos y estrógenos. Es abundantemente secretada por las glándulas suprarrenales aunque había recibido muy poca atención hasta hace poco. Ahora se la investiga con fruición porque se han acumulado indicios dc que retarda el envejecimiento junto a otras sustancias hormonales como la melatonina.

Dihidrotestosterona. Andrógeno derivado de la testosterona. Es más potente que esta última, circula en sangre y se elabora en diversos territorios corporales como por ejemplo en rincones pilosos ricos en glándulas. Es probable que las diferencias en el apetito y los rendimientos sexuales de base, dependan tanto o más de ella que de la hormona matriz.

Dicigóticos. Hermanos gemelos procedentes de la fecundación de dos huevos diferentes. Los gemelos dicigóticos (o bivitelinos) salen bastante distintos por esa razón: a veces, hasta el sexo es distinto en esos mellizos.

Dopamina. Sustancia que actúa como mensajero interneuronal (neurotransmisor). Las neuronas la elaboran mediante una síntesis sencilla a partir del aminoácido tirosina. El mapa de los diversos sistemas dopaminérgicos del encéfalo (haces neurales que usan la dopamina como mensajero principal) está muy bien dibujado. Esos sistemas trabajan en funciones muy diferentes según la región y los receptores que se activen: desde la regulación motora fina a los procesos de vigilia, atención y filtraje de estímulos, pasando por la secreción de hormonas en la pituitaria. Por eso cuando hay un déficit severo de dopamina en la región del *estriado* las alteraciones motoras son muy aparentes (por ejemplo, parkinson) y cuando hay una hiperactivación dopaminérgica en otras regiones se produce un caos en el pensamiento (por ejemplo, esquizofrenias). Su papel en la incentivación del deseo y los apetitos, en las vías y regiones del placer del cerebro, es capital.

Eyaculación. Expulsión abrupta de líquido espermático. Véase «coito» para el disparo seminal más fructífero y satisfactorio. Últimamente hay preocupación porque los eyaculados masculinos en las sociedades avanzadas y bien alimentadas han ido perdiendo calidad (menor abundancia y movilidad de los espermatozoides del semen expulsado). Hay conjeturas para todos los gustos (incluyendo las apreturas de los slips y el uso excesivo del asiento del coche o de los aviones), pero sin conclusiones claras hasta el momento.

Embrión. El huevo fertilizado durante las primeras fases del desarrollo. Por convención, en los humanos el período de crecimiento embrionario alcanza hasta los tres meses después de la fecundación. Después, al organismo en expansión intrauterina se lo denomina *feto* y una vez maduros, expulsados fuera de la matriz y convenientemente aseados y desconectados del cordón umbilical, *bebés*.

Encéfalo. La gran masa blanda que ocupa el interior de la bóveda craneana. Incluye al cerebro y al cerebelo, las vísceras más complejas de todo el organismo. Acaba en un tallo (el tronco del encéfalo) que continúa nuca abajo por el tubo central de la columna vertebral formando la médula espinal. Si se han probado los sesos de cordero fritos en su punto, a la romana por ejemplo, se habrá podido apreciar que los chips de la inteligencia animal tienen una textura sedosa y un gusto dulzón culminado por un sutil toque harinoso.

Endorfinas. Péptidos (combinaciones de aminoácidos) elaborados por el propio cerebro que junto a las encefalinas y dinorfinas forman el grupo de los opioides. Son sustancias con acciones similares a los opiáceos (los procedentes de las plantas o los sintéticos) y de ahí el nombre de opioides. Atenúan el dolor e inducen satisfacción y beatitud de manera natural remedando las acciones de las drogas opiáceas como la morfina, la heroína o la metadona. Las agencias de publicidad pretenden que algunos automóviles, las sesiones balnearias o los destinos turísticos promueven una gran secreción de endorfinas gratificantes. No avisan, sin embargo, que son sustancias anafrodisíacas (generan un nirvana beatífico que conlleva apatía amorosa).

Erección. La del pene es la más vistosa. Pero se da también en los pezones, en el clítoris y hasta en la cabellera, en circunstancias extremas (no amorosas, en este último caso). Los apéndices sexuales se ponen rígidos por el acoplamiento de cambios circulatorios (un mayor acopio de sangre en los vasos dilatados) y musculares que siempre habían tenido un aura misteriosa. Ahora se han desvelado ya algunos de los secretos esenciales del asunto, para alivio de los que padecen flaquezas transitorias o crónicas de los dispositivos insufladores. El éxito del Viagra y sus epígonos (Cialis, Levitra) ha sido apoteósico, aunque los psicoterapeutas y los sexólogos también tiendan a minusvalorarlos (de nuevo, por celos profesionales).

Esteroides. Gran familia de sustancias naturales que provienen del colesterol. A pesar de la horrenda fama de esta molécula, sin ella y sus parientes buena parte de las amenidades amorosas y las digestivas se volatilizarían. Las hormonas sexuales masculinas y femeninas son esteroides y también lo son diversas hormonas que facilitan la reacción efectiva del organismo en circunstancias críticas.

Estro. El ciclo de actividad/apetencia sexual de los mamíferos hembra que tiene su correspondencia en el ciclo menstrual de la mujer. En las distintas especies de mamíferos presenta duraciones muy variables y además de la hemorragia, cuando no hay preñez, muestra una cima de receptividad sexual (el celo) acompañada de reclamos explícitos. Ese clímax incitador publicita el momento de la ovulación. Las mujeres y alguna otra hembra primate, como las bonobas, no emiten unas señales propagandísticas tan claras de la disponibilidad reproductora.

Estrógenos. Hormonas esteroideas elaboradas y secretadas por los ovarios. Consolidan la aparición de las formas femeninas durante la pubertad, son los protagonistas principales durante la primera parte del período menstrual y tienen un papel capital en la fecundación. Modulan asimismo el deseo sexual en las mujeres (el pico estrogénico alrededor del momento ovulatorio acostumbra a coincidir con un período de deseo erótico, y de brillantez y atractivo facial aumentados). En los hombres se elaboran a partir de los andrógenos y ayudan a regular algunas etapas madurativas en la formación del cerebro amoroso.

Haz. Un grupo o paquete de axones que se dirigen de un lugar a otro del encéfalo o de la médula espinal. Por convención, los haces no salen del sistema nervioso central y se limitan a interconectar territorios en su seno. Los paquetes de axones que abandonan ese reducto se abrigan con diversas capas protectoras para tomar el aspecto de cordones que denominamos *nervios*.

Feniletilaminas. Extensa familia de sustancias naturales y sintéticas que modulan el tono vital. Tienen un amplio abanico de aplicaciones farmacéuticas que van desde la regulación del ritmo cardíaco y la presión arterial hasta el control de la vigilia y el sueño, el hambre y la respiración. Las anfetaminas pertenecen a ese clan pero diversos neurorreguladores naturales como la adrenalina, la noradrenalina y la dopamina son miembros mucho más distinguidos de él. Se pensó que los estados amorosos podían depender de feniletilaminas específicas, pero todos los datos indican que con las acciones de algunos neurotransmisores (la dopamina o la noradrenalina) con el concurso de diversas neurohormonas (la oxitocina, la vasopresina, los opioides), trabajando en las regiones del cerebro sexual, ya pueden efectuarse aproximaciones productivas a la biología amorosa.

Fibra nerviosa. Prolongaciones de las neuronas. Las largas, los axones, funcionan como vía de salida del impulso eléctrico. Las dendritas, las cortas, suelen servir como punto de llegada (o de generación) de esas señales.

Fornicar. Practicar el coito. Tiene multitud de sinónimos verbales y gestuales en todas las lenguas. «Hacer el amor» es la fórmula preferida por la pedagogía cursi de nuestro tiempo y por los devotos de los productos *light*. «Copular», la reservada para los animales subhumanos.

GABA. Aminoácido que actúa como mensajero intracerebral. Las neuronas que lo usan como neurotransmisor son muy abundantes en el encéfalo. En general actúa como freno. Aminora o inhibe la actividad neuronal. Si no hubiera GABA la tendencia a la excitación espontánea de las células nerviosas nos llevaría a un paroxismo de actividad: el sueño devendría imposible y se acabaría el pensamiento ordenado. Muchos hipnóticos y calmantes potencian los efectos del GABA. El alcohol también lo hace: es su ruta de influencia preferente en el cerebro, donde induce efectos complejos y muy bien aprovechados en muchas culturas humanas.

Gays. Homosexuales masculinos.

Gen. Véase ADN.

Genoma. El conjunto de genes en la molécula de ADN que atesoran las instrucciones químicas para desarrollar un organismo entero e irlo renovando ulteriormente. Eso incluye toda la maquinaria interna de las células, así como sus engranajes de ensamblaje, funcionamiento y reparación. No todo el genoma es prescriptor de sustancias: hay segmentos reguladores con múltiples papeles en la vecindad de los genes. Hay también enormes secuencias de ADN intergénico que contiene información aparentemente irrelevante o no desvelada. Genoma fue también la denominación que adoptó el proyecto dedicado a completar un borrador aproximado del mapa de los genes necesarios para modelar un ser humano. Fue una decepción (relativa) comprobar que en términos cuantitativos las humildes plantas nos superan de largo y las moscas andan muy cerca de nosotros.

Germinales. Células reproductoras que se fusionan durante la fecundación. Espermatazoides, las masculinas, y óvulos, las femeninas.

Gónadas. Glándulas sexuales principales. Ovarios, las femeninas, y testículos, las masculinas. Son dobles en los dos sexos y tienen forma ovoidal. Elaboran las células germinales y secretan las hormonas sexuales y otros productos. Los insultos, las procacidades y la mayoría de imprecaciones agresivas que destilan los humanos se refieren a ellas de manera muy insistente y curiosa en todas las sociedades e idiomas.

Heterosexualidad. Atracción y conducta sexual dirigida hacia individuos de sexo diferente al propio. Es la forma más común de vivir el sexo aunque no lo parezca, en ocasiones, dada la preeminencia gay en muchos escaparates de relumbrón.

Hipófisis. Pequeña bolsa que cuelga en la base del punto medio del encéfalo. Está situada inmediatamente por debajo del hipotálamo, una estructura cerebral con la que mantienen conexiones íntimas. También se la conoce por el nombre de glándula pituitaria. Secreta un torrente generoso de hormonas que se dirigen, vía sanguínea, hasta otras glándulas endocrinas diseminadas por todo el cuerpo para modular su funcionamiento. Entre ellas, los ovarios, los testículos y las glándulas mamarias.

Hipotálamo. Región cerebral que se encarga de regular los instintos básicos, de acuerdo con la terminología cinematográfica. Es la zona fundamental del cerebro límbico (afectivo) y funciona, en concierto con la hipófisis, como centro de gobierno del sistema endocrino. Constituye asimismo uno de los eslabones superiores de regulación del sistema nervioso vegetativo. Modula las motivaciones que deben considerarse tan relevantes o más que la sexual. En el hipotálamo están, por ejemplo, los «termostatos» que se encargan de mantener la temperatura corporal y los sistemas clave para regular la ingesta de líquidos y de alimentos, así como los ciclos de sueño/vigilia. Además de todo eso todavía queda espacio para la regulación de los comportamientos amorosos, de la agresividad y hasta de la curiosidad y el empuje vital que muestran todos los animales. En esa región todo está comprimido en núcleos minúsculos. Pero hay que tener en cuenta que ahí se dilucidan sutilezas del tipo: acalorado/enfriado, saciado/hambriento, alerta/dormido, contento/triste, interesado/desinteresado, homosexual/heterosexual. El encéfalo se expande cuando necesita representaciones punto por punto (altamente organizadas) del mundo: por eso la corteza visual y la motora son inmensas en comparación con las áreas dedicadas a la regulación instintiva. De todas maneras, el hipotálamo no sólo está profusamente conectado con el resto de territorios neurales de la afectividad/visceralidad sino con las zonas del cerebro más sutil y ponderador.

Homosexualidad. Atracción y conductas sexuales dirigidas hacia individuos del propio sexo.

Hormona. Sustancia secretada por células endocrinas o neurales. En general viaja por el torrente sanguíneo hasta llegar a otros órganos cercanos o distantes donde se encarga de influir en el metabolismo celular. Así, la insulina secretada por el páncreas modula a las neuronas del hipotálamo que regulan el hambre y la saciedad. Los andrógenos y estrógenos secretados en las gónadas regulan, por su parte, el trabajo de las regiones sexuales del hipotálamo. Y así con otros muchos ejemplos. Las hormonas ayudan a modular, por consiguiente, las tareas de otros órganos o tejidos mediante viajes que a menudo son de ida y vuelta en interacciones recíprocas. Esos trasiegos hormonales, no obstante, no siempre suponen largos recorridos. En el propio cerebro se elaboran muchas neurohormonas y sus traslados son a veces cortos y dentro de una misma región.

Inversión biológica. Gasto energético o de recursos que efectúa un organismo para obtener ganancias (alimentarias o reproductivas, ordinariamente) o evitar pérdidas.

Lesbianas. Mujeres homosexuales. Poca atención han recibido en este texto en comparación con sus homológos masculinos, los gays. La razón, sobre todo, proviene de la escasez de datos firmes. Más allá de los casos bien descritos de androgenización precoz del cerebro sexual en algunas niñas, los hallazgos son todavía muy inseguros.

LH. Hormona luteinizante. Secretada por la hipófisis y necesaria para la maduración final de los óvulos. En los machos estimula la producción de testosterona en las gónadas. Es regulada a su vez por otra hormona, la LHRH, que secretan una neuronas del hipotálamo. El sistema LHRH-LH y sus dianas constituye un componente no trivial de las cascadas neurogonadales que intervienen en la modulación de las conductas amorosas. No está incluido en el texto (de igual manera que otros sistemas neurohormonales relevantes que hemos obviado), para no complicar excesivamente el panorama.

Límbico. Sistema de vías y zonas del cerebro que se ocupan de las funciones instintivas y afectivo-emotivas. Incluye regiones y circuitos muy diversos situados casi todos ellos en las profundidades del encéfalo, cerca de su base y de la línea divisoria entre los dos hemisferios. Es un cerebro antiguo, recóndito, atestado y caótico en la disposición de zonas y fibras (el *cerebro reptiliano*, ha sido denominado asimismo). No todo el mundo está conforme en mantenerlo como división organizativa y quizá tenga los días contados. Con la evolución hacia formas animales más complejas fue progresivamente recubierto por capas y grumos cada vez más extensos de sustancia gris y sus interconexiones (la neocorteza cerebral y los núcleos sensorio-motores). Entre el cerebro límbico, el sensorio-motor y el planificador existen, sin embargo, multitud de interconexiones.

Mecanismo. Dispositivo o secuencia funcional del que pueden obtenerse medidas y que tiene alguna relación con una salida comportamental de un organismo. Al hablar de mecanismos neurohormonales del comportamiento o los sentimientos amorosos, pretendíamos acercarnos a ese supuesto. Seguramente hemos pecado de optimismo más de una vez, pero ése es un vicio indispensable para progresar (junto al escepticismo metódico, se entiende).

Medial. En localizaciones cerebrales indica proximidad a la línea que divide el encéfalo en dos grandes mitades o hemisferios (izquierdo y derecho).

Menstrual. El ciclo (aproximadamente mensual, en las mujeres) durante el cual las paredes internas del recipiente uterino van cambiando y alternan entre un estado apropiado para recibir y transportar los espermatozoides que han conseguido arribar hasta allí y otro donde procuran favorecer la implantación del huevo fecundado (el embrión). Cuando no hay preñez desemboca en una hemorragia escandalosa pero muy llevadera en la vida moderna gracias a las tecnologías del baño, las microcompresas absorbentes y la eficacia de los analgésicos. Hasta hace muy poco tiempo, la desaparición de aquella hemorragia periódica al llegar al umbral del declive (la menopausia), anunciaba la imposibilidad de procrear. Algunos ginecólogos italianos se han saltado a la torera ese obstáculo natural fertilizando *in vitro* óvulos donados e implantándolos, posteriormente, en una matriz presenil pero todavía acogedora.

Mesencéfalo. Cerebro medio. Lugar desde el que arranca el tallo encefálico que va encajonándose en las vértebras del cuello, para formar el gran tubo neural de la médula espinal. Es una región con una gran densidad de haces que lo atraviesan en todas direcciones, aunque queda sitio para diversos aglomerados de sustancia gris con funciones viscerales e instintivas cruciales. Entre ellas, el *área tegmental ventral*, punto de origen de las neuronas dopaminérgicas que forman parte de los circuitos cerebrales del placer enviando fibras hacia arriba, al *accumbens, el pallidum* y otras zonas.

Monogamia. Relaciones sexuales restringidas a una sola pareja (macho o hembra). Muy poco practicada por los mamíferos, incluyendo a los primates, y algo más frecuente entre las aves. *Monogamia serial*: un sistema poligámico disfrazado y bendecido por los usos económicos en las sociedades humanas postindustriales. Consiste en una sucesión más o menos numerosa (en función de la renta, esencialmente) de aparejamientos con observancia de fidelidad (imperfecta) durante el período de compromiso con cada una de esas parejas. Arreglo muy practicado, asimismo, durante la adolescencia y la primera juventud, en la época de tanteo y ejercitación en el mercado amoroso, con unos costos patrimoniales considerablemente menores.

Monocigóticos. Gemelos procedentes de la fecundación de un único óvulo que después se escinde formando embriones independientes. Los hermanos monocigóticos (o univitelinos) salen idénticos, o sea, clónicos, por esa razón.

Naloxona. Antagonista sintético de las drogas opiáceas y de los opioides endógenos. La *naltrexona* también lo es y se usa mucho más que la naloxona en la rehabilitación de toxicómanos y alcohólicos.

Neocorteza. La parte más extensa y externa del cerebro: la que observamos lobulada, gelatinosa y formando repliegues múltiples en los mostradores de venta de despojos, en las carnicerías o en los frigoríficos del supermercado, junto a otras vísceras animales. También se la denomina *córtex* o *corteza*, sin más, pero a menudo se le añade el «neo» porque en el encéfalo hay cortezas más primitivas y soterradas (por ejemplo, la que interviene en funciones olfativas y en la regulación de los afectos e instintos en el sistema límbico). En la neocorteza cerebral se encuentra la mayor acumulación de sustancia gris de todo el sistema nervioso: miles de millones de neuronas dispuestas en capas y columnas organizadas de manera sutil y no totalmente aclarada todavía. Es el universo celular del cerebro visual, del auditivo, del motor, del táctil, del verbal, del musical, del ponderador, del ideatorio y tantos otros, en regiones particulares dedicadas, preferentemente, a funciones específicas. En el sexo y el amor su papel es, sin embargo, delegado: expande incentivos, suscita imaginarios inagotables pero, si le falta el impulso energizador (subcortical y neurohormonal) no hay cera que pueda arder.

Nervio. Véase haz.

Neurona. Célula nerviosa principal. El cerebro humano es un universo neuronal (cien mil millones de neuronas, estiman los cálculos aproximados), afortunadamente ordenado y bastante repetitivo en muchos lugares. Cada neurona puede estar, a su vez, interconectada con otras miles y recibir influencias de abundantísimas células gliales (otra tipología de células nerviosas). A pesar de esa desafiante complejidad, las neuronas tienen tendencia a agruparse en núcleos, disponerse en capas y columnas, establecer nodos y redes jerárquicas y formar haces distinguibles, todo lo cual facilita la tarea de desentrañar la inmensa maraña nerviosa. Hoy en día, los neurofisiólogos consiguen registrar la actividad de neuronas individuales (por ejemplo, del *accumbens*) mientras su propietario, un primate, anticipa el valor de una señal alimentaria o sexual. O el trabajo de otras neuronas singulares (en la neocorteza) cuando ese mismo primate está evaluando las intenciones gestuales (o deliberativas) de un vecino.

Neurotransmisor. Sustancia química que actúa como mensajero neuronal, por regla general en distancias cortísimas (las sinapsis: espacios de contacto interneuronal o neuroglial). Los hay de tipos muy diversos (aminoácidos, aminas, péptidos, esteroides, gases, etc.) y su función consiste en facilitar que los impulsos eléctricos generados por las neuronas sigan su curso (excitación) o se detengan (inhibición). Hay otras sustancias que ayudan a modular ese paso crucial en los contactos interneuronales, pero no tienen la llave preferente para propagar o bloquear la señal. A esas últimas se las denomina neuromoduladores o neurorreguladores y tienen menos fama que los neurotransmisores. En este libro les hemos dedicado, no obstante, una atención equivalente porque la regulación de la conducta erótica hay trabajo para todas ellas.

Noradrenalina. Neurotransmisor central y periférico. En el encéfalo las neuronas noradrenérgicas son solamente unos cuantos millares pero están situadas en lugares cruciales y tienen funciones muy importantes. La alerta, la vigilancia y la atención focalizada dependen de ellas. Y también la regulación de buena parte del empuje vital a través de su influencia sobre dispositivos hipotalámicos y corticales. Ésa es la razón por la que al restaurar disfunciones noradrenérgicas se consiguen superar depresiones muy severas. En el resto del cuerpo la noradrenalina funciona como mensajero primordial en las terminaciones vegetativas sobre las vísceras. De ahí su relevancia. Los resortes finales de la vivacidad de los arietes y receptáculos genitales (pene y vagina), por ejemplo, la tienen como gran protagonista.

Núcleo. 1. El compartimento o vesícula central de las células. Allí donde se empaqueta la mayor parte del material genético (ADN). 2. En el encéfalo, cualquier agrupación de neuronas que pueda distinguirse como una estructura singularizada. Las neuronas de un núcleo cerebral o cerebeloso acostumbran a ser similares en sus tipologías, organización, conexiones y especialización neuroquímica. Eso es lo que da una cierta dedicación funcional que va acompañada de sorpresas porque esa regla tiene excepciones siempre.

Orgasmo. Pico del placer sexual. En los hombres extremadamente resolutivo y en las mujeres, no tanto. Depende, no obstante, de la intensidad y calidad. Falta investigación rigurosa sobre ese fenómeno, aunque dejaremos la descripción de sus etapas y componentes para los manuales de sexología y la literatura costumbrista. Como es un acompañante prácticamente invariable de la eyaculación, la biología lo ha tenido muy fácil para explicar sus funciones en los varones. En cambio, ya vimos en su momento que las discusiones sobre su utilidad en las mujeres continúan vivísimas. Uno de los epígonos de Freud, Wilhelm Reich, consiguió convencer a diversas generaciones de que la sincronicidad orgásmica era un requisito indispensable para la salud mental. Fueron legión los que se esforzaron, con un entusiasmo encomiable, en alcanzar el perfecto acoplamiento del clímax sin conseguir (salvo en raras ocasiones) hollar la cima de la plenitud reparadora. Eso, dejando de lado los inconvenientes de tamaños paroxismos duales: dolor de cabeza, vértigos, mareos, embotamiento, sofocación, flojera, sensación resacosa persistente, desorientación y hasta destellos de inminencia de muerte que a veces acompañan a un ejercicio de indudable amenidad. Como en otros asuntos epicúreos, todo depende del buen criterio en la degustación. Los fármacos, sabiamente usados, también pueden ayudar cuando hay dificultades de inducción.

Orientación sexual. Direccionalidad de la atracción, los sentimientos y el comportamiento erótico. Hacia el mismo sexo (homosexualidad), hacia el contrario (heterosexualidad) o hacia cualquier diana apetecible (bisexualidad, trisexualidad o lo que se tercie, en algunos omnívoros eróticos).

Ovarios. Gónadas femeninas. Glándula con una producción estrictamente limitada de óvulos: de ahí que haya tantas solicitudes (la masculina proverbial, la de las clínicas de fertilidad y últimamente las de los investigadores en técnicas de clonación, de transferencia nuclear y en líneas de células madre). A pesar de las restricciones, se siguen despilfarrando la mayoría de huevos.

Oxido nítrico (NO). Gas altamente inestable que actúa como mensajero en el encéfalo y en la periferia corporal. En contacto con el aire se convierte en óxido nitroso un componente común de la polución atmosférica en las sociedades industriales que se usa, asimismo, como anestésico en medicina. La acción vasodilatadora y contractil del NO en las paredes del pene es el paso final que permite el disparo de la erección. Eso sólo ya le valdría un lugar de honor en la biología amorosa, pero interviene, además, en la regulación de la presión arterial, en la fijación de algunas memorias en el cerebro y en los sistemas de defensa inmunitaria. El año 1992 tuvo el honor de ser designada como la «molécula del año» que, en ciencia, es algo así como el Oscar al mejor actor de reparto (los protagonistas principales reciben el Nobel, que también fue a parar unos años más tarde a los farmacólogos que desvelaron sus funciones).

Oxitocina. Hormona peptídica elaborada por neuronas del hipotálamo y secretada al torrente sanguíneo en la pituitaria. Interviene decisivamente en la inducción del parto, el amamantamiento y la eclosión de los cuidados maternales. También participa en las fases de excitación y resolución orgásmica en hombres y en mujeres. Hay muchos datos, en mamíferos, a favor de que promueve las dependencias afectivas resultantes del contacto epidérmico (caricias, besos) durante los juegos amorosos. De todas las neurohormonas que intervienen en la regulación del erotismo es la que ha obtenido más protagonismo en los últimos tiempos, a pesar de haber sido relegada durante décadas. Hay quien la llama ya la hormona de la socialidad afectuosa.

Paraventricular. Núcleo hipotalámico doble situado junto a la cavidad de los ventrículos cerebrales. Contiene neuronas de gran tamaño que se encargan de elaborar oxitocina y vasopresina. Esas neuronas envían axones hasta la pituitaria para secretar allí los productos hormonales hacia la periferia corporal, mientras que otros axones son enviados hacia diferentes zonas del cerebro afectivo.

Pene. Prolongación externa del tubo urinario de los varones. Mucho más apreciado por su versatilidad y contundencia en el rendimiento sexual que por la vivacidad mangueril que confiere a un asunto tan imprescindible y habitual como la micción. Los sexólogos se han pasado décadas predicando que el tamaño del pene no cuenta: otro ejemplo de la psicopedagogía floral de nuestro tiempo.

Período crítico. Toda la vida, según los sabios más prudentes. En neuroendocrinología sexual son unas etapas madurativas particulares en las que las oleadas de secreciones hormonales (procedentes de las gónadas) dejan impactos decisivos en la organización del cerebro amoroso, de los genitales y de los órganos sexuales internos.

Poligamia. Sistema de relaciones sexuales donde un macho se aparea con muchas hembras en competición abierta con otros machos. La situación inversa, la *poliandria*, puede surgir cuando hay escasez de féminas.

Progesterona. Miembro principal de una familia de hormonas (progestágenos) secretada por los ovarios. Es crucial en la regulación del ciclo menstrual (la fase postovulatoria) y en el mantenimiento de la preñez. Tiende a provocar irritabilidad, apatía e inapetencia sexual. El descenso de progesterona combinado con un incremento estrogénico produce una elevación del deseo sexual, en muchas mujeres, los días inmediatamente anteriores a la menstruación.

Prolactina. Hormona secretada por la pituitaria. Controla la producción de leche en las parturientas y regula la conducta maternal. Tiene funciones relevantes, junto a la oxitocina, en la generación de vínculos de dependencia afectiva aunque apenas lo hemos mencionado en el texto.

Prosencéfalo. Las estructuras más anteriores del encéfalo. Las que quedan protegidas por la bóveda craneana por contraposición a las que están situadas en la nuca.

Prozac. Fluoxetina. Fue el príncipe de los psicofármacos durante la década de los 1990 y todavía mantiene grandes índices de ventas en las presentaciones genéricas. El arrogante ingeniero informático de Seattle que encarnaba Michael Douglas en *Acoso*, confesaba tentaciones de utilizarlo ante el arrinconamiento al que le sometía la voraz Demi Moore. El Prozac se convirtió en materia cinematográfica y literaria porque se instaló en la vida de la gente. La fluoxetina es la sustancia patrón de una familia de antidepresivos «limpios» o «selectivos» (con un perfil más tolerable de efectos secundarios que los antidepresivos clásicos). Consiguen recomponer el ánimo decaído y restaurar la confianza en uno mismo a base de potenciar la neurotransmisión serotonérgica en las zonas del cerebro que regulan el tono vital. La *serotonina* es un mensajero interneuronal importantísimo, con multitud de efectos en función de la zona cerebral y de los receptores sobre los que actúa, al que no hemos dado relevancia en este libro porque sus acciones sobre la conducta sexual y amorosa, sin ser triviales, pueden considerarse indirectas. La estela del Prozac ha sido seguida por muchas moléculas más *a la pàge* que son sus primos hermanos y que muestran una eficacia estupenda para corregir (con alguna demora) desmoralizaciones y aflicciones, aunque no siempre promueven una sexualidad satisfactoria. Es más, en ocasiones la interfieren. Lo cual no está mal, como dato, porque permite distinguir entre bienestar general y satisfacción sexual.

Pubertad. Período de transición hormonal, durante la adolescencia, que se caracteriza por la cristalización de los signos de madurez sexual que distinguen el cuerpo de los muchachos del de las muchachas: crecimiento de los órganos genitales, de las mamas femeninas, de las espaldas y glúteos, con agravamiento del tono de voz masculino, aparición de pilosidades corporales distintivas en zonas púbicas, axilares y faciales, angostamiento de cintura en féminas, redistribución característica de la grasa corporal y signos de independencia y empuje en el carácter. El desfile de cambios morfológicos, en definitiva, del umbral procreador que inauguran las primeras menstruaciones y eyaculados. Todo ello como consecuencia de silenciosos ritmos hormonales que van dejando huella en la figura y en el cerebro sexual y afectivo.

Receptor. Moléculas diana de los mensajeros interneuronales en los contactos sinápticos. Se encargan de reconocer selectivamente a los neurorreguladores y dar curso a la señal biológica. Funcionan como resortes que disparan procesos celulares al interaccionar con las sustancias mensajeras. En general, las hormonas y los neurotransmisores actúan sobre macroproteínas receptoras altamente especializadas que están situadas en la membrana externa o en el interior celular. Los fármacos aprovechan esas propiedades de reconocimiento e interacción selectiva para actuar sobre receptores singulares: a veces ayudan o entran en competición con los mensajeros naturales en la misma variedad de receptor. En otras ocasiones utilizan como tal a cualquier segmento molecular con capacidad para formar vínculos e iniciar cascadas químicas.

Resonancia Magnética Funcional (fMRI). Otro método de escaneado radiológico del cerebro mientras ese órgano resuelve algún dilema o se dedica a alguna rutina específica. Se ha impuesto rotundamente al TEP porque ocasiona menores molestias (no es necesario inyectar nada) y se acerca a aquella técnica en potencia de resolución espacial. Las medidas de activación o desactivación zonal, en las imágenes, reflejan estimaciones del consumo de oxígeno entre distintas regiones cerebrales, mientras los individuos ejecutan la tarea especificada respecto de una rutina control o el reposo.

Sensibilización. Incremento paradójico de respuesta ante estímulos repetidos. En las entradas placenteras implica un cambio en la percepción de las gratificaciones: aunque la satisfacción obtenida pueda descender (tolerancia o habituación), el deseo para degustar y la urgencia para obtener dianas apetitosas crece después de diversas probaturas. A ese proceso se le llama *sensibilización incentiva* y ejemplifica el curso que siguen los toxicómanos en sus relaciones con las drogas adictivas.

Sensores. Dispositivos neurales para captar estímulos del exterior o del interior del cuerpo. Aunque pueden llegar a formar órganos tan complejos como el ojo o el oído, el mecanismo crucial de la captación y la conversión energética depende de la respuesta de membrana de un terminal nervioso.

Sinapsis. Puntos de encuentro y diálogo entre las neuronas. Esas células conviven y se relacionan sin llegar a tocarse porque dejan, casi siempre, un hiato minúsculo entre los botones de contacto. Son canalículos microscópicos rellenos de líquido, entre ambas membranas neuronales, que permiten el trasiego frondosísimo de mensajeros y moduladores químicos. Y la intervención con fármacos, naturalmente.

Sistema nervioso. En los vertebrados, el conjunto formado por el encéfalo, la médula espinal y los nervios y ganglios periféricos. En ese universo hay multitud de sistemas y subsistemas particulares relativamente distinguibles. Hemos tratado al cerebro erótico como si fuera uno de ellos. En realidad puede que tan sólo sea una modalidad de los circuitos dedicados a procesar placer en interacción con engranajes neuroendocrinos al servicio de la reproducción.

Sustancia gris periacueductal. Capa neuronal que envuelve el angosto paso del líquido cefalorraquídeo por el tronco encefálico, a nivel del mesencéfalo. Contiene columnas y redes neuronales diferenciadas que modulan la conducta agresiva y la expresión de pautas de comportamiento sexual en féminas. También en la modulación del dolor y en la analgesia.

Supraóptico. Núcleo del hipotálamo que contiene grandes neuronas productoras de oxitocina y vasopresina.

Supraquiasmático. Núcleo del hipotálamo que actúa como reloj principal del organismo: regula los ciclos diarios de actividad y reposo, de temperatura, de secreciones hormonales, etc. Su trabajo discreto y regular se nota, preferentemente, cuando se viaja en vuelos intercontinentales (con los consiguientes síntomas de *jet lag*), o cuando la autoridad competente desplaza el horario lumínico en la primavera y en otoño.

Tálamo. Un conjunto de núcleos cerebrales de considerables dimensiones situado por encima del hipotálamo, en el centro del encéfalo. Es una enorme encrucijada organizadora de la mayoría de entradas y salidas de la neocorteza. Es decir, del mundo exterior e interior tal como entra y sale de cada cerebro. Los núcleos talámicos también efectúan trabajos de integración por su cuenta. Su situación e interconexiones privilegiadas lo convierten en uno de los más firmes candidatos a formar parte de los mecanismos de la consciencia.

TEP. Tomografía de emisión de positrones. Método radiológico de alta resolución que permite obtener imágenes de la activación «funcional» del cerebro mientras éste se encuentra trabajando en una tarea definida de antemano. Se miden las diferencias de acopio irrigatorio entre distintas zonas cerebrales ante las rutinas que se proponen a los sujetos acomodados en la instalación. Previamente se les inyecta un trazador por vía endovenosa (puede ser agua marcada con un isótopo radiactivo de vida ultracorta), y se miden las diferencias de señal en el encéfalo que se dan en paralelo a la rutina mental, motora o sensorial. Cuando se usan trazadores con especificidad para dianas moleculares concretas, puede seguirse la actividad de los neurorreguladores cerebrales o de sus receptores, lo cual aporta una potencia investigadora sensacional sin más inconveniente que las incomodidades de la sesión de escaneados y las leves molestias de la inyección. Véase, asimismo, «Resonancia Magnética Funcional».

Testículos. Gónadas masculinas. Muy vilipendiados en las sociedades posmodernas y de tendencias pseudoangelicales, aunque saben encontrar derroteros para demostrar su relevancia en múltiples aspectos de la vida. Desde los más primarios a los más excelsos y sutiles.

Testosterona. Andrógeno principal y factor preferente de masculinización en el cuerpo y en el cerebro, en todas y cada una de las etapas madurativas. Es elaborada por los testículos, en los varones, y por los ovarios en las hembras (para ser convertida, mayoritariamente, en estrógenos en estas últimas). Su campo de acción va mucho más allá de esas funciones de moldeado del cuerpo y de disparo del apetito sexual. Su capacidad para incrementar la masa y la potencia muscular, la competitividad, la ambición y la agresividad es perfectamente conocida en los gimnasios y en la preparación atlético-deportiva de alta exigencia. Hay una industria dedicada a la mejora de análogos androgénicos para intentar superar las prestaciones testosterónicas sin activar los umbrales detectores de dopaje. Los sexólogos pedestres se han visto acompañados, en esta ocasión, por muchos endocrinólogos en la beata pretensión según la cual los niveles androgénicos no tenían ninguna relevancia en los humanos. Sólo para tener que envainársela, más tarde (sin reconocer el error, por descontado).

Transexual. Individuos que emprenden una transformación hormonal y anatómica, convenientemente monitorizada, hasta aterrizar en el sexo opuesto: hombre hacia mujer (lo más frecuente) o a la inversa. Ese deseo tan costoso e imperioso parte de una disonancia estentórea en las vivencias de su identidad sexual. Son individuos que se ven metidos en un chasis impecable de varón bien pertrechado (con un marcaje génico y una conformación interna asimismo irreprochables), pero que se sienten mujeres. O al revés: señoras rotundas que rezuman impulsos y apetencias varoniles por todos los poros. Ambigüedades, en definitiva, en la conformación de los trenzados finales en zonas del cerebro sexual.

Univitelinos. Véase «monocigóticos».

Vagina. El orificio tradicionalmente más apreciado de las féminas. Los historiadores, que son gente discreta, han pretendido situar en la nariz el origen de la influencia femenina en episodios políticos de la más alta trascendencia. Todo el mundo entiende, sin embargo, que se trata de un eufemismo mojigato porque sin desdeñar la importancia de la protuberancia nasal en los desvelos amorosos, una buena parte de las contiendas mayores entre machos se concitan por cuestiones de apetencia vaginal. Tan alto es el valor de la vagina que la propia naturaleza se ha encargado de proveerla con un telón de seguridad (el himen), que debe desgarrarse durante la replección inaugural. Hay una copiosa nómina de usos culturales y especulaciones pseudocientíficas alrededor de los enigmas que encierra ese espléndido túnel femenino. No es extraño que así sea: téngase en cuenta que la tecnología mecánica, farmacológica y hasta informática, dedicada a controlar lo que allí sucede, continúa teniendo un impacto económico formidable. De todos modos, la introducción de sondas ecográficas que han permitido filmar sus reacciones más íntimas en circunstancias poco decorosas le han restado mucho misterio.

Vasopresina. Hormona peptídica elaborada por neuronas de los núcleos supraóptico y paraventricular del hipotálamo. Su trabajo en la periferia corporal consiste en regular el intercambio de líquidos en el riñón favoreciendo la retención de agua y la concentración de la orina. En los mamíferos con tendencia a formar consorcios estables para la crianza de la prole, tiene un papel crucial en el establecimiento de fidelidades sexuales, en la territorialidad agresiva y en la vigilancia y defensa de las crías.

Vasotocina. Hormona peptídica precursora de la oxitocina y la vasopresina que cumple funciones equivalentes a aquéllas en las aves y los peces.

Viagra (Sildenafil). La pastilla azul más famosa de la farmacopea. El Sildenafil facilita la acción prolongada del óxido nítrico sobre los vasos y las paredes peneanas para que el abombamiento del ariete viril sea completo y duradero. Los pensionistas italianos la denominan la «molécula de la felicidad» y han conseguido que algunos consistorios (el de Milán, por ejemplo) dediquen jugosas partidas económicas para que haya acceso gratuito a unas cuantas dosis mensuales, con el beneplácito, por cierto, de berlusconianos, regidores de *sinistra* y neovaticanistas más o menos disfrazados. Seguro que habrá emuladores en muchos lugares. No son pocos los farmacólogos que piensan que el Sildenafil (y sus epígonos) representan el avance más significativo de su disciplina en los últimos quince años, aunque los últimos datos de superventas sugieren que quizá se ha tocado techo.

Vías. Véase «Haces».

Xantinas. Cafeína, teofilina y otros alcaloides procedentes de plantas diversas que han sido usados por los humanos, desde el paleolítico, para desvelar al cerebro embotado y tonificar al cuerpo fatigado. Las preparaciones son variadísimas y los rituales practicados a su alrededor, sensacionales en riqueza y sabiduría. Esas sustancias adictivas han supuesto una contribución inapreciable a los rendimientos cognitivos (y probablemente a la civilidad y creatividad humanas), además de sus aplicaciones en la farmacopea.

Zigoto. El huevo fertilizado: una célula única resultante de la fusión de un espermatozoide y un óvulo, que comienza a dividirse para formar el embrión en crecimiento.

Este volumen se imprimió en Balmes
en diciembre de 2005.

Armin Senser

Grosses Erwachen

Gedichte

Carl Hanser Verlag

für Christine

1 2 3 4 5 03 02 01 00 99

ISBN 3-446-19693-5

Umschlag: Peter-Andreas Hassiepen, München,
unter Verwendung der Fotografie *Mixed nuts*
von Olivia Parker, 1978
Satz: Libro, Kriftel
Druck und Bindung: Friedrich Pustet, Regensburg
Printed in Germany

Bibliothèque Nationale

Zum Gedenken an Joseph Brodsky

(gest. 28. Januar 1996)

I

Der Blutdruck der Wolkenkratzer
wird nicht fallen. Untergrundbahnen
ihre Nerven nicht verlieren. Die
Flüsse unter der Stadt nicht versiegen.

Fassaden werden keine Trauer
tragen. Die Börsen werden nicht
schweigen und die Herzen der
Ampeln weiter im Takt schlagen.

Ereignisse werden Wörter
hervorbringen nach Gefühlen und
in Zeitungen, die das Bewußtsein
verbrennt.

Sirenen werden Kirchglocken zum
Schweigen bringen, Menschen Menschen
im Leben und über den Tod hinaus.
Die Zeit wird Zeiten nicht belangen.

II

Wovon der Mensch nicht zu
träumen wagt: Jeder Tod, ob
nah oder fern, hinterläßt
Leben und nimmt Leben mit.

Folgen wird noch Tag auf Tag,
das Glück immer wieder zu
versuchen, das sich schadlos
am freien Willen hält.

Bleiben werden noch Herzkranke,
hungrige Bäuche und das
Leid, vom Glück nicht geprellt, das
Glück, nicht vom Leid angestellt.

Setzt Zeit nicht Leben voraus?
Und um wieviel mehr benötigt
dann die Ewigkeit Leben.

III

Der Tod, die Kante des
Spiegels, worin sich die
Seelen spiegeln mit ihrem
eigenen Licht.

Von kleinlichen Dimensionen
abgesehen, bekommt der
Himmel ein neues Gesicht, geformt
vom Meißel der Poesie.

Vielleicht lerntest Du uns,
weil nur Kinder keine Versprechen
halten müssen, dem
Tod nichts zu versprechen.

Du bist jetzt ein Teil
der Gewaltigen, die die
Zeit beugen, bis sie über
die Wahrheit stolpert.

In memoriam Eugenio Montale

Von Muscheln, Krebsen (das Sternzeichen eingeschlossen)
oder Aalen verstehe ich nichts – außer mit Zitrone oder in
hermetischer Strophe. Aber von einem Tête-à-tête kann doch
nicht die Rede sein, wenn der Angesprochene die Abhängigkeit
von Sauerstoff und dem Äther gelassener erträgt,
und wenn – ein weiterer Grund – ein Wechsel des Mediums
nicht in Frage kommt (zur Erfrischung ausgenommen), dann
folgt wohl: das Weichtier hilft dem Gedächtnis auf die Sprünge.

*

Da mein Italienisch zu wünschen übrigläßt – eine
unverzeihliche Nebensache – stolperte ich einfach
über diese oder jene Verse, bis ich bei den lästigen
Reimen angelangt war, und sie – verzeih! – ein für alle
Male vor die Tür gesetzt habe. Auch auf die
Gefahr hin, ein organisiertes Tönchen auf dem
Hals zu haben, gilt doch, daß das Gewissen sich
gewissenhaft nach der Kunst zu richten hat.

*

Berge, insbesondere die Alpen, versperren, wie du weißt, einem die Sicht und rücken nicht nur Tatsachen ins richtige Licht. Ach, was unsere Pumpe uns weismachen will, wenn sie von Fahrstühlen etc. träumt, ist doch: Verse haben eine weitaus bessere Konstitution und bevorzugen nicht, wie der Nazarener, diejenigen, die ihnen eine höhere Lebenserwartung bescheren.

*

In deiner Sprache ist der Mann im Mond Realist, rauchen schöne Frauen am Strand und lesen fremder Männer Tagebücher – bitten Florentiner um Verzeihung für ihre Verbannung. Daran ist nichts Ungewöhnliches, wenn nicht jede Zeit der Welt ihre Nähe zu Ravenna oder Leningrad um ihrer selbst willen zeigen würde. In der Tat, Zeit ist zu alt, um sich zu ändern, zu jung, um zu begreifen.

Notiz für eine Biographie

I

Du bist begraben, Rainer, sicher, nur anders als
deine Knochen sind deine Lettern schon jetzt
ein gefundenes archäologisches Fressen; id est
draus werden Hieroglyphen einer neuen Zeit.

Sichtlich gezeichnet wirst du wohl, Gott weiß,
nicht auferstehen und in diesem Aufzug vor
die Sprache treten. Obwohl Dekadenz dir
zugetan war, hast du sie nicht darum gebeten.

Da Sinn und Leben noch immer am Subjekt
festhalten, sind, dir zur Feier, Mutmaßungen
über deine Zukunft und Vergangenheit
nichts, das dich aus der Ruhe bringen könnte.

Überhaupt spricht es sich freier in
Abwesenheit von Gedanken oder Musen
schon nur, weil der Schrei im Intimkontakt
zum Höhepunkt von beiden gehört –

und Ausrufe einen überdies, ach, postvaginal
allzusehr nostalgisch stimmen.
Im Grunde hat man sich nur in die Höhe
jedoch nicht vom Fleck bewegt.

2

In Paris, wo ich dich zeichne, krankt
das Transport- und Immunsystem
am Menschen – dem Erreger, übertragen
von seinen leblosen Habseligkeiten,

daß die Sehnsucht nach der Natur schon
greifbar wird in Abgasen und einem
Stück Rasen, wobei ihn nur Ameisen und
andere Sektenmitglieder betreten dürfen.

Sicher, Zäune grenzen noch immer ab. Drüben
wie hier bleibt die Kreatur auf sich gestellt.
Drum liegt der Poetik das Verschlossene zugrunde,
sahst du es auch umgekehrt.

Was Poesie nicht nur dir vormachte:
ihre Hand berühre die Nacktheit, läßt uns
heute anstatt Erotik eher Methodik spüren
von Eurydike bis zu den Elegien.

Deshalb wohl ist nur das Ohr Maß. Und
gefühllos schlägt es ab, was einen berührt
hat. War Rhythmus dein Stil, hättest du bei
Standardtänzen glatt das Parkett verkratzt.

3

War dir Sprache allzuoft auch Mittel,
wurde sie dadurch nicht selten mittellos, was Bällen
und Karussellen jedoch dazu verhalf, von
Abbildern zu platonischen Originalen aufzusteigen,

wo, was schwebt, wie Engel und Bedeutung nun einmal,
kaum berührt wird von Schwerkraft, Demut oder
Traurigkeit, sondern einzig von der Druckerschwärze,
was die Leere an dir und allem anderen festhalten läßt.

Ob im Himmel oder auf Erden deine Stärke, das
Geheimnisvolle, liegt uns noch am nächsten, sind wir
verliebt oder leicht melancholisch irritiert, und schwächt
sich ab bei Zahnfleischschwund und Steuerlast.

Von Freud bis Freude ist Unverträgliches am
Anfang wie am Ende, trotz Alliteration, eine stete
Konfusion und verlangt entweder nach einer
Stellungnahme oder poetischen Ausnahme,

die du, seit nur Bibliotheken ewig sind, mit so
manchen deinesgleichen teilen mußt.
Dein Nachteil ist vielleicht: zum Leben erweckt,
Auferstehen ist dir zum Alltag geworden.

Kant

Sein Fach war nicht Hand anzulegen. Aber hätte er
Uhren gefertigt, ihre Werke würden aufs genaueste
die Zeit der Seligkeit angeben. Die Zukunft war ein ungezogener
Schüler, der seinen Meister fand.

Die Bibel drang bis nach Königsberg: Was Gott will,
war, was ihn beschäftigte. Aber Liturgie macht
aus der Vernunft einen falschen Clown. Der gute Mensch glaubt
an Gott, braucht aber nicht zur Kirche zu gehen.

Das Übel ist schon und der Mensch nimmt es sich zu Herzen.
Und er fürchtete, es wird nach der Zeit dasselbe sein.
Aber er liebte die Menschen in dem Maße, wie sie sich liebten.

Er starb, ohne den Himmel und die Erde zu verlassen:
Aber um ihn besser kennenzulernen, genügt es, die eigene
Unvollkommenheit ein wenig mehr zu schätzen.

Edward Hopper

Damit die Zeit irgendwo unterkommen kann,
schaffen Architekten, Gott und Leinwände
Räume; sie laufen auf Himmel, Villen
und Fluchtpunkte hinaus.

Das eröffnet Perspektiven. Die sehen aber
nicht auf den Raum, er gehorcht ihnen und als
Teil davon: der Mensch. Was im Bild
Tiefe hat, zeigt sich an der Oberfläche.

Und da wie man etwas ausmalt bei weitem
mehr Augenmerk gewinnt als der jeweilige
Gegenstand, rückt auch jedes Büro oder
Restaurant seine Kundschaft ins rechte Licht.

Kein unbekanntes Thema. Nur, das Licht
bedurfte der Kritik, die nur absehen
läßt, was wir zu beleuchten vermögen.
Der Rest steht ganz in seinem Schatten.

Joseph Beuys

Für Ralph Künzler

Er war sein einziges Werk – und er wurde
nicht müde, es den Unverständigen in brutal
strengen Worten zu flüstern. Er schrieb nicht.
Aber er wußte, jede Zeit zeugt ihre Propheten.
Und nur die Kunst spricht ein gerechtes Urteil.

Sein Werk langweilte ihn nie. Denn seine
Überzeugung war: Die Welt liegt im argen.
Aber nicht der gewöhnlichen Übel wegen
fror sein Herz: Der Grund lag im Verlust der
Welten: Wirklichkeit ist das wahre Übel.

Er war das Kind in ihm, das glaubte: Die
Kunst ist der Weg. Aber die Kunst vermag
nichts. Und er fuhr fort, seine Werke zu sein.

Brief an W. H. Auden

I

Wir wurden uns leider nie vorgestellt.
Jedoch Verse wie die Ihren hinterlassen,
wenn sie aufwachen, Spuren. Und wenn
der Ton sich im Ohr niedergelassen hat,
ist der Komplize mit dir schon mitten in
der Strophe. Was wir dann Muse nennen,
entpuppt sich als kopulierende Worte –

oder Zeiten. Denn jedes Werk braucht für
seinen Unterhalt die ganze Vergangenheit.
Berührungen sind somit nicht zu vermeiden,
Intimeres nicht ausgeschlossen (man hört ja so
einiges – von alten und neuen Stimmen) und
wenn ich Ihnen schreibe, antworte ich nur,
weil sie schweigt, die Zeit nach Ihrer Biographie –

wie Geschichte es gewöhnlich tut, dieses
unvollendete Werk – hinter irgendeiner
Hand, die den Blick verwehrt auf den
Ausschnitt der Leinwand, der eben entsteht –
ist im nachhinein reine Kausalität und
schluckt Leben, verdaut aber schwer jegliche
Poesie: Kunst pflegt eine eigene Historie.

Wir tun, was wir können, jetzt, und nehmen
Gott beim Wort: machen uns untertan das All,
knacken des Lebens Zahlencode und stöhnen
wie gewissenhafte Affen, wenn es vergeht.
Was uns allerdings noch fehlt, ist, neben
vorbeugender Reue, eine zuverlässige Theorie,
die uns sagt, was wir ignorieren werden.

Was soll ich Ihnen – ach Gott – erzählen: Heuer war die
Weinernte nicht übel. Aber ohne Importe werden
die Einsamen schlechter schlafen. Das Quecksilber
läßt sich nicht blicken, dafür kann jung und alt ihre
Hieroglyphen ins Eis ritzen. Aber was tun mit den
Marktschreiern bei dieser Kälte. Kundschaft bleibt aus
und für die Spalte Vermischtes steht man Schlange.

Einer Ihrer Nachfolger in Oxford – übrigens ein
fast idealer Ort, um die Auferstehung der Poesie
abzuwarten – wurde unsterblich in Stockholm,
zieht man in Betracht, wenn ich an das wüste Land
oder den 1. September 39 denke, daß meine Existenz
von derjenigen des Verfassers abhängt (wobei es
ratsam ist, die Gedanken nicht zu verschwenden).

Angefügt sei diesbezüglich noch folgendes:
was für den Dichter gilt, wird doch jeden
ereilen. Unsterblichkeit bedarf also weder
der Ewigkeit noch einer Werkausgabe, es
genügt ein nervöses Sofortbild, was
bedeutet, daß dieser ungewöhnliche Brief
auch der Vernunft einleuchten wird.

Im Zeitalter nach der Angst ist nun mehr
Zeit vorhanden, sich vor der Angst zu
fürchten. Das Übel, im Grunde, bleibt
dasselbe mit dem Unterschied, man geht
sich jetzt aus dem Weg oder trägt Perücke
und Sonnenbrille, bis irgendein Tölpel
die geschiedenen Leute einander vorstellt.

Die Frage bleibt: wie glücklich werden, ohne die anderen dabei zu stören. Nicht wie es zu machen, sondern, ob die Sache von Dauer ist, macht Kopfzerbrechen. Da die Zukunft noch Zeit übrig hat, ist jeder weiterhin gezwungen, den Hunger zu stillen, dabei ist Gewohnheit ein praktisches Prinzip, gewöhnt man sich an ein abwechslungsreiches Büfett.

II

Auch in der Wissenschaft kommt der Glaube
zu Wort, wenn man bedenkt, hat er doch
stets das letzte Wort. Denn bei jeder Theorie
droht ein infiniter Regreß oder ein letzter
Demiurg, der wie der Dichter schon zu
Lebzeiten an verschiedenen Orten zur selben
Zeit pfeift auf die Denkmöglichkeit.

Der Punkt ist doch, daß Sprache sich nicht
aus Prinzip an Gravitation halten kann, und
die Lichtgeschwindigkeit zu langsam ist,
wenn sie von Liebe etc. spricht. Jedes Gesetz
hat seine Untertanen, aber Anarchie ist
ein legales Mittel, schlachtet man Zeit aus,
um Demokratie zu stiften im Gesicherten.

Poesie ist nur Chemie und mit allfälligen
Nebenwirkungen bekommen Ereignisse
ein neues Gesicht (wobei Ausbeutung eine
Tugend ist). Die Physik kann sie dabei getrost
beiseite schieben, es genügt eine Portion Logik,
um dem Gedanken nachzuspüren, bis er
von der Oberfläche verschwunden ist.

Nicht Natur destilliert sich hier. Was
ich habe, ist, wie die Kosmetik, ein
Produkt der Kultur. Nur Abkehr wird
nötig sein, von verpaßter Kindheit, der
Hoffnung, von der Romantik und der
Form, wo Kunst, während sie masturbiert,
sich selbst in der Freiheit verliert.

Prognosen sind so ein hübsches Spiel, macht
die Vorsorge keine Sorgen. Werd' ich bis
fünfzig schreiben? Machen die Organe mit
oder wie steht es um die Lebenserwartung
der Gattung? Dichtung ist kein Metier
wie die Chirurgie, sie ist ein Luxus, den sich
wenigstens der Verleger leisten muß.

Nebenbei, ich liebe meinen Arbeitsplatz: Tisch,
Stuhl, asketische Annehmlichkeiten.
Rationalisierung wird hier wie anderswo jetzt groß geschrieben.
Nur, Schlamperei im Management
bricht dem Dichter das eigene Genick und zerrt
nicht an der Gurgel von denen, die von profanen
Seelsorgern ungenügend getröstet werden.

Der Dichter wird zuweilen zum Vergnügen
eine Partie Schach spielen oder um der
Gesundheit willen eine Runde schwimmen.
Schiebt er aber beseite das Schreiben, um
andere Mittel anzugreifen, versagen nicht
die Impfstoffe der Poesie, es ist nur so, daß
die kollektiven Viren besser funktionieren.

Dann und wann schleicht sich die Sorge ein:
Gefühle sind nicht stabil. Oder mein Geist wird
vernachlässigt von Hunger und Sex. Wenn
Sie erlauben, kommt der Augenblick, bleibt
so vieles im Halse stecken, am meisten das, was
wir sein werden. Nur im Leben wie in der Strophe
wird es früher oder später ausgespuckt werden.

Ich lasse jetzt den Faden reißen, womit das
Leben mich um den Finger gewickelt hat,
und schau auf Ihre, vielleicht eigenen Verse,
damit Tatsachen und Lügen zugleich
sichtbar werden, denn die Lüge wird zur
Wahrheit nur durch kurzsichtigen Einblick
oder eine dem Anlaß genügende Reife.

III

Ich flüsterte: mein Gott! – las ich bei Brodsky: »Time
worships . . . language« – aber fand den Beweis in den
gesammelten Gedichten nicht wieder. Verschwunden
war, was da stand beim doch ehrlichen Dichter. Oder war
es vielleicht ein vitales Versehen? Nur – Mendelson
hat die Tatsache glatt verschwiegen, als ob es sich
um eine infame Unterstellung handeln würde.

Ich räume ein, vielleicht tue ich dem Verwalter
Unrecht, waren Sie es, der die wehrlosen Strophen
einfach von der Bildfläche verschwinden ließ.
Wenn dem so ist, gibt's für diese Sünde – in diesem
Fall – sicher Gründe: Auf der Hand liegt doch, daß
der Glaube seine Dauer bereuen könnte und es
dem Dichter wie der Sprache ergehen würde.

Als einer, der auf Fremdsprachen angewiesen ist,
erfuhr ich von Ihrer Muse (das soll aber unter
uns bleiben), die ohne Haushaltshilfe jetzt den
Laden selber schmeißen muß, daß neben so viel
Billigware ihr eigenes Produkt auf dem Markt schwer
abzusetzen ist. Sicher eine Folge der wütenden
Depressionen oder aber die Treue ist im Kurs gestiegen.

Seit Goethe gibt es in der oberen Etage
kaum noch nennenswertes Sesselrücken.
Nicht, daß keiner mehr klettern möchte,
es ist nur – still. Vielleicht gibt's ja auch
Sturm, wer weiß. Nur gesichert scheint: die
Sprache hat es nach Kraus' Beherrschung
schwer, sich frische Luft zu verschaffen.

Eindruck hat sicher auch Herrn Brecht
gegolten, dennoch fänden
weder seine noch Verse wie:
»if equal affection cannot be
let the more loving one be me« ohne die
gepflegte Anlage kaum aus der Zeile
geschweige denn überhaupt dorthin.

Zwischen dem Öffnen und dem Schließen
der Œuvretür pfeift es einem mitunter
grausig um die Ohren. Das ist sicher auf
weitere offene Türen zurückzuführen,
die der Homme de lettres, trotz des drohenden
Schnupfens, dem Hausmeister oder den
späteren Bewohnern zu schließen überläßt.

Was eigenes Arbeiten anbelangt, geht er von
kleinen Wahrnehmungen aus: wie sie sich kleidet,
ihr Metrum und ähnliches, also alles, was die
Oberfläche zu bieten hat. Und der Erfolg der
Umsetzung ist im Nu ersichtlich, wenn nach dem
Rendezvous der Glacéhandschuh von den Lippen
ins Vergessen gleitet oder sich zum Ausziehen eignet.

An dieser Stelle muß ich noch gestehen:
vergleiche ich Lyrik- und Lebensstil, hat
das Ähnlichkeit mit Ovids Bildhauerei.
Obwohl die Zeit nur einen Entwurf erlaubt,
glückt so einiges, auch ohne erschwitztes
Talent, in der eigenen und
auch in einer anderen Haut.

Lange habe ich da getratscht und von der
Entfernung des Adressaten profitiert, der
wie bei jedem Brief, erst zu Wort kommt,
wenn er es erhält. Da sitze ich nun und
kann es nicht mehr ändern, aufgeregt, als
hätte ich das Ganze wie ein delikates Billett
der Augenweide ins Jackett gesteckt.

Bibliothèque Nationale

in memoriam K. Kavafis

Die Hölle, darüber wußte jeder
Bourgeois 1844 Bescheid, war keine
Einrichtung Gottes: Der Ort, ein
schlichter Keller, nicht gedacht für
Sünder, verbarg vor ungeübtem
Auge pornographische Literatur.

Von geringem Nutzen blieb diese
Maßnahme. Im Stillen waren ganze
Kapitel, aufs genaueste illustrierte
Blätter in Umlauf. Doch nur
Auserwählten, von moralisch
zweifelhaftem Ruf, fielen diese
Kostbarkeiten in die Hände.

Anders als der Betrachter hielt das
Techtelmechtel seine Stellung für
geeignet zur Vermittlung zwischen
Leib und Seele in einer Zeit, wo
Körper und Geist einander gerne
aus dem Weg gingen. Also bekam
die Welt nach so viel Diskussion
eine fleischliche Variante zur Lösung
des Subjekt-Objekt-Problems.

Nur Liebäugeleien zeigen doch,
daß es äußerst schwierig ist, darüber
zu sinnen, während man daran ist
zu empfinden. Wie sollte es da anders
sein, ist man mitten im Gefecht?

Und bis auf den heutigen Tag huscht
das Objekt der Lust ins Dunkel, erhält
der Leib, was des Leibes ist, der Geist,
was des Geistes ist schön nacheinander.

Grand Hôtel des Bains

Ein ungewohnter Ort

Eine Hütte – dahinter ein Felsenchor mit eigenem Echo, unter
dessen Dach ein: »ich liebe dich« unverzüglich erwidert wird.
Und was zugleich die Liebe zur Natur und die Liebeserklärung
plausibel macht: Liebe kommt ohne Gegenliebe aus –

Platz für zwei. Draus könnten glatt mehr werden als vier.
Doch bei neun oder elf ist Schluß, schließlich sind Zimmer
endlich und ist Raum im Unterschied zur Zeit dem Sapiens
einfach nicht zu nehmen: Auch Asche besteht aus Atomen.

Ergo verläßt niemand (ausgenommen vielleicht Astronauten
und einige Durchschaubare) heute noch den Planeten,
was selbst Selbstgesprächen ein ordentliches Publikum und den
Versen so etwas wie Unsterblichkeit verschafft.

*

Kommst du hier an, verrät dir dein Schweiß nicht nur die
Meereshöhe, auch was es heißt, sich die Erde untertan zu
machen: um nicht zu leiden, leidest du, was darauf deutet,
daß jede Gesellschaft sich notgedrungen Märtyrer hält;

sei's auch nur zum Holzspalten. Fazit, ein vorläufiges:
jedes Opfer speichert Energie, die früher oder später,
angezapft, Natur oder Kultur speisen wird, so daß, ein
Schluß, was ist, doch in der Metaphysik zu Hause ist.

Grand Hôtel des Bains

Ich sitze im Lehnstuhl (wie ein Leuchtturm für verirrte Motive),
der eine Arm ein Klappmesser; der andere die Ruhe selbst.
Aschen fallen ins Gewicht und der Schweiß mündet in einen Bach.

Was für Aussichten. Dein Körpergeruch erobert den Raum auf
Zehenspitzen und für einen Moment warst du eine seltene
Blume, die schon fast verwelkt, ihren Kopf hängen ließ.

*

Zeit klebt an den Dingen wie Teer an den Lungen. Wahr. Auch
wahr: verschwinden die Dinge, verschwindet Zeit. Als ehrliche
Menschen sollten wir wenigstens so tun als wären wir blind.

Die Augen geschlossen, versehen dich deine Lauscher sogleich
mit einem überfüllten Badestrand oder: einer gänzlich
fremden Küste mit Myriaden von Pinguinen, denn, was dir

diese Stimmbänder ins Gesicht fächeln, ist kühles, kaltes
Geschnatter. Ein Vorteil mag sein, Kälte konserviert;
ein Nachteil: sie tut das ohne ein Wenn und Aber, was

die Zukunft des Planeten erahnen läßt und Fettpolster
zum besten Mittel macht, um zukünftige Zuneigungen
aller Art zumindest klimatisch warmherzig zu ertragen.

*

Und fallen die Lider dann auf, hebt sich vom hiesigen Dekor
ab, was sich bewegt, also Vorhänge, Buchseiten, Lippen,
da und dort Schenkel, Brüste, eine verirrte Hand, drum

fällt Kultur wohl mit dem Anteil an Sichtbarem zusammen,
Kunst dagegen sticht nicht ins Auge, das heißt, wären
hier alle nackt, würde diese Unschuld das Spiel verderben.

Allein, fein säuberlich rasiert und eingekremt stünde deine
Wange zumindest hinsichtlich Glanz dem Marmor
in nichts nach, nur gräbt man tiefer, ist's auch aus mit der

Symmetrie, ergo aus mit deinem Platz im Bühnenbild.
Heute kannst du getrost herumlaufen, erkennen tut
man dich erst, hast du ausgesprochen.

Und mögen auch wiederkehren Inquisition, der Wonderbra,
vielleicht die Romantik, wohin sie gehören, dann sind sie
ihrer Zeit voraus und die, die sie beschwören, passé.

Ekloge: Borkum

Anfang und Ende der Insel liegen im Dunkeln.
Im Gegensatz zum Leben tritt, wenigstens alle paar
Stunden, die Wahrheit ans Licht. Bis dorthin
verbraucht der Weg die ganze Zeit der Rückkehr.

Unaufhörlich rüttelt der Wind an allem Handfesten.
Spuren werden verwischt. Bewegung reduziert –
oder besser erweitert sich – zu einem Standortwechsel:
Sein und Nichtsein sind da eins für den Betrachter.

Die Dünen haben schütteres Haar. Während das Quarz
dein Amalgam aufpoliert, schreckt der Schmerz von
seinem Lager und näßt das Auge. Die Zähne, von Kälte
gespeist, verunstalten klappernd den männlichen Torso.

*

Gesetz der Kälte ist Sparsamkeit. Das Stativ überläßt
seinem Auge, das Licht einzuholen. Wortanfänge bleiben
am Gedanken kleben. Je langsamer die Zeit, desto kälter also.
Ewigkeit wird da zum Raum oder zur unerträglichen Hitze.

Jeder Körper wird früher oder später Opfer des Klimas.
Das einzige, was dir noch einfällt, ist: Ein Solarium oder der
Wechsel des Breitengrades. Aber Heimweh ist Sehnsucht
nach Kälte oder der Wunsch, eine Sonnenbrille zu tragen.

*

Dort wird nie hier sein. Keine Straße, Rock, keine Stimme
findet Eingang ins Gehör: Die Muschel treibt aufs offene Meer.
Was Ort und Körper trennt, liegt im Gedächtnis der Sprache.

Mundart verstehen. Als Souvenir ist die Inselmischung
ungeeignet. Im Leben sind Reime ebenso fehl am Platz
wie in jedem Derivat des deutschen Sprachschatzes.

Ischia

»For the right vision
You need a desert or an island«
Peter Porter

1

Jeder bewegte Körper muß in dieser Welt
früher oder später zur Ruhe kommen. Was für
Herzen gilt, dem unterliegt nicht nur die Fähre,
sondern auch der Gedanke braucht einen Punkt.

Schiffe ziehen keine Furchen, eher schaufeln sie
Gruben, um sich selbst einzupflanzen, worauf
Bewegung gedeiht. Was dagegen Früchte tragen
will, sollte besser irgendwo Wurzeln schlagen.

Kommt etwas an, bewirkt das was. Ist es auch
nur wie im Falle der Fähre, daß die Schraube auf
Umkehr schalten muß. Jede Ankunft ist Zukunft
und umgekehrt mit einer Prise Gegenbewegung.

2

Inseln liegen nicht nur im Wasser, sie gehen
auch dem Meer auf den Grund und speien
mitunter auf allzu optimistische Prognosen, die
jedoch selten allein ausgelöscht werden.

Ein Kahn unterscheidet sich von jedem Eiland
dadurch, daß man gewogen wird. Was Mütter
und Schiffe tun, ist ebenso natürlich nach Blicken,
dem Sprechen wie nach dem Lesen von Gedichten.

Haare werden auch hier eingewickelt und Visionen.
Frisuren gewinnen so an Volumen und ein Gesicht,
das verändert sich, ist das alte Bild noch frisch. An
das Neue gewöhnt, ist Vergangenes so gut wie tot.

3

Wo, das wußte Johannes genau, die Zukunft
ins Bewußtsein rückt, als Dokumentation von
und mit lauter Unbekannten, braucht es die Sprache
von morgen, damit die Gleichung aufgehen wird.

Zu welcher Tageszeit auch immer das Leben gerade
Ausschau hält, die Leitung zum Göttlichen liefert
kein scharfes Bild, zu viele Kanäle, eine überspannte
Atmosphäre verhindern eine Direktübertragung.

Was vertikal seine liebe Mühe hat, setzt sich
ab vier Augen fort. Du bestellst einen gemischten
Salat, damit wenigstens, was kommt, mit dem
Gedachten eine Ähnlichkeit hat.

Venezianische Teichoskopie

I

Hier, wo es selbst für Geister schwierig ist,
einander aus dem Weg zu gehen, endet
nicht die Zeit, sondern die Zeit, sie markiert
wie ein jedes Raubtier ihr Revier und
überläßt dem Meer das Verwischen (oder
der Feder das Vertuschen) ihrer sich
unablässig vollziehenden Spur, so daß
der Zug fast immer verspätet ankommt.

II

So gesehen ist nur das Meer endlos und
früher oder später kommt niemand drum
herum übers Wasser zu gehen, dabei greift –
wie so oft – die Perspektive dem Ereignis
unter die Arme, was Wundern kaum
schmeicheln wird. So altert der Schein – bis
auch deinem Körper das matte Licht eine
vorteilhafte Silhouette verspricht.

III

Die Palazzi stecken bis zum Hals in
der Vergangenheit, die, obwohl die
Zeit schon fortgeschritten ist,
unaufhörlich Selbstgespräche führt.
Einsamkeit wird da zum Fremdwort,
auch wenn das Laken deiner
marmornen Koje nichts als deine
Scham ihren Blicken entgegenhält.

IV

Im Seguso fährt der Lift jeden – nicht
nur Verliebte – Richtung Himmel, auch
sie halten spätestens im vierten, was
ihre Aussichten in keiner Weise trübt.
Die Wände halten dicht, nur die Zeit
verrät alle ihre Geheimnisse der
Wirklichkeit, die das Stubenmädchen
mit einem Kichern morgens wegwischt.

V

Minotaurisch schleppen sich himmlische
Engel in die nächste Kirche, um für
einen Ausweg zu bitten. Auch Flügel
nützen nichts, sie werden gestutzt,
hebt man ab. Was einen Pelz trägt,
hat es da leichter, es folgt einem Instinkt
und den Mäusen, die wissen, wie
man blinder Passagier spielt.

VI

Der Himmel ein düsterer Keller mit nur
einem Fenster, jemand hat das Licht brennen
lassen, damit Gedanken nach dem Rechten
sehen. Dann und wann peitscht Phaëton
die Pferde (hat er das nötig?) und die Hufe
dröhnen über den Wolkenasphalt, bis er sich,
mangels Fahrzeugbeherrschung,
irgendwo das Genick brechen wird.

VII

Abends streckt Helios am Horizont für
einen prae galileischen Moment die Zunge
heraus, wie gewöhnlich vor der völligen
Umnachtung. Man kann es ihm nicht
übelnehmen, bei seiner Sehschärfe entgeht
ihm kein Seitensprung, muß er zur Kenntnis
nehmen, was in besten Familien geschieht,
für den Frieden die Augen schließen.

VIII

Der Canal Grande, diese Schlange, hat
auch hier Folgen für die Erkenntnis –
entkommt man ihr, wird einem leichter
ums Herz. Aber eher, als man Geld
verschwendet, entrichtet jeder seinen
Obolus, um in einem der Gästebücher,
vielleicht neben Stephen Spender, ein
wenig überschüssigen Ruhm zu ernten.

Bois de Boulogne

»Presentiment – is that long Shadow . . .«
Emily Dickinson

I

April. Ein vorgezogener Sommertag. So manches bleibt
im Dunkeln. Unter anderem dein Schatten. Keine
Fragen übrig. Es reizt dich einzig das Licht, das von den
Bäumen fällt, schließt du die Augen, auch für lange.

Auch kein Wald. Wie die Dinge stehen, eher ausgestelltes
Holz. Durchkreuzt von Straßen, nicht von Rehen. Und
bekommst du dann doch einen Bewohner zu sehen, nimmt
er von dir Notiz als seist du eine Neuigkeit von gestern.

Unverständlich ist nur Natur. Kein Baum dagegen und kein
Mensch beugen sich ohne Grund. Beide scheinen zu wissen,
Integrität ist ein Ritual, um die Gegenwart nicht zu überspannen.
Wobei Mensch und Baum auch unverhofft der Blitz treffen kann.

II

Eingenistet in die Achselhöhle brütet der Geruch Lust aus.
Als sei diese Fährte für dein Riechorgan gelegt, nur für deinen
Körper, wirst du dem Nest folgen über kurz oder lang,
Tribut zu zollen dem Teil von dir, den du vielleicht überlebst.

Nur Träume werden wahr. Selten Wünsche. Das ist gut so
und hat den Vorteil, liegt man im Gras, sagen wir mal:
unbeschwert, vielleicht glücklich, daß man dennoch nicht
abhebt, sondern nur die Welt sich um einen dreht.

Deshalb ziehe ich einen bedeckten Himmel dem blauen
vor. Nachdem die Erde, dann die Sonne von zentraler
Bedeutung war, ist es nun, verliebt, das Paar und hélas
für Alleinstehende mehr die erste Person Singular.

III

Aber nackt ißt hier schon lange niemand mehr zu
Mittag. Überspannt wird deshalb dein Sehnerv, das eigene
Herz schon eher von Ereignissen, denen Berührungsängste
fehlen, die dich treffen, ist die Vorahnung vergessen.

Hält dies Herz auf dem See dann den Schlag der Ruder, scheint
es der Zeit vorauseilen zu wollen, und du – rot – schamlos
wirst es einholen, ruht es dann zeitlos irgendwo aus.

Tricolore

Der Himmel legt sich auf die Seine. Das Make-up
für anziehende Photos. Eine blauäugige Katze
schlägt das Licht ab, das dann die Haare einer
gemeinen Laetitia, Lolita et cetera ertappt.

Das Auge blinzelt hinter der Draperie,
wo das Wahre, so eine Ahnung, bei Lichte
ungesehen bleibt. Was für die Photographie
Zeit, ist für die Unschuld die Geschichte.

Nur später, gegen Mittag, schwitzt du Pfeffer und Paprika
und deine Wunde, ein Cabernet, wird schon trocken. Obwohl
Ähnlichkeiten ihre eigenen Märtyrer schaffen, zuckst du
nicht, streut jemand Salz auf den roten Fleck.

Elegie:
Istanbul-Konstantinopel

Staub zementiert die Nüstern. Staub bedeckt
alles, was sich infolge Mangels an Bewegung
Raum verschafft: Straßen, Plätze,
gewagte Décolletés, Wangen, Bücher.

Staub umhüllt Zedern, Statuen, Minarette,
Paläste. Er füllt die Hand des Bettlers,
stopft die städtischen Abwasserleitungen,
Staub führt das Auge hinters Licht.

Überall Staub. Staub auf den Seidenstrümpfen,
im Kaffee, im Wimpernhaar, auf der Zunge,
Staub mischt sich in alles ein: in Farben,
den Regen, ins Bewußtsein.

Staub erstickt Kamine, es ersticken
die Lungen greiser Chevrolets, Glocken
ersticken, Staub erstickt die Zeit.
Im Staub versiegen Meere, Flüsse,

Stimmen, versiegt die Stadt. Staub
macht sich breit in Schuhen, dem
Wort, in Gedanken. Staub geht durchs
Öhr und setzt sich fort bis in den Tod.

Amerika

Für U.S.

I
Aussichten

»Die Schwerkraft des Geistes läßt uns
nach oben fallen« Simone Weil

Ein Straßen-, kein Spinnennetz, wo sich Kreuchendes je nach
Standpunkt als Ameisen oder Raupen entpuppen könnte,
das einen Wimpernschlag später als segelnde Schmetterlinge
(nicht die Evolution hat auch ihnen Beine gemacht) das
Weite suchen würde. Der Horizont – ein Tellerrand – darüber,
zur unheilvollen Dunstglocke gespannt, eine löchrige
Frischhaltefolie. Der Aussichtsturm strebt in die Höhe,
während nicht nur der Fahrstuhl auf den Teller kommt.

II
Zu Fuß

Nicht das Gehen kitzelt den Puls,
der Fuß ist jambisch gezähmt,
Zäsuren wo immer es geht.
Auch ist es nicht der Raum, der
dich zum Schwitzen bringt –
was dein Metrum so treibt, sind
nur unverständige Augen-blicke.

Geographie bestimmt den guten Ton.
Andere Töne pfeifen auf die Situation.
Kein Pelz, der hier nur vor Kälte schützt, er
schützt auch was vor, besonders liegt er auf
der faulen Haut und einer Dame, die ihrer
Lautmalerei zufolge Federn haben sollte,
aber dann doch als Raubkatze auffliegt.

Filme gehen so. Da kommt irgendwas
auf die Bühne, die keine Tiefe hat,
und spielt uns vor, wie schwierig (oder
leicht?) es ist, wie Gott schon zu wissen:
was dann geschieht; dafür gibt es
Drehbücher, die haben einen Anfang
und müssen immer ein Ende finden.

III
Las Vegas

»War niemands Zeitgenosse, wars in keiner Weise«
Ossip Mandelstam

Wäre das Paradies Las Vegas, es läge mitten im
wüsten Land. Der Weg dorthin, er wäre schmal und
asphaltiert und viele wären ihrer, die sich rechtzeitig
einspuren würden. Aber ohne hochentwickelten Untersatz
wäre doch auch dieser öde Fleck auf Sand gebaut, woraus
folgt, daß an Anziehungskraft gewinnt, was etwas
verspricht und sich auch bequem erreichen läßt.

Geld kann sich vermehren, die Regel aber ist,
als Mittel wird es meist weniger, vor allem
versucht es sich am Glück, fällt's auf den grünen
Tisch oder in den Schlitz von Maschinen;
die beruhen auf Gesetzen und nicht auf Gefühlen,
und Menschen, vertreten sie Gesetze, sind
Maschinen, die Gefühle verteilen werden.

Vieles kann geteilt werden: eine Strecke, der
Glaube, ein Bett oder die Himbeertorte (aber
nur bis sie verschwunden ist) und Ziele, die
verschwinden nicht, werden sie auch von
unzähligen Verfolgern geteilt; was aber –
simsalabim – als sei das ein Trick, dann wirklich
weg ist, hat zwei Beine, Kopf und ein Gesicht.

Irisches Tagebuch

I
Dalkney

Was der Mond zurückläßt: Seetangzeilen auf Mauern.
Ihre Botschaft: Unser Reich wird kommen.
Was der Mond mitbringt: Bedarf an Erinnerung.

Den Meergeruch leugnet der Wind. Daraufhin
die See ihr Geschlecht. Die Wahrheit in Reichweite,
verharrst du, schätzend, sie kommt zurück.

Zurückverfolgt wird der Ozean zu einem Gott,
d.h. Vorzeit. Vorwärts zu deiner späteren Inkarnation,
wenn dein Gesicht sich überm Wasser hält.

Nur dein bewegtes Gesicht, nicht dein Geist. Der nicht
erscheinen wird – und wenn doch, wirst du ihn
durchschauen als sei es klare Luft oder trübes Wasser.

II
Glendelough

Ein Winternachmittag. Unschlüssiger Norden.
Zephyr verdreht Urania und dir den Kopf. Woher man
kommt, wird da zu einem wohltemperierten Gefühl.

Umgekippte Grabsteine auf grünem Hintergrund.
Ruinen. Ein Turm – an seine Neigung gelehnt – der
sich langsam seiner Zeit beugen wird.

Ein dreisterne Tal. Mit seinen Stundenbesuchern
und lokalen Heiligen, die allzuoft ihre Talente
an die Fauna und Flora verschwenden.

Meint Fortschritt die Fiktion einholen, imitiert vielleicht
Natur am Ende Kunst. Dein Auge jedenfalls kommt
auf Hügel, während du an eine Leinwand denkst.

III
Hommage à la terre cuite

Wolken, Golfbälle und die Toten überragen die Stadt.
Darunter ist Backstein die natürliche Fortsetzung von Fleisch;
Bedenkt man, daß Adam eine Zeitlang ohne Kleidung auskam.
Und Eva. Schlüpfen die beiden dann unter die Decke in einem
der hiesigen ausgestopften Paläste, bleibt draußen,
wo der Asphalt sich wellt, die neue Welt.

Heute ist lange her. Sex macht keinen Menschen zum Tier.
Eher macht es ihn jünger: prähistorisch gesehen. Deshalb,
schaut man zurück, trifft man vielleicht auf Gegenwart,
aufs eigene Gesicht, vielleicht auf den Nacken,
den Rücken und mehr von jemandem, der sich dir
nähern wird, nur um wieder zu verschwinden.

Auf die Dauer schluckt da Haut und Knochen Zeit bedenkenloser
als Stein. Wohl auch deswegen, weil letzterer mit seiner
Standfestigkeit zufrieden ist. Der Mensch jedoch allzuoft schon
von seinem Gestell im Stich gelassen, muß auch erfahren, was
um ihn herum passiert, was ober-, unterhalb von ihm liegt,
nur ein Teil dessen ist, was ihn in Mitleidenschaft zieht.

Was sich beklagen. Gebrannter Ton trägt sein Rouge zur Schau.
Da und dort verhelfen Rüschen den Fenstern zu falschen
Wimpern, die sich nicht senken, starrst du sie beklommen an,
weil du an ein Gesicht denkst, dessen Schönheit
in seinem Ertragen liegt, das keine Verbitterung kennt,
so als würde es dich einladen, das Bild, so auszusehen,
daß es sich jemand anderem unerklärlich aufdrängt.

IV
Trinity College

Die Möwen imitieren Daphnes Vögel, über dem
heiligen Geist, dem Sohn, Gott. Eine Travestie.
Die jedoch der Furcht Grenzen setzt; nur um sie –
gleich dem All – irgendwo hinter sich zu lassen.

Trittst du dann durchs Tor, schwingen sich die Gesetze
vom Dschungel zurück in ihren Käfig an den Lianen des
Regens, die niemanden unberührt lassen, solange
zumindest bis wir Regeln zu Regenschirmen machen.

Zellen teilen sich, Landkarten, bald du selbst. Da deine
bessere Hälfte dafür nicht in Frage kommt, weil sie noch
immer weiblich ist, ist eine Teilung in Staub und
Geist einer in Tod und Klon stets vorzuziehen.

Vielleicht nur aus Neugier. Oder aus dem Wunsch
nach Klarheit. Über dir tut sich der Himmel auf,
in dir, daß ein Leben lang genug ist und du deine
Inkarnation jeden Morgen zur Genüge einüben kannst.

Helvetische Litanei

I

Um den Anfang zu finden, sollte
man das Ende vorhersehen können:
Gibt es ein Happy-End, bleiben die
Fragen offen.
Ist man vierundsechzig geboren, wie ich,
schreibt man sich ersteres hin und
wieder regelmäßig hinter die Ohren.

Dränge den Griffel übers Papier
hier im Café, wo das Esse est percipi
als blonde Schönheit innerhalb
des Begehrens meiner Linsen sitzt.
Gedanken versehen sich –
es folgt Sekunde auf Sekunde
als Opfer für die Ewigkeit.

II

Was bleibt übrig von den eigenen
Anfängen – verschwunden das Greifbare –
bis auf ein verwackeltes Bild.
An seiner Geschichte hat das Kamera-
Auge sich die Zähne ausgebissen.
Und das gealterte Licht, das durch
die Nerven flitzt, vermag heute keine
Erinnerung aus dem Schlafe rütteln.

Was liegt dem Leben am nächsten?
Ermattet im Angesicht die eigene Zeit,
in der Stadt, im Land, das dem Zimmer
der Absteige gleicht, wo
das matte Licht den Akt verwischt.

III

Die Wünsche des Herzens tragen ihr Kreuz.
Der Frühling ist dem Frühling vorbehalten.
Nebel gleicht dem Nebel aufs Haar.
Die Zeit schreckt vor keiner Sekunde zurück.
Menschen – nichts als Menschen, kein Gesicht.

Geschichte mag sein Alchimie der Zeit.
Aber wem wirst du dein Ohr anvertrauen,
wenn Visionen nur Subjekte einschließen.
Der Blick schweift aus
und kehrt zu seinem Haus zurück.

Monte di Ditto

Auch hier ist der direkte Weg nach oben
unweg- und einsam. Das Laub verhindert
das Legen einer Fährte, während sich deine
Haltung zum Aufstieg immer mehr zuspitzt.

Wie weit jemand geht,
schlägt sich in Attributen
nieder und davor im Willen.
Da gibt es – meines Wissens –
keinen, der nicht schon über
allem oder wenigstens einem
kleinen Fehltritt stand.
Erhabenheit steht den Dingen
schlecht und uns erst recht.

Können Wege zurückgelegt werden – auch ganz
wörtlich, nur schon als Beweis: morgen ist auch
noch ein Tag – so mußt du jetzt an der Metapher
erkennen, die Sprache rechnet mit dir ab.

Natur ist, was wir in Ruhe lassen – und manchmal haben wir auch eine glückliche Hand dabei. Die Mücke muß das nicht verstehen, dafür ruck, zuck sterben. So oder so, jedes Gleichgewicht fordert seine Opfer.

Woran festhalten?
Äste versprechen nichts.
Und so bleibt dir, aus der
Balance geraten, nichts weiter
übrig, als jetzt aufs Geratewohl zu
leben. Da kann einem schon mal,
was man später sicher in den Griff
bekommt, zu einem kleinen
Himmelreich werden.

Der Wind versucht den Blättern vorzeitig den Herbst einzubleuen, daß es dir wie Schuppen von den Augen fällt: Auch du hängst an Dingen, die dich mit Leben versorgen, bis irgend etwas die Bindung reißen läßt.

Der Bach hier hat nicht einmal mehr eine Träne übrig, um sein Verschwinden zu betrauern. Wie aber jenes benennen, das seine Bedeutung nicht mehr verdient? Bäche haben's da schwerer als Menschen, die haben Namen, die nichts sagen.

> Der Berg setzt dir vor Augen,
> wie es weitergeht: steil
> hinauf zur nächsten Ebene –
> und noch eins: das ist das
> Leben: die Hügel, Stufen, Monti,
> worüber wir jagen mit allem, was
> dazugehört: Schweiß, Glück,
> Unglück und Schmerz, kommen
> wir auch nicht vom Fleck.

Eine Sonntagssiedlung – herausgeputzt der Stein – mit Kapelle. Die Andacht ist schon lange vorbei. Der Priester, ein Nomade, nimmt heute keine Beichte mehr ab, als habe Gott nicht auch Anrecht auf geregelte Arbeitszeit.

Wie es dir gefällt

Tuismen

1

Auch darum ringen wir gemeinsam: Was
anfällt, täglich, säuberlich zu trennen – den
Müll, den glücklichen, der seine Bestimmung
fand. Das war nicht immer so. Und –

heute ertapptest du mich, als ich in einen
Topf warf: Eierschalen, den Kaffeesatz,
den Knochen, zwei Zahnbürsten und diese
dir völlig unbekannten Zeilen.

2

Worin deine Meisterschaft besteht – in der
Hoffnungslosigkeit – bin ich nur ein Stümper.
Was du unbekümmert hinnahmst – die Ankunft
des Postboten – daran schon scheiterte ich.

Wie lange (wie viele Stufen?) wird es dauern, bis
der Glaube die Hoffnung an die zweite Stelle setzt?

3

Früh schon warst du einverstanden,
die Zahl unserer Abschiede auf
eine natürliche Menge zu beschränken.

Als ich gestern dann den Arm um deinen
abwesenden Körper legte, beschloß ich
sofort, in der Fiktion zu träumen.

4

Deine Gedichte schreibst du mit Salz und
mir manchmal gänzlich fremden Stoffen.

Du warst aber in deinem Schaffen lange
schon nicht mehr auf Rezepte angewiesen.
Wie die großen Meister vertrautest du
deiner Nase und einer Prise Metaphysik.

5

Mit Messern warfen wir auf so manches
ruhende und manchmal auch auf ein
bewegendes Thema.
Und verließen wir dann die Gesellschaft,
zähltest du alle Treffer auf, während die
anderen ihre Wunden leckten.

6

In deiner Farbenlehre (die du nie beenden wirst)
war ich stets der Kontrast. Das schafft Abwechslung.
Keine Gleichung. In deinem Werk gibt es keinen
Platz für additive Mischung: Schwarz und Weiß
bleiben, was sie waren, vor und nach dem Paar.

7

Wir verließen unser Nest mit den Schwalben.
Auch uns drängte die aufkommende Kälte.

Ich meinte, es seien nur Launen des Klimas.
Aber du wußtest, die Geographie zu deuten.

8

Sein Leben verlieren – ein Unding.
Als habe man es der Brille gleich
irgendwo liegengelassen. Und dann?
Findest du wieder, was dir doch
nie ganz gehört hat: glatter Diebstahl.

9

Sie ringen, sagst du, die Verständigen
darum, die Kunst zu unterscheiden
von allem, was nicht zu ihr gehöre.

Wichtig sei dies, weil sie es nur wahrlich
verdiene, zuletzt übrigzubleiben.
Und jetzt verstehe ich erst, warum
Christus sagen konnte: Heute noch
wirst du mit mir im Paradiese sein.

10

Nach dem Gesetz des überlaufenden Herzens, wo du auch warst, trieben dich die Verse auf. Vom Augenschein bis zu den logischen Untersuchungen reichten so deine Mittel. Aber den unzeitgemäßen Betrachtungen hast du niemals den Schlaf geopfert.

Ein Märchen

Ich wünschte, wir wären reich.
Ich wünschte, wir hätten, Liebste, schier
soviel Geld wie Fische im großen Teich
und fischen, das könnten wir –

Und das Bankkonto trüge deinen Namen,
die Aktien und ebenso jenes Guthaben
und wünschte ich mir was, du könntest
so tun, als wären wir bankrott.

Ich wünschte, Liebstes, wir wären reich.
Ich wünschte, jemand spielte uns den Streich.
Wir könnten es ihm heimzahlen
und für einmal Auge um Auge verfahren.

Wir hätten eine Eisenbahn,
du wärst meine Steuerfrau,
ich würde die Kohlen schaufeln
und du brietest mir ein Ei.

Ich wünschte wir wären, Liebste, reich.
Ich wünschte, es passierte gleich.
Wir würden uns nichts anmerken lassen
und gleichzeitig mit der Neuigkeit aufwarten.

Wir würden nackt schlafen,
ganz ohne Gedeck, und lägen wir auf Eis,
wir hätten einen Pelz aus Liebeslagen,
und das Iglu würde schnarchen, leis.

Ich, Liebste, wünschte wir wären reich.
Ich wünschte, der Zaster läge frei.
Wir könnten damit Socken stopfen
und dabei auf ein langes Leben hoffen.

O, wir hätten eine traumhafte Zeit,
du und ich, wir hätten Macht
und stießen an die Grenzen des Himmelreichs:
dem Himmelbett, unsere Errungenschaft.

Wie es dir gefällt

Ich werde mit dir gehen
bis zum Ende der Milchstraße
und mit dir zurückkehren
ist sie eine Sackgasse.

Ich werde mit dir gehen
durch den strömenden Regen
und ist's die Sintflut
bin ich dein Kanut.

Ich werde mit dir streben
nach dem höchsten Gut,
dort pflanzen wir Reben
damit es die Geister wachruft.

Ich werde mit dir demonstrieren
wie Hunderte von Musketieren
und in Ohnmacht fallen
bei Insektenkrawallen.

Ich werde mit dir durch Wälder
gehen, durch das Gedicht,
so werden wir älter
außer es trifft uns der Blitz.

Ich werde mit dir aufwachen
im Paradies
und mit Akzent lachen
als sei es Paris.

An Psyche

»Du weißt es nicht, daß dir vergeben worden ist«
Anna Achmatova

Alles hat zwei Seiten, auch die Reue.
Hinterm Gitter auf dem Blatt ist Leere. Weiter nichts.
Stärken multiplizieren die Einsamkeit. Die Klage
mündet in einen Chor, die Träne stets ins Meer.
Wie Echtes unterscheiden? Ein Gefallen rundet das
Geständnis ab: man ist, obwohl anders orientiert,
im Grunde schwach. Und am Kreuz starb ein Mensch,
dessen Beichte seit langem veröffentlicht ist.
Drum hat Offenes wohl mehr Gewicht, sei es nur,
daß man auf die Knie fällt oder der eigene Mund
offen bleibt, um gleich einem Fisch seinem Medium
nichts hinzuzufügen, sondern dadurch den Durst
und mehr zu stillen. Drum zeichnet sich vielleicht
ab bei Tageslicht, öfters nachts: nichts hat Psyche
verborgen, nichts ist verschwiegen, bist du auch
am Schafe zählen. Was Hilfe deshalb zum Bedürfnis
macht, ist nicht so sehr eine Katastrophe, sondern das,
was außerhalb deiner Reichweite bleibt.

Personae

Der Wind betreibt Haarspalterei. Genug Gründe,
um im Regen zu stehn: einmal wirken Tränen
da nicht aufgesetzt – und zweitens könnte dein
Geheul auch zum Winseln eines Hundes gehören.

Der Mensch ist einsam – er ist's unheilbar.
Pfützen stellen das Temperament auf die Probe.
Ein Doppelleben gehört zu jedem sicheren
Auftreten. Und beide sterben, das ist so.

Der Mond schüttelt seine Taschenlampe.
Gedanken sind die Fortsetzung des Lichts
in der Dunkelheit und geblendet wird manches
Gefühl, das sich verkriecht, gedankenscheu.

Der Mensch in der Natur: ein Kriechtier.
Blitz und Donner bewirken für Stunden Wunder:
Achtung, und jedes erreichbare Haus macht draus
etwas wie Heuchelei, des Herzens Vormund.

Variation auf Grau

Du gefällst mir, Grau, mit Rot oder Blau.
Allein hätte ich dich gern, das ist dann wohl Musik.
Einiges davon ist in Beethoven, im Blues oder bei Sibelius.

An Dingen hängst du dann wohl – nicht anders
als wir. Die Ähnlichkeit mit dir geht mitunter so weit,
daß wir Dinge und Menschen kaum unterscheiden.

Kümmern uns um dich. Sei's auf Straßen, Beinen,
Daimlern oder Trabanten, versichern wir uns, als wüßtest
du's nicht, daß du, zwar klassisch, aber entbehrlich bist.

Mehr noch: gerät man sich in die Haare oder sind Wechseljahre,
bist du nicht weit als Mischung von Schwarz und Weiß.
Und lernen dann, als Eigenschaft bist du schnell zu tarnen.

Bathseba im Bade

Bildnis nach Memling

Festgehalten von heiligen Worten, einem Pinsel, der Zofe und Davids
Blick entstieg, wie geschaffen, die Frau nachmittags dem
Bad, damit die Feder unverwirrt und etwas später dem bunten Treiben
ein wenig Schwarzweiß-Malerei aufsetzen kann.

Da geht er, der Mann, selten monogam, auf seiner
Terrasse hin und her in Erwartung, daß die Frühlingsgeschäfte
ihren verheißungsvollen Lauf nehmen (auch Feldzüge sind
nichts anderes als Termingeschäfte) als er, der König (gerade

die Verluste seiner Armee abschätzend), durch einen langen Schatten
(nein dessen Konturen) jäh auf andere Gedanken kommen mußte. Die
Folge, besser die Bilanz: Eine Augenweide wischt jede Ehefrau aus dem
Kurzzeitgedächtnis aus.

Paradigmenwechsel. Was dem Mann als Interludium natürlich
erscheint, zieht die Frau nur mit Vorbehalten in Betracht, während auch
sie ihrem gefallenen Kleid entsteigt. Und da der Mann eher was von
coitus reservatus als von interruptus stöhnt, folgt den

Seitensprüngen spätestens nach neun Monaten deren Beweis und die neue Familienplanung: Frauen haben nur einen Mann! worauf der Auserwählte den Ehemann im Glauben und sterben, sich selbst aber in der Hoffnung auf Vergebung läßt.

Die Intrige, mein David, ist eine fatigue. Jedoch scheint, daß ohne genügende Wiederholung (ein Punkt für dich) diese Einsicht in einem Leben kaum zu erreichen ist, was schlicht dazu führt, daß man sich die Intrige wohl wegen der fatigue gönnen wird.

Salomon und Markolf

Skolion 1

»Ist das nicht ein Tag zum Sterben, Salomon?«
»Ich kenne keinen Tag, der den Tod verdient.« »Verdient?
Kein schöner Ort, dies Hospital, da macht die Zeit,
Salomon, wohl einen Unterschied.« »Kein Ausblick wiegt
das Sterben auf, kein Einblick, schon gar kein Anblick.«
»Ißt du deinen Pudding nicht – vielleicht ist's der letzte!«
»Mag Süßes nicht.« »Was einem nicht schmeckt,
macht nicht dick.«

»Macht nicht Schönheit Wissen auch zur Ketze-
rei.« – »Das Umgekehrte liegt doch ebensoweit.
Siehst du den Schnee, Salomon? Das Bild,
das letzte, das bleibt, wird vielleicht nie Vergangenheit.«
»Auch dein Pudding löst sich schon in Vorstellung
auf, das heißt aus dem Schnee von heute werden
die Flocken von gestern.« »Geht's nicht andersrum?!
Muß es nicht, bevor Schnee liegt, zuerst schneien?«

»Das war einmal. Geist, das ist, wo die Dinge sich
aufgelöst haben. Ein prächtiges Chaos, wo vielleicht
nur Gefühle wissen, wonach sie suchen. Und
Schönheit, sie ist mit Farben, Kontrasten, Linien,
Gerüchen, Tönen, vor allem mit Interessen vertreten.«
»Interessen?« »Alles, was wir unbewußt anbeten.«
»Unbewußt? Ich weiß doch, daß ich keinen Pudding
will!« »Auch der Verzicht reiht anbetungsvolle Gründe auf.«

Skolion 2

»Wie steht's?« »Sie tun, was sie können.«
»Abwarten heißt sterben.« »Sterben?
Versteh ich nicht!« »Geht's aufwärts, ist man
eben gestorben – ansonsten liegt man stets
mitten drin.« »Auch Sterben ist Leben, Salomon!
Überhaupt ist, was man fühlt, vielleicht
eine Kränkung oder Freude für andere –
was wählst du für dein Gedenken aus?«

»Zynisch.« »Realistisch. Ist man tot, wird
unser Leben doch Geschichte, also Fiktion:
das ist die Zeit, wo man seinem eigenen
Gedenken Schritt auf Tritt begegnet.«
»Markolf, du sagst, wir leben in zwei
Welten.« »Zumindest sind es zwei.«
»Die eine, in der ich zu dir spreche, wird
verschwinden.« »Die andere, na, sich halten.«

»Ein Leben nach dem Tod?« »Unzählige!«
»Man sollte nicht erinnert werden – irgendwie
peinlich, man wird dann allen zustimmen müssen.«
»Zustimmen?« »Stillschweigen heißt doch, nicht zu
dementieren.« »Sicher, aber Spekulationen macht
man über die Wirklichkeit, was danach kommt,
müßte man Fakten heißen.« »Fakten?« »Was man
wie Pudding, doch nur schlucken kann.«

Skolion 3

»Beide brauchen sie Zeit, das Ende wie der
Anfang.« »Dieser Ort, alle Orte sind doch
Särge für Zeit. Zwei Männer, ich zitiere,
›in schneeverkrusteten Schaffelljacken
gehen nach Norden – über das Eis.‹« »Das
Eis bricht, Salomon.« »Das Leben schickt sie,
als ob nur das Schlechte uns das Gute
lehren könnte.« »Aber es lehrt es nicht.«

»Standpunkte werden vom Leiden
versucht.« »Denkst du – ich seh klarer,
Markolf, klarer, fällt jede Ungewißheit ab.«
»Aber Geheimnisse bleiben.« »Der Tod
ist keine Zukunft.« »Aber man stellt sich
doch ein. Einstellen, wie das Radio: wenn
einem die Sendung nicht paßt, stellt man
um, nicht. Um vielleicht Mozart zu kriegen.«

»Stimmungen! – Ich bevorzuge das
Entweder gegenüber dem Oder.« »Die Wahl
ist eine Erfindung der Zeit.« »Entweder
ist Gewißheit, Oder ist Hoffnung.
Nur die Zeit flirtet mit letzterer. Räume
dagegen haben nur für einen Menschen
Platz. Meine Asche wird einsam sein,
wie mein lebender Körper.«

Simeon der Stylit
(395-451)

Nothing is given: we must find our law.
W. H. Auden

I

Tragödien haben ausgedient. Eingeklemmt im Regal
atmen ihre Lungen schwer. Menschen sterben,
tempus fugit, Helden treten ab. Ich fürchte nur
eine Wirkung des Zufalls auf Notwendigkeiten.

Sicher, Konflikte gibt's zuhauf: Mit meinem
Willen wird die Welt auch morgen nicht
zusammenstimmen et cetera. Und deshalb teilen
wir entweder die Welt oder den Willen auf.

Keine Versöhnung. Eher ein Arrangement.
In Stücken leben, aber so, daß sie ganz
harmonisch tönen. Instrumente können
leise spielen, aber auch laut schießen.

Was tragischer nennen? Könnt das Auge
wischen den ganzen Tag. Liebe die Menschheit.
Mit dem Menschen fällt's mir schwer.
Das Böse ist leider immer unsichtbar.

Ich sag's, lebe auch nur mit meinem
Einverständnis. Mitunter schwer zu kriegen.
An Abstand nehmen ist nicht zu denken: Dein
Hund bleibt dir immer dicht auf den Fersen.

2

Wir haben jetzt Zivilisation, Simeon,
die hat sich was für Maroden wie deine
ausgedacht: ein Schmunzeln und
einen sicheren Verwahrungsplatz,

was in keiner Weise dein soziales Fasten
schmälern kann, es ist nur Faktum, daß deine
exzentrische Aktion heute schon der
Baugesetze wegen zu kurz kommen müßte.

Die Kunst – im übrigen – der Einzelhaft – nein
(auch Armut verspricht ein erbärmliches Leben)
ist keine Kunst, sie ist, was du nicht lassen
konntest, aber nicht – um Gottes willen!

Dazu kommt: Zwangsaufenthalte sind schlicht
historische Dauerbrenner. Nur, wer von den
anderen, frag ich mich, hätte wohl mit dir nicht
den Platz, sondern die Gründe tauschen mögen.

Einmal angefangen, ich weiß, kommt der Appetit.
Schon der Hungerkünstler konnte nicht genug
bekommen. Verzeih! Mir fällt's, du verstehst, einfach
schwer, deine Behausungsdaten zu ermessen.

3

Ist auch dieser oder jener Vers ein Blitz aus
heiterem Himmel . . . bleibt doch immer eine Linie,
ein Reim, für eigene Arbeit übrig. Und noch mehr:
Kein Gedicht kommt am (lebenden) Dichter vorbei.

Da hast du die Verwicklung – die Crux! Werke müssen,
daran gibt's nichts zu rütteln, verantwortet werden. Das
kann Freude bereiten und lange Uneinigkeit bedeuten.
Vor allem aber: Poesie verzeiht keine Schwindeleien.

Welches Gesetz wir dem Leben auch unterschieben – und
hast du auch die Moral vertreten der beschränkten
Haftung für die Folgen deines Tuns – ich fürchte, es bleibt uns
nur der Weg hindurch durch die eigenen Ansprüche.

Wie das klingt? -isch, -istisch, einfach – stimmt nicht!
Gewiß ist: Wir bemühen uns redlich mal länger, mal
kürzer. Grenze ist entweder der Tod oder schon das Leben:
Dich raffte dahin die Krankheit, nicht dein Wille.

Wespe

I

Dann bist du also tot?
Wen kümmerts.
Die Welt ist aus dem Lot.
Und wen hinderts,
Pläne zu schmieden, huldigt die
Zukunft noch nicht der Werbung.
Brings fast nicht über die Lippen:
bin gern dein Opfer.
Da, wer die Rollen teilt,
vergrößert doch die Möglichkeit,
daß einer den Text begreift.

II

Leben zahlt sich aus, du weißt,
zahlt man's sich auch selber heim.
Ansonsten: der beständig selbe
Takt ist weniger Narkose,
mehr autogene Mode:
es geht mir gut und ich werde alt.
Was deine Kenntnisse übertrifft – die Kreatur
vor dir ist kurzsichtig und klagt seit
längerem über ihr Selbstbewußtsein.
Und da die Ursachen keine Aussagen machen,
ist an der Unsterblichkeit wohl vorerst nicht zu rütteln.

III

Wie du und Schönheit wissen,
Vorsorge ist nicht euer Ding,
Vorsorge für einen
zukünftigen Morgen ohne
blutige und andere
Sorgen. Und ist eure Gabe Wirkung,
wer möchte, ehrlich! davon nicht
was abkriegen? Überhaupt
fehlt für den Verzicht einem
bei euch glatt die Übersicht
und dann auch die freie Pflicht.

Grosses Erwachen

Neuigkeit

Mehr die Form als der Stoff bewegt alles
seit Jahrmilliarden. Was sich wiederholt,
wie jedes Geschehen irgendwann, verlangt
für seine Überzeugung der geeigneten
Verpackung. Ob als Bekleidung, Mord oder
Flirt, es will sich, soll es um die Welt gehen oder
das Auge verdrehen, vorteilhaft präsentieren.

Es ist doch so, ist das Ding, das Ereignis
überhaupt schon irgendwie bekannt,
braucht es das gewisse Etwas, das
den Blick, den Gedanken bannt. Deshalb
scheint's, ändert man den Haarschnitt, des
Nachts die Position, kann das
nicht schaden, zumindest passiert etwas.

Darauf beruhen insbesondere
Abmagerungskuren, Beziehungen, Frau
und Mann, das Kinderspielen und nicht
zuletzt die Kunst, die Fragen aufwirft,
fängt sie auch keine Antwort auf.

Was deshalb im folgenden berichtet
wird, bleibt allein an den Worten haften,
wobei, lieber Leser, das Geschehen auch
keine Spuren oder Indizien hinterläßt
(was ein Suchen oder Aufdecken unnötig
macht), schießen sie dir auch durch den Kopf
und versperren dir kurzerhand die Sicht, was,
natürlich, zur Sprache kommen muß.

I

Ich kann ihnen nicht beipflichten. Geht man davon aus, der Nazarener war Mensch, dann ist an seinen körperlichen Schmerzen am Kreuz nicht zu rütteln. Sieht man in ihm dagegen Gott, dann hätte ihm doch eine einzige Willensregung genügt, um seine Qualen zu beenden und die Folgen zu verhindern. Da er es unterlassen hat, den Menschen zu retten, trägt er die volle Verantwortung für den Verblichenen, also Mord – aber keine dieser Durchschnittstaten aus Leidenschaft, Habgier oder einer anderen geistigen Mitleidenschaft. Alles deutet auf äußerste Kaltblütigkeit hin, wenn sie auch wollen: Entschlossenheit. Keine überstürzte, sondern eine vorsätzliche, minutiös geplante Tat, die es einem Verteidiger sehr schwer macht, entlastende Gesichtspunkte anzuführen. Und überdies hätte die Verteidigung, im Falle eines Erfolgs, ihre Zukunft ruinieren können. Auch Oedipus kann ihnen da nicht weiterhelfen. Denn, was der Nazarener ausheckte, das mußte er doch auf sich sitzen lassen. Was man – die Götter wissen's – dem Griechen in die Schuhe schob, dabei mußte er sich erst auf frischer Tat ertappen, um sich dann darüber erst gebührend den Kopf zerbrechen zu können. Sicher hat der Nazarener gezögert, jedoch nur im Bewußtsein der geplanten Tat. Warum sollte Oedipus dagegen auch nur einen Zweifel hegen, da ihm seine Taten doch in die Wiege gelegt worden sind. Was bleibt und ungeklärt scheint, ist: das Motiv, nur Motive wünschen

sich nicht selten andere Tatsachen und
umgekehrt. Wohin Gründe auch führen,
nur Handlungen haben oder geben uns
doch das Recht ein Innenleben aufzuwiegen.

II

Ja, wir waren Freunde. Die Umstände, wenn
überhaupt, hier pflichte ich ihnen bei, haben
ihn dazu gebracht, ja ihn selbst, wen sonst,
es gibt niemanden sonst, das wissen sie doch
selbst am besten, sie waren es doch, der mich
ins Bild gesetzt hat ... Und worauf beruht denn
ihre Theorie! Und Theorien berufen sich doch
nur auf den Teil der Möglichkeiten, die noch
nicht verbraucht sind. Ansonsten, wenn die
Wirklichkeit feststeht, so beweist sie doch nur,
daß die Möglichkeit für immer bestehen bleibt,
und man müßte dann, auch ohne Geständnis,
einfach jeden einsperren. – Also von vorn: wir
spielten regelmäßig, dienstags, manchmal
früher manchmal später, aber so gegen acht,
für gewöhnlich. Ja wir haben getrunken: er trank
ausschließlich Whiskey, ich bevorzugte Wein.
Er sagte immer, es verlangsame die Existenz,
das Trinken, und käme sie dann zum Stillstand,
die Existenz, dann sei das nicht das Ende, sondern
ein Anfang. Nein, nicht das Leben nach dem
Tod, an das er vielleicht glaubte, war das
Entscheidende; nein, auch nicht die Aussicht
auf eine wie immer geartete Seligkeit, es war
schlicht, daß ein Anfang Unauslöschbarkeit
beinhalte, das heißt die Unmöglichkeit die Zeit
aufzuheben, was ihn nicht nur faszinierte,
sondern auch zu beruhigen schien.

III

Dann, ich weiß nicht mehr genau wann, rief er mich an, so vor einem halben Jahr, und sagte, sie sei ausgezogen, und er wolle und könne jetzt niemanden sehen – ja das war das letzte Mal, daß wir miteinander gesprochen haben – er war aber erstaunlich gefaßt, ich meine, seine Stimme klang wie gewöhnlich und darüber hinaus nahm er es ihr scheinbar nicht einmal übel. Ich meine, er hätte doch allen Grund gehabt, niedergeschlagen oder wütend zu sein, und da sich Gründe doch vielfach erst aus den Tatsachen ergeben, mußte ich doch annehmen daß er sie nicht mehr liebte oder zumindest die Situation akzeptieren konnte. Ich war irgendwie erleichtert. Die Liebe, glaube mir, sagte er noch, verlange nichts und doch sei das Unsinn, reiner Unsinn, dem Menschen völlig unangemessen, kein Schuh, der drücke, sondern der um Nummern zu groß sei. Zu lieben bedeute, alles zu verlangen oder wenigstens etwas, womit man leben könne, also etwa Anwesenheit oder Sex. Immer sei die Liebe eine Form des Ungleichgewichts und Differenz, Unterschied, Gegensatz sei das, was Leben erst ermögliche und nicht nur spannend mache. Das bedeute aber auch, daß das System unstabil sei, sagte er, kippen oder explodieren könne. Daran würden auch alle Versuche nichts ändern, die Balance zu halten und dies oder das in die Waagschale zu werfen, denn wer weiß schon, was in den Schalen liege, und ob man nicht besser was rausnehmen sollte. Und darüber hinaus habe man nicht einmal ein Besitzrecht auf diese Waage, wobei er lachte.

IV

Mein Alibi? Sie gehen zu weit, sie
glauben doch nicht wirklich – er war mein
Freund. Ja mit ihr, sie kann das bestätigen,
wir waren im Kino, Hamlet. Nein, die finnische
Version, eine traurige Geschichte, traurig nicht
im Sinne der Quantität an Schluchzen oder
Sitzengebliebenen, obwohl das ja nicht unbedingt
gegen die Qualität eines Werks spricht; nein
traurig, weil die Geschichte mit griechischer
Notwendigkeit abläuft, obwohl diese Götter
schon längst nicht mehr an den Fäden zogen.
Ja, das Tragische an der Notwendigkeit
ist, daß in allem, was wir nicht tun wollen
und tun, wir uns wiedererkennen. Als ob
wir, wie Narziß, uns immer wieder dessen
versichern wollen, daß wir selbst es sind, die
wir nicht nur lieben müssen, sondern auch
verachten wollen. Nein, niemand macht
aus dieser Not eine Tugend. Nein – niemand.

V

Sie haben mit ihr gesprochen! Ja sie waren
ein Paar – und sie waren glücklich. Ein
Auge auf sie geworfen? Ja, jedoch ohne sie
zu begehren. Dann riß irgendwann die
Gewohnheit ihrer Anwesenheit ab,
als stünde eine fremde Frau vor einem,
die man begehren dürfe, in die man sich
verlieben könnte. Und eines Abends dauerte
einer dieser Blicke länger als gewohnt und
wurde, unverhofft, erwidert. Ja wir waren

zusammen, ja bei mir. Nur, sie werden es kaum glauben, sie schien ihn um so mehr zu lieben und mir genügte, was ich von ihr erhielt. Woran? In seiner Gegenwart blieb sie unverändert und zu keinem Zeitpunkt haben wir über uns gesprochen. Sie hielt wohl die Zukunft für eine Folge von Gegenwarten, die nichts miteinander zu tun haben oder nur soviel, daß sie einander nicht in die Quere kommen. Dann ist sie aber doch ausgezogen, er habe sie dazu gedrängt, sagte sie.

VI

Sie war noch bei ihm! das wußte ich nicht. Vor einem Monat. Sie sagte, sie wollte mit ihm sprechen, ihm ihre Liebe versichern. Nur er fragte sie immer nur: »Liebst du ihn noch.« Wobei es anscheinend der Fall war, daß er sich selbst damit meinte, er von sich selbst sprach. Sie war davon überzeugt: er habe tatsächlich geglaubt, sie zu sein. Hat sie ihnen nichts davon erzählt? Nichts davon, daß er vielleicht krank war? Nein, nichts davon . . .
Was hat sie gesagt?
Sie sagte nur, daß sie sich entscheiden müsse, weil die Dinge sonst einfach ihren Lauf nehmen würden, was sie sonst auch täten, nur eben, sei man mehr darauf gefaßt, helfe man nach, bliebe es auch beim Versuch.

VII

Es war auf jeden Fall Selbstmord. Sie
haben recht. Daran ist nicht zu rütteln.
Keiner wird das bestreiten wollen. Gut.
Worauf läuft das mit ihr hinaus? Sie
wollen mir doch nicht weismachen, sie
hätten sie nicht schon ausgequetscht –
das tut nichts zur Sache, der Reihe nach,
also: Von der Zukunft erfahren sie
nichts. Die Vergangenheit hatte
keinen Boden, da waren nur Balken,
worüber wir, als ob wir das immer getan
hätten, balancierten, ohne an unsere
Knochen oder sonstwas zu denken. Und
Liebe braucht Dauer, dafür sind Augenblicke,
haben sie sich auch angehäuft, einfach
nicht geschaffen – im übrigen geht sie das
schlicht einen Dreck an, von den Details
ganz zu schweigen! Schnüffelei – sie blasen
ihre Überzeugungen in die Segel der
Ereignisse, um an Fahrt zu gewinnen
und erleiden nur Schiffbruch.

VIII

Man hat seine Leiche erst am Montag
gefunden. Sie hatte noch immer ihren
Schlüssel. Die Fakten. Er war schon mehr
als 48 Stunden tot. Der Schuß ist aus
nächster Nähe abgegeben worden und
traf ihn mitten ins Herz. Die Tatwaffe
fand man am Boden, die Leiche
geradesitzend im Sessel, davor einen Tisch

mit einem Schachbrett und einer
verlorenen Stellung für Weiß.
Der Tote saß vor den schwarzen Figuren.
Kein Abschiedsbrief. Nichts. Nur, sie
werden das verstehen, wie kann jemand,
und er war darüber hinaus, sie wissen das,
ein guter Spieler, wie kann so jemand also
gegen sich selbst verlieren, das wäre als
ob jemand sich selbst verleugnen würde.
Und was wollen sie damit sagen? Selbstmord
ist nur der Vollzug eines Urteils, das Leben
der Prozeß. Ein abgekartetes Spiel, dieses
Verfahren, wo, im nachhinein wohlverstanden,
man eingestehen muß, die Verteidigung
war machtlos. Und das Gesetz, die Grundlage
des Urteils, das was über Schuldigkeit und
Unschuld entscheidet, war öffentliches Recht,
worin es heißt, daß fremdes Glück nur durch
Opfer aufrechtzuerhalten ist.

Eine Vorlesung

1

Da nach der Natur das Sichtbare endet, müssen
wir uns – Sie und ich – etwas einfallen lassen,
zumindest dann, sollen diese Verse ein Ende finden,

das hat damit zu tun, daß Sie und ich schlicht den
Rahmen einer Vorlesung sprengen – Sie, weil
Sie mich hören können, obwohl der Raum alles,

was Architektur zu bieten hat, in den Schatten
stellt – ich, zum einen, weil ich nur zu
Auserwählten tuschle und die übrigen Hominiden

nicht im geringsten beleidigt sind (Telepathen vielleicht
ausgenommen) und andererseits, wie es Ihnen erscheint, die Kunst
der Unsichtbarkeit vollkommen beherrsche.

2

Zeitlich gesehen – rate ich Ihnen, an Verpflegung
zu denken, an Wasser, vielleicht an Kinder, da nicht
abzusehen ist, wer von uns zuerst den Raum verläßt.

Nur – vermeiden Sie, wenn möglich, Lärm, besonders
unterlassen Sie das Schmatzen in vorderen Rängen.
Und haben Sie Sex, schreien Sie nur, wenn Sie müssen.

Und schreiben Sie mit, seien Sie auf keinen Fall
knauserig: es hat genug für alle, weil schon ein Zitat
gut einige mehr als ich vermute ernähren könnte.

Und stimmen Sie mir nicht zu (wollen mir gar an den Kragen), bitte! Rück ich auch von keiner Silbe ab, könnte es doch dauern, bis wir uns das nächste Mal erscheinen.

Lever de rideau

1

Im Parkett ist es finster. Mich
reizt das Licht. Ein falscher
Chinese, der jetzt sprechen und
woanders beginnen wird.

Zeit läßt auf sich warten.
Und stockt der Atem, ist haltlos
die Stimme, dann kommt wohl
jede Fortsetzung in Betracht.

Jetzt. Ausspucken. Egal was?
Bis du erkennst: Eine kleine
Verstimmung hindert dich, die
sich regt, ehe sich regt Vernunft.

2

Es ist Sommer. Mir ist kalt. Die
Zähne klappern. Einsicht fällt am
Südpol leicht. Hier kommen Schritte
dem Versetzen von Bergen gleich.

Als ob Unterhaltung, vom Ich aus, einem
Metier, einem Selbst aus dem Gesicht
geschnitten wär und Objektivität dann vom
Schmunzeln bis zum Lachen reicht.

Nur wer hat Grund zum Lachen? Ist
der Scherz doch des Schmerzes Pointe.
Auch wer sie nicht versteht, wird
von der Ursache irgendwann bewegt.

3

Also los – genug des Geplänkels. Meine
Kehle ist trocken. Wer hört, der fühlt.
Die Menschen, liebesbedürftig,
lassen wenige, die lieben, übrig.

Was weiter. Woran sich halten. An
Mythen, den Gemeinsinn. Die Güte
des Nachbars. Eine Empfehlung: Das
Geplauder behauptet seinen Platz.

Selbst bist du allein, kann dich das Trio
deiner Zukunft, Vergangenheit und
Gegenwart unterhalten, da sie, dich
überraschend, dir dauernd widersprechen.

4

Schönheit, sie erschiene als Göttin,
vielleicht als große Nachtmusik. Um
zurückzukommen: ist spekulativ, daß
auf Erden Minerva ist destruktiv?

Doch jetzt: Die Wolken niesen. »Das ist die
Eigenschaft der Dinge«: Was künstlich ist,
dem genügt das Universum kaum.
Natürliches, es braucht geschlossenen Raum.

Ein Hindernis: woran messen wir's?
Ob Wahrheit und Lüge, gut und schlecht,
wir sehen, daß etwas fehlt. Was man
sagt, hat Hand und Fuß, immer die eignen.

5

Unser täglich Brot, was Geschichte infiziert.
Kommt andre Zeit, hat ausgeplappert
der Mund. Ihm bliebe, was Verehrung
vorsähe: eine leere Tribüne.

Strophen

I

Gleich der Zeile, die dein Gewicht
im Sand hinterläßt – das
Meer sammelt die Eindrücke ein –
wirst auch du verschwinden aus dieser
Welt, einer neuen Gravitation
zu gehorchen. Noch brandet Licht
an die Wasseroberfläche und bestimmt
die Tiefe der Finsternis.

II

Der Tod kommt nicht. Er ist nicht,
was man erwarten könnte.
Unbewegter Bewegter – lachender
Dritter ist er und sonst nichts!
Wollen wirs leugnen: allesamt
sind wir auf dem Weg. Leben
als Bewegung. Die Zeit:
schamlose Kupplerin.

III

Das Jenseits: ein plötzlicher Fleck auf
der makellosen Garderobe des Glücks.
Das Gleichgewicht zuweilen fordert: weg
damit – doch nur Fliegen, Eintagsfliegen,
gehorchen aufs Wort. Was sich dagegen
einmischt, nimmt Besitz, so ist Unglück
im Glück nicht die Ausnahme, sondern
jedem sein eigenes Geschick.

IV

Stete Versuche, den Charakter der
Sprache abzuringen. Nichts läßt
sich schwerer ergründen, als was
man ist. Sicher, dann und wann
erkennst du Zusammenhänge (der
Zeitschriftenstand als Zufluchtsort)
aber schlüpfen aus deiner Haut –
auch nur zum Spaß – unmöglich.

V

Wie sterben? Über den Tod hinaus . . .
Pack ein warme Socken, die Suppe,
eine Wärmflasche – vielleicht – aber
nur soviel, wie du tragen kannst.
Überflüssiges aber legs ab, genug hast
du davon geschleppt: fremdes und eigenes.
Ist dann abgefallen all die ungewisse Fracht,
bleibt übrig: das Sterben, dein Gewicht.

VI

Die Meinungen gehen auseinander.
Aber kein Hellseher führt in
seinem Angebot weiterreichende
Prognosen: Zum Leben gehört,
entschuldigen Sie, nicht der Tod
und fordert sofortige Bezahlung,
keine Schecks. Draußen wischt
der Nebel der Einsicht eins aus.

VII

Die Weide trauert dem Sommer nach.
Noch ist Wahrheit keine Eigenschaft:
es fehlt der zündende Gedanke.
Habe diese, jene Gelegenheit verpaßt,
Falsches zu erkennen. Was soll's?
Packt dich am Kragen der Wind,
kommst du schneller an,
wo du hinfällst.

VIII

Im Schnee versinkt jetzt dein
Fuß. Du stehst und folgst (ein
Vergnügen?!) du dir einmal auf
Schritt und Tritt, verlierst du bestimmt
dein Gleichgewicht – irgendwann.
Inkarnation halbwüchsiger Geister
das Leben, der Tod: eine
Anmaßung für alle Götter.

IX

Drei Wünsche hat niemand frei,
auch nicht einen. Und die
Zeit wird kommen, da du die
Kerzen stiehlst von deinem Kuchen,
noch ehe du sie ausblasen darfst.
Aber im Herzen werden die Kerzen
weiterbrennen, bis dir die Luft ausgeht.

X

Keine Antworten – ein Gestotter!
Man sagt es so leicht dahin . . .
Nicht Weisheit wirft die Lettern
aufs Papier, die Hand ists, die
zittert – bis sie dann stehn in
Reih und Glied, neigen sie
zu Scherzen, zu Kopfständen.
Kapriolen, lange einstudiert.

Die Egoisten

(Versuch über einen ungeschriebenen Roman)

I

Unschuldig wurden sie geboren und
auserkoren, die Welt und alles, was
damit zusammenhängt, ausschließlich
mit ihren eigenen Augen wahrzunehmen.

Und was sie sahen war gut. Und förderte ihr
Verständnis für prästabilierte Optik. Da sie
ungern an Handfestem rütteln, bescherten sie
sich mit der Überzeugung, es wird ewig so sein.

Ihre Erziehung lief darauf hinaus, andere auf ihren
Standpunkt zu bringen, wenn nötig, in jedem Alter,
entweder mit stampfenden Füßen oder mit kalter Schulter,
was rasch die Zahl ihrer Bewunderer vergrößerte.

Ein Ergebnis, das sie je nach Situation genossen
oder traurig stimmte. Sie dachten aber, daß es
keinen Sinn habe, Gefühle zu zeigen, wenn niemand
sonst im Raum ist, und so heirateten sie früh.

II

Ihr Wissen erfüllt wie ihr Leben einen simplen Zweck:
den Nutzen zu kalkulieren. Und bescheiden wirken,
sind die Alternativen wenig versprechend oder
ist eine Steigerung des Selbstwertes wahrscheinlich.

Zum Kochen brauchen sie eigene Rezepte ebenso wie für
die Entelechie. Fallen ihnen Fragen ein, aber nicht
unmittelbar Antworten, nutzen sie ihre Bibliothek,
um die lästigen Zitate auswendig zu lernen.

Ihr Gewissen sagt ihnen, daß sie Erfolg haben werden –
bisweilen rügt es sie, an den falschen Fäden zu ziehen.
Mit Vorsätzen stecken sie die Vorwürfe weg. Aber werden
es nie für möglich halten, sich nicht mehr zu lieben.

Sie glauben an sich. Und glauben jede Religion braucht,
will sie überleben, der geeigneten Auslegung. Damit
ihre Gegenwart Zukunft hat, sind ihre Steckenpferde
die Astrologie, die Apokalypse und die Wetterprognose.

III

Sie werden immer wissen, auch ohne menschlichen
Spiegel, wie gut sie aussehen. Wunschträume oder
Garderobenwechsel halten sie für eitel und denken,
ihr Geschmack ist wie die Wahrheit einzigartig.

Schreiben sie Gedichte, sind sie genötigt, ihren
eigenen Erfahrungen zu genügen. Ungereimtheiten
billigen sie nur, nachdem Gras darüber gewachsen ist.
Dann kommen sie getrost auf dasselbe Resultat.

Gerne geben sie Kommentare, haben aber stets
das letzte Wort und werden böse, wird das
betreffende Werk ohne ihr Absolution gelobt.
Dann können sie stundenlang schweigen.

Sie haben sich von allem ihre eigene Geschichte
zugelegt, einschließlich Zukunft, verbreiten und
wiederholen sie, bis eine Rechtfertigung sie trifft.
Gespräche führen sie nur mit Gott.

Magnum opus

Bin ein Ignorant. Versteh nichts von konkreter
Malerei, ignoriere Dialektik. Mich dürstet nach
Sophistik. Kein Herz, geschweige denn der
eigne Kopf, verträgt auf Dauer Leere. Bevorzuge
Übergewicht. Stopf ich mich voll, auch
mit Wissen, vornehmlich überholtem, denn
das läßt die Zeit für den Ignoranten stehen.

Lebe auf Kredit. Schulden allenthalben. Poesie
ist auch als benutze man des Allmächtigen
Kreditkarte; so daß das Jüngste Gericht, wahrhaft,
zu einer Art Lesung wird. Unklar bleibt, wer
liest und wer zuhört, wohl nur für einige
Frühentrückte und Erdverbundene. Nur, was
nur privat sein kann, kriecht öffentlich.

Mag Metaphysik. Glaub an Osterhasen (ein
wenig Geheimnis braucht der Mensch). Geh
mit Imperativen ins Bett. Träume im Konjunktiv.
Wach bin ich Realist. Schulen machen
Menschen kaputt. Das Leben ist, wiewohl hart,
oft nachsichtig. Das ist meine Zeit: In der
Erfolg kaum auszuhalten ist.

Moderne Zeiten. Politiker und Richter:
ein Schimpfwort. Neuerdings auch
Architekt. Rückt Europa nicht nach Babel?
Und da du's singst, pfeifst, bist du entweder
das Missing link oder der Schlüssel zur
Künstlichen Intelligenz. Genau wie jeder Mensch.
Drum versuchst du's manchmal mit miauen.

Kurzes

Ich dementiere, daß Ästhetik
rangiere über der Ethik.
Auch daß Herzen und Vitamine
deine besten Freunde

sind. Dagegen vermute ich, Poesie
ist am effektivsten in der Anästhesie.
Dabei ist zu beachten: als Nebenwirkungen
zeigen sich manchmal Einbildungen.

Man kann behaupten, was schön sei,
begründet kein wissenschaftliches Urteil.
Ungerecht aber ist zu meinen, die
Wissenschaft hätte dafür keine Sympathie.

Auch Tugend ist bisweilen ein Laster.
Und zugleich ein teures, jedoch finites Pflaster.
Billiger ist auch nicht die Variante
zu zehren vom Leben auf der hohen Kante.

Gefühle werden, hélas, in der Regel
vor Überzeugungen vergeben. Flegel
behaupten, denken sei amoralisch
und betragen sich animalisch.

Ein Hund folgt seinem Instinkt
ist jedoch auch wählerisch.
Was Menschen dagegen zwingt
ist nicht selten trügerisch.

Wir können schlafwandeln
aber nicht im Schlaf handeln,
wo Traumpartner wohl kaum
realer sind als im Tagtraum,

und fliegen zur Vorstellung gehört
aber nur nachts die Erfahrung stört –
bleibt es auch beim freien Fall
dafür mit gedämpftem Schall.

Von Pillen abgesehen, ist zu akzeptieren,
daß Frauen stets die Kinder kriegen;
was Männer dagegen konzipieren,
ist sich auf ein Glied zu reduzieren.

Was etwas auf sich hält,
hat was mit Geld,
Geschmack in dieser Welt
wird damit ausgezählt.

Ist Kunst ein Spiel
und Leben nicht,
dann ist Invasion das Ziel
von einem Gedicht.

Jeder Schluß hat seine Koordinaten.
Ich vertraue meinen Penaten,
Musen, vielleicht Advokaten –
keinen Soldaten oder Granaten.

Großes Erwachen

Ich erwache. Alles ringsum erwacht.
Decke, Wand, Türe, Vorhänge, Tische,
der Boden, Stühle erwachen. Wimpern,
Haare, Arme, der Nacken, Rücken,
Bauch, Hüfte, Schenkel, Waden, Gelenke,
Knöchel, Zehen, Nägel, Finger erwachen.
Es erwachen Lippen, Zunge, Gaumen,
das Gähnen, der Bauchnabel, Nasenflügel,
das Bewußtsein erwacht, der Raum, die
Zeit erwachen, alles erwacht. Dinge und
Menschen. Liegen, Sitzen, Stehen, Torkeln,
Halten erwachen. Das Blut erwacht und
der Atem. Der Lichtschalter, Spiegel,
die Blendung, das Zwinkern, Zähne,
Zahnfleisch, Falten, Bart, Unterhose – Penis
und Urin erwachen. Es erwacht ein Fluch,
ein Wort, ein Blick erwachen. Farben.
Beine übereinandergeschlagen, der Brustansatz.
Ein Stück Nacht erwacht und ein Fetzen Traum.

Prag ist erwacht und Rom. Der ganze Balkan
erwacht. Und Afrika erwacht von Süd nach
Nord. Schanghai erwacht nach Peking, aus dem
Schlaf gerüttelt von zitternder Hand. Leningrad
erwachte in einem Zug, auch Stalingrad. Linz
ist erwacht, dann München, Berlin – die ganze
Welt. Niemand schläft. Kein Mensch. Dinge
schlafen nicht. Auch nicht Tiere.
Erwacht ist alles. Nichts das schläft.

Montag, Dienstag, Mittwoch, Donnerstag,
Freitag und Samstag erwachen. Auch
heute und morgen, Hemd und Hosen,
Kaffee, Tee, das Geschirr erwachen.
Gequietsche, Geklirre, Blubbern, Schlurfen
erwachen und Adjektive, Verben im
Indikativ und Konditional. Es erwacht der
Ablativ, Vokativ und jedes Motiv.
Alles ist da – ist wach. Nichts kennt mehr
den Schlaf. Auch er ist erwacht mit dem
Unbewußten und mit den Geheimnissen.
Der Nebel erwacht und die Dämmerung,
der Sonnenschein, Wolken, der Sturm, der
Hurrikan. Treppen erwachen, Straßen
erwachen, Plätze mit Statuen, Kugeln,
Toten und Kanonen, Panzern, Liebespaaren.
Häuser sind erwacht und Kamine, von
Ost nach West mit einem bitteren Geruch.
Antennen erwachen, Nachrichten, Schatten,
Wärme und Kälte. Wasser, Eis, Gase
im Äther und in Lungen. Atome erwachen
und die Radioaktivität. Wahrscheinlichkeit
und Statistiken erwachen zugleich mit allen
Zahlen, Gesetzen, Regeln und Fehlern.

Niemand kann seine Augen schließen.
Alles wird wach. Ob Materie oder Seele,
Engel oder Potentat. Und Wissen erwacht.
Auch das Vergessen und mit ihm
erwacht Erinnerung, Verbrechen,
Grausamkeiten und Freiheit, Neid
und Einsamkeit. Der Rassismus, der
noch schläft erwacht. Sekten, Pamphlete,
Lethe erwachen, Styx und Dante.
Väter erwachen, Mütter, Kinder, Föten,

Spermen, Eizellen, alle Verwandten.
Freunde erwachen, Kränkungen, das
Lachen. Wünsche erwachen, erfüllte
und unerfüllte und wecken Schicksale.
Geweckt werden Katastrophen, Ehen
und ihre Kombinationen. Es erwachen
die Möglichkeiten und Wirklichkeiten.
Es stehen auf Zukunft, Vergangenheit
und Gegenwart, einander gleichgestellt.

Aufgewacht sind auch Laute, Babel
und Sprachen. Gesang und Lieder.
Madrigale. Sonette. Die Oper. Verse.
Alles erwacht unverhofft gerade
jetzt. Strophen erwachen, der Versuch,
der Roman erwachen und Entwürfe.
Allesamt aufgewacht in Bibliotheken,
im Hörer, Leser, Verleger, im Autor –
in Gedanken, auf dem Papier, in Tinte,
Stein, auf kleiner runder Scheibe sind
erwacht die Große Elegie für John Donne,
Gezählte Tage, der Brief an Lord Byron,
der Divan, Spaziergang, die Bukolik,
Epoden und alle Vaginen und Hoden.
Noah erwacht und die Ertrunkenen,
Abraham, Paulus und Saulus erwachen,
David und das Kind. Maria, schwanger
auf der Flucht. Und die fliehenden Völker.
Sie tauchen auf – erwacht wie alle Sklaven
und Sokrates, Platon, Descartes, Spinoza
und Kant, Epikur erwacht auch. Alle Philosophen,
die Ideen erwachen. Ans Licht tritt alles.

Erwacht nach dem langen Schlaf, erwacht
nach kurzem Leben und langem Alter,
erwacht nackt, in Hütten, Stiefeln, im
Feld, Blut, Morast. Erwacht beim Liebesakt.
Erwacht, erwacht, erwacht. Und erwacht.

Aale, Wale, Archeopetrixe sind erwacht,
Schnecken, Schlangen und deren Entwurf.
Dinosaurier erwachen. Die Eis-, Würm-,
Permzeit erwachen – gute und schlechte
Zeiten, die Großen Erwartungen erwachen.
Geweckt werden Napoleoniden und jede Krone.
Miles erwacht und Bach, Mozart und Dvořák.
Jede Schlacht. Vietnam erwacht, Korea,
der Golf, die beiden und alle anderen Kriege.

Du bist erwacht und ich. Und erwacht sind
Planeten, Sterne, Sonnen, Monde, Galaxien
und Universen. Die Alpen, Karpaten, der
Himalaja sind erwacht. Tibet ist erwacht, das
Baskenland, Istrien, Galizien und der Schwarzwald.
Erwacht sind Knossos, Pompeji, die
Azteken, Inuit und Korsen. Buddhisten
Hindus, Sikhs, Schiiten, Suniten
sind auch erwacht und Christen, Juden und
Schwule, Technokraten, Börsianer,
Zuhälter und Richter, Polizisten und
Lehrer. Alle erwacht, alle ausnahmslos.

Aufgeschreckt sind Schrauben, Bleche,
Reifen, Ziegel, Backsteine, der Beton,
Stahl und Holz. Züge, Flugzeuge,
Auto- und Solarmobile, Fahrräder
Traktoren, Lastwagen, sie alle sind
erwacht. Und Schiffe. Mit ihnen

erwachen Abgase, Unfälle, Steuern,
Einkommen, Reisen, Spesen, Tankstellen,
Flughäfen, Landestege und Havarien,
Öltanker und Flugzeugträger.

Die Welt ist erwacht. Mittag, Nachmittag,
der Morgen, die Dämmerung, die Nacht.
Es erwacht das Einschlafen, Schlummern,
Schnarchen. Der Mond erwacht, Sternschnuppen,
Satelliten, Astronauten und Asteroiden
erwachen. Die Stille erwacht. Erwacht ist
der Lärm. Von Elementarteilchen bis
zu den Augen ist alles offen. Verschlossen
ist nichts, nichts verborgen, nichts
verloren. Alles ist gefunden, erwacht.

Und Gott ist erwacht. Jedes Prinzip. Und Theorien.
Nichts ist tot. Weder Stein, Baum noch
Einfall, Empfindung oder Verdauung
schlafen. Auch Namenloses schläft nicht.

Alles ist da, erwacht, du und ich. Er, sie und
es. Um uns herum, um Dinge und Menschen,
steht das Erwachen, greifbar, sicht- und fühlbar
nah. Vom großen Erwachen erfaßt auch
das Warten, daß der Augenblick ewig schien.
Ewig erwacht, alles, denn es ist der Jüngste Tag.

Flores en la tormenta

LAURA KINSALE

Flores en la tormenta

Traducción de
Ana Eiroa Guillén

Círculo de Lectores

Prólogo

El caballero defendía posturas radicales en política y sentía debilidad por el chocolate. Cinco años atrás, la honorable señorita Lacy-Grey había sufrido un desvanecimiento, hecho comprobado, cuando él la solicitó como pareja de baile en una contradanza. El incidente era un ejemplo de la clase de anécdotas que suponían una fuente inagotable de diversión para sus amigos y que éstos gustaban recordar hasta la saciedad tras haber bebido. La ocurrencia mil veces repetida era que una proposición de matrimonio hubiese dejado a la muchacha inválida de por vida, y que una invitación de naturaleza más vulgar la habría matado en el acto.

Dado que en ese momento Christian estaba acostado y reposaba la cabeza en la suave curva de la espalda de dicha dama, mientras sus dedos indolentes se deslizaban entre las medias y la piel, justo por encima de una liga de color azul y amarillo, no tenía más remedio que reconocer que sus amigos se habían equivocado ligeramente en sus predicciones. A su parecer, la dama disfrutaba de excelente salud, cruzaba los tobillos con gracia y los mecía con suavidad en el aire por encima de él. Christian colocó la palma de la mano sobre la nalga de ella, besó el hoyuelo al final de su espalda y se incorporó, apoyándose en un codo.

–¿Cuándo vuelve Sutherland?

–No hasta dentro de dos semanas, como mínimo.

La dama, cuyo nombre de soltera era señorita Lacy-Grey, se dio la vuelta sonriente y dejó al descubierto unos pechos que se habían vuelto más rotundos y un talle ligeramente más ancho y abultado. Eran amantes desde hacía casi tres meses. Christian examinó por un momento aquellas señales apenas perceptibles y, sin pronunciar palabra, levantó la mirada.

–Ojalá no volviese nunca –comentó ella, mientras entrelazaba las manos por encima de la cabeza–. Ha sido maravilloso.

–Mejor que el chocolate.

–¿De verdad?

Tras haberlo recordado, él miró a su alrededor. El alto chocolatero estaba allí a la espera; el hervidor humeaba con suavidad en el hornillo.

–Con permiso –dijo, y saltó de la cama.

–Eres un hombre odioso.

Él le dedicó una reverencia y un guiño, y cogió el hervidor para verter agua caliente en la leche fría, mitad y mitad exactamente; después echó las virutas de chocolate en el recipiente e introdujo el molinillo. Bajo sus pies desnudos la alfombra tenía un tacto sedoso y fresco. Frotó con vigor entre sus manos el largo mango del molinillo, algo que debería hacerse sobre el fuego y no en el recipiente, pero las condiciones a altas horas de la noche en el dormitorio de otro hombre no eran siempre las ideales, y sirvió en una taza la espumosa mezcla resultante.

–Que seas capaz de beberte eso sin un solo grano de azúcar es todo un reto para la imaginación –comentó ella.

–El azúcar lo pones tú, dulzura mía –respondió él al instante y bebió un sorbo, desnudo junto a la mesa–. ¿Cómo podría ser de otra manera?

Ella trató de poner una mueca de hastío pero acabó dedicándole una sonrisa. Estiró de nuevo los brazos con un suspiro y arqueó el cuerpo con provocación, mientras deslizaba los pies enfundados en las medias una y otra vez sobre las sábanas.

–¡Ay! De verdad que espero que Sutherland no vuelva nunca a casa.

–Mejor harías en desear tenerlo de vuelta para que se acostase contigo, niña mía, y cuanto antes mejor.

Ella levantó la vista hasta sus manos, que a continuación bajó, y frunció los labios de nuevo con aquel gesto tan atractivo.

–A él no le importará.

–Seguro que no –corroboró Christian con cinismo.

Ella posó la palma de la mano en el vientre abultado y lo miró por el rabillo del ojo.

Christian dejó la taza y se inclinó sobre ella, le besó el pecho, mientras enredaba los dedos en su pelo, y posó después los labios en su cuello.

–¿Ha valido la pena? –le murmuró al oído.

Ella levantó los brazos hasta rodearle los hombros y lo estrechó con fuerza. La suavidad de aquella piel volvió a despertar el deseo en Christian y, mientras la joven se aferraba a él como si se estuviese ahogando, aprovechó el momento para mancillar el honor de la dama una vez más. Ella pareció disfrutar el momento tanto, Dios era testigo, como lo disfrutaba él.

Al pie de la escalera parpadeaba la luz de una única vela que iluminaba el brazo izquierdo y los ropajes de una copia en mármol de una estatua de Ceres, cuya mirada, en un exceso de sentimentalismo, reposaba en un haz de trigo a sus pies. Christian bajó la escalera con discreción, pero no a hurtadillas, ya que unas semanas antes se había congraciado con el mayordomo gracias al simple gesto de dejar junto al candelabro un ordenado montoncito de tres monedas de oro cada vez que salía de la casa. Estaba palpándose el bolsillo con la mano enguantada en busca de las monedas cuando oyó el sonido de unos pasos allá abajo. Se detuvo en el rellano, la mano apoyada en la barandilla.

–¿Edith? –dijo desde abajo una voz masculina, que reverberó con un ligero eco en el vestíbulo.

«El diablo me lleve.»

Christian se quedó completamente inmóvil. Al pie de la escalera apareció Lesley Sutherland, desabrochándose el abrigo.

–¿Eydie? –llamó de nuevo, y se alisó las rojas patillas mientras miraba hacia arriba.

En el vestíbulo se oyó el tictac de un reloj cuya presencia Christian nunca había advertido, pero que en aquel momento de silencio sonó como un cómputo claro e irrevocable. «Uno... dos... tres... cuatro...»

Al llegar a cuatro sucedió. La media sonrisa desapareció del rostro de Sutherland. Sus labios se entreabrieron. Christian no esperaba que el otro pronunciase palabra alguna, y no lo hizo: sólo silencio, y su rostro que palidecía por momentos hasta que cerró la boca y el color lo invadió todo excepto los profundos surcos junto a la nariz y en torno a los labios.

«Seis... siete... ocho...»

A Christian se le ocurrieron varias cosas que decir, todas ellas burlonas y dirigidas a sí mismo, excepto la clásica frase: «Has vuelto pronto, ¿no?».

Pero mantuvo la boca cerrada. Sutherland aún parecía presa de una profunda impresión. Un incómodo cosquilleo en la mano derecha hizo que Christian se diera cuenta de la fuerza con que se agarraba al pasamanos a través del guante. Lo soltó, pero la sensación de hormigueo aumentó y tuvo la impresión de que el vértigo se adueñaba de él, como si la escalera ondulase sin moverse.

Abrió y cerró la mano para desentumecerla.

El gesto pareció despertar a Sutherland. Con la vista fija en la mano de Christian, y en tono incongruente por la suavidad que empleó, dijo:

–Jervaulx, te mataré por esto.

Aquel civil venido a más ni siquiera pronunció bien el nombre; demasiada jota y demasiada equis. En un momento como aquél, de aturdimiento e inquietud, la mente de Christian tuvo una reacción de lo más absurda y se dedicó a repetir su nombre con la pronunciación correcta: «Shervoh – Shervoh – Shervoh...».

No dijo nada más, estiró la mano y dobló los dedos de nuevo hasta formar un puño. Notaba el brazo pesado, como dormido, y un escozor le recorría los huesos de los dedos.

–Los nombres de tus padrinos –dijo Sutherland en tono más alto y con más agresividad–. Quiero sus nombres.

–Durham. Y el coronel Fane.

Era inevitable. Pero a Christian le sorprendió sentirse tan raro. Mientras se miraban, el reloj marcó otros diez segundos.

–¡Fuera de mi casa, canalla!

Fue un grito casi ahogado. Sutherland tenía el rostro tan encendido, se lo veía tan congestionado, que Christian pensó que estaba a punto de reventar y caer al suelo presa de una apoplejía.

–Está bien –respondió sin alterarse.

Bajó por la escalera y pasó junto a él con movimientos deliberadamente contenidos. Éste, con todo derecho, sentía deseos de matarlo, pero Christian no tenía la más mínima intención de ser la causa de que aquel hombre se desplomara y cayese muerto en su propio vestíbulo.

Además, necesitaba respirar aire fresco. Se sentía ebrio. Al abrir la puerta, su mano derecha seguía torpe y entumecida. Cerró con la izquierda, trastabilló y, tambaleándose, se apoyó en la barandilla de la entrada.

La luna estaba llena e iluminaba el manto de niebla que cubría la calle: una niebla azulada, que contrastaba con la negrura de las fachadas y se elevaba lentamente. Christian seguía sujetándose a la barandilla. No cabía duda, algo extraño le sucedía. Notaba náuseas y mareo y... se sentía raro. El disparatado pensamiento de que lo habían envenenado se adueñó de su mente.

¿Eydie? El chocolate. ¿Sería capaz Eydie de envenenarlo? ¿Por qué motivo haría semejante cosa?

El corazón le latía acelerado; tragó saliva varias veces en un intento de aquietarlo, de pensar.

Pasado un tiempo, soltó la barandilla. El aire fresco de la noche pareció darle fuerzas. Aspiró unas cuantas bocanadas y le pareció recobrarse. Al pie de la escalera de entrada vislumbró un bulto negro; lo escudriñó y vio que se trataba de su sombrero.

Bajó los peldaños, pasó al lado del bulto y recordó de nuevo que era su sombrero. El carruaje lo esperaba dos calles más abajo. Miró con incertidumbre hacia el sombrero y siguió adelante. No se le ocurría ninguna razón para que Eydie lo envenenase, y eso le molestó bastante. Pero ahora, al andar, se sentía mejor. Las cosas se ponían en su sitio. Cuando llegó a la altura de su cupé, el cochero bajó con rapidez del pescante y le abrió la puerta.

Cass y *Devil* salieron de golpe y movieron las peludas colas con alegría. Christian se apoyó en el carruaje y dejó que cada uno de los perros saltase una vez sobre él. Les acarició las orejas con una mano, llamó a *Devil* para que volviese y dejase de olfatear los depósitos de carbón que había junto a la acera, y de un salto se introdujo en el carruaje. *Cass* se tumbó sin aspavientos a los pies de Christian, pero *Devil* introdujo el manchado hocico por el guante e intentó sentarse a su lado. Christian acarició la cabeza del setter. Cuando el carruaje inició la marcha, alargó la mano para quitarse el sombrero y descubrió que no lo llevaba.

Reclinó la cabeza en el asiento. Sutherland. Sutherland le exigía una reparación. Lo único que Christian quería era dormir. Flexionó los dedos de la mano derecha para librarse de aquella sensación de pesadez que continuaba sintiendo. Medio adormilado, pensó que, por una vez en la vida, agradecía ser zurdo, porque si no le habría resultado imposible empuñar una pistola.

I

–Sigo sin entenderlo. Está claro que jamás lo llegaré a comprender. ¿Cómo es posible que alguien como tú, papá, espere recibir la debida consideración de una persona de su... –Arquimedea Timms se detuvo, buscando el término adecuado– ... de su calaña?

–¿Tendrías la amabilidad de servirme una taza de té, Maddy? –le rogó su padre con aquel tono de voz tan apacible que no daba pie a que nadie iniciase una discusión en serio.

–Para empezar, es duque –dijo ella por encima del hombro cuando atravesaba el comedor en busca de Geraldine, ya que la campana del salón no funcionaba. El tiempo que le llevó encontrar a la doncella, ver cómo cogía el agua y la ponía a hervir, y volver al salón no fue suficiente para que olvidase sus argumentos–. Es imposible que un duque se tome en serio asuntos de esta naturaleza (tienes el dos junto a la mano derecha, papá), como ha dejado bien claro el hecho de que durante la semana pasada no haya preparado su integración.

–No deberías impacientarte, Maddy. Estas cosas hay que hacerlas con muchísimo cuidado. Se está tomando su tiempo, y lo admiro por ello.

Su padre buscó con los dedos el trozo de madera tallada en forma de dos y lo colocó en el lugar correspondiente para que fuese el exponente de *s*.

–No se toma su tiempo, le trae sin cuidado. Sale de juerga sin parar y se dedica a los placeres mundanos. No tiene ninguna consideración ni por tu reputación ni por la suya propia.

Su padre sonrió y miró al frente, mientras buscaba un signo de multiplicar y lo añadía a la secuencia de letras y números de madera que había colocado sobre el tapete de paño rojo; con los dedos recorría los bloques hasta reconocerlos por el tacto.

–¿Estás segura de lo de placeres mundanos, Maddy?

–No hay más que leer la prensa. No ha habido en toda esta primavera ni un solo acontecimiento social que no haya contado con su presencia. ¿Y la presentación de vuestro tratado matemático conjunto anunciada para el Tercer Día por la tarde? Tendré que ser yo quien se encargue de cancelarla, ya lo sé, porque a él ni se le ocurrirá. El presidente Milner se ofenderá muchísimo, y con toda la razón, porque ¿quién sustituirá a Jervaulx en el estrado?

–Tú te encargarás de escribir las ecuaciones en el encerado, y yo estaré allí para responder a las preguntas.

–Siempre que el Amigo Milner lo permita –dijo Maddy con amargura–. Dirá que es de lo más irregular.

–Nadie se molestará. Tú nos deleitas con tu presencia todos los meses, Maddy. Has sido siempre bien recibida. El propio Amigo Milner me dijo una vez que el rostro de una dama alegra enormemente los salones de las reuniones.

–Pues claro que asisto a las reuniones. ¿Cómo iba a dejarte solo?

Levantó la vista al entrar la criada con la bandeja. Geraldine dejó el servicio de té sobre la mesa, y Maddy le sirvió una taza a su padre, tomó su mano y la guió con suavidad hasta el platillo y el asa. Tenía los dedos pálidos y suaves tras tantos años de trabajo en casa, y un rostro en el que, pese a la edad, todavía no se veían arrugas. Siempre lo había rodeado un aire de abstracción, incluso antes de perder la vista. La verdad sea dicha, sus hábitos apenas se habían alterado tras la enfermedad que, años atrás, lo había dejado ciego, excepto por el hecho de que ahora se apoyaba en el brazo de Maddy cuando salía a dar su paseo diario o acudía a las reuniones mensuales de la Sociedad Analítica y hacía uso de las piezas de madera y del dictado para las cuestiones matemáticas en lugar de escribir con su propia pluma.

–¿Irás hoy a casa del duque para que te entregue los diferenciales? –preguntó.

Maddy hizo una mueca de disgusto sin esforzarse por disimularla, ya que Geraldine se había marchado.

–Sí, papá –contestó, tratando de que su voz no revelase la irritación que sentía–. Iré de nuevo a casa del duque.

Cuando Christian despertó, lo primero que le vino a la mente fue la ecuación pendiente. Apartó de un manotazo las sábanas, expulsó de la cama a *Cass* y *Devil*, y agitó con fuerza la mano, en un intento de librarse de las agujetas que sentía tras haber dormido sobre ella. Los perros lloriquearon junto a la puerta, y los dejó salir. Aquella insensibilidad incómoda en los dedos tardaba en desaparecer; apretó el puño mientras se servía el chocolate y, con el batín puesto, se sentó a hojear las páginas en las que estaban escritas las ecuaciones de Timms y las suyas propias.

Era fácil distinguirlas: las de Timms estaban escritas con letra pequeña y refinada, cuyo tamaño era apenas un tercio del de aquellos garabatos torcidos que hacía Christian. Desde la primera vez que pisó un aula, Christian se había rebelado ante la insistencia de los profesores para que escribiese en letra cursiva con la mano derecha, y lo hacía con la izquierda, aguantando en silencio y lleno de resentimiento los golpes que recibía con regularidad en la palma de la mano causante de la ofensa; pero todavía se sentía incómodo cuando tenía que escribir en presencia de otros. Esa mañana la escritura de Timms se veía tan diminuta que resultaba incluso difícil de leer; los signos parecían flotar sobre el papel y a Christian le produjo dolor de cabeza tratar de enfocar la vista en ellos.

Era obvio que sufría los efectos del brandy que había consumido la noche anterior. Cogió una pluma, preparada por su secretario para que tuviese el ángulo exacto que requería la postura torpe y retorcida de la mano de Christian, y empezó a trabajar, haciendo caso omiso de lo que ya estaba escrito. No resultaba difícil abstraerse en aquel mundo luminoso y sereno, formado por funciones y distancias hiperbólicas. Los símbolos sobre la página podían parecer torcidos y temblorosos, pero en su mente las ecuaciones eran una melodía ininterrumpida. Tras parpadear, apretó los músculos del rostro, tratando de librarse de aquel dolor que parecía haberse instalado en el ojo derecho, y continuó escribiendo.

Cuando por fin hubo acabado de calcular el último diferencial y pensó en llamar a Calvin para que le llevase la bandeja del desayuno, tuvo la impresión de que despertaba de un trance al levantar la vista y reconocer su propio dormitorio: las columnas de estilo palladiano que flanqueaban el lecho, el friso de escayola, los paneles de madera y el papel con dibujos azules de la pared, elegido por alguna dama cuyo nombre era incapaz de recordar ahora.

Pensar en damas, sin embargo, le trajo el agradable recuerdo de Eydie a la mente, y Christian ordenó a Calvin que se asegurase de que la joven recibía una orquídea antes de la hora del té.

–Como usted ordene, excelencia–dijo el mayordomo con una ligera inclinación–. El señor Durham y el coronel Fane se encuentran abajo. Llevan algún tiempo esperando para hablar con usted. ¿Quiere que les diga que su excelencia no se encuentra en casa esta tarde?

–¿Es que doy la impresión de no estar en casa? –Estiró las piernas, se reclinó en la butaca y cruzó los tobillos mientras miraba el reloj–. Por Dios, ya es la una y media. ¿Cuánto tiempo llevan ahí abajo? Haz que suban, ¿a qué esperas?; hazlos subir.

Christian no se molestó en acicalarse para recibir a Durham y Fane; eran viejos amigos y, además, sencillos. Se frotó la cabeza para mitigar la opresión aguda y persistente que sentía, y por un momento se mantuvo recostado con los ojos cerrados.

–¡Por todos los diablos! ¿Qué tenemos aquí? ¿Otra vez haciendo garabatos? –La voz perezosa de Durham sonó ligeramente sorprendida–. ¿En un momento como éste? Eres frío como un iceberg, no hay duda.

Christian abrió los ojos para volver a cerrarlos de inmediato.

–Que Dios nos ampare, aquí llega la curia.

–Justo a tiempo. Pareces necesitar los últimos sacramentos, amigo mío.

–¿Y estás seguro de saber administrarlos? –dijo Christian mientras abría un párpado.

–Siempre podría repasarlos. Haría cualquier cosa por ti, Shev.

Durham todavía era fiel al estilo de Brummell, tanto en la manera de hablar como en cuestiones de vestimenta, pese a que hacía once años que Beau había huido a Francia para escapar de sus acreedores; la rubia cabellera y el gesto decidido eran el contrapunto voluntario a sus gráciles movimientos. La austeridad en el vestir era su única concesión a la vocación religiosa y Christian, su único benefactor: sobre los duques de Jervaulx recaía el privilegio de nombrar, entre otros veintinueve cargos eclesiásticos, al titular de por vida de Saint Matthews-upon-Glade, provechoso puesto eclesiástico que Christian había considerado adecuado otorgar a su amigo. El favor era merecedor de la más completa gratitud si se tiene en cuenta, además, el hecho irónico de que Durham carecía por completo de los atributos y el carácter que normalmente se exigen a un pastor de la Iglesia anglicana.

Fane, seguido de los perros, entró a continuación y *Devil* se coló entre las botas del guardia real, resplandeciente con los encajes dorados y el uniforme escarlata de su regimiento y que, tras hacer girar una chistera con el dedo, la lanzó hacia Christian.

–De parte de Sutherland.

Christian la cogió y apartó las pezuñas de *Devil* de su regazo.

–¿De qué diablos hablas? ¿Sutherland?

–Aseguran que anoche la dejaste a la puerta de su casa.

–¿Quién asegura semejante cosa?

–Pues quién iba a hacerlo. –Fane, con el ceño fruncido, se dejó caer en una butaca–. Sus malditos padrinos, quién si no.

Christian, pese al dolor de cabeza, no pudo evitar una sonrisa.

–Vaya, ¿está de vuelta en la ciudad? ¿Ya me ha retado en duelo?

–Vete al infierno, Shev, a nadie le hace la más mínima gracia –dijo Durham–. Sutherland tiene una puntería endiablada.

Fane acarició la cabeza de *Cassie* y a continuación se quitó un pelo negro de la casaca roja.

–Quiere que sea mañana por la mañana. Depende de ti, claro. Pensamos que fuera con pistolas pero, al tratarse de Sutherland, podrías elegir los sables.

Christian cerró los ojos y volvió a abrirlos. El dolor de cabeza lo estaba ahogando; ni siquiera podía pensar con claridad.

–Qué mala suerte que te tropezases así con él en su propio vestíbulo –añadió Fane en tono lúgubre–. Juraría que él no tenía ni idea de lo tuyo con la Sutherland. No fue más que cuestión de mala suerte, de auténtica mala suerte. Uno pensaría que el muy imbécil quiere mantener el secreto, ¿o no? ¿Qué cree que va a conseguir matándote, si es que logra hacerlo? Un largo viaje por Europa, o que lo ahorquen si es lento en la huida. Te juro por Dios, Shev, que yo mismo me encargaré de dar el chivatazo si te mata.

Christian, con el ceño fruncido, miró inquieto a Fane. Pensó que aquello no era más que una broma muy estudiada para la que no estaba de humor. Pero nadie sonreía, y Fane tenía un aire decididamente serio y la mandíbula apretada.

–¿Recibiste la visita de los padrinos de Sutherland esta mañana?

–A las ocho llegaron sus tarjetas –dijo Fane, para después añadir con un movimiento de la mano–: y a las nueve estaban en la escalera de mi casa de Albany. Está que echa espuma por la boca, Jervaulx. Sediento de sangre.

–¿Dijeron... que estuve en su casa?

–¿No fue así?

Christian se miró los pies. Ahora que lo pensaba, no podía acordarse bien de la noche anterior.

–¡Dios! Debía de estar borracho como una cuba.

Durham exhaló aire con fuerza.

–Por todos los diablos, Jervaulx, ¿quieres decir que no lo recuerdas?

Christian hizo un ligero gesto negativo. No se sentía como si hubiese estado bebiendo. No recordaba haber empezado a beber. Tenía dolor de cabeza, y la mano... Se sentía extraño, nada más.

–¡Dios! –dijo Durham, y se sentó en una butaca–. Menudo desaguisado.

–No importa. –Christian se apretó el puente de la nariz con los dedos–. ¿Mañana? ¿Quiere que sea mañana? Mañana es demasiado pronto.

–Entonces, ¿cuándo?

–Mañana por la tarde tengo que presentar un ensayo. Tendrá que ser el miércoles por la mañana.

–¿Un ensayo? –repitió Fane como un eco.

–Un ensayo matemático.

El coronel se quedó mirándolo.

–Un ensayo, Fane –explicó Christian con paciencia–, compuesto por palabras que transmiten un mensaje de suma importancia. ¿No leéis nunca en el ejército?

–A veces –respondió Fane.

–¿No sabes que Shev es un auténtico Newton? –Durham se reclinó y cruzó las piernas antes de añadir–: Aunque nadie lo diría a juzgar por su aspecto, ¿a que no? Tienes una pinta horrorosa, Jervaulx.

–Y me siento igual –dijo Christian. Acarició el cuello de *Devil* con la mano izquierda y suspiró–. Al infierno con todo. Y para rematarlo, acabo de mandarle una orquídea a Edith.

Aquel edificio de Belgrave Square, blanco, elegante y de reciente construcción, era una afrenta para Maddy. Todo lo relacionado con el duque de Jervaulx le resultaba ofensivo. Al haber nacido y haberse criado en el seno de la Sociedad de los Amigos se suponía que a Maddy debía preocuparle el estado de gracia de un hombre que despilfarraba la vida en bailes, apuestas y diversiones como él hacía; pero, la verdad sea dicha, a su Divina Luz Interior no parecía interesarle lo más mínimo el estado espiritual del caballero. Más bien, lo que sentía era un antagonismo muy mundano hacia él. En circunstancias normales, Maddy no le habría dedicado ni un pensamiento; es más, ni siquiera habría oído hablar nunca del duque de Jervaulx si éste, movido por quién sabe qué perversos motivos, no hubiese empezado a escribir cartas a la publicación que editaba la Sociedad Analítica de Londres y, en consecuencia, llegado a ocupar un lugar tan importante como invisible en la casita que los Timms habitaban en Chelsea.

Ella era la que se encargaba de leerle la revista a su padre sin dejarse ni una coma y, por supuesto, era asimismo la que se había encargado de contestar, al dictado de su padre, la respuesta a la carta publicada del duque, en la que se interesaba por la monografía de su padre titulada *Solución a las ecuaciones de quinto grado.* Eso había sucedido el Primer Mes del año. Ahora se encontraban casi en el Sexto Mes, con las jardineras de las ventanas rebosantes de guisantes de olor y de tulipanes tardíos, cuyo rojo escarlata contrastaba vivamente con el color claro de las fachadas, y por tanto ya hacía tiempo que Maddy se había convertido en visitante habitual de la casa de Belgrave Square.

Y no es que hubiese visto alguna vez a Jervaulx en persona, pues no había sido así ni una sola vez. Era evidente que el duque no iba a dignarse recibir a una mujer cuáquera de clase social humilde como ella ni tampoco se dignaría acudir a las reuniones de la Sociedad Analítica; tenía formas más aristocráticas y dudosas de pasar el tiempo. No. Arquimedea Timms se presentaba en la puerta de su noble casa con una copia del último trabajo de su padre, que ella, con infinito cuidado y exactitud, había puesto por escrito. Tras entregárselo a Calvin, el mayordomo, éste la conducía a un rincón de la sala del desayuno, le ofrecía una taza de chocolate, se llevaba las propuestas tan trabajadas de su padre y la dejaba allí sentada. En alguna ocasión tuvo que aguardar hasta tres horas y media, a la espera de que el sirviente volviese con una nota y varias hojas cubiertas de trazos descuidados y exagerados, de hileras de ecuaciones escritas como si los números y los signos tuviesen una finalidad estética y no matemática.

Con frecuencia, todo lo que Calvin traía de vuelta era la promesa del duque de que la parte que a él le correspondía estaría lista al día siguiente. Y cuando ella regresaba al día siguiente, la promesa era para el otro, y para otro más, hasta conseguir que Maddy perdiese la paciencia con aquel hombre. A eso, por si fuera poco, había que añadir el nerviosismo callado pero cada vez más intenso de su padre por lo que él y Jervaulx estaban a punto de lograr. Las matemáticas lo eran todo para su padre, la prueba irrefutable de un teorema era el objetivo de su vida; no por la fama que un descubrimiento de esa índole le proporcionaría, sino por amor a la ciencia. Para él, el duque era un milagro, un regalo portentoso para su vida, para la geometría y para el mundo en general; lleno de emoción, esperaba aquellas respuestas impuntuales con una paciencia infinita.

En realidad, Maddy tenía miedo de sentirse celosa. La forma de iluminarse el rostro de su padre cuando por fin ella volvía con una nueva serie de ecuaciones y axiomas de Jervaulx, aquel rostro en un principio atónito en el que, a continuación, se reflejaba el placer y hacía gestos de asentimiento cuando se los leía en voz alta y él descubría una innovación concreta, unos cálculos que ponían de manifiesto un refinamiento único... No tenía derecho a regatearle esa felicidad sólo porque para ella todo aquello no fuese más que una serie infinita de símbolos, una especie de extraña lengua que uno sabe leer y pronunciar, pero que no entiende. Había personas que nacían con ese don, y Maddy, pese a la ilusionada esperanza que su padre había expresado al ponerle aquel nombre en honor a Arquímedes, no se encontraba entre ellas.

El duque de Jervaulx sí.

No obstante, también era disoluto, irresponsable y despilfarrador, galante, jugador, mujeriego, mecenas de las artes mundanas, de pintores, músicos y novelistas y, sin muchos tapujos, aparecía como «D. de J.» en la prensa sensacionalista, que con frecuencia se hacía eco de sus muchas proezas.

Maddy había puesto todo su empeño en indagar en la vida de aquel hombre y, hablando en plata, había averiguado que era un libertino.

Su padre no se habría inmutado ni aunque el hombre hubiese sido un pastor de vacas; lo único que le importaba era el talento. Pero Jervaulx era duque, algo que Maddy se veía obligada a recordar con mucha más frecuencia que su padre, para ser precisos, cada vez que se sentaba a esperar en aquel rincón a merced de sus aristocráticos caprichos. Y ahora, pese a que hacía dos meses que había accedido a ser coautor de aquel trabajo con su padre e incluso había condescendido a ofrecerse para hacer la presentación preliminar en la reunión mensual de la Sociedad Analítica, al parecer Jervaulx se había olvidado por completo del asunto y ni tan siquiera se molestaba en dar el último paso crucial y terminar los cálculos.

Al menos, ella esperaba que se hubiese olvidado, porque su temor acuciante era que estuviese gastando a su padre una broma de mal gusto. Su peor pesadilla era que Jervaulx apareciese en la Sociedad Analítica con algunos de sus indeseables amigos, quizá bajo los efectos de la bebida, en compañía de mujeres de mala reputación, para convertir a su padre y a los demás miembros de la sociedad en objeto de escarnio público.

En realidad, no tenía razón alguna para imaginar que fuese a hacer algo semejante, pero en el mejor de los casos su padre iba a sentirse profundamente decepcionado y avergonzado ante sus amigos por la ausencia del duque, y todo por culpa de un aristócrata demasiado indolente para cumplir con sus compromisos, a no ser que se tratase de cuestiones libertinas. Para Jervaulx aquello era un mero pasatiempo; para su padre, la vida misma.

Subió decidida los escalones del pórtico de la blanca mansión, casi dispuesta a entregar, junto con la cortés y tímida nota de su padre, otra escrita por ella que expresase con claridad sus sentimientos. Pese a que jamás, ni en el silencio de su propia asamblea, había encontrado el atrevimiento necesario para ponerse en pie y hablar, estaba segura de que no iba a sentirse atemorizada por el hecho de que fuese duque. No se inmutaría si tenía que hablar con él, señal, a su modo de ver, de que sus motivos gozaban de la aprobación divina. Tenía la convicción de que, a tenor de las enseñanzas bíblicas referentes a la igualdad de los hombres, cualquier cosa que sirviese para abrir los ojos del duque ante sus propias iniquidades de forma calmada y convincente le haría un gran bien.

Calvin, esbozando una sonrisa al invitarla a entrar, cogió una cartera plana de piel de una mesa del vestíbulo y se la acercó.

–Para ser entregada al señor Timms, por mediación de la señorita Arquimedea Timms, con los saludos de su excelencia –fueron sus palabras–. El duque ha dado instrucciones para que le comunique al señor Timms que su excelencia asistirá mañana por la noche a la reunión de la Sociedad Analítica en compañía de sir Charles Milner y que espera con ansiedad el momento de hacer la presentación.

Maddy tomó la cartera en sus manos.

–Ah –dijo–, lo ha terminado.

Calvin no mostró señal alguna de haber detectado su sorpresa; se limitó a torcer ligeramente la cabeza con expectación hacia la sala del desayuno.

–¿Desearía tomar un chocolate, señorita?

–¿Un chocolate? –Maddy, con esfuerzo, puso sus pensamientos en orden–. No. Por supuesto que no. No voy a quedarme. Tengo que entregarle esto a mi padre de inmediato.

–Como guste, señorita.

Aquel cumplimiento repentino e inesperado de su promesa que el irresponsable duque había hecho dejó a Maddy completamente desconcertada y, en cierto modo, más ofendida que satisfecha. Qué hombre tan odioso, ponerlo todo patas arriba, tener a todo el mundo pendiente de un hilo y creer que puede reordenarlo después por el simple hecho de confraternizar con el presidente Milner y acabar las diferenciales en el último momento.

–Te hablaré con claridad, Amigo –dijo Maddy con el tono severo que había preparado para dirigirse al propio duque–, espero que Jervaulx haya preparado a fondo el discurso; no queda tiempo para que mi padre le brinde su ayuda.

Calvin le dirigió una mirada anodina.

–Su excelencia no ha mencionado que tuviese previsto contar con la ayuda del señor Timms.

Como siempre, puso mucho énfasis en el tratamiento, lo que Maddy interpretaba, sin ninguna duda, como la manera de mostrar su desaprobación ante el hecho de que ella utilizase el lenguaje Sencillo para hablar de Jervaulx y lo llamara directamente por el nombre de su ducado. A Maddy le importaba un bledo. Si hubiese sabido cuál era su apellido, habría ido todavía más lejos y lo habría utilizado como haría cualquier cuáquero carente de artificios al hablar de otra persona.

Permaneció inmóvil unos instantes, mientras golpeaba el suelo con el pie, sin hacer ruido.

–¿Podría hablar con él?

–Lamento comunicarle que su excelencia no está en casa.

El golpeteo de Maddy se intensificó.

–Claro. Qué lástima. En ese caso, te ruego que le des las gracias de parte de mi padre.

Tras esas palabras, se puso el estuche bajo el brazo, se dio la vuelta y bajó los peldaños.

Christian yacía en la cama con los ojos cubiertos por un paño empapado en un ungüento fétido.

–Ha venido la señorita Arquimedea Timms, excelencia. Se ha llevado los papeles.

–Muy bien.

Silencio.

–El médico no tardaría ni un cuarto de hora en llegar –dijo Calvin– si me ordenase llamarlo, excelencia.

–No necesito a ningún maldito matasanos –respondió Christian, tragando saliva–, desaparecerá en un par de minutos.

El mayordomo balbuceó unas palabras de asentimiento. La puerta emitió un chasquido al cerrarse tras él. Christian se arrancó de un manotazo el paño con olor a moho y lo tiró al suelo. Se cubrió los ojos con el brazo y arqueó la cabeza hacia atrás mientras se preguntaba si aquel maldito dolor de cabeza lo mataría antes de que Sutherland tuviese oportunidad de intentarlo.

2

La reunión de la Sociedad Analítica fue un éxito clamoroso la noche del Tercer Día. Los Timms habían empezado a saborearlo a primera hora de la tarde, con la llegada de un lacayo de librea y peluca empolvada a la puerta de su modesta vivienda de Upper Cheyne Row; les llevaba una nota escrita a pluma con los trazos fascinantes que el duque de Jervaulx empleaba. Si no había ningún inconveniente por su parte, a las ocho y media de la tarde enviaría un carruaje para llevar al señor Timms a los salones donde se iba a celebrar la reunión. Y al término de la misma, sería todo un honor que el señor Timms y su hija se uniesen a él y a sir Charles Milner para disfrutar de una cena tardía en Belgrave Square, al término de la cual se encargaría de que su propio carruaje los llevase de vuelta a casa sanos y salvos.

–¡Pero papá! –exclamó Maddy, horrorizada, con un cuchicheo furibundo, sin elevar el tono de voz para impedir que la oyese el lacayo desde el otro lado de la puerta del salón–. No podemos hacerlo.

–¿No podemos? –preguntó el padre–. En tal caso, no creo que podamos aparecer por la reunión, porque si nos presentásemos en la misma, ¿qué disculpa daríamos a Jervaulx para negarnos a cenar con él?

–No habrá más que conversación inútil e intrascendente –contestó Maddy, algo ruborizada–. Es un mal hombre. Sé que tú lo admiras por su ciencia, pero su moralidad... deja mucho que desear.

–Supongo que así es –dijo él a regañadientes–. Pero ¿vamos a ser nosotros los que le arrojemos la primera piedra?

–Dudo mucho que seamos los primeros. –Con un rápido movimiento tiró la nota del duque a la chimenea. El papel elegante y pesado repiqueteó levemente al chocar contra el guardafuegos de bronce–. No se trata de arrojar piedras, sino del deseo de no relacionarnos con ese hombre.

Su padre se giró al oír el ruido producido por la nota, y luego volvió a prestar atención a Maddy.

–No se trata más que de una noche.

–Pues ve tú. Yo volveré a casa en cuanto acabe la reunión.

–Maddy... –inquirió, frunciendo el ceño–. ¿Le tienes miedo?

–¡Por supuesto que no! ¿Por qué razón iba a tenerle miedo?

–Pensé que tal vez... ¿No habrá hecho nada en contra de tu voluntad?

Maddy ahogó una exclamación de incredulidad.

–¡Pues sí! Me ha tenido horas esperando en ese rincón ridículo de la sala de desayunos. Podría hacerte una descripción detallada del papel de la pared. Es un dibujo de una celosía verde sobre fondo blanco, con flores de malvarrosa pintadas en intersecciones alternas, formadas por dieciséis pétalos y tres hojas que rodean un centro amarillo.

El rostro de su padre se distendió.

–Temía que te hubiese dicho algún inconveniente.

–Nunca me ha dicho nada, por la simple razón de que no me ha visto jamás. Pero créeme: te aseguro que encarna todo lo malo de la aristocracia. Es despilfarrador, licencioso e impío. Nosotros somos gente sencilla, no tenemos que cenar con él.

Su padre guardó silencio durante un buen rato. Después, enarcó las cejas y dijo con decisión:

–Pero yo deseo que cenemos con él, Maddy.

Sus dedos juguetearon con la *Y* de madera, haciéndola girar y dándole vueltas sobre el tapete rojo. La lámpara de gas junto a su codo permanecía apagada pese a la luz tenue de aquella tarde norteña y nublada; para su padre, la ausencia de iluminación carecía de importancia.

Maddy apretó los puños con fuerza, y apoyó en ellos la barbilla.

–¡Por favor, papá!

–¿Tanto te importa, Maddy querida?

Tras un suspiro, y sin decir nada más, su hija abrió la puerta para informar al lacayo de que aceptaban la invitación del duque.

Para ocultar su disgusto, abandonó la compañía de su padre y subió la escalera con la intención de prepararle el abrigo y la camisa que acostumbraba llevar en las reuniones y disponer lo necesario para afeitarlo. Después se dirigió a su propio guardarropa.

Antes de recibir el mensaje de Jervaulx, había planeado ponerse el vestido de seda gris, como correspondía a una ocasión especial. Ahora se debatía entre el deseo insidioso de arreglarse de tal manera que pareciese que tanto su padre como ella estaban habituados a cenar con miembros de la nobleza, y el impulso de vestirse sin alharacas para dar la impresión de que cenar en Belgrave Square le despertaba el mismo interés que revolver en el cubo de la basura.

Aparte de lo depravado que era vestirse como si se relacionase con frecuencia con vividores, existían dificultades materiales que se hicieron evidentes mientras escudriñaba el interior oscuro del guardarropa. Su familia no se contaba entre los miembros más mundanos de la Sociedad de Amigos: siempre habían cumplido los principios de Sencillez en el Vestir y Sencillez en el Habla. El vestido de seda gris acerado, con el cuello blanco ancho y sin adornos, era el mejor de su fondo de armario. La hechura de la prenda seguía un patrón estricto y pacato, el talle tan alto y anticuado no dejaba lugar a que nadie se engañase sobre lo que era: el mejor atavío, pese a sus cuatro años de antigüedad, que tenía una dama cuáquera para salir.

Examinó el vestido negro, el que reservaba para hacer la compra o cuidar de su padre. Estaba limpio y en perfecto estado, aunque tenía los codos desgastados. No podía permitir que los compañeros de su padre en la Sociedad pensaran que para ella la ocasión carecía de importancia.

Al final se decidió por el de seda. Y para resaltar la opinión personal que le merecía el comportamiento licencioso del duque, le quitó el cuello blanco y dejó sin adorno el escote de pico. Pese a que no había espejos en la casa, se sintió satisfecha cuando puso ante ella el vestido tras el cambio operado; la ausencia de adornos confería a la prenda una austeridad total.

Qué hacer con el pelo representaba un problema añadido. El casquete almidonado con el que normalmente se cubría parecía demasiado de andar por casa para la ocasión. Su madre, pese a que había sido una conversa a la fe de los Amigos y aunque había perdido el contacto con su familia tras contraer matrimonio, había enseñado a su hija algunas normas sociales. Maddy pensó que debía tomar conciencia del carácter excepcional de la reunión matemática.

Decidió deshacerse las trenzas y volver a peinarse. Desenredar el pelo era una ardua tarea; jamás se lo había cortado –la única vanidad mundana que se habían permitido su madre y, ahora, ella–, y le llegaba a las rodillas. Tras hacerse una trenza y enrollársela en lo alto de la cabeza, un impulso caprichoso le hizo rebuscar en el fondo de la cómoda y sacar un pequeño estuche donde guardaba el collar de perlas de su madre.

No tenía el atrevimiento necesario para mostrar el collar abiertamente, pero tras meditar unos instantes y hacer algunas pruebas, descubrió que rodeaba a la perfección la base de su peinado, que era del tamaño exacto. Pensó que así la joya no podría apreciarse, con lo que, a su manera de ver, establecía un equilibrio aceptable entre paganismo y fanatismo.

A las ocho y cuarto bajó la escalera, tras dejar a su padre vestido para la ocasión, y fue presa de una pérdida de confianza repentina. Tenía miedo de que las perlas pareciesen ridículas y no tenía a quién preguntar, excepto a su padre y a Geraldine, y, si era razonable, de ninguno de los dos podía esperar un consejo imparcial. Maddy llevaba en la mano la tetera de plata e intentaba sin éxito verse reflejada en la superficie abombada. De repente oyó los lentos pasos de su padre en la escalera.

A la par, sonó un golpe fuerte en la puerta y corrió hasta la escalera que conducía a la cocina para llamar a Geraldine, porque la campanilla seguía sin funcionar pese a la promesa expresa del casero de que la tendrían arreglada a primera hora de la tarde. Después, tras encargarse de que su padre descendiese sin peligro la escalera y vigilar al lacayo mientras lo ayudaba a entrar en el carruaje de un negro reluciente, cuyo único adorno era el escudo de la portezuela, un ave fénix blanca rodeada de seis flores de lis doradas sobre un campo azul, se encontró de repente ante la reverencia del lacayo y una mano que le ofrecía ayuda. No le quedó otro remedio que aceptarla.

La sala de conferencias del Instituto Real de Albemarle Street, enorme anfiteatro formado por bancos acolchados que daban cabida a novecientos asistentes, no solía llenarse cuando en ésta se celebraban las reuniones de la Sociedad Analítica. Los interesados capaces de entender la filosofía de la matemática pura impulsada por la Sociedad eran pocos pero apasionados, y solían agruparse en el centro de las primeras cuatro filas en torno al estrado, dejando el resto de la sala en una oscuridad en la que el eco reverberaba.

En esta ocasión, cuando el carruaje se aproximó a Albemarle Street, la calle estaba abarrotada de caballeros a la espera de entrar en el edificio de la institución. Maddy, por un segundo, pensó con horror que se habían equivocado de noche, pero no, allí estaba el presidente Milner en persona, rechoncho y jovial, aproximándose a la puerta del carruaje para ayudar a su padre a alcanzar la acera. Maddy los siguió; la muchedumbre que abarrotaba la entrada y las escalinatas los saludaba y se quitaba el sombrero mientras se hacían a un lado para dejarlos pasar.

–A su disposición, señorita Timms. Vamos a entrar un momento en la sala de lectura –dijo el Amigo Milner, mirando por encima del hombro, al tiempo que conducía a su padre hasta el vestíbulo–. El duque nos espera allí y está ansioso por conocerlos.

Maddy ahogó un gruñido, ya que dudaba mucho de que el duque sintiese tales deseos. Se quedó atrás un momento en el vestíbulo abarrotado, vacilante entre la algarabía que se hallaba a la puerta del guardarropa hasta que un amable caballero, uno de los miembros asiduos de la Sociedad, se hizo cargo de su capa.

–¿Quién es toda esta gente? –le preguntó con un susurro.

–Creo que han venido a ver al duque matemático.

Maddy hizo una mueca.

–¿Al cerdo ilustrado?

El caballero se echó a reír y le tomó la mano.

–Transmítale mis mejores deseos al señor Timms. Aguardo su conferencia con ansia.

Maddy hizo un gesto de asentimiento y se dio la vuelta. Era muy propio de Jervaulx, pensó, convertirlo todo en un circo. Tenía que haber contado con ello. Su pobre padre iba a ser objeto de burla.

Se detuvo ante la puerta cerrada de la sala de lectura, pensando en las perlas que le adornaban el cabello. No parecía que nadie les hubiese prestado la más mínima atención. Se llevó la mano al trenzado para asegurarse de que no se habían soltado.

Seguían en su sitio. Imaginó que debían de darle aspecto de dama antigua, caprichosa y excéntrica, que, después de todo, era verdad: no era más que una cuáquera, una de esas personas tan peculiares, y todavía lo parecía más por, en un alarde de presunción, haberse puesto las perlas en torno al cabello apretadamente trenzado. Al pensar en ello no pudo por menos que reírse de sí misma: ¡menuda aparición iba a hacer ante aquel duque disoluto!

Bueno, pues adelante. Lo dejaría sin habla. Seguro que jamás había tenido que cenar con nadie parecido a Arquimedea Timms. Con una leve sonrisa en la comisura de los labios, abrió la puerta de un empujón.

Al fondo de la estancia tenuemente iluminada se encontraba su padre, sentado junto a una de las mesas, de cuyo centro se habían apartado los periódicos del día para hacer sitio. No se había quitado el sombrero de ala ancha que llevaba bien calado. El presidente Milner había desaparecido. El otro hombre que había allí sentado en el círculo de luz que proyectaba la vela estaba inclinado sobre un montón de papeles con una concentración que Maddy no había vuelto a ver desde la última vez que había ayudado a dar clase en la Escuela del Primer Día. Tenía los codos extendidos, lo que hacía que el tejido de la chaqueta color azul cielo que llevaba se tensase sobre los hombros; al acercarse, vio cómo se retiraba el cabello negro de los ojos con una mano impaciente: se asemejaba a un poeta apasionado entregado a su arte en una buhardilla.

De repente, antes de que ella pudiera acercarse hasta donde estaban ellos, el hombre dejó caer la pluma y, con un rápido movimiento, se puso en pie para saludarla, como si quisiese esconder lo que había estado haciendo.

La miró un instante y sonrió.

El estudiante fervoroso y el poeta apasionado se esfumaron a la vez tras aquella galantería.

–Señorita Timms –dijo en el tono exacto en que lo haría un duque, con calma y una ligera inclinación.

Tenía los ojos de un azul muy oscuro, la nariz recta y fuerte, vestía con exquisitez y sus modales denotaban su buena educación; pero había algo en él, pese a aquel barniz brillante que lo recubría, que lo hacía parecer un pirata.

Era tal como había esperado que fuese, aunque puede que con menos signos de decadencia física de los que ella hubiese supuesto, dado el estilo de vida que llevaba. Daba la impresión de tener mucha energía, pero muy bien controlada, sin que se apreciase en él degradación ni degeneración alguna; no se advertía ninguna debilidad en aquel cuerpo sólido e imponente. A su lado su padre parecía mortalmente pálido, como si en cualquier momento fuese a convertirse en una voluta de humo y desaparecer.

–Mi hija Arquimedea –dijo su padre–. Maddy, éste es el duque de Jervaulx.

Lo pronunció de forma distinta de como solían hacerlo, como si empezase por equis y no terminase en un sonido como «ocs», sino en «o». Se sintió una ignorante al darse cuenta de que la forma en que habían pronunciado aquel nombre no era la correcta, y se avergonzó al recordar con toda claridad la cantidad de veces que le había dado mal el nombre al mayordomo. Esperaba de todo corazón que el origen de la información fuese el Amigo Milner, y no Jervaulx.

Alargó la mano para que se la estrechase y se abstuvo de hacer un saludo o una reverencia, ni tan siquiera una inclinación, como correspondía a una persona sencilla perteneciente a los Amigos. La habían educado para no murmurar los saludos acostumbrados, como por ejemplo «buenas noches», porque desearle buen día a alguien que estaba pasando uno malo era ofender a Dios y faltar a la Verdad. Tampoco podía decir que se alegraba de conocer al duque, ya que eso hubiese sido otra mentira, por lo tanto se limitó a utilizar la fórmula universal:

–Amigo.

El saludo del caballero no fue tan austero.

–Para mí es un gran placer ponerme a su disposición, mademoiselle. –Tomó la mano que ella le ofrecía, la alzó brevemente mientras bajaba la mirada y luego la soltó–. Debo pedir disculpas a la señorita Arquimedea por las muchas horas que la he hecho esperar en mi casa. Hace dos días que sufro el tormento de un terrible dolor de cabeza.

Maddy se preguntó cuál era su disculpa para todos los días anteriores, pero su padre, dando muestras de preocupación, se limitó a decir:

–Espero que te hayas recuperado.

Su padre siempre decía la verdad, así que, por supuesto, se creía lo que aquel hombre decía; pobre e ingenuo papá.

–Por completo –dijo el duque, sonriente, y le guiñó el ojo a Maddy como si fuesen dos conspiradores que tramasen algo juntos–. Aunque sé que la señorita Arquimedea alberga dudas al respecto.

Su padre sonrió al oírlo.

–Sí, está en un sinvivir por si me avergüenzas de tal forma que jamás pueda volver a levantar cabeza durante las noches del Tercer Día.

–¡Papá!

En ese instante, el presidente Milner rozó la puerta y entró con los brazos extendidos y moviendo las manos como si estuviese alejando a unos pollos con entusiasmo.

–Señorita Timms, señor Timms, ha llegado la hora. Vengan a sentarse; el duque y yo ocuparemos nuestros puestos delante.

–Voy a necesitar a la señorita Timms –dijo el duque, y la agarró del brazo cuando ella se disponía a acompañar a su padre–. Si a usted no le importa...

La miró a los ojos. Al instante, Maddy supo que ésa era la mirada que utilizaba con aquellas mujeres que sucumbían a su influjo sin remilgos y acababan en sus brazos. Hasta ella, que a los veintiocho años sólo había sido cortejada en una ocasión, y por un médico anodino que había aceptado su negativa lleno de tristeza, quien, tras el rechazo, se había comprometido con Jane Hutton y medio año después había abandonado la junta cuáquera; hasta una mujer como ella era capaz de identificar aquella mirada intensa y un punto inquisitiva, y darse cuenta de lo que con ella se quería lograr.

Así que, cuando todo lo que él hizo fue acercarle el montón de papeles y pedirle que transcribiese la ecuación en el encerado mientras la explicaba, sintió algo semejante a la decepción. Bajó la vista hasta los papeles y dijo:

–¿No quieres hacerlo tú? El encerado está justo tras el estrado y la mayoría de los conferenciantes...

–No –fue su única respuesta.

–Vamos, vamos. –A través de la puerta, que el señor Milner mantenía abierta, llegó hasta ellos el murmullo lejano de la sala de conferencias–. Vayamos sin demora, ¿señor Timms?

Jervaulx tomó a su padre del brazo y lo guió hasta el vestíbulo y escaleras abajo hasta el primer asiento. Con un gesto de la mano, el presidente indicó a Maddy que subiese hasta la hilera de sillas de respaldo alto que había sobre el estrado; el duque la siguió y los firmes pasos de ambos resonaron sobre la hueca plataforma de madera. Con un gentil movimiento, el duque retiró la silla en la que

Maddy tomó asiento, y con ademán elegante y relajado se echó hacia atrás la levita y se sentó a su lado.

La sala se quedó en silencio cuando el presidente Milner se aproximó al atril, giró la pantalla de la pequeña lámpara de gas y se aclaró la garganta. Maddy contempló aquella masa de rostros, cada uno de ellos realzado por un cuello blanco que daba la sensación de flotar sobre el fondo negro y uniforme. Había asistido a innumerables reuniones, tanto de la Sociedad Analítica como de los Amigos, y siempre se había sentado con su padre en los bancos de atrás, pero nunca había estado frente a un público, y mucho menos ante uno tan numeroso. Se dijo para sus adentros que todo el mundo estaba atento a las palabras del presidente, quien tras pedir silencio hizo la presentación del trabajo de su padre, al que describía como coautor del mismo, pero recordó con qué facilidad divaga la mente del espectador y qué difícil es concentrar la mirada. Estaba claro que algunos caballeros de la primera fila tenían la vista puesta más allá del presidente Milner y que la miraban a ella o al duque, no podía saberlo con certeza, pero tuvo la terrible sensación de que su sencillo vestido de seda y el adorno de perlas eran objeto de escrutinio.

También percibió con intensidad cuán sólida y real era la presencia de Jervaulx y cómo, sin duda alguna, destacaba al lado de la suya. Iba ataviado con una levita azul cielo y unos guantes blancos que le cubrían las manos, que mantenía cruzadas e inmóviles sobre el regazo, lo que hizo que Maddy se sintiese forzada a dejar de estrujar y de estirar sus dedos. Parecía muy seguro de sí mismo, y hacía frente con tranquilidad y sin inmutarse a toda aquella atención que se centró en él cuando el presidente Milner hizo mención al honor que para todos los allí reunidos constituía la presencia de una eminencia como Christian Richard Nicholas Francis Langland, su excelencia el duque de Jervaulx, señor de Langland y vizconde de Glade, que esa noche había tenido la amabilidad de dirigirse a los miembros de la Sociedad Analítica de Londres.

El duque se puso en pie al oír la ovación. No llevaba notas, ya que le había entregado a Maddy todos sus papeles. Tenía que haberse imaginado que el caballero poseía el don de la palabra y aquella voz agradable y relajada, y a la vez potente, que se volvió grave cuando anunció que dedicaba la conferencia a la memoria de su difunto tutor, el señor Peeples, hombre culto y apreciado, que había sido un orgullo para la profesión y merecedor para siempre del respeto y la consideración de sus alumnos; el duque añadió que lamentaba de verdad el aroma a muerte que despedía su libro de matemáticas.

Todos rieron, hasta su padre.

El recuerdo de aquel aroma había llenado de tristeza a Jervaulx y, sin saber muy bien cómo, lo condujo a la página impregnada de él, y aquella página lo llevó hasta el postulado de Euclides y la geometría diferencial, y tras esas palabras, entre las risas persistentes que celebraron una incomprensible broma sobre la pasión que le impelía a rendirse a la atracción de ciertas superficies curvas irresistibles, se giró y, expectante, le hizo una señal con la cabeza.

Maddy se puso en pie de inmediato, cogió la tiza y empezó a escribir en el enorme encerado. Estaba acostumbrada a la letra del duque, pero incluso en el mejor de los casos era difícil de descifrar. No se podía permitir ningún error en un momento así y concentró toda su atención en la transcripción correcta del orden de las ecuaciones y en copiar los círculos y las líneas que las atravesaban transversalmente. La infinidad de horas de trabajo con su padre le habían dado capacidad para seguir la secuencia numeral; hizo pausas y esperó hasta que Jervaulx nombró ciertas series, y al oírlo, decidía cuándo era el momento de pasar a la siguiente fórmula y borrar la anterior para dejar espacio libre. Sólo dudó en una ocasión y se detuvo demasiado en una de las páginas hasta que la pausa que hizo Jervaulx mientras se volvía hacia el encerado la alertó de su error; con rapidez, borró cinco ecuaciones y copió la primera mitad de la siguiente página del duque.

Al llegar al final de aquellas notas, iba por delante de él; el duque estaba aún describiendo la progresión de la prueba de unos renglones más atrás. Pero cuando Maddy terminó de copiar la ecuación final, llena de alivio, hizo una floritura en la integral entre el cero y la *r* y tomó asiento de inmediato, empezó a oírse un rumor entre el público. Jervaulx seguía hablando. Poco a poco, empezaron a ponerse en pie algunos caballeros de entre el público: primero uno, luego otro, después de dos en dos, de tres en tres y de cinco en cinco, con la mirada fija en el encerado.

Alguien inició un aplauso. El rumor inicial fue encontrando eco mientras más y más gente se ponía en pie. El aplauso se convirtió en ovación, y la ovación dio paso a un auténtico clamor que ahogaban las palabras.

El duque dejó de hablar. En medio de la aclamación miró a Maddy con una sonrisa e hizo un gesto hacia su padre; pero el presidente Milner ya se había encargado de hacerlo subir al estrado.

La fuerza y el ruido de la ovación se redoblaron; los caballeros empezaron a patear el suelo; la sala vibraba con el estruendo. Maddy se levantó y tomó la mano de su padre, que apretó con emoción. Él le dio unas palmaditas en el dorso de la mano; la sonrisa que asomaba trémula en la esquina de sus labios, la expresión de felicidad en su rostro, era algo que Maddy no había visto en él desde antes de la muerte de su madre, hacía ya seis años.

Los rodeaba un estallido de energía en estado puro, un cálido y tangible tributo. Jervaulx se acercó, estrechó la mano del señor Timms y prolongó el apretón cuando su padre no quiso soltarse. El duque hizo una leve inclinación de cabeza y mostró una sonrisa un tanto vergonzosa y una mirada que, si Maddy hubiese podido convencerse a sí misma y creérselo, reflejaba cierta timidez. Por un instante, casi se lo pudo imaginar como un chico desgarbado e impaciente, lleno de inocente entusiasmo, pero en ese momento se volvió hacia ella, tomó su mano y, al inclinarse, clavó en sus ojos una mirada que sólo podía pertenecer a un hombre maduro y experimentado: una mirada íntima y sugerente que descubriría a un bribón a cien metros de distancia.

Se inclinó hasta casi rozarle la oreja, sin soltarle la mano para así retenerla tan próxima a él que Maddy no pudo evitar sentir el calor que desprendía ni dejar de oler su aroma a madera de sándalo.

–¿Qué piensa, señorita Arquimedea? –dijo en el tono preciso para que pudiese oírlo pese al estruendo.

Maddy dio un paso atrás para soltarse.

–¿Qué es lo que hemos hecho?

–¿Que qué han hecho? –vociferó el presidente Milner–. ¡Probar que existe una geometría distinta de la de Euclides, muchacha! ¡Reventar el postulado paralelo! ¡Descubrir un nuevo universo! Vive Dios que, si esto es tan exacto como parece –y acompañando sus palabras con unas palmadas en la espalda de su padre y el duque, añadió a gritos para hacerse oír entre el clamor–: ¡son ustedes una pareja de magos, señores míos! ¡De auténticos magos!

–El mérito es tuyo, Amigo –repitió su padre una vez más. Maddy hizo el recuento: iban seis veces y con ésta, siete–. Así es como debe ser.

Jervaulx tomó un sorbo de vino.

–Bobadas, señor Timms. –Y con una sonrisa pícara añadió–: Será usted el que se encargue de lo más difícil, de escribir el artículo.

Los cuatro se encontraban sentados en torno a una mesa redonda, junto a una ventana en saliente, en una habitación preciosa y acogedora con vistas a la calle oscura. Maddy nunca había visto tanto de la casa del duque; la cretona azul y las cómodas sillas le sorprendieron. No había pensado que un soltero fuese capaz de conseguir una casa tan acogedora por sí solo.

Y, desde luego, en aquel momento era la imagen misma de la soltería: había apartado la silla de la mesa, ya recogida, para tener espacio y estirar las piernas; rodeaba con los dedos el borde de la copa de vino y la hacía oscilar con gesto despreocupado. Maddy estaba sentada recatadamente y, con disimulo, miraba a su alrededor para estudiar la decoración de la estancia.

Su padre tenía el rostro enrojecido y se lo veía satisfecho, un tanto abstraído, como si todavía no diese crédito al que había sido el momento culminante de la velada: cuando el duque de Jervaulx, mientras disfrutaban de un exótico y delicioso plato de pescado con espárragos, le había preguntado de la forma más natural si estaría interesado en hacerse cargo de la cátedra de matemáticas en la nueva universidad que él y sus socios políticos estaban planeando organizar, en la que no habría exámenes de teología para entrar, sino que nacía con el fin expreso de educar a estudiantes adultos en todos los campos del conocimiento moderno.

Fue una auténtica sorpresa enterarse de que el duque prestaba su apoyo a una causa tan noble. Pero hizo gala de tanta inteligencia y de tal poder de persuasión al hablar del asunto, dejó tan claro su compromiso que hasta el Amigo Milner –el hombre más *tory* y anglicano que Maddy había visto en su vida, quien se había sentido molesto cuando los Timms lo llamaron «Amigo» en lugar de «sir Charles», aunque con el tiempo ya se había acostumbrado– dejaba de lado sus dudas iniciales y, lleno de entusiasmo, le recomendaba a su padre que estudiase la propuesta con detenimiento.

Su padre, era palpable para Maddy, había dejado de reflexionar y se limitaba a soñar despierto. Cuando el duque hizo referencia a la cuantía que ya había destinado a la creación de la cátedra de matemáticas, también Maddy sintió una inyección de ánimo. No era muy recomendable tener por mecenas a un vividor cuyo nombre aparecía en las gacetas de sociedad, pero el trato con él, si es que se producía, no tendría por qué ir más allá de lo estrictamente necesario. Y se entretuvo con imágenes de una casa lo bastante grande como para tener jardín, y de un salón en el que la campanilla para llamar a los criados siempre funcionase.

En medio de aquellas agradables fantasías, el Amigo Milner se excusó para retirarse a fumar. Al salir, dejó la puerta entreabierta y, en cuestión de segundos, el sonido de las patas de un perro al aproximarse ágiles sobre un suelo encerado anunció la entrada de un setter cuyo sedoso pelaje blanco estaba salpicado de manchas negras, como si le hubieran derramado por encima una lata de pintura. Sin dirigirle al duque más que una mirada de reojo, el animal se dirigió hacia Maddy y se le subió al regazo de un salto, acomodó las patas sobre su falda y estiró el hocico rosado y moteado hasta lamerle la barbilla.

–*¡Devil!*

La llamada al orden hizo que el perro girase la cabeza y mirase interrogativamente a Jervaulx, moviendo la cola, pero sin apartar las peludas patas delanteras del regazo de Maddy.

Ella sonrió y le acarició las orejas.

–¡Qué perro más malo! –dijo en voz baja como si hubiese un secreto entre ambos–. Eres un perro muy malo.

Los ojos castaños de *Devil* la miraron con adoración mientras ella exhibía una amplia sonrisa que contradecía aquella acusación.

Una nueva orden del duque hizo desaparecer la cabeza moteada y, tras un gesto como pidiendo disculpas, el perro bajó al suelo y se alejó. Jervaulx lo miró fijamente sin decir nada. *Devil* bajó la cola y con aire abatido se arrastró por el suelo hasta salir de la estancia. Su amo, sin ablandarse, se levantó y cerró la puerta tras él.

Tras la expulsión de *Devil* el aposento se quedó en silencio. Maddy fijó la vista en el níveo mantel que tenía ante ella y el duque, tras unas breves palabras de excusa, volvió a tomar asiento. Ella tenía la impresión de que Jervaulx los encontraba muy poco refinados; se habían producido muchos momentos de silencio que él y el Amigo Milner se habían visto obligados a llenar. Maddy no estaba acostumbrada a la charla intrascendente; desde que era niña había empeñado todas sus fuerzas en cumplir el mandato bíblico «Que vuestras palabras sean pocas», y ahora le resultaba difícil conversar sin más. Le encantaban los perros, pero nunca había tenido uno, ni había conocido más que a perros callejeros, así que carecía de recursos para tratar el tema con alguien como Jervaulx, quien, con toda probabilidad, sería un criador conocido o algo por el estilo y pensaría que era muy lamentable que ella estuviese tan desinformada.

Le habría encantado preguntar el precio de la bonita tela que cubría las sillas, pero se mordió la lengua. Los sencillos hogares cuáqueros no contaban con adornos mundanos como tapicerías de chintz ni con pinturas colgadas de las paredes. El único cuadro en casa de los Timms era una pintura poco artística de un barco de esclavos, que contaba con la aprobación del consejo de ancianos por tratarse de un recordatorio de los sufrimientos de la raza humana. Mientras se hallaba ensimismada en la contemplación de un bodegón con un marco muy ornamentado que colgaba sobre el atril de la música y que, para su sorpresa, era una reproducción llena de recato de unas lilas de tallos mal cortados, desparramadas junto a un puñado de huevos de tordo, Jervaulx habló de nuevo.

–¿Hace mucho que perdió usted la vista, señor Timms? –preguntó.

Maddy se quedó rígida en su silla, sorprendida por una pregunta de cariz tan personal. Pero su padre se limitó a decir con tranquilidad:

–Hace ya muchos años. Hará casi unos... ¿quince, Maddy?

–Dieciocho, papá –respondió ella sin elevar la voz.

–Claro –asintió–. Y durante todos ellos tú, Maddy, has sido una bendición para mí.

Jervaulx continuó relajado, con el codo apoyado en el brazo de la silla y la barbilla descansando sobre el puño.

–En ese caso no ha visto a su hija desde que era una niña –murmuró–. ¿Me permite que se la describa?

Maddy no estaba preparada para una sugerencia así, ni para el interés que de repente iluminó el rostro de su padre. No tuvo ni tiempo de pensar las objeciones que iba a formular porque su padre dijo:

–¿Lo harás? ¿De verdad que lo harás?

Jervaulx miró a Maddy. Mientras ella sentía el calor que se extendía por su rostro, la sonrisa de él se convirtió en descarada, mientras decía:

–Con sumo placer. –E inclinaba la cabeza para examinarla–. Me temo que ya la hemos hecho ruborizarse: es un rubor muy delicado, del color... de las nubes, diría yo. Ese tono rosáceo que adquiere la bruma al amanecer. ¿Recuerda usted el color al que me refiero?

–Sí –contestó su padre con seriedad.

–El rostro tiene... dignidad, no es exactamente adusto, pero tiene una manera de levantar la barbilla que haría frenar a cualquier hombre. Es más alta que usted, pero sin que la altura llegue a hacerla desgarbada. Es la barbilla, creo, y esa postura tan erguida, y ese aire reposado lo que hace que tenga presencia. Pero a mí no me alcanza más que hasta la nariz, así que... debe de medir unos diez centímetros menos de metro ochenta y dos –añadió con tono calculador–. Me da la impresión de que goza de buena salud, ni demasiado delgada ni demasiado robusta. Tiene un aspecto excelente.

–¡Igual que una buena vaca lechera! –explotó Maddy.

–Y ahora hace ese gesto con la barbilla –dijo Jervaulx–. Como la he enfadado, ahora el rubor se asemeja al tono de un vino tinto ligero. Se extiende desde el cuello hasta las mejillas, puede que desde un poco más allá del cuello; pero más abajo, por lo que puedo apreciar, la piel es suave y pálida.

Maddy se cubrió con la mano el escote en pico de su vestido y, de repente, tuvo la impresión de que era demasiado pronunciado.

–Papá –dijo mirando hacia su padre, pero éste tenía el rostro inclinado y una sonrisa muy peculiar.

–El cabello –continuó Jervaulx– es de color oro mate allí donde la luz de la vela lo ilumina, y donde no lo hace... es más intenso, como la que se filtra por la cerveza oscura al servirla. Lo lleva trenzado y en torno a la cabeza. Creo que ella cree que de forma sencilla, pero no es consciente del resultado. Deja al descubierto la curva del cuello y la nuca, y hace que un hombre piense en soltarlo y dejar que le cubra las manos.

–Eso es indecoroso –le reprochó el padre con tono ligero.

–Perdóneme, señor Timms, no pude evitarlo. ¿Quiere que continuemos con la nariz? Es lo que podríamos llamar una nariz con personalidad. No creo que se pueda decir que sea perfecta, ya que es un tanto aquilina. Nariz decidida, de dama soltera. En sintonía con el gesto de la barbilla. Pero los ojos... creo que los ojos dan al traste de nuevo con ese aspecto de solterona, sin duda. Y la boca. Tiene una boca pensativa, muy bonita, que no sonríe abiertamente con frecuencia. –Se detuvo y tomó un sorbo de vino para después continuar–: Seamos justos. Sí que la he visto sonreírle a usted, pero a mí ni se ha dignado hacerlo. Una boca tan seria podría resultar insípida, pero no, se adecua a la perfección con esas pestañas tan largas y maravillosas, que no son rizadas y pueriles como las de las debutantes. Son lisas, pero tan largas y con un ángulo tal que dan sombra a los ojos y hacen que el color avellana de éstos parezca dorado, y se diría que tras ellas me está mirando. No... –negó con la cabeza con gesto triste–. Siento comunicarle, señorita Timms, que no da la impresión en absoluto de ser una solterona. Nunca una solterona me había mirado a través de las pestañas de la forma que lo hace usted.

Por estar en su casa, sentada a su mesa, Maddy pensó que no podía decirle abiertamente lo que opinaba de él y de sus solteronas. Además, su padre parecía embelesado.

–Maddy –dijo entre susurros–, eres igual que tu madre.

–Claro que sí, papá –corroboró ella sin oponer resistencia–. ¿Es que nadie te lo había dicho nunca?

–No. Jamás me lo ha dicho nadie.

Lo dijo sin ninguna emoción especial. Pero a la luz de la vela, Maddy vio que tenía lágrimas en los ojos.

–Papá –susurró mientras intentaba tomar su mano.

Él apenas la rozó y elevó los dedos hasta tocarle el rostro. Lo recorrió con lentitud e intensidad, rodeó sus mejillas y le acarició las pestañas. Ella, azorada, mantuvo las manos unidas con fuerza, y de súbito, tontamente, se sintió también próxima a las lágrimas.

Nunca se le había ocurrido: podía haberse sentado y dejado que su padre se hiciera una imagen de ella a través del tacto de sus manos, como hacía ahora, en cualquier momento. Pero la vida pasaba, lo cotidiano se repetía, y nunca había pensado que su padre llevaba dieciocho años sin verla, ni que pudiese desear hacerlo.

–Te lo agradezco, Amigo –dijo el padre en dirección al duque–. Te agradezco que me hayas dado uno de los mejores días de mi vida.

Jervaulx no respondió. Parecía que ni siquiera lo había oído, no levantó la vista de los oscuros pliegues del mantel, sus ojos azul oscuro se habían vuelto meditabundos y la sonrisa de pirata se le había agriado.

3

Mas al amanecer la bruma no tenía el tinte rosado que él había descrito la noche anterior. Aquello había sido muy poético, pensó Christian, pero la realidad era de un gris blanquecino, la hierba húmeda y oscura, y las voces agudas e irreales rompían el silencio de la mañana. Oía su propia respiración tranquila al coger la pistola del estuche que Durham le ofrecía y ajustó la mira del estrecho cañón.

No creía que fuese a morir esa mañana y, de eso estaba seguro, no iba a matar a nadie. Como en esta ocasión el único culpable era él, debía tener una actitud honorable, esperar firme el disparo y después errar el tiro: dispararía al aire. Así que era muy probable que Sutherland acertase, casi seguro, pero Christian no creía que fuese a morir.

Le resultó ligeramente divertido sentirse tan seguro de lo que estaba a punto de suceder. Tenía edad suficiente para saber que las cosas no eran así. Hacía una década y media, la primera vez que se había batido en duelo a la ardorosa edad de diecisiete años, se le podía haber perdonado creerse invencible. Pero a estas alturas... miró a su alrededor: al cielo, que ya clareaba, y a los brotes de las hojas, y el corazón seguía diciéndole que era imposible que aquél fuese el final.

No le hacía mucha gracia la idea de resultar herido, y decidió no adelantar acontecimientos. Notó que el ritmo de los latidos de su corazón aumentaba al salir al campo sin mirar a Sutherland, que iba a su lado.

Se juntaron en el centro y contaron los pasos. Christian empuñaba la pistola con la mano derecha, ya que no era preciso acertar.

Daba mejor impresión; los que lo conocían sabrían que no tenía intención de disparar.

La voz lánguida de Durham les ordenó detenerse y darse la vuelta.

Christian se giró.

Sutherland ya había alzado la pistola. Christian vio el deseo de matar en el rostro de su adversario. Aquel hombre quería su ejecución; estaba capacitado para hacerlo. De repente el pulso de Christian se desbocó, un tremendo ruido resonó en sus oídos.

–Caballeros –dijo Durham levantando el pañuelo.

El dolor estalló en el cráneo de Christian, un dolor atroz acompañado de una sensación de irrealidad. Se quedó mirando a Sutherland, abrió y cerró los ojos un par de veces, preguntándose por qué no había oído el disparo que lo había alcanzado.

Durham habló de nuevo. Christian no entendía sus palabras. El rostro de Sutherland se contrajo; le gritaba algo a Christian, pero Christian tampoco entendía a Sutherland, que todavía sostenía el arma en posición de disparo.

Christian trató de levantar el brazo derecho. Con los ojos entrecerrados trató de fijar la vista en Sutherland, forzó la mirada, pero su vista era clara y borrosa a la vez mientras giraba el rostro para ver a su adversario. Durham pronunció una sola palabra. El trozo de tela blanco se deslizó de sus dedos y cayó al suelo.

Christian oyó el disparo y el zumbido de la bala, vio el penacho blanco que salía de la pistola de Sutherland y supo que había errado el tiro, pero, pese a continuar en pie, Christian se sintió caer. La pistola se le soltó de la mano y se disparó con estrépito al chocar contra el suelo.

Christian, incapaz de controlar su balanceo, miró hacia abajo y trató de ver dónde había caído.

Le habían dado. ¿Le habían dado?

Durham y Fane se aproximaron a él a grandes zancadas. Christian sintió que se caía, que caía una y otra vez sin acabar de llegar al suelo. A su alrededor se oía un murmullo, un torrente de palabras ininteligibles. Trató de mover la mano derecha para apoyarse en el hombro de Fane, pero la mano no le respondió. Cuando bajó la vista para mirarla, ni siquiera parecía pertenecerle. Apenas veía nada. Intentó encontrar la sangre, no pudo, y miró perplejo a sus amigos.

–¿Qué pasa? –preguntó.

Todo lo que salió de sus labios fue «no».

«No, no, no, no.»

Fane movió la cabeza y se echó a reír, al tiempo que daba un puñetazo en la espalda de Christian con aire de triunfo. Durham sonreía.

Christian agarró el brazo del coronel con la mano izquierda.

–Fane –dijo–. ¿Qué ha pasado?

«No, no, no, no.»

Se oyó decir a sí mismo. Cerró la boca, horrorizado, e intentó formar las palabras correctas, mientras respiraba con fuerza entre dientes.

–¡Fane! –dijo con un grito.

Y se quedaron mirándolo, porque no entendían lo que había dicho. Asió el brazo de Fane. A Christian le pareció que la mitad del rostro de aquel hombre se desdibujaba y se desvanecía en la niebla gris. Su corazón era un enorme tambor que resonaba en sus oídos. Quiso soltar a Fane y cubrirse los ojos con las manos, pero no pudo realizar el movimiento. No podía pronunciar palabra. Sólo fue capaz de aproximarse lo suficiente para apoyar su peso en el hombro de su amigo, mientras el mundo se inclinaba, se alejaba de él y la oscuridad se adueñaba de la mente, invadiéndola desde los bordes de su visión, cubriéndolo todo; arrastrándolo todo consigo...

La belleza de la mañana no hizo sino aumentar el placer que Maddy sentía aquel día. Recorrió con paso vivo King's Road, pasó ante las nuevas edificaciones de Eaton Square e incluso se permitió admirar la arquitectura de las mansiones en construcción, que, daba la casualidad, seguían el diseño de la casa del duque en Belgrave Square.

Aquella mañana, mientras desayunaban, su padre y ella no habían hablado de otra cosa que no fuese la cátedra de la futura universidad. Jervaulx había dicho que abriría sus puertas el próximo año, con el admirable nombre de Universidad de Londres, pero los departamentos y la organización tendrían que empezar mucho antes, posiblemente en el Noveno Mes. Ya habían encontrado un edificio que la albergase en Gower Street, y Maddy pensó que, tras pasarse por Belgrave Square, podía seguir hasta Bloomsbury y echar una ojeada a las casas que hubiese disponibles.

En esta ocasión no llevaba hojas repletas de números, sólo era portadora de una carta que habían escrito entre su padre y ella, agradeciéndole a Jervaulx la cena y su amabilidad, y expresándole sus alabanzas por el excelente discurso pronunciado la noche anterior ante la Sociedad. Tras un breve debate, se habían puesto de acuerdo en el tono de gratitud y entusiasmo adecuados para hablar de la cátedra de matemáticas, ya que Maddy no quería mostrarse tan ilusionada como su padre, aunque era consciente de que una aparente falta de interés ante la oferta podría resultar nefasta.

Dobló la esquina y entró en la plaza, donde se detuvo. Normalmente había siempre unos cuantos mendigos andrajosos merodeando alrededor de las lujosas mansiones con la esperanza de hacerse con alguna moneda, pero ahora lo que veía era un grupo numeroso de curiosos, de muy diversa apariencia, arremolinados en torno a una calesa verde ante la casa del duque.

Maddy apretó los labios. Había paja esparcida por la calle, y la calesa, tirada por un par de rucios, parecía el coche de un galeno. Mientras estaba allí, dudando, al otro lado de la plaza dobló la esquina a toda velocidad un imponente carruaje tirado por corceles negros, adornado con un medallón que contenía el escudo heráldico de la familia, al que no le faltaban ni la corona ni la leyenda. El grupo de mirones se dispersó, y el muchacho al pescante de la calesa se apresuró a obligar al par de rucios a que tirasen de ella hacia delante para dejar sitio al carruaje, que, con gran estrépito, frenó ante la puerta.

Sin darle tiempo al lacayo a bajarse y colocar la escalerilla, se abrió la portezuela de un empujón. Una anciana dama buscó la mano del lacayo y descendió con rapidez, levantó con una mano la falda de su negra vestimenta y apoyó la otra en un bastón para avanzar con pasos agitados. Maddy vio a Calvin bajar la escalinata a toda prisa hasta llegar a la altura de la dama, a la que tomó del brazo para subir los escalones mientras una mujer de menor edad descendía del carruaje. El lacayo la ayudó hasta llegar a la entrada, donde, en apariencia, a aquella segunda dama le abandonaron las fuerzas: trastabilló y pareció desplomarse sobre el sirviente; éste la rodeó con el brazo y la introdujo en la casa. La puerta se cerró de golpe tras ellos.

La multitud allí congregada cuchicheaba entre murmullos. Maddy se sintió incapaz de tomar una decisión. Paso a paso, sus pies la obligaron a avanzar, como si la mente hubiese relegado al cuerpo la toma de decisiones.

Ante el grupo, apoyado en la verja de hierro forjado que flanqueaba la casa, el muchacho encargado de barrer la entrada la miró e inclinó la cabeza en señal de reconocimiento.

–Buenos días, señorita. ¿Se ha enterado?

Ella miró hacia arriba. Como un mal presagio, en todas las ventanas las cortinas estaban corridas y la paja cubría la calle para amortiguar el ruido de las ruedas de los carruajes, como si en aquella casa hubiese una enfermedad grave...

–No, no he oído nada.

–Es su excelencia, señorita. Le han disparado.

–¿Disparado? –susurró Maddy.

El muchacho indicó el carruaje con un gesto.

–Han llamado a la familia –dijo de forma sucinta–. Demasiado tarde, según Tom. Tom, el de los establos, lo tenía todo dispuesto para salir antes de que apareciesen las primeras luces y vio cómo traían a su excelencia de vuelta en unas angarillas. Un duelo, señorita. Lo han matado. Lo entraron en la casa muerto. –Tras encogerse de hombros continuó–: Pero el médico sigue aquí. Esperando a la familia, supongo.

Maddy, en silencio, fijó la vista en la vivienda. El murmullo de comentarios cesó de repente. Todos enmudecieron al escuchar lo que los había interrumpido: un lejano alarido de mujer, agudo y desgarrador; un grito herido de incredulidad que fue subiendo de tono hasta convertirse en un gemido de angustia. Maddy sintió un nudo en la garganta seca. El aullido se interrumpió bruscamente, como si alguien lo hubiese cortado de raíz, y la gente que aguardaba en la calle intercambió miradas llenas de significado.

Maddy apretó las manos. Era incapaz de pensar. No podía creerlo. Anoche, anoche sin ir más lejos... Nunca había visto a nadie más lleno de vida, con tanto ánimo y tanta enjundia.

Un duelo. Un intercambio inútil y sin sentido de disparos. En un instante toda aquella vitalidad había desaparecido.

¿Cómo había llegado a suceder algo así? Su mente se negaba a aceptarlo. Nunca había ignorado lo que él era: un canalla, un réprobo... hasta el día anterior habría dicho: sí, lo creo, el duque de Jervaulx murió esta mañana en un duelo con armas de fuego. Pero ahora la conmoción le había provocado tal aturdimiento que, cuando dio media vuelta para alejarse, no supo adónde ir ni qué hacer.

Anduvo a ciegas, las manos apretadas ante ella.

Mientras el duque permanecía sentado con ellos, sonriente, hablando de geometría y describiéndosela a su padre. Durante todo ese tiempo, él era plenamente consciente de que a las pocas horas tendría que batirse en duelo.

Su mente no podía entenderlo. Había sufrido la pérdida de su madre y de algunos amigos, todos ellos víctimas de una enfermedad, todos de mucha más edad que el duque, pero nunca se había enfrentado a una muerte tan imprevista.

Y la madre de él, Dios mío, cómo tendría que sentirse. Seguro que se trataba de la segunda dama que había entrado en la mansión; eso creía Maddy, al recordar cómo se había tambaleado al llegar a la puerta. La dama ya intuía lo que pasaba, lo había sabido antes de que se lo contasen y había dado aquel grito estremecedor al ver sus sospechas confirmadas. La otra señora, la que iba de negro, la anciana que había entrado como si fuese a una batalla, no exteriorizó sus sentimientos; seguramente sufriría su pena en silencio, manteniéndose erguida y altanera.

Maddy sintió que de alguna forma ella debería estar allí y ofrecerles la ayuda que pudiese darles. Pero, en su lugar, se descubrió a sí misma cruzando el umbral de la sala de su propia casita y a su padre levantando la cabeza sonriente a la par que le decía:

–¿Ya de vuelta, Maddy querida?

–¡Ay, papá!

La sonrisa desapareció del rostro del padre y se irguió en la butaca.

–¿Qué sucede?

–No lo sé muy bien, no... –y, agarrada al picaporte, dejó escapar un gemido seco–. ¡Está muerto, papá! Lo han matado en un duelo esta mañana.

Su padre se quedó rígido, las manos apoyadas en los símbolos de madera. Tras un largo y silencioso momento, repitió:

–Muerto. –Aquella palabra sonaba a hueco. Maddy se dejó caer de rodillas al lado de él y apoyó la cabeza en su regazo–. Es... es algo tan increíble...

Le rozó el cabello con los dedos. Ese día no se había puesto el casquete; llevaba el pelo trenzado igual que la noche anterior. Su padre le acarició la nuca con suavidad. Le tocó la mejilla y detuvo la lágrima solitaria que por ella se deslizaba.

Maddy alzó la cabeza.

–No sé por qué estoy... por qué lloro. ¡Ni siquiera me gustaba!

–¿Es eso cierto, niña mía? –preguntó el padre con dulzura–. Porque a mí sí.

Continuó acariciándole el pelo. Ella apoyó de nuevo la cabeza en su pierna, la mirada perdida en un rincón de la estancia.

–No puedo creerlo –dijo entre susurros–. Me resulta imposible creerlo.

4

A Maddy, Blythedale Hall le dio la impresión de ser una tarta excesivamente decorada al estar construida de ladrillo color salmón claro y rematada por rectas pilastras y arcos curvilíneos recubiertos de piedra clara. El nuevo refugio de su primo Edward en Buckinghamshire incluía, además, una gran extensión de la campiña circundante, una rosaleda repleta de flores en plena floración en aquel Décimo Mes, un rebaño de venados que deambulaba en libertad por el parque sin cercar, y cisnes negros que se deslizaban serenos sobre las aguas del lago; todo ello vendido por un barón venido a menos y mantenido ahora con sumo esmero debido a la sensación de tranquilidad que transmitía a los pacientes del primo Edward.

El primo de su padre, el doctor Edward Timms, dirigía Blythedale Hall de la forma más moderna y humanitaria posible. Cada paciente contaba con su propio asistente; sólo se imponían medidas restrictivas en los casos más intratables, y éstas se retiraban en cuanto dejaban de ser necesarias. Edward estaba completamente entregado a su trabajo y describía las terapias y la organización con todo detalle y entusiasmo mientras se servía otro trozo de beicon e invitaba a su padre a tomarse otro arenque u otra taza de café.

Maddy oyó sollozar a una mujer, llanto que la llenó de inquietud, pero el primo Edward daba la impresión de no advertirlo; poco después el lamento fue haciéndose menos audible hasta acallarse por completo. Bebió un sorbo de café y trató de reunir fuerzas para el recorrido que se avecinaba: su primer contacto con el lugar y la gente, y la descripción del trabajo que la esperaba.

El primo Edward le había asegurado que su labor allí sería encargarse de la supervisión, pero no de las tareas más pesadas. Habría un cuidador experimentado que se ocuparía de su padre mientras ella trabajaba, por lo que le había resultado imposible rehusar la invitación del primo Edward de encargarse de las funciones organizativas; tarea que hasta hacía poco la había desempeñado su esposa, pero ésta estaba a punto de dar a luz al tercer hijo de la pareja. Si todo iba satisfactoriamente, Maddy se quedaría en el puesto de forma permanente. La oferta le había parecido interesante tras la desilusión sufrida al recibir una carta sobre la cátedra de matemáticas, en la que un tal Henry Brougham lamentaba la retirada de la financiación prometida por el duque de Jervaulx y les comunicaba que el nuevo proveedor de fondos, un caballero que prefería mantenerse en el anonimato, había elegido a un candidato que no era el señor Timms.

Era innegable que aquella mañana otoñal Buckinghamshire y Blythedale tenían una apariencia inmejorable, con la luz del sol iluminando con calidez las paredes recién pintadas de color amarillo caléndula del comedor y haciendo resplandecer la plata y la vajilla de porcelana fija que el arruinado barón le había cedido, aparte de los cuadros y los muebles. La casa olía a cera fresca y a cortinas nuevas. El primo Edward le informó que se había retirado aquello que pudiese resultar deprimente.

Todo cuanto había allí era agradable y transmitía una gran paz, pese a que a Maddy, con su idea cuáquera de la virtud, le resultase demasiado suntuoso. No obstante, el entorno era el adecuado para los gustos refinados de los pacientes del primo Edward. Lo único que discordaba con la opulencia del lugar era el distante sonido de aquellos sollozos, que una vez más llegaba a través de las puertas cerradas como si se tratase del gemido de un fantasma matutino, doliente y perdido.

–¿Vamos, prima? –preguntó el doctor tras limpiarse la boca con la servilleta y hacer sonar la campanilla que tenía a su lado–. Janie, llama a Blackwell; que acompañe al señor Timms al salón.

La doncella hizo una reverencia acompañada de un despliegue de su mandil y desapareció. Al minuto apareció el ayudante de su padre; todo el proceso se hizo con precisión y en silencio. Después de despedirse de él, el primo Edward llevó a Maddy hasta su despacho del primer piso.

–El correo –dijo, y señaló con un gesto un cesto que había sobre la mesa.

Edward tenía las mismas facciones suaves, plácidas y agradables que su padre, pero los ojos oscuros eran ágiles e inteligentes y con frecuencia fruncía los labios. No seguía de forma estricta el código de Sencillez en el Vestir y Sencillez en la Palabra. Aunque su chaqueta no tenía cuello, era evidente que el tejido era caro. Si parecía satisfecho de sí mismo, Maddy suponía que era porque tenía derecho: era el miembro de la familia Timms que más lejos había llegado, ya que su especialidad médica estaba en plena expansión y contaba con aquel centro nuevo, ampliado y lujoso, de Blythedale.

–Éste será uno de tus deberes –dijo–: organizar la correspondencia en cuanto llegue. La mía la abres y la dejas en el cestillo; la dirigida a los pacientes se archiva en sus respectivos expedientes.

Maddy lo miró.

–Tras copiarla, ¿quieres decir?

–Eso no es necesario. Simplemente, abres las cartas y las archivas. O si consideras que el contenido es importante o insólito, me las entregas a mí. A veces, puede que sea necesario censurarlas.

–Perdona... no lo entiendo muy bien –dijo Maddy mientras tocaba la pila de cartas–. ¿Quieres decir que los pacientes no deben recibir su correspondencia?

–Es imperativo procurar que nuestros clientes se mantengan en un estado de completa tranquilidad y paz en todo momento. La comunicación íntima con sus familias no haría sino llevarlos a un estado de suma intranquilidad. Nosotros recomendamos a los parientes que no les escriban, pero, como puedes observar, insisten en hacerlo.

–Ah –dijo Maddy.

–Te recuerdo que ninguno de los pacientes es de nuestra religión. Debo pedirte que te abstengas de utilizar la Sencillez en el Habla. A algunos les resultaría ofensivo que los tratasen con tanta familiaridad. –Ante la mirada seria de Maddy enrojeció ligeramente–. Por supuesto, ni que decir tiene que entre nosotros sí podremos emplearla. Pero quizá sería mejor que siguiésemos la norma de restringir su uso a los aposentos privados.

–Lo intentaré, pero...

–Estoy seguro de que podrás hacerlo. Sigue mi ejemplo. Deja que coja mi cuaderno... Primero te presentaré a los pacientes. Aquí somos como una familia; es importante que siempre lo tengas presente. Yo me siento como un padre de todas las almas en pena que llegan a Blythedale. Y descubrirás que los enfermos son muy parecidos a los niños. Piensa en ellos como tales, y no cometerás grandes equivocaciones.

–Muy bien –dijo Maddy.

En alguna parte de la casa varios tenores habían empezado a cantar una alegre versión de una canción, mientras un hombre daba gritos histéricos e ininteligibles que apagaban las notas musicales.

–Ya te acostumbrarás –afirmó el primo de su padre con una ligera sonrisa–. Algunos se recuperan bien, pero otros están muy enfermos.

–Claro –dijo Maddy tomando aire–. Lo entiendo.

En aquel momento, en Blythedale Hall había quince pacientes: quince damas y caballeros poco afortunados que, sin embargo, tenían la fortuna de que sus familias se hiciesen cargo de los gastos de su residencia y tratamiento en el manicomio privado más lujoso del país. Debido a la excelente reputación del doctor Edward Timms en terapias morales y médicas, Blythedale era un lugar más exclusivo que la clínica Ticehurst House del doctor Newington, en Sussex. No se animaba a las familias a visitar Blythedale, pero cualquiera que no tuviese relación personal con uno de los pacientes era bien recibido en cualquier momento y podía recorrer el centro en compañía de uno de los ayudantes. En Blythedale se ponían en práctica los tratamientos más modernos con una dieta sana, baños fríos, rutina tranquila y rehabilitación en un ambiente en el que reinaba el orden.

Las damas cosían y paseaban por la rosaleda, tomaban infusiones calmantes y, a veces, se les permitía dibujar escenas al aire libre. Los caballeros seguían el mismo régimen, excepto en que, en lugar de coser, hacían ejercicio, jugaban al ajedrez y tenían una selección de libros de la biblioteca a su disposición; también se les permitía pasear hasta el bosque de la propiedad y recoger flores y hojas que las damas se encargaban de dibujar. Todos los que estaban en condiciones de hacerlo asistían a las conferencias científicas semanales y jugaban a las cartas; un pastor anglicano celebraba servicios religiosos a los que asistían todos los pacientes, excepto los más difíciles de controlar.

Entre los manicomios existentes en el país, Blythedale era un lugar único y progresista, le explicó el primo Edward, porque se hacía un esfuerzo para mezclar a los dos sexos en un ambiente social normal, algo que era posible y seguro gracias a que cada paciente tenía un cuidador. En primer lugar, la condujo al salón, donde los cantantes estaban agrupados en torno a un flautista. Los horribles gritos habían cesado, pero uno de los tenores llevaba una camisa de fuerza, con las mangas blancas atadas a su espalda. El cuidador, un joven enjuto y musculoso, de aspecto campesino, estaba a su lado. Cuando Maddy entró acompañada del doctor Timms, el paciente le dirigió una mirada esperanzada.

–¿Ha venido para llevarme a casa? –le preguntó el hombre de la camisa de fuerza–. Se supone que hoy me voy a casa.

–Esta tarde –dijo el primo Edward– Kelly lo llevará a dar un paseo.

El rostro del paciente empezó a enrojecer.

–¡Pero tengo que irme a casa! ¡Mi esposa se está muriendo!

El primo Edward miró al enfermero. Kelly dijo:

–Vamos a sentarnos a descansar, señor John.

–Me está llamando. ¡Jesucristo me ha redimido!

El hombre se abalanzó hacia delante. Kelly lo agarró con destreza por un tirante en la espalda de la camisa, y tiró de él hasta que le hizo perder el equilibrio.

–¡Soy un redimido de los redimidos del Señor! ¡Mi esposa murió por mí! ¡Sacrificó su vida por mí! Estoy salvado, ¿me oye, señor? Le estoy diciendo que estoy...

Su voz continuó subiendo de volumen, hablaba cada vez más rápido y en tono más elevado mientras Kelly lo arrastraba hacia la puerta. Los demás pacientes, tres hombres y cinco damas, ni se inmutaron, excepto uno de los tenores, que se echó a reír. Una joven muy hermosa, vestida con elegancia, estaba sentada mirando por la ventana sin dar muestras de emoción alguna, mientras que a su lado una mujer se inclinaba sobre su bordado, meciéndose y susurrando. Las risas del tenor se apagaron, y el caballero se mordió los labios y dirigió a Maddy una mirada de disculpa.

Los gritos atronadores continuaban escuchándose en la distancia; el primo Edward presentó a Maddy a los pacientes, con respuesta o sin ella, y después a los cuidadores. Tomó notas en su cuaderno y se lo pasó a Maddy para que leyese los detalles.

–La enfermedad de la señorita Susanna es la melancolía –dijo–. Le afecta profundamente. ¿Cómo se encuentra hoy, señorita Susanna?

–Estoy bien –respondió la joven con apatía.

–¿Le apetece cantar?

–No, gracias, doctor.

«Es muy aprensiva –leyó Maddy–. Los pensamientos más triviales le producen tormentos; apetito pobre, sueño inquieto; habla de suicidio, intentó poner fin a su vida ahogándose; antes era feliz y se mantenía ocupada con asuntos femeninos normales; la melancolía apareció tras sufrir unos trastornos en la menstruación causados por una sobreestimulación mental causada por los estudios excesivos y la dedicación intelectual, que le hicieron desviar el flujo sanguíneo, con lo que éste dejó de regar los órganos femeninos.»

El doctor sonrió, palmeó el hombro de la señorita Susanna y siguió su camino. Presentó a Maddy a la señora Humphrey, que sufría demencia e imbecilidad progresiva. La dama sonrió con alegría y le preguntó a Maddy si pertenecía a la familia Cunningham.

–No –contestó Maddy–, soy Arquimedea Timms.

–Yo la vi en la India. –La señora Humphrey desprendía el olor ligeramente amargo de un bebé con los pañales sin cambiar–. Usted me quitó la ropa.

–No, te... usted se equivoca.

–A las seis y media –afirmó la señora Humphrey–. Los sombreros.

«No reconoce al marido ni a los hijos –decía el cuaderno de los historiales–. Demencia y deterioro progresivo del intelecto precipitado por la llegada de la enfermedad climatérica femenina.»

–Por favor, lleve a la señora Humphrey a su habitación para adecentarla –dijo el médico a la cuidadora de la dama con las cejas levemente fruncidas–. Tengo que pedirle que tenga más cuidado con las cuestiones higiénicas.

Los pacientes de la sala eran los más llevaderos de Blythedale, según descubrió Maddy. El señor Philip, el tenor, se sentía confuso y decía que la comida tenía un sabor extraño. Cada vez que oía algo triste, se echaba a reír, según le dijo a Maddy, algo que le producía mucho disgusto. Se lo contó entre risillas. Lady Emmaline insistía sin cesar en que era huérfana, una expósita que había perdido a toda su familia en la guillotina, pese a que el primo Edward le repetía con dulzura que sus padres eran lord y lady Cathcarte, que estaban vivos y residían en Leicestershire. Pero su ombligo estaba desapareciendo, le anunció lady Emmaline con rotundidad, como si aquello fuese la prueba de sus argumentos.

Aparte de los pacientes del salón, había otros pacientes confinados en sus habitaciones tras puertas dobles: la de fuera de madera y la interior de barrotes de hierro. Habían retirado la mayor parte de los muebles y sólo quedaba la cama del paciente y un camastro para el cuidador.

«Manía –decía el cuaderno–, peligroso y destructivo; locura y crisis nerviosas causadas por un exceso de estudio de la religión.»

Y en otro caso: «Epiléptico violento; requiere medidas restrictivas continuas».

«Demencia; habla confusa; alucinaciones; incontinencia; atrofia de las emociones.»

Pese a todo, el primo Edward se dedicó a hablar con estos pacientes y, de nuevo, le explicó a Maddy las ventajas de seguir una estricta rutina cotidiana, de la comida sencilla y sana, de los hábitos de disciplina para recuperar el control de uno mismo y de distraer las mentes debilitadas para alejarlas de pensamientos insanos.

Maddy trató de creerle. Intentó dejarse arrastrar por aquel humor optimista y práctico, pero, lo único que deseaba era estar acurrucada en su cama de Chelsea y llorar por aquellas pobres criaturas. Se consideraba una enfermera experimentada y fuerte mentalmente, pero, ese día, aquella acumulación de presentaciones habían hecho que Blythedale Hall le pareciese una especie de purgatorio, cómodo pero horripilante.

–Ah, nos estamos afeitando –dijo el primo Edward mirando entre los barrotes abiertos que había en lugar de puertas en las habitaciones de los pacientes más violentos.

Hizo una pausa para abrir la puerta con la llave y se inclinó hacia Maddy para informarle entre murmullos:

–Me temo que éste es uno de los casos más trágicos que tenemos. Es un ejemplo de locura moral que ha desembocado en manía.

Ella se mordió el labio, deseando que no le hubiese contado nada. Se sintió incluso más reacia que antes a levantar la vista y mirar al siguiente desgraciado inquilino del manicomio.

–Buenas tardes –dijo el doctor con afecto mientras entraba en la habitación–, ¿cómo nos encontramos hoy, señor?

El paciente no respondió, y el cuidador dijo:

–No tiene un mal día, doctor. Está bastante tranquilo.

Finalmente, Maddy hizo un esfuerzo, cruzó el umbral y levantó la cabeza. El corpulento ayudante estaba afilando la navaja de afeitar; tenía aspecto de boxeador con el cráneo casi rapado, apenas le cubría la cabeza una pelusilla. Unos pasos más allá, vestido con pantalones claros y camisa blanca, con un brazo esposado a la cabecera de la cama, se veía la silueta de otro hombre, que, con la cabeza vuelta, miraba por la ventana.

–Amigo –dijo ella tras un gran esfuerzo por todo saludo.

El hombre giró la cabeza de repente, el movimiento se interrumpió a medio camino y se oyó un sonido metálico, el cabello oscuro le caía en desorden sobre la frente; en los ojos de un azul intenso, como cobalto congelado, se leía la ira: era un pirata enjaulado y encadenado, una bestia acorralada.

Maddy se quedó sin habla.

Él la miró en silencio. Sin muestra alguna de reconocerla. Nada.

–¡Tú! –susurró Maddy.

El paciente inclinó el rostro levemente y la contempló. El cansancio, la ira y una pasión profunda e intensa se reflejaron en su rostro, en su mirada, en la espiración intranquila con la mandíbula apretada con fuerza y en la mano libre que abría y cerraba una y otra vez.

–¿No... no me recuerdas? –preguntó Maddy, vacilante–. Soy Maddy Timms. Arquimedea Timms.

–¡Vaya! ¿Se conocen?

Maddy apartó la vista de aquel ser primitivo que se hallaba junto a la ventana.

–Pues sí, papá y yo... Es el duque de Jervaulx, ¿verdad?

Apenas pudo pronunciar aquellas palabras.

–Vaya, vaya. Claro que es él. El señor Christian ha venido a visitarnos una temporada.

El señor Christian dirigió una mirada al doctor como si quisiese arrancarle la garganta con las manos.

El primo Edward sonrió al paciente con benevolencia.

–Es una coincidencia fantástica. –Hizo un gesto hacia Maddy–. ¿Recuerda a la señorita Timms, señor Christian?

Jervaulx apartó la mirada del primo Edward, miró a Maddy y volvió a posar la vista en el doctor. Después se recostó en el alféizar de la ventana y apoyó la espalda en los barrotes que cubrían los cristales.

–Su entendimiento es limitado –dijo el primo Edward–. Similar al de un niño de dos años. Como digo, parece tener un historial de locura moral que, con un brote repentino, degeneró en demencia. Y manía, sobre todo cuando se le contradice. La apoplejía lo dejó inconsciente durante dos días y, al principio del coma, las constantes vitales eran tan bajas que se creyó que había perdido la vida.

–Sí –dijo Maddy con voz ahogada–. Eso es lo que creímos, que... que había muerto.

–Es una historia interesante. Esto es estrictamente confidencial, por supuesto; no debe salir de aquí, pero el acontecimiento que produjo este estado en él fue un lance de honor, en el que se usaron armas de fuego. Él no resultó herido, pero la impresión del momento parece haberle precipitado el ataque. El médico que lo atendió certificó su fallecimiento y ordenó que se trasladase el cadáver a la capilla ardiente, pero los perros del duque armaron tal alboroto que los empleados de la funeraria no pudieron ni tocarlo. –El primo Edward hizo un gesto con la cabeza–. Estremece pensar lo que habría pasado si los animales no hubiesen actuado así. Parece que, de algún modo, el ruido llegó hasta el duque y éste hizo un movimiento y su pulso evidenció que continuaba con vida. Pasado algún tiempo, recuperó la conciencia y el movimiento de las extremidades. Pero ha quedado en un estado de imbecilidad maníaca. –El primo Edward escribió una nota en el cuaderno, miró a Jervaulx como si lo analizase, y anotó algo más. Cerró de golpe el cuaderno de historiales y se lo entregó a Maddy. Por supuesto, usted sabe que la indulgencia y la ausencia de disciplina moral predisponen a la mente a la irracionalidad. No habla, y se rige por emociones primitivas. Es algo frecuente en estos casos, en los que la base anterior se sustentaba en el vicio y la perversidad: hay una ruptura, una pérdida de la conciencia moral que da rienda suelta a los apetitos y deseos instintivos, que usurpa los hábitos refinados que anteriormente tenía. Físicamente está muy fuerte. ¿Estoy en lo cierto, Larkin?

El cuidador respondió con un gruñido:

–Vaya que si lo está. Dejando a un lado la mano derecha. Como ve, sólo le ato la izquierda, con ésa es con la que hay que tener cuidado.

Y dejó a un lado la navaja de afeitar.

–Medidas restrictivas mínimas –dijo el primo Edward, asintiendo con aprobación–. Físicamente es vigoroso, pero por lo demás está reducido a un estado animal.

Larkin se acercó para tirar de la campanilla.

–Veremos cómo se siente hoy al afeitarlo. Ayer tuvimos que utilizar la camisa de fuerza y la camilla.

Maddy, sin fuerzas para soportarlo, bajó la vista. Incapaz de enfrentarse a aquellos ojos tan intensos, en silencio. Se sintió derrotada, hundida, destrozada. Que él estuviese allí...

Él parecía preferir estar muerto. Lo sabía sólo con mirarlo.

Sostuvo el cuaderno ante sí.

–¿Tiene cura?

–Ah –dijo su primo a la par que fruncía los labios y enarcaba las cejas–. No voy a negar que el caso es grave. Su madre es una mujer muy buena, una cristiana convencida, que participa con celo en las actividades benéficas y evangelizadoras de su iglesia. Me ha contado que su hijo tiene un largo historial de excesos descontrolados y rebeldía. Con unas costumbres tan disolutas e irregulares... –Suspiró–. Bueno, todo lo que puedo decir es que si no somos capaces de sanarlo en Blythedale, es que no tiene cura.

Maddy apretó el cuaderno contra sí.

–¿Y qué tratamiento sigues... sigue usted?

–Lo más importante es un horario regular, por supuesto, para crear un hábito de autodisciplina y serenidad mental. Silencio absoluto, ejercicio frecuente para calmarlo, baños terapéuticos, sesiones de lectura en voz alta de textos seleccionados para estimular el intelecto aletargado e inspirar templanza. Nada de dibujos. Las plumas y otros útiles de escritura parecen provocar en él estados de alteración violentos. Sólo se toma tónicos para los nervios si se los damos a la fuerza. Me temo que todavía no hemos visto progreso alguno que nos permita confiar en él y dejar que se relacione con los pacientes que ocupan la sala de enfermos inofensivos; no obstante, pronto podrá dar paseos con otros maníacos para evitar que se sienta aislado.

Jervaulx cruzó los brazos y el movimiento hizo sonar la cadena. Maddy levantó el rostro y lo miró. La expresión del duque se había relajado, la indignación contenida había dado paso a una ligera ironía. Le devolvió la mirada con una leve sonrisa, la boca torcida hacia un lado.

Era increíble. Volvía a parecer el de siempre, el aristócrata dueño de sí mismo. Maddy casi esperaba que hablase o asintiese, pero no hizo ni lo uno ni lo otro. Se limitó a sonreírle con un interés que le recordó aquella forma pícara en que la había observado la noche que la había descrito a su padre. De repente, tuvo la certeza de que se acordaba de ella.

–Jervaulx –le dijo dando un paso adelante–. Mi padre también se encuentra aquí. John Timms. Tú... usted trabajó con él en la nueva geometría.

La sonrisa de él se apagó. La miró con intensidad, la cabeza un poco ladeada, de la forma que mira un perro, como si tratase de descifrar el misterio del comportamiento humano. Maddy se fijó en que le contemplaba la boca mientras ella hablaba; sin embargo, no estaba sordo, se había girado al instante al escuchar el sonido de una voz.

–¿No te gustaría que viniese papá a visitarte?

Él inclinó la cabeza y asintió con un gesto educado.

Maddy notó una punzada de emoción. Le había respondido con inteligencia, no cabía duda. Miró al primo Edward. El doctor se limitó a sacudir la cabeza.

–Trata de complacerla. Los maníacos, a veces, pueden ser muy astutos. Pregúntele en el mismo tono si es el rey de España.

Maddy no quería hacerlo; le parecía un truco demasiado simple. No creía que tras aquellos ojos sólo se ocultase la mente de un niño de dos años. En su lugar dijo:

–Nunca pensaste encontrarme aquí, ¿verdad que no?

La cadena tintineó ligeramente al cambiar de posición. La examinó e hizo un gesto negativo.

Ella se dio cuenta de que le había hecho la pregunta en tono negativo, dándole una pista para responder con una negación.

–No me entiendes –dijo, desilusionada.

Su mirada penetrante evidenciaba dudas, por lo que se limitó a permanecer en silencio, con la boca curvada en un gesto hosco.

–Lo siento –dijo Maddy impulsivamente–. Siento muchísimo que padezcas esta enfermedad.

Él le dirigió aquella sonrisa cínica y torcida. Irguió los hombros y tendió hacia ella la mano encadenada, como si quisiese tomar la suya y hacer una reverencia. Maddy la cogió de forma automática. Jervaulx se inclinó y de repente la atrajo hacia sí, haciéndola girar hasta caer en sus brazos, la mano encadenada sujetándola por el cuello mientras con el otro brazo la aplastaba contra su pecho.

–¡La navaja! –gritó su primo–. ¡Dios mío, Larkin!

El cuidador se dio la vuelta. Aún tenía en las manos la jofaina con agua que la doncella acababa de entregarle en la puerta. Dejó caer la palangana, el líquido se derramó en cascada sobre la alfombra tejida a mano, y se abalanzó sobre ellos. Jervaulx emitió un sonido que les heló la sangre, un bramido gutural, al tiempo que acercaba la navaja de afeitar a la mandíbula de Maddy.

Larkin se detuvo en seco. Por el rabillo del ojo, Maddy distinguió el pulgar de Jervaulx sobre la hoja y vio a Larkin, al primo Edward y a la doncella inmóviles junto a la puerta. Jervaulx la estrechó contra él, hundiendo el brazo sin piedad en su cintura, y Maddy sintió en la oreja el silbido de su respiración entrecortada.

–No se resista –dijo Edward con voz serena–. No se mueva.

Maddy no tenía intención de oponer resistencia. La forma en que la tenía sujeta le hacía daño; sabía que no tenía bastante fuerza para contrarrestar la de Jervaulx. Él estaba en tensión, era como si tras su espalda tuviese un muro inestable, ardiente y duro. La muñeca de Jervaulx se hundió en ella mientras la arrastraba con él cuanto le permitía la cadena y enganchaba el pie a una de las patas de la mesa de afeitar.

Atrajo la mesa hacia ellos, maniobrando con cuidado, deteniéndose cuando amenazaba con volcarse para después tirar de ella de nuevo y acercarla. El primo Edward empezó a hablar con voz tranquilizadora, pero Jervaulx hizo caso omiso. Apartó la navaja del cuello de Maddy y con un movimiento amplio del brazo tiró la bacía de afeitar de cobre al suelo con gran estrépito. La cadena repiqueteó en el borde de la mesa cuando en la superficie barnizada hizo un corte con la navaja en línea recta, que produjo una pálida incisión.

Abrazó con fuerza a Maddy. Ella sintió cómo se movían sus músculos al girar la muñeca y cruzar la primera línea con otra. Cuando Larkin dio un paso hacia ellos, la hoja se posó en la garganta de Maddy.

Ella oyó la respiración jadeante junto a su oreja, sintió el calor en la piel y los violentos latidos de ambos.

–Déjelo –dijo el primo Edward con un murmullo–. Deje que acabe.

Jervaulx esperaba; la navaja rozaba la piel de Maddy. Edward le hizo una señal.

–Puede continuar, señor Christian.

El puño de Jervaulx apretó con más fuerza la empuñadura de la navaja y situó la punta en la intersección de la cruz. Con un esfuerzo de todo su cuerpo, dibujó una curva perfecta y sinuosa a lo largo del eje de la línea.

Soltó la navaja, que hizo un fuerte ruido al chocar contra la mesa. Puso la mano tras la cabeza de Maddy y la forzó a inclinarse y mirar la figura que había tallado.

Aflojó el brazo y la soltó. Maddy se quedó inmóvil, con la vista fija en la mesa.

Se dio la vuelta y lo miró. El rostro de Jervaulx reflejaba una gran intensidad, concentración... Confiaba en que ella lo entendiese; no miraba a nadie más.

Ella no conocía aquella figura, pero sabía que era un signo matemático.

–¡Espera aquí! –dijo apretándole con fuerza ambas manos–. ¡Espera! –Se volvió hacia Larkin y el primo Edward y exclamó–: No lo castiguen. ¡No le hagan daño!

Y tras esas palabras salió a toda prisa de la habitación. Encontró a su padre en la salita privada, en compañía de un ayudante que le leía en voz alta.

–¡Papá! –Corrió hacia él y lo cogió de la mano–. ¿Me puedes decir qué es esto?

Guió el dedo índice de su padre hasta formar una cruz en la brillante superficie de la mesa del salón, y a continuación la sinuosa línea que la recorría.

–Es una función periódica –dijo su padre.

Maddy exhaló aire y cogió papel y pluma.

–¿Cuál es la definición?

–¿La serie infinita, quieres decir?

–Lo que sea. Cualquier cosa que guarde alguna relación. Si te la mostrasen, ¿qué responderías? ¿Cuál sería la respuesta?

–Si me la mostrasen, ¿qué...?

–¡Papá! Te lo explicaré luego, pero ahora tengo que regresar cuanto antes. Limítate a exponer una función periódica, como la de monsieur Fourier. ¿Cómo se escribe? Si empieza con el seno de *x*, ¿a qué es igual?

–La serie de las funciones de los senos. ¿O quieres la de los cosenos?

–Y los gráficos son distintos, ¿verdad? En esta... –se mordió los labios y cerró los ojos para recordar las curvas sobre el barniz–... la curva comienza... en la intersección de los ejes.

–Entonces es la función del seno. El seno de *x* es igual a *x*, menos *x* elevada al cubo partido por tres, más *x* al quinto partido por cinco, menos *x* al séptimo partido por siete, y así sucesivamente.

–¡Sí! ¡Sí! –Maddy escribió los símbolos que le eran familiares en grande y con claridad–. ¡Ay, papá, nunca imaginarías lo que ha sucedido! ¡Vuelvo enseguida!

Atravesó corriendo el vestíbulo de mármol barroco y subió la escalinata. El suelo alfombrado crujió y retumbó bajo sus pies. Al llegar a la habitación desnuda, descubrió que habían hecho caso omiso a sus súplicas. Larkin y un cuidador mantenían inmovilizado a Jervaulx de cara a la pared, agarrándolo entre los dos mientras acababan de atarle las mangas de la camisa de fuerza.

Maddy se detuvo en el umbral y los dos hombres lo soltaron. Jervaulx ni se movió ni se revolvió; se limitó a inclinar la cabeza y apoyarla en la pared, una figura blanca en el oscuro rincón.

–Ojalá no hubieseis...

–¡Prima Maddy! –Edward se volvió hacia ella–. ¿Ya está recuperada? ¿Quiere acostarse un rato? ¡Qué calamidad! Es del todo inexcusable que Larkin dejase la navaja de afeitar a su alcance. Cuando utilizamos medidas restrictivas mínimas, se requiere prudencia absoluta en todo momento. Nunca debí permitir que usted entrase aquí.

–No se preocupe. ¡Es la función de un seno! ¡Ojalá no le hubieseis puesto esa cosa!

Jervaulx se dio la vuelta y apoyó el hombro en la pared. Maddy percibió su mirada acusadora.

–La figura que él dibujó –añadió Maddy enarbolando la hoja de papel– es una función del seno.

–Como le dije, los útiles de escritura, del tipo que sean, alteran su mente. No esperará encontrar sentido a sus garabatos.

–¡Pero tienen sentido! Ésta es la serie infinita que lo demuestra.

–No. No, insisto; debemos dejarlo en un ambiente relajado. No... ¡prima Maddy! –Su voz se endureció cuando ella se le adelantó con la hoja de papel en la mano. Se la quitó y la estrujó–. No le muestre ahora nada que pueda alterarlo.

Ella se quedó quieta. Jervaulx la miraba.

–Es una función del seno –le dijo devolviéndole la mirada y desafiando a su primo.

Si había esperado una reacción, una señal de que la había comprendido, ésta no se produjo. Jervaulx la miraba como si entre ambos hubiera un muro de cristal y él no pudiese oír su voz.

5

«Marcharon... fuera... todos marcharon menos rufián que afeita, perro maltratado, dormitorio sin intimidad, tirado al suelo... obligado a tragar comida... quiera o no.

Primamad.

Prima-mad.

Cama, mano atada pies amarrados... amarrado como ce-pu-animal gordo y rosa... rabo rizado. Palabra desaparece, desaparece, siempre... se aleja.»

Le dolía la cabeza de intentar encontrar el nombre.

«Prima-mad.» Trató de decirlo sin ruido, de rodear los sonidos con la lengua.

Tenía miedo de cómo se oiría en voz alta. «No, no, no», eso sería lo único que se oiría.

«No hablar, negarse.»

La ira y el miedo en su interior no tenían fin. Todos hablaban demasiado rápido, eso era lo que sucedía; balbuceaban, barboteaban, no le daban ocasión de entenderlos.

«Ponerme mano encima, ¡a mí! Por Dios, no derecho. Bestia ignorante, agarra fuerte; venganza, baño de sangre, cadenas jardín extraños observan; furia, lucha, VERGÜENZA; atado silla; asqueroso, ruidoso, locos divagan...» le habían robado sus amigos, su casa, la vida.

Acostado, contemplaba las tenues sombras del techo decorado con elegancia, seguía con la vista el dibujo oval hasta donde tropezaba con la pared y quedaba bruscamente interrumpido por el tabique que habían puesto para crear esa celda a partir de lo que debía de haber sido en otros tiempos una estancia elegante. Al otro lado del corredor, un loco gemía, gemido que provocaba en Christian una profunda desazón en el fondo de su garganta, puesto que se trataba del mismo sonido que quería emitir, el gemido de la desesperación, que sólo el orgullo y la furia contenían.

«Aquí encerrado mucho tiempo... mucho tiempo... lunático.»

En alguna ocasión había intentado identificar a la persona que lo retenía en ese lugar, al desconocido que intentaba que cruzase la barrera de la cordura. Recordaba rostros; a veces era capaz de ponerles nombre, en ocasiones pensaba en ellos, pero no recordaba sus nombres.

Eso había pasado con Prima-mad. La había mirado: *cosa blanca... almidonada...* el nombre de lo que ella llevaba en la cabeza se perdió en la distancia. «Habla de ti, tú. La conozco, la conozco.»

«Escucha. Escucha con mucha, mucha, mucha atención.»

Prima-mad parecía el nombre correcto, aunque, en realidad, cuanto más pensaba en ello, más extraño resultaba. Al intentar centrar su atención en ese nombre, se esforzó en exceso para tratar de hallar la salida de aquel laberinto que emergía y se disolvía en su mente y sintió que las náuseas se adueñaban de él.

Oyó el crujido de unos pasos en el corredor, un sonido que le resultaba familiar, que lo alarmaba al desconocer qué iban a hacer con él a continuación. La luz osciló y dibujó los barrotes de la puerta en el techo con forma de ondas desordenadas. Escuchó el sonido de la cerradura, y los fuertes ruidos que hizo su guardián al despertar.

Un susurro femenino, después su perfil iluminado por una vela al inclinarse sobre el camastro del rincón. Habló con la figura en desorden que permanecía sentada. Los dos cuchichearon de forma incomprensible durante un minuto, a continuación el gorila se levantó y salió de la habitación, arrastrando los pies.

La mujer puso la vela en el alféizar de la ventana y se giró hacia él. Era intolerable que lo viese en aquel humillante estado, esclavizado; cerró los ojos y fingió dormir, deseando que todo aquello desapareciese... «despertar mi dormitorio; perros, nombre, identidad, ¡PALABRAS! Palabras entiendo, palabras digo...» que aquella pesadilla alocada terminara.

–Ervoh –dijo ella en un susurro–. ¿Reshablar?

Le rozó el hombro. La vergüenza hizo que él apretase con fuerza la mandíbula y se diese la vuelta; el orgullo le hizo apretar los puños y tirar con fuerza, una vez, de las ataduras.

El ruido metálico la asustó; retiró la mano y lo miró nerviosa. Él sintió una ligera satisfacción ante su miedo y la observó con una insolencia malévola.

Ella lo intentó con una sonrisa.

–Funcionse no –dijo–. Infini taseries.

Levantó una hoja de papel. A la luz de la vela la tinta se veía oscura y clara.

$$\text{Seno de } X = X - \frac{X^3}{3!} + \frac{X^5}{5!} - \frac{X^7}{7!} + \dots$$

«¡Sí!»

«Sí, sí, sí –quería gritar–. Me ha oído, lo ha entendido; ¡estoy aquí!»

Pero no hizo nada. De repente, tuvo miedo de hacer un movimiento que la asustara y la obligase a retroceder. Se había convertido en algo preciado, invaluable, en una joya de incalculable valor; no podía, *no podía* arriesgarse a dar un paso en falso.

Era consciente de que respiraba de forma acelerada. Corrigió su respiración y se controló. Con un esfuerzo consciente, relajó los brazos y abrió los puños, tras depositar sobre la cama las manos atadas. La miró a los ojos y se arriesgó a hacer un gesto de asentimiento enfático.

–Funcionse no –dijo ella, recalcándolo–. ¿Sí?

«Sí», pensó Christian. «Sí.» Se sintió capaz de decir «sí», pero enseguida decidió no arriesgarse. Con cautela, asintió de nuevo.

–Se no –continuó ella–, función se no.

«Función se no. Fun cion se no.» Las palabras daban vueltas en su mente, «funci onseno, funcions eno, fun cionse no, mezcla atropellada, dos dados, rueda... mareado».

–Función se no –volvió ella a decir, y se arrodilló a su lado, moviendo el papel.

Él miró los símbolos. Sabía lo que las series indicaban, entendía su significado.

Y las palabras dejaron de girar, detuvieron su caída, se colocaron en su sitio.

«Función del seno.»

Por supuesto.

«Función del seno.» Emitió una risita de sorpresa contenida. La cera de la vela se derramó y su luz cubrió de sombras vibrantes el rostro de ella, arrodillada a su lado, «gorro modesto, pestañas de sirena, virtud, señorita».

Se humedeció los labios.

–Seno –dijo con voz ronca.

–¡Sí!

–Sí. –La palabra sonó como una explosión, como si hubiese tenido que empujarla, que derribar un muro–. Seno, sí.

La muchacha sonrió. Fue como un amanecer entre las sombras; el corazón se le desbocó; se sintió enamorado, inmerso en la agonía de la pasión.

–Fun... ción... del... seno... –dijo su amada.

«Niño, niño no, tonta recatada, no repitas como a un niño.»

–Secante –graznó él–, cosecante.

–No. Seno.

–Tangente. Cotangente. Ángulo. –«Fácil. Matemáticas, trigonometría»–. Axioma paralelo; congruencia, líneas coplanares, líneas perpendiculares.

Dios, qué fácil era la geometría; ¿por qué no había recordado lo fácil que era? Intentó algo difícil. Asió las cadenas por encima de las muñecas y luchó por decirlo.

–Ah... –Era muy doloroso; lo sabía pero no le salía–. Ah... ella. ¡Ella! Prima-mad.

La amaba. No quería que se fuese nunca y que lo dejase solo en aquel lugar.

Ella inclinó la cabeza con aire interrogante.

–¿Quién?

Sus dedos abiertos apenas rozaron los de ella. Movió la mano todo lo que la cadena le permitía y con el pulgar acarició con suavidad la palma de ella. La miró a los ojos, intentando decírselo así. Cada palabra era un tormento: «suena gira se aleja deslizándose peces plateados agarrar»; empujarlos a través del muro.

–Nombre –pronunció de pronto–. ¡Nombre! ¿Ella? –Le agarró la mano y la apretó una vez.

Ella sonrió de nuevo.

–Maddy.

Sí, eso era. Maddy, Niñamaddy. Maddy.

–Mmm –fue el sonido que emitió y, lleno de frustración, apretó los dientes.

–Maddy –repitió ella.

Él asintió. Tuvo miedo de que el gesto no fuese suficiente, que ella no supiese que la entendía.

–Seno, sí –repitió su único logro–. Coseno. Tangente. –Acarició su mano con los dedos. Quería decirle «no te vayas», pero en su lugar todo lo que se oyó fue–: No... no.

Maddy dejó escapar un leve suspiro y comenzó a levantarse; él se dio cuenta de que se marchaba y negó con gestos violentos. «¡No! Quédate aquí, no te vayas todavía, ¡ahora no!»

«No, no, no, no», era lo que él oía decir, y lo cortó de cuajo, inclinando la cabeza hacia atrás y tirando de las ataduras de sus muñecas.

–Porf vor ca lla, silen silen –dijo acercando el dedo a los labios, con la yema debajo de la nariz.

Él la miró. Aquel gesto significaba algo: sabía que tenía algún significado pero no era capaz de saber cuál. El eco del ruido que había hecho se desvaneció, mera señal de alboroto en esa casa llena de bestias aulladoras.

La mano de ella se posó en su hombro. Él giró la cabeza y apretó la mejilla contra la palma de aquella mano. «Quédate, Maddy. No me dejes.»

Sólo logró decir:

–No. Mmd. ¡No!

Se apartó de ella con un gemido.

Ella le cogió el rostro con sus dedos frescos. Le retiró el pelo de la frente. Él cerró los ojos mientras un estremecimiento le recorría el cuerpo y reprimió la oleada de sentimientos. Se quedó inmóvil.

–Sarreglará –susurró ella–, odo sarreglará.

Sarreglará. Se arreglará.

Odo se arreglará.

«Todo se arreglará.»

No había llegado a comprender bien la frase; sólo fue capaz de entenderla cuando su mente filtró los sonidos y se detuvo en una intuición.

Pese a todo, era algo. Era algo a lo que agarrarse, después de que ella se marchase y se llevase consigo la vela y el papel. Una pequeña bola de cristal que seguiría a flote cuando sintiese que se ahogaba: ella pensaba que todo iba a salir bien, y cuando pronunció esas palabras, él estuvo a punto de comprenderlas.

Maddy frunció los labios y dobló con cuidado el folleto informativo sobre Blythedale Hall para añadirlo a la carta que el primo Edward le había dictado para lady Scull, en la que describía en términos elogiosos el tratamiento amable y afectuoso que su hermana podía esperar recibir en Blythedale, nombraba discretamente la tarifa de seis guineas a la semana e invitaba a lady Scull a hacerles una visita cuando lo considerase conveniente. En el folleto aparecía un grabado de la mansión que transmitía serenidad y en que se veía a unas cuantas parejas paseando junto a los sauces y el lago con cisnes.

No había ningún indicio en la carta ni en el folleto del ruido metálico insistente que reverberaba en los corredores, que los había despertado a todos esa mañana y que había continuado durante el sermón seco y airado que le había dirigido el primo Edward por la insensatez cometida al haberse librado de Larkin con una excusa y haberse quedado a solas con Jervaulx; persistía mientras el primo Edward leía la correspondencia y Maddy archivaba cartas, y siguió mientras Maddy escribía al dictado con dedos temblorosos; el ruido y los gritos fieros que seguían, seguían y seguían: golpe: *¡tangente!;* golpe: *¡distancia!;* golpe: *¡al cuadrado!;* golpe: *¡menos!;* golpe: *¡Y uno!;* golpe: *¡X dos!;* golpe: *¡Mad-i!;* golpe: *¡Mad-i!; ¡Mad!; ¡Mad!, ¡Mad!;* ultrajado, desesperado; una y otra vez hasta que la voz se tornó ronca y rasposa; suplicante y lastimera, y se fue desvaneciendo hasta reducirse a una sílaba inarticulada que puntuaba los golpes contra los barrotes de la puerta de hierro.

La noche anterior Maddy no había creído que estuviera loco, pero esa mañana creía lo contrario. El primo Edward había acertado al advertirle que no debía alterarlo, no debería haber ido a importunarlo. En la casa, todos eran presa de la agitación, los pacientes estaban nerviosos; Maddy había oído al primo Edward dar instrucciones a Larkin para que explicase al señor Christian que le pondrían la camisa de fuerza y lo llevarían a la celda de aislamiento si antes del mediodía no había depuesto su actitud.

Maddy sabía que había una celda de aislamiento. Formaba parte de la terapia moral puesta en práctica en Blythedale, el control del comportamiento de los pacientes mediante el recurso de apelar a su dignidad, el sutil equilibrio entre darles ánimos e intimidarlos, según lo requiriese la situación. El primo Edward le había dado un ejemplar del libro del señor Tuke *Descripción del Retreat*, el famoso manicomio cuáquero de Nueva York, pionero en el tratamiento moral y humanista de los lunáticos. No había tenido tiempo de leer más que una parte, pero todo el mundo había oído hablar del Retreat. En el folleto de Blythedale se ponía énfasis en la extensa formación y experiencia del primo Edward adquirida en los ocho años que había trabajado en el centro de Nueva York, bajo la supervisión del doctor Jepson. A los lunáticos había que hablarles como si fuesen personas cuerdas para tratar de avivar en ellos la chispa de la razón. Había que tratarlos con delicadeza y amabilidad, pero hacerles entender que sus circunstancias y su libertad dependían del autocontrol. Al igual que a los niños, si no se comportaban como debían se los aislaba tras haberles dado todas las oportunidades de hacerlo.

A las once y media, cuando el primo Edward se retiró para reunirse con su esposa, todavía resonaban en los corredores los golpes insistentes y la voz violenta que, ahora, ya no pronunciaba palabras, sino que se había convertido en un sonido gutural, entrecortado, más propio de un animal, que puntuaba los golpes a los barrotes. Maddy no podía continuar escuchando aquello ni un minuto más. Era culpa suya; si él merecía un castigo, no quería para ella la comodidad de quedarse al margen y soslayar lo que había provocado. Sin otro propósito que el de castigarse a sí misma por la insensatez de su injerencia, pidió a una de las doncellas que le indicase dónde estaba la celda de aislamiento. La muchacha la acompañó hasta la escalera del sótano.

–Es la tercera puerta a la derecha, señorita. Al lado de los baños nuevos.

Maddy bajó la escalera. Con cada esquina que doblaba, los violentos sonidos que procedían de arriba se desvanecían, hasta que alcanzó un silencioso corredor. El aire era frío, las paredes estaban encaladas y al fondo, una lámpara ardía ininterrumpidamente y proporcionaba una buena iluminación. La tercera puerta a la derecha estaba abierta y daba a una habitación pequeña, sin ventanas, con suelo de madera y un banco empotrado en una de las paredes.

No se trataba de la cámara de los horrores que había imaginado. No era más que una celda limpia, austera, fresca sin llegar a ser fría. Sobre el banco había una Biblia, como si se invitase a alguien a leer y meditar en silencio. En la pequeña estancia, Maddy detectaba la presencia cuáquera del primo Edward, el legado del que tanto parecía haberse alejado en la vida cotidiana.

Era como una casa de asambleas cuáquera. Un lugar en el que guardar silencio y escuchar una voz suave e inalterable: la de la Luz Interior. Allí, de pie en medio de la celda, pensó que Jervaulx no se encontraría mal en aquel lugar.

Sin embargo, el silencio reinante la inquietaba. Había pasado gran parte de su vida en el silencio de las Reuniones y nunca se había sentido incómoda. Había escuchado, había esperado y también, en ocasiones, sentido lo que ella creía era una auténtica experiencia de la Luz Interior, aunque nunca se había visto empujada por ella a hablar ni a dirigir las Reuniones. Y, pese a que predecir esas cosas era una blasfemia, le resultaba difícil imaginarse impulsada a hacerlo. No tenía ni el aplomo ni la confianza de las que hacía gala el duque.

El aplomo que Jervaulx ya no tenía.

Pensó en cómo era ahora. En las esposas, en la furia que su rostro reflejaba, en el sonido quebrado en que se había convertido su voz.

La noche anterior no había dormido. Había permanecido tendida en la cama, despierta, como había hecho la noche que su madre había muerto, tratando de aceptar algo que le parecía imposible aceptar.

El silencio. Había muchas clases de silencio: el silencio abierto y expectante de una Asamblea; el silencio cálido de la familia y el hogar en el que las palabras eran innecesarias; el silencio lleno de flores y pájaros de un jardín solitario.

Durante meses, Christian no había dicho nada. Ni una sola palabra. El informe diario que el primo Edward escribía con tanta meticulosidad lo repetía día tras día: «mudo, huraño, no coopera, violento».

El diagnóstico de Edward afirmaba que se trataba de demencia, de locura moral, que estaba reducido a la naturaleza animal.

Maddy miró la Biblia pero no la tocó. La habían educado para pensar que las Escrituras contenían la palabra divina, útil y necesaria, pero jamás superior a la presencia de Dios en su corazón. En el silencio de la desnuda celda sintió cómo la verdad se abría paso poco a poco en su interior, era consciente de que se le estaba encargando llevar a cabo una tarea, de que el hombre que allá arriba se golpeaba contra los barrotes de su jaula estaba *llamándola*, que para él aquella estancia no iba a ser un lugar espiritual, sino una prisión, una amenaza que utilizarían contra él. No entendía el silencio, no lo conocía como ella.

Se enderezó. No se trataba de un niño de dos años: no había perdido la razón.

«No está loco: está enloquecido.»

El pensamiento le llegó con tanta claridad que tuvo la sensación de que alguien lo había dicho en voz alta.

Sintió que algo la abandonaba, que había una presencia que no había percibido hasta que ésta desapareció. La celda le dio la impresión de ser más lúgubre, de parecerse menos al limpio interior de una casa de asambleas y más a un pequeño espacio de reclusión en las frías profundidades de un sótano.

Jervaulx no había perdido la razón: le habían robado las palabras. No podía hablar y era incapaz de entender lo que le decían.

Sus golpes y gritos, su ira y desesperación, de repente parecían absolutamente racionales: no eran obra de un demente reducido a la locura por la suma de todos sus vicios, sino de un hombre cuerdo frenético por la frustración. Aquel duque insensato que conocía las funciones periódicas y las series infinitas de Fourier, que era capaz de crear su propia geometría, que había sido libre y elocuente e incluso, a su manera autocrática, generoso, y que ahora permanecía encerrado, algo que lo sacaba de quicio, no había encontrado otra manera de pedir ayuda más que a través de la violencia.

Maddy se sintió insignificante. Dios no le había hablado nunca con tanta claridad. Ella no era uno de los ministros, no era como esas mujeres y hombres que tenían el don de la palabra en las Reuniones y en la calle; ella se limitaba a llevar la vida que le había sido destinada.

Pero ésta era una obligación explícita que habían depositado sobre sus hombros. Desconocía el propósito de Dios al hacer recaer aquel sufrimiento sobre Jervaulx pero no se necesitaba un conocimiento divino para adivinarlo. A ella no le habían pedido que se dedicase a sermonear al duque ni a juzgarlo en aquellos momentos difíciles.

Lo que de ella se exigía era algo muy simple: que no lo abandonara mientras fuese víctima de aquel sufrimiento.

Maddy sabía muy bien que al primo Edward aquello no le iba a gustar. Le había prohibido adentrarse en el corredor de los violentos. Existía todo tipo de argumentos razonables en contra de lo que ella tenía la intención de hacer.

Pensó en ello mientras subía la escalera, se aproximaba a la celda de Jervaulx, y escuchaba cómo el rítmico ruido aumentaba de volumen. Estaba equivocada. No era la persona adecuada. No estaba preparada para tamaña empresa. ¿Qué conocimientos tenía de medicina o del tratamiento de la locura? Ahora ya no se oía la voz, sólo los golpes. En el resto del manicomio parecía reinar un silencio extraño, no se oían los susurros ni los murmullos del día anterior. Era como si los demás enfermos estuvieran pendientes del sonido de metal contra metal, como si escuchasen hechizados.

Dobló la esquina. En medio del corredor estaba Larkin, sentado en una silla inclinada, con las patas de atrás reclinadas en la pared; su cráneo relucía bajo el cabello ralo. Tenía un reloj de bolsillo apoyado en la rodilla, y jugueteaba con la cadena al ritmo de los golpes.

–Faltan tres minutos –declaró en voz alta sin dirigirse a nadie en particular.

Los golpes continuaron su cadencia sin pausa. Vio a Maddy y la silla se deslizó hasta el suelo con un ruido que casi se perdió en medio de aquel estrépito.

–Amigo Larkin –dijo Maddy forzando la voz para que la oyese–, he venido a hablar con Jervaulx.

Los golpes en los barrotes cesaron de repente.

La sorprendente ausencia de sonido hizo que le zumbasen los oídos. Larkin miró hacia la puerta de la habitación de Jervaulx y después a Maddy. Frunció el ceño.

–No debería estar aquí, señorita.

La voz del hombre sonó extraña y hueca, envuelta en los ecos imaginarios de un sonido ya desvanecido.

–Pero aquí estoy.

–Anoche me causó bastantes problemas y no quiero más.

–Habla con mi primo si quieres. No quiero causarte problemas.

–No puedo hacerlo, señorita. Dentro de un minuto tengo que llevarme al duque a la celda de aislamiento. Tendrá que abandonar el corredor.

–Sólo tienes que hacerlo si no se calla antes del mediodía, ¿no es así? –Señaló la puerta para añadir–: Y se ha callado.

Como si quisiera darle la razón, el reloj del vestíbulo empezó a sonar y el eco de las lentas campanadas reverberó escaleras arriba. Larkin no parecía alegrarse. Maddy hizo ademán de seguir adelante y él levantó la mano para detenerla.

–No, señorita. Háganos un favor a todos y no vuelva a molestarlo. Señorita, por favor...

Jervaulx estaba en pie tras los barrotes de la puerta, con las manos agarradas con fuerza a las barras de hierro. En cuanto la vio, los dedos y la mandíbula perdieron rigidez y se relajaron. Abrió los labios como si quisiese hablar, y volvió a cerrarlos con fuerza. Se apartó de la puerta y, en la penumbra de la habitación, inclinó ligeramente la cabeza y le tendió la mano a través de los barrotes como si de una dama se tratase y no existiese una puerta de metal entre ellos.

–¡No! –gritó Larkin adelantándose–. Podría matarla, señorita. Podría estrangularla en menos de un minuto si la agarra a través de los barrotes.

Maddy, sabedora de que Larkin no exageraba, vaciló unos instantes y vio que Jervaulx era consciente de sus temores. Cerró la mano, se apartó y se alejó de la puerta, moviéndose como un fantasma, una figura silenciosa que se deslizaba hasta la ventana y se quedaba allí con la vista perdida en el exterior.

Maddy había fracasado. La voz de Larkin había sido la voz de la Razón, la voz del mal, que siempre susurraría a su oído argumentos y pruebas y la haría dudar de su propia Verdad. No era más que la primera prueba y había perdido.

Maddy observó a Jervaulx, y se volvió hacia Larkin.

–Por favor, ve y dile a mi primo que venga. Dile que he tenido una Revelación y que es necesario que hable con él.

–¿Una revelación? –El asistente la miró, exasperado–. No sé lo que intenta decir, señorita, pero no voy a alejarme de aquí ni a permitir que haga una tontería.

–Me quedaré aquí sentada –dijo Maddy indicando la silla con un gesto–, te lo prometo, no haré nada más.

–¿Y si empieza de nuevo? Ahora está tranquilo; no quiero que usted lo altere.

–Jervaulx. –Maddy se acercó a la puerta y, con un gesto, introdujo la mano entre los barrotes ofreciéndosela, pese a las airadas protestas de Larkin–. ¿Te molesta que me quede?

Él la miró por encima del hombro.

–¡La responsabilidad será suya, señorita! –le advirtió Larkin–. ¡Sólo suya! Después de lo que hizo ayer...

Jervaulx dirigió al hombre una mirada de profundo desprecio. Miró a Maddy y, a continuación, se dio la vuelta, rechazando la mano que ella le ofrecía con gesto brusco y desdeñoso.

Si le hubiese cruzado la cara con una bofetada, no se habría expresado con mayor claridad. Maddy dejó caer la mano.

–Por favor, ve a buscar a mi primo –pidió a Larkin con frialdad.

–¿No intentará nada en cuanto me vaya?

Maddy tomó asiento.

–Lo prometo.

–No creo que dure mucho en este lugar, señorita –dijo Larkin con un susurro, negando con la cabeza.

Se dio la vuelta, recorrió el corredor a grandes zancadas y desapareció al doblar la esquina.

Reinó el silencio.

Jervaulx continuaba mirando por la ventana.

–Gorila –dijo con una inflexión explosiva que encerraba un odio y un desprecio absolutos.

Después, sin darse la vuelta, miró a Maddy de reojo con expresión inquisitiva, enarcando una ceja y retándola sutilmente.

–Sí –contestó ella enfatizando sus palabras con gestos de asentimiento–. Un auténtico gorila.

Jervaulx cruzó los brazos y apoyó la espalda en la ventana de barrotes, adoptando una postura insolente: la de un caballero pálido, aprisionado por el silencio y la penumbra. Una lenta sonrisa le curvó los labios.

Si estaba loco, Maddy no podía confiar en él. El día anterior había reposado la cabeza en los barrotes y la había contemplado con la misma postura relajada y arrogante para, un minuto después, ponerle en el cuello una navaja de afeitar.

«Ten cuidado –murmuró la voz de la Razón–. Es fuerte; intimida; no está cuerdo.»

Maddy le devolvió la mirada a Jervaulx. Dejó que, en respuesta, la sombra de una sonrisa se reflejase en sus labios.

–Gorila –dijo ella con decisión.

La media sonrisa del hombre era como una luz en la penumbra de la pequeña celda.

–Gorila –repitió él con malicia y satisfacción.

Maddy cruzó las manos.

–Parece que estamos de acuerdo.

Él no dijo nada más, pero la miró a través de los barrotes de hierro con una sonrisa muda e irónica.

–Me temo que eso es imposible –dijo el primo Edward a Maddy–. Dejando a un lado la falta de experiencia y que usted fuese la asistenta personal del duque, es simplemente... absurdo. Piense en lo peligroso que sería para usted, prima Maddy. No creo que ya haya olvidado el incidente de ayer.

–No lo he olvidado. He tenido una Revelación.

–Sí, muy bien, eso lo entiendo, pero no estamos en una Reunión, querida. Estamos en un manicomio.

Ella lo miró con gravedad.

–¿Es que Dios no está aquí?

Larkin soltó un bufido. El primo Edward se ruborizó ligeramente y miró con enfado al ayudante.

–Por supuesto que Dios está aquí.

–He tenido una Revelación –repitió Maddy sin alterarse–. Se me ha mostrado el camino que debo seguir.

Edward frunció los labios.

–No había pensado que fueran sus deseos, pero si de verdad quiere trabajar con los pacientes, puedo asignarle que ayude a la encargada de las damas por las tardes.

«Eso es –susurró la voz de la Razón–. Dedícate a eso. Será menos peligroso. Más fácil. Más decoroso.»

–En otras circunstancias, me encantaría ayudar a la encargada –dijo ella–, pero se me exige que me encargue de Jervaulx.

El doctor empezó a enrojecer.

–Me deja atónito que ni siquiera piense en lo indecoroso de la situación, prima Maddy. Es impropio de usted.

–He dedicado gran parte de mi vida a labores de enfermería. Tengo experiencia con pacientes de ambos sexos. –Maddy siguió hablando en tono tranquilo–. Pero, aunque no fuese así, eso carece de toda importancia. Mi tarea es encargarme de Jervaulx.

–Bueno, ya está bien. –El primo Edward movió la cabeza y sonrió–. ¿Dónde se le ha ocurrido algo tan fantasioso?

–En la celda de aislamiento –respondió ella con sencillez–. Allí se me mostró la Verdad y la Luz.

–Ya le recordaré yo la verdad y la luz –interrumpió Larkin–. Cuando él le rompa el cuello se lo recordaré.

–Él no me hará daño.

–¡Qué poco sabe de él, señorita! Casi me rompe el brazo en más de una ocasión y, como habrá comprobado, soy un hombre grande. A una miniatura de mujer como usted la haría trizas en un momento.

«Será mejor que le hagas caso –le advirtió la voz de la Razón–. Sabe de lo que habla.»

–Y, sin embargo, cuando lo vio marcharse se tranquilizó.

Larkin hizo una mueca de desprecio.

–Eso no quiere decir nada, señorita. No conoce a los de su clase. Usted apenas lleva un día aquí. ¡No se puede dar la espalda a un maníaco!

–Siento decir que eso es verdad, prima Maddy. No debe dejarse engañar por una aparente muestra de inteligencia en un paciente de este tipo. Hacemos todo lo que está en nuestras manos para promover el comportamiento razonable y civilizado, pero, la verdad sea dicha, el estado mental del duque no nos permite confiar en él ni considerarlo un ser humano.

En las Reuniones de Maddy había una ministra, la que le había hablado de la voz de la Razón y de lo sutiles e inteligentes que eran sus argumentos, que tenía el don de mirar sin titubeos y con gran efecto a los ojos de los confundidos. Maddy miró así, sin pestañear, al primo Edward.

–Quizá no me haya expresado bien –dijo él tras un leve carraspeo–. Por supuesto que es un ser humano, una criatura de Dios, como lo somos todos. Pero el bienestar de usted es mi responsabilidad, Maddy.

–Eres responsable del bienestar de Jervaulx.

–Querida, no puede cuidarlo. Es absurdo y no lo permitiré.

Maddy no mostró su disconformidad. No iba a convencerlo con razones ni debates. No había preparado de antemano lo que iba a decirle; si era voluntad de Dios, vendrían a ella las palabras adecuadas.

Ante aquella mirada silenciosa, el primo Edward enderezó los hombros y movió los pies, como si ella lo hiciese sentir incómodo.

–Es imposible. Me temo que no lo entiende.

–Primo Edward –dijo ella–, el que no lo entiende eres tú.

Él cerró los labios y frunció el ceño.

–Piensa en la Luz Interior –dijo Maddy con dulzura–. ¿Es que has olvidado su existencia?

Él continuó con el ceño fruncido, mirándola. Pero, en realidad, no era a ella a quien miraba.

–Yo no sé nada de esas tonterías de una «luz» –dijo Larkin con tono beligerante–, pero en mi vida he oído cosa más estúpida, doctor. Siento hacerle perder el tiempo, pero ella me ordenó que le comunicase lo de esa «revelación» suya.

El primo Edward miró a su ayudante y luego a Maddy, quien le sostuvo la mirada sin pestañear. Larkin seguía farfullando, hablaba de luces y revelaciones y decía que menuda muestra de ignorancia, y con cada palabra que pronunciaba ofendía aún más las creencias de un Amigo.

El primo Edward permanecía inmóvil en el corredor. Maddy supo que en esos momentos era un cuáquero no practicante, molesto por el desprecio sin intención que se hacía a sus orígenes, y empezó a mirar en otra dirección.

Los comentarios de Larkin se convirtieron en un gruñido de exasperación. En la celda, Jervaulx era una sombra, blanca e inmóvil, que los observaba a través de los barrotes. El silencio reinaba en la casa, un silencio profundo y expectante.

El primo Edward se volvió hacia Larkin y le pidió la llave.

6

«Qué dicen, argumentos y asertos que van y vienen sin parar parloteo atropellado.» El Gorila con el rostro enrojecido, y Maddy, imperturbable; Christian no entendía nada. Se sorprendió cuando el hombre que daba las órdenes, el individuo pálido y rechoncho que solía hacerse la manicura, metió la llave en la cerradura y abrió la puerta; se quedó atónito cuando ella entró sola. Parecía asustada. Puede que tuviese motivos para estarlo, pero no le gustó. «No hago daño nunca hago daño a una mujer, maldita sea.»

Tras un momento de duda, Maddy atravesó la celda. Su mano lo asustó; parecía surgir de la nada: eso era lo que hacían las cosas, surgían ante él de repente del vacío, «sonidos que estallan de repente hacen ruidos extraños, las cosas se esconden, aparecen allí y ya no están ¡POR QUÉ!». Lo enfurecía. Lo aterrorizaba. Quería que las cosas no se moviesen de su sitio.

La miró. Ella le estrechó la mano, como un hombre, con la mano derecha, una mano que coge otra mano, pero la de él permaneció inerte. Se sintió impotente, confundido y lleno de vergüenza mientras abría y cerraba los dedos de la mano derecha. La miró a los ojos, «inútil no se mueve», incapaz de explicárselo, respirando con dificultad, tenso ante el esfuerzo de obligar a su cuerpo a obedecer sus deseos.

Entonces, ella le cogió la mano con firmeza y la movió de arriba abajo.

Christian sintió los dedos de ella entre los suyos, suaves y frescos, y como si una niebla se despejara y desvelara un paisaje oculto, supo lo que quería hacer y que podía hacerlo. Con galantería se llevó la mano de ella a los labios y depositó un ligero beso al tiempo que le estrechaba los dedos con suavidad.

«Solterona puritana se ruboriza remilgada ojos bonitos.» Le sonrió. Ella se humedeció los labios. El Gorila murmuró amenazador. Christian dirigió la mirada por encima de ella y de los barrotes y vio la expresión de aquel rostro, supo que con su gesto había provocado a su cuidador; llegado el momento, pagaría por ello.

El otro, «médico sangría amo hueso... sangría», no se inmutó, siguió allí con su aire culto y paternal. Christian sabía que lo estaban sometiendo a una prueba. Centró la atención de nuevo en Maddy y la contempló con mirada intensa, decidido a no echar a perder aquella oportunidad. El Gorila estaba fuera; ella, dentro; era una oportunidad que no podía desaprovechar.

Cuando ella le indicó la silla con un gesto, se sentó. Cuando le ofreció agua, bebió. Cuando le habló, clavó la mirada en su boca y trató de encontrar sentido al torrente de sonidos que salía de sus labios.

Se enfureció al ver que no lo lograba. Todo le irritaba desde que había salido de la oscuridad y del confuso cansancio falto de palabras, falto de sí mismo; apenas podía mantener el control; se veía obligado a tirar de las riendas para controlar la urgencia de arrojar por los aires lo que fuera. Pero no había nada que arrojar; la celda estaba desnuda. Maddy lo miró con dulzura y esperanza, y él recordó a tiempo que no podía dejarse llevar por la ira.

Le trajeron una bandeja con la misma comida intragable de siempre: sopa de cordero, arroz blanco, budín de pan y agua de cebada. La contempló largo rato, mientras por dentro se rebelaba lleno de furia. Ella se puso a su lado y por fin agarró la cuchara.

«No.»

No, eso sí que no lo toleraría.

Estuvo a punto de coger la bandeja y lanzarla al otro extremo de la habitación. A punto. Sin embargo, alargó la mano y sujetó la muñeca de ella, inmovilizándola, únicamente la sujetó, y después con toda la calma que pudo la presionó hacia abajo hasta que la cuchara tocó en la bandeja.

Maddy soltó la cuchara. Él la cogió y se tomó aquella bazofia plebeya, «miren bestia en zoológico ¡maldita sea!». Y sintió que la degradación lo alcanzaba hasta lo más profundo del alma; era tanta su ira y su repugnancia que cada bocado se convirtió en una batalla. Pero lo hizo. Lo hizo para que ella se quedase y para hacer rabiar a el Gorila de la única forma que sabía de momento.

Y ésa era la prueba. La superó. Por vez primera desde que había despertado de aquel letargo profundo en el que estaba inmerso cuando lo habían llevado a ese lugar, se había sentado voluntariamente y había comido como un ser humano.

Así era como lo verían los demás.

Pensó en su mesa y en el chef del que disponía en su hogar, en platos cuyos nombres surgieron extrañamente de su mente: *les filets... volaille à la maréchale*, chocolate, *darne saumon... soufflés d'abricots...* miró la sopa grasienta de cordero y el odio casi le produjo náuseas.

Pero Maddy estaba radiante, lo que le hizo sentirse huraño y satisfecho a la vez. Podía perdonarla, suponía, «tan sencilla con sus ti-tú no conoce nada mejor que pan de centeno cerveza budín».

«Cuáquera. Cuáquera», sí, pero no podía decirlo en voz alta ni tenía ganas de intentarlo.

Superó la maldita prueba, y permitieron que Maddy se quedase con él, sentada a la puerta de la celda. «Músculos temblorosos debilidad...» El cansancio se adueñó de él, lo aprisionó. Se apoyó en los barrotes para no perderla de vista. «No puedo... hablar... decir Niñamaddy ... quédate. Quédate.»

Por lo menos hasta la noche, cuando volvió el Gorila. Christian no se fiaba de él y no le dio motivo alguno para que utilizase la fuerza: se acostó en la estrecha cama como un perro obediente. Esperando que llegase el momento... algo de lo que eran conscientes tanto él como el Gorila.

Ella volvió por la mañana con el hombre de las sangrías. «Habla sin sentido escribe cuaderno; ¿qué hay dentro cuaderno? Mentiras. Mentiras. Consulta cuaderno. ¿Sangrías? ¿Baño? Dios me proteja.»

Llegaron dos nuevos cuidadores, y supo que tocaba baño. Miró a Maddy, sólo una vez, y le dirigió una mirada en la que concentró toda la súplica que fue capaz.

Ella le respondió con una sonrisa de ánimo.

No tenía idea. Tenía que creer que ella no sabía nada y, ahora que pensaba en ello, no quiso que supiese qué era lo que podían hacerle.

Llegaron tres cuidadores para llevárselo, pero esta vez controló su reacción, se dominó. Les dejó que le pusieran unas mangas de cuero y que le atasen las manos; normalmente utilizaban la camisa de fuerza, pero si se mantenía tranquilo no tenían excusa para hacerlo en presencia del hombre de medicina que se hacía la manicura. Christian lo sabía. Se había convertido en un experto en ataduras, en un esteta que distinguía los distintos grados de mortificación, del menor al mayor: mangas de cuero, esposas, silla, camisa de fuerza, cabestro.

No volvió a mirar a Maddy. Se alejó de aquel lugar mentalmente; ésa era su única esperanza, la única forma de aguantar. Los cuidadores lo bajaron al sótano, se dejó colocar la máscara de cuero que le cubría el rostro, se dejó desnudar y conducir a ciegas, permitió que lo tuviesen de pie esperando largo rato, sin saber cuándo llegaría el momento, hasta que, de un empujón, cayó de espaldas en el baño.

«¡Hielo! Frío gélido agonía intensa. ¡Hielo!»

Lo sumergieron más de una vez, utilizando una barra metálica sobre los hombros para obligarlo a meter la cabeza. La tercera vez, el peso de la barra lo mantuvo bajo el agua hasta que sintió una opresión en el pecho, hasta que apretó los puños con fuerza y sintió miedo de verdad, el tiempo justo. Al salir a la superficie, el Gorila se inclinó sobre él, lo miró a través de los orificios de la máscara, a través de las gotas de agua helada, y sonrió.

Christian le devolvió la mirada. La húmeda máscara le apretaba la nariz y la boca; jadeó de frío; su cuerpo empezó a estremecerse con espasmos incontrolables. Lo sacaron del baño y lo tuvieron allí temblando, goteando, escuchándolos mientras hablaban como si él no existiese, aislado, incapaz de ver nada más que una rendija de luz ante él.

El Gorila dijo algo a espaldas de Christian y le lanzó una toalla sobre los hombros. Christian se echó hacia atrás, hizo un medio giro y proyectó el hombro y el codo hacia el cuerpo de el Gorila. El borde de la bañera, justo a la altura de la pantorrilla, sirvió de ayuda tanto a el Gorila como a Christian. El cuidador, para no caerse, se agarró al hombro de Christian y sus dedos resbalaron por la piel húmeda cuando Christian se apartó, y a continuación se oyó un grito y un chapuzón que arrojó el agua por los aires. Gotas de agua helada salpicaron las piernas de Christian.

A los otros dos cuidadores la escena les parecía muy divertida. Sus carcajadas y el chapoteo reverberaron en las paredes del sótano. Christian permanecía inmóvil, sin sonreír tras la máscara, «ballena enorme mojada sale del agua». No se movió cuando oyó a el Gorila ir hacia él y el agua que caía y salpicaba el suelo de piedra. La barra de metal lo golpeó en la espalda, sintió una explosión de dolor que lo dejó sin aliento y le hizo tambalear para no perder el equilibrio; los otros cuidadores le quitaron a el Gorila de encima y lograron evitar que le diera una paliza.

Los cuidadores se controlaban unos a otros. Tenían su propio código primitivo. Sabían que el Gorila lo había tenido bajo el agua demasiado tiempo. Y Christian, después de todo, era un lunático: alguna broma había que permitirle.

Así que el Gorila se marchó para secarse, y Christian, de vuelta a la celda, cubierto con un batín azul que ni siquiera era suyo, lo que lo horrorizaba, se alegró al ver que Maddy le ayudaría a vestirse.

«Vestirse de campesino.»

Christian miró con asco la ropa vulgar extendida ante él.

–No –dijo.

Cruzó los brazos, apretó los dientes con fuerza para que no le castañetearan y tensó los músculos para evitar el estremecimiento que empezaba a apoderarse de él, lo que hizo que oleadas de dolor le recorriesen la espalda.

El Gorila habría pedido ayuda, lo habría atado y puesto a la fuerza la camisa de los locos en lugar de la ropa. Christian esperó para ver qué hacía Maddy, intentando ocultar los escalofríos que sentía cada vez que respiraba. Tenía el pelo mojado; el frío le había calado los huesos. No era su intención enzarzarse en una batalla de voluntades y arriesgarse a que el Gorila volviese; necesitaba a Maddy con desesperación, necesitaba su figura tranquila y erguida sentada en la silla a la puerta de la celda: «blanca almidonada... cofia... paz».

–¿Quepas? –le preguntó ella.

La miró enfadado. ¿Qué pasa? ¿Quería decir qué pasa?

«¡Ropa decente! –quiso gritar–. ¡No trapos horribles mal cosidos!»

Cogió la chaqueta con la intención de enseñarle las costuras mal hechas, los ojales fuera de sitio, pero no pudo hacerlo. Se limitó a sostener la chaqueta, sumido de nuevo en la confusión, perdido entre la intención y la acción.

Con un gruñido de frustración, tiró la prenda al suelo. Un fuerte temblor le recorrió el cuerpo.

–¿Sh'boh? –dijo ella.

Le rozó la mano, la tomó entre las suyas, pero él era incapaz de mantenerse inmóvil, incapaz de controlar los escalofríos o de detener los latigazos de dolor en la espalda cada vez que inspiraba. Soltó la mano, se acercó a la ventana y se agarró a los barrotes que parecían calientes al contacto con sus manos heladas.

Maddy se quedó callada durante un buen rato a espaldas de él. Christian era consciente de que aquellos temblores no le pasaban inadvertidos. Pero ¿qué más daba? Apoyó la frente en los barrotes y dejó de luchar contra ellos.

La palanca de bronce que controlaba la campana chirrió. No había cordón para hacerla sonar, sería muy fácil para un hombre ahorcarse con un cordón de terciopelo. Era algo que Christian ya había pensado, pero le sacaban mucha ventaja. Lo tenían todo previsto, llevaban años en esto; un celador ignorante como el Gorila tenía un sexto sentido para prever cualquier tipo de resistencia y vencerla. Christian era más joven, más rápido, de mayor estatura; y, vive Dios, esperaba que su inteligencia fuese mayor que la de aquel sujeto, pero el Gorila se sabía todos los trucos. Lo de la navaja de afeitar y el incidente del baño habían sido las primeras victorias que Christian había logrado, pero sentía punzadas de dolor en la espalda, allí donde la barra de hierro le había golpeado, y cada vez que se volvía le causaban un tormento insoportable.

Oyó la voz de el Gorila en el corredor y se puso en tensión, mientras un nuevo escalofrío surgía del fondo de sus músculos. Pero no oyó el ruido de la puerta de barrotes al abrirse. Maddy habló, el Gorila titubeó y luego asintió con un gruñido. Sus pasos pesados se perdieron en la distancia.

Christian se dio la vuelta. Niñamaddy lo miraba con las cejas ligeramente fruncidas, mientras se mordía el labio inferior. Cuando sus miradas se encontraron, sonrió.

–Teng bones –afirmó.

«¿Bones?»

Le señaló el hogar vacío, se rodeó el cuerpo con los brazos y fingió temblar.

«Carbones. Carbones, fuego, sí.» Nunca antes habían hecho eso, sólo encendían la chimenea por la noche.

Quiso darle las gracias y no lo logró. Hizo un breve gesto de asentimiento.

Ella recogió la chaqueta de donde él la había tirado y se la ofreció. Mientras ella la sostenía, Christian puso la mano sobre el cuello mal cosido, lo recorrió con los dedos y señaló los torpes ojales.

–Non tiendo –dijo Maddy, y le dirigió una mirada de impotencia.

Christian apretó los dientes y se estremeció. «Está bien. Prueba de nuevo.» Le tocó la manga, recorrió con los dedos la parte interna del brazo de ella, en la que las diminutas puntadas, si bien sencillas, eran invisibles, perfectas y elegantes, igual que su vestido negro de cuello blanco era un ejemplo de sencillez. Después, sus dedos recorrieron aquella misma costura, esta vez en la chaqueta.

Maddy examinó su brazo y a continuación la manga de la chaqueta. Negó con la cabeza.

–Siento –dijo–. Perono.

Christian renunció, le arrancó la chaqueta de la mano y le hizo gestos para que se fuera y él pudiese vestirse. Ella se mantuvo firme. Él la tomó por un hombro, la obligó a girarse y la empujó hacia la entrada.

–No –fue la respuesta de Maddy, que se apoyó en la puerta y se dio la vuelta–. De bovestir.

«Claro sí vestir, y ella sale, decencia de mujer entiende.» Pero ella, con terquedad, no se movió. Entró el Gorila con estruendo con un cubo de carbón en la mano. Christian, por prudencia, se apartó de él. Tras encender el fuego, aquellos dos parlotearon entre ellos, el Gorila se encogió de hombros e hizo un gesto de asentimiento a Dios sabe qué lo que ella le dijo, lanzó una mirada estudiadamente neutral a Christian y salió cerrando tras de sí la pesada puerta.

Christian clavó sus ojos en ella. «No pensaba... Dios bendito... no suponía vestir allí ¡delante ella!»

Mas ella no se inmutó. Se acercó a él, lo agarró por el batín, y empezó a desabotonarlo con destreza como si lo hubiese hecho todos los días de su vida.

Christian le cogió la muñeca y le apartó el brazo con un sonido de indignación. Le señaló la puerta y le dio otro leve empujón.

–¿Quiereslark? –preguntó ella.

Él tomó aire y trató de encontrar las palabras.

–Qu....

Maddy no dio señales de entender la profundidad de su disposición hacia ella, que estaba dispuesto a intentar hablar, a dejar que ella lo escuchase.

–¿Lark? –repitió con la mano en la palanca de la campanilla.

Se dio cuenta de repente de que tenía la intención de llamar a el Gorila.

–¡No! –exclamó negando con la cabeza–. ¡No!

–Teyudo –dijo ella poniendo la mano sobre el pecho–. Avestir te.

Un escalofrío recorrió el cuerpo de Christian. Se mantuvo a una prudente distancia de ella.

–Fermera –dijo Maddy–. Tuya. Fermera.

«Enfermera.»

«Así que eso era: maldita enfermera.» Su enfermera. ¿Qué se creía? ¿Que porque era una enfermera, le iba a permitir que lo desnudase como si fuese un niño inválido? ¿Eso creía?

Maddy se sintió aliviada cuando aquella sonrisa irónica tan familiar apareció en las comisuras de los labios de Christian. Estaba claro que intentaba averiguar cuál era su posición; si Larkin y el primo Edward regresaban y lo encontraban todavía en batín, pensarían que no tenía autoridad para controlar la situación. Mientras el consentimiento otorgado por el primo Edward a sus nuevas responsabilidades pendiese de un hilo, debía evitar que, ahora que estaba a su cuidado, Jervaulx se comportase de forma indomable.

Era más difícil de lo que había imaginado verse en la obligación de pensar constantemente que él actuaba movido por razonamientos que para ella no resultaban obvios. Aquel interés por las costuras de la manga de su vestido y de la chaqueta mientras tiritaba de frío la había desconcertado. Lo que quería era cubrirlo con ropa de abrigo, secarle el pelo delante del fuego y, cuando llegase la noche y Larkin la sustituyese, tenía la intención de investigar la verdadera naturaleza de los baños terapéuticos.

De nuevo cogió la camisa y se aproximó. Jervaulx se quedó inmóvil y la dejó acercarse. Maddy había vestido a su padre miles de veces: seguía una rutina propia, un sistema que exigía que él estuviese sentado, cosa que Jervaulx hizo dócilmente cuando lo acompañó hasta la cama, aunque con un leve gesto de desagrado.

Empezó una vez más a desabotonarle el batín. Al soltar el primer botón, notó que él la contemplaba con atención, que su rostro estaba muy próximo al suyo al permanecer inclinada. Cuando iba por el tercero, era muy consciente de que aquel hombre *no* era su padre, que la forma compacta de los hombros y los músculos que se marcaban bajo el batín no se parecía en nada a la de él. Cuando llegó al sexto, la sensación que le produjo aquel aliento, suave y regular, al posarse en sus manos en movimiento, iba más allá de lo considerado decente y aceptable.

Levantó la mirada. Su sonrisa torcida se hizo más profunda. Alzó la mano y con el dedo índice le recorrió la mandíbula, le cogió la barbilla y la elevó un poco. Los ojos de los dos quedaron a la misma altura, a tan sólo unos centímetros de distancia.

Los de él eran de un azul intenso.

Maddy se apartó de golpe. Se enderezó y sus zapatos resonaron sobre el suelo de madera al cambiar de postura.

Christian se puso en pie. Sin decir palabra simuló que era él quien controlaba la situación. Enarcó las cejas un poco, como preguntando si quería seguir adelante. Maddy dirigió la vista hacia lo que el batín abierto había dejado al descubierto y apartó la mirada; inesperadamente había tropezado con algo que quedaba fuera del alcance de su competencia.

Él se encogió de hombros; el batín se deslizó por su espalda y cayó a sus pies. Christian extendió la mano para coger la camisa.

Maddy tenía mucha experiencia como enfermera. Había bañado y vestido a innumerables pacientes, no todos del sexo femenino; habían recurrido a ella con frecuencia cuando un miembro de su Asamblea necesitaba ayuda. Y, por supuesto, siempre se había encargado de su padre...

Pero aquel hombre no era su padre. Tampoco era un niño ni un anciano, ni se encontraba enfermo. Hasta ese momento jamás había visto a un hombre en toda su... la única palabra que se le ocurrió fue plenitud; con la estatura, la estructura ósea y la fuerza de un adulto, de pie ante ella, completamente desnudo y con la mano abierta para coger la camisa.

Lo único que ella deseaba en ese momento era lanzarle la camisa y salir corriendo de allí. Pero se detuvo al ver su sonrisa irónica y la ira que ésta escondía. Aquel cuerpo poderoso, ancho de hombros, dominaba con su presencia el espacio de la pequeña celda, la dominaba a ella; y él lo sabía. Su intención era intimidarla.

Y lo consiguió. Por lo menos, aquella agitación abrumadora que se había adueñado de ella se parecía mucho al miedo. Era consciente de su fuerza, pero también de la simetría, de la longitud y la forma soberbias de aquellos músculos. La alarma y el nerviosismo que le producía se entremezclaban con una admiración pura e instintiva ante el hecho de que alguien pudiese estar ante ella de semejante guisa: erguido e insolente, y como Dios lo trajo al mundo.

Y Dios lo había traído al mundo dotándolo de atractivo y esplendor. El milagro de la vida surgido del barro. Apreciar aquella belleza no le pareció que fuese peor que deleitarse contemplando el vuelo de un halcón sobre los campos que rodeaban el lugar. Un halcón que a ella, que había vivido en la ciudad toda la vida, le había parecido una auténtica maravilla; y la figura desnuda de aquel hombre no era menos novedosa ni espectacular.

Le dio la camisa. Él la levantó y se la puso, dejó escapar un ligero sonido entre los dientes y movió la cabeza para que la tela se deslizase sobre las orejas. El blanco algodón resbaló hasta llegar a los muslos. Después pasó ante ella como si no existiese y se acercó para coger las medias y los pantalones doblados.

Maddy se volvió hacia la ventana, tras haber captado su mensaje con claridad; se agarró con fuerza las manos, entrelazó los dedos y se sintió impelida a pedir disculpas, pero estaba demasiado disgustada para hacerlo.

La educación recibida no le permitía respetar la arrogancia mundana ni la malevolencia, pero, de alguna manera, estaba bien que pese al lugar y a su dolencia, él dejase claro el desprecio que las circunstancias le merecían. No era un ser humano cualquiera; era un duque, y no tenía la intención de que nadie lo pasase por alto. Y desde luego, menos que nadie, una simple enfermera cuáquera.

Aguardó a dejar de oír movimiento a sus espaldas. En el instante en que iba a darse la vuelta, se sobresaltó al sentir la mano de Jervaulx sobre el hombro.

Estaba más o menos vestido. El chaleco, los pantalones y la chaqueta colgaban de él sin abrochar, y los puños de la camisa parecían haberse perdido en el interior de las mangas de la chaqueta. La miró con gesto hosco mientras movía la mandíbula. A continuación dio un paso atrás y le tendió las manos.

Era un gesto extrañamente confuso, efectuado con brusquedad y a regañadientes. No la miraba a ella sino a sus muñecas, igual que un monarca miraría a un súbdito rebelde: ofendido e indignado.

Maddy alargó los brazos e introdujo los dedos por las mangas, primero una y después otra, tiró de la camisa hacia abajo y le abotonó los puños. Después lo miró.

–No –dijo él con un rápido gesto de asentimiento, lo que Maddy interpretó como un sí: había hecho lo correcto.

Los pantalones se abotonaban a ambos lados de la pretina. Maddy, que había aprendido la lección, esta vez esperó a que se lo pidiese. Él hizo un breve intento de abrochar uno de los botones del lado izquierdo con la mano izquierda; a continuación, tras suspirar con exasperación, la cogió por la muñeca. Obligada por el fuerte tirón, Maddy se acercó, abrochó ambos lados con celeridad sobre los amplios faldones de la camisa y se apartó en cuanto terminó.

Por aquel servicio recibió otro gesto afirmativo. La altanería innata del hombre descartaba cualquier muestra de cortesía. Christian cogió la chalina que estaba sobre la mesa y se la dio.

Maddy la ató de puntillas mientras él mantenía la barbilla levantada.

Cuando terminó, Jervaulx palpó el nudo, del estilo sencillo que Maddy le hacía a su padre, e hizo un gesto negativo de impaciencia con la cabeza.

–No sé hacerlo de otra forma –dijo ella con las palmas extendidas para mostrar su impotencia.

Por un instante, tuvo miedo de que se enfadase. Frunció el ceño de forma inquietante y, a continuación, su boca se distendió. Lanzó una mirada de divertida exasperación hacia el techo y con un imperceptible movimiento de la mano señaló el chaleco abierto y exigió que también se lo abrochase.

Maddy obedeció. La prenda no le sentaba bien; estaba mal confeccionada y era demasiado ceñida; los botones tiraban de ella de manera antiestética. Le sorprendió que él lo tolerase, con lo exigente que sabía que era con la hechura de su ropa.

Pero parecía aceptarlo, y le dio la espalda para coger la toalla húmeda y secarse el pelo. Al lado de la palangana de metal había un peine; lo utilizó sin titubeos.

Tras haberse peinado el lado izquierdo de la cabeza con la mano izquierda, se detuvo. Dejó el peine sobre la mesa y se quedó mirándolo. Observó a Maddy mientras abría y cerraba los dedos con torpeza. A continuación cerró los ojos, palpó con los dedos en busca del peine y lo agarró con la mano derecha para terminar de peinarse el otro lado.

Lo único razonable de aquel extraño ritual era que parecía sentirse lleno de embarazo tras realizarlo. Volvió a mirarla, hizo un gesto desafiante con la barbilla y dejó caer el peine con estrépito sobre la mesa.

Tras ser objeto de una advertencia tan clara, Maddy se comportó como si no hubiese visto nada extraño en las acciones de él. Señaló hacia el fuego, que por fin había empezado a calentar la estancia.

–¿No quieres sentarte y calentarte un poco, Amigo?

Después del breve titubeo que solía acompañar a sus respuestas, Christian se dirigió hasta la silla, la acercó a la chimenea, pasó la pierna por encima del asiento, se sentó de cara al respaldo y apoyó el codo en el último travesaño como un mozo aburrido y enfurruñado a la espera de órdenes.

Maddy abrió la puerta de madera y se dedicó a ordenar la habitación, lo poco que había para ordenar. La ropa de cama limpia estaba apilada junto a la puerta, servicio diario que constituía uno de los orgullos de Blythedale. Maddy hizo la cama, avergonzada de las correas y esposas que tuvo que apartar a un lado mientras cambiaba las sábanas. Era consciente de que él la contemplaba. En lugar de dejar las ligaduras en orden sobre la cama, tal como había visto que acostumbraban hacer, levantó el colchón y las empujó debajo, no sin antes tener que retorcerse, estirarse y hacer esfuerzos poco elegantes para lograrlo.

Sin aliento, se irguió y apartó un mechón de pelo que se había escapado de la cofia; la sonrisa de Jervaulx acababa de dejar en ridículo todo aquel esfuerzo. El hombre tensó la mandíbula, apretó los dientes y dijo:

–¡Gorila!

Después trató de hablar de nuevo, pero sólo emitió sonidos a medias, comienzos ininteligibles de algunas sílabas. Por fin, con un suspiro de frustración, hizo como si tirase con fuerza con ambos brazos indicando la cama y exclamó:

–¡Fuera!

Maddy se sentó con decisión sobre el colchón y, tras encogerse de hombros, dijo:

–Que trabaje él, entonces.

Christian se quitó un sombrero imaginario y sonrió, con ademán libertino y carente de escrúpulos.

–¿Te gustaría tomar un té?

–Té –repitió él.

–¿Te gustaría?

No la miraba.

–Té, té, té. –Cerró los ojos–. Té. Té. Las líneas del plano inverso. Un punto es aquello que no tiene partes. Una línea es una longitud sin anchura. Los extremos de la línea son puntos. Una línea recta es una línea de trazo constante formada por puntos. Té, té, té. –Abrió los ojos y se humedeció los labios mientras la miraba de nuevo–. Qu... ¡ah!

Exhaló aire con fuerza. En una de las habitaciones del corredor, un paciente empezó a gritar a pleno pulmón, a la par que se oía un entrechocar de metales, exigiendo que el doctor Timms y el Espíritu Santo fuesen a pelear con él.

Jervaulx se asió a los remates redondeados del respaldo de la silla y apoyó la frente en el último travesaño.

«Está cuerdo –dijo Maddy a su Moderador mental–. Está completamente cuerdo.»

Recogió la ropa de cama, el batín y la toalla húmeda y se acercó a la puerta. Al girar la llave, el cerrojo se abrió con un fuerte chirrido. Los barrotes resonaron al cerrar la puerta tras ella. Él ni se movió ni alzó la cabeza, a pesar de que sus dedos estaban blancos de agarrarse a la silla con fuerza.

En su fichero había quince cartas de una tal lady de Marly y sesenta y una de la duquesa, su madre. Maddy repasó estas últimas; la duquesa le escribía a su hijo todos los días, y por lo que parecía, las palabras fluían de su pluma con facilidad y abundancia. Hablaba de las tareas evangélicas, de los pensamientos piadosos y de las plegarias en que pedía su pronta recuperación. Expresaba su confianza absoluta en las terapias morales del doctor Timms y hablaba de lo mucho que le reconfortaba que Christian estuviese a su cuidado en Blythedale. Le rogaba que meditara las consecuencias de su libertinaje, que tomara la senda del bien, que se arrepintiese de los pecados del orgullo, la vanidad y la ociosidad, que repudiase las flaquezas de la carne, y de muchas más cosas del mismo estilo; eran unos sentimientos en los que no se podía encontrar tacha alguna y que consiguieron despertar una gran irritación en Maddy.

Encontró a lady de Marly más razonable. Sus cartas no iban dirigidas a Jervaulx, sino al doctor, y en ellas pedía aclaraciones de los informes y pronósticos realizados por él. En la cuarta misiva, Maddy encontró lo que buscaba: hacía referencia al baúl que acompañaba a la carta y adjuntaba una lista del vestuario de otoño que aquél contenía.

Llevó la lista al primo Edward, a quien halló ante su escritorio, en el despacho interior, completando sus anotaciones diarias.

–Está relajado –dijo el doctor sin necesidad de aclarar a quién se refería–. Pasé a verlo mientras usted cenaba. –Se reclinó en la silla con un suspiro–. ¿Qué debo pensar? Puede que se trate sólo de una coincidencia. Me es imposible sentirme tranquilo al dejarla expuesta a su temperamento.

Maddy consideró prudente pasar por alto el tono vacilante de sus palabras.

–He terminado de archivar las cartas y de hacer las cuentas. ¿Necesitas... necesita que tome algo al dictado?

–Y ésa es la otra cuestión. ¿Qué pasa con las funciones que tiene que realizar para mí?

–Haré cuanto sea necesario. No me importa trabajar hasta entrada la noche, siempre que papá no me necesite.

–No me gusta. No acaba de gustarme.

Maddy permaneció en silencio.

–Me sorprende; es más, me escandaliza que su padre haya dado su consentimiento, teniendo en cuenta lo indecoroso que es y los peligros a los que usted está sometida.

–Papá aprecia a Jervaulx.

–Me temo que el Jervaulx que él conocía ya no existe. Ha muerto. He intentado explicárselo, pero es tan obstinado como usted.

De nuevo, el silencio fue la respuesta de Maddy.

–Y también debo pensar en el buen nombre de Blythedale. Si usted resultase lastimada por un paciente, si él se impusiese por la fuerza, ¿entiende lo que trato de decir...? –El rostro del doctor enrojeció. Sacó una llave del bolsillo y la examinó de cerca–. Algo así, prima, podría arruinar mi carrera.

–Lo siento –dijo Maddy con sinceridad–. Pero ¿cómo podría darle la espalda a una misión? Nunca pensé... nunca antes había sentido una llamada, pero ésta es tan intensa y tan profunda que todo lo demás, en comparación, me resulta... poco espiritual.

El doctor abrió un cajón, introdujo la mano, sacó una pipa, la llenó y la encendió. El dulce aroma se extendió por la ordenada estancia.

–Está bien; en ese caso, tome. Coja este cuaderno de notas –dijo sin mucha cortesía–. Quiero que todos los días escriba sus observaciones. Vamos a darle un poco de tiempo. Pero tenga cuidado, Maddy. Tenga muchísimo cuidado.

–Prometo que así lo haré.

Él apuró la pipa con intensidad.

–Pronto tendrá que ir a Londres para la vista.

–¿La vista? –preguntó Maddy con timidez.

–La vista en la que se decidirá sobre su incapacidad. Ante un tribunal. Es algo que se hace normalmente con esta clase de pacientes. Tienen propiedades; son hombres de negocios. Deben declarar que no están en posesión de sus facultades mentales, nombrar a alguien para custodiar sus bienes. Es una verdadera molestia. Lo único que consiguen es sacarlos de sus casillas sin que haya manera de calmarlos: los exponen en público, les hacen preguntas, los sientan ante un jurado y demás. No es algo que sea de mi agrado, y menos en su caso, se lo aseguro. Me he enterado de que esta mañana arrojó a Larkin al baño. Debería castigarlo.

–¿Lo arrojó? –Maddy se mordió el labio–. ¿Está seguro?

–Por supuesto que lo estoy. ¿Cree que los celadores se inventan cosas así?

–Jervaulx estaba aterido de frío cuando lo trajeron de vuelta. Estaba temblando.

–Eso es lo que se espera de un baño frío.

–No creo que una medida tan extrema sea buena para su salud.

El primo Edward golpeó la pipa contra la mesa para vaciar la cazoleta.

–¿Y desde cuándo tiene usted un título en medicina, prima Maddy?

Maddy decidió que era mejor no responder.

–Quizá, si todo va bien, nos acompañe usted a Londres. ¿Cree que podrá mantenerlo bajo control?

–Sí –respondió ella, y deseó que aquella afirmación la hubiese pronunciado otra persona, alguien con capacidad y mayores conocimientos que los suyos.

–De todas formas, nos llevaremos a Larkin.

Maddy sacó la lista que había encontrado en el archivo.

–Su familia le ha enviado ropa. La que viste ahora no es adecuada para él.

–No vestimos con prendas caras a los pacientes violentos. Tienen demasiada tendencia a arrancarse la ropa.

–Quizá porque la encuentran incómoda.

El primo Edward hizo un gesto negativo.

–Ya aprenderá, querida. Me temo que pronto averiguará que las cosas son muy distintas de como las ve ahora. Póngale esa ropa tan valiosa si así lo desea.

7

Rodeada del silencio reinante en el desierto saloncito familiar, a Maddy le resultó extraño e impertinente abrir la caja de seguridad de Jervaulx: era como curiosear en casa de otra persona cuando ésta se ausenta. Encontraba raro, y doloroso, tocar con sus manos aquellas cosas que jamás en la vida se le hubiese ocurrido tocar. La caja contenía la llave de su baúl, un reloj de oro de cuya cadena pendían un pesado sello oficial y una lente de aumento, un enorme anillo con su escudo, una navaja de afeitar con mango de marfil y un par de espuelas con las correas abrochadas.

Maddy escudriñó el anillo y lo acercó a la luz de la vela para mirarlo a través de la lupa. El círculo de metal era grueso, los bordes estaban gastados por el uso. Se ajustaba a su pulgar. Bajo la flor de lis y la cresta del ave fénix había grabada una leyenda: *«A bon chat, bon rat»*. A buen gato, buen ratón. Hasta el francés escolar de Maddy alcanzaba para eso, y por si el significado no quedaba lo bastante claro, allí estaba también la traducción: «La respuesta tiene que ser la adecuada».

Era un sentimiento lleno de vigor y no exento de agresividad. Guardó el anillo en el bolsillo, junto con la llave. También cogió las espuelas. En la ciudad, los caballeros calzaban espuelas casi siempre y en todas partes; parecía un adorno que estaba de moda.

En el desván, entre otras cajas y valijas, la luz de la vela destacó de inmediato el brillo del elegante baúl, lacado en negro, con la tarjeta del duque insertada en un marco de bronce. El baúl estaba lleno a rebosar de las prendas mejor confeccionadas que había visto jamás: chalecos cálidos y suaves como la piel bajo su barbilla; chaquetas forradas de seda envueltas en tisú de plata: botones de nácar, tirantes bordados de abajo arriba.

Revolver en el baúl no parecía algo tan personal como hacerlo en la caja de seguridad. Él nunca había tocado aquellas cosas; eran nuevas y olían al tinte y a las hierbas que habían introducido con ellas. Intentó recordar cómo vestía la noche que su padre y ella habían cenado con él, y eligió una chaqueta verde oscuro.

Ella nunca vestía prendas de colores. Como dudaba de su buen ojo, decidió no arriesgarse. Dejó a un lado un chaleco bordado en preciosos tonos morados y oro, y decidió que una combinación de color vino, marrón y tabaco era menos llamativa. Cogió el par de botas más informal que encontró y se lo llevó todo a su cuarto.

Como había copiado y repartido los horarios de los distintos pacientes según las anotaciones del primo Edward, sabía que no se sometería a nadie a los baños terapéuticos porque había una salida organizada para los enfermos más disciplinados. Tras la partida, al resto de los pacientes los afeitarían con intervalos de un cuarto de hora. En las anotaciones del primo Edward aparecía el nombre de Larkin junto al del duque; Larkin sería el encargado de realizar tal función. Maddy lo cambió por su propio nombre. Como el doctor iba a participar en la salida, se sintió a salvo, pues no tendría necesidad de dar explicaciones sobre el cambio en cuestión.

Sin embargo, al llegar a la habitación de Jervaulx, descubrió que Larkin ya se encontraba allí con la palangana y la toalla. También él parecía necesitar un buen afeitado. Maddy hizo caso omiso de su malhumor y se limitó a quitarle la palangana. La navaja de afeitar que había dentro hizo un ruido metálico al deslizarse y chocar contra el recipiente.

–Va a necesitar ayuda –dijo Larkin–. Se lo advierto, señorita.

Una gota de agua le mojó el dedo. Maddy vio el brillo iridiscente del agua jabonosa del recipiente.

–Esto está sucio –dijo.

–¡Claro que no! El doctor no lo permitiría. La lavé y la limpié cuando Harry terminó.

Ella recorrió con la vista la toalla que Larkin llevaba sobre el hombro, visiblemente húmeda, y la hoja de la navaja de afeitar. El mango estaba desgastado por el uso; la hoja afilada, pero dentada.

En el interior de la celda, Jervaulx tenía puesta la camisa de fuerza, con unas correas que le sujetaban ambos brazos y atadas a unas argollas de la pared. Los ojos, cuando se encontraron con los de Maddy, eran como los de un lobo en una caverna: centelleantes, sin pestañear, silenciosos.

Maddy se puso rígida. Muy rígida.

A continuación, con gran esfuerzo para que su voz no perdiese la calma, le dijo a Larkin:

–Trae agua caliente, si no te importa. Vuelvo enseguida.

La camisa de los locos lo sacaba de quicio, y el Gorila lo sabía. Despertaba en él un miedo que Christian nunca había sido consciente de experimentar, un terror que iba más allá de la razón y el orgullo y que lo conducía a un pozo de impulsos primigenios que lo llevaban a rebelarse cada vez que se la ponían, después de saber que estaba condenado al fracaso, después de comprender que no podría ganar.

Le dolía la garganta porque el Gorila, como muestra de su afición por la tortura, había introducido una novedad, un collarín de caucho, mientras Christian se encontraba atado a la cama, a punto de perder la conciencia, aproximándose al puro espanto, a las tinieblas inmediatas, de las que emergió jadeante, en un acto reflejo de lucha, para descubrir que tenía un lado del rostro aplastado contra el suelo, una rodilla en el cuello, un dolor lacerante en la espalda y que había tres celadores inclinados sobre él mientras charlaban animadamente. Tiraron de él para ponerlo en pie mientras aún trataba de volver en sí y tomar aire. Vio que llevaba la camisa de fuerza, se sintió presa de aquel terror involuntario, de la indefensión más absoluta, incapaz de mantener el equilibrio ni de salvarse; un simple empujón en la espalda y caía en la dirección que ellos marcaban, porque al tener los brazos atados delante, cualquier movimiento era desconcertante, ajeno a su voluntad. El cuerpo dejó de estar conectado a la mente, las extremidades no le respondían, las piernas se negaban a dar el paso que le haría recuperar el equilibrio. Uno de los celadores, entre risas, tras soltar una interjección, lo sujetó antes de que cayese y lo arrinconó contra la pared.

La mirada de Christian se encontró con la del hombre, y el celador apartó la suya al instante. Le dio unas palmaditas en la mejilla y le dijo algo en tono paternal a la par que los otros lo ataban a las argollas.

Mientras Christian era presa de la humillación, del frenesí al verse inmovilizado, y resollaba como un toro embravecido, los dos ayudantes se marcharon y el Gorila se entregó a las labores cotidianas. Christian se sintió envilecido, próximo a la locura. Deseaba con desesperación que llegase Maddy, pero el miedo a que lo hiciese en ese momento, antes de que aquello hubiese terminado, le hizo sentir náuseas.

El Gorila terminó y, tras apuntar en un cuaderno sus odiosos comentarios, se marchó y lo dejó solo. Christian sintió deseos de acabar con su vida.

«Llegará el día. Llegará el día.»

No pensaba en cómo lo haría. Se centró en la expresión del rostro de el Gorila, en el placer que obtendría de aquel terror, en el tiempo que emplearía en hacerlo. Una vez había estado presente en el ahorcamiento y la desmembración de dos hombres. Recordó la expresión del segundo de los condenados al ver al verdugo cortar la cuerda y descuartizar al primero: ése era el miedo, ésa era la resistencia, el pataleo y los espasmos interminables; ése era el espanto, el llanto, el rostro amoratado, la lengua hinchada, la agonía producida por las entrañas al retorcerse y reventar, ése era el castigo que él le iba a infligir. Se recreó en la escena con enfermizo deleite hasta que llegó Maddy.

Pese a todo, la presencia de la muchacha lo irritó; aquella transición de la noche al día, de la pesadilla de la venganza a la pureza de la luz era casi insoportable. Se había creído al borde del abismo, pero cada mañana ella le devolvía la lucidez con su presencia, para después dejarlo a merced de la oscuridad y de el Gorila, cuyo humor iba a peor con el transcurrir de las noches. Christian empezó a comprender que hasta ahora lo había tenido fácil. Le dolía la garganta a causa del garrote; rogaba a Dios que su familia no se hubiese olvidado de él, que su nombre le sirviese de protección, porque sería tan fácil mantener la opresión un minuto de más, tan fácil...; y se sentía abandonado, rechazado, repudiado; no tenía razón alguna para pensar que existiese nada más en el universo que aquella celda, aquel corredor y lo que atisbaba desde la ventana.

Y Maddy. Niñamaddy. Allí en el pasillo, con la blanca cofia puntiaguda, una bacía de afeitar en la mano, la mirada fija en las correas que lo inmovilizaban.

El Gorila la odiaba. Christian lo leía en sus ojos cuando el hombre se encontraba a espaldas de ella, veía aumentar el odio con cada uno de sus enfrentamientos, la mitad de los cuales se producían por motivos que Christian era incapaz de entender. Tenía miedo por ella, deseaba que se mantuviese alejada y, a la vez, anhelaba su presencia, carente de palabras para avisarle, para aconsejarle que no apareciese por allí y, al fin y a la postre, sin la valentía necesaria para querer estar solo en aquel lugar.

Maddy parecía horrorizada, igual que la primera vez. Christian soñaba con su voz; era como si un río hablase mientras fluía entre plácidas orillas; cuando ella habló, el sonido de su voz hizo que Christian cerrase los ojos e imaginase que entendía lo que decía.

«¿Agua? ¿Leña? ¿Vuelve?»

Al abrirlos de nuevo, ella había desaparecido. El Gorila lo observó a través de los barrotes. Se limitó a mirar, sin sonreír, sin fruncir el ceño, durante un largo rato preñado de significado. A continuación, tras guiñarle un ojo y dedicarle un silbido suave como si se tratase de un perro, desapareció pasillo abajo.

Cuando Maddy regresó, se negó a permitir la entrada a el Gorila. Giró la llave en el cerrojo, entreabrió la puerta dejando sólo el espacio suficiente para poder entrar y tiró de ella con fuerza soltándola de la mano de el Gorila cuando trataba de entrar tras ella con un cubo de agua humeante. Los barrotes se cerraron con estrépito.

Christian vio la expresión de el Gorila cuando el agua se le derramó por la pierna hasta caer al suelo. Niñamaddy depositó la bacía de cobre sobre la mesa y se dio la vuelta para encararse con el celador. Tenía los brazos en jarras y la espalda rígida.

–¡Mirequeaecho!

La ferocidad de el Gorila se había desvanecido antes de que ella se diese la vuelta y le dirigió una mirada herida.

–En cárgate dello –dijo ella con una voz tan firme y controlada que hasta Christian se quedó impresionado–. Tudeber.

La boca de el Gorila hizo una fea mueca. Dejó caer el cubo, derramando la mitad del agua, y desapareció.

Sin titubear un instante, Maddy se aproximó a Christian y empezó a desatarle las correas que le aprisionaban los brazos. Sin mirarlo a la cara, las soltó tras ejercer una fuerte presión y dar un tirón. Liberado de la sujeción a la pared, Christian equilibró el peso con la ayuda de los pies, sin poder dar ni un paso a causa de la camisa de fuerza.

–Nopuedosol tarebilla –dijo ella con aspereza y sin mirarlo a la cara.

Tenía las mejillas arreboladas de indignación.

Christian cerró los ojos porque era lo único que podía hacer. Se inclinó doblando ambas rodillas a la vez y se dejó caer al suelo de hinojos conteniendo la respiración a causa del dolor que sentía donde el Gorila lo había golpeado, y esperó con los hombros hacia atrás y la mirada fija.

Ella no hizo nada durante unos minutos. Christian sabía muy bien lo que debía de estar pensando, lo extraño que debía de resultarle su aspecto. Apretó los dientes con fuerza. «¡Fuera! ¡Fuera odiosa cosa vil!»

–Sto noera necesario –dijo Maddy mientras se arrodillaba detrás de él y soltaba la hebilla de la camisa.

Christian se sintió liberado de la fuerte presión que le producía tener los brazos atados. Maddy le arrancó la camisa de los hombros y lo dejó con el torso desnudo.

Le llevó unos segundos recuperar el control de las manos. Encogió y estiró los brazos hasta provocar un latigazo de dolor en la espalda. Los dedos de las extremidades volvieron a parecerle suyos, en vez de objetos inútiles que no guardaban relación con él ni con sus intenciones. Tan pronto como se sintió capaz, se levantó del suelo con un gesto de dolor. Maddy se puso en pie y se sacudió el polvo de la falda con la camisa de fuerza.

Christian la sujetó por los hombros, la atrajo hacia él y la besó en la boca.

Fue un beso breve e intenso. La apartó de sí y la soltó al instante para que la reacción que hizo tensar la espalda de la muchacha no se transformase en miedo. Una sorpresa, pensó, vigilándola, atento a la conmoción, el desconcierto, la indignación y la pena que traslucían su rostro.

–¡Amigo! –dijo ella con tono confuso.

–¡Amigo! –repitió él.

Había surgido de forma involuntaria; no significaba nada. Pero la miró, miró a Niñamaddy, con las mejillas ardiendo, la barbilla desafiante, la fina nariz de solterona con su aire porfiador, y pese a que había yacido más veces de las que podía contar con mujeres más hermosas y elegantes, no había visto nunca nada más bello que Maddy, cubierta por la almidonada –«cosa-blanca-cabeza ¿azúcar?»–, nada más bello que Maddy en su celda.

–Amor –dijo–. Amor.

Y se quedó desconcertado, igual que ella. Se miraron el uno al otro. La tenue luz de la mañana se filtró a través de los barrotes de la ventana e iluminó las mejillas y las sensuales pestañas de la joven.

Aquella boca suya, seria y pensativa, se curvó en un gesto hosco, de incomodidad. La muchacha balanceó la camisa con el dedo.

–Sfácilconquistarte.

–Amigo –repitió él con sonrisa titubeante–. Maddy. ¿Amigo?

–¿Sólo amigo? –respondió ella con una mueca de enfado fingido–. ¿Y no pendiente?

«¿Pretendiente?»

Eso no estaba en manos de Christian. O prefería no planteárselo. Maddy aún estaba ruborizada; su actitud bromista enmascaraba cierto nerviosismo. A Christian le ofendía que ella se lo tomase a broma. Con un gruñido malhumorado, le volvió la espalda.

–¡Tuspalda! –exclamó la joven–. ¿Queasecho?

Christian se sentó en la silla, de cara al respaldo. Cada movimiento le causaba dolor; estaba casi seguro de que sus... sus ¿qué? «Sus entrañas, su blanco, recio, curvado, esqueleto.» Tenía una lesión. «Hueso. Crac.»

La miró en silencio, con aire de desafío.

–¿Teas caído? –preguntó Maddy.

Se puso detrás de él y se aproximó a su espalda. Christian se tensó al intuir lo que ella iba a hacer. Pero el roce fue ligero como el de una pluma al recorrer con los dedos el contorno de lo que Christian se imaginó que debía de ser un cardenal.

–¿Duele? –preguntó.

Hizo un gesto negativo.

–No.

Los dedos se movieron; se encogió de dolor y emitió un sonido agudo entre dientes.

–¡Ah! –dijo ella, y palpó de nuevo el hueso–. ¿Aquí?

Christian asintió. La exploración continuó y él dejó escapar un gemido. Se agarró a la silla y soportó el examen hasta que el dolor le atravesó la espalda como una lanza. Levantó la cabeza; el movimiento involuntario fue más doloroso que el roce de los dedos de Maddy.

–Fractura –dijo la joven y, gracias a Dios, dejó de examinarlo–. ¿Comotelaiciste? ¿Caída?

Se dio cuenta de que la entendía lo suficiente para extraer el significado de lo que le decía. Hizo esfuerzos para encontrar la palabra, y lo consiguió.

–Caída.

Ni se le pasó por la mente culpar a el Gorila. Sabía lo que podía pasar si lo hacía.

–¿Cómo? –preguntó ella.

Christian respondió con una mirada.

Ella lo contempló con los labios apretados y el ceño fruncido.

–¿Dónde?

Christian se encogió de hombros e hizo un gesto de dolor ante el movimiento involuntario.

Se dio cuenta de que la respuesta no satisfizo a Maddy. Ella quería hacer algo, realizar algunos ajustes, retirar algún objeto peligroso. Muy bien. Siempre que no acusase a el Gorila.

Cogió la silla por el respaldo y la hizo tambalear bajo su cuerpo, como un mimo, inclinándose de forma peligrosa. Cuando la dejó caer con un golpe que le hizo estremecerse de dolor, vio que el rostro de ella se iluminaba al entenderlo.

–¡Ah, lasilla! ¿Te cais delasilla?

Él asintió.

–Asdetener cuida. –Se acercó y le rozó el hombro–. Movertedespacio. Resimpetuoso.

«Impetuoso.»

Sí que lo era. No tenía que haberla besado. Ahora se sentía avergonzado. Míralo; mira dónde se encontraba, en qué lugar, torpe como un animal, gruñendo y gesticulando con las manos en lugar de hablar. No era ni tan siquiera capaz de abrocharse sus propios y malditos... «¿qué?, ¿qué? ¡Dios!», podía mirar hacia abajo y ver a lo que se refería, a esas cosas que le cubrían las piernas, pero la palabra era imposible, quedaba fuera de su alcance.

«Maldición.»

«Maldición mierda maldición maldición maldición. ¡Maldita sea!»

Esas palabras sí que las sabía, y bien que podría haberlas pronunciado. Había probado a hacerlo cuando estaba a solas, tenía todo un repertorio de palabras malsonantes en su lengua materna, en italiano, alemán y francés. Eran como las matemáticas; estaban allí, cuando lo demás resultaba inaccesible.

Maddy le acercó la bacía de afeitar y recorrió el borde con el dedo.

–Limpio –dijo.

Un cambio. Asintió.

Ella fue hacia la puerta, la abrió y se inclinó para coger el cubo del agua. Christian pensó en lo fácil que sería ponerse de pie y apartarla de un empujón; resultaría muy fácil escaparse; se puso en pie.

Maddy se dio la vuelta y metió el cubo en la habitación. El cerrojo se cerró con un chasquido.

Christian la miró, respirando con ansia. Ella ni siquiera lo notó; no sabía lo sencillo que habría sido; el Gorila nunca –jamás– le había proporcionado una oportunidad tan clara. Y ella lo haría de nuevo, porque no lo sabía.

La emoción le provocó un mareo. La emoción y un miedo de naturaleza extraña hicieron que el corazón se le acelerase. Si salía por aquella puerta, si abandonaba esa celda, ¿qué haría? ¿Adónde se dirigiría? «¡Corre! ¡Corre! Sí»; el cuerpo estaba listo, pero la mente estaba sumida en un torbellino de confusión. «Izquierda, derecha.» ¿Qué dirección tomaría? Ni siquiera podía estar seguro de eso, y le parecía de vital importancia. Habría escaleras. Escaleras, puertas, esquinas; los jardines; muros... «¡Maldición!»

Niñamaddy lo miraba con expresión cautelosa. Christian se dio cuenta de que tenía los puños apretados, el cuerpo tenso y a punto de explotar.

–¿Sh'voh?

Se la llevaría con él. La necesitaba. La idea de salir al mundo solo le resultó terrorífica, terrorífica y dulce a la vez; lo deseaba tanto que sintió una cálida humedad en los ojos.

Ella lo miraba, a la espera.

Con un esfuerzo que requirió de todas sus fuerzas, puso la mano en la silla y se sentó de nuevo. Parpadeó un par de veces con fuerza.

Maddy sonrió. Christian dejó escapar el aire que luchaba por salir de su pecho. Se obligó a relajar los brazos.

–Mira –dijo ella–. Teetraído tunavaj.

Él la miró, confundido.

–Toma.

Apareció de repente, casi bajo su nariz. Christian se echó hacia atrás. En la mano de Maddy había una navaja de afeitar, no el cuchillo romo y de carnicero de el Gorila, sino una como la suya, de curva precisa, de acero y nácar.

Su navaja de afeitar.

Y su propio... «dedo, oro, familia».

–Anillo –dijo ella.

Su anillo.

Lo tomó con la mano izquierda. Lo levantó.

–¿Cuerdasdelanillo?

Claro que se acordaba. Llevaba su sello, era de oro y le pesaba en la mano. No se le ocurría qué hacer con él.

–¿Notacuerdas?

Acercó la mano para cogerlo.

–¡No! –exclamó Christian y cerró la mano con fuerza.

Tenía que darle tiempo, tenía que dejarle tiempo para pensar.

Hizo ademán de ponérselo. Lo sostuvo con una mano contra la parte superior de la otra. Así no era. Abrió los dedos en toda su amplitud. Perdía la mano donde debía ir y de repente la encontraba de nuevo. Veía mentalmente el anillo en su dedo; pero era incapaz de pensar en cómo llegaba hasta allí.

Quizá fuese cierto que estaba loco. Puede que sólo creyese estar cuerdo. Era como mirar una caja sabiendo que hay una forma de abrirla y darle una y mil vueltas, incapaz de encontrar una rendija.

Empezó a enfurecerse. ¡Era su maldito anillo!

Cerró los ojos, algo que funcionaba cuando se hallaba sumido en la confusión, que le ayudaba a despejar la mente. Palpó el anillo, lo hizo girar en la mano izquierda, a continuación lo puso entre ambas palmas.

«¡Por Dios bendito!»

Lo miró y resopló con fuerza. De nuevo sintió que los ojos le escocían.

Maddy cogió el anillo. Hizo un movimiento como si fuese a guardarlo en el bolsillo.

Christian se puso en pie, balanceó la silla y la tiró con estrépito contra la mesa y la pared. Un trozo de escayola voló por los aires; la silla volvió al suelo, se balanceó por un instante y cayó a tierra.

–No –dijo Christian y extendió la palma de la mano.

–Sh'voh...

–¡Dame!

Maddy parecía exaltada; irguió la barbilla y señaló la silla.

–Noasde tirar. Pon bien.

Christian dejó escapar un silbido de furia ante semejante impertinencia. Ella sostuvo el anillo por detrás de la espalda; no le costó ningún trabajo tirarle del brazo hacia delante y, cuando no pudo lograr que la otra mano aprovechase la ocasión, le apretó la muñeca con los dedos hasta que ella gritó y dejó caer el anillo y la navaja de afeitar.

Él recogió el sello y lo puso sobre la mesa, localizó la mano derecha y la colocó al lado, con la palma hacia abajo, deslizó los dedos hasta enganchar el anillo con la punta del tercero y, a fuerza de moverlo con el pulgar derecho con el sello hacia abajo, consiguió llevarlo a su sitio valiéndose de los nudillos.

No era la manera adecuada de hacerlo. Existía otra forma, pero tenía el anillo en el dedo como estaba mandado, y lo había conseguido sin ayuda. Miró triunfante a Niñamaddy.

Se había aproximado a la puerta y se agarraba la muñeca mientras la frotaba con los dedos.

Christian hizo ademán de acercarse y ella retrocedió.

El gesto hizo que él se detuviese y se quedase inmóvil. De repente, tuvo conciencia de haberle hecho daño.

¿Qué le sucedía?

No supo qué hacer. Permaneció largo rato acariciando con el pulgar la parte inferior del anillo. La joven se mostraba recelosa; prefería mil veces verla con la barbilla erguida y en actitud de enfermera entrometida que así.

Con gesto humilde, se dio la vuelta, levantó la silla y la colocó en su sitio; descubrió el trozo de escayola y, con cuidado, lo depositó bajo el boquete. Si hubiese tenido los medios para hacerlo, se habría encargado él mismo de repararlo.

La navaja de afeitar yacía en el suelo, bajo la ventana. La cogió. Maddy dejó escapar un leve sonido y se agarró a la puerta que había tras ella. Tenía la llave en la mano.

Era tan ingenua... Un par de pasos era cuanto necesitaba para hacerse con ella, con la navaja y la libertad; el Gorila jamás le había dado una oportunidad semejante.

Christian sostuvo la navaja. La expresión del rostro de Maddy era de auténtico terror, pero no se movió ni un milímetro. A él no le gustó aquella expresión; no le gustó que fuese tan estúpida para enfrentarse a él. ¿Y si estuviese loco de verdad? No necesitaría más que diez segundos para matarla. No habría forma humana de abrir la puerta con la rapidez necesaria. El Gorila lo sabía; el Gorila planeaba cada uno de sus movimientos a partir de esa certeza; por esa razón hacía uso del garrote, de la camisa de fuerza y de las cadenas.

Con tanto loco como había en aquel lugar, ¿por qué nadie le había advertido de que tuviese cuidado?

Miró la navaja frunciendo el ceño. A continuación, la dejó en la mesa junto a la bacía de cobre, vertió el agua, ahora tibia, en el recipiente y se sentó en la silla tratando de conferir a su rostro una expresión de contrición.

No era su punto fuerte. Si hubiese podido utilizar palabras, si fuese dueño de sí mismo y contase con flores, cartas, diamantes, valses, sabría muy bien cómo desarmar a cualquier joven escurridiza.

Maddy lo contempló durante largo rato.

Después hizo unos giros con la muñeca, como si estuviese probándola y, tras dedicarle una seca sonrisa, dijo:

–Areces cachorrito, Sh'voh.

«Vaya, ¡qué diablos!»

–¡Horasieres tú! –dijo ella y se echó a reír.

Christian se dio cuenta de que un gesto de enfado había reemplazado a su expresión de arrepentimiento. La inquietud de Maddy había desaparecido. Introdujo la llave en el bolsillo y se aproximó a la mesa.

Mientras lo afeitaba, Christian permanecía inmóvil. La calidad de la navaja y la destreza de los dedos de la joven hicieron que el afeitado fuese mucho mejor que las carnicerías a manos de el Gorila, pese a que el agua ya estaba fría, por su culpa. Se retrepó en la silla y levantó la barbilla para que ella la alcanzase sin tener que inclinarse demasiado.

Empezó a sonreír para sus adentros. La vestimenta cuáquera de la muchacha, únicamente adornada con un pañuelo blanco cruzado sobre el cuello, no estaba confeccionada para ser vista desde aquel ángulo. A través de los ojos entornados, alcanzaba a ver la parte delantera del sencillo vestido, y disfrutó de la vista con placer adolescente; a eso habían quedado reducidos sus placeres, a esas mínimas satisfacciones, y no era su intención desaprovechar la ocasión.

Maddy terminó enseguida. La observó mientras limpiaba la navaja y la bacía con movimientos diestros y experimentados, y pensó que así era como se sentían los tigres del zoológico al ver pasar la cálida tentación por delante de la jaula. La diferencia era que él no respondió al señuelo, que supo controlar el deseo, hasta que Maddy recogió los utensilios de afeitar, se los guardó –otra oportunidad que dejaba pasar– y cerró la puerta tras escucharse el chirrido de los barrotes.

Volvería a tener otra oportunidad. Maddy se la ofrecería una y mil veces. Tenía que pensar. Tenía que volver a ser dueño de su mente y pensar.

8

Maddy había detectado de inmediato el cambio de humor de Christian al ver la ropa nueva. Pese a que se había limitado a mirarla, palparla y coger las espuelas, al volverse hacia ella la expresión de su rostro había mostrado un anhelo que iba más allá de unas meras prendas de vestir.

Creyó que iba a besarla de nuevo. Dio un paso atrás, pero él se limitó a darle un empujoncito en el hombro, señal a la que respondió con presteza saliendo al corredor y cerrando la maciza puerta de madera. Tras unos minutos, un único golpe procedente del interior le indicó que podía abrir.

Christian, impaciente, alargó los brazos mientras ella le colocaba los gemelos. Le anudó la chalina y él apoyó la bota en la silla y se puso la espuela en el tobillo, tiró de la correa y le indicó con un gesto que se acercase.

Maddy se agachó y le ató las correas sobre el empeine, ciñéndolas a la piel lujosa de las botas, de un negro inmaculado. Flexibles, relucientes, caras: no harían ampollas durante meses ni desteñirían de negro las medias, no haría falta rellenar las punteras con papeles para doblegarlas.

Sintió la atención del hombre, intensa y cercana, concentrada en la tarea. Cuando encontró el pequeño agujero de la hebilla, percibió el contacto inquisitivo de sus manos, igual que hacía su padre: palpar los objetos para identificarlos.

Los movimientos de Maddy se hicieron más lentos y abrió las manos para que él pudiese ver lo que hacía con los dedos para introducir la punta de la correa bajo la barrita.

Él cambió de pierna, colocó la espuela en su sitio y dejó la mano quieta en el aire sobre la correa desabrochada.

–Así.

Maddy tomó las manos de Christian, le cerró los dedos en torno a la tira de cuero y la hebilla y guió la una a través de la otra.

No resultó fácil: durante los cinco intentos que necesitaron, con los dos inclinados sobre la bota, Maddy trató de guiar sus manos e hizo caso omiso del ritmo creciente de su respiración, de la espiral de frustración que percibía en los músculos tensos del hombre. Al estar tan próxima a él, era consciente de la fuerza y el tamaño de aquel cuerpo, de su poder intimidatorio en caso de estallar.

Finalmente, la correa quedó enganchada en la hebilla. La joven la agarró antes de que volviese a salirse, puso el extremo entre los dedos de él y lo dobló hacia atrás, algo sencillo y complejo a la vez. Las manos de Christian eran torpes como las de un niño, a pesar de ser las de un hombre, fuertes y firmes, demasiado grandes para poder guiarlas con facilidad. Maddy apretó el pulgar de él contra la punta de la hebilla; milagrosamente, encontró el agujero al primer intento. Christian emitió un sonido de triunfo mezclado con ira.

Maddy guió de nuevo sus manos para rematar la faena, levantar la hebilla y deslizar por ella el resto de la correa. Nuevo intento y nuevo fracaso. Christian exhaló un gemido, pero no soltó la correa ni la hebilla, que mantenía asidas con una fuerza tal que, en lugar de hacer las cosas más fáciles, no hacía sino dificultarlas. Maddy le guió el dedo para ponerlo sobre el extremo doblado hacia arriba de la correa y apretó hacia abajo la hebilla.

–Ponla en su sitio.

Christian se limitó a no soltarla.

Maddy lo miró de reojo. Tenía el rostro muy próximo al suyo, más cerca de lo que había estado el de ningún hombre, a excepción de su padre. Él la miró por debajo de las negras pestañas.

–Vamos. Ya está.

Se apartó y se puso en pie. Él se irguió con la bota todavía sobre la silla. Ambos respiraban con dificultad, como si hubiesen participado en una carrera.

–Vá... monos –dijo Christian con esfuerzo. Y le sonrió.

En ese momento, calzado con las botas altas y las espuelas, vestido con los pantalones de cuero y la chaqueta verde con aberturas, igual de elegante y desenfadado que cualquiera de los caballeros que se dedicaban a cortejar a las damas que paseaban en carruaje en las alamedas de Hyde Park, Maddy se dio cuenta de su error. Lo había vestido para salir a montar y él la miraba emocionado, ansioso por disfrutar lo prometido.

–Vámonos –dijo de nuevo, con tanto esfuerzo que sonó como una exhalación.

Sin pronunciar palabra, Maddy hizo un gesto negativo.

No sabía qué decir. Había sido víctima del entusiasmo y de su propia ignorancia; se había creído conocedora de lo que a él le apetecería ponerse, y había pensado que el verde combinaba bien con los tonos tostados y marrones. ¿Y en qué lugar había visto ella todos los días de su vida aquella combinación de prendas y aquel estilo? ¿De dónde lo había sacado? De los caballeros que cabalgaban a lomos de sus relucientes monturas por las calles y plazas de moda en Londres.

La sonrisa del hombre se desvaneció en aquel silencio. La miró con intensidad, como si fuese a hallar en el rostro de ella lo que tanto ansiaba.

Maddy apretó los labios con impotencia: era demasiado tarde para reparar el error. Volvió a negar con la cabeza.

La desilusión congeló la expresión del rostro de Christian, convertido en un bloque de hielo oscuro. La miró para preguntar por qué y le volvió la espalda. La mano se cernió sobre la espuela abrochada, bajó la mirada y con la mano derecha se las arregló para soltarla. Puso la bota izquierda en alto y tiró de la espuela hasta liberarla con la mano izquierda.

Se quedó con ambas espuelas en las manos y la mirada fija en la silla.

Al mirarlo de perfil, se apreciaba la intensidad de la emoción que le endurecía la boca y las mejillas. No hizo ningún movimiento, se quedó inmóvil, aunque Maddy era consciente de que los pies la impulsaban a moverse hacia atrás, hacia la puerta, hacia la seguridad.

Buscó la llave en el bolsillo. Christian la observó, y ni siquiera en las miradas que dirigía a Larkin había visto aquel odio y desprecio tan profundos reflejados en su rostro.

Sintió que el miedo le subía por la garganta. Miró de reojo la llave y la introdujo en la cerradura, temerosa de darle la espalda por completo. Entreabrió la reja y se deslizó por la rendija. La puerta de hierro nunca se cerraba en silencio; siempre sonaba una reverberación estrepitosa al entrechocar los metales.

Christian se acercó a la puerta. Sin pensarlo, y pese a estar protegida por los barrotes, Maddy se echó hacia atrás. Primero una y después la otra, él levantó las espuelas y las dejó caer entre los barrotes. Tras entrechocar contra el metal, las espuelas cayeron al suelo con un golpe seco.

Christian yacía en la cama, atento a los sonidos del manicomio.

La odiaba. Odiaba a aquella falsa zorra piadosa y a su tuteo. La odiaba porque, después de todo, se había unido a los demás; por someterlo a aquellos juegos enloquecedores y más dolorosos que los baños helados, pues en ellos no había nada que él pudiese prever, contra lo que pudiera armarse. Eran mucho más sutiles y de efectos devastadores.

Lo obligaban a concebir esperanzas, a creer en ella, a parecer un estúpido, un niño; un idiota inepto e inútil.

Había creído que iban a salir. El lugar, el cómo y el porqué no importaban. Salir de allí. La libertad. Estar fuera de la jaula y contar con su apoyo para arreglárselas en el exterior.

La odiaba.

Odio hacia ella.

«Odio odio odio herir sangre fría zorra descreída.»

Y con el odio, el dolor; un rencor distinto del rencor puro y la maldad sin tapujos que el Gorila despertaba en él. Para el Gorila, él no era más que un trozo de carne en movimiento, un buey al que hay que amarrar y aguijonear como al resto de las bestias locas, peligrosas y débiles mentales que poblaban aquel lugar. Christian lo entendía, no se trataba de nada personal, hasta que llegó Maddy y derribó al guardián de su trono. Ahora sí que había algo personal, y ella tenía la culpa.

La odiaba. Se sentía humillado. Le dolía la espalda por el golpe de el Gorila, cubierto ahora por una venda «ceñida blanca difícil respirar». Era un amargo descubrimiento que la humillación que sentía por haber visto frustradas sus esperanzas fuese más intensa que las humillaciones que el Gorila le había infligido. Había depositado su confianza en ella, le había permitido acceder a su confusión y oírlo hablar, le había dejado guiar sus torpes manos inútiles. Ella le había traído su ropa, le había ayudado a calzarse las espuelas, lo había convertido en un espejismo de sí mismo.

«¿Por qué por qué, por qué Niñamaddy?»

¿Para qué darle esperanzas? ¿Para arrebatárselas de golpe? ¿Para negar con la cabeza? ¿Para poner la llave a su alcance y escapar?

No podía. No quería. Tenía miedo de irse solo.

Se cubrió los ojos con las manos y después se las pasó por el cabello, en una especie de reto ante el agudo dolor que sentía en la espalda. Nunca había pensado que sería tan cobarde y tendría miedo de algo que deseaba con todas sus fuerzas. La odió todavía más por haberle mostrado la realidad: que prefería aquella celda para animales a arrebatarle la llave de las manos y salir solo por aquella puerta.

Se dio la vuelta y saltó de la cama, jadeante por el daño que se hacía. Una vez en pie, vagó por la estancia y acarició los escasos objetos que allí había. Lo reconfortó encontrar la mesa en el sitio exacto de siempre, la silla a un palmo del hogar de la chimenea. Cualquier cambio en la habitación lo enfurecía. Tenía miedo de que sólo un loco se preocupase de cosas tan nimias e intentó no pensar en ello, pero no lo consiguió.

Bajó la vista hasta sus pies enfundados en las botas altas. Era un lunático. Un animal enjaulado, mudo y enloquecido. Se asió a los barrotes de la puerta y los sacudió contra el marco de acero, inundando la estancia y el corredor con el chirrido del metal.

«¿Te enteras, Niñamaddy? ¿Oyes esto? ¿Entiendes no sentirse uno mismo, sin orgullo, enfermo vergüenza vestido con chaqueta botas espuelas sin salir? ¿Entiendes?»

Sacudió los barrotes con violencia. Sabía que ella lo oiría. Sabía que estaba sentada en la silla de respaldo recto, donde él no podía verla.

Ella no acudió. Christian se sentó, se puso de nuevo en pie y recorrió la habitación.

Un pensamiento le vino a la mente, el de un loco, el que jamás habría tenido en la vida real. Pero el honor no existía. En aquel lugar no había más que fuerza bruta y sentimientos, e iba a hacer que ella lo entendiera. Iba a hacerle sentir lo que era verse empujado a los abismos más profundos de la ignominia, perder hasta el último atisbo de amor propio. La engatusaría hasta hundirla en la abyección, haría que fuese ella la culpable de su propia desgracia, de igual forma que ella lo había seducido hasta hacerlo presa de la humillación más absoluta.

«Solterona del ti-tú mojigata puritana»; sabía exactamente cómo hacerlo.

Maddy no volvió a aparecer. Christian se pasó el día encerrado y vestido como si fuese un ser humano, aburrido y denigrado hasta la ira. Ya no era tan sólo una bestia, ahora parecía un oso de feria, que por tener tenía hasta chaleco, gemelos de perlas y tirantes bordados.

Al anochecer, el ruido de los excursionistas al llegar lo atrajo hasta la ventana; tres carruajes se vaciaban de pasajeros; vio a Maddy, a el Gorila y a otros celadores que los dividían en grupos y los conducían al interior. Los vehículos se perdieron en la distancia, pero Maddy y un joven se demoraron en la explanada. El muchacho le hablaba con animación, sus palabras distantes no llegaban a los oídos de Christian. Apoyó la mejilla en los barrotes y observó a Maddy mientras lo escuchaba, la vio sonreír y hacer gestos afirmativos mientras el joven intercalaba risas alocadas entre las frases.

Otro lunático. Christian sintió desprecio ante la amabilidad condescendiente de la muchacha; a él le habría sonreído igual y le habría dirigido los mismos gestos de asentimiento, ¿o no? Con la misma indulgencia con la que se trata a los niños traviesos y a los animales.

Pero él no iba a permitir que creyese que era uno más.

En lugar de Maddy, el Gorila le llevó la cena. El celador tenía prisa y pareció no darse cuenta de que Christian no oponía resistencia a la rutina cotidiana. Hizo una pausa y lo miró con extrañeza cuando dejó que lo inmovilizase sin rebelarse. Christian respondió a su mirada inquisitiva con una de fría neutralidad.

–La presa funciona, ¿eh? –dijo el Gorila entre risillas y le propinó un empujón casi amistoso.

Christian pensó en todas las formas sangrientas y metódicas de darle muerte. Miró al guardián sin pestañear. El Gorila, que no era tonto, gruñó y retiró la mano. Se entendían perfectamente.

Planear una seducción en la oscuridad, encadenado a la cama, requería evadirse de la realidad circundante. Darle la vuelta a la ira y al malhumor, tragarse de golpe el sufrimiento, enfrentarse a la realidad y, a continuación, seguir adelante como si no fuese más que uno de aquellos inconvenientes sin importancia: un esposo o un amante, una distribución con mala idea que separa los dormitorios en una casa de campo, una tía o un primo suspicaces; un obstáculo que hay que superar para alcanzar el objetivo deseado. Un reto.

Christian conocía bien a las mujeres. La había atemorizado. Habría que darle la vuelta a la situación. Él era un paciente. Y ella, su enfermera.

En cuanto a eso... pensó en la forma en que lo había mirado cuando se hallaba desnudo ante ella. «Solterona cuáquera gazmoña enfermera boquiabierta. Sin chillidos sin carreras, ella no. Impresionada. Escandalizada. Curioso.»

Levantó los ojos en la oscuridad mientras una sonrisa se extendía por su rostro. Era capaz de hacerlo. Vive Dios que sí. Y también, de disfrutar.

–Mañana daremos un paseo con él, de prueba. Hasta la aldea. Luego regresaremos en carruaje. ¿Lo ha vestido con la ropa nueva?

Maddy se hallaba ante el escritorio del primo Edward.

–Sí.

El doctor repasó las breves anotaciones que ella había tomado en el cuaderno.

–No hay que pasar por alto ningún detalle. Hay que apuntarlo todo, y la manera en que responde, también. ¿Reaccionó bien?

Ella unió las manos, las apretó y las separó de nuevo.

–¿A qué te refieres?

–A su reacción. ¿Hizo algún intento de quitárselas? ¿De arrancárselas?

–No. Claro que no. Nada... nada por el estilo.

–Entonces, ¿no reaccionó?

–Fue... tiene dificultades para vestirse y creo que eso lo enfada. Le ayudé a calzarse las espuelas.

–¿Las espuelas? –Se retrepó en la silla–. ¿Por qué razón le puso las espuelas, querida?

–Por las botas. Pensé que todos los caballeros de la ciudad... siempre las llevan puestas.

–¿Es eso cierto? –preguntó con un gruñido–. ¿Así que está de moda? –Y de nuevo centró la atención en las anotaciones–. Afeitado... vestido... ¿nada más? ¿Estuvo tranquilo todo el día?

–Sí. Excepto por la mañana; estuvo un poco... –y buscó la palabra adecuada– un poco inquieto. Dio algunos golpes en la puerta. Pero no gritó.

El primo Edward cerró el cuaderno.

–Creo que quizá esté empezando a ejercer sobre él una influencia tranquilizadora. En presencia de una dama, se ve obligado a mostrar cierto orgullo. Podemos servirnos de eso para incrementar su autocontrol. Vístalo mañana para salir. Me desagradaría verme obligado a atarlo durante todo el viaje hasta Londres; primero comprobaremos cómo se comporta en un trayecto corto. Diga a Larkin que saldremos a las once.

A la mañana siguiente, Maddy entró en la habitación de Jervaulx con la cabeza inclinada, y se hizo a un lado para dejar salir a Larkin. Había elegido la ropa, la había bajado y la había dejado apilada sobre la silla situada junto a la puerta para que Larkin la viese, con la esperanza de que el celador se encargase de vestir a Jervaulx. Tras rezar y entregarse a la meditación durante largo rato, había llegado a la conclusión de que había sobrepasado los límites de su misión, que se había excedido al seguir el camino marcado por su Luz Interior. Tenía que ser así, porque era evidente que había empujado a Jervaulx a la frustración y había reducido su aceptación y paciencia ante la voluntad de Dios, en lugar de incrementarlas.

Una parte de ella deseaba quedarse al margen, pero otra quería persistir en el empeño y ofrecerle su amistad. Tras pasar media noche entre rezos, continuaba sin tener muy claro cuál de ellas correspondía a la voz de la Razón y cuál al Mandato.

Estaba allí porque el primo Edward le había ordenado que se encargase de que Jervaulx estuviese listo para la salida, y no porque tuviese ninguna certeza del Mandato recibido.

Larkin se detuvo y se dio la vuelta al oír la puerta de hierro cerrarse.

–¿Le puso usted esto, señorita? –preguntó, y le mostró el pesado anillo de sello en la mano.

Maddy asintió.

–Si me golpease con esto puesto, me dejaría marcado de por vida. Y a usted... a usted le abriría la mandíbula como si fuese un huevo, señorita.

Maddy guardó silencio.

–No se lo ponga –dijo Larkin.

Y se marchó con un hato de sábanas y ropa en los brazos.

Maddy se volvió hacia Jervaulx. Él no se movió de la ventana; se marcaba su silueta a contraluz. La joven había elegido para la ocasión una levita gris, un chaleco bordado en oro y púrpura, pantalones de un gris más oscuro y zapatos, en lugar de botas. Larkin le había abrochado los botones y hecho un nudo vulgar, cuadrado y práctico con la chalina, pero Jervaulx no había perdido su apariencia aristocrática ni siquiera vestido con la ropa barata, ceñida y mal confeccionada del manicomio. Pese al escaso refinamiento del nudo, parecía un auténtico duque.

La miró con expresión estoica. Y le hizo una ligera inclinación, como si de una dama se tratase.

–Amigo –dijo Maddy por todo saludo.

Él sonrió y Maddy avanzó hacia el interior de la estancia. Sin embargo, cuando Christian se movió, la joven se detuvo a una distancia prudente.

Inesperadamente, Jervaulx se puso de rodillas lentamente y con cuidado; alargó el brazo, lo introdujo bajo la cama y de aquel espacio oscuro sacó un objeto que parecía una piedra blanca y tosca. Maddy se dispuso a correr hacia la puerta, pero él se puso de pie en actitud poco amenazadora y le ofreció aquel objeto informe.

Era el trozo de escayola que se había desprendido de la pared al golpearla. Ella titubeó, Jervaulx dio un paso, se le acercó, le cogió la mano y depositó en ella el trozo de escayola. Emitió un suave sonido y tocó con el dedo la superficie plana.

La sustancia dejó manchas de tiza en su mano. Maddy bajó la vista y vio unos arañazos en la parte superior del trozo de yeso. Al inclinarlo hacia la luz, vio, con dificultad, unas palabras. Pese a lo torpe del trazo y a la mala escritura, como conocía la letra de Jervaulx fue capaz de leerlas.

Mady
Bonita
Perdó

Examinó de nuevo la quebradiza ofrenda.

–Está bien. Sí. Estás arrepentido. –Escondió el rostro al hablar. Apretó los labios con el fragmento desprendido de la pared entre las manos, y dijo en un susurro–: Pero mi arrepentimiento es todavía mayor.

Él le rozó la barbilla y le alzó el rostro con la mano.

–Siento muchísimo lo que pasó con la ropa. ¿Me entiendes?

Pero no sabía si era así. Clavó sus ojos en los de él, en aquella profundidad oscura y azul. Tuvo la impresión de que una sonrisa leve, muy leve, aparecía en el rostro de Jervaulx. La soltó, tras trazar en su mejilla una especie de ligera caricia. Maddy se apartó vacilante.

–¿Te apetece ir a la aldea? –preguntó.

La expresión del rostro de Christian cambió y desapareció de él la leve sonrisa. Fijó una intensa mirada en los labios de la joven.

–Salir –dijo ella–. En el carruaje. La aldea.

–Salir.

Maddy asintió.

–Ir en carruaje hasta la aldea.

–Niñamaddy... ¿va?

–Tú. Usted. Jervaulx. Va usted.

Él hizo gesto de asentimiento. Le tocó el brazo.

–¿Niñamaddy... va?

–Claro que sí. Yo también iré. Si lo desea.

Esta vez le sonrió abiertamente. Maddy curvó los dedos en torno al trozo de yeso. Era una experiencia increíble ser el único centro de aquella sonrisa. Se la devolvió sonriendo de forma breve y nerviosa.

Flanqueado por el Gorila y el hombre de medicina, Christian salió al exterior. No apartó la mirada de la casta figura de Niñamaddy, que caminaba delante embutida en su vestido negro de cuello blanco y aquella absurda cofia con forma de pala para el azúcar. Sintió el sol frío en la cara y los hombros, oyó el suave trote de los caballos, el crujido de los arneses, el ruido de los pies al pisar la grava de la explanada.

Se sintió abrumado por la intensidad de la luz y los espacios abiertos, las praderas y el lago, los árboles. Había pensado que en cuanto se le presentase la ocasión la aprovecharía y echaría a correr, pero en ese momento tuvo que hacer un esfuerzo para no dar la vuelta y volver a la casa y a su celda. Maddy y su orgullo lo empujaron a seguir adelante; no iba a comportarse como un lunático cobarde.

El carruaje los esperaba. Maddy se acomodó en él, ayudada por un criado. Christian la siguió. Al subir sintió un dolor lacerante que le recorría la espalda. Ahogó un gemido apretando los dientes con fuerza. El interior del coche olía a humo de pipa y a agua de lavanda rancia; era vulgar y estaba decorado con telas adamascadas y ribeteadas de terciopelo púrpura.

Sintió que sin razón alguna, por el mero hecho de hallarse en el exterior, el pánico se adueñaba de él. Tenía miedo de que alguien lo viera; de verse obligado a entender el parloteo de desconocidos; de que lo forzasen a hablar. Asió el agarradero con una mano y la mano de Maddy con la otra, y se agarró con fuerza a ambos.

La joven giró el rostro y lo miró. Cuando el Gorila y el hombre de medicina se acomodaron en el asiento delantero, Christian apretó aún más la mano de la joven, sin intención de soltarla.

El hombre de medicina le sonrió con benevolencia.

–¿Tienún poco demiedo? –dijo–. Noai peligro. Laseguro.

Christian observó con desdén aquel rostro regordete de sonrisa tonta. Si tenía que elegir algo sólido a lo que agarrarse, no elegiría precisamente a aquel hombre vulgar venido a más. Aquella mañana parecía aún más ridículo vestido con unos pantalones de caballero y unas botas con espuelas, como si alguna vez en su miserable vida provinciana hubiese salido de su carro de dos ruedas y montado un purasangre.

Entre el ruido de los arneses y el suave golpeteo de los cascos del tiro, el carruaje comenzó a rodar con sus bandazos habituales. Christian se recostó en los cojines del respaldo y sintió el dolor sordo de su herida. Concentró todas sus fuerzas en el control de sí mismo y contempló el paisaje sin tratar de encontrar palabras ni poner nombre a las cosas que no sabía nombrar. El camino era largo y sin obstáculos; de todos los ocupantes del carruaje, él era el único que asía el agarradero como si en ello le fuese la vida. Hizo un esfuerzo y ordenó a su mano que lo soltase, mientras trataba de recordar que todo aquello era algo habitual para él: el carruaje, el aire libre, la hierba y los árboles que comenzaban a adquirir el brillo propio del otoño.

El coche alcanzó la verja de la propiedad, la atravesó e inició un recorrido sinuoso por senderos bordeados de setos. En contraste con el color oro pálido de los campos de cereales, los pastos aún lucían un verde esplendoroso. Miró por la ventanilla y la inquietud se adueñó de él.

«Cosecha, laboreo, arrendatarios, temporeros, objetos metálicos en movimiento, ritmo regular... ¡otro lugar!»

Fue víctima de un sobresalto al aparecer en su mente el recuerdo vívido e intenso del castillo de Jervaulx, de la época de la recolección en Gales, de campos agrestes que no se parecían en absoluto a aquellos tan bien cuidados. Debería haber estado allí. Se le había olvidado. ¿Cómo podía haberlo olvidado? «Lana de oveja... laboreo... arrendatarios-arrendatarios-arrendatarios...»

La recolección en Jervaulx. ¿Quién se encargaba de hacerla?

Inesperadamente, llegaron a la aldea: unas cuantas casuchas encaladas y de tejados rojos, una iglesia, una taberna con un cartel de un toro negro sobre la puerta. El vehículo aminoró la marcha. Se detuvo ante la taberna y se inclinó hacia un lado cuando el cochero bajó a abrir la puerta. A Christian aquello lo cogió por sorpresa, aturullado, cuando todavía trataba de encontrar sentido a aquellas imágenes nuevas de su hogar y de la recolección.

Se asió de nuevo al agarradero y lo apretó con fuerza, al igual que la mano de Maddy. El hombre de medicina bajó del coche, se quedó aguardando en los escalones y miró a Christian con aquella sonrisa sosa y esperanzada. El tabernero salió a la puerta del establecimiento secándose las manos en el mandil con una expresión alegre y los saludó con confianza, como si hubiera esperado su llegada.

Christian no se movió. Se negaba a salir y a exhibirse en público como un loco más.

–¿Viene? –preguntó el hombre de medicina. Christian lo miró con enojo.

–Vamos –dijo el Gorila, y se puso en pie inclinándose ante el bajo techo.

Hizo señas a Christian para que saliese delante de él.

Christian, pese al dolor que el gesto le produjo, se retrepó en el asiento. No soltó la correa ni la mano de Maddy, y dejó escapar un gruñido sordo. No quería salir; tampoco quería iniciar una pelea y verse humillado. Presa de la desesperación, miró a Maddy.

Ella le sonrió; era la misma sonrisa de apoyo que le había dedicado al joven loco de las carcajadas el día anterior, la que una niñera paciente dedica a los niños a su cargo. Christian entendió de repente en qué consistía todo aquello: era una charada, un juego en el que todos sabían el papel que les correspondía. El tabernero a la espera del carruaje, la aldea tranquila, el Gorila a un lado: una recreación de un mundo real, al que Christian no pertenecía. Seguía encerrado en el manicomio. Se habían limitado a ampliar el espacio entre los muros.

Allí no había público ante el que humillarlo. Lo habían previsto. Aunque prorrumpiese en alaridos, no borrarían de sus rostros aquellas sonrisas amables que le dirigían, se limitarían a reducirlo y a encadenarlo.

Pese a la sonrisa de ánimo que mantenía en su rostro, la mano de Maddy se revolvió inquieta en la suya. Christian sabía que le incomodaba lo que pudiera hacer: no era muy ducha en ocultar sus sentimientos; por ese motivo decidió soltarle la mano, ponerse en pie y salir del coche como un hombre civilizado, porque no quería que ella le temiese. Quería que tuviese miedo de sí misma, «solteroncilla con su tuteo llena de paciencia condescendiente».

Fuera del carruaje, ella volvió a sonreírle. Christian hizo acopio de paciencia. Era el alumno aventajado, circunspecto y obediente. Estaba tranquilo.

Era un muchacho muy, muy bueno.

Al ver que las cosas avanzaban sin problemas, Maddy empezó a relajarse. La tensión inicial de Jervaulx había desaparecido; miraba a su alrededor con un interés despreocupado, como si en ningún momento se hubiese alterado, pero a ella todavía le dolía la mano por la fuerza con que se la había apretado en el coche.

–¿Vamos a dar un paseo? –preguntó el primo Edward–. Su excelencia la duquesa ha solicitado que el señor Pember tenga ocasión de ver al señor Christian. La vicaría está al otro lado de los terrenos comunales.

Cuando Maddy se sujetó la falda y el bolsito de mano para echar a andar, comprobó que en los ojos de Jervaulx se reflejaba un momento de pánico. Titubeó y lanzó una ojeada inquieta a su alrededor. A continuación, tras uno de aquellos procesos misteriosos que ella estaba aprendiendo a reconocer, controló la confusión y volvió a ser dueño de su persona. Con una mirada irónica dirigida al primo Edward, que caminaba delante, Jervaulx se aproximó a Maddy y le ofreció el brazo.

La joven sintió una extraña timidez al ser objeto de tanta cortesía. Él le tomó la mano y la apoyó en su brazo como si fuese un acto natural, y quizá para él lo fuese, pero Maddy nunca había caminado del brazo de otro hombre que no fuese su padre, excepto para entrar y salir de la Reunión cuando el doctor la cortejaba.

Por supuesto, Jervaulx lo hacía únicamente por ser un duque y un caballero, y su intención era que el primo Edward no lo olvidase. Maddy comprendía sus razones. Jervaulx cubrió con la otra mano los dedos de la joven, que quedaron aprisionados, porque el primo Edward se encontraba presente.

Pese a todo, una dama cuáquera soltera no podía dejar de sentirse halagada ni resistirse, por un breve instante, a dejar volar la fantasía de forma casi pecaminosa e imaginarse que era una duquesa, aunque perteneciese a un grupo de gente peculiar y su duque fuese un alma perdida de mente trastornada.

Con Larkin tras ellos, Maddy cruzó los prados comunales del brazo de Jervaulx. Era curioso, pero no se sentía incómoda; no tuvo que acortar ni que alargar el paso para adaptarse a él, como había tenido que hacer en aquellos breves recorridos con el doctor. Tampoco tuvo que preocuparse de dónde ponía los pies: ella caminaba por un sendero bien marcado que discurría entre la hierba, mientras Jervaulx lo hacía por el borde de césped, más irregular. ¡Con cuántas damas habría hecho él un recorrido similar para que resultase tan placentero y natural! Cuando alcanzaron la calleja al otro lado de los prados, él se detuvo, como si se tratase de una calle londinense llena de tráfico, y ella, la pareja a la que tenía que ayudar a cruzar. Al llegar a la verja de la vicaría, le cedió el paso para que ella se adelantase y se inclinó para mantener la cancela abierta cuando, tras cruzarla el primo Edward, ésta comenzó a cerrarse.

Al pasar ella, Jervaulx soltó la cancela y dejó caer la bola de metal suspendida de la cadena para que se cerrase rápidamente. Al oír el golpe seco y el gruñido de Larkin a sus espaldas, Maddy le dirigió una mirada de reojo. El caballero enarcó las cejas y posó en ella una mirada de aristocrática languidez.

El señor Pember se hallaba en el vestíbulo, vestido para la ocasión por mor de la nota que el primo Edward le había enviado tras dictársela a Maddy. Era uno de esos vicarios que a Maddy siempre le habían enseñado que representan lo peor de su especie: servil y acomodado, con una casa repleta de sofás mullidos, alfombras, bandejas de dulces y demasiadas velas y lámparas.

Tras unos breves minutos de conversación, Maddy decidió que era afable, educado y... desagradable. No resultaba sorprendente que la viuda duquesa lo hubiese encontrado merecedor de ser presentado a su hijo: estaba lleno de los sentimientos píos sobre los que la dama había relatado largo y tendido en sus cartas.

El señor Pember, en cuanto terminaron las presentaciones, empezó a hablar a Jervaulx sobre el precio que había que pagar por el vicio y la bajeza, del castigo que ello merecía, con tono suave y cordial, mientras lo miraba a través de unos anteojos cuadrados y, entre toma y toma de rapé, hacía uso frecuente del pañuelo. Maddy tenía la esperanza de que Jervaulx no entendiese nada; que creyese que no hacía otra cosa que contarle los chismes de la aldea, porque ésa era la impresión que daba el vicario al utilizar aquel tono para emitir sus dictámenes moralistas y hablar de la justicia divina.

No creía que Jervaulx entendiese las palabras del señor Pember. El duque se limitaba a mirar a su anfitrión con expresión de educado aburrimiento, como si ya hubiese pasado muchas veces por eso. Aceptó una taza de té del ama de llaves, miró por encima de la taza y de los robustos hombros de la mujer hacia Maddy, mientras ella servía al primo Edward, y le dirigió una sonrisa cómplice, llena de percepción y sutileza.

Sentada en aquel salón, entre el vicario y su primo, Maddy se sintió más cerca de Jervaulx que cuando había estado a solas con él en la habitación enrejada. Allí se sentía extraña, separada de él por miles de kilómetros y de vidas distintas, incapaz de entender y de que la entendiesen. Aquí, la comunicación entre ellos parecía perfecta: se había producido un acuerdo instantáneo en lo referente a aquella sociedad tan cerrada y su hipocresía beata e irritante.

Jervaulx cogió el plato y la taza y se puso en pie para mirar por la ventana que daba al jardín. El sermón del vicario quedó interrumpido. Por lo que parecía, ni siquiera él era capaz de continuar ante una muestra de indiferencia tan obvia.

En medio del breve silencio, Jervaulx dijo:

–Gato.

La expresión del rostro del señor Pember resultó casi cómica. Maddy detectó que, a ojos del vicario, la inteligencia de Jervaulx caía rápidamente varios enteros. Hizo un gesto de asentimiento y soltó una risilla incómoda.

–Ah, sí. Es una gatita preciosa, ¿verdad?

Jervaulx miró a Maddy. Depositó la taza en el alféizar de la ventana y le hizo un gesto a la joven para que se acercase.

–¡Ay, señor! ¿Pasa algo? –preguntó Pember, y a continuación, al ver que Jervaulx iba hacia la puerta–: ¿Es que le apetece salir?

El duque se detuvo junto al sillón de Maddy y, en el mismo tono que utilizaría si estuviese al frente de un regimiento, repitió:

–Gato.

Dejó caer la mano sobre el hombro de Maddy y se lo apretó con fuerza.

–No hay ningún problema. Vaya con él, prima Maddy. Deje que vea al gato si quiere, pero no salgan del jardín.

Ella se levantó, contenta de obedecer. El ama de llaves los guió hasta la puerta trasera, que conducía a una agradable cocina y a un jardín donde crecían las verduras. Entre altos muros de ladrillo, las matas de espárragos amarillentas y de hojas plumosas empezaban a granar. Había zanahorias plantadas en filas cortas y ordenadas. Maddy avanzó unos pasos y vio lo que había al doblar la esquina. Allí, junto al muro, había un frondoso macizo de dalias de aspecto impresionante: las flores se arremolinaban en ramilletes enormes llenos de colorido: rojas, anaranjadas y blancas con tintes color rosa; alcanzaban una gran altura y mostraban todo su esplendor otoñal.

Era la clase de jardín que ella siempre había deseado tener, práctico y con un rincón dedicado a algo vívido y maravilloso, algo que carecía de utilidad, al servicio de su fantasía jubilosa.

El gato de la vicaría, un feo minino amarillo con la cola torcida, desapareció entre las dalias. Maddy no había creído que Jervaulx estuviese interesado en el animal; suponía que lo había utilizado como excusa para escapar del salón, pero se alejó de ella y siguió al gato a su escondrijo sombrío tras las flores.

Maddy se detuvo y esperó. Las flores se movieron susurrantes. Los frondosos ramilletes en lo alto se mecieron alegres, movidos por una mano invisible.

El gato apareció sobre el muro, dispuesto a saltar. Dirigió un bufido hacia el lugar donde Jervaulx estaba escondido y saltó al otro lado de la pared.

El silencio reinó en el jardín. Maddy inclinó el rostro a la espera de que, tras haber perdido al gato, apareciese Jervaulx. Oía las risas apagadas procedentes del salón y un sonido extraño, tenue y chirriante bajo la ligera brisa.

Se adelantó con tiento, sin fiarse de Jervaulx. No estaba en lo alto para saltar y agarrarla, de eso estaba segura. Levantó los bordes de la falda en el sendero de tierra y se inclinó para escudriñar la parte de atrás del frondoso macizo de dalias y el espacio resguardado por el muro.

Estaba apoyado en los ladrillos. Sostenía en la mano un gatito con la piel a manchas, mientras otros tres o cuatro maullaban, gateaban y se escurrían por sus pies. Acarició la diminuta cabecita del animalillo con el pulgar. Desde aquel rincón escondido, levantó la cabeza y miró a Maddy, invitándola con una sonrisa.

9

Maddy titubeó.

En el espacio estrecho tras las dalias, Jervaulx dobló el cuerpo para agarrar otra cría y sostuvo a los dos gatitos, uno al lado del otro, en la palma de la mano; eran como dos borlas, una a manchas y la otra de piel negra, que se lanzaron leves bufidos entre sí para, seguidamente, juntarse y acomodarse en la mano. Maddy se acercó con cuidado para no pisar al resto, a los pies del duque. Él aproximó la mano para que Maddy acariciase los suaves pelajes con el dedo índice. Cuando le acercó el de piel moteada, la joven lo tomó en la mano y sintió los pinchacitos de sus uñas al cogerlo.

Aquel rincón tras las dalias le recordó cuando era niña y se metía a gatas bajo el tapete de paño que cubría la mesa del salón y allí, oculta por los pliegues que llegaban hasta el suelo, creaba un espacio oscuro para sí misma. Allí, en ese momento, el espacio para soñar, en lugar de tela, estaba formado por plantas y ladrillos, una especie de cortina vegetal que se movía susurrante. Los aromas no eran dulces y vanos como los elaborados por el hombre; se trataba de los olores de la tierra y los perfumes primigenios.

Levantó el rostro y miró a Jervaulx por debajo de la cofia. El duque seguía con el hombro apoyado en el muro con el gatito en una mano y movía rítmicamente el dedo para acariciar la diminuta cabecita peluda. Su rostro conservaba aquella sonrisa leve de complicidad. Acercó la mano con su leve carga para que la piel del gatito acariciase el rostro de Maddy, desde las sienes hasta los labios.

Ella sintió que el animalillo se movía en la palma del hombre y su hociquillo curioso le rozaba la piel. Los grandes ojos azules del minino se clavaron en los suyos, a apenas unos centímetros de distancia. Aproximó la patita y la enganchó al borde almidonado de la cofia, demasiado débil para moverla pero listo para juguetear con ella. Las garras y los diminutos dientes se abrieron tratando de hincarse en la rígida cofia.

De los labios de Jervaulx salió un sonido suave y divertido y apartó la mano. El gatito, con un maullido asustado digno de una soprano, se quedó suspendido un instante y tiró de la cofia de Maddy hasta cubrirle los ojos. Los otros iniciaron un coro de agudos maullidos, pero, antes de que la víctima cayese al suelo, Jervaulx lo atrapó y lo puso de nuevo a salvo en el refugio de su mano.

Maddy intentó ajustarse la cofia. Echó el borde hacia atrás y lo colocó en su sitio, lo que resultó un tanto difícil porque el gatito que tenía en la otra mano intentaba trepar por su corpiño.

Jervaulx acercó la mano. Ella pensó que la iba a rescatar del animalillo de piel moteada empeñado en subirle por el vestido, pero lo que hizo fue agarrar el cordón que ataba la cofia. Se lo enrolló en los dedos y tiró de él sin fuerza. La apretada atadura se soltó, levantó la cofia y se quedó con ella colgada de los dedos.

Maddy apretó al gatito moteado contra el pecho y trató de resistirse a la súbita emoción que se apoderó de ella, a la sensación de quedarse desarmada. Trató de recuperar la cofia, pero Jervaulx apoyó los hombros en el muro y escondió aquel galardón a sus espaldas. Al cruzarse sus miradas, él sonrió y levantó el brazo para provocarla.

Al poner la cofia en alto, Maddy trató de cogerla con una mano, pero sin equilibrio, ya que no se atrevía a mover los pies de su sitio por miedo a pisar a los gatitos. La cofia se le escapó. Jervaulx la volvió a poner en alto. Maddy se estiró. Con un movimiento de los dedos, él la arrojó al otro lado de la tapia. El gatito moteado lanzó un breve gemido cuando Maddy hizo ademán de soltarlo, antes de caer sobre Jervaulx.

No intentó ayudarla a recuperar el equilibrio. Maddy se apartó con torpeza de un empujón para alejarse del sólido dique formado por el brazo y el costado del duque y se enderezó. Él se echó a reír; por un instante, aquellos ojos irresistibles de color azul oscuro se burlaron de ella. Como si de un escolar travieso se tratase, cambió el gesto y mostró una expresión seria y contrita.

–¡Mi cofia! –Aquel fuerte tono de censura frente a la picardía del hombre fue como lanzar una piedra entre la bruma: mucho esfuerzo y poco efecto–. ¡Eres inicuo!

Jervaulx la miró de reojo. Maddy vio que fruncía levemente el ceño para, a continuación, poner gesto de altanera neutralidad. No había entendido sus palabras, pero se negaba a reconocerlo.

–Perverso –añadió para que quedase claro.

Él mantuvo la mirada fija en la verde maraña de dalias. Inclinó la cabeza, como si sopesara si debía aceptar aquel calificativo.

–Un bribón –aseveró Maddy–. Un granuja.

Aquello agradó al frívolo sinvergüenza; no le cupo la menor duda. Meció al gatito en la mano y acarició el negro pelaje con el pulgar.

Maddy se inclinó y dejó a su gato en el suelo, a la vez que apartaba a los demás de la falda. Se irguió, dio un paso atrás y él la agarró del brazo.

No debería haber permitido que aquel gesto la detuviese, no tenía más que haberse dado la vuelta y echado a andar para librarse del contacto y salir del sombrío escondrijo tras las flores. Pero vaciló, y la fuerza que le ceñía el brazo se convirtió en algo contra lo que resistirse. No era un apretón fuerte ni intenso, pero era real.

Jervaulx se recostó en la tapia y volvió el rostro hacia ella. El minino negro decidió trepar por su levita y empezó a subir por ella. Maddy fijó la mirada en el gatito. No podía apartar los ojos del animalillo, que avanzaba con torpeza. Jervaulx lo agarró con la mano libre y lo apartó de su pecho.

La soltó y se apartó del muro. Maddy pensó en retroceder, pero no lo hizo. Lo observó mientras se arrodillaba y recogía a los otros gatitos. El moteado, el negro, dos amarillos atigrados y un curioso ejemplar diminuto con peludos penachos plateados en las puntas de las orejas: cinco gatitos que le desbordaban de las manos y que se agarraron a su levita con maullidos frenéticos al ponerse en pie.

Uno de los gatos amarillos se soltó. Maddy, con un respingo, lo recogió en la falda. Al enderezarse, Jervaulx le puso el gatito negro en el hombro. Sintió sus pinchazos a través de la tela del vestido. Le acercó el moteado al otro hombro, le colocó el segundo atigrado bajo una oreja y al de los penachos plateados bajo la otra, cogió al gatito alojado en su falda y se lo puso sobre la cabeza.

Maddy, entre risas de desconcierto, tuvo que agarrar a los gatitos que se tambaleaban y caían. Si era demasiado lenta en atrapar a uno, era él el que lo hacía para volver a colocarlo en su sitio, y acomodaba los cálidos cuerpecillos en torno al cuello de la joven, donde no duraban un instante. El que tenía en la cabeza se quedó allí, pero maullaba sin cesar y le clavaba las uñas haciéndole daño.

Por fin, uno de los gatos atigrados y el de los penachos lograron asirse a los hombros. El negro y el moteado se cayeron, pero él los cogió y los colocó alrededor del cuello de Maddy, como si de una bufanda se tratase, y con las manos los obligó a quedarse allí.

No dejaba que se escapasen. Los lamentos rítmicos llenos de energía de los mininos ensordecieron a Maddy. Los cuerpecillos en movimiento le clavaban diminutos aguijones dolorosos a través del vestido, el pelo y la piel.

La boca de Jervaulx se cernió sobre la suya. Aunque ella hubiera querido echarse atrás, no habría podido hacerlo sin que los gatitos se cayesen. Estaba atrapada, aprisionada por aquel hombre.

Rozó con sus labios los de Maddy, fue algo tan ligero y tan breve que no sintió más que la calidez de su aliento, un mero roce que desapareció antes de que abriera los labios para protestar. Jervaulx sonreía a los gatitos y a ella, sujetaba a los mininos junto a sus orejas y le acariciaba las mejillas con los quejosos animalillos. Maddy tragó aire cuando el gatito que tenía en la cabeza le clavó las uñas en la frente e intentó escaparse bajando por su nariz.

Jervaulx se echó hacia atrás y atrapó al gatito antes de que cayera al suelo mientras de su garganta se escapaba una carcajada. La indómita bolita de piel se le escurrió de las manos. Los otros, ante el respingo de Maddy, comenzaron a resbalar vestido abajo clavándole las uñas, desesperados por no soltarse. Maddy se encogió y trató de impedir su caída. Una diminuta cascada de mininos se precipitó sobre la tierra al tropezar y caer de rodillas. Jervaulx se arrodilló a su lado y soltó a los rebeldes que tenía en la mano. Los gatitos echaron a correr unos detrás de otros con una torpeza cómica, hasta desaparecer entre los gruesos tallos de las dalias.

–¿Prima Maddy?

La llamada del doctor la hizo sentirse culpable por encontrarse arrodillada al lado de Jervaulx.

–¿Prima Maddy? –El tono de su voz se volvió más agudo–. ¿Dónde está?

Se puso en pie y se sacudió la tierra de la falda.

–Aquí. –Salió rápidamente de detrás de las dalias–. Estamos aquí.

El primo Edward se acercó con rapidez y pasó por su lado para llegar hasta Jervaulx.

–¿La ha atacado? ¿Tiene alucinaciones?

–¡No! Espere... no se trata de...

Maddy trató de impedir que su primo pisara las flores y las aplastase en aquel espacio tan estrecho. Detrás de él, Jervaulx se puso en pie, pero no veía su rostro.

–¿Irracional? –soltó el primo Edward al lado de Jervaulx, sin volverse a mirarla.

–No, no es nada de eso.

El primo Edward se relajó y volvió el rostro hacia ella.

–¿Trató de escapar?

–Gatitos. Estábamos jugando con los gatitos.

–¿Aquí? –El primo no apartó la mirada de Jervaulx; era obvio que no se fiaba de su paciente–. No deberían haberse alejado de la ventana. Vamos, señor Christian. Es hora de regresar a casa. ¿Viene, por favor?

Maddy se sintió repelida por el tono engatusador que empleaba. Se dio la vuelta y se dirigió a la vivienda. Una vez en el interior de la casa, cogió su bolsito de mano de la silla del salón y aguardó en el vestíbulo, junto a Larkin y al señor Pember.

–¿Y su cofia, señorita? –preguntó el ama de llaves.

–Salió volando por encima del muro.

–¡Ah! –El ama de llaves parecía confundida–. ¿Quiere que vaya alguien a buscarla a la casa de al lado?

–No tiene importancia. Si alguien la encuentra, ¿harían el favor de hacérmela llegar a Blythedale Hall?

Mantenía la mirada baja, los hombros rectos; era la viva imagen de la perfecta empleada, callada y servicial.

Con el primo Edward pisándole los talones, Jervaulx entró en el vestíbulo a grandes zancadas a través de la puerta del jardín. Cogió el sombrero y los guantes de una mesita, saludó al señor Pember con gesto impecable de condescendiente autoridad y se encaminó a la puerta de entrada. El ama de llaves se apresuró a abrirla.

Jervaulx se detuvo junto a Maddy. Ella dudaba entre continuar con el papel de ayudante o tomar el brazo que le ofrecía, entre el comportamiento correcto que, como era natural, esperaba de ella el primo Edward, o dejarse engatusar por el rostro de Jervaulx, que sonreía en silencio junto al suyo. Él la miró con la misma seguridad que con todo derecho había exhibido en otros tiempos y en otras circunstancias: la de un caballero que sabe dominar a una dama, el dominio que ejerce la mano que reposa en su brazo, el dominio que ejerce sobre sus vestidos y diversiones, su tiempo, sus sentimientos y su sustento.

En un instante revelador, Maddy se dio cuenta de que quien la miraba con aquellos ojos del color de la genciana era el Diablo: que la misión de cuidar a Jervaulx no estaba exenta de tentaciones reales y peligrosas.

Había sido una incauta y una vanidosa al creerse que el mal que afligía a Jervaulx era un castigo divino, que no podía obligarla a sentirse humilde. Era fácil ser virtuosa, y engañarse a sí misma enorgulleciéndose de ello, cuando sus estilos de vida estaban separados por un abismo: el existente entre un noble y una dama cuáquera soltera de Chelsea. Pero Dios había hecho descender al duque de Jervaulx hasta el nivel de Maddy Timms. Desde su misma altura, el Diablo les había sonreído a los gatitos y a ella... y Maddy sintió una punzada en el corazón, como si en él se hincasen unas uñas diminutas en busca de seguridad.

No hizo ademán de tomarlo del brazo. Él tardó en reaccionar; se quedó quieto un buen rato antes de desviar la mirada y ponerse el sombrero. Cogió los guantes. Maddy sabía que no podía calzárselos solo e hizo el gesto de acudir en su ayuda, pero él la detuvo con una mirada asesina, cogió los elegantes guantes de cabritilla amarilla con una mano, y atravesó la puerta delante de ella.

El primo Edward se encontraba junto a su escritorio, sorbiendo un té ruidosamente mientras leía las notas que Maddy había tomado sobre la jornada. Hizo un gesto de asentimiento, depositó la taza sobre la mesa y cerró de golpe el cuaderno sobre la superficie encerada. El líquido dorado se derramó en el platillo.

–Estoy convencido de que hemos dado con algo. ¡Vaya si lo creo! Ha mejorado mucho. Nunca pensé que tendríamos un día con tanto éxito en nuestro primer intento.

Maddy recogió el cuaderno.

–¿Lo he descrito bien?

–Con bastante acierto. Mejor que ayer. Es necesario que añada más detalles de cómo se comportó durante el paseo por el jardín. Está claro que siguió al gato hasta el macizo de flores, pero podía añadir una pequeña descripción del tipo de atención que dedicó a los gatitos. ¿Fue agresivo o cariñoso con ellos? ¿Intentó hablar? ¿Dio la impresión de que prefería a un animal en particular? Y, de ser así, descríbalo. Cosas de ese tipo.

–Muy bien.

El doctor tomó otro sorbo de té.

–Tengo una intuición, prima Maddy. El experimento de utilizarla como su ayudante no tiene precedentes, pero empiezo a pensar que podría convertirse en una extensión de nuestra terapia social. Si la mezcla armoniosa de los dos sexos resulta de utilidad para fortalecer el control en los pacientes que no son violentos, ¿por qué razón no habría de tener beneficios similares, o puede que tal vez mayores, en el tratamiento del paciente violento?

Su voz había comenzado a adquirir un tono cantarín. Dirigía la vista al rincón más apartado de la estancia y erguía la barbilla como si pensase en el ensayo que podía escribir al respecto.

Volvió a posar la mirada en Maddy.

–Hemos recibido algunas críticas por nuestra política de mezclar a pacientes de ambos sexos. Creo que no son más que celos profesionales, pero un estudio del caso y de la utilidad del tratamiento en un paciente intratable no dejaría lugar a dudas. Mañana puede llevarlo de paseo por la casa y el jardín. Larkin también estará presente, aunque a mayor distancia. Su presencia constante nos ha permitido poder solicitar su ayuda si las circunstancias así lo requerían, pero cuando el duque se encuentre fuera de su habitación el papel de Larkin empezará a ser demasiado obvio.

Maddy no estaba tan segura de poder arreglárselas sin contar con la presencia de Larkin. Introdujo el dedo índice entre las páginas del cuaderno y lo apretó con fuerza.

–Quizá sea mejor que, en lugar de pasear por el jardín, lo lleve a visitar a mi padre.

–Es una idea excelente. Empiece con eso, con una visita al saloncito de la familia. Y trate de hacerle comprender el premio que eso supone. Sólo a unos cuantos pacientes se los ha invitado alguna vez a nuestro salón privado, y ha sido a los más inofensivos. Si responde bien, podrá llevarlo al exterior. Es importante que el buen comportamiento se premie al instante con alguna recompensa. Conducirlo de nuevo a su cuarto con demasiada presteza contrarrestaría los efectos positivos.

–Ah.

El doctor le dirigió una rápida mirada. Maddy tuvo miedo de que viese la duda reflejada en su rostro, porque hizo una pausa y frunció el entrecejo. Recordó la Revelación y su deber de encargarse de Jervaulx. No podía darle la espalda por el simple hecho de que le diese miedo encontrarse a solas con el duque.

El primo Edward abrió uno de los cajones del escritorio. Sacó de él una cadena de plata y se la entregó.

–Lleve siempre este silbato encima.

Ahora lo que estaba en cuestión era su orgullo. Se sentía decidido. Christian vio los progresos que había hecho, no tanto en la actitud de desconcierto que Maddy había mostrado con los gatitos, sino en la forma en que, a continuación, rehuyó mirarlo y tener ningún tipo de contacto con él.

Mejor así. Al regresar, se había sentido muy cansado y se había mantenido despierto por una cuestión de cabezonería. Las personas presentes en la vicaría hablaban demasiado deprisa, de forma ininteligible; había sentido esfumarse las pocas fuerzas que le restaban al tratar de comprender. Se dio por vencido, «fatigado borroso transparente jaqueca, se aleja. No importa a veces, es que... no».

Al llegar la mañana, recuperó la energía y a Niñamaddy.

Sentado en la silla, la vio inclinarse sobre la cama y alisar las sábanas con inútil precisión. Con los brazos cruzados sobre el respaldo del asiento, pensó en el placer. Al tener la satisfacción al alcance de la mano, se relajó y dio rienda suelta a la imaginación, un lujo que jamás se había permitido en aquel lugar.

Que finja ser la enfermera, que le ofrezca su ayuda para ponerse los guantes delante de los demás. Con su reacción del día anterior ante aquel gesto, se había dejado llevar por el temperamento, lo sabía: la actitud de ella había sido una muestra más del comportamiento defensivo de las féminas, una reacción natural de retirada ante el primer gesto de aproximación. En un salón de baile se habría traducido en un golpe con el abanico y en un flirteo aturdido con otros hombres, en un lento acecho hasta obtener respuesta; sabía al dedillo todos los intríngulis del juego.

Maddy se enderezó y se dio la vuelta hacia él. Jervaulx le dedicó una sonrisa perezosa, que obtuvo el efecto que pretendía: cierta agitación y la transferencia instantánea de la atención de la joven a cualquier tarea banal, que, en este caso, consistió en limpiar con el mandil el polvo de una mesa impoluta. Ese día no llevaba aquella especie de pala para el azúcar en la cabeza. El sol se reflejó formando un arco iris con el brillo de aquel pelo tirante, rubio como la cerveza, recogido en el moño de solterona del ti-tú.

Se permitió la fantasía de imaginarlo suelto sobre unos hombros desnudos.

Ella se alisó la falda.

–¿Tustaría vistar tims sta mañán?

La visión desapareció, para frustración de Christian. Agarró con fuerza el respaldo de la silla.

–Despacio –acertó a decir con gesto de enfado.

–Visitara Timms –insistió ella.

–Timms –repitió Christian como un eco, y se puso furioso consigo mismo, ya que lo que había intentado era ordenarle que hablase más despacio.

–Matemáticas. Timms.

La comprensión se abrió paso en su mente. Se esforzó en decir el nombre.

–Mate... Timms. Euclides; el... el... eh... el axioma paralelo es independiente de los demás axiomas euclidianos. No puede deducirse de ellos.

La mirada de ella lo catalogó de loco. Pero no estaba loco. Podía hablar de matemáticas, eso era todo.

–¿Vamos? –preguntó ella–. ¿Timms?

¿Ir a ver al padre? Emitió un sonido de asentimiento y sorpresa y se levantó. El Gorila lo había vestido con un atuendo decente, con su propia ropa. Niñamaddy le había abrochado los puños. Sintió esperanza e inquietud a la vez, temor a que lo acostumbrasen a este nuevo capricho de tratarlo como a un ser humano.

Maddy quitó el cerrojo, salió y mantuvo la puerta abierta. Christian la siguió. El hombre del otro lado del corredor murmuró enfadado cuando pasaron frente a su puerta, y alargó la mano hacia Maddy a través de los barrotes de su jaula. Christian se acercó de un salto, pero Maddy ya se había puesto fuera de alcance. El lunático, frustrado su intento, agarró el brazo de Christian.

Clavó en él los dedos, pero, de repente, lo soltó y se puso a darle palmaditas y a tirarle de la manga. La expresión de furia del hombre se había trocado en sorpresa, como si no alcanzara a comprender el porqué de la presencia de Christian. Algún enfermero se había encargado de peinarlo, pero tenía de punta uno de los lados, como si se hubiese dedicado a tirar de él.

Empezó a murmurar algo que Christian fue incapaz de entender, una letanía que entre los murmullos y la respiración del hombre sonó algo parecido a «a-sí, a-sí». Los ojos sin vida buscaron los de Christian; era una mirada inerte y a la vez atormentada.

Christian se la devolvió.

«¿Estoy así?»

«¿Así?»

Se sintió horrorizado.

«¡Así no... no...!»

Miró a Maddy, angustiado, y soltó el brazo de las garras del loco. Quería hablar con ella, quería decirle que no estaba loco, pero no pronunció ni un sonido: ni las torturadas sílabas que había logrado pronunciar últimamente, ni tampoco la repetición mecánica, propia de un simple, de aquello que había oído. Todo desapareció, todo lo que había empezado a recordar. Cuando ella le habló, tuvo la impresión de que sus palabras carecían de sentido, de que aquella maraña de sonidos estaba desposeída de significado.

«¡Loco no no no no no!»

Se quedó inmóvil. Ella le hablaba; no entendió nada, sólo sabía que tenía que controlar el frenesí desatado en su interior. Debía de actuar como un hombre cuerdo; tenía que lograrlo, debía hacerlo. En aquel instante le pareció la cosa más crucial de toda la creación: seguir corredor adelante y mostrarse tranquilo.

«El cuadrado de la hipotenusa de un triángulo rectángulo es igual a la suma de los cuadrados de los lados restantes.»

El teorema lo ayudó a centrarse.

Estaba cuerdo. Era el mismo de siempre. Iba con Maddy a visitar al señor Timms.

«La suma de los cuadrados de las proyecciones de una figura plana sobre tres planos perpendiculares entre sí es igual al cuadrado de dicha figura.»

No le supuso ningún esfuerzo hacer esas generalizaciones de

Pitágoras; pasar a la geometría analítica supondría un mayor reto. Podía seguir andando con calma. Podía ir más allá de las proyecciones y entregarse a lo que era su pasión: la geometría imaginaria basada en Euclides.

«A través de un punto C que está fuera de una línea AB puede dibujarse en el plano más de una línea que no haga intersección con AB.»

Existía una geometría lógica que describía las propiedades del espacio físico, desarrollada en conflicto directo con el postulado paralelo. El axioma paralelo de Euclides no se sostenía, pese a que desde la época de los griegos los matemáticos intentaban encontrar la prueba. Conocía a hombres mucho más locos que él, que habían consumido su vida en la búsqueda de una demostración inapelable y que, en la empresa, habían acabado con ellos mismos, con su familia y su salud. Los más sabios habían desertado, y Timms y él habían acometido el estudio del teorema empezando por el final y habían encontrado la solución al revés.

Recordó algo, algo al borde de una gran confusión... «lluvia cielo oscuridad sonido... ¡truenos!». Recordó rostros, manos que se juntan, que se mueven... «ruido, el ruido de las manos al juntarse...», aplausos en la Sociedad Analítica.

«Timms. Ensayo, sí. Sí.»

Timms. Christian podía moverse. Echó a andar y dejó atrás al loco. Nadie podría negar que estaba en posesión de sus facultades al verlo bajar por la escalera de una casa de campo amueblada con todo lujo. Timms lo sabría, y Christian estaba a punto de hacerle una visita.

–Papá, está aquí. El duque.

Maddy cerró tras ellos la puerta de la salita. Sin darle tiempo a decir nada más, Jervaulx pasó por su lado y se acercó a la butaca del padre. Miró las piezas de madera con letras y numerales que cubrían la mesa. Se quedó un instante observando la disposición exacta de una ecuación trigonométrica y tomó la mano del padre.

–¡Amigo! –dijo el anciano con una sonrisa y un sentimiento tales que hizo que algo cambiase en la expresión de Jervaulx–. No te imaginas cómo te he echado de menos.

El duque se arrodilló. Le tomó la mano entre las suyas y apoyó la frente en ellas.

Se quedó arrodillado, en silencio. El padre de Maddy volvió el rostro hacia él. Acercó la mano libre y la deslizó por los puños apretados para, a continuación, recorrer con los dedos el rostro de Jervaulx.

–Amigo –repitió.

De la garganta de Jervaulx salió un sonido, un gruñido suave que, de alguna manera, expresó más cariño y placer que ninguna palabra que Maddy hubiese oído nunca. Abrió los ojos y se puso en pie soltando la mano de su padre. Tocó la fórmula de madera. Acarició las piezas con el índice y dijo:

–Tangente divisoria de medio ángulo pi. *X* aquí, exponente negativo. –Colocó el signo menos–. ¿Sí? –preguntó y miró hacia el padre.

El anciano de inmediato palpó los símbolos para encontrar la corrección.

–Sí, estoy de acuerdo.

–Calculado para obtener uno. *X* igual a uno. –Guardó silencio mientras estudiaba la mesa–. Ángulo divisorio, cuarenta grados veinticuatro décimas.

Miró de nuevo a Timms con intensidad.

–¿Para el ensayo?

–En... –Jervaulx apretó la mandíbula–. Sa-yo.

Se apartó de golpe de la mesa y empezó a recorrer la estancia.

–Sí, sí, sí. Sa-yo.

–*X* igual a uno –dijo el padre de Maddy sin inmutarse–. Haré los cálculos en el ensayo.

Jervaulx se detuvo ante la ventana. Unas nubes en movimiento cubrían de sombras la entrada y el césped. Proyectaron sus sombras sobre su rostro y prosiguieron su camino.

Jervaulx dirigió una mirada a Maddy. Después, recorrió de nuevo la habitación y, como atraído por un imán, se acercó a la mesa. Se detuvo ante la ecuación trigonométrica.

–Calcular en espacio físico. No teórico. Paralaje. Aplicación. Espacio físico.

–¿Con qué ejemplo? Las distancias son demasiado grandes.

Jervaulx se esforzó en hablar. No lo consiguió. Se alejó hasta la ventana y señaló con el dedo hacia arriba, mirando a Maddy.

–¿El cielo? –aventuró ella.
Asintió con brusquedad.
–Cielo. Oscuro.
–Ah –dijo el padre–. ¿Con las estrellas, entonces?
–Estrellas –fue la respuesta de Jervaulx.

10

La *Mécanique céleste* y Laplace en francés, *Teoria motus* y Gauss en latín, con referencias a la *Astronomia nova* de Kepler y a los *Principia* de Newton. Maddy se pasó toda la mañana con la cabeza metida en uno u otro de aquellos libros de su padre. Jervaulx no parecía capaz de leer las palabras, pero sí podía hablar de números y de ecuaciones matemáticas, incluso leerlas en voz alta cuando quería, aunque prefería coger uno de los volúmenes de manos de Maddy, hojearlo con impaciencia, buscar las tablas que necesitaba y devolvérselo a ella para que las recitase mientras su padre y él se consultaban, formaban y rehacían ecuaciones para buscar el paralaje de las estrellas y discutían con ardor la conveniencia de utilizar unas distancias enormes hasta la exageración.

El padre mantenía la postura conservadora de que se expondrían al ridículo con unas cifras tan impensables, mientras que la actitud de Jervaulx en aquel debate consistía en dar puñetazos en la mesa y lanzar los símbolos por los aires. Como era predecible, ganó Jervaulx.

Transcurrida la primera hora, Maddy había cometido el error de sugerirle dar un paseo. Por respuesta obtuvo un lamento resignado de su padre, y por parte de Jervaulx, tras hacerse entender, una elocuente mirada de incredulidad y desprecio y un puñetazo sobre el libro de Gauss que tenía en el regazo. Maddy se limitó a bajar la cabeza y reanudar la lectura en voz alta.

Cuando llegó la doncella con el almuerzo para el padre, los dos hombres habían dejado atrás sus discusiones y estaban inmersos en el aspecto matemático de sus cálculos. Ninguno prestó la más mínima atención a la bandeja, pero el duque partió el pan del padre por la mitad, se sentó a la mesa y se lo comió mientras computaba cuadrados astronómicos. Maddy miró con resignación a la criada y le pidió que trajese algo de comer para ella y Jervaulx.

Éste comió a solas, durante un período de especial dificultad en los cálculos. A Jervaulx no le gustaban los numerales de madera; en más de una ocasión pidió a Maddy una pluma, pero ella fingió no entenderlo, recordando la norma del primo Edward de no procurarle medios ni para escribir ni para dibujar. Temía haber transgredido el principio básico de esa regla con los numerales de madera, porque era innegable que, por culpa de éstos, Jervaulx se encontraba en un estado de suma agitación. Era como si ni siquiera quisiese mirarlos, ya que mantenía la cabeza ladeada mientras maniobraba con ellos sobre la mesa; a veces, con gesto iracundo, cerraba los ojos y los palpaba como hacía el padre, dándoles una y mil vueltas antes de colocarlos en su sitio.

Hablaba mejor, conseguía pronunciar frases fluidas que en ocasiones iban más allá de las matemáticas; su entusiasmo estaba centrado en los cálculos. Maddy sospechaba que tampoco antes de su enfermedad se había comportado con mucha más calma. Sabía reconocer la obsesión por las matemáticas.

Permanecía sentada en una butaca, a unos metros de la mesa, y estaba celosa. Con la seguridad que le daba tener el silbato colgado del cuello, le habría apetecido salir al jardín de paseo en compañía de Jervaulx.

Por la tarde, apareció el primo Edward. Maddy se levantó sin hacer ruido para acercarse a la puerta y se quedó junto a ella mientras hablaba con él. El tono bajo de sus voces no pareció tan siquiera alcanzar a Jervaulx, pero sí a su padre, que giró el rostro hacia ellos, escuchó un momento, y volvió a su postura anterior. El doctor observó a Jervaulx, que movía las piezas de un lado a otro de la mesa, las miraba y las cambiaba de sitio. Maddy sabía que para su primo aquello no era más que un ejercicio sin sentido, una especie de tic mental irracional. Pero Jervaulx parecía tranquilo, lo que agradó al doctor.

El primo Edward se marchó. La puerta se cerró tras él. Y, para sorpresa de Maddy, Jervaulx retiró con brusquedad una de las piezas de su sitio, y se echó hacia atrás para mirar hacia ella.

Su padre seguía trabajando, sus manos se cernían sobre los símbolos de madera como cuando se hallaba inmerso en una computación. Jervaulx lo miró, luego a ella y se levantó de la silla.

La cabeza del padre se giró un poco, dándose cuenta del cambio para, enseguida, volver a concentrarse en la tarea. El duque se acercó a la ventana. Estiró los músculos del cuello y dio muestras de relajarse. A continuación, observó a Maddy por encima del hombro. Ella apretó la espalda contra la puerta.

–¿Te gustaría dar un paseo?

No le respondió. La forma en que la contemplaba hizo que los dedos de Maddy apretasen con fuerza el pomo de la puerta. Su típica mirada de pirata, dulce y llena de picardía.

Jervaulx se aproximó hasta la estantería de los libros, inclinó la cabeza y, por un momento, frunció el ceño mientras examinaba los títulos. Después, continuó hacia el secreter, hasta la mesa de lectura. Recorría con lentitud el perímetro de la estancia y sus pasos lo conducían inexorablemente al lugar donde Maddy se encontraba, junto a la puerta.

Ella podía haber salido. Nada se lo impedía. Podía haber abierto la puerta y asumir con naturalidad que él deseaba cruzar el umbral. Sin embargo, se quedó inmóvil rodeando el pomo con los dedos.

Su padre seguía inclinado sobre las operaciones aritméticas. A Maddy no le cabía duda de que hubiese localizado al instante, de habérselo pedido, el lugar en el que ella y Jervaulx se encontraban. El duque no hacía ningún esfuerzo para que no se le oyera, por lo menos hasta que se detuvo a un palmo de ella. Con toda la estancia para él, se puso a su lado; estaban tan cerca el uno del otro como el día en que ella le anudó la chalina y le abrochó los gemelos: su aliento y su calor la alcanzaron igual que en aquella ocasión.

Maddy no llevaba puesta la cofia; hasta ese momento no se había dado cuenta de la protección que le proporcionaba aquel borde ancho y rígido, de cómo le había ayudado a mantener a distancia el rostro de Jervaulx.

–¿Un paseo? –repitió débilmente.

Él se limitó a quedarse quieto, a su lado. Ojos azules, negras pestañas, media sonrisa.

Bajó la mirada y la posó en el silbato que colgaba sobre el corpiño de la joven. La sonrisa se volvió cínica. Tocó el objeto de plata y jugueteó con él. Lo levantó y lo hizo girar con la mano. Rozó el labio inferior de Maddy con él y la miró desafiante.

La respiración agitada de la joven hizo que sonase un leve silbido, como el piar distante de un polluelo perdido. Su padre alzó el rostro y escuchó.

–¿Niña Maddy? –preguntó.

Ella apartó la boca del silbato.

–¿Sí, papá?

–Creo que hay una golondrina en la chimenea. ¿No la oyes?

Jervaulx levantó los brazos y apoyó los puños en el marco de la puerta, a ambos lados de Maddy. La cadena del silbato resbaló y le apretó la garganta cuando el hombre tiró de ella. La tenía atrapada, su sonrisa era cada vez más burlona.

–No oigo nada –dijo Maddy y apretó la espalda contra la puerta–. Le... le pediré al encargado que eche un vistazo.

La respuesta pareció satisfacer a su padre, que volvió a sus cálculos. Maddy era presa del asombro. Era imposible que estuviese allí quieta mientras un hombre la tenía atrapada junto a la puerta, increíble que no lo apartase de un empujón para liberarse, y que no gritase para reclamar el auxilio de su padre.

Jervaulx se recostó en un brazo, trazó con el silbato la curva de la oreja de Maddy, que contemplaba lo que hacía con abierta fascinación, y deslizó el frío objeto de plata, que transmitió a la joven el calor de aquellos dedos, por su barbilla. El silbato trazó un círculo sobre los labios de Maddy hasta llegar al centro, se movió hacia un lado y volvió al mismo punto.

Aproximó el rostro. La respiración de Maddy hizo que el instrumento plateado emitiese una musiquilla suave e irregular. Él no se lo retiró de los labios mientras le cubría la mejilla y la barbilla con los dedos. Inclinó la cabeza y apretó los labios sobre aquel objeto de plata en un beso que inutilizó su función, al dejarlo atrapado en la boca de la joven.

El silbato se escurrió entre los dedos de Jervaulx. Maddy sintió que rebotaba sobre su pecho cuando él le cubrió la boca con la suya. La recorrió con los labios igual que antes lo había hecho con ayuda del instrumento, con una caricia suave pero cálida.

De un plumazo, le arrebató el pudor, la virtud y la salvación. Ella se rindió de forma incondicional.

Aquella caricia suave en los labios, el aliento de Jervaulx confundido con el suyo la sumergieron en un mar de sensaciones. Tuvo la impresión de que una luz divina refulgía en su interior y la dejaba maravillada. Aquel hombre de ojos cerrados, con párpados bordeados de largas pestañas, frívolas por su abundancia; aquel hombre era un profano hasta en ese rasgo.

Su lengua jugueteó con ella como si fuese un caramelo de jengibre que hay que saborear a pequeños mordiscos. Le mordisqueó el labio inferior con los dientes e hizo brotar en el cuerpo de ella un torrente de placer carnal.

Maddy sintió que la voluntad la abandonaba para salir al encuentro de la de él. Entreabrió los labios; él respondió de inmediato con una unión profunda y ardiente. Las manos se deslizaron hasta cerrarse en torno a ella, ciñó su cuerpo y apoyó los antebrazos en la puerta.

Estaba envuelta en él. Sus besos le resultaron extraños, dolorosos y cargados de electricidad. Abrió las manos con desesperación, tratando de palpar algo que no fuese el cuerpo de él, pero todo era él: la única realidad sólida que tenía a su alcance. Le acariciaba los cabellos con las palmas abiertas con dulzura, una y otra vez, como un padre acaricia a un hijo, al tiempo que la besaba y se apretaba con fuerza contra ella en una unión poderosa de bocas y cuerpos.

Fue él quien le puso fin al apartarse para mirarla a la cara. La respiración de ambos era profunda, casi silenciosa, como el silencio que reinaba a su alrededor, pese a la presencia del padre a apenas unos metros de distancia.

El pulso de Maddy latía frenético en sus oídos. Empezó a ser consciente de lo que había hecho. Su alma regresó del lugar en el que había desaparecido, donde la había escondido por voluntad propia, oculta por la vanidad y el placer de la carne.

Jervaulx la observaba. Maddy lo miró fijamente.

Era el Diablo, sonreía con suavidad, con dulzura, con una calidez que jamás había imaginado cuando en las plegarias cotidianas rogaba a Dios que salvaguardara su alma y mantuviera su espíritu en gracia. Ni una sola vez se le había pasado por la imaginación que Satán llegara a acariciarle el cabello ni que desprendiese un aroma terrenal y cálido... que no hablara ni murmurara entre dientes promesas demoníacas en sus oídos. En ningún momento había pensado que no le iba a resultar desagradable ni corrupto, y jamás se le había ocurrido que la virtuosa Arquimedea Timms se viera incapacitada para dejarlo en ridículo.

Jervaulx la miró. La calidez de su mirada se transformó en una lenta ironía. Tomó entre sus dedos un rizo que se le había soltado, se lo retiró de la barbilla y se separó de ella.

Su padre suspiró y se reclinó en la silla.

–Esto da miedo –dijo sacudiendo la cabeza sobre los cálculos astronómicos–. Es inconcebible. No lo habría creído de no haber hecho los cálculos.

Jervaulx se aproximó. Al llegar a la mesa, rozó el borde con las manos y se inclinó para ver la computación, con la cabeza ladeada.

–¿Crees que es válida? –preguntó el padre cuando Jervaulx llevaba un rato examinando los cálculos con el ceño fruncido.

El duque alzó la vista para mirar a Maddy. Señaló con la mano la fórmula que su padre había completado, en la que el valor de la distancia entre la tierra y el sol estaba multiplicado por cifras que eran medio millón de veces superiores a aquél, hasta alcanzar el ámbito de su nueva geometría.

–Estrellas –dijo con el rostro inundado de pasión–. In... finito.

Y le sonrió como si se hubiese adueñado de él: de la distancia y el espacio, de las estrellas y el infinito... como si también ella le perteneciese.

Silencio y Asamblea.

Paredes sin adornos, bancos sencillos, modestia, desnudez, silencio a la espera de escuchar la voz serena e inmutable de Dios. La mujer arrodillada delante de Maddy tenía un botón roto en el cuello del vestido. Al inclinar la cabeza se le escapó de la cofia un mechón de cabello fino y oscuro.

Era una Asamblea pequeña, no había más de doce Amigos sentados en la estancia cuadrada. Nadie ocupó el puesto de los ancianos de cara a los fieles. Nadie habló. Escuchaban, con la voluntad sometida, al espíritu interior que les servía de guía.

Maddy no dejaba de estudiar el mechón de cabello de aquella mujer. Sintió algo que jamás había experimentado en una Asamblea: se sintió rodeada de extraños. Los allí presentes permanecían en silencio, en un estado de quietud espiritual, sin adornos ni retos. Como Maddy debería estar. Como siempre había estado. Miró aquellos cabellos sueltos y pensó en el duque y en su cofia. Examinó las paredes sobrias y vacías y vio su sonrisa: burlona, tierna y exultante al hablar de las estrellas y el infinito.

El infinito. Incluso la mera idea resultaba inmoral. ¿Cómo podía nadie que no fuese el propio Dios tener el atrevimiento de jugar con la infinitud? ¿De reducirla a números y extenderla sobre un tapete? Quizá ésa fuese la razón de que la Divinidad hubiese castigado a Jervaulx con su enfermedad, por su atrevimiento desmedido, por tener la audacia de enredar con el universo y hacer unos cálculos que no encajaban en el mundo que Dios había creado para el hombre.

Sin llegar a entenderla, sentía la fuerza de la nueva geometría. Había apreciado un temor reverencial en las palabras de su padre. Números, estrellas, paralaje... el infinito.

Maddy se dio cuenta de que se había puesto en pie. Se sintió anonadada. La invadieron miles de palabras y pensamientos, ninguno de ellos espiritual, ni tan siquiera racional. Muchas veces había permanecido sentada en silencio y había oído a alguien ponerse en pie y empezar a hablar, pero ella nunca lo había hecho. Ni una sola vez se había levantado del banco antes de que lo hiciesen los demás.

Pero ninguna de las palabras que oía en su interior era la palabra de Dios. Todas hacían referencia a un beso, a la sonrisa de un hombre, y al momento infinito cuando se había inclinado sobre ella, le había cubierto la boca con la suya y ella no se había apartado.

El ruido de los zapatos al pisar el suelo de madera resonó en la sala. Sólo había que dar cinco pasos desde el último banco para llegar a la puerta. Los dio. La abrió de un empujón, la luz invadió la penumbra y el sol la obligó a entrecerrar los ojos. La fragancia de la cera fundida de la sala de la Asamblea se desvaneció en el aire frío del exterior, en un olor a madera encalada caliente bajo el sol y a humo de leña. Una vaca solitaria, con manchas negras y ocre, la miró con sus ojos hermosos y solemnes, antes de continuar pastando la hierba de los prados comunales.

Maddy se dejó caer sobre el último escalón, se abrazó el cuerpo con fuerza e inclinó la cabeza sobre el regazo. Escondió el rostro tras el borde de la cofia, pese a que no había nadie para mirarla, nadie que pudiese ver más allá de la cofia y llegar al fondo de su corazón.

Christian la esperó. Ella no apareció en toda la mañana.

Sólo estaba el Gorila, y no de muy buen humor. Apareció con

una Biblia con tres pasajes señalados. Mientras Christian permanecía con una mano esposada, el guardián leyó en voz alta unos versículos en tono monótono y carente de entonación. Christian ni se molestó en escuchar aquella «farfulla sorda»; en su lugar se dedicó a vigilar la puerta y a mirar por la ventana por si veía a Maddy.

No apareció en todo el día.

Era una humillación brutal que ella pudiera evitarlo y él no tuviese libertad para salir en su búsqueda. La intención de humillarla se había vuelto en contra de él.

Y lo que era peor, había despertado su apetito. Se lo había llevado con él a la celda: el abrazo, el cuerpo de la joven entre el suyo y la puerta cerrada. Había desatado algo que lo llenaba de anhelo y que no podía satisfacer, no por voluntad propia. Y no había otra cosa en que pensar, no contaba con nada para distraerse fácilmente como en el pasado; era estúpido anhelar a una mujer a la que no podía acariciar... siempre había tenido a alguna a su disposición. Pero ahora no contaba con una sustituta complaciente. Lo único que poseía era un deseo nuevo, tan agudo como el dolor que palpitaba en su espalda. Y la forma tan dulce en que ella se había dejado hacer, y le había respondido. Tenía miedo de que no regresara. Encadenado a la cama, mantuvo su vigilia. El Gorila se marchó. Llegó la oscuridad. Pese a todo, continuó a la espera, pero ella no acudió.

Maddy se sentía tan avergonzada de volver a verlo que no le dirigió una sola mirada. Entró en la celda, deshizo la cama y se marchó.

Eso fue por la mañana. Por la tarde, según el horario, tenía que salir a pasear con él por el jardín.

Rezó para que lloviese, un deseo tan cobarde y egoísta que a Dios no le pareció oportuno satisfacer. El día era plácido, impropio de la estación, casi cálido; en el cielo, una mezcla brumosa de nubes y azul se fundían entre sí sin definición. Maddy abandonó el comedor, de un amarillo radiante, subió al corredor del piso de arriba y titubeó antes de llegar a la celda.

El corazón le latía con fuerza. Todavía estaba a tiempo de echarse atrás, la voz de la Razón le susurró al oído; se había acercado con tanto cuidado que era imposible que Jervaulx la hubiese escuchado. Podía no entrar en la celda y terminar sus tareas administrativas.

Los pacientes permanecían en silencio, o bien se encontraban fuera para hacer ejercicio o, simplemente, estaban callados. Con movimientos suaves, se acercó a la puerta y miró.

Jervaulx estaba ante la ventana; apoyaba una de las manos en los barrotes, que asía con los dedos. Maddy sintió que era algo despreciable mantenerlo en una celda, en penumbra. Su deber para con Dios, el primo Edward y el duque era llevarlo fuera, al sol.

Metió la llave en la cerradura. Él se dio la vuelta. Durante un instante posó la vista en ella con una mirada inconmensurable, como si la infinitud los mantuviera apartados el uno del otro.

Aquello no tenía nada que ver con el deber. Ni sus ojos azules y ardientes de pestañas color azabache, ni la línea de la mejilla ni la severa boca esculpidas a cincel. Era un misterio. Era el infinito y una caída vertiginosa sin freno ni final, como en los sueños.

Pero él le puso freno, la detuvo con aquellas pestañas negras y con una mirada que desvió de ella para mostrar su enfado. Al entrar Maddy en la celda, él se alejó como si quisiese poner distancia entre los dos.

–He venido para llevarte de paseo por el jardín –dijo, e hizo un gesto señalando la puerta.

Los labios de Christian se curvaron con la sombra de una sonrisa. No dijo nada.

–Paseo. Jardín –anunció Maddy con la puerta abierta–. ¿Te gustaría venir?

Christian extendió la mano en gesto de cortesía, como si le cediese el paso al salir.

Jervaulx respetó la reticencia de Maddy, y no insistió en mantenerla cerca de él. Permitió que lo guiase, y caminó tras ella por los senderos de grava que discurrían entre los rosales.

Ella se movía inquieta: acarició una flor, se sujetó la negra falda, se agachó para recoger las hojas caídas y para arrancar una mala hierba diminuta. Las flores eran abundantes y lucían en todo su esplendor, «un simple roce desprenderá lluvia de pétalos».

Jervaulx pensó que de la misma forma podía caer ella, precipitándose de repente en su mano, para dejarle entre los dedos un suave perfume a flores. Las rosas inclinaron sus generosas corolas, como si asintiesen, pero ella siguió dando muestras de rigidez y circunspección, vestida de negro y cubierta de nuevo por la cofia, para que no pudiese verle el rostro si no lo miraba directamente.

Pese a todo, se lo puso fácil. Recorrió un sendero hasta llegar a un rincón en el que había un cenador. Debajo de éste había un banco cubierto de pétalos marchitos, desprendidos de la trepadora roja en forma de arco que le daba sombra. Maddy no tomó asiento; se dedicó a inspeccionar las flores como si le fuese en ello la vida. Christian no tuvo que hacer nada; se limitó a cortarle la salida, flanqueado a ambos lados por matas espinosas.

Maddy se dio la vuelta, consciente de su estratagema.

Parecía asustada y sin aliento. Un pétalo escarlata flotó en el aire, rodeó la cofia y se posó en su hombro.

Aquel pétalo rojo se quedó allí, inmóvil, próximo a la pálida curva de su garganta, entre el sobrio cuello blanco y el cabello tirante recogido hacia atrás. Christian alargó una mano y cogió el pétalo con los dedos. Ella se quedó rígida, respirando como un cervatillo asustado. Christian dejó que el momento se alargase con la mano en suspenso junto a la mejilla de la joven, sin llegar a rozarla, a un murmullo de distancia, en un gesto tan íntimo como un beso.

El color inundó las mejillas de Maddy. Estaba expectante. Sus ojos, aquellos ojos que cambiaban de color y pasaban del avellana al dorado bajo las sinuosas pestañas, traslucían terror y fascinación a la vez.

Christian dio un paso atrás y la dejó en libertad.

Ella pasó por su lado con premura, con el rostro inclinado protegido bajo la cofia. El duque se dio la vuelta y sonrió para sí mismo.

Estaba libre... porque él lo había consentido. Todavía conservaba su poder: hubiese podido tenerla a su merced y besarla, y desprender de un roce los pétalos de rosa.

Después de aquello, Maddy no se detuvo en la rosaleda amurallada, sino que se encaminó hasta la verja. Christian la siguió con la lentitud de un cazador perezoso y dejó distancia entre ellos. Tras la puerta del jardín, había un patio repleto de lunáticos y celadores. El más cercano era el loco que murmuraba al otro lado del corredor, frente a la celda de Christian, el Gorila iba tras él y llevaba en la mano la correa que ceñía el hombro del loco.

A Christian le disgustaba aquel patio abierto. «Bestia de circo no, animales arrastrados por correas al ejercicio.» Se detuvo al otro lado de la verja, dispuesto a protestar, pero Maddy había desaparecido.

Su confianza se evaporó. Se quedó donde estaba, tratando de encontrar a la joven. El Gorila y el demente se acercaron con paso torpe. El lunático agitaba la cabeza, tiraba de la correa y movía los labios sin pronunciar palabra. El Gorila se inclinó y le murmuró algo al oído. El loco miró a Christian, a menos de medio metro de distancia, «ojos llenos vacíos, mirada vacua, heladora».

–¡Timms! –gritó el Gorila con voz aguda al pasar por su lado–. ¡Gile asupaciente!

Christian miró más allá del celador y por un instante vio a Maddy detrás. Después oyó un aullido y sintió un golpe, procedente de la nada, que lo derribó al suelo y lo inmovilizó mientras unas manos le desgarraban la chaqueta y el cuello y convertían la chalina en un nudo rojo que le apretaba la garganta. El loco gritaba sobre él con la cabeza hacia atrás y machacaba con los puños el rostro y la cabeza de Christian.

Se defendió, puso la mano en la mandíbula del maníaco, hizo fuerza con los dedos para apartarla y dio una vuelta en el suelo para soltarse, a la par que un intenso dolor le traspasaba el cuerpo. Dirigió un fuerte puñetazo al rostro del lunático, pero no logró detenerlo. Las manos, como garras, daban zarpazos a la garganta de Christian, en busca de un asidero. El hombre gritó, apretó el cuello de Christian con los dedos, al tiempo que lo empujaba al suelo y trataba de hincarle los dientes. Christian, con esfuerzo, logró ponerse de rodillas y apretar los puños para lanzarlos en dirección a la mandíbula del lunático.

El impacto alcanzó los brazos del hombre y consiguió que se aflojase al instante el nudo que constreñía la garganta de Christian, quien lanzó otro golpe. Esta vez logró dejar inconsciente al loco. Christian continuó de rodillas y no cesó de golpearlo; el dolor en el costado era lacerante, respiraba con dificultad, pero eso no le impidió golpear una y otra vez el cuerpo inerte que yacía bajo el suyo. Odiaba al lunático, lo aborrecía, quería librarse de aquella pesadilla aunque para ello tuviese que convertirlo en una masa sanguinolenta.

El Gorila apareció de repente; lo apresaron unos brazos surgidos de la nada; unas manos fuertes lo levantaron de un tirón mientras la gente corría hacia ellos. No veía a Maddy por ningún lado. El dolor le abrasaba el cuerpo. Tenía sabor a sangre en la boca. «¡Me abandonaste!» Cuatro celadores tiraron de él para alejarlo del lunático. «¡Maddy!» Cuando la joven apareció, se quedó de nuevo impresionado: no estaba allí y, de repente, sí que lo estaba. Y él no pudo sino mirarla con ojos acusadores: «Abandonar desaparecer desertar de mí. ¡Maddy! Dejarme esto, dejarme animal defender pelea animales dientes puños ¡salvaje! Maldita seas maldita seas Niñamaddy ¡ME ABANDONASTE!».

Maddy se quedó muda. La mirada de Christian era la de una bestia salvaje: sangraba por un enorme arañazo de la mandíbula; la camisa, desgarrada en tres jirones, se le había salido del chaleco. Larkin se hizo a un lado y dejó que los otros tres celadores lo arrastrasen hacia la casa.

–Le permitió alejarse demasiado de usted, señorita –dijo Larkin entre gruñidos.

–¡Ay, Dios mío! –respondió ella.

–Se abalanzó como un bulldog sobre mi paciente. Sin provocación. ¿No ha visto los golpes que daba?

Maddy no había visto el inicio de la pelea; no había girado sobre sus pasos ni frenado su recorrido alrededor del patio hasta que los alaridos del hombre le helaron la sangre. Habían estado revolcándose en la tierra y Jervaulx lo había molido a golpes; le había golpeado incluso cuando el pobre hombre estaba inconsciente.

–No hay necesidad de que el doctor se entere de esto, señorita.

Maddy apenas podía articular palabra.

–Los celadores solemos guardarnos para nosotros este tipo de cosas. Hoy por ti, mañana por mí. No vuelva a dejar que se aleje tanto de usted.

–No –dijo con un susurro mientras contemplaba cómo llevaban a Jervaulx, como un fardo, hasta el interior de la vivienda.

Larkin le cubrió el hombro con una mano.

–¿Ve por qué no vestimos a los pacientes violentos con ropas elegantes, señorita? –con una sonrisa, añadió–: Aquí sabemos lo que hacemos, señorita. No lo niegue.

El señor William, el paciente a quien Jervaulx había golpeado, se encontraba en la enfermería, atado a la cama, y no cesaba de repetir «Jesús es el Diablo» una y otra vez, con murmullo vehemente. Jervaulx estaba en su celda, esposado y sentado en la cama con el pecho desnudo, cubierto únicamente por los tirantes y el vendaje de las costillas. Maddy cerró la puerta con firmeza al entrar, se acercó a él y preguntó:

–¿Por qué?

Christian la miró. Tenía el aspecto de un hermoso salvaje: el pelo cubierto de polvo y el rostro ensangrentado. Ella se humedeció los labios.

–¿Por qué lo golpeaste?

Le contestó con un gemido y negando con la cabeza.

–¡Matar!

–No, no lo creo. Es imposible que quisieras matarlo. ¿Por qué lo atacaste?

Él la contempló como si de una misteriosa aparición se tratase, hizo un gesto negativo y desvió la mirada.

–¿Entiendes? –preguntó ella.

Volvió a negar con la cabeza y la inclinó aún más.

Maddy se arrodilló a su lado.

–Quiero entenderlo –dijo despacio–. Dime la razón.

Vio que movía la mandíbula con esfuerzo.

–Matar... –le dirigió una mirada suplicante–... me.

Apretó el puño y se dio un golpe en el pecho como si se clavase un cuchillo. Torció la boca con una mueca silenciosa y apartó el rostro.

Maddy no sabía si era una respuesta o un ruego. Con gesto temeroso, alargó la mano y le rozó la sien, retirándole el pelo del rostro inclinado. Él dio un respingo, como si lo hubiese cogido por sorpresa; un momento después, se relajó con la caricia y se apoyó en su mano.

–No pasará nada –dijo ella entre susurros.

Christian emitió un sonido, una especie de risa extraña y, una vez más, negó con la cabeza.

–Déjame que te limpie la cara.

No respondió. Maddy se levantó y vertió agua de la jarra de latón en la palangana. Había una toalla limpia que ella misma había traído. Se arrodilló otra vez y empezó a enjugarle la sangre del rostro. Él cerró los ojos. Cuando terminó, le tomó las manos y limpió de tierra las heridas abiertas.

Se puso en pie. Las esposas tintinearon cuando Christian le rodeó las caderas con los brazos y apoyó la cabeza en ella. Sintió que la cadena le ceñía las piernas por detrás; mayor aún fue la presión de las manillas y de sus dedos. Posó la mano en el hombro de Christian.

Estuvieron así durante largo rato. Podían haberse quedado la noche entera, de no haber sido por el fuerte golpe que sonó en la maciza puerta de madera.

Larkin estaba al otro lado de los barrotes.

–El doctor se ha enterado de lo que ha pasado –dijo en pocas palabras–. Tengo que bajarlo a la celda de aislamiento hasta mañana.

Después del desayuno, Maddy recibió la orden de ir al despacho del primo Edward. Lo encontró sentado tras la mesa, con un cuaderno de gran tamaño abierto y la pluma en la mano.

–Esto no puede ser –dijo–. Estoy decepcionado.

–Lo siento –respondió la joven, abatida–. Me alejé demasiado de él.

–Por fortuna, el señor William no parece estar gravemente herido. Su familia está relacionada con los Huntington de Whitehaven, ¿sabe? Y en cuanto al duque... bueno, en los últimos tiempos parece tener tendencia a autolesionarse. Me pregunto si no se habrá fracturado las costillas en otro altercado y no de forma accidental.

Le dirigió una mirada inquisitiva, como si ella le ocultase algo.

–Claro que no. Jervaulx me mostró cómo había caído de la silla.

–Quizá fuese así, puede que sí. Pero... Larkin tardó en comunicarme este incidente, y usted también, prima. Me temo que tendré que vigilarlos a ambos.

Maddy mantuvo la cabeza agachada y recibió la reprimenda con humildad. El doctor anotó algo en el cuaderno. Tras una pausa, su primo continuó:

–Sus informes han sido positivos. ¿No se ha mostrado el duque violento ante usted?

Maddy no levantó la vista.

–Jamás.

–¿No se siente incómoda en su presencia?

Maddy irguió la cabeza.

–No ha sido violento conmigo.

–Pese a todo, creo que será mejor que restrinjamos sus movimientos durante un tiempo. Continuará encargándose de él, pero sólo si tiene puestas las correas o hay un celador presente. Veremos si eso funciona. Me parecía que todo iba tan bien... Me ha sorprendido enterarme de que el señor Christian provocó la escaramuza, y no el señor William, quien desde hace dos semanas es víctima de intensos ataques de furia.

Una vez más, posó en Maddy una mirada inquisitiva.

–No vi quién empezó –dijo.

–Tenga más cuidado la próxima vez.

–Lo tendré, lo prometo. Lo lamento...

11

Había intentado explicarle a Jervaulx adónde se dirigían. No tenía ni idea de si él le había entendido. Parecía carente de emoción alguna, aunque su interior se hallaba en estado de ebullición. Agarraba la correa del carruaje con ambas manos, unidas hasta el codo por unas manoplas de cuero, miraba por la ventana con la misma intensidad que había mostrado con las matemáticas, fijaba la atención en cosas habituales, como almiares y ruedas hidráulicas, y las contemplaba al pasar como si fuesen enemigos dispuestos a lanzarse sobre el carruaje sin previo aviso. Era como una carga explosiva en movimiento, lista para estallar. Maddy iba frente a él, y su padre, y rezaba para que no explotase.

Larkin viajaba en el tejadillo del carruaje, demasiado lejos para ofrecer seguridad o ayuda. Tras embarcarse en la empresa de ayudar a Jervaulx, Maddy tenía la sensación de que ya no era ella la que llevaba las riendas; de que todas aquellas pruebas y experimentos del doctor la habían superado. El duque, en las dos semanas transcurridas desde la pelea, se había mostrado tan apagado que el primo Edward había decidido darle más libertad y dejarlo salir con Maddy en el carruaje.

Ella, con su presencia, tenía que lograr que se comportase de forma más civilizada, pese a no ser ni una dama gentil ni noble, únicamente la sencilla Maddy Timms. Pese a que lo tenían inmovilizado con aquellas manoplas que, como cualquiera podía apreciar, estaban a punto de hacerle perder el control. Pese a que, cuando llegaron al lugar del primer relevo, una casa de postas muy concurrida con el patio a rebosar de viajeros, caballos y palafreneros, él se hundió en el asiento y exhaló ruidosas bocanadas de aire entre dientes, negándose a abandonar el coche mientras le dirigía una mirada que reflejaba ira y terror, con la mandíbula rígida de vergüenza.

Maddy cerró las cortinillas del carruaje. Cuando el primo Edward se acercó a la puerta, le comunicó que el duque no deseaba tomar un refrigerio en aquel lugar. Edward, que a veces se comportaba como un tonto, en esta ocasión mostró cierta sensibilidad al mirar hacia el rincón en penumbra que ocupaba Jervaulx, silencioso y de mirada malévola; fue como ver los ojos de un gato brillar en la oscuridad de un sótano iluminados por una linterna.

–Nos detendremos más adelante –dijo el doctor.

Maddy dejó salir el aire de sus pulmones.

–En ese caso me quedaré aquí si tú te encargas de llevar a papá a tomar un té.

Pararon en una aldea pequeña y antigua, escondida en una hondonada boscosa. Era mediodía, la calle estaba desierta; la taberna, tranquila y oscura tras la puerta abierta. Maddy ayudó a su padre a bajar del coche y, cuando se dio la vuelta, se quedó sorprendida al ver que Jervaulx, aunque entorpecido por las manoplas, se había levantado y parecía dispuesto a seguirlos.

Rehusó la ayuda para descender. En la calle, miró hacia la curva de la carretera. Las casitas de ladrillo y madera, con tejados inclinados de pizarra y jardines cercados, parecían combarse y amoldarse al contorno de la colina y, en lugar de formar una hilera recta y moderna, daban la impresión de ser gotas de melaza salpicadas al azar. Jervaulx observó a Maddy. Apretó la mandíbula y consiguió decir con esfuerzo:

–Pa... perdido.

–En absoluto, en absoluto, señor Christian –afirmó el primo Edward acercándose–. No tiene de qué preocuparse. Nos hemos alejado de la carretera principal, pero sabemos con exactitud dónde nos encontramos, se lo aseguro. Estamos en Chalfont Saint Giles.

Jervaulx resopló exasperado.

–Perdido.

–No nos hemos perdido.

–Saint Giles... –reflexionó en voz alta el señor Timms como si tratase de recordar algo.

–Perdido –repitió el duque con énfasis.

El primo Edward trató de tranquilizarlo.

–No, no. No estamos perdidos. Larkin, encárguese del duque. Tenga mucho cuidado, me preocupa su actitud.

Jervaulx se colocó a espaldas de Edward y le lanzó una mirada de desprecio.

–¡Maldito zoquete! –dijo con toda claridad, para después añadir–: ¡Perdido!

–Encontraremos el camino –respondió el primo Edward sin inmutarse, y examinó a Jervaulx con frialdad–. Me temo que pueda producirse un brote de locura. Los insultos y la falta de respeto son con frecuencia las primeras señales. Le dejaremos las manoplas puestas.

–¿Quiere acompañarme, señor Christian? –preguntó Larkin, e hizo ademán de cogerlo del brazo.

Jervaulx se echó hacia atrás para evitar el roce y dirigió a Maddy una única mirada sombría, como si se sintiese traicionado y, a continuación, se encaminó a la taberna con Larkin tras él, igual que un bulldog sigue a un purasangre.

Maddy se humedeció los labios.

–¿Te apetece tomar una taza de té, papá?

–¿Té? No, en absoluto. ¿Quieres que demos un paseo para tomar el aire, niña Maddy?

Le resultó extraño oír el apelativo cariñoso que su padre le había puesto pronunciado con tanta claridad y sin dificultades. De alguna forma, la entonación tortuosa de Jervaulx le resultaba más familiar o cargada de significado: era todo un ejercicio de voluntad con el solo propósito de pronunciar aquellas sílabas, lo que hacía que cada una de ellas cobrase importancia por sí misma.

Tomó a su padre del brazo, sintiéndose todavía presa de la agitación. Caminaron un rato en silencio hasta que Maddy al fin exclamó:

–Espero que no esté a punto de causar un alboroto.

–¿Un alboroto? ¿El duque?

Nunca le había contado la pelea en el patio. Se alisó el puño de la manga y pellizcó el borde con los dedos.

–Parecía un tanto... nervioso. Quizá, el primo Edward consienta que sea Larkin quien le haga compañía durante el viaje.

–¿Estás asustada?

La sorpresa de su padre hizo que Maddy se sintiese un poco avergonzada.

–Tú no lo conoces, papá. Cuando se pone fuera de sí, intimida. No es racional. Y tiene mucha fuerza.

–Yo lo encontré muy centrado –dijo el padre–. Le llamó zoquete al primo Edward.

–¡Papá!

Él se detuvo y la apartó con una extraña sonrisa.

–¿Dónde estamos? Hemos subido por una cuesta, ¿verdad? ¿Hay una casita a la izquierda, de ladrillo rojo, con una chimenea que da a la calle y un jardín cubierto de parras?

–A ver, sí. Es una casa más arriba. ¿Has estado aquí antes?

–En la chimenea... ¿hay una placa?

Maddy miró en aquella dirección.

–Pone Milton's Cottage.

El padre no dijo nada. Ella titubeó y examinó la modesta casa de aldea. De repente, comprendió y estalló en carcajadas.

–¡Ay, no! ¡Vaya si es un zoquete! ¡Y yo también! No nos hemos perdido, claro que no. –Se puso a imitar la voz tranquilizadora del primo Edward cuando se dirigía al duque–: «No se preocupe, señor Christian, sabemos con exactitud dónde estamos, señor Christian. En Chalfont Saint Giles». *El paraíso perdido.*

–La casa misma donde Milton lo escribió. Tu madre y yo estuvimos aquí en una ocasión visitando a unos Amigos cuando tú eras un bebé.

–¡Qué ignorantes hemos debido de parecerle al duque! ¡La expresión de su rostro cuando el primo Edward no cesaba de repetir que no nos habíamos perdido! ¡Ay, papá...! –Se mordió el labio mientras su risa se apagaba y le fallaba la voz–. ¡Ay, papá! ¡Cómo odia lo que le ha sucedido!

–Te necesita, niña Maddy –dijo el padre, y le cubrió la mano con la suya–. Necesita de tu fe. Aunque estés asustada.

–No pensé... no estaba segura... he rezado mucho. Antes lo veía con claridad, pero ahora... –Cerró la boca con fuerza.

Su padre guardó silencio.

«Me besó, papá.»

Qué ganas tenía de decirlo, pero no pudo hacerlo. Lo encontraría repulsivo y no se lo perdonaría. El duque era amigo suyo, y Maddy... ni siquiera había tratado de evitarlo. Pensó que tal vez había sido ella la que había arrastrado a Jervaulx, que el Diablo también se había adueñado de su persona, que la había empujado a mirar al duque y ver el atractivo de su figura terrenal. Hacía tan sólo unas semanas, una ministra había dicho en la Asamblea –cuando para Maddy aún carecían de significado sus palabras, cuando apenas había estado escuchando– algo que ahora recordó con vívida precisión, como si Dios quisiera que no olvidase ni un detalle: «Todos nuestros gozos, placeres y bienes, todo aquello que resulta deleitable para la carne, no es más que vanidad y no acarrea más que tribulación. Debemos guardar silencio y negarnos a responder y a obedecer a la concupiscencia y al deseo carnal».

Maddy no guardaba silencio. En su interior resonaba el clamor de la vanidad y el placer, del gozo y la tribulación; se sentía infame y débil, era una desconocida para sí misma. El miedo se apoderó de ella.

–No... sé qué hacer –dijo exasperada–. ¡No lo sé!

El padre levantó la cabeza y, tras una pausa, dijo con lentitud:

–¿Tan difícil es, niña Maddy?

No podía contárselo. No podía.

–A mí me lo parece –dijo mirando la mano que el padre apoyaba en su brazo.

–Entonces, ¿preferirías que volviésemos a casa?

Maddy pensó en esa posibilidad. En volver a Cheyne Row y a la vida segura y tranquila que allí llevaba, en la que las únicas tentaciones que la asaltaban carecían de importancia: la facilidad para regañar a la criada y la frívola envidia de las jóvenes que tenían vestidos hermosos. Regresar a su hogar, dejarlo a merced de Larkin, del primo Edward y del señor William, abandonarlo al silencio, a las cadenas y a una celda de prisión.

–Preferiría marcharme –dijo y, con un gemido de desesperación, añadió–: Pero... no puedo hacerlo.

El padre le dio unas palmaditas en la mano.

–Eres una buena chica, Maddy.

–No, papá –gritó–. No lo soy.

El hombre se limitó a sonreír, como si todavía fuese una niña impulsiva. Pero Maddy lo sabía. No era buena. Estaba atada a la tierra, al Diablo y a un hombre, y no era buena en absoluto.

Al oscurecer, llegaron a Londres. Tras un mes en el campo, los olores y las aglomeraciones de la ciudad enervaron a Maddy. El carruaje no aminoró la marcha, sino que rodó a lo largo de Hyde Park hasta alcanzar Oxford Street, donde brillaban alegres las luces y reverberaban en la hilera de coches laqueados que aguardaban en el centro, mientras damas y caballeros entraban y salían de las tiendas. Una platería, un establecimiento de bebidas espirituosas, joyerías, comercios de telas y confiterías: más de un kilómetro de mercancías y espectáculos, todo ello iluminado y lustrado para recreo de la vista.

El duque lo vio pasar ante sus ojos y, de vez en cuando, miraba a Maddy con una mezcla de intensidad y sospecha, como si de alguna forma ella hubiese hecho surgir todo aquello por arte de magia. Maddy trató de explicárselo todo, de prepararlo para la vista oral, pero sabía que no tenía la más mínima idea de lo que aquello significaba. Lo adivinaba por la euforia controlada que veía en él: creía que volvía a casa para quedarse.

Cuando el carruaje abandonó Oxford Street y empezó a dar vueltas por calles elegantes, Jervaulx levantó los brazos maniatados hacia ella y dijo:

–Fuera.

El coche llegó a una plaza aristocrática. Maddy oyó los gritos de los lacayos y los esfuerzos para apartar a los peatones del camino.

–Por favor.

El ruego le llegó con dureza, pronunciado con un sonido explosivo que contrastaba con la petición.

Fuera, criados de librea se arremolinaron cuando, tras un crujido, los vehículos se detuvieron ante la casa que dominaba la plaza. El edificio aislado destacaba de los demás por sus columnas coronadas por capiteles corintios y la simetría de sus ventanas; no era muy distinto de la casa del duque en Belgrave Square, pero sí de mayor tamaño, y resultaba más frío por su perfección aislada y una entrada poco acogedora, separada de la calle por un único escalón.

La puerta estaba abierta y permitía ver las luces del interior. Maddy vio a Calvin, el mayordomo, descender el escalón y quedarse a un lado. A continuación apareció la duquesa viuda vestida de negro. Calvin le ayudó a bajar el escalón y ella se apresuró a acercarse al carruaje del primo Edward.

Maddy se inclinó y, de un tirón, llevó las manos de Jervaulx a su regazo. En la penumbra, luchó contra las ataduras de cuero; acababa de desatarlas cuando su primo y la duquesa llegaron a la puerta del coche.

Las manoplas cayeron al suelo, en la oscuridad. Maddy, de un puntapié, las lanzó a un rincón. Jervaulx emitió un sonido de gratitud, sin llegar a pronunciar una palabra inteligible. La luz de una linterna inundó el interior al abrirse la puerta, y se oyó la voz de la duquesa que apagó el resto.

–¡Christian!

Se detuvo como si no supiese cómo continuar, y fijó la mirada en él desde la acera. Dio un paso atrás, con un remolino de su falda negra. Uno de los lacayos se acercó cuando la dama cerró los ojos y se llevó la mano a la garganta.

–No, vete. No voy a derrumbarme –y abrió los ojos–. ¡Fuera todos vosotros! Llamaréis la atención de la gente y alguien podría reconocerlo.

Se volvió hacia el primo Edward e hizo un gesto, indicando un pasaje junto a la casa.

–Sigan hasta la parte de atrás. Lo introduciremos por allí.

–No –dijo el duque.

La madre lo miró tan sorprendida como si hubiese hablado uno de los caballos. Ella y Jervaulx apenas guardaban parecido alguno: el cabello de la duquesa, cubierto de canas, era rubio y no moreno; su piel, tan clara que parecía pálida; su figura, esbelta y mucho más delicada; en los ojos apenas un rastro de color azul de los de su hijo. Pero cuando la esperanza le iluminó el rostro, Maddy vio en él la misma intensidad que despertaba en el duque la pasión por las matemáticas, el mismo ardor terco y concentrado cuando la duquesa se lanzó sobre la puerta del carruaje y se asió al borde.

–Christian, ¿estás...?

Se interrumpió una vez más y miró al primo Edward.

–Ha hecho progresos –dijo el doctor–. Creo que su excelencia se sentirá complacida.

Jervaulx cogió su sombrero del asiento donde Maddy lo había dejado y le hizo señas a ella y a su padre para que bajasen. Maddy obedeció y ayudó a su padre a descender tras ella mientras la duquesa los observaba sin pronunciar palabra.

–Ésta es la señorita Arquimedea Timms y su padre, el señor Timms, excelencia. La señorita Timms nos ha sido de gran ayuda con el duque. Hemos iniciado un tratamiento nuevo del que le daré todos los detalles; pero, como puede apreciar, nuestro éxito habla por sí solo.

La duquesa no prestaba la más mínima atención ni a Maddy

ni a su padre; estaba pendiente de la salida de su hijo del carruaje. Jervaulx dedicó una sonrisa seca a su madre e hizo una inclinación.

No dijo nada, se quedó junto al vehículo esperando que alguien le indicase la dirección que tenía que seguir. Un estremecimiento pareció recorrer el cuerpo de la duquesa, que no apartaba la vista de él. Y, de repente, sin poder reprimir los sollozos, se lanzó en brazos de su hijo y lo apretó contra sí.

Durante un instante, él se quedó inmóvil. Por encima del abrazo tembloroso de su madre, Maddy advirtió que estaba a punto de explotar, al observar las emociones tempestuosas reflejadas en su rostro y las palabras que batallaban por salir de sus labios. Jervaulx apretó con fuerza el puño izquierdo.

Su mirada tropezó con la de Maddy. Era tal la furia próxima a estallar que la joven no entendió cómo era posible que la madre no lo advirtiese. Él no tenía palabras con las que expresarse, sólo podía utilizar la violencia, y violencia era lo que se cernía sobre aquella elegante plaza y vibraba a través de ella.

Maddy se quedó paralizada de terror y le dirigió una súplica silenciosa con la mirada.

Él cerró los ojos. Tragó una larga bocanada de aire, levantó la mano derecha y la posó con cautela sobre la cabeza de la duquesa. Ella dio rienda suelta al llanto y lo abrazó con más fuerza.

El momento de peligro parecía superado. Continuó acariciando con torpeza el cabello bien peinado de su madre, como un hombre que estuviese a merced de un niño presa del ansia y no supiese cómo reaccionar. Pero la mano izquierda seguía con el puño apretado, muestra palpable de su hostilidad silenciosa.

La duquesa se apartó, elevó el rostro hacia él y le alisó el cuello con dedos nerviosos.

–Christian. –Cogió la mano de él al soltarse y la apretó contra el pecho–. Alabado sea Dios. He rezado tanto... Es un milagro.

–Son los progresos, excelencia –intervino el primo Edward–. Los progresos conseguidos gracias a un tratamiento científico. No obstante, aún no nos hemos recuperado por completo.

–Es un milagro. Deberíamos ponernos de rodillas para dar gracias al cielo. –Apretó la mano de su hijo–. Y tú más que nadie, Christian, a causa de tus pecados. Da las gracias por el perdón y por haberlos expiado. –E inclinó la cabeza para rezar–: Dios todopoderoso, que nos otorgas la vida y nos la quitas, en cuya paciencia...

Jervaulx se soltó. Se dio la vuelta y se alejó de ella mientras Calvin, de un salto, mantenía la puerta abierta para que entrara.

La madre terminó la plegaria con rapidez, moviendo en silencio los labios, y fue tras él. Desapareció en el iluminado vestíbulo con el primo Edward pisándole los talones. Calvin no se movió de la puerta y dijo:

–¿Señorita Timms? ¿Señor Timms?

Tras entrar en el vestíbulo, hubo un momento en el que se encontró solo. Oyó unos pasos y se dio la vuelta, esperando ver a Maddy, pero era su madre quien iba tras él y musitaba plegarias incomprensibles. Lo había olvidado. Apenas se había acordado de su madre hasta el momento en que se había echado a llorar en sus brazos en la calle, al darse cuenta de que debía de ser ella la que lo había dejado en manos del encierro y el Gorila.

En el vestíbulo volvió a apartarse de ella y luchó por recuperar el control mientras esperaba a Niñamaddy; tuvo la impresión de que el mundo había perdido el equilibrio hasta que la figura gris de la joven del ti-tú apareció en la puerta. Al verla, se sintió capaz de seguir adelante: subió por la escalera de caoba con la mano apoyada en el pasamanos.

Aquella casa le pertenecía. Le pareció extraño e inquietante, pero justo. No tenía idea del tiempo transcurrido desde la última vez que había recorrido aquella escalera y aquel vestíbulo, pero él era el dueño. Todos los que allí vivían dependían de su capricho; hasta su madre habitaba en esa morada con su permiso.

De repente, pensó que quien no vivía allí era él. Ahora no. Lo que recordaba con claridad eran épocas lejanas en el tiempo: las temporadas de fiestas en la ciudad, los bailes en honor de sus hermanas, los viajes al castillo de Jervaulx, ahí era donde él vivía; sintió una punzada de añoranza por la oscura silueta medieval, por las torres y chimeneas curvilíneas y el sinfín de estancias.

Ahí era donde tenía que ir, ahora que era libre. A su hogar en el castillo de Jervaulx.

Dos de sus hermanas esperaban en el salón. Christian se quedó en la puerta y las observó antes de que ellas advirtieran su presencia. Hablaban en voz baja y parecían nerviosas. Al oír el sonido de pasos en la escalera, se volvieron. Lo miraron como si no estuviese vivo. Como si fuese transparente. Un muerto viviente. Al ver la sorpresa reflejada en aquellos rostros, tuvo otra revelación.

Supo lo que habían esperado ver: un loco al que llevan escaleras arriba para exhibirlo cubierto de cadenas. No era de sorprender que estuviesen nerviosas.

Su madre lo tomó del brazo para ayudarlo a entrar al salón. Empezó a hablar a una velocidad tal que Christian se sintió abrumado.

Clementia. Al oír el nombre lo recordó: Clem. Y junto a él le vino a la memoria el de Charlotte. Ambas abrieron los brazos y, una tras otra, lo besaron en la mejilla. Mangas abullonadas y encajes, manos gordezuelas que tomaron la suya y la acariciaron con suavidad antes de soltarla. Se sintió desconcertado: no tenía confianza en ellas ni en aquellas repentinas sonrisas. Los vestidos le resultaban demasiado coloridos y recargados; los peinados, exagerados con tantos bucles y rizos.

Miró hacia atrás, buscando de nuevo a Maddy, pero no vio más que al doctor de las sangrías, por lo que se dirigió hasta el rellano de la escalera. Estaba abajo, en el vestíbulo, en compañía de su padre, todavía con la capa y el sombrero.

Bajó hasta la mitad de la escalera y se detuvo. Cuando Maddy miró hacia arriba, él pronunció un sonido. Vio cómo la expresión del rostro de la joven cambiaba, y sintió un enorme alivio al ver que su mano deshacía el lazo de la capa y que le murmuraba algo a Calvin cuando éste la recogió. Guió a su padre hasta el pie de la escalera. Christian no se movió y los esperó hasta que, con lentitud, llegaron hasta él.

No quería intentar hablar delante de su familia ni de los sirvientes. Recorrió en silencio el perímetro del salón blanco y dorado mientras los demás conversaban.

Aquella casa era de su agrado. Todo era familiar y estaba en el lugar correspondiente, las mesas de mármol de patas doradas, las sillas a juego, tapizadas en un verde intenso; todo aquello tenía más años que él y ocupaba los mismos lugares que había ocupado toda su vida.

De vez en cuando, se daba la vuelta para asegurarse de que Maddy continuaba allí, porque los demás ni le dirigieron la palabra ni la invitaron a tomar asiento, ni a ella ni a su padre. Esa muestra de desconsideración lo enfureció. Clavó los ojos en Charlotte, queriendo que ella mostrase algo de cortesía, pero su hermana se limitó a mirarlo de pasada, palideció y dio muestras de desconcierto.

–¿Deb... deberiapermitir sele star suelto? –oyó a Charlotte preguntar ansiosa al de las sangrías.

«¡Suelto!» Como si fuese un animal del zoológico al que hay que encerrar. «¡Es mi casa! Me pertenece, me pertenecéis... vestidos, encajes, florituras, fideicomisos, todo.»

Conocía a aquellas dos, eran las que necesitaban la firma del puño y letra de Christian para acceder a su participación en el capital, era a ellas a las que tanto les gustaba recibir un generoso suplemento a las ganancias de sus maridos, cosa que convertía el trato con ellos en algo muy difícil y al borde del desastre. Christian se dio cuenta de que ellos no parecían estar dispuestos a aparecer en su primera noche en casa.

Sospechaba que aquélla era la razón de que Clem y Charlotte se encontrasen allí: su asignación, y no sabía lo que iba a hacer cuando por fin se atreviesen a pedírsela. Todo lo anterior a la celda y a el Gorila estaba cubierto por la bruma; era incapaz de recordar en qué trimestre del año se encontraban ni si había dado o no los pasos necesarios para que recibiesen la asignación.

Les dio la espalda y se puso de cara a la chimenea, en cuyo limpio hogar ardía el fuego. Le pediría ayuda a Maddy en cuanto ellas se marchasen.

–¿Tasenfadado con nosotras, Chris? –oyó que preguntaba Clementia en medio de un breve silencio.

Se dio cuenta de que le estaba hablando.

–¿Tasenfadado? –repitió.

Christian miró a Niñamaddy, alejada de los demás. Se acercó, cogió dos sillas y las dispuso para los Timms. Colocó el par de asientos dorados con un golpe tal que no dejó lugar al equívoco; a continuación, se encargó de guiar al señor Timms hasta el asiento. Cuando vio que Maddy titubeaba, se colocó tras la silla vacía y la zarandeó con el ceño fruncido. Ella bajó la mirada y tomó asiento. La familia lo miraba como si fuese un puzzle lleno de sorpresas.

Clem empezó a hablar, pero cerró de golpe la boca al oír el familiar golpeteo de un bastón. Christian tenía el recuerdo de aquel sonido incrustado en la mente, desde antes incluso de haber aprendido a hablar: anunciaba, categórico, la llegada de su tía Vesta.

Una sonrisa irónica le cubrió el rostro y acercó otra silla para ella: su favorita, una de estilo francés, sólida y pesada, tapizada de flores y pajarillos, con enormes brazos dorados y patas en forma de garras de dragón, el trono apropiado para una mujer que no tenía nada que envidiar al fabuloso animal.

Tras acercarla a la chimenea, levantó la vista e hizo una reverencia cuando la dama apareció en el umbral con su imponente palidez, que contrastaba con el negro azabache de su vestimenta, muestra de perpetuo luto por su padre, su marido, su hermano –¿quién sabe si incluso por el propio Christian?–, que jamás había abandonado. En aquella casa se libraba una batalla constante entre el negro y el marfil, entre su madre y su tía. Ahora recordaba por qué él no vivía allí.

–Tienes buen aspecto, Jervaulx –anunció lady de Marly avanzando hacia él.

Maddy la había reconocido al instante, y no tuvo necesidad de presentación alguna para saber que era la autora de aquellas cartas mordaces y rigurosas que se guardaban en el expediente de Jervaulx en Blythedale Hall; la dama que le había enviado aquellas prendas confeccionadas con esmero y que había entrado decidida en la casa de Belgrave Square la mañana en que ella era una simple espectadora.

Después de que una de aquellas jóvenes vestidas a la moda acudiera en su ayuda entre un frufrú de sedas, lady de Marly se acomodó en la silla que Jervaulx le ofrecía. Llevaba las cejas pintadas sobre la piel del color de los pétalos marchitos; los labios y las mejillas discretos, pero estas últimas claramente cubiertas de colorete. Levantó un dedo y dijo:

–Tomaré un vaso de burdeos.

El duque inclinó el rostro a un lado y, tras un segundo de titubeo, alargó la mano y utilizó el cordón de la campanilla que colgaba junto a la chimenea.

–Te sentará mal para la digestión, tía Vesta –advirtió la joven.

Lady de Marly hizo caso omiso del consejo y se dirigió a Jervaulx, quien se hallaba detrás de ella.

–Acércate donde pueda verte, muchacho –indicó con un gesto y golpeó el suelo junto a sus pies.

Christian le obedeció y ella lo examinó de arriba abajo. A Maddy le resultaba imposible imaginarse a un hombre más apuesto y elegante.

–Parece como si fueses a un musical francés con la chalina de cazar. ¿Dónde está el sello? –inquirió lady de Marly.

–¡Ah! –exclamó el primo Edward revolviendo en el bolsillo–. Lo he traído yo, milady, me pareció mejor tenerlo bajo mi protección hasta llegar aquí.

–Ya no es necesario que lo haga.

El doctor se acercó a la dama entre reverencias serviles e impropias de un cuáquero y le hizo entrega de una cajita. Ella se limitó a cogerla y entregársela a Jervaulx.

Maddy no sabía si el resto de los presentes percibía la sutil cautela con la que el duque actuaba. Aceptó la cajita y, al tenerla en la mano, la miró indeciso. Mientras lady de Marly daba órdenes al criado que acababa de aparecer en el umbral para que trajese el vino, Jervaulx dirigió una mirada a Maddy.

De forma subrepticia, ella cerró la mano como si escondiese un objeto y dejó caer el puño a un lado de la falda.

Jervaulx apretó la cajita con los dedos, buscó el bolsillo de la levita para deslizarla en su interior y, con disimulo, le dirigió una media sonrisa.

–Tienes buen aspecto, Jervaulx –volvió a decir lady de Marly–. No tengo reparo alguno en confesar mi sorpresa. ¿Cuándo se ha obtenido este logro, doctor Timms? De su última carta deduje que apenas se habían hecho progresos.

–Hemos iniciado una terapia innovadora, milady –contestó el primo Edward con entusiasmo–. Y los éxitos obtenidos superan nuestras expectativas.

–¿Innovadora? –Le dirigió una mirada de sospecha–. ¿En qué consiste?

–Es la extensión natural de nuestro tratamiento moral y social. En Blythedale Hall somos de la opinión de que un trato controlado entre ambos sexos puede resultar muy eficaz porque estimula el autocontrol. Si recuerda, milady, le hice una descripción cuando vine para llevar al paciente a Blythedale Hall. Pero, por supuesto, es necesario alcanzar un nivel mínimo de urbanidad antes de integrar a un paciente violento en un grupo más numeroso. Como ya le comuniqué en su momento, su excelencia no había mostrado aún semejante conducta, pues persistía en su actitud de resentimiento, sujeto a impredecibles ataques de locura. Sin embargo, se nos presentó una excelente oportunidad con la llegada de mi prima, la señorita Timms. Como no había duda de que se trataba de una joven de temperamento dulce, sin rastro de mácula en su fibra moral, tomé la decisión de asignarle el puesto de cuidadora principal del duque durante el día. Lo hice con la esperanza de que su compañía sirviera para fomentarle el autocontrol. Creo que estará de acuerdo conmigo en que este enfoque ha resultado muy beneficioso.

El doctor luchaba por controlar su triunfo y mantener un tono profesional, pero no lograba ocultar la satisfacción que lo embargaba. Lady de Marly ni siquiera lo miró mientras hablaba y, cuando acabó, se dedicó a observar a Jervaulx durante un largo rato.

Volvió su imperiosa mirada hacia Maddy.

–¿Es usted la señorita Timms?

Maddy se puso en pie.

–Lo soy. Y éste es mi padre, John Timms.

–Siéntese.

Maddy sintió aquellos ojos oscuros fijos en ella al tomar asiento. Mantuvo la mirada un punto por debajo de la de lady de Marly, sin inclinarse como una criatura mundana, pero sin dar muestra alguna de faltarle al respeto.

–La última vez que vi a mi sobrino –afirmó lady de Marly– no era más que una bestia bramadora. Estaba atado a una cama y tenía un corte en la mano que le llegaba al hueso por haber roto un cristal. Había roto el brazo de un lacayo al tratar de impedir que estrangulase a su cuñado. Se negaba a tomar alimentos. Hablaba como un idiota. Daba alaridos. Aullaba. Era un animal, señorita Timms. El duque de Jervaulx era una bestia salvaje. –Miró a Maddy fijamente–. Me gustaría que me explicase cómo lo ha logrado.

Maddy levantó la mirada y la miró a los ojos.

–No es ni un salvaje ni una bestia –dijo con firmeza.

Durante largo rato, la dama no respondió. Después, con una mueca de ironía en los labios, declaró:

–No puedo engañarla, señorita, a mí me convenció por completo.

–Creo... –Maddy se interrumpió y dirigió una mirada rápida al primo Edward, quien no daba la impresión de estar muy contento con ella, pero tampoco le había prohibido expresar su opinión–. Creo que tiene la mente cuerda, y que de... de idiota... tiene tanto como tú o yo.

Lady de Marly enarcó las cejas.

–Una jovencita cuáquera altanera.

–No es mi deseo mostrarme altanera. Sólo quiero ofrecerte una explicación.

–En mi época, señorita, a esa forma de dirigirse que usted utiliza la considerábamos una falta de respeto. Su primo no utiliza el tuteo para dirigirse a sus superiores.

Maddy se limitó a mantener la mirada alta y al mismo nivel y declinó que la arrastrasen a una discusión en defensa de la Sencillez en el Habla. Había conocido antes a damas ancianas como lady de Marly, y nada le agradaría más a la dama que una discusión acalorada, que acabaría por convertir en una reprimenda. Maddy sentía afecto por ese tipo de damas: a veces pensaba que era posible que también ella acabase siendo así; que ahora sólo mantenía el control por la negativa cariñosa de su padre a morder el anzuelo.

El primo Edward frunció los labios como muestra de desagrado ante su conducta, y Maddy recordó su promesa de no utilizar el habla de los cuáqueros con extraños. Pero ya era demasiado tarde y si ahora se rendía y pedía disculpas, lady de Marly rebajaría la opinión que tenía de ella.

–Así que –dijo la anciana dama dirigiéndose al duque– la señorita Timms declara que estás cuerdo.

Jervaulx se limitó a mirarla.

–Bueno, muchacho, ¿y tú qué opinas?

Él volvió el rostro, con aquel gesto que utilizaba cuando estaba concentrado en algo y lo examinaba de forma oblicua.

–¿Entiendes lo que digo?

Jervaulx, incómodo, miró a Maddy.

–No la mires a ella. Es a ti a quien hablo. ¿Oyes lo que digo?

El duque apretó los labios. Hizo un único gesto de asentimiento breve con la cabeza y, de inmediato, se puso a examinar con detenimiento una mesita auxiliar, que, sin duda alguna, era digna de atención, ya que la superficie de mármol negro que la cubría, en lugar de hacerlo sobre unas simples patas, reposaba sobre dos enormes pájaros dorados con las alas desplegadas que parecían lanzar llamas por el pico. Habría sido el mueble más suntuoso que Maddy había visto en la vida de no haber estado acompañada por otra exactamente igual, al otro lado de la chimenea.

Lady de Marly golpeó impaciente el suelo con el bastón y reprendió a su sobrino.

–No es momento de hacer gala de tu tozudez, muchacho. Ya has disfrutado durante muchos años tratándonos a tu capricho; has sido salvaje e inconsciente como un auténtico piel roja y ahora estás pagando por ello. Nadie podrá convencerme de que, de no ser un insensato, jamás te hubieras visto involucrado en un intercambio brutal de disparos, y muchísimo menos cuando, tras el incidente, despertaste en una casa de locos.

La tensión que se advertía en la mandíbula del duque era lo único que revelaba que aquellas palabras iban dirigidas a él. Lady de Marly se acomodó en el asiento con un suspiro de exasperación.

–Joven inconsciente. –Miró a Maddy con ojos acusadores–. ¿Qué clase de progreso es éste?

–Quizá si hablases más despacio... –aventuró Maddy.

–Usted afirmó que no era un idiota.

Maddy se puso en pie.

–No más de lo que tú lo serías si estuvieses en China rodeada de chinos. Te entendería si te mostrases paciente con él.

–Señorita Timms, mañana a las diez tendrá que comparecer ante el lord canciller. He conseguido que lo haga en privado. No han convocado al jurado, de momento. –Lanzó una mirada fulminante a sus dos sobrinas–. Pero los buitres son codiciosos. Le aconsejo que, si no quiere que su preciado paciente sea declarado legalmente idiota, sea más flexible en su moralidad y emplee su temperamento con inteligencia para hacerle comprender el peligro al que se enfrenta.

Sus palabras se apagaron en medio de un silencio atónito e incómodo. La puerta de servicio se abrió, y entró un criado con el burdeos de lady de Marly. Ella cogió el vaso de la bandeja y tomó un sorbo, sin apartar la vista de Jervaulx. A continuación, lo depositó sobre una mesita auxiliar y se levantó.

–La señorita Timms pasará aquí la noche. Los demás, váyanse.

La duquesa viuda se mostró horrorizada.

–Pero el doctor Timms... –empezó a decir.

Lady de Marly la interrumpió con brusquedad.

–Según tengo entendido dispone de alojamiento. En el Gloucester, si no me equivoco.

–Sí, milady –confirmó el doctor e hizo una inclinación, que repitió.

–Quisiera hablar con el doctor –dijo la duquesa en tono plañidero–. Me gustaría que me contara cómo le ha ido a Christian.

–Hetty, querida –dijo lady de Marly con sequedad–, si en el último cuarto de hora no has descubierto cómo le ha ido a Christian, no hay nada que el hombre pueda contarte que no pueda esperar hasta mañana. ¿Querrá venir a desayunar en nuestra compañía, doctor? A las ocho en punto.

–Será un honor para mí, milady. Llamaré al cuidador nocturno para que acueste al paciente –añadió el primo Edward.

–¿Hay necesidad de eso, señorita Timms?

Ante la mirada dictatorial de lady de Marly, Maddy trató de encontrar la respuesta adecuada.

–Creo... que podría ser una buena idea.

–Puede que así sea. Pero me resulta un inconveniente tener un criado de más esta noche. Espero que pueda encargarse usted de la tarea. –Miró al lacayo–. Dígale a Pedoe que prepare una cama para la señorita Timms en el vestidor del duque.

Maddy se quedó clavada en el suelo mientras lady de Marly, que se encaminaba hacia la puerta entre golpes de bastón, se detuvo y se volvió a mirarla.

–Se ha ruborizado, joven. ¿No era usted enfermera?

–Sí –fue cuanto Maddy acertó a decir.

–Hasta que me demuestre lo contrario, Christian no es más que un idiota. Encárguese de que esta noche no nos monte ninguna escena.

12

Por muy lujoso que fuese Blythedale Hall, por muy cómoda que le hubiese parecido la casa del duque en Belgrave Square, Maddy nunca hubiera imaginado que, tras las pálidas fachadas de casas como aquélla, se ocultaban interiores que iban mucho más allá de lo que la imaginación era capaz de conjurar: criados vestidos como príncipes en níveo satén ribeteado de encajes azules y plateados, paredes recubiertas de terciopelo rojo adornadas por enormes cuadros, molduras de escayola de intrincados dibujos pintadas de blanco y oro, alfombras que amortiguaban el sonido de los pasos, candelabros deslumbrantes por todas partes.

Cuando el criado de librea le abrió la puerta del vestidor del duque, trató de que su rostro no revelase la impresión que sentía, pero, en cuanto el sirviente desapareció y la dejó a solas con su pequeña valija de viaje, Maddy elevó la vista hacia el techo y, anonadada, ahogó la risa.

Aquello era absurdo. Se trataba de un simple vestidor, pero era de color azul real, y sus puertas estaban adornadas con unos enormes frontones bordeados de intrincadas bandas doradas. No solamente eso: sobre los frontones había retratos ovalados de solemnes caballeros, rodeados de lánguidos querubines esculpidos sobre unos marcos con flores y banderas entrecruzadas, todo en dorados. El terciopelo azul que llegaba hasta el abovedado techo relucía con un derroche de diseño: majestuosas hileras de nudos, hojas y más dorado para resaltar cada detalle de la decoración. La estrecha estancia refulgía con tanto oro. Maddy no entendía que alguien pudiese dormir allí, rodeado de tanto esplendor.

En la pared más distante, la puerta que llevaba al dormitorio estaba abierta. Maddy oyó la voz de la duquesa y se acercó con curiosidad, escondiéndose tras el reluciente panel de la alta puerta.

–¿Estarás bien, Christian? –preguntó la madre, dubitativa, próxima a la puerta que llevaba al corredor.

Mientras, una doncella que trabajaba con celeridad abría la cama y corría las cortinas.

Jervaulx no prestaba atención a ninguna de las dos, sino que empleaba todos sus esfuerzos en examinar la estancia con detenimiento, como si quisiese fijarla en la memoria.

Aquella habitación también era azul, de un tono apagado que a Maddy le resultó bonito, pese a que la cama era de una absoluta desmesura, con una cabecera que llegaba hasta el techo y se curvaba como una enorme ola marina. Los cortinajes de damasco hacían juego con las paredes; lo único que no era azul eran unos retratos de cuerpo entero y la alfombra oriental azul y verde que cubría el suelo de lado a lado.

Jervaulx vio su imagen reflejada en el espejo de un buró. La contempló y, a continuación, se dio la vuelta en busca de algo tras él. Con ligera sorpresa, Maddy vio que era a ella a quien buscaba. Sonrió al verla y pareció distenderse.

Maddy entró en el dormitorio. La duquesa viuda le dirigió una mirada.

–Ah. Señorita Timms. No cree que va a necesitar... –Hizo una pausa con embarazo–. Supongo que no... que no cabe la posibilidad de que se levante en medio de la noche.

Maddy se dio cuenta de que la duquesa temía a su hijo y que quería que lo atasen. Pese a que ella tampoco se sentía segura del todo con respecto a Jervaulx, le pareció horrible que su propia madre sugiriese algo así.

–Puedes cerrar las puertas con llave si lo deseas –dijo.

–Quizá sea lo mejor. Las ventanas... –No terminó de expresar lo que pensaba–. Puede hacer sonar la campanilla si tiene algún problema –ofreció–. Dispondré un lacayo en el vestíbulo. Pero parece estar tan bien... No creo... ¿cree usted que podría tratar de utilizar las ventanas?

Maddy miró a Jervaulx. Aunque lo había visto encadenado en Blythedale Hall, era incapaz de imaginar lo que debía de haber hecho para despertar tal alarma en su propia familia.

–Las ventanas, Jervaulx –preguntó despacio–. ¿Vas a tratar de romperlas?

Él negó con la cabeza. Maddy no estaba muy segura de que hubiese entendido sus palabras, porque no dudó ni les prestó mucha atención; daba la impresión de responder sólo al tono empleado.

–Entonces, los dejo –dijo la duquesa–. La cocinera les enviará una bandeja. –Dirigió una larga mirada a su hijo–. Buenas noches, Christian. Buenas noches.

Él le respondió con una ligera inclinación y una sonrisa mordaz. La criada pasó al lado de Maddy y entró en el vestidor.

–Rezaré por ti –anunció la dama y, después de esas palabras, cerró la puerta del corredor tras ella.

La llave giró en la cerradura.

Christian se sentó en la cama. Echó la cabeza hacia atrás, entrelazó las manos detrás del cuello y se dejó caer sobre las blandas plumas. Suspiró satisfecho.

«Mi casa.»

Sin el Gorila, sin cadenas, sin pesadillas. No le importaba que aquella mujer dragón le diese una reprimenda; ya estaba acostumbrado y –demonios– casi le agradaba. Y tenía con él a Niñamaddy, que, si le hubiesen dado a escoger, habría sido lo único que se habría llevado consigo de aquel lugar.

Era sorprendente –el mundo al revés– que su familia lo encerrase bajo llave en compañía de una mujer joven y bella. «Enfermera», la había llamado la tía Vesta, y Christian dirigió una sonrisilla al curvo dosel azul que había sobre él.

Alargó la pierna y apoyó el talón en el borde de la cama mientras disfrutaba recreando las posibilidades más alocadas que se abrían ante él, tras haberle designado una amante con tanto acierto. Suspiró. Aunque aquellas fantasías eran muy placenteras, ahora todo era diferente.

Su familia no habría pensado en la reputación de una joven que los tuteaba –y de haberlo hecho, les habría importado un comino–, pero, mientras estuviese a su merced, la joven también era responsabilidad suya. La seducción ya no era el camino de rosas que él había imaginado. Vista desde esa otra perspectiva, se parecía demasiado a aquella clase de atenciones insultantes que un hombre forzaría a una criada a aceptar.

Le resultaba difícil recordar por qué se le había metido en la cabeza la idea de castigarla de aquella manera.

Frunció el ceño, pensando en ello, cuando oyó que la joven pronunciaba su nombre. Giró la cabeza y la miró enarcando las cejas.

–Tenemos cablar –dijo Maddy.
Él respondió con un sonido de interrogación.
–Hablar –repitió Maddy.
Christian se incorporó. Arrastró el cuerpo hasta reposar en las almohadas y, con la mano, le indicó un espacio en la cama para que se sentase a su lado.
–Hablar.
Le alegró ser capaz de pronunciar la palabra sin dificultad.
En lugar de la cama, la joven eligió sentarse en una silla de respaldo recto, frente a él.
–¿Tiendes quevaapasar mañana?
–¿Ma... ñana?
–Vista –dijo ella.
–Yo... veo –dijo Christian, irritado porque lo pusiese en duda.
–Vis-ta –repitió Maddy–. Lord can ller.
No recordaba a ningún lord Canller. Sabía que había muchas cosas que no recordaba, pero pensar en ello le causaba desasosiego.
–¿Can... dos? –preguntó.
Seguro que no se refería al hijo de Buckingham. El marqués de Chandos no tenía ningún problema con la vista, que él supiese; se habían dedicado a jugar y a la vida disoluta desde Londres hasta París, y viceversa. Tenía problemas a causa del despilfarro, vaya si los tenía, pero no con los ojos. Al menos por lo que Christian recordaba.
–Vis-ta –insistió Maddy–. Vis-ta.
Christian se esforzó en pronunciar otra palabra.
–Joven –dijo.
Chandos no podía estar ciego; él y Christian tenían la misma edad.
Maddy negó con la cabeza y entrelazó las manos con un suspiro.
Él se dio cuenta de que no estaba a la altura que le requería. Sintió deseos de dar un puñetazo, de golpear los puños contra la piedra. Con un murmullo de ira se dio la vuelta en la cama para alejarse de ella.
Al oír un roce y el sonido de la cerradura, Maddy se puso en pie.
Entró un lacayo con el carrito del té. Dirigió una mirada cautelosa a Christian y, en silencio, empezó a levantar tapas y a servir el té.
Los pastelillos de frutos secos y las finas rebanadas de pan, un-

tadas con mantequilla, tenían una apariencia civilizada. Christian se aproximó a la bandeja. Las tazas tintinearon cuando el lacayo dejó caer una sobre el platillo y se dio la vuelta para mirarlo.

Se detuvo en seco. Jamás en la vida lo había mirado un sirviente con tanta sospecha y aprensión, como si se tratara de un asaltante siguiéndolo por una calleja oscura.

Era como si le hubieran dado una bofetada. Se quedó inmóvil, acusado y condenado en silencio, con una simple mirada.

–¿Noseriamejor tarlo, ñorita?

Christian sintió que el rostro se le encendía de sorpresa. ¿Quién era aquel granuja desvergonzado? Miró a Maddy, impotente, paralizado por la impresión. Ni siquiera podía ordenar al criado que abandonase la estancia y el empleo.

–No –respondió ella.

Christian pensó que debería echarlo de allí con cajas destempladas.

–¿Notiene miedo? –preguntó el lacayo a Maddy.

¿Miedo de él? Maddy negó con la cabeza, y Christian sintió que le invadía una oleada de apasionado afecto por la joven.

El criado volvió a coger la tetera, sin dejar de mirar a Christian.

–Merrompió brazo.

A Christian le fue imposible contenerse ante una afirmación tan monstruosa, un sonido distorsionado de protesta se le escapó de los labios.

–¡Fuera! –gritó dando un paso hacia él–. Maldito hijo de perra jodido hijo de puta, ¡fuera!

A la vez que el lacayo, fue consciente de lo que había dicho y de lo alto y bien que lo había pronunciado. Se miraron de hito en hito y, a continuación, ambos miraron a Maddy.

Estaba sentada, cubierta por la cofia en forma de pala de azúcar, con las manos entrelazadas y la duda reflejada en el rostro. No tenía la más vaga idea de haber sufrido un insulto en su sensibilidad femenina, eso era más que evidente, pero, pese a todo, Christian le hizo un breve gesto de disculpa y después siguió mirando enfurecido al lacayo, incapaz de decir nada que no fuesen obscenidades.

–Mejor que sevaya –dijo Maddy poniéndose en pie.

El sirviente dejó la tetera en su sitio, hizo una reverencia forzada y obedeció.

Maddy se acercó al carrito y acabó de servir el té. Con movimientos tranquilos y metódicos, preparó un plato y lo colocó sobre la mesilla de noche.

–No... brazo –dijo Christian, empeñado en poner las cosas en su sitio– jamás... vi... nunca.

–Asde comer –dijo ella.

Christian torció el gesto. Cruzó los brazos y se apoyó en la pared.

–¡Creer!

–Come.

Se alejó más.

–¡Creer! ¡Niñamaddy!

Un gesto puritano apareció en los labios de la joven.

–Tunorre cuerdas.

No le creía. Creía a aquel patán lastimero antes que a él. Christian pegó un puñetazo contra la pared.

Maddy frunció los labios.

–Tú... estabas... enfermo –dijo despacio y marcando las palabras–. No... lo... recuerdas.

Él se alejó y se dedicó a recorrer la estancia.

–No. ¡No, no, no!

–¡Jervaulx!

Pronunció su nombre con tanta brusquedad, con un énfasis tan marcado, que se detuvo y se quedó mirándola.

–Mañana. Vista lord can ller. Asde mostrar sentidocomún. Serrazonable.

–¿Quién? –preguntó él a gritos–. No... ciego.

–Ni yo sorda –contestó Maddy, e irguió la barbilla.

Christian respiró hondo, con la mandíbula tensa, y asintió una sola vez en reconocimiento a sus palabras.

–¿Qué lord? –preguntó en tono más sosegado.

–Can ller. Lord can ller. Presenciarala vis-ta.

Christian percibió la importancia de aquello en la mirada intensa que ella le dirigió. Necesitaba entenderla. Ella quería que lo hiciese. Hizo un gesto negativo y se dio por vencido. Tenía que ir a ver a un lord ciego que trataba de ver, y era importante.

Debía de haber estado dormida, porque tuvo la sensación de despertar en aquel momento; durante un largo instante se sintió presa de un indecible terror al ver unos ojos brillantes y monstruosos que se cernían sobre ella a corta distancia, pero de pronto recordó y reconoció la reluciente decoración del techo. Se sentó de golpe en la cama.

–¿Jervaulx?

Percibió un movimiento en la oscuridad. Una silueta negra se apartó del bulto de la puerta. El terror la invadió y el corazón empezó a latirle con furia.

–Maddy –dijo él, en medio del silencio y de la tormenta que se había desencadenado en su interior.

La voz sonó insegura y ella respiró aliviada, tranquilizándose tras la tensión, sin fuerza en los músculos.

–¿Qué ocurre? –preguntó con voz no del todo firme.

Apenas lo distinguía a la tenue luz de la lámpara cubierta que había dejado encendida.

–Vista.

Se había puesto el batín de color verde esmeralda sin atar y no llevaba más que unos pantalones debajo.

–Niñamaddy. Di... vis-ta. Lord canc... Lu... legal. ¿Legal?

–Sí –respondió mordiéndose el labio–. Una vista legal. Para decidir sobre la capacidad.

En la semipenumbra, sus ojos eran negros; su aspecto, satánico, aunque aturdido.

–¿Mi... capa...?

–Sí –confirmó ella de nuevo.

Él la miró y, a continuación, posó la vista en la lámpara y en el brillo oscuro de la encerada madera de la mesilla de noche. Movió un poco la cabeza. Maddy dobló las rodillas bajo la falda y las rodeó con los brazos, apretándolas contra el pecho, observándolo.

De repente, Christian clavó los ojos en ella; la extraña luz hizo que su mirada pareciese demoníaca. El catre crujió al sentarse a su lado y cogerla del brazo con expresión vehemente.

–¿De vuelta? –inquirió–. ¿Mandar... de vuelta?

Le dolía el brazo que le atenazaba. Lo soportó, ya que era el único consuelo que podía ofrecerle.

–No lo sé.

Él cerró los ojos.

–No... no volver... lugar locos. –Volvió a abrirlos y la miró, indignado–. No.

Maddy quería mentirle, decirle que lo verdadero era falso. La mejor respuesta que podía darle era que no sabía, e incluso eso era una mentira a medias, aunque alejada de la verdad, algo que iba en contra de las enseñanzas recibidas.

–Mañana tienes que mostrar sentido común –le advirtió–. Hablar con tranquilidad.

Christian le apretó el brazo con tal fuerza que el dolor le llegó al hueso.

–Puedes hacerlo.

Él dirigió la mirada a la puerta del pasillo. Maddy supo al instante lo que estaba pensando. Durante un momento se quedaron quietos, en silencio, atrapados en la red de su anhelo.

–¿Encerrar?

Sus dedos la apretaron todavía más.

Se negaba a mentir. En lugar de hacerlo, no le respondió.

Él la soltó y se alejó hacia la puerta. El pomo giró sin dificultad bajo su mano; los goznes se movieron unos centímetros sin ruido. Christian sostuvo la puerta y la miró.

–Marcho –dijo entre dientes.

Maddy se quedó quieta, esperando a que lo hiciese.

Con la manilla de la puerta en la mano, dijo:

–Marchar... los dos.

Y le hizo un gesto de invitación con la cabeza.

–Juntos.

–No –susurró la joven–. No puedo. No debes hacerlo.

La miró con el ceño fruncido, como si hubiese puesto un obstáculo en su camino. Con cuidado, abrió la puerta un poco más y miró por la abertura. Un rayo de luz procedente del pasillo le iluminó el rostro, lo atravesó por la mitad y confirió un aspecto diabólico a su perfil.

La boca de Christian se curvó con una sonrisa de desprecio.

–Hueso roto –dijo en la oscuridad–. Brazo.

Los ojos de Maddy se acomodaron a la penumbra. Él dio la espalda a la puerta y se quedó mirándola.

–Niñamaddy –dijo–. Vuelvo... –Se detuvo, y a continuación, desde lo más profundo de su garganta, afirmó–: muero.

Maddy no tuvo respuesta.

Se acercó, se sentó de nuevo a su lado en la cama y le asió ambos brazos.

–No... volver. ¡No!

–No es decisión mía. No me corresponde a mí decirlo.

–¡Marchar! –Había un ruego en sus palabras–. Ahora.

Ella, sin saber qué hacer, lo apartó de un empujón.

–¡Vete entonces! No haré nada para detenerte.

Se aferró a ella y la sacudió.

–Los dos. Marchar los dos.

–No –dijo con abatimiento–. Eso es imposible.

Christian bajó la cabeza y gimió de dolor.

–No... uno no. ¡Maddy! –exclamó, clavándole los dedos en los hombros–. No puedo. –La atrajo hacia sí y apoyó el rostro en la curva del cuello de la joven–. Maddy. Niñamaddy. Uno no. No puedo.

Apretó la frente con fuerza contra ella, la mandíbula en tensión por la súplica silenciosa. Se estaba desintegrando. En eso había acabado, tras cerrojos, guardianes y cadenas. Aunque ella le hubiese entregado la llave, habría sido incapaz de salir en libertad.

No tenía valor. No por sí mismo, uno solo, sin el dos.

Pero regresar a aquel lugar... a la celda... a el Gorila.

Se aferró al cuerpo de la joven, helado, paralizado, presa del pánico.

–Jervaulx –dijo ella con voz angustiada mientras le acariciaba el cabello–. Ñana, asdestar tranquilo. Mostrarcuerdo, comomuestrasa mí.

–Maddy –dijo, aferrado a su piel.

Era lo único que podía decir. No, se dijo: lo único que podía hacer. No tenía sentido ni cordura. Tenía que irse, escapar, pero estaba paralizado y temblaba de arriba abajo.

Maddy inclinó la cabeza, apoyó la mejilla en la del hombre y acarició suavemente con la mano su cabello. Él acercó el rostro a la garganta de la joven. Era lo único importante en ese momento, su única unión con la realidad. Hizo un sonido apasionado, para decirle lo que, de cualquier modo, las palabras nunca habrían podido expresar: la magnitud de la necesidad que sentía de tenerla a su lado. Sintió que ella tomaba aire, temblorosa, y que a continuación las lágrimas se deslizaban por su mejilla, humedeciéndola, para decirle entre susurros:

–Que Dios me perdone, Jervaulx, perotamo.

«Pero te amo.»

El hechizo del que era víctima se rompió. ¿Eran ésas las palabras que había pronunciado? La apartó de él y la miró fijamente.

La tenue luz de la lámpara se reflejó en la curva de la mejilla de Maddy, reluciente por las lágrimas, pero no pudo verle los ojos. Ella le acarició el brazo con la mano, apenas un suave roce que no se prolongó.

Christian estaba sumido en la confusión, era demasiado estúpido para alcanzar a comprender. No estaba seguro de haberla oído bien.

La joven se apartó y hundió el rostro en las sábanas. No se lo impidió.

Se puso en pie. Maddy, sumida en la oscuridad, no se movió. A Christian le pareció que su mente estaba ofuscada; quería irse a otra parte, apoyar la cara en una pared fresca y poner en orden los pensamientos que se arremolinaban en su cabeza. Lo peor de todo era que Maddy se había echado a llorar; eso lo enfurecía: «No quiero compasión ni ti-tú ni caridad cristiana».

¿Era eso lo que la movía? ¿La razón de su llanto? ¿Que él fuese un animal temeroso de abandonar su jaula, incapaz de expresar con palabras sus pensamientos, pues pensaba de una forma estúpida, loca y confusa? La dejó allí y volvió a la oscuridad más profunda de la habitación que su padre, su abuelo y su bisabuelo habían ocupado antes que él, y donde habían dormido rodeados de opulencia. Se tendió boca abajo en la cama, con los brazos extendidos y la mejilla apoyada en las sábanas de seda. Le dolían las costillas. Si hubiese sabido una plegaria, la habría rezado: era un cobarde por pedir ahora favores, cuando antes jamás se había dignado a hacerlo.

En su opinión, Dios no tenía ninguna deuda con él. Se lo había dado todo, y él lo había malgastado. Las amenazas de lagos ardiendo en llamas y seres malignos aullando nunca le habían resultado muy convincentes; las consideraba meros castigos que apenas asustaban a un niño travieso.

Se puso boca arriba y contempló la oscuridad circundante.

Estaba condenado... y había descubierto qué era el infierno.

13

Desde la ventana de la cámara, uno podría imaginar que Lincoln's Inn era un pueblecito en pleno campo, gracias a las hojas que caían de árboles venerables, a las verdes praderas, a un silencio como el de la sala de Asambleas, apenas interrumpido por el paso de uno o dos hombres con negras vestiduras flotando tras de sí, recortados por la luz y las sombras del último sol de la tarde. En aquel lugar del centro de Londres, el sonido más destacado era el de un cuervo que graznaba en un árbol cercano mientras sus negros congéneres, en perfecta formación, recorrían los senderos con paso vacilante.

Maddy estaba sentada con su padre en un banco bajo la ventana, flanqueada por el primo Edward y Jervaulx; Larkin se había alejado unos cuantos pasos.

Aquella sala de espera estaba casi abarrotada. Junto a la chimenea estaban lady Clementia y lady Charlotte, en compañía de otras dos hermanas de Jervaulx, con las sillas junto a las de lady de Marly y la condesa viuda. Los esposos de las damas se agrupaban junto a la puerta, hablando entre sí en tono suave y, de vez en cuando, consultaban con un hombre que llevaba puesta una peluca y que permanecía en el umbral de la estancia revisando unos papeles.

Lady de Marly había insistido en que Maddy y su padre estuvieran presentes, lo que resultaba inquietante. Un abogado de aspecto sombrío y voz grave había entrevistado a los Timms en otra dependencia, y les había preguntado cuanto sabían sobre el duque y su comportamiento. El abogado tomó notas y examinó al padre en profundidad en lo referente a cuestiones matemáticas, pero cuando Maddy se levantó y acompañó a su padre fuera de la estancia, no acababa de ver cuál era el objetivo de todo aquello.

A continuación, el letrado se había marchado en compañía de lady de Marly y Jervaulx, quien había regresado muy tenso, aunque trataba de ocultarlo bajo una capa de aparente tranquilidad. Ahora se hallaba junto a Maddy, tras haberlo ataviado de forma impecable un valet que, sin ceremonias, había echado a Maddy del vestidor aquella mañana. Esta vez no llevaba un chaleco bordado con primor, sino uno blanco y sobrio, pantalones blancos hasta la rodilla y una levita azul oscuro que lady de Marly había considerado apropiada. Tenía el aspecto austero de un cuáquero, pero una expresión que Maddy jamás había visto en el rostro de un Amigo, salvo en el de un hombre expulsado de la Asamblea por haberse casado ante un sacerdote con alguien de fuera.

Eso era lo que los parientes querían hacer con Jervaulx, reflexionó Maddy: renegar de él. Prescindir de él, hacerlo desaparecer de la familia y de su puesto. Mientras estaban allí sentados, esperando durante toda una larga tarde en la cámara de la Cancillería, Maddy empezó a comprender: eran ellos, sus propios parientes, hermanas y los hombres con quienes se habían casado, incluso la madre, los que habían instado aquella investigación, y lady de Marly era la única que estaba a favor de Christian.

Llegó el llamamiento para comparecer ante el lord canciller. Lady de Marly se puso en pie, y con ella las otras damas, aunque sólo se requería la presencia de Jervaulx.

Lady de Marly empuñó el bastón y tomó asiento de nuevo. «No me falles», dijo con brusquedad al duque.

En la puerta esperaba el abogado de mandíbula cuadrada e inexpresivo. Jervaulx le lanzó a Maddy una mirada de desesperación. Ella se apretó las manos con fuerza, incapaz de decirle lo que deseaba, no podía hacerlo delante de todas aquellas personas, no podía darle ánimos para que fuese valiente ni animarlo a que no perdiese la fe.

–Excelencia –dijo el abogado–. Su señoría lo espera.

Una oleada de gélido odio apareció en el rostro del duque confiriéndole un aspecto amenazador. Miró, uno por uno, a su familia, a las hermanas, a los cuñados, a su madre, como si quisiera dejarles grabado en la mente aquel momento, para que nunca lo olvidasen. Después se dirigió a la puerta y se acercó al abogado.

Por uno de esos extraños cambios de la realidad, Christian reconoció al hombre sentado tras la mesa: Lyndhurst, que vestía el ropaje de canciller –«cambio de gobierno»–, recordó –«Canning»–, fue el nombre que le vino a la mente. Parte de su vida apareció ante él de repente.

Lyndhurst detuvo el rápido tamborileo de sus dedos y levantó la mirada de los papeles que tenía en la mano. El alivio se reflejó en su rostro y reemplazó la inquietud anterior cuando vio a Christian silencioso ante él. Lyndhurst se levantó y rodeó la mesa, tendiéndole la mano.

Christian lo conocía bien: era un mujeriego famoso, un *whig* renegado, a gran distancia del rincón del pequeño grupo de radicales donde Christian se sentaba en la Cámara de los Lores, pero no estaba entre los peores de aquellos lores de más edad. ¡Y ahora era el lord canciller! Menudo progreso. Pero Christian recordó la situación con dificultad: crisis de los *tory*, conversaciones e incertidumbre; se sentía a la deriva, no tenía noción del tiempo transcurrido ni de la situación actual del gobierno.

Estaba claro que no había habido ninguna revolución, no si alguien como Lyndhurst había sido nombrado lord canciller.

El hombre palmeó a Christian en el hombro y le sujetó la mano; apenas se notó la confusión de Christian cuando fue incapaz de levantarla. Christian se movió y fue de nuevo un ser humano capaz de devolver el saludo.

–¡Buenaspecto, sir! ¡Muybueno!

Christian asintió.

–Vengasiéntese. Notardaremos mucho. Eablado con ladymarly, ¿sabe?

Y con esas palabras le señaló una silla junto a la chimenea, y acercó la suya hasta allí. Desató el lazo de su toga. Hubo un ondear de encajes cuando, de una sacudida, se desprendió de la prenda y se la entregó a un subalterno, quien salió por la puerta y desapareció con aquel trofeo color escarlata. Lyndhurst desdobló los anteojos y se los colocó en la nariz; los otros hombres con peluca estaban cerca y se dedicaban a pasar papeles.

–Unascuantas preguntasencillas, itodoaclarado, ¿eh?

Dirigió una mirada a Christian, esperanzada y azorada, y se aclaró la garganta. Uno de los hombres le entregó unos papeles.

Transcurrieron unos segundos, que Lyndhurst empleó en hacer muecas a los papeles que tenía en el regazo y, sin levantar la vista, dijo:

–Declarenombre ifiliación, sir.

Christian cerró las manos en torno a los brazos de la silla. Se oyó un pequeño estallido en la chimenea. El corazón le latía aceleradamente.

Lyndhurst levantó los ojos.

–¿Nombre?

«Christian Richard Nicholas Francis Langland.»

Era incapaz de pronunciarlo.

Sintió resurgir el terror. Las palabras se negaban a salir de su boca. Su respiración empezó a hacerse más profunda; miró a Lyndhurst con fijeza mientras trataba de convertir las exhalaciones en sonidos.

Uno de los hombres con peluca dijo algo, pero para Christian no fue más que una serie de sílabas sin sentido. Le pusieron un cuaderno de hojas de pergamino en el regazo y le dieron una pluma.

Aproximó la pluma a la hoja. No ocurrió nada. La dejó y volvió a cogerla con la mano izquierda. Trató de pensar en las letras, en su forma, en cómo iniciarlas. Levantó los ojos y miró a Lyndhurst, y lo descubrió inclinado hacia él con el ceño fruncido en gesto de preocupación.

–¿Nopuedescribir nombre?

Christian recostó la cabeza en el respaldo de la silla. El Gorila, aquel lugar, ¡lo encerrarían de nuevo! Aquel frenesí que se apoderó de él acabó de alejar las palabras, las apartó de su alcance, más allá de toda esperanza.

Los hombres con peluca lo observaban con aire solemne. La última vez que había intervenido en la Cámara de los Lores había sido en un debate sobre la educación, las asociaciones de estudiosos y la ciencia, y recordaba que en aquel momento Lyndhurst había estado tomando notas y cuchicheando, actitud normal entre los *torys*. Pero ahora, como parientes lejanos que se arremolinan en torno a un lecho de muerte, el lord canciller y sus subordinados se dedicaban a examinar al duque de Jervaulx: contenidos, incómodos, fascinados.

Era uno de ellos, vestía como ellos, había ocupado un escaño en la Cámara de los Lores como Lyndhurst... y ahora le había sucedido aquello.

Lyndhurst, inclinado sobre la silla, se estiraba el labio. Hizo un gesto negativo con la cabeza y tomó notas en un folio.

Christian ardía de vergüenza. Miró el cuaderno que tenía en el regazo y escribió la expresión algebraica de la distancia entre dos puntos con respecto a un eje octogonal.

–¿Queseso? –preguntó Lyndhurst mirando el cuaderno, y alargó la mano para darle la vuelta sin quitarlo del regazo de Christian.

El mismo hombre con peluca de rostro cuadrado se inclinó hacia él y murmuró algo en su oído.

–Ah –exclamó Lyndhurst, colocándose los anteojos, que se habían deslizado nariz abajo. A continuación miró a Christian y dijo–: ¿Puedescribir laserie veinte?

¿Veinte? Todos miraban expectantes el cuaderno y Christian dedujo que tenía que escribir. Esta vez la mano le obedeció. Transcribió el numeral veinte en el cuaderno.

–Uno, dos, veinte, sino limporta.

Con más seguridad, Christian escribió mil doscientos veinte.

Lyndhurst suspiró y volvió a estirarse el labio. La confianza momentánea de Christian se evaporó. No lo había hecho bien, era obvio. Y volvió a sentir una oleada de terror en su interior al comprobar que estaba fallando.

El otro hombre con peluca habló, y Lyndhurst asintió ausente. La puerta se abrió y apareció un funcionario que acompañaba a la madre de Christian a la estancia. Christian se puso en pie. Ella ni siquiera lo miró; se detuvo junto a la puerta. Cuando el hombre con peluca le rozó el brazo, la dama se dio la vuelta y abandonó la sala. La puerta se cerró tras ella.

Christian, desconcertado, se quedó inmóvil un momento, después volvió a tomar asiento.

–¿Conoce ladama?

La ira se apoderó de él: aquello no era más que un juego para ellos, un entretenimiento cruel para confundirlo.

–¿Quiénes?

«¿Qué?»

–¿Nombre? –insistió Lyndhurst.

Cerró los ojos y se concentró en ello. No lo recordaba. No dijo nada.

–¿Nolsabe?

«¡Nada!» Christian miró con fijeza a Lyndhurst mientras respiraba con fuerza entre dientes.

Uno de los hombres con peluca cogió una vela apagada de la

repisa de la chimenea y la colocó en la mesita que había al lado de Christian. Le entregó un papel retorcido para encender la vela.

Papel y vela. Papel y llama. Pero sus manos parecían no tener nada que ver la una con la otra.

Lyndhurst se inclinó y cogió el papel enrollado, lo aproximó a las llamas hasta que salió humo. Apareció una leve llama. Invirtió el papel y se lo pasó a Christian.

Él lo aceptó con cuidado. Contempló la llamita azul y amarilla y el hilillo de humo blanco que salía en círculos de la punta.

Alguien pronunció unas palabras con cortedad. El hombre con peluca se inclinó y apagó la llama de un rápido soplido.

Christian frunció el ceño. Tenían que darle tiempo; no le daban tiempo suficiente. La expresión del rostro de aquel hombre lo enfureció. Cerró los ojos, tanteó en busca de la vela y la cogió en una mano. En la otra sostenía el rollo de papel medio quemado.

Estaba empeñado en demostrar que era capaz de hacerlo. Lo intentó. Miró la tea de papel, la aproximó a la vela y volvió el rostro para verlo mejor. Con la mano derecha le dio la vuelta a la vela y con la izquierda aproximó la humeante tea a la cera. Pequeños trozos de ceniza se desprendieron y cayeron sobre el cuaderno y sus pantalones, pero algo iba mal. Giró la vela y volvió a juntarla con la tea. El rollo de papel se desintegró en sus manos y cayó al suelo. Christian lo miró desesperado.

Lyndhurst, musitando para sí, continuó escribiendo. El funcionario extrajo con suavidad la vela invertida de las manos de Christian. A continuación, cogió un fajo de billetes y un puñado de monedas de la mesa y se lo entregó al lord canciller. Lyndhurst se inclinó y extendió el dinero sobre el cuaderno en el regazo de Christian.

–Su melo –dijo.

Christian cogió un billete de una libra y miró a Lyndhurst. El lord canciller le devolvió la mirada con comprensión, compasivo. Y en aquella piedad paciente Christian leyó su destino.

Apretó el billete con fuerza y se puso en pie, lanzando el cuaderno a las llamas. Las monedas cayeron en cascada y resonaron al chocar contra el hogar.

–¡No, no, no, no! –fue todo lo que consiguió decir, sólo podía repetir aquella palabra tan fútil una y otra vez–: No, no, no, no.

Se sintió como un animal acorralado con todos aquellos ojos asustados clavados en él.

Lunático, lunático, de vuelta al manicomio y las cadenas. De vuelta para morir. O lo que es peor: para vivir.

Lunático, Dios santo. Declarado loco legalmente. Un lunático.

Llamaron a Maddy y al primo Edward para calmarlo. La joven acudió con el corazón en la garganta, esperando encontrarse con el desastre, pero lo único que vio fue a Jervaulx junto a una silla caída, rodeado de abogados y del propio lord canciller, que parecían abrumados.

Jervaulx vio a Maddy. Levantó las manos y las dejó caer de nuevo con un gemido de angustia.

El primo Edward se acercó a la silla y la colocó en su sitio.

–Vamos –dijo con tranquilidad–. No querrá que nos veamos forzados a utilizar las manoplas, ¿verdad que no, señor Christian? Y menos delante de su señoría y de la señorita Timms.

Jervaulx le pegó un puñetazo.

Edward cayó al suelo con los brazos en remolino, chocando con la silla mientras los letrados se lanzaban hacia Jervaulx antes de que pudiese escapar. Durante un momento reinó la confusión: hubo gritos y crujidos de la madera; a continuación apareció Larkin, quien, de un puñetazo, lanzó al duque contra la mesa cuando todavía dos de los abogados lo tenían agarrado por los brazos. Los papeles volaron por los aires, legajos enormes y pilas de escritos cayeron al suelo. Larkin se arrojó sobre el duque y le rodeó el cuello con sus fuertes manos.

La lucha cesó. Jervaulx, jadeante, echó la cabeza hacia atrás, apoyándola en la mesa. Cerró los ojos, y ocultó el rostro a los allí presentes.

Larkin se apartó de él con lentitud, mostrando en la mano una gran porra de caucho antes de guardársela en el bolsillo. Los dos letrados habían perdido la peluca. Parecían acalorados, incómodos y disgustados cuando Larkin dijo:

–Pónganlo en pie y suéltenlo, señores. No les hará daño.

Lo enderezaron. Jervaulx apenas parecía consciente de estar asido por los brazos; una vez en pie, se apoyó en la mesa y no hizo ademán de moverse cuando lo soltaron. Su elegante levita estaba desgarrada por el hombro y dejaba asomar el lino blanco.

El primo Edward se acercó con las manoplas de cuero, se las

puso y aseguró los lazos con la experiencia propia de alguien con mucha práctica. Le sangraba el labio, pero Jervaulx, que había recibido un golpe mucho más fuerte de Larkin, no tenía ninguna marca.

–¿Qué es esto?

La voz de lady de Marly cortó el aire como un cuchillo.

El lord canciller, quien estaba examinando sus anteojos rotos, levantó la vista.

–Milady.

Tras ella se arremolinaban la duquesa viuda y los otros familiares, que se empujaban entre ellos para seguir a lady de Marly. Maddy se encontró acorralada en un rincón cuando uno de los cuñados de Jervaulx la empujó para abrirse paso mientras le pedía disculpas sin convicción.

Jervaulx, con los brazos atados, permanecía inmóvil con la vista clavada en el suelo. El desgarrón del hombro se había ampliado por el extraño ángulo de sus brazos, forzados por las manoplas.

El lord canciller miró a su alrededor y a la familia que abarrotaba la estancia.

–Bien –dijo con sequedad y enojado–. Como todos los familiares se hallan presentes en esta sala, permítanme que les comunique mi decisión en lo concerniente a la solicitud de declarar incompetente a su señoría Christian Langland, duque de Jervaulx.

Lady de Marly golpeó el suelo con el bastón de forma que no presagiaba nada bueno.

–Lyndhurst... –empezó a decir, autoritaria.

–Milady –en la voz del lord canciller se oyó una nota de advertencia–, permítame.

Tomó asiento en una enorme silla junto al fuego e indicó a lady de Marly que hiciese lo propio en la que habían vuelto a poner frente a él. Extendió la mano y se mantuvo a la espera.

El escribiente se apresuró a recoger los papeles desparramados a sus pies. El lord canciller los tomó, los ordenó y acercó los anteojos rotos a la nariz.

–He examinado al duque con el propósito de averiguar si está capacitado para disponer de sus asuntos. Es incapaz de decir su nombre o de escribirlo. No sabe contar de uno a veinte. No parece reconocer a su madre. No reaccionó con normalidad cuando se le pidió que encendiese una vela. Al pedirle que contase una cantidad de dinero, lo arrojó a la chimenea. Éstos son... –Su voz subió de tono cuando lady de Marly trató de interrumpirlo–. Éstos son los criterios que de costumbre aplicamos para determinar si alguien se haya en posesión de sus facultades mentales, milady.

Lady de Marly había permanecido inclinada hacia delante; cuando su mirada se cruzó con la del lord canciller, se echó hacia atrás e irguió la barbilla.

–Señoría, estamos hablando del duque de Jervaulx. –Dirigió una mirada al lord canciller que hubiese encogido a las piedras–. El duque de... Jervaulx.

Eran como dos ancianos enzarzados en una silenciosa batalla, dos voluntades de acero enfrentadas. Una turbadora quietud se adueñó del resto de los presentes, de todo lo demás, excepto por el fuego que crepitaba sin mucho ruido entre lady de Marly y el lord canciller. Era un sonido cotidiano; Jervaulx no se movió ni levantó los ojos del suelo.

Hubo un crujir de papeles en las manos del lord canciller. Se aclaró la garganta.

–En representación de su señoría la duquesa viuda de Jervaulx, comparecen lord Tilgate, lord Stoneham, el señor Manning, el señor Perceval, conjunta y solidariamente, etcétera, etcétera, solicitan del tribunal, etcétera, que instruya el procedimiento de inhabilitación por pérdida de facultades mentales; sí, ya sabía yo que no me había equivocado. –Miró al abogado de la familia–. Señor Temple, hay un error en estos documentos. No tendrían que haber solicitado declaración de pérdida de facultades mentales, sino de locura, como se deduce tras el examen del duque. –Dirigió a los presentes una fría mirada–. Es evidente que es un caso de enajenación mental y no de imbecilidad. Si la parte que usted, señor Temple, representa desea corregir la solicitud y presentarla de nuevo, yo, por supuesto, no tendré inconveniente alguno en volver a estudiar el caso en el futuro.

Maddy no lograba entender por qué lady de Marly se mostraba tan llena de júbilo. Parecía ver el aplazamiento como una auténtica victoria y, de eso no cabía duda, las quejas vehementes de los cuñados en voz baja revelaban su insatisfacción. Mientras lady de Marly se dirigía con lentitud y dando golpes con el bastón hacia el vestíbulo y el carruaje que esperaba fuera, Maddy oyó que uno de los maridos murmuraba:

–Por Dios, hombre, ¿otros seis meses más? –Su voz subió de tono cuando tomó al abogado del brazo y añadió–: ¡El patrimonio! ¡Será un caos!

Los otros lo hicieron callar. Maddy los adelantó en el vestíbulo. Las hermanas y los cuñados de Jervaulx la miraron pasar, se hicieron a un lado y se pusieron de espaldas a la pared. Maddy se detuvo al llegar al rellano de la escalera.

Entre el primo Edward y Larkin, Jervaulx pasó frente a la fila de espectadores, maniatado, como un criminal camino de la ejecución. No dio señales de saber que había más gente cerca de él; pareció fijarse únicamente en los bordes de los vestidos de sus hermanas al pasar por su lado. No levantó los ojos hasta pasar junto a Maddy; ella vio que estaba muy lejos de allí.

En su mirada no daba muestras de pena, ira, reconocimiento. Había dicho que moriría si lo mandaban de vuelta. Maddy pensó que era como si ya lo hubiese hecho. Estuvo a punto de alargar la mano y tocarlo, pero... no.

No. Era mejor así. Era mejor que no regresase, no hacerle sentir aquel momento. La familia cerró filas en el vestíbulo tras su paso y empezaron a murmurar entre ellos. Maddy se recogió la falda, dio la espalda a Christian, y bajó la escalera delante de él.

Como siempre, en una butaca próxima a la chimenea, lady de Marly se hallaba sentada en su *boudoir* privado, rodeada de muebles orientales laqueados en negro. Cada espacio estaba cubierto de frascos de porcelana azul y blanca. Los había grandes y diminutos, sencillos y pintados con grotescos dragones y animales míticos. Olió con intensidad las sales de uno de los frascos y, a continuación, abrió los ojos e hizo girar el recipiente con la mano.

–Señorita Timms –dijo mirándola fijamente–, es imprescindible que Christian entienda lo que tengo que decir. Por eso está usted aquí.

–Comprendo.

–Mocosa maleducada. Contésteme llamándome milady cuando le hablo.

–Va en contra de nuestros principios –respondió Maddy.

Lady de Marly enarcó las cejas.

–De eso no hay duda.

Pareció contentarse con aquel comentario cáustico y centró su atención en el duque. Estaba maniatado y observaba las manoplas como un sombrío proscrito encadenado. Lady de Marly aspiró una nueva dosis de sales y, a continuación, moviendo el frasco, ordenó:

–Quítele esas... ataduras –como si pronunciar la palabra le resultase ofensivo.

Maddy se alegró de hacerlo. Jervaulx no se movió mientras ella desataba las manoplas. Una vez libre de ataduras, miró una mano y luego la otra. Levantó la cabeza e hizo un único gesto lacónico de asentimiento a Maddy, dándole las gracias.

Lady de Marly dio un golpe con el bastón para reclamar su atención.

–Y tú, muchacho, ¿sabes lo que ha ocurrido hoy?

–Despacio –aconsejó Maddy.

La anciana dama hizo una mueca de enfado.

–¡Jervaulx!

El duque la miró.

–Escúchame. Hoy has fracasado. Fracasado.

Jervaulx movió la mandíbula. Empezó a respirar más rápido, haciendo esfuerzos por hablar. Para alivio de Maddy, lady de Marly esperó sin tratar de interrumpirlo.

–¡Vesta! –explotó con furia–. No... de vuelta. ¡Dios! Si... me quieres. Si –alargó el brazo y tomó el de Maddy, empujándola hacia su tía. La tenía agarrada delante de él–... habla.

Maddy sintió que le clavaba los dedos en el brazo. Él le dio una pequeña sacudida y de su garganta salió una especie de gruñido.

–Habla –insistió.

–No quiere volver a Blythedale, lady de Marly –dijo–. Creo que es eso lo que quiere que te diga.

–Claro.

Ni siquiera miraba a Maddy, sólo al duque.

Jervaulx exhaló un gemido y alejó a Maddy de sí con un empujón. A grandes zancadas llegó hasta el fondo de la estancia.

–Mato... ahora. –Se volvió hacia ellas, agarrando los calados del respaldo de una silla china de ébano–. No... vuelvo.

Lady de Marly lo contempló, asintiendo levemente.

–Sin embargo, tendrás que volver. Tu madre así lo quiere –dijo con tranquila crueldad, lo que forzó a Maddy a hablar.

–Quizá si pensases...

–¡Señorita Timms! –exclamó, cortante, lady de Marly.

Maddy guardó silencio.

–Señorita Timms, usted no mencionó que era capaz de hablar con inteligencia.

Lady de Marly tenía la capacidad de hacer que uno se sintiera culpable incluso por algo bueno.

–A veces habla –dijo Maddy–, pero no lo hace con frecuencia.

–¿Con cuánta frecuencia? ¿En qué circunstancias?

–Creo que cuando... cuando está enojado. Cuando desea algo con fuerza. Cuando es... –titubeó– cuando es importante para él.

–Ya veo.

Lady de Marly agarró el puño del bastón con ambas manos. Reclinó la cabeza en el respaldo y entornó los ojos.

–Jervaulx –dijo la anciana dama–. Tendrás que volver. ¿Lo entiendes?

Él se agarró a la silla.

–¿Volver?

Sólo una palabra, una palabra llena de dolor.

–Sí. –Lady de Marly abrió los ojos y dio un golpe con el bastón–. A menos que hagas lo que yo te diga.

Ayudada del bastón, se puso en pie. El duque no se movió mientras se aproximaba a él, con cada paso se oía el frufrú de la seda. Se detuvo, apoyándose con fuerza en el bastón. Se miraron fijamente; sólo los separaba la silla de ébano.

–No volverás, Jervaulx. No... volver... si... –lanzó una mirada desafiante a los ojos del duque–... si aceptas.

Su rostro estaba sombrío por la emoción y el cansancio.

–¿Acep... to?

–Si aceptas casarte.

Jervaulx ladeó el rostro ligeramente. Maddy vio que éste vacilaba.

–Casarte –repitió lady de Marly, simple y llanamente–. Casarte... asegurar el título... y no tendrás que volver. Yo me encargaré de ello.

La comprensión le inundó el rostro. Una mezcla de comprensión y afrenta –un instante de arrogancia aristocrática, un duque en estado puro, sorprendido y ofendido por aquel entrometimiento–, y a continuación su comprensión aumentó y entendió el alcance de lo que la dama le ofrecía. Se soltó de la silla.

–Sí –profirió.

Cualquier cosa, decía aquella única sílaba. Cualquier cosa con tal de no regresar.

14

–«Sí quiero» –leyó Maddy una vez más.

Los dedos del duque apretaban con fuerza la empuñadura de un pesado sello. Un nuevo cuño quedó impreso en el papel secante del escritorio cuando lo presionó contra él mientras hacía esfuerzos para hablar. Maddy se había pasado todo el día encerrada con él en la biblioteca, recitando la fórmula matrimonial del devocionario. Christian no miró ni una vez aquel sinfín de crestas de fénix que iba dejando en el papel. Ni una sola vez apartó los ojos de ella.

–Sí... ero –consiguió decir.

–Sí... quiero –le corrigió Maddy.

La miró desde el otro lado del escritorio. La concentración impedía que cualquier signo de humanidad aflorase a su rostro: no había en él más que frialdad y sombras, el azul de sus ojos tenía la profundidad del cielo en invierno. De su boca no salió ningún sonido.

Maddy miró de nuevo el libro. Una vez más leyó la nota de lady de Marly con los nombres que había que incluir, aunque ya hacía tiempo que los había memorizado.

–Yo, Christian Richard Nicholas Francis Langland...

–Christian Richard –dijo él–. Christian Richard... Nn... clas. –Tragó saliva y apretó los dientes–. Fra... Lang.

–Te tomo a ti...

–Tttti –dijo el duque en lo que era casi un gemido.

Maddy continuó como si lo hubiera hecho bien, aunque empezaba a tener la sensación de que no lo lograría. Lady de Marly les había encomendado la tarea después del desayuno, y ahora, tras haber pasado ya la hora del té y de la cena, Maddy estaba a punto de tirar la toalla.

Se humedeció los labios, exhaló aire con suavidad y leyó de nuevo. Un sonsonete de cansancio se adueñó de su voz.

–Te tomo a ti Anne Rose...

–Te tomo a ti Anne Rose.

Dijo aquellas palabras con bastante claridad. La repentina fluidez hizo que Maddy levantase la vista. La sorpresa se había adueñado de ambos; el duque parecía tan sorprendido del éxito como ella.

Una sonrisa apareció en el rostro de Maddy.

–¡Eso es!

El duque sonrió, ruborizado por el logro.

–Te tomo a ti... Anne Rose –repitió, puntuando cada palabra con un gesto de asentimiento.

–Te tomo a ti, Anne Rose Bernice Trotman...

La sonrisa desapareció de su rostro. Frunció el ceño y negó con la cabeza.

–Te tomo a ti Anne Rose...

–Ber-nice Trot-man.

–Te tomo a ti Anne Rose Bernice Trotman.

–¡Sí! –exclamó Maddy, inclinándose hacia delante–. Yo...

La interrumpió y dijo puntuando el ritmo con gestos afirmativos:

–Christian Richard Nick'las Langland. Christian Richard Nick' las Langland. Yo... Christian Richard Nicholas Langland. –De un empujón lanzó hacia atrás la silla y se levantó–. Yo Christian Richard Nicholas Langland. Langland. Christian. Yo Christian Richard Nicholas Francis Langland. ¡Langland! –Soltó una carcajada áspera y victoriosa. Agarró el sello y con cada palabra dio un golpe sobre el papel–. ¡Yo Christian Richard Nick'las Francis Langland!

Aquella muestra violenta de entusiasmo la asustó. Maddy cerró el devocionario.

–Quizá sea un buen momento para dejarlo por hoy.

–¡No!

Rodeó el escritorio, le quitó el libro de las manos y lo colocó de golpe abierto sobre la mesa.

–¡Niñamaddy! Te tomo a ti Anne Rose Bernice Trotman...

La joven titubeó. Él le agarró la mano y se la estrujó mientras se la acariciaba dolorosamente.

Maddy asintió y él la soltó. La joven se inclinó sobre el devocionario.

–«... como mi legítima esposa.» –Se le hizo más difícil adaptar aquellas palabras al sonsonete. Se vio forzada a darles un ritmo poco natural–. Como mi legítima esposa.

–Como mi légima esposa.

Maddy pensó que aquello se aproximaba bastante.

–Y prometo amarte y respetarte.

–Y prometo amarte respetarte...

De ahora en adelante, en la prosperidad y la adversidad, en la riqueza y en la pobreza, en la salud y en la enfermedad. Aunque los votos matrimoniales de la Iglesia de Inglaterra dejaran mucho que desear, y la Sociedad de los Amigos no dijese nada bueno de ellos, aquellas líneas tenían una cadencia simple y rítmica que Jervaulx era capaz de repetir. Estaba muy lejos de hacerlo a la perfección y dejaba escapar las sílabas que no acababan de acoplarse al ritmo, pero rebosaba alegría por su progreso. Recorría la habitación, asintiendo cada vez para marcar el compás, e insistía en que ella leyese la fórmula una y otra vez mientras él la repetía.

Por fin, se acercó a donde estaba, se puso tras ella con las manos en los hombros de la joven y recitó sin ayuda el pasaje completo.

–Sí quiero. Yo Christian Richard Nicholas Francis Langland te tomo a ti Anne Rose Bernice Trotman. Como mi legítima esposa. Y prometo amarte y respetarte. Todos los días de mi vida. En la prosridad y en la adversidad. En la salud y en la enfermedad. Hasta que la muerte nos pare. –Marcaba la cadencia con los dedos–. Y cumplir la voluntad de Dios. Y me entrego a ti como poso. ¡Ya!

La abrazó con fuerza, era obvio que se sentía orgulloso de sí mismo por haber salvado las dificultades de las últimas líneas.

Maddy giró la cabeza, pues la cofia le impedía verlo con claridad. La toca constituía una protección, era una barrera que la defendía de la euforia de un hombre, de su maravillosa sonrisa y de sus ojos oscuros del color de la medianoche.

Pertenecía al mundo y un sacerdote lo casaría con otra criatura mundana. Se casaría, y no regresaría a Blythedale Hall.

Con un movimiento rápido, cerró el libro. Se enderezó y se apartó de él.

–Voy a decirle a lady de Marly que ya sabes decir tus líneas.

Lady de Marly reclamó su presencia de inmediato. La dama hacía su última colación del día en la cama, con una bandeja sobre el regazo, instalada bajo pájaros exóticos y figuras orientales en el salón chino. Maddy estaba ante ella con las manos apretadas.

–¿Así que cree que está preparado? –preguntó lady de Marly mientras mordía una tostada y bebía sorbos de té.

–Puede que lo haga mejor con un poco más de esfuerzo.

–Seis meses, señorita Timms, seis meses es todo lo que Lyndhurst nos ha dado. Y puede que no contemos ni siquiera con ese tiempo, aunque el abogado me asegura que sería sorprendente que se procediese con más rapidez con la solicitud corregida que con la original. –Dejó caer con descuido y estrépito la cucharilla sobre la bandeja–. No podemos esperar hasta que lo haga bien. Lo mejor es quitarnos de encima el problema de una vez por todas y que la joven se quede embarazada. No quiero problemas de legitimidad. ¿Entiende la urgencia del asunto?

–¿Te refieres a su matrimonio?

–A su heredero, muchacha. No tiene heredero. Debería haberlo tenido hace años, como cualquier hombre sensato, pero ¿qué hizo la cabeza de chorlito de su madre? Dedicarse a darle la lata cada minuto de su vida para que reformara su conducta y se casase; con el lógico resultado de que por nada del mundo se dejaría arrastrar al altar. La desobedece en todo lo que puede. Y no es que yo lo culpe por hacerlo, pero únicamente un tarugo egoísta que se cree inmortal habría dejado el título sin asegurar. Y eso, como le he dicho sin morderme la lengua, es exactamente lo que él es. Y ahora...

De repente, la voz le tembló y dejó de hablar. Fue como si le pesaran los años y dejasen al descubierto su vulnerabilidad: buscó con dedos torpes la taza de té y, temblorosa, bebió un largo sorbo. La taza repiqueteó al posarla en la bandeja.

Durante un rato, tuvo la mirada perdida y luego resopló.

–En fin. De cualquier forma, ahora que está... como está –continuó con una frágil precisión que fue ganando fuerza mientras hablaba, como si al hacerlo recuperase el control de cuanto decía–, tenemos que conservar lo que podamos. El ducado revierte a la Corona si no hay descendencia masculina legítima. Eso es lo que está en juego, mi inteligente muchachita. No tiene heredero. Y un imbécil no puede contraer matrimonio, ¿verdad que no? Como tampoco puede hacerlo un hombre al que hayan calificado de perturbado mental. Si no logramos casarlo antes de que lo declaren incapaz... lo habremos perdido.

Maddy se quedó en silencio, un tanto turbada. No creía que

lady de Marly apreciase un discurso sobre la vanidad de instituciones mundanas como los ducados, pero forzar a su sobrino al matrimonio para no perderlo, hacerle chantaje para que se casara con la amenaza de Blythedale, le parecía algo inicuo, cruel.

–Pero... ¿y Anne Trotman? –preguntó con timidez–. ¿Está dispuesta a casarse con él?

–Hablamos del duque de Jervaulx, muchacha.

–Pese a...

Lady de Marly depositó la taza en la bandeja haciendo ruido.

–Hace un mes su padre y yo llegamos a un acuerdo satisfactorio. La familia pertenece a la aristocracia terrateniente. Tienen un antiguo vínculo con los duques de Rutland, pero sin derecho a reclamar honores hereditarios. El señor Trotman acaba de ser nombrado diputado por un pequeño distrito en Huntingdonshire. La dote matrimonial de la joven apenas alcanza las diez mil libras, frente a la generosa suma, y creo que estará de acuerdo conmigo, de cincuenta y dos mil libras anuales en gananciales por ser la esposa del duque. En mi opinión, la señorita Trotman puede considerarse una joven extraordinariamente afortunada.

–Ella no lo sabe.

Lady de Marly mostró mucho interés en su tostada y cortó un trozo con precisión.

–Sabe que ha estado enfermo. Ni sus padres ni yo hemos considerado apropiado abrumarla con los detalles. Las mentes jóvenes tienen tendencia a dejarse llevar por la imaginación.

–Lady de Marly..., no puede ser un matrimonio válido a los ojos de Dios.

–No sea impertinente.

–Soy llana en el habla.

–Maleducada y vulgar. ¡Matrimonio válido a los ojos de Dios! Una ceremonia en la Iglesia de Inglaterra. ¿Qué más se puede pedir? Tonterías, muchacha. ¿Con qué ideas propias de alguien de baja estofa va a salirme ahora? ¿Con lo de compartir el lecho vestidos? ¿Deberían cortejarse en la cama, como hacen los criados campesinos? ¿Montarse en una escoba para pronunciar sus votos? Dale con la validez del matrimonio. No sabe de lo que habla.

–Sé que la verdad no puede basarse en el orgullo de la posición social ni en la falsedad.

Lady de Marly arrojó el cuchillo de plata sobre la bandeja.

–¡Mujerzuela insolente! ¿Me está llamando mentirosa?

Maddy, con terquedad, tomó aliento.

–Tú eres la única que conoce la verdad de tu corazón.

–Y usted haría bien en no olvidarlo, muchacha. Ya he escuchado su parloteo disidente. Él es duque, y ella será duquesa. No veo qué objeciones se pueden poner a eso. Sólo veo un problema, y es el de la sangre contaminada. Pero no ha habido ni un caso de locura ni de imbecilidad en la familia desde hace siglos, dejando a un lado a la boba de su madre. Puede creerme cuando le digo que me he asegurado de ello. Y el señor Trotman, si es que tiene dos dedos de frente, también lo habrá hecho.

A Maddy le pudo la preocupación.

–Cuando lo descubra, ella no lo aceptará. Lo humillará.

–¡De eso ni hablar! –dijo lady de Marly con crispación–. Señorita Timms, reconozco que es usted una joven de buen corazón, pero déjeme que también yo me exprese con llaneza. La señorita Trotman se convertirá en una aristócrata. Tendrá su propia casa: esta casa. Su propio servicio. Acceso a los grandes del reino y una fortuna que no tendrá posibilidad de agotarla. Con esta alianza, la carrera política de su padre, qué digo, el futuro de toda la familia queda asegurado. Para lograr todo eso, no tendrá más que cumplir con su deber para con él. Sus padres lo entienden, como es lógico. Con independencia de sus sentimientos, me han asegurado que la señorita Trotman, tras hacerla reflexionar, se convencerá de las ventajas de un matrimonio como éste.

–¿Y el duque?

–El duque ya no será de su incumbencia.

–Pero, si hubiera un heredero, puede que ella quisiese librarse del duque.

–Señorita Timms, ha llevado mi paciencia hasta el límite. ¿Por qué cree que elegí a la joven? Es manejable. Sus cuñados no plantearán ningún problema, y su madre tampoco. La señorita Trotman es consciente de quién ha hecho esto por ella.

Maddy se quedó callada, presa de una peculiar inquietud por el futuro de Jervaulx.

Lady de Marly la contempló.

–Señorita Timms –dijo con tono más suave del que hasta entonces había utilizado–. Es el último hijo con vida de mi hermano. Es el último representante de mi familia a quien entiendo. Si usted hubiese sobrevivido a su marido, a sus hijos y a toda su generación, sabría lo que eso significa.

–Si lo quisieses, jamás lo enviarías de vuelta.

La dama enarcó sus cejas pintadas.

–¡Ah! Pero yo no he dicho que lo quiera, le he dicho que lo entiendo. O se casa, o vuelve al manicomio. Se lo juro. Y así puede comunicárselo. –Recostó la cabeza en los almohadones–. Asegúrese de que sepa decir bien la fórmula del matrimonio, muchacha, si de verdad le preocupa su futuro. Y ahora retire esta bandeja para que pueda dormir.

Estaban todos reunidos: los Trotman, lady de Marly y la duquesa viuda, cuando Maddy entró en el salón con Jervaulx. Lady de Marly, sin levantarse del asiento, dijo:

–Jervaulx. El señor y la señora Trotman.

El padre, caballero distinguido y vigoroso, de mejillas rubicundas, atravesó la alfombra al instante y alargó la mano.

Jervaulx la miró, examinó el rostro del hombre e hizo un ligero gesto de asentimiento. Trotman apartó la mano.

–Sir –respondió con una profunda inclinación formal para disimular su incomodidad–. Es un honor para mí. Permítame que le presente a mi esposa –e hizo un leve giro. La dama, muy rubia y de pequeña estatura, hizo una reverencia–. Y ésta... ésta es mi hija Anne. –Con un gesto paternal la invitó a acercarse–. Annie, no te quedes ahí. Es una muchacha tímida; espero que no se lo tenga en cuenta, sir, dadas las circunstancias. Ven aquí, cariño, y date a conocer al duque.

Anne Trotman obedeció y se alejó del lado de su madre con el rostro bajo. Al llegar junto a su padre, levantó los ojos fugazmente y volvió a bajar la mirada, al tiempo que hacía una profunda reverencia. En aquel breve instante, Maddy vio lo joven que era, que estaba tan pálida en aquel momento como lady de Marly, aunque tenía las mismas mejillas rubicundas de su padre, y que su rostro, enrojecido ahora por el temor, era demasiado redondo para poder considerarlo hermoso, pero aun así era bastante bonita. Rubia, vestida de verde manzana con lazos y plisados blancos, parecía un corderillo aterrorizado ante la apariencia de un lobo negro y fiero: Jervaulx.

Maddy vio que éste examinaba a la joven de arriba abajo: el complicado peinado, las mangas abullonadas, la fina cintura. Era muy joven, pensó Maddy, seguramente aún no tendría diecisiete años.

El duque se mostraba impávido. Respondió a la reverencia de la joven con una media inclinación que evidenciaba unos modales impecables, y se irguió sin dejar de observarla bajo las largas pestañas.

–Es una joven muy agradable, ¿no crees, Christian? –dijo la duquesa viuda al aproximarse–. Una joven devota y bondadosa. La señora Trotman y su hija llevan a cabo una importante labor en la Sociedad de Préstamos de la Iglesia.

Lady de Marly buscó a tientas el bastón y con su ayuda se puso en pie.

–Creo que el señor Trotman ha expresado su interés en visitar la biblioteca –anunció–. Dejemos que los jóvenes se entretengan solos. Señorita Timms, usted se queda. Llame para que traigan un refrigerio.

Maddy se alegró de que le encargase aquella tarea, ya que le proporcionaba algo que hacer. Lady de Marly hizo caso omiso de las objeciones de la duquesa viuda a abandonar la estancia, e insistió en que necesitaba el brazo de su cuñada para apoyarse en él al salir; los Trotman la siguieron con obediente diligencia. Al pasar junto al duque, éste les hizo un gesto de reconocimiento a cada uno, mientras la ironía se reflejaba en las comisuras de sus labios.

La puerta se cerró. Jervaulx se dio la vuelta y se alejó hasta la ventana, donde se dedicó a mirar al exterior.

La joven también estaba en pie, con las mejillas encendidas, apretándose las manos y mirando al suelo.

–¿Quieres sentarte? –preguntó Maddy al encontrarse en el papel de anfitriona.

Anne Trotman la miró de reojo, dirigió una rápida mirada al duque y apartó la vista.

–Sí –contestó con un susurro.

Maddy acercó dos sillas al fuego, y dispuso una para ella un poco más atrás. La joven trató de acomodarse en el asiento más alejado.

–Por favor –dijo Maddy con firmeza, decidida a que Jervaulx y su prometida llegaran a conocerse antes de embarcarse en una vida entera juntos–; toma asiento aquí, junto al fuego.

Dando muestras de reluctancia, Anne Trotman se acomodó en el asiento que Maddy le indicaba. Se sentó muy tiesa, con el rostro bajo y las manos cerradas en dos puños blancos. Maddy miró a Jervaulx, que se limitó a devolverle la mirada con aquella sonrisa medio sarcástica. Ella frunció el ceño y con un movimiento de la barbilla le indicó la otra silla. Jervaulx enarcó las cejas y no se movió de donde estaba, en actitud desafiante y dando muestras de desprecio a sus obligaciones.

Maddy se acomodó en su silla y se vio obligada a inclinarse para distinguir las facciones de Anne Trotman.

–Soy Maddy Timms –dijo.

La joven asintió, le dirigió una mirada turbada y volvió a fijar los ojos en su regazo.

Por suerte, en ese momento llegaron con la bandeja del té. Durante unos minutos, les sirvió de distracción mientras Maddy lo servía y preguntaba si quería leche y azúcar. La joven dama se negó a coger un plato.

–Me temo que... que no podría comer –dijo en voz baja.

Maddy preparó una taza y se la llevó a Jervaulx, que estaba apoyado en las cortinas de la ventana y aceptó el té, aunque no hizo gesto de bebérselo.

Regresó a su asiento. El silencio incómodo se prolongó. Maddy lamentó sus carencias en el arte de la conversación banal.

–El duque tiene afición por las matemáticas –dijo al fin.

La joven la miró como si hubiese hablado en un lenguaje del África profunda.

–Mi padre y él han desarrollado una nueva geometría –continuó Maddy con empeño–. Obtuvieron el aplauso enardecido de la Sociedad Analítica. ¿Te gustan las matemáticas, Anne Trotman?

La joven parpadeó.

–En absoluto.

–Puedo proporcionarte algunos libros sobre la materia. Debería ser un placer para la gente casada compartir intereses, ¿verdad? Yo, por mi parte, me dedico a la jardinería. ¿A ti qué te gusta hacer?

Anne Trotman se humedeció los labios.

–Asistir a fiestas –dijo– y bailar. Aunque todavía no he asistido a ninguna. Aún no he sido presentada en sociedad. Mi madre ha dicho que ahora lo haré, cuando... –Dirigió una mirada rápida hacia el duque y la desvió de inmediato–. Después. –Irguió un poco la cabeza–. Me presentarán ante la corte, con un vestido de satén con cola. Y llevaré plumas en el pelo y diamantes.

Maddy se levantó. Cuando había recorrido la mitad de la distancia que la separaba de Jervaulx anunció:

–A Anne Trotman le gusta bailar en las fiestas.

Él levantó los ojos, sumidos en la contemplación profunda de la taza de té.

–Bailar –repitió Maddy–. A Anne Trotman le gusta bailar. Y le gustan las fiestas.

Jervaulx enarcó las cejas, mostrando una sorpresa exagerada ante aquella noticia.

Maddy volvió junto a la joven, al lado de la chimenea.

–El duque ha estado... bastante enfermo. Si le hablas despacio y vocalizando, podrás mantener una conversación con él.

–Está loco, ¿verdad? –preguntó Anne Trotman con vehemencia, saliendo de su letargo–. Su hermana nos visitó ayer y me contó que estuvo a punto de asesinar a un lacayo.

–No está loco.

La joven estaba temblando. Casi sin aliento, exclamó:

–¡Lo encerraron en un manicomio! Estuvo encadenado. ¿No es cierto?

Maddy frunció los labios.

–¡Es verdad! –Anne Trotman dejó caer la taza en la bandeja y se levantó, encarándose a Maddy–. ¡Lo leo en su rostro! –Miró hacia donde se encontraba Jervaulx y continuó–: Es horrible. No deseo conversar con él. ¡No quiero que me toque!

–En ese caso, sería mejor que no te cases con él –afirmó Maddy sin alterarse.

Anne Trotman apartó los ojos de Jervaulx.

–Todos dicen que tengo que hacerlo.

Maddy no podía apoyar la desobediencia, ni manifestarse en contra de los padres de la joven; sería malvado por su parte. Lo único que podía esperar era que aquella joven encontrase el camino que debía seguir, que la Luz la iluminase.

–Es mi deber –afirmó la joven–. Me convertiré en duquesa. En duquesa.

Jervaulx sonrió con desprecio. Abandonó la ventana y pasó junto a Maddy, aproximándose sin prisas a Anne Trotman, que se apartó mientras sus sonrosadas mejillas se volvían de un rojo carmesí.

–¡No! –exclamó tropezando con una mesa dorada–. ¡No me toque! ¡Señorita Timms!

El duque le aprisionó la barbilla con los dedos. La obligó a mirarlo a la cara, y la retuvo allí mientras ella jadeaba histérica. La tocó, extendiendo la mano sobre el ancho fajín que le ceñía la cintura, sus dedos fuertes y oscuros sobre el blanco satén. Movió la palma hacia arriba, con un movimiento licencioso, haciendo caso omiso de los volantes y plisados, y recorrió el busto de la joven con flagrante depravación.

Cuando ella trató de hacerse a un lado, la agarró del brazo y presionó su cuerpo contra la joven, haciendo de él una barrera que la aplastaba. La joven luchó, tratando de respirar.

–¡Es un indecente! –gritó–. ¡Deje que me vaya!

Pese a su resistencia, la abrazó con fuerza.

–Tocar... cuando... quiera.

El tono brutal de aquellas palabras la dejó petrificada. La joven contuvo la respiración y lo miró como un animalillo incapaz de moverse. Maddy se puso en pie.

–Jervaulx –fue todo cuanto dijo.

El duque soltó a Anne Trotman, que se alejó con rapidez, sacudiendo la seda y los lazos como si los hubiesen manchado. Tras dirigir a Maddy una mirada silenciosa y de horror, la joven se recogió la falda y abandonó el salón de forma precipitada. La puerta se cerró con un golpe que resonó en la estancia.

–Anne Rose Bernice Trotman –dijo Jervaulx abriendo y cerrando el puño para marcar el ritmo, y la miró por debajo de las oscuras pestañas.

–La has atemorizado a propósito.

–Zorra –dijo Jervaulx con total claridad.

Una sonrisa desagradable curvaba sus labios. Se aproximó a la repisa de la chimenea y cogió la figurita de una muchacha de porcelana. La dejó caer en el hogar. Maddy se sobresaltó con el ruido que hizo al romperse en mil pedazos y, a continuación, dio un paso hacia delante para impedir que alcanzase otra figurita.

La segunda figura se estrelló contra la piedra. Cogió una tercera y la mantuvo suspendida de la mano, desafiándola. Maddy se detuvo.

La estatuilla cayó. Se rompió en fragmentos que rebotaron y cayeron a los pies de la joven.

–Mías –dijo él–. Rompo. –Tras una mirada a la sala llena de adornos a su alrededor, añadió–: Rompo todo.

Maddy se apartó.

–¡Maravilloso! ¡Eres el duque! ¡Puedes romperlo todo! –Lo miró por encima del hombro–. Y ahora no se casará contigo, y tendrás que volver.

–Anne Rose BerniceTrotman –se mofó, y diseminó los trozos de las estatuillas con la bota.

–Te enviarán de vuelta. –Maddy alzó la voz por la emoción–. ¡De vuelta!

Aquellas palabras lograron captar la atención de Jervaulx, que entrecerró los ojos.

–No.

–Sin boda, volverás.

Él frunció el ceño.

–¿No... bo...?

Maddy señaló la puerta por la que su prometida había desaparecido.

–¡Ahora no querrá casarse contigo!

Durante un largo instante de titubeo, Jervaulx se concentró en el rostro de Maddy... y, de repente, se echó a reír.

–¿No? –Negó con la cabeza y se sentó sin ceremonia alguna en una silla de patas doradas–. Loco... desagradable... ¡Tocar! –Puso cara de asco, hizo ademán de apartar la palma de la mano como había hecho Anne Trotman y volvió a reírse con amargura–. Niñamaddy. ¿Crees que no... boda?

La duquesa viuda fue a ver a Maddy al vestidor profusamente decorado, justo cuando esta última acababa de cenar. La duquesa le pidió que se arrodillase con ella para rezar juntas. En un largo discurso, dio gracias a Dios por la señorita Trotman, por el doctor Timms y sus ayudantes Larkin y la señorita Timms, los cuales con permiso de la Divina Providencia, sin la que cualquier ayuda humana estaba condenada al fracaso, habían conducido a su hijo a la senda de la recuperación.

Maddy se dio cuenta de que la intención era que aceptase aquello como muestra de reconocimiento, lo que le hizo sentirse incómoda y desanimada. Tras el último amén, mientras la duquesa se acomodaba en la única silla de la habitación, Maddy se levantó y se sentó en el borde del catre.

La duquesa juntó las manos en el regazo.

–Señorita Timms, he tenido una larga entrevista con su primo, y no tengo escrúpulo alguno en decirle que me disgusta mucho que mi hijo se vea privado de los cuidados de Blythedale. Creo que usted sabe quién es responsable de eso, pero no digamos ni una palabra más. Ya se lo he dicho al doctor Timms, y ahora se lo digo a usted; en mi opinión, es un simple experimento. –Movía los dedos con inquietud, como si pulsase las notas discordantes de un instrumento–. El duque debería contraer matrimonio; de eso no cabe duda. Pero, si se produce la más mínima recaída y se vuelve ingobernable, el doctor Timms cree, al igual que yo, que mi hijo debería volver al manicomio. Por lo que consideramos pertinente que usted permanezca con nosotros hasta la boda, y puede que unos días más. La señorita Trotman ha pedido que no la dejemos marchar sin consultárselo antes a ella, cosa que, estará de acuerdo conmigo, es muy sabio por su parte. Parece una joven muy sensata para lo joven que es, una buena cristiana. Por supuesto, nunca había pensado que la novia de mi hijo... –Se mordió los labios y continuó–: Su extracción social no es la que hubiéramos deseado, pero, podemos considerarnos afortunados, teniendo en cuenta la situación. Señorita Timms, no sabe cuántas noches he rezado para que mi hijo recapacitase y se arrepintiese de sus errores. No sabe...

Se quedó sin voz. Maddy continuó en silencio. La duquesa inclinó el rostro y unas lágrimas silenciosas se deslizaron por sus mejillas. Se levantó con brusquedad y se dirigió a la puerta que llevaba al corredor.

–Su tía –dijo sin volverse a mirar a Maddy–, lady de Marly, piensa sólo en el título; no obstante, tengo la convicción de que es demasiado pronto. Debería volver. Creo firmemente que lo hará. Blythedale ofrece el mejor tratamiento moral. Debería estar allí al cuidado de ustedes. Quizá, bajo la supervisión del doctor Timms, podría visitar a su esposa cuando resulte apropiado. –Sostuvo el pomo de la puerta y se volvió hacia Maddy–. Eso sería lo mejor para todos.

–Lady de Marly le ha prometido otra cosa –dijo Maddy.

–Bien –declaró la duquesa–, ya veremos. Tendrá que mantenerme informada de su estado mental, señorita Timms. Lady de Marly tiene sus antojos, pero la madre soy yo y sé lo que le conviene mejor que nadie. Estoy segura de que, una vez casados, podré convencer a la señorita Trotman. Y entonces, será ella la que tome la decisión. Hasta lady de Marly tendrá que entenderlo. Y la señorita Trotman es una joven muy bondadosa y sensata.

Christian, inmóvil, dejó que lo vistiesen para la boda: traje de ceremonia de terciopelo marrón oscuro, botones de plata, chaleco largo con adornos. Pantalones, levita de faldones recortados, profusamente bordados y, cubriéndolo todo, la banda de la orden de la Liga Azul con el broche en forma de estrella prendido en el pecho. Era feudal y anticuado, hasta las hebillas con diamantes de los zapatos.

Maddy se había equivocado. La joven tenía demasiadas ganas de ser duquesa para huir.

Loco lunático desagradable. Perturbado oficial, juzgado y condenado: ahora estaba en sus manos; no tenía existencia propia. «Desnudo estrangulado castrado impotente, ¡muerto!», pero no podía pensar en eso, el ultraje todavía le escocía, llevaba marcado a fuego el oprobio en la piel.

Y ella no quería que la tocase, ¿verdad que no? La clase de ternerilla boba y risueña que más despreciaba, pura presunción y pavoneo en el vestir, carente de inteligencia, educada para bailar en fiestas y sufrir desvanecimientos en el momento adecuado.

Era su destino y siempre lo había sido.

Comprendía a su tía. Era un asunto de familia, una negociación a sangre fría que iba más allá de las inclinaciones personales de Christian: era el *deber*, cruel y sin perdón, eran siete siglos de existencia ininterrumpida del nombre de Langland.

Podía dejar el castillo de Jervaulx en manos de extraños. O también le quedaba el manicomio, la pérdida de identidad, el catre, la camisa de fuerza y las cadenas.

Había estado pensando en todo eso, había reflexionado durante toda la noche, y también la noche anterior, mientras yacía en el lecho que antes habían ocupado su padre y su abuelo. Casarse, tener hijos, un heredero; su propia sangre en el castillo de Jervaulx. No estaba acostumbrado a pensar en ese papel; lo había dejado en manos de las mujeres de la familia, que siempre habían parecido obsesionadas por la idea.

Aparearse con una yegua comprada. Se imaginó yaciendo con la señorita Trotman, y se dio cuenta del juego de palabras que el apellido encerraba[1]. Su boca dibujó una sonrisa: humor malvado para contener la furia que sentía. Duquesa, ternera, al trote; motivos suficientes para que gimotease.

Yacería con ella para tener un varón, seguro que Dios se acordaría de él y se lo concedería; después se iría a Jervaulx con su hijo. Y Maddy... se llevaría a Niñamaddy. No podría vivir sin Maddy. Le ofrecería joyas, gatitos, besos, cuanto gustase.

A la cuáquera del ti-tú no le gustaría desempeñar el papel de amante; a él tampoco le agradaba, pero era necesario. Y él no se adueñaría de su virtud sin darle a cambio lo que fuera, lo que ella desease.

Podrían vivir en Jervaulx con él: ella, el padre y el heredero. Y Christian, para su perplejidad, pensó que así todo estaría bien. Que aquella vida sería suficiente para él. Distinta, completamente distinta, de lo que él había imaginado; una existencia a medias, porque de él sólo quedaba la mitad, aunque fuera la mejor que podía imaginar en aquel momento.

Trató de pensar en los votos matrimoniales y fue incapaz de recordar el principio. Pero eso tampoco era ningún problema. Cuando los oyese, no tendría dificultad en repetirlos.

El valet empezó a cepillarle la levita. Christian se examinó en el espejo. Allí también se vio reflejado como un hombre a medias: la parte derecha del cuerpo era irreal. La inquietud se apoderó de él, y apartó la vista.

Duque.

Duquesa.

No la deseaba. Apenas la conocía lo bastante para odiarla, pero imaginó que ese día no tardaría en llegar. Conocía a cien hombres capaces de hacer cualquier cosa con tal de no volver a casa con sus esposas.

El valet le alisó las hombreras y dejó el cepillo. Christian comprobó que estaba listo para convertirse en el número ciento uno.

1. Trotman, nombre formado por el verbo *trot*, que en inglés significa «trotar». *(N. de la T.)*

15

En la iglesia, casi vacía, resonaba el eco; las ventanas desnudas apenas dejaban pasar la luz, veladas por la fría bruma matinal. Christian había asistido a las bodas de sus hermanas y, comparada con ellas, tan elegantes e íntimas, aquélla, tan sencilla, parecía un acto furtivo: en una iglesia parroquial en la que jamás había entrado; su madre y su tía en los asientos delanteros, una pequeña representación de los Trotman, el hombre de las sangrías, el Gorila, y Maddy, con el rostro tan sobrio como su sencillo vestido gris y su capa negra, que ocupaba un banco en un apartado del fondo.

En medio del silencio, el señor Trotman acompañó a su hija al altar espartano; de la boca de ambos salía vaho al respirar el aire sombrío. Excepto por el aliento helado y las manchas rojas de las mejillas, la novia tenía la apariencia inhumana y pulida de una efigie de mármol.

Se acercó a Christian, cubierta de pálida seda y con la cola del vestido susurrando tras ella. No lo miró. El coadjutor empezó a hablar. Christian tomó aire y ladeó el rostro para observarlo mientras leía.

De inmediato, se sintió perdido, incapaz de encontrar su sitio en medio de aquel torrente de palabras. Apretó los puños con fuerza.

El clérigo hizo una pausa y miró más allá de Christian y la señorita Trotman, a la escasa congregación. Aguardó un instante, y a continuación reemprendió la lectura, mirando primero a Christian y, después, a la novia. Christian pensó que debía de ser la parte aquella que hablaba de impedimentos y de los horrores del día del Juicio Final; ahí él no tenía nada que decir, pero el momento de pronunciar las primeras palabras estaba próximo.

El aire ante él se volvió blanquecino con su aliento; trató de controlarlo, tragándolo, concentrándose, obligando a su mano a abrirse, para de inmediato ver que de nuevo se había cerrado en un puño.

El sacerdote lo miró y Christian oyó pronunciar su nombre, pero con demasiada rapidez, iba muy rápido: los sonidos lo envolvieron como si perteneciesen a un idioma desconocido y acabaron en un tono ascendente de interrogación. En la iglesia se hizo un silencio expectante.

«Sí quiero.»

Sabía con exactitud lo que iba a decir.

Lo había repetido cientos de veces para Maddy. Imaginó su rostro asintiendo al ritmo de las palabras. Tomó aliento y aceleró la respiración para tratar de decirlo.

Silencio. Nada. El coadjutor no apartaba los ojos de él. La señorita Trotman mantenía la mirada fija delante de ella.

Christian abrió el puño. Sabía las palabras y era incapaz de pronunciarlas. Habla. «¡Habla!» El puño se tensó con el esfuerzo. Sintió que empezaba a marearse.

–Jervaulx. –La voz de su tía reverberó en el ladrillo, en la madera tallada y en el cristal desnudo e inerte de las vidrieras–. Los votos, ¡hazlos o vuelves a blythall!

El manicomio. «Desnudo cadenas animal no.»

«No no no no.»

Christian no se volvió a mirarla, no apartó los ojos del clérigo. El eco de aquella voz se fue apagando.

Ella no iba a hacerlo; no podía enviarlo de vuelta a aquel lugar; no le creía; era un error; él lo estaba intentando y su tía se creía que la desafiaba.

«Sí quiero, sí quiero, no puedo las palabras volver no Dios mío.»

Luchó de nuevo. Silencio... silencio... silencio sin palabras. No podía emitir «sonido frase palabra gritar nada», tan irreal como el hombre a medias en el espejo, impotente. La señorita Trotman se humedeció los labios con la lengua; su único gesto.

–¿Tiendes, Jervaulx? –El alto techo puntiagudo amplificó el tono vehemente de su tía–. ¿Tiendes volvera blythafi?

Ladeó el rostro. La dama estaba de pie. Desde donde él se encontraba la vio temblar de ira.

–Bythall –repitió.

El eco de aquella palabra resonó una y otra vez. «Volver, loco, loco, loco, loco, loco...»

La señorita Trotman era una especie de monumento, como los bustos de mármol y las estatuas conmemorativas, un muerto viviente. El coadjutor alzó el libro, pronunció de nuevo el nombre de Christian y leyó. Llegó por segunda vez la pregunta: «¿respetarla hasta que muerte os separe?».

Christian trató de responder. No iba a regresar, pero no era capaz de formar las palabras; la intensidad del esfuerzo le producía náuseas. Como último recurso, se volvió para buscar a Maddy. Seguía sentada, impertérrita, petrificada, con la cofia gazmoña y la capa puestas, y no respondió a la mirada de súplica para que le ayudase a decirlo bien, para que le marcase el fuerte compás arrítmico que él sabía seguir.

–Jor llévenselo –soltó su tía bruscamente mientras abandonaba el banco con dificultad.

Su madre se puso en pie; el clérigo se aclaró la garganta y cerró el libro. El Gorila, de aspecto ridículo con un traje alquilado, se ponía en pie y recorría el pasillo a grandes zancadas.

Christian se puso en movimiento. Abandonó a la señorita Trotman y echó a andar hacia el celador. Su madre y su tía venían por la nave central tras el Gorila. Christian hizo como si fuese hacia ellas, rebasó al celador y al hombre de las sangrías, con calma, con mucha calma para no darles excusa para detenerlo e impedir que llegase hasta donde se hallaba su tía –casi había alcanzado a aquel dragón de mujer–, pero, en lugar de hacerlo, se metió entre la fila de bancos donde estaba Maddy de pie.

La tomó del brazo y le dio un ligero empujón instándola a salir. No le dio ningún motivo a el Gorila, se dirigió a la sacristía en la que había estado antes de la ceremonia, sin soltar el brazo de Maddy, sujetándole la mano a la fuerza.

Los otros los siguieron. Sus voces resonaban en la iglesia, un poco agudas pero sin urgencia. Dejó que Maddy cruzase primero el umbral de la sacristía.

Cerró la puerta tras ellos.

No había llave. Christian corrió el cerrojo. Maddy dio un grito cuando la arrastró con él ante las hileras de vestiduras allí colgadas. La puerta lateral estaba cerrada, en este caso tenía cerradura, pero la llave colgaba de una cinta roja al lado del marco. Cogió el objeto ampuloso de bronce, pero la mano derecha resultó demasiado torpe; era difícil ver el ojo de la cerradura. Soltó a Maddy para utilizar la mano izquierda, pero no fue capaz de cambiar la llave de mano.

La puerta tras ellos retumbó cuando la sacudieron. Se oyó una voz masculina gritar. Maddy se volvió hacia el sonido. El cerrojo repiqueteó de nuevo y a continuación se escucharon unos golpes. Christian dejó caer la llave al tratar de introducirla en la cerradura. Gimió angustiado, la recogió y obligó a Maddy a cogerla.

Sólo tenían un minuto, dos a lo sumo, antes de que se dieran cuenta de sus intenciones y rodeasen la iglesia para detenerlo.

Agarró la mano de la joven y la acompañó con fuerza en dirección a la cerradura.

–¡No! –gritó Maddy–. ¡No puedo hacerlo!

Le tomó la muñeca con ambas manos y la presionó contra la puerta. La joven dejó escapar un gemido de frustración. Pese a ello, Christian no cejó en el empeño, casi llorando él también e incapaz de llamarla por su nombre, de rogarle, suplicarle, implorarle que hiciese un gesto tan sencillo: un acto tan cotidiano e insignificante como meter una llave en la cerradura, del que ahora dependía su vida. Se habría puesto de rodillas para convencerla, pero no había tiempo.

Se lanzó contra la puerta y la empujó con el hombro. La madera del marco se astilló. Arremetió de nuevo contra ella, estrellándose contra aquella barrera gruesa y sólida, haciendo caso omiso del castigo que con ello infligía al brazo y a las costillas, luchando por la libertad. Maddy dio un grito y tiró de él, pero tampoco aquello lo detuvo. La puerta resonaba con cada asalto; los gritos tras la otra entrada cesaron, y supo que ahora era sólo cuestión de segundos.

Maddy no dejaba de pronunciar su nombre, pero apenas la oía con el estruendo de la madera. Le asió el brazo con desesperación.

–¡Espera! –Por fin aquellas palabras frenéticas tuvieron eco en la mente de Christian–. ¡Espera, tiesquesperar!

Trató de hacerlo a un lado para alcanzar la cerradura.

Christian no se apartó de la puerta; observaba el movimiento de sus manos. En cuestión de segundos, la joven introdujo la llave y la hizo girar. Él agarró el pomo y abrió la puerta de un empujón.

Salieron al pequeño atrio lateral. Cogió a Maddy y tiró de ella con tanta fuerza que cayó escaleras abajo sobre él. Al pie de los escalones encontró una verja que abrió de una patada.

Maddy había desistido de sus intentos por hablar o intentar escapar. Cuando él traspasó la verja, lo siguió sin levantar los ojos del suelo, excepto para dirigirle una breve mirada. Christian empujó la verja hasta cerrarla y se internó en el antiguo camposanto.

Maddy fue tras él, resbalando en la crecida hierba. Un único grito de sus perseguidores sonó lejano y sin fuerza en el aire vaporoso; después todo fue niebla y sepulcros. El duque era una sombra oscura en la helada bruma, un espíritu de otra época con su traje de boda de terciopelo y largos faldones, que sólo recuperaba su aspecto humano cuando se volvía a comprobar que ella lo seguía.

Se movía con rapidez, como si conociese el camino. Al intentar seguirle el paso, Maddy tropezó con una lápida semienterrada. Un imponente rosal silvestre, cubierto de espinas y mortecinas hojas plateadas, se le enredó en la falda. Se detuvo para soltarla y la capa también se le enganchó. El duque volvió atrás y tiró de la tela, sin importarle que se desgarrase. Después, la tomó del brazo y la mantuvo a su lado mientras proseguía su recorrido zigzagueante entre las tumbas.

El pesado borde de la falda le impedía correr; tenía los pies empapados por el rocío cuando, en medio de la niebla, surgió la silueta de un muro. El duque giró y siguió en paralelo a la muralla, esquivando antiguos sepulcros, encogiéndose para rodear un enorme monumento, coronado de ángeles de alas rotas y desportilladas que parecían leer los epitafios cubiertos de musgo a sus pies.

Maddy percibió ruido y movimiento al otro lado del muro; provenía de vendedores callejeros y del tráfico de la ciudad y era un extraño contrapunto a las vaporosas siluetas y las húmedas lápidas del cementerio. Aquélla era otra costumbre eclesiástica sobrecogedora, la de marcar las tumbas y levantar monumentos: prefería mil veces la de los Amigos, que enterraban a sus muertos en campos limpios y despejados que no daban la impresión de estar poblados de espíritus.

Jervaulx llegó a una esquina sin titubeos y apartó las ramas mojadas de un árbol frondoso, lo que dejó a la vista un claro en el que había un sarcófago de piedra. Se subió a él, aplastando las hojas que lo cubrían, y le tendió la mano a Maddy.

Aquello era un truco infantil, pensó la joven. Él conocía el lugar y conservaba en la mente el mapa de sus travesuras infantiles a través de la niebla y la espesa maleza. Cuando ella trepó hasta la lápida, el duque se subió al muro, se sentó a horcajadas, sin prestar atención a los bordados de los faldones de la levita ni al pesado medallón que colgaba de la banda, y extendió el brazo para ayudarla a subir.

La joven dudó y miró hacia atrás. Jervaulx, impaciente, hizo un ruido y se inclinó hacia ella. Allá lejos, en el camposanto, a bastante distancia, se oían rumores y chasquidos de ramas al entrechocar. El primo Edward los llamó, pero no supo distinguir si estaba cerca o lejos.

La mano del duque le aprisionó la capa y el brazo; le hizo daño al tirar de ella y obligarla a subir al muro. Con movimientos descontrolados y carentes de dignidad, logró encaramarse y sentarse a horcajadas. Allá arriba, los ladrillos le arañaron las piernas, perforándole las medias. La toca se había torcido y le impedía ver bien la distancia que los separaba de la callejuela que había al otro lado. Trató de colocarse el tocado, con más o menos acierto, y de protegerse los tobillos bajo la falda.

Jervaulx se inclinó hacia ella y le desató el lazo bajo la barbilla. Cogió la toca y la lanzó al cementerio, donde quedó atrapada en lo alto de una rama rota.

Él empezó a reírse. Durante un momento de insensatez, Maddy tuvo la seguridad de que la iba a besar allí, en lo alto de la tapia, a ella, a la sencilla y peculiar Arquimedea Timms, mientras Larkin y el primo Edward les pisaban los talones. Tenía las faldas levantadas hasta las rodillas y estaban a la vista de la gente que pasaba por la calle que había al otro lado de la estrecha callejuela.

Pero no fue así. Jervaulx pasó la pierna por encima del muro y se dejó caer sobre la acera del otro lado. Maddy se mordió los labios cuando él abrió los brazos para que se arrojase.

No era consciente de cuanto ocurría. Todo había sucedido con tanta rapidez que no había tenido tiempo para pensar, y ahora se encontraba allí, como si de la alocada hija de un carbonero se tratase, con un duque que quería llevarla con él por un callejón que olía a orines y limo.

–¡Vete! –le ordenó en un susurro–. ¡Márchate! No dejaré que te encuentren.

Él la agarró por la falda, alargó el brazo y tiró con fuerza de su mano hasta hacerle perder el equilibrio. Maddy trataba de resistirse, pero se cayó mientras trataba de contener un alarido de dolor, que se convirtió en gemido, cuando los ladrillos le arañaron los muslos y las palmas de las manos. Jervaulx la cogió en brazos y con la fuerza de la caída le golpeó la sien con la barbilla. Maddy dio un traspié, y ambos cayeron al suelo. Él dio con la espalda en la tapia y soltó un gruñido, mientras sus hombros formaban una especie de barrera entre la frente de la joven y el imponente muro.

Maddy se puso de rodillas con las manos apoyadas en la levita de él, y entonces sí que la besó. Allí, sentado en aquella oscura calleja, sus labios apretaron con fuerza los de la joven durante un breve instante doloroso.

Maddy se puso en pie. Tenía la ropa destrozada, no tenía la cofia, llevaba el pelo suelto hasta la mitad de la espalda y las manos le sangraban... pero él le sonreía, y eso la puso al borde de las lágrimas.

Jervaulx se levantó, sacudiéndose un lado de la levita y haciendo caso omiso de las hojas que cubrían el otro. Con una mano trató de desprender el broche plateado en forma de estrella que llevaba sujeto a la banda, pero, tras un murmullo enfadado, desistió. Tenía el aspecto descuidado de uno de esos nobles que vuelven a casa de madrugada cantando, mientras la gente sencilla y hacendosa se ocupa de barrer los escalones de entrada a sus casas y de sacar las cenizas.

–Ahora ¿qué? –Maddy no pudo evitar que la voz le temblase–. ¿Adónde vamos?

Él posó la mano sobre el cabello de la joven y trató sin éxito de ponérselo en orden. Maddy soltó un bufido, agarró la trenza mientras trataba de encontrar el pasador que se había soltado y rodeó con ella la cabeza, colocándola en su sitio lo mejor que pudo. Mientras lo hacía, él le sacudió la falda y giró a su alrededor para quitarle también las hojas de la capa. Las manchas causadas por el agua y los desgarros no tenían remedio –era su mejor vestido, de color gris acero–; sin duda alguna se ganaría una buena reprimenda, probablemente un castigo, y puede que hasta la expulsión del seno de los Hermanos por secuestrar al duque de Jervaulx.

No sabía qué iba a hacer con él. No podía llevarlo de vuelta; era imposible permitir que lo enviasen de nuevo a Blythedale Hall, como también era inmoral dejar que lo forzasen a contraer matrimonio para conservar un título. Estaba claro que no era voluntad de Dios que se casase con Anne Trotman. Antes había sido capaz de repetir las palabras, pero cuando llegó el momento le fue imposible hacerlo. Era una señal tan clara que no podía imaginar otra mejor. Mas adivinar los pasos que tenía que dar era algo que escapaba a su capacidad.

El duque decidió por ella al enlazar el brazo con el suyo. Con autoridad y decisión, la condujo hasta la calle.

Al carecer de cofia, Maddy se cubrió la cabeza con la capucha de la capa, pero pese a ello le pareció que todas las miradas se centraban en ella al ir con Jervaulx por la acera. No reconoció la calle, ya que nunca se había aventurado a pasear por Mayfair. Discurría entre la niebla, flanqueada por dos hileras de edificios, no tan elegantes como la mansión Jervaulx o las nuevas casas de Belgrave Square, pero aun así de mucha más categoría que a los que ella estaba acostumbrada. El olor a manzanas asadas flotaba en la neblina, la voz de la vendedora era incorpórea, un grito musical. El reclamo quedó ahogado por el eco de unos cascos de caballos al aparecer dos carruajes con criados de librea sentados en el pescante y en la parte de atrás.

Los coches no se detuvieron. Salió un nuevo vehículo de la niebla, esta vez era un coche de alquiler con un único caballo cojo por todo tiro que se acercaba a ellos trotando cansinamente por los adoquines. Se empezaron a oír unos gritos que resonaban en dirección a la iglesia. Jervaulx giró la cabeza y le apretó con fuerza el brazo.

Se puso en medio de la calle, justo en el paso del coche de alquiler. El caballo levantó la cabeza.

–¡Quieto ahí! –gritó el conductor al tiempo que tiraba de las riendas como si el pobre animal no se hubiese detenido por decisión propia–. ¡Cuidado con su dama, honorable caballero! –El hombre miró por encima del hombro en dirección al tumulto que se oía allá atrás, entre la niebla, y volvió de nuevo la mirada hacia ellos–. ¿Desean que los lleve, milord y milady? –preguntó sin muchas esperanzas–. Rápido como un rayo, y con toda comodidad.

Se quedó bastante sorprendido al ver que Jervaulx asía la puerta, pero no tardó ni un instante en bajarse del asiento y ayudar a Maddy a subir, y se deshizo en halagos mientras se oían cada vez más cerca los gritos y el ruido de gente que corría entre la niebla.

El cochero miró un instante en aquella dirección y, volviéndose hacia Jervaulx, preguntó:

–¿Adónde, milord?

El duque apretó la mano de Maddy con tal fuerza que la dejó sin aliento. Pero recuperó la respiración y dijo:

–A Chelsea. ¡No! –La gente de allí la conocía. Sonó una voz en la calle y no tuvo tiempo para pensar–. ¡Por favor, deprisa! –Pronunció el primer nombre de un lugar lejano que le vino a la cabeza–: ¡A Ludgate Hill!

–¡John Spring los llevará allí en un abrir y cerrar de ojos!

Cerró la puerta de golpe, y al instante oyó el chasquido del látigo en los lomos del abatido caballo. Se alejaron traqueteando a gran velocidad de sus perseguidores, cuyo ruido quedó ahogado por los crujidos del rechinar del destartalado carruaje.

Maddy reposó la cabeza en los cojines del respaldo.

–¡No deberíamos hacer esto! ¡No deberíamos! –Y se llevó la mano a la boca–. ¡Dios mío! ¿Tienes dinero?

Jervaulx no respondió, agarró la correa al tiempo que fruncía el ceño, y sus ojos mostraron tensión y perplejidad, como si no la hubiese entendido, como si sus propias acciones escapasen a su control.

–¡Dinero! –exclamó de nuevo Maddy, incapaz de contener la angustia.

La miró lleno de incertidumbre.

Maddy no pudo reprimir un gemido.

–¡Yo no tengo siquiera un chelín en el zapato!

–Zapato –dijo él en una de aquellas repeticiones reflexivas.

Se le escapó un sonido de exasperación, y se apartó de ella con cara de pocos amigos. El coche de alquiler dobló una esquina y el movimiento hizo que chocasen entre ellos entre el chirrido de las ruedas. Jervaulx apoyó el pie en el asiento de enfrente y frenó con el hombro el cuerpo de Maddy.

De improviso, soltó una carcajada.

–Niñamaddy. –Se inclinó hacia delante y arrancó de un tirón la hebilla de uno de sus elegantes escarpines–. Dinero.

En Ludgate Hill, ante los comercios de tejidos y paños, rodeados del estruendo producido por las ruedas de hierro del tráfico, Maddy tuvo que dar explicaciones al cochero.

–Tenemos que vender esto –dijo pasándole la hebilla por encima de Jervaulx–, y después te pagaremos el viaje. Siento mucho la demora.

El cochero sostuvo la reluciente hebilla y le dio la vuelta entre los dedos, que los guantes dejaban al descubierto. Una bandada de palomas echó a volar sobre la acera, asustadas por el repentino repicar de las campanas de Saint Paul, y desapareció en la sucia neblina.

–Usted está huyendo de algo, ¿no es cierto, señora?

Maddy se humedeció los labios, horrorizada por las palabras del hombre.

–¡No soy una dama y no debes tratarme como si lo fuese!

–Oí cómo iban tras ustedes, allá, en la parte oeste. Habla usted de una forma peculiar. Es usted uno de esos... ¿Cómo se llaman?

–Amigos –dijo Maddy sin fuerza–. Una cuáquera.

El cochero miró a Jervaulx.

–¿Y usted se va a casar con ella, milord? Porque a John Spring no le gusta que lo utilicen para escapar.

El duque no respondió. Su aire de confusión había desaparecido y se mostraba altanero y hosco. Miró al cochero con aire de indiferencia y desdén.

–Te equivocas –le aseguró Maddy–. No vamos a casarnos.

–Pues deberían hacerlo –refunfuñó el hombre–. Debería obligarle a cumplir con usted, milady.

–No es... –comenzó a decir Maddy, y se interrumpió. No tenía sentido intentar que comprendiese la situación–. ¿Conoces una tienda donde pueda vender la hebilla?

–Aquellas tres bolas que cuelgan sobre la puerta de allí, ésa es la señal de una casa de empeño. Usted haga el favor de quedarse aquí, milady, así me aseguro de que el caballero vuelva con mi dinero.

–No. Tengo que ir yo. El... –Estuvo a punto de nombrar a Jervaulx por su título, pero lo pensó mejor–. Él esperará aquí –dijo, y se recogió las faldas para bajarse del vehículo.

Jervaulx arrancó la hebilla de las manos del cochero y, antes de que Maddy pudiera impedírselo, saltó del coche. Maddy trató de salir tras él, pero el hombre la agarró por el brazo al pisar el pavimento.

–Uno de los dos se queda aquí, milady.

–¡No! No debería ir solo. No puede...

El duque ya estaba en medio de la multitud, sin prestar atención a las protestas de Maddy ni a las del cochero, apartándose del camino de un asno que cargaba con dos canastas de carbón sobre el lomo. Tomó la dirección contraria a la de la casa de empeños, y se dirigió cuesta arriba en dirección a la catedral.

–¡Tienes que dejarme ir! –rogó Maddy de puntillas, para no perder de vista a Jervaulx–. ¡Tengo que ir con él!

Pese a que su altura, incluso sin sombrero, lo hacía destacar y la negra cabellera y la banda que le cruzaba la chalina eran fáciles de distinguir entre los peatones vestidos de diario, podía desaparecer como por ensalmo en medio de aquella colmena humana.

–De eso nada. ¿Cree que va a abandonarla tan fácilmente, milady? –Y mientras ella estiraba el cuello con ansia, el conductor señaló con el dedo a Jervaulx–. Mire allí. Derecho al número treinta y dos ha ido mi elegante señor –dijo con satisfacción John Spring–. A Rundell y Bridge.

Christian se detuvo al entrar en la joyería. El ayudante que lo había acompañado a cruzar el umbral dio muestras de reconocerlo, y dobló la cintura en una reverencia mientras prorrumpía en un torrente de educados saludos. Aquello le resultaba familiar. Christian iba allí con relativa frecuencia: recordó una pulsera de esmeraldas, con un par de pendientes a juego; ¿para quién habían sido?

Uno de los socios apareció al instante desde las dependencias interiores. Christian saludó al hombre, incapaz de recordar su nombre, pero no necesitaba hacerlo. Las palabras sobraban. Normalmente, lo habría acompañado hasta una salita privada para que examinase las bandejas de terciopelo, de irisados brillos, con calma, algo con lo que disfrutaba mucho pero para lo que en aquel momento no tenía tiempo. No podía permitirse permanecer más de lo necesario en un lugar donde lo conocían.

Depositó las hebillas sobre el mostrador. Se produjo una pequeña pausa. El ayudante desapareció entre las sombras. El socio, bien alimentado y cortés, con las mejillas ocultas por las puntas del alto cuello, no dio muestras de sorpresa. Rodeó el mostrador, buscó en el bolsillo y sacó una lupa diminuta. Christian observó la valoración de los brillantes, que fue breve y profesional. El joyero depositó la hebilla sobre el mostrador.

–¿Secontentaría sux celencia con trescientas?

Trescientas libras era una cantidad exagerada: ambas hebillas no podían haber costado más de la mitad. Christian frunció el ceño, temeroso de no haber entendido bien. Trató de contener su alarma tras una apariencia gélida.

–Trescientasveinticinco –dijo el hombre, y sonrió–. Sux celencia hasidobueno conos otros. Concedanoslao portunidad de mostrarlenues troaprecio acambio.

El dependiente dio la vuelta al mostrador y puso una bandeja de anillos de vuelta en su cajón. Bandas de oro, ordenadas en una fila tras otra. La rápida visión atrajo la mirada de Christian y lo distrajo.

El socio de la joyería murmuró algo interrogativamente. Christian se dio cuenta de que se había dejado ir. Lo disimuló con un breve gesto de autoridad, aceptando el precio.

Los anillos desaparecieron en una de las divisiones del cajón. Eran anillos de boda. El dependiente cogió otra llave que llevaba colgada del cuello y abrió una nueva bandeja.

El joyero se inclinó hacia Christian.

–¿Credi to sux celencia –preguntó en voz baja– oenefectivo?

El tono suave, la pregunta: Christian no entendió. Se sintió aturdido frente a la actitud confidencial y expectante del hombre. Se produjo una pausa que parecía no tener fin, y él se aferró a su actitud fría y distante, se negó a hacer cualquier intento de aproximación o a darse por enterado de la pregunta, mientras trataba de descifrarla. Ya habían examinado la mercancía, se había llegado a un acuerdo, ¿qué venía ahora?

Pagarle.

En crédito o en efectivo. Eso era.

El corazón se le aceleró. No sabía la forma de responder. Se asió al borde del mostrador, colocó encima la mano enguantada en blanco y la abrió con la palma hacia arriba.

–Muy bien –asintió el joyero–. Momento.

Cogió las hebillas y desapareció con diligencia por las estancias interiores.

Christian se dedicó a contemplar el trabajo del dependiente. La nueva bandeja apareció sobre el mostrador ante un hombre y una joven cubierta por un sencillo vestido gris. Y mientras Christian, de pie, con la mandíbula apretada y el corazón acelerado, espiaba a una pareja de campesinos que, entre murmullos solemnes, hablaba de su exigua compra, se hizo la luz en su mente. Fue una especie de revelación, la respuesta que llevaba tratando de abrirse paso a través de su cerebro adormecido y rebelde más tiempo incluso del que él era consciente.

Maddy. Era con Niñamaddy con quien tenía que casarse.

Lo vio con tanta claridad, era algo tan hermoso que fue como si una burbuja reventase sobre él con todo su esplendor. Maddy jamás permitiría que lo mandasen de vuelta, Niñamaddy lo entendía; no lo humillaba; su padre era un geómetra de talento y ella le había demostrado su devoción y lealtad: no había más que ver la forma en que lo había seguido, pese a que se había visto forzada, aunque sólo un poco. Podría decirse que había obrado por voluntad propia, sí señor, hasta la había visto enfrentarse, y bien que había hecho, a la mujer dragón. Y había dicho que lo amaba. Creía que eso era lo que ella había dicho. Estaba casi seguro.

Niñamaddy se merecía ser duquesa. Era un gran error de la naturaleza haberla convertido en alguien que empleaba el tuteo y se cubría con una cofia en forma de pala de azúcar.

El joyero regresó con un librillo recubierto de piel. Lo posó sobre el mostrador, con aire circunspecto, no se trataba de billetes, pero Christian sabía bien lo que era. Se sintió presa de la ansiedad, de la urgencia por escapar; con gran esfuerzo controló el impulso de coger aquello y salir corriendo. En lugar de eso, se acercó a la bandeja de los anillos, hizo una leve inclinación pidiendo disculpas a la joven dama, cogió un anillo del paño aterciopelado y se lo mostró al joyero.

El hombre exhibió su sonrisa de persona acomodada e hizo el gesto de guardar el librillo. Christian puso la mano sobre él.

–Loanotaremos sucuenta, porsupuesto. –Ni tan siquiera parpadeó–. Selo pondreun estuche, ex celencia.

Cogió el anillo y dejó el librillo donde estaba. Christian se metió el billetero de piel en el bolsillo. Aquello le parecía odioso: era como un ladrón que robaba su propio dinero. Un animal huido merodeando, un lunático confirmado por la Cancillería que no tenía derecho a vender las hebillas de sus zapatos para comprar un anillo a su futura esposa.

El joyero volvió con el estuche y Christian lo aceptó. Lo acompañaron hasta la salida como si fuese alguien, como si todavía fuese el duque de Jervaulx. Como si se tratase de un hombre y no de una bestia.

De nuevo en la calle, se encontró aturdido, aletargado; en su cuerpo no había otra cosa que el terror atrapado en la languidez. Dio unos cuantos pasos por la acera y se detuvo para apoyarse en un muro. La multitud pasaba a su lado, ruidosa, y lo sumía en la confusión con su parloteo extraño, con un sonido horrible e incomprensible que debería tener sentido para él.

La gélida tranquilidad mostrada durante el episodio en la joyería lo abandonó; una reacción tardía hizo que el miedo acelerase el ritmo de su corazón: tal vez no lo había hecho bien, puede que se hubiese olvidado de algo, no lo sabía. Todo le resultaba intimidatorio y ajeno; lo que podía haber pasado, haberse delatado, quedar en ridículo y darles pie para atraparlo y detenerlo.

Oyó que Maddy lo llamaba. En medio de aquel desorden, oyó su nombre –«Jervaulx»–, era su querida Niñamaddy, responsable, sencilla y sin modales, que posaba las manos en sus brazos y lo miraba a los ojos con los suyos, del color del jerez, del color del oro viejo, llenos de miedo y de preguntas.

Christian respiró profundamente para controlar el pánico. Sin desviar la mirada, sacó a duras penas el librillo de billetes de su bolsillo y se lo puso en las manos.

16

Maddy jamás había tenido tanto dinero en las manos. Asía la billetera con ambas manos, temerosa de guardarla bajo el vestido. Aquellos cientos de libras hacían que aquella ridícula huida adquiriera credibilidad, que el retorno inmediato se hiciese por voluntad, no por necesidad.

Tras pagar al cochero, Jervaulx la miró como si ella supiese lo que debían hacer. La agarraba con firmeza del codo con una extraña mezcla de dependencia y protección. Con el duque a su lado, ninguno de los vendedores le gritó para que se detuviese, ni ningún peatón beligerante la empujó a la calle embarrada para no ceder ni un centímetro de espacio a su paso. Jervaulx era ancho de hombros y de porte señorial, y sus ojos eran el espíritu azul de la perplejidad: la inquietud que se siente al contemplar el firmamento en el crepúsculo, al ver allá arriba una estrella solitaria, el instante en que se desvanece la ilusión del bienestar y se disuelve la solidez de la cubierta celestial para revelar su distancia real y vertiginosa.

Maddy tenía la impresión de que la solidez de su mundo se había evaporado de igual forma; resultaba difícil creer que Arquimedea Timms estuviese en aquella acera abarrotada de Ludgate Hill, tratando de decidir qué hacer con el duque de Jervaulx, ya que él no parecía tener ni la más mínima idea de qué hacer consigo mismo.

Al no ocurrírsele nada mejor, había decidido echar a andar. Un refugio seguro, eso era lo que tenía que procurarle. Cualquiera que fuese el castigo que le aguardaba, ella tenía que regresar al lado de su padre antes de caer la noche: estaría frenético porque ella hubiera desaparecido con el duque. No tenía idea de qué leyes había infringido ni de qué castigo penal podían aplicarle, pero estaba segura de que lady de Marly estaría al corriente de lo sucedido. En lo que a ella respectaba, pensó con valentía, no le preocupaban tanto las consecuencias –después de todo, su misión era Jervaulx, y los sufrimientos que tuviese que arrostrar formaban parte de ella–, pero le atemorizaba pensar qué sería de su padre si la enviaban a prisión.

La presión de sus manos la obligó a detenerse. Delante de ellos, tras hacer sonar con fuerza la bocina, partía una diligencia diurna con destino a Brighton, entre el entrechocar de las ruedas, de debajo de un cartel que anunciaba la Belle Sauvage, y se adentraba en la calle mientras el guardia hacía sonar con entusiasmo el silbato para exigir el derecho de paso.

En cuanto pasó el carruaje y desapareció en la negra masa movediza de tráfico y niebla, Jervaulx la condujo hasta la verja que daba entrada a la posada. Un mozo de caballerizas que, rastrillo en mano, limpiaba el pavimento y retiraba de la entrada la suciedad y las boñigas de los caballos, se hizo a un lado y murmuró un rápido saludo al pasar por su lado.

En el patio, los viajeros esperaban junto a sus baúles, valijas y fardos en los que se amontonaban sus pertenencias. Otra diligencia cargaba los equipajes, esta vez era de color amarillo y negro, con destino a Newmarket, y los caballos, recién enganchados, golpeteaban las herraduras contra los adoquines y la envolvente helada.

Jervaulx se encaminó al despacho de billetes. En la puerta, propinó un ligero empellón a Maddy, como si quisiese darle ánimos. La gente agolpada en torno al escritorio apenas dejaba espacio para otros dos. Pese a lo estrafalario de su atavío, nadie prestó la más mínima atención a los recién llegados. Los empleados estaban demasiado ocupados introduciendo paquetes envueltos en papel marrón en la torre de casilleros que había tras la mesa; los viajeros preguntaban a gritos o trataban de que algún maletero les hiciese caso.

Jervaulx tiró de ella hasta un apretado rincón, dio la espalda a la concurrencia y se inclinó para decirle al oído:

–Marchar.

Maddy lo miró.

–¿Adónde?

La pregunta pareció exasperarlo.

–Marchar –repitió–. Dos.

–Yo no –dijo ella con firmeza.

Una dama con un par de niñas en brazos se abrió paso desde detrás de Jervaulx hasta situarse al final de la cola más corta. El duque posó la mano en el hombro de Maddy.

–Dos –insistió.

–Yo no puedo.

Sus dedos la apretaron con fuerza.

–A casa. Sher... –la mandíbula se le tensó con el esfuerzo– voh.

No parecía una idea descabellada, excepto porque Maddy no tenía idea de dónde podía estar su casa, ni de si podía viajar hasta allí él solo, sin que lo tratasen como si fuese un niño o un baúl más, o como a un idiota, idea que le heló la sangre. Y su hogar no lo protegería contra el poder de su familia para enviarlo de vuelta a Blythedale Hall.

–A casa –dijo él con urgencia–. Niñamaddy.

–¿Dónde está? –inquirió Maddy–. ¿Dónde?

La pregunta pareció confundirlo. Frunció el ceño, la soltó y le hizo dar media vuelta. En la pared donde había estado apoyada había carteles con los nombres de los destinos y un mapa amarillento y barnizado de Inglaterra para los viajeros, en el que el barniz que cubría los alrededores de Londres aparecía cuarteado y deteriorado por el manoseo. Jervaulx posó la mano en una zona del mapa que apenas parecía haber sido tocada y señaló el distante oeste, en el punto en el que el verde de Inglaterra se encontraba con el rojo de Gales.

–¡No! No puedes recorrer esa distancia solo.

Jervaulx volvió a asirla por los hombros y Maddy sintió su proximidad en la espalda en una especie de abrazo. Apretó la mejilla contra la capucha de la joven y se la quitó, dejando el pelo al descubierto, al tiempo que emitía un sonido de insistencia. La rodeó con los brazos y la ciñó contra él, sin importarle el hecho de que se encontrasen rodeados de los pasajeros de la diligencia.

–Dos –le musitó al oído –. A casa.

Maddy trató de librarse de su abrazo, pero no se lo permitió. Le dejó que se diese la vuelta, pero la mantuvo atrapada contra el mapa y la pared. La joven no sabía qué hacer. Algunos viajeros los observaban. Imaginó su asombro y su censura, qué debían de estar pensando de ella, con la falda desgarrada y sin cofia, rodeada por los brazos de un hombre. Jervaulx aproximó la boca a su oreja.

–Niñamaddy... casar.

Varios viajeros más entraron en el despacho, se aproximaron y se situaron a espaldas de Jervaulx. Uno de ellos no se quitó el sombrero de ala ancha, prenda inconfundible que revelaba que se trataba de un cuáquero. No distinguió de quién se trataba, pero cualquier Amigo de paso con asuntos en la ciudad podría conocerla de la Asamblea Anual, y en Londres había demasiados que la conocían muy bien. Enterró el rostro en el hombro de Jervaulx para esconderse. Él la estrechó con más fuerza mientras de su garganta salía un suave murmullo de aceptación.

Maddy no se atrevía a levantar la cabeza y no opuso resistencia. Jervaulx le servía de escudo contra el descubrimiento, era lo bastante corpulento y fuerte para esconderse tras él, pero ojalá no introdujese la mano bajo su capucha, retirándola por completo de su cabeza, y no le rodease el cuello con los dedos, acercándola todavía más a él y apoyando el rostro en su pelo.

Maddy no entendía por qué los allí presentes no se daban la vuelta, daban un respingo y los señalaban con ademán acusatorio. Pero a su alrededor se oían los sonidos habituales de un lugar como aquél, las pisadas de quienes entraban y salían, los gritos de los maleteros y la bocina de la diligencia de Newmarket al encaminarse el tiro de caballos a la calle.

La mano de Jervaulx se apartó de su cintura y ella sintió que buscaba algo en el bolsillo de la levita; la joven no se atrevió a levantar la vista por temor a que la viesen. El duque buscó su mano con torpeza y depositó en ella un pequeño estuche.

Maddy lo asió, sin alzar la cabeza, y miró de reojo para ver si el Amigo desconocido ya se había ido. Jervaulx la obligó a girar la mano y, con un murmullo de impaciencia, presionó con torpeza con el pulgar el estuche que la joven tenía en la palma de la mano.

La tapa se abrió. Pese a mantener la cabeza agachada, Maddy vislumbró oro y un brillo multicolor. Era un anillo: una ancha banda de filigrana con perlas incrustadas en torno a un vívido ópalo, ¿para Anne Trotman, acaso?

Jervaulx forcejeó con el objeto con una mano, dejó caer el estuche al suelo y logró introducirlo a medias en su dedo índice. En aquel pequeño rincón, con las cabezas agachadas y muy próximas, crearon una especie de mundo diminuto y privado. Maddy observó perpleja cómo Jervaulx se esforzaba en colocarle el anillo en la palma y, después, trataba de deslizárselo en el dedo.

–Casar –le susurraron sus labios al oído–. Maddy... casar. Casa.

Ella se quedó mirando el anillo mientras él se lo ponía a la fuerza en el dedo.

–¡No! –Se quitó el ópalo y se agachó para recuperar el estuche, al tiempo que de un tirón volvía a cubrirse la cabeza con la capucha–. Eres... No es..., ¡no! ¿De dónde has sacado semejante idea?

Le devolvió el estuche con brusquedad y se dio la vuelta. Sosteniendo la capucha sobre el rostro, se abrió paso a la fuerza entre el grupo de viajeros y salió al patio a toda prisa. Una vez fuera, se alejó unos cuantos pasos de la puerta, se detuvo con el rostro ardiendo y se cubrió bien la boca y la nariz con el capuchón.

El duque salió por la puerta del despacho de billetes. Pese a que ella estaba a la vista, no pareció percatarse de su presencia. No siguió adelante y se produjo un insólito contraste: un espléndido caballero en un lugar vulgar; un cortesano extraviado, vestido con ropajes de terciopelo, banda azul y medallón que había perdido algo más que el sentido del tiempo y el espacio.

La gente se giraba para mirarlo. Maddy advirtió la rigidez inquieta de su actitud. Permanecía inmóvil en el punto donde se había detenido, como si al dar un paso en cualquier dirección pudiese caer en un abismo abierto a sus pies. Tenía la mandíbula apretada, las oscuras cejas caídas. Era como una fuerza, solitaria y extraña, a la que un obstáculo hubiese frenado.

Escudriñó el patio. Maddy estaba cerca, al alcance de su mano derecha, pero podría haber sido una de aquellas piezas de equipaje diseminadas en fardos por el lugar. Ni siquiera la miró. Lo único que desprendía era una gran tensión, la inmovilidad amenazante de un hombre a punto de estallar.

Maddy, con la voz apagada por la capa, pronunció su nombre. De inmediato, la actitud de Jervaulx cambió. Se volvió hacia ella como si hubiese roto un encantamiento y en su rostro se reflejó una especie de llamarada al sentirse liberado. Pareció sorprenderse al verla tan cerca; dio un paso con decisión e hizo ademán de asirla de ambos brazos.

–¡No... abandonar! –dijo con fuerza–. ¡No puedo... solo! ¡Queda! ¡Queda... te!

–¡No sé qué hacer contigo! –Maddy mordió la tela de la capucha con la que se cubría la boca–. ¡No puedo quedarme contigo! ¡No puedo llevarte de vuelta!

–¡Sher... –puso las palmas de las manos en los hombros de la joven y le dio un fuerte empujón– voh! –Volvió a empujarla, obligándola a retroceder un paso–. Casa. –Nuevo empujón–. Boda. –Otro–. ¡Niña... –uno más– maddy! –Y otro–. ¡Sí! –Coaccionada por él, Maddy avanzaba con paso irregular de espaldas por el patio–. ¡Al mani... comio no! ¡Casar... Maddy!

–¡No! –respondió ella.

Después, llena de pánico, tomó aire y encajó la capucha sobre el rostro hasta dejarlo oculto.

Cubierto por el oscuro sombrero y la sencilla chaqueta, el cuáquero del despacho de billetes se aproximó a ellos. Maddy miró entre los pliegues de la capucha y vio que el desconocido posaba la mano en el brazo de Jervaulx.

–Reflexiona un momento, Amigo. Estás molestando.

Jervaulx le dirigió una mirada como si el hombre acabase de escupirle a la cara. Por un instante vibrante, Maddy temió que se girara y le lanzase un puñetazo, como había hecho con el primo Edward. El cuáquero era de estatura mediana, de la misma edad que Maddy, de aspecto aseado y mirada limpia y nadie que recordara haber visto antes. Era un buen hombre que daba muestras de valentía al enfrentarse a Jervaulx, quien no ocultaba su furia ni su aire aristocrático, y cuyo carácter y corpulencia no tenían nada de insignificantes.

El duque apartó la mano que lo sujetaba y miró a Maddy, acalorado, como si le pidiera explicaciones.

–Te lo agradezco, Amigo –dijo con rapidez, ansiosa por calmar a Jervaulx–. Pero no necesito ayuda.

El cuáquero la miró sorprendido, y a Maddy se le cayó el alma a los pies.

–¿Eres de los nuestros? –preguntó.

Maddy miró al suelo. Le vinieron a la mente multitud de mentiras perversas, de engaños inmorales con que borrar el error que la había dejado al descubierto ante otro Amigo, con más claridad que si hubiese llevado puesta la cofia cuáquera y su vestido sencillo. Pero no fue capaz de hacerlo; aquel hombre no representaba ninguna amenaza para Jervaulx, y sólo deseaba salvaguardarse ante un compañero de fe.

–Sí –respondió sin levantar apenas la mirada.

Jervaulx le agarró el codo. Fue un ademán silencioso, sin brutalidad pero con firmeza, y miró al cuáquero con desconfianza.

–¿No está causándote problemas? –preguntó el hombre y miró a Jervaulx a los ojos–. No permito que le levante la mano a la muchacha. ¿Quiere portarse como es debido y dejarla en paz?

El tono de la pregunta fue tranquilo, casi bondadoso. Maddy sintió una oleada de gratitud y afinidad hacia él. El hombre parecía una isla de sentido común en medio de una tormenta de incertidumbre, le resultaba mucho más familiar con su sombrero de ala ancha y su sencilla levita, era alguien que le ofrecía mucha más confianza que aquel otro, airado e imprevisible, tan distinto de ella, que vestía traje de terciopelo y se adornaba con una banda azul y un medallón.

El cuáquero parecía inquieto al no obtener respuesta de Jervaulx.

–¿Eres incapaz de responder como un hombre sincero?

La presión de la mano de Jervaulx en el brazo de Maddy se volvió dolorosa.

Maddy rozó con los dedos la basta tela de la manga del cuáquero.

–Amigo –dijo con suavidad, olvidándose de la presión que él incrementaba a su brazo, del intento sin palabras de alejarla de la atención del desconocido. Se le ocurrió una nueva idea–. Hablaba sin pensar cuando dije que no necesitaba tu ayuda. –Levantó los ojos hasta encontrar la mirada firme e inquisitiva del joven–. Necesito ayuda de verdad. ¿Podrías asistirme?

–Por supuesto –dijo él.

Con aquellas simples palabras le quitó a Maddy un enorme peso de encima.

Mientras Jervaulx permanecía sentado en actitud de altanera desaprobación en una silla separada de la mesa del comedor público, con las piernas estiradas y los brazos cruzados sobre la banda y el medallón, Maddy se inclinó para acercarse al joven cuáquero y relatarle sus dificultades. Richard Gill dio un sorbo a su cerveza y miró pensativo al duque cuando ella terminó.

Jervaulx, molesto y desafiante, le devolvió la mirada por debajo de sus negras pestañas. No había querido ir al comedor; había tratado de impedir que Maddy lo hiciese, pero ella se había resistido y se había visto obligado a seguirla para no tenerla ni un momento fuera de su alcance. No dijo nada, y Maddy no estaba muy segura de hasta qué punto entendía lo que le había contado a Richard Gill, pero la actitud que mostraba era de dignidad traicionada, como si ella lo hubiese ofendido al hacer aquella nueva amistad.

Richard permaneció en silencio. Tenía aspecto sombrío y pensativo. Maddy esperó, contenta de estar de nuevo en compañía de alguien que no empleaba palabras ni realizaba acciones sin pensar, sino que se tomaba su tiempo para sopesarlas. No le molestaba esperar a que Richard terminase sus reflexiones. El joven Amigo era apuesto, de movimientos serenos y tenía un aire resuelto que daba confianza. A su rostro de marcadas facciones le sentaba bien el ala ancha del sombrero y la sencilla levita, mucho mejor que a otros cuáqueros más solemnes y de mayor edad.

Maddy estaba segura de que Richard nunca había asistido a la Asamblea Anual de Londres, en la que se reunían los Amigos para organizar los asuntos del año en curso, tras dejar las cuestiones espirituales para las reuniones trimestrales y mensuales, en las que la asistencia era menor. En la Asamblea Anual se reunían las familias cuáqueras dispersas a lo largo y ancho de Inglaterra. Si Richard Gill hubiese sido uno de los delegados, ella lo recordaría. No se necesitaba asistir a todas las reuniones de los hombres para que las mujeres estuviesen al corriente de quién destacaba y quién no; de quién estaba casado y quién permanecía soltero.

Era tan evidente como un axioma que si una joven quería casarse, lo mejor que podía hacer era asistir a la Asamblea Anual de Londres, en la que una de las principales funciones de la reunión de mujeres cuáqueras era velar para que las parejas jóvenes e ilusionadas tuviesen la lucidez necesaria a la hora de contraer matrimonio, proceso que, como es natural, pasaba por evaluar y ordenar según su idoneidad a todos los demás miembros solteros disponibles allí presentes. Maddy estaba segura de que Richard Gill no había sido todavía objeto de atención de la Asamblea de Mujeres por ningún motivo nupcial o de otra naturaleza. No sabía muy bien a qué se dedicaba. Había ido al despacho de billetes para recoger una caja maciza, no demasiado voluminosa, que no olvidaba manejar con mucho cuidado. Ahora la tenía a su lado, sobre la mesa, y estaba marcada por una serie de círculos en los que aparecían curiosas inscripciones, como «Claudiana, cuarta fila, rosa», «División Trafalgar, primera fila, tulipanes» y «Duque de Clarence, cuarta fila, ciclamen».

El camarero trajo pastel de carne y repollo hervido. Jervaulx hizo una mueca de desagrado al verlo. Dio un largo sorbo a su cerveza mientras Maddy untaba con mantequilla tres trozos de pan y servía tres raciones, una para cada uno.

Inclinó la cabeza para bendecir los alimentos. Richard se despojó del sombrero. Jervaulx no hizo nada, se limitó a observarlos con ironía, repantingado en la silla con los brazos cruzados.

Richard volvió a cubrirse con el sombrero y empezó a comer su ración. Maddy no conocía a muchos jóvenes que mantuviesen de forma tan estricta la norma de la Sencillez en el Habla y el Vestir, y lo admiraba por ello. Deseaba haber tenido a su vez un aspecto más aseado y adecuado, en lugar de estar sin cofia y con la falda desgarrada.

Miró a Jervaulx. No comía. Se dedicaba a contemplarla –y por muy apuesto que fuese Richard Gill, el duque era algo más, una sombra unida a ella–, con aquella boca preciosa que había besado la suya, aquellas manos que le habían acariciado el cabello.

Se ruborizó y sintió que era una mentirosa y una farsante. Había hecho pasar a Jervaulx por paciente suyo, y a sí misma por enfermera. Recordarlo le produjo una fuerte impresión: ¿qué enfermera huiría con un paciente en contra de los deseos de su familia? ¿Qué enfermera permitiría que la besaran? ¿Qué pensaría Richard Gill de ella si se enterase? Y no contárselo era una de esas mentiras por silencio u omisión. No era seguir la Senda, en absoluto.

–¿Tú no crees que esté loco? –preguntó Richard.

La repentina pregunta sobresaltó a Maddy, que levantó la vista.

–No.

–No parece delirar. Pero te empujó en el patio.

Maddy partió un trozo de pan con una leve sonrisa irónica.

–Es un duque. No es exactamente lo mismo que estar loco.

Richard comió otro bocado.

–¿Es eso lo que hacen los duques? –preguntó enarcando las cejas–. ¿Dar empujones?

A corta distancia de la mesa, Jervaulx ladeó la cabeza en ademán aburrido. Su mirada pasó de Maddy a Richard, levantó la jarra de cerveza y bebió.

–¿No entiende? –inquirió Richard.

–No lo sé. Algo, creo.

–Deberías llevarlo de vuelta con su familia.

Maddy se irguió un poco.

–No.

Jervaulx la miró. El tedio había desaparecido de su expresión.

–No es cosa tuya mantenerlo alejado, si ellos quieren que viva retirado. Les pertenece a ellos, no a ti.

–No. Su familia no lo entiende. No saben cómo es aquello.

–Pero es la casa de tu primo, ¿no?

–Es un manicomio, y él no está loco.

–No habla. ¿Cómo va a vivir solo en el mundo?

Maddy se envolvió en la capa.

–Solo no. No puede vivir solo.

–Entonces, ¿qué va a hacer? ¿No tiene otros amigos aparte de ti?

–Yo... –Maddy se detuvo al darse cuenta de que no lo sabía. Miró a Jervaulx–. ¿Amigo? –preguntó–. ¿Tienes algún compañero cercano?

La mirada recelosa de Jervaulx pasó de ella a Richard, para volver de nuevo a Maddy.

–No –dijo la joven–. No hablo de un cuáquero. Amistad. Tuya. Un compañero.

El duque titubeó y, a continuación, extendió la mano hacia ella.

–¡Jervaulx! –En su voz se advertía la desesperación–. ¿No hay ni un amigo que te quiera?

Él cerró la mano. El gran sello brilló sobre sus dedos y, tras lanzar una mirada torva a Richard, se acomodó de nuevo en el asiento.

–¿Podrías quedarte con él, Jervaulx? –Y señaló al cuáquero con un gesto–. ¿Con Richard Gill?

–Arquimedea... –empezó a decir Richard.

–El tiempo necesario para hacer saber a mi padre que estoy bien –dijo a toda prisa–. Si pudieras quedarte aquí con él... Sólo unas cuantas horas.

–El problema no es que me quede. Es que debería regresar.

–¡No puedo llevarlo de vuelta! –gritó inclinándose hacia él–. ¡No puedes entenderlo!

Jervaulx la observaba atento. Movía el puño derecho marcando el ritmo. Rodeó con el izquierdo la jarra de cerveza, pero no bebió.

–Por favor –rogó Maddy a Richard.

En el ceño del joven cuáquero aparecieron unas arruguitas de disgusto y vio recelo en sus lúcidos ojos grises.

–Te lo ruego –susurró–. ¿No podrías tomarlo como una misión?

Era una súplica que ningún Amigo podía tomarse a la ligera. Richard miró hacia el plato con el entrecejo fruncido. Maddy esperó y rogó a Dios que hablase con él, a sabiendas de que estaba mal hacerlo para que prevaleciese la voluntad propia, pero incapaz de contenerse. No podía llevar a Jervaulx de vuelta: ésa era la única verdad que veía con claridad; era simplemente imposible imaginárselo de nuevo en la celda de Blythedale Hall.

Richard dio un largo suspiro y le miró.

–Lo convertiré en mi misión. Reflexionaré con más profundidad sobre la conveniencia de que regrese.

Maddy no sabía a ciencia cierta si aquello significaba que iba a quedarse allí con el duque o no, pero antes de que pudiese preguntárselo, Jervaulx dejó caer la jarra sobre la mesa. Se puso en pie, alejó la silla de una patada y tiró con fuerza de Maddy hasta levantarla.

–Volver –exclamó, con ojos llameantes. A continuación apretó los dientes y dijo–: ¡Amigo!

La arrastró con él con tanta fuerza que Maddy no pudo impedírselo. Oyó que Richard exclamaba algo tras ellos y vio que el camarero se acercaba a toda prisa para bloquearle el paso mientras Jervaulx la impelía hacia la puerta con irresistible fuerza.

Maddy se revolvió contra él, tratando de volver atrás. Jervaulx la dominó con facilidad, con más fuerza de la que jamás había imaginado que podía reunir. Cuando intentó plantar los pies en el suelo, él la levantó. Consiguió soltarse, pero Jervaulx la volvió a atenazar con el brazo alrededor del cuello y la obligó a seguirlo sin miramiento alguno. Impuso su dominio mientras ella se retorcía, y hundió con fuerza los dedos en la nuca, tirándole de los mechones de pelo sueltos. Maddy dio un alarido.

–¡Jervaulx! ¡Richard! No puedo... ¡Ayúdame!

Tuvo una visión pasajera de Richard y el camarero, y después los perdió de vista al salir a trompicones por la puerta, arrastrada por el impulso de Jervaulx, a punto de caerse por los escalones en medio de los viandantes.

–¡Amigo! –exclamó Jervaulx con furia mientras se abría camino sin soltarla–. Durm.

Detuvo un coche de alquiler como había hecho antes, poniéndose ante él en la calle. Cuando el caballo estuvo a punto de encabritarse y las herraduras golpearon el pavimento a escasa distancia de sus pies, el conductor gritó y otro carruaje tuvo que hacer un giro. Jervaulx asió las bridas del animal.

–¡Alban! –gritó sujetando al caballo con una mano y a Maddy con la otra.

–¡Jesucristo! De acuerdo, maldito loco, *Albany* –dijo a gritos el cochero–. Suelte a mi caballo y suban.

Un pasaje cubierto y pavimentado los introdujo en una niebla que se materializó ante ellos y que dejaron atrás al adentrarse entre la doble hilera de edificios color crema de los alrededores de Piccadilly. Las pisadas del duque retumbaron en el silencio; el lugar parecía desierto a media mañana, excepto por un limpiabotas que pasó a su lado a toda prisa con una caja y un par de zapatos en las manos.

Maddy había depuesto toda resistencia. Había cesado de hacer otra cosa que no fuese seguir el paso marcado por Jervaulx. No le permitía alejarse ni quedarse atrás. Se cruzaron con otro criado, hombre de pequeña estatura y chaleco rojo de vientre prominente, que se hizo a un lado, se inclinó ante el duque y murmuró: «Excelencia». Sin detener el paso, Jervaulx giró al llegar a una escalinata de piedra y subió dos tramos acompañado de Maddy.

Un perro empezó a ladrar antes de que rozase la puerta. Otro se unió al coro. Jervaulx se quedó inmóvil con la mano alzada.

–*Devil.* –Sus labios se contrajeron con una sonrisa feroz y bajó el puño para golpear la puerta con estrépito. Los perros, al otro lado, enloquecieron e hicieron un ruido ensordecedor–. *¡Devil, Devil, Devil!*

–¡Por Dios bendito, dejad de ladrar! –gritó una voz desde dentro, amortiguada por la distancia.

En otro rellano se abrió una puerta. Maddy miró y se encontró con un rostro alzado que los miraba con curiosidad: un anciano caballero cubierto por un batín y un gorro de dormir. Los perros arañaban la puerta con furia. La escalera retumbaba con los ladridos de los perros y los golpes de Jervaulx.

La voz procedente del interior de la vivienda trató de acallar a los animales.

–Vamos, *Cass*, chucho inútil; cállate, calla ya o seguro que me obligarán a pegarte un tiro.

Jervaulx cesó de dar golpes de repente y apoyó la mejilla en la puerta, cual marinero a punto de ahogarse al tocar tierra firme. Los perros no cesaron en sus ladridos a medida que el pomo giraba. La puerta se abrió y hubo un torbellino de pelaje blanco y negro, de lenguas rosadas y colas peludas cuando los dos animales se abalanzaron sobre Jervaulx.

Maddy miró al hombre de cabello rubio y ojos adormilados que estaba tras ellos en el vestíbulo, con el torso desnudo, los pies enfundados en las medias y restos de jabón de afeitar en el mentón. Los perros dejaron de ladrar al lanzarse sobre Jervaulx, aplastándolo. El duque se puso de rodillas, abrió los brazos y dejó que le lamiesen el rostro y le revolviesen el pelo con las patas.

–¿Shev? –preguntó el hombre en el umbral, como si acabase de despertar de un sueño profundo.

Maddy echó una mirada al anciano curioso del rellano inferior, quien continuaba mirando hacia arriba e inclinándose un poco para ver mejor.

–¿Podemos entrar? –preguntó.

El joven rubio no había apartado la vista de Jervaulx y los perros. Miró a Maddy y, de repente, pareció despertar del todo y dio un paso atrás.

–Que los dioses me protejan –masculló.

No dijo nada más, pero se puso la toalla de afeitar al hombro e hizo un gesto para instar al duque a entrar. Jervaulx obedeció mientras los perros se enredaban a sus piernas con adoración. Maddy entró con paso rápido y cerró la puerta tras ella.

Su anfitrión, atónito, los siguió hasta el salón.

–Shev –dijo.

Jervaulx atravesó la estancia y apoyó las manos en el repecho de la ventana, la mirada perdida en la neblina exterior. Después, se dio la vuelta, con la espalda contra la pared y los cuerpos de los extasiados perros aplastados contra él. Su rostro revelaba una profunda emoción; cerró los ojos y se deslizó hasta sentarse en el suelo. El setter blanco y negro le lamió la oreja. El duque rodeó al perro con sus brazos y hundió el rostro en el sedoso pelaje. El de piel negra dio un aullido y trató de interponerse entre ellos.

–Yo creía... oh, Dios, amigo... dijeron que estabas moribundo. Que estabas prácticamente muerto y me hice cargo de los perros. –El desaliñado caballero se acercó a Jervaulx, pero no pareció saber qué hacer al llegar a su lado. Cayó de rodillas–. Shev –repitió impotente.

Jervaulx no levantó el rostro. Negó con la cabeza, los dedos hundidos entre el pelaje de *Devil*.

El joven rubio se volvió hacia Maddy.

–¿Qué ocurre? Me dijeron que se estaba muriendo. ¿Qué ha sucedido?

–¿Eres amigo suyo?

–¡Claro que soy su amigo! ¡No tiene otro mejor! Cuéntemelo, mujer. ¿Está en sus manos? –Miró una vez más a Jervaulx–. ¿De qué se trata, de opio?

–Necesita tu ayuda.

–¿Mi ayuda? ¿Quién es usted?

–Me llamo Arquimedea Timms. El duque era paciente del sanatorio de mi primo en Buckinghamshire. Estaba a mi cargo. Estamos... –Soltó una risilla floja y abrió las manos–. Hemos huido de allí.

El hombre se apartó un rubio rizo rebelde de la frente y se sentó sobre los tobillos.

–Shev –dijo una vez más con voz incrédula.

El duque alzó el rostro. Sus ojos eran del color de la medianoche y estaban húmedos. Con un gesto airado de vergüenza, alzó el brazo y se secó un lado de la cara con la manga.

–Amigo –dijo con voz ronca–. Dnnh. Durnnrm.

Apoyó la cabeza en la pared con un gemido.

–¿Durm? –preguntó Maddy–. ¿Es ése tu nombre?

–Durham –dijo el joven rubio, y añadió distraído–: Kit Durham, para servirla, señora.

Jervaulx miró a su amigo. *Devil* le acercó el hocico a la mejilla y la sien y movió la cola feliz. Jervaulx abrazó al perro.

–Drrm... gracias –dijo–. Gracias... perros.

Durham lo contempló. Jervaulx emitió otro sonido de angustia y negó con la cabeza, expulsando el aire entre los dientes.

–Está bien. Los perros. No tiene importancia. –Durham se levantó y acercó una silla–. Levántate del suelo, viejo amigo. Tengo que pensar. Soy incapaz de hacerlo contigo en el suelo, Shev.

Maddy pensó que volver a la normalidad era bueno. Jervaulx tenía una expresión muy extraña, estaba a punto de desmoronarse y no le gustaría que su amigo le viese perder el control.

–Creo que deberías acabar de vestirte –le sugirió a Durham, con la esperanza de darle al duque un momento de intimidad para recuperarse.

–Dios mío –dijo Durham batiéndose en retirada–. Discúlpeme. Le ruego que me perdone, señora... lo había olvidado. Es decir, no esperaba a una dama. ¡Quédate donde estás, Shev! ¡No te vayas!

–No nos iremos –aseguró Maddy.

Durham la miró sobresaltado, como si siguiese sorprendiéndole que fuera ella la que hablase en lugar de Jervaulx. Se marchó a otra habitación y cerró de golpe la puerta.

Tras haber despreciado el pastel de carne y el repollo, Jervaulx parecía a sus anchas al compartir el desayuno de Durham, compuesto de salmón y ostras frescas con pan y limón. Sin preguntarle lo que quería, Durham envió a su criado –el mismo hombre de vientre prominente que había saludado al duque en la calle– de vuelta a la cocina a preparar chocolate en lugar de café.

Jervaulx se bebió el oscuro brebaje humeante y se dedicó a darles bocados a los perros mientras su amigo interrogaba a Maddy. Mientras hablaban, el duque los observaba entre los vapores que salían de su taza con expresión de inmensa satisfacción. Daba la impresión de pensar que había hecho todo lo que estaba en sus manos, y que se contentaba con relegar las decisiones que hubiese que tomar a partir de ese momento.

A Durham no le cabía la más mínima duda de que había que proteger a Jervaulx de las decisiones de su familia. «Esa odiosa vieja arpía», fue la sucinta opinión que expresó sobre lady de Marly, y para referirse a la madre del duque utilizó términos que Maddy no había oído jamás.

La forma de hablar de Durham le resultaba difícil de comprender. Dudó de lo que quería decir cuando le preguntó si estaba segura de que nadie podría haberlos olfateado al salir de la iglesia.

–¿Olfatear? –preguntó dubitativa.

–Seguir el rastro. ¿Pueden haber descubierto dónde se dirigían?

–No lo creo. Hemos ido hasta Ludgate Hill y hemos viajado en coches de alquiler.

–¡A Ludgate Hill! –Soltó una carcajada–. Bien hecho, muchacha. –Y le dirigió una sonrisa a Jervaulx–. ¿Quién iba a pensar que te dirigirías a los comercios de tejidos, eh?

El duque giró un poco el rostro y le devolvió la sonrisa. Dio un sorbo al chocolate. Maddy tuvo la impresión de que entendía menos que ella.

–Nadie, fíate de mí –se respondió él mismo–. Es mucho más probable que se hayan dirigido... Dios mío. –Saltó de su asiento y corrió las cortinas–. Vendrán aquí. ¡Mark! ¡Sal a la escalera! ¡Vigila! Diles que me he ido temprano a la Bolsa.

El criado se inclinó sobre su prominente vientre.

–Señor. No me creerán.

–Por todos los diablos, ¿es que no puede uno hacer una compra de valores públicos? Acabo de recibir el legado de un lejano primo en cuarto grado, eso es. Seiscientas libras, pero no lo sueltes así, no les des la información por menos de media corona.

–¿Y el coronel, señor? ¿Tengo que alejarlo también?

–¡Maldita sea, Fane! Se presentará aquí en cualquier momento. –Durham se mordió el labio–. Me importa un pepino. –Miró a Maddy–. Podemos fiarnos de Fane. De todas formas, jamás se tragaría el cuento. Pensaría que he perdido la chaveta por invertir seiscientas libras en fondos. No tendrá ni pajolera idea de lo que hay que hacer; no es que tenga muchas luces, pero si quiere un tipo bueno y de fiar que la respalde, Andy Fane es su hombre.

Maddy se contentaba con tener el respaldo de quien fuese; Durham le parecía endeble, pero estaba claro que quería ayudar a Jervaulx. Estaba a punto de decirles que necesitaba volver con su padre cuando tanto Jervaulx como Durham miraron hacia la ventana al oír un silbido desafinado.

El duque sonrió y dejó la taza sobre la mesa.

–Amigo –le dijo a Maddy.

–Por una vez, antes de tiempo –dijo Durham, mientras un precioso reloj sobre la repisa de la chimenea iniciaba unas campanadas melodiosas. Salió al pasillo medio agachado–. Le diré a Mark que baje a su encuentro en silencio. El anciano general no perdió ripio de lo que sucedió cuando entraron, ¿a que no? Pues ahora va a oír lo de las seiscientas libras. –Frunció el ceño y miró a Maddy–. Usted es una prima segunda de quinto grado. Ha venido con el legado. Los huérfanos son los que siempre traen los legados. El notario la acompañó pero no pudo esperar, tenía que coger el tren correo de vuelta a... a donde sea. Los golpes fueron para despertarme, ¿verdad? Y los ladridos, fruto de su imaginación. Los perros están prohibidos. Sólo Dios sabe cómo me las he arreglado durante todo este tiempo.

Desapareció en dirección a la entrada. Todas aquellas mentiras y engaños hicieron que Maddy se sintiera incómoda. Pese a que no saliesen de su boca, participaba de ellos. La mirada tranquila y pensativa de Richard Gill le removía la conciencia, pero para contrarrestarla tenía el gozo sin límites de Christian al estar con sus amigos: Durham y el oficial que vestía un esplendoroso uniforme con encajes dorados y brillantes adornos, quien no pronunció palabra al ver al duque, limitándose a rodearle los hombros y a darle palmadas en la espalda, para después apartarlo con brusquedad.

El oficial miró hacia abajo y alejó a *Devil* de sus rodillas.

–Sabía que era demasiado aburrido para acabar con él –le dijo al perro–. Te quedan unos cuantos ensayos por escribir, ¿eh? –Miró a Maddy de reojo–. Y se ha traído a una joven con él. ¡Qué sorpresa!

–Ésta es la señorita... –Durham hizo una pausa expectante.

–Timms –dijo Maddy.

El militar le dedicó una reverencia mientras sostenía la espada hacia atrás con una mano enguantada de blanco y le rozaba la falda con el alto penacho blanco del sombrero.

–Coronel Andrew Fane, a su servicio, encanto.

–Déjate de tonterías, Fane. Es cuáquera.

El coronel Fane pareció sorprendido. Irguió la espina dorsal y juntó los tobillos al estilo militar con el rostro enrojecido.

–Le presento mis excusas, señora, ¿señorita? Entonces ese que está esperando en la calle es su hombre, ¿no? Uno que quería saber si... ¡maldición!, que preguntó por ti, Shev..., eso es. Yo no entendía qué diablos quería, pero ahora lo comprendo. Deseaba saber dónde encontrar al duque. Qué duque, dije yo, hay montones de duques.

–¡Richard! –Maddy se cubrió el pecho con las manos–. Tiene que tratarse de Richard Gill.

–¡Oh! –exclamó el coronel Fane.

–Cómo se las ha arreglado... –Se mordió el labio y se dio la vuelta hacia Durham–. Tiene que habernos seguido. Hablé con él... le pedí ayuda y dijo que lo haría... pero no estoy segura de si lo que quiere es que devuelva al duque a su familia.

–¿Está al corriente de todo? –preguntó Durham–. ¿Y ahora está ahí fuera? Por Dios, señorita, ¿por qué no lo contó antes?

–No pensé que pudiese seguirnos, o que quisiese hacerlo. Pero, lo ha tomado como una misión. Debería haberme dado cuenta de que no iba a renunciar tan fácilmente.

–¿De qué diablos habla? –inquirió el coronel.

–Quítate esa cosa ridícula que llevas en la cabeza y siéntate. –Durham tiró de una silla junto a la mesa–. Vamos a proteger a Shev. Esas arpías a las que se empeña en llamar familia quieren encerrarlo en un manicomio.

–¿De qué estás hablando? –preguntó Fane.

–Explíqueselo, señorita Timms. Shev nos necesita. Explíquele lo que me ha contado a mí.

17

–¿No puede hablar?

El coronel Fane dirigió a Jervaulx una mirada de cómica incredulidad.

El duque le devolvió una fría sonrisa. Acarició a *Cass*, el perro negro. Su boca se torció y se endureció con un esfuerzo brutal; hundió los dedos en el negro pelaje.

–Eres... tonto.

El oficial pareció comprender el comentario al instante.

–¡No soy tonto! –protestó.

–Vamos ya, Fane. –Durham le sirvió café–. Todo el mundo sabe que eres un zoquete.

–¡No soy tonto! A ver, ¿quién fue el que pensó en vender a Shev al conductor del coche fúnebre? Yo.

–¿Y quién tuvo que ir a pagar la fianza?

El coronel Fane sonrió burlón.

–Mátelo –dijo con una amplia sonrisa–. Dice... –le temblaban los labios–, mátelo cuando... –empezó a reírse.

–Cierra el pico, bocazas. –El rostro de Durham aparecía enrojecido con una mezcla de disgusto y de jolgorio contenido–. Esto es grave.

–Mátelo... –El coronel no podía hablar, víctima de grandes ataques de risa–. Dice mátelo...

–Mátelo cuando lo necesite –dijo Jervaulx con claridad, y empezó a reírse, echando la silla hacia atrás.

La sonrisa de Durham desapareció y dio paso a la sorpresa, pero Maddy lo miró directamente. Durham no hizo ningún comentario sobre las palabras del duque. El coronel se comportaba como si no hubiera visto nada fuera de lo normal; reía a carcajadas y daba golpes con el puño en la palma de la mano.

–¡Que Dios me bendiga! Menuda se armó, señorita Timms. Shev tenía una buena curda, ¿sabe usted?, estaba inservible. Como si lo hubiesen conservado en alcohol.

–Comatoso, señorita Timms –explicó Durham con aire de gravedad–. Con alcohol hasta las cejas.

–Ah, sí, buena palabra, de las que se usan en Oxford. ¡Comatoso! –La descripción pareció infundir ánimo al coronel–. Sin sentido. Y nosotros teníamos que llevarlo a casa entre los dos, ¿sabe?, y pesa... ¡que el diablo me lleve! Debe de pesar unos noventa kilos. Y en ese preciso instante, ¿quién pasa junto a nosotros? Pues ni más ni menos que el que llaman el cochero de la resurrección...

–Es un cochero nocturno. Vende cadáveres a los cirujanos –explicó Durham– para sus clases de anatomía.

–¡Eso es! Y qué me vino a la cabeza, porque le aseguro, señorita, que la idea fue mía... y el hombre lo cogió y... –Fane hizo un expresivo gesto girando el dedo índice–. Y, ¿sabe?, su ropa, nos quedamos con ella, y el hombre lo envolvió en una sábana y se lo llevó al viejo Brooks. ¡A la calle Blenheim! ¡Se lo llevó hasta allí, hasta la puerta del profesor! –Echó atrás la cabeza y golpeó la mesa–. Y se lo ofreció... se lo ofreció... ¡en venta!

El coronel perdió la capacidad de hablar con coherencia en medio de la hilaridad. Maddy también se sentía incapaz de pronunciar palabra. Miraba al oficial, horrorizada y escandalizada.

El coronel Fane volvió a hablar a trompicones.

–Y el doctor lo examina... y va y dice... y dice: ¡Es usted un bribón... este hombre no... no está... muerto!

Maddy miró a su alrededor. Jervaulx y Durham lucían amplias sonrisas esperando el desenlace.

–Y el cochero dice: «¿Que no está muerto?» –El coronel se irguió como si lo hubiesen ofendido–. «¿No está muerto? Pues entonces, señor... en ese caso... ma... ma... ma...

Los otros dos se unieron a él y dijeron armoniosamente al unísono:

–¡Mátelo cuando lo necesite!

Fue un coro de profundas voces masculinas, Jervaulx hablando con la misma fluidez que los demás. Se reía meciendo la silla con las piernas estiradas ante él.

–Maldito seas –le dijo al coronel–. Robo.

–Ah sí, eso fue lo que pasó, pobre Shev; el doctor cree que es un intento de robo, un truco para meterse en su casa, y empieza a gritar: «Al ladrón». El cochero escapó como un rayo, pero a Shev lo ataron y se lo llevaron a la calle Malborough, y pasó allí toda la noche y media mañana envuelto en la sábana, hasta que Durham consiguió un abogado del Old Bailey para que lo defendiera y no lo condenasen. Al duque de... –Y de nuevo empezó a perder la compostura–. Al duque de... de Jervaulx, ¿se da cuenta...?, por intento de robo en... en... ¡un depósito de cadáveres!

Al oírlo, los tres se comportaron de manera absurda, secándose los ojos y exhalando suspiros cuando por fin se apagaron los ataques de risa. *Devil* pegó un salto y apoyó las patas delanteras en el regazo del duque. Jervaulx restregó vigorosamente la cabeza del perro con ambas manos y dirigió una de sus sonrisas de pirata a Maddy con sus ojos de diablillo del color de la medianoche.

–Ahora ya lo sabe, señorita Timms –dijo el coronel con un gruñido de satisfacción–. Se echó tierra sobre el asunto, pero usted acaba de oírlo de primera mano.

–Ya veo –dijo ella, incapaz de añadir nada más.

–Menuda juerga. Yo no soy tonto, por supuesto que no. Que el Señor nos bendiga, menuda nos corrimos.

–Quizá ahora podamos centrarnos en el duque –dijo Maddy.

–Pues claro. Al momento. Se ha metido en otro lío, ¿no?

–Tenga paciencia con nosotros, señorita Timms –dijo Durham–. Mantenemos a Fane a nuestro lado por sus músculos, no por su cerebro. ¿Cree que debería ir a hablar con ese tal Richard Gill? ¿Hasta qué punto está al tanto de lo que sucede? ¿Podrían haberlo seguido hasta aquí?

–Le he explicado todo lo que os he contado a vosotros.

Durham volvió a llenar las tazas: café para él y el coronel, y chocolate para Jervaulx y Maddy.

–He estado reflexionando. Creo que tenemos tiempo antes de que los hagan salir de su escondrijo. Si nadie ha visto adónde se dirigían, podría transcurrir toda la mañana hasta que se decidan a buscar más allá de las calles en torno a la iglesia. Incluso si piensan en mí, apuesto que no harán otra cosa que mandar a alguien a investigar, y Mark puede despistarlo sin problemas. Pero lo que tenemos que hacer es sacarlos a escondidas de la ciudad.

–¿Sacarnos de la ciudad? Creo que es una idea excelente y sensata. Pero yo tengo que volver al lado de mi padre.

–¿Cree que eso sería inteligente?

–No importa si es inteligente o no: tengo que hacerlo.

–Muy bien. En ese caso, inventaremos una historia. Que trató de seguir al duque, pero que lo perdió de vista.

–Pero...

–Eso debería satisfacer hasta a ese tal Gill, ¿eh? Los caballos se interpusieron y le perdió la pista. Se dirigía a Saint James, pero usted lo perdió entre los matorrales a la altura de Piccadilly. Déjenos el resto a nosotros y, de verdad, que es usted una gran dama, señorita Timms, por sacarlo de aquel lío, si me permite la alabanza.

–Te lo agradezco, pero no puedo hacer lo que me pides y contarles eso –protestó Maddy.

–¿Por qué no?

–No son ciertas.

–Claro que no son ciertas. ¿Qué iba a ser de nosotros si les cuenta la verdad?

–No puedo contarles falsedades.

Durham le dirigió una mirada de extrañeza.

–Tiene que hacerlo, querida. Tan sólo una pequeña falsedad, una mentira piadosa.

–No puedo. No puedo mentir.

–¿No puede mentir? –repitió el coronel Fane.

Durham y él la contemplaban como si fuese un espíritu incómodo que hubiera salido de la niebla y acabase de adquirir corporeidad ante ellos.

–No –dijo.

Podría haber pensado con malicia en engañar a lady de Marly, e incluso tal vez al primo Edward, pero no podía imaginar mentirle a su padre, ni tampoco a Richard Gill, cuyo comportamiento era una prueba palpable de lo que significaba ser cuáquero.

–No es nuestra costumbre –dijo con impotencia–. No puedo hacerlo.

–Pero, entonces, ¿qué les dirá?

Maddy se mordió el labio.

–Si me preguntan, debo contestar la verdad.

–No puede mentir. –Durham la miró con dureza–. Ni siquiera en un caso como éste, ¿para salvar la vida a un hombre?

–Debe cumplirse la voluntad de Dios. Mentir es obrar por voluntad propia. Pero... cuando me vaya, podéis alejarlo de aquí, y puedo decir con toda sinceridad que no sé dónde se encuentra.

–Pues qué bien, muchas gracias. Así usted salva el pellejo, ¿a que sí? Y cuando le pregunten dónde lo vio por última vez, podrán venir a por mí y llevarme ante un juez.

Maddy bajó la mirada.

–Está bien... –dijo Durham–, deme un poco de tiempo para pensar. Déjeme pensar. –Cubrió la taza de café con las manos–. Tiene que irse de inmediato. ¿Por qué razón debe hacerlo?

–Por mi padre. No sabe qué ha sido de mí. Tal vez ni siquiera sepa que me he ido con el duque por voluntad propia. Puede pensar que estoy herida o incluso que... ¡Podría pensar cualquier cosa!

–Bien. Su padre está preocupado por usted. ¿Dónde se encuentra?

–Él y mi primo Edward se alojan en el Hotel Gloucester.

–Pues ahí está. Nos las arreglaremos para pasarle una nota por debajo de la puerta para decirle que se encuentra en perfecto estado. Eso es verdad, ¿no?

–No puede leer una nota. Ha perdido la vista. Y no sé lo que pensaría si recibiese un mensaje así de mí. Perdería la cabeza. ¿Acaso no lo harías tú? ¿Y cómo podría no regresar? ¿A qué otra parte puedo ir?

–Dios mío –dijo Durham con un suspiro–, nada es fácil.

La miró con aire especulativo, acariciándose la barbilla. La estancia estaba en silencio, a no ser por el ruido ocasional de los arañazos de las uñas de los perros al moverse y empujarse entre ellos, peleando por atraer la atención del duque.

–Fane –dijo Durham de repente–. Haz algo útil. Baja e invita al señor Gill a almorzar.

El coronel se alzó obediente, y volvió a ponerse con fuerza el sombrero en la cabeza.

–Y asegúrate de que acepta –añadió Durham con un perezoso movimiento de las cejas.

El coronel Fane, impresionante con el uniforme y el alto penacho, hizo una inclinación y apoyó como por descuido la mano en la empuñadura de oro y plata de la espada.

–Cuando quiero, puedo llegar a ser muy persuasivo. Mi madre siempre lo decía.

Al duque no le hacía ninguna gracia volver a ver a Richard y lo dejó claro de inmediato. Se puso en pie con una exclamación irritada cuando el coronel entró en la estancia acompañado del cuáquero, quien todavía llevaba su curiosa caja. Jervaulx se aproximó al sofá en el que Maddy estaba sentada y se situó tras ella. El setter negro se puso a los pies de la joven entre gruñidos, mientras *Devil* se subía de un salto al sofá situado junto a Maddy y empezaba a ladrar y a gruñir al recién llegado.

–Shev –dijo Durham con brusquedad–. ¡Por lo que más quieras, hazlos callar!

Jervaulx siseó entre dientes y los perros guardaron silencio. *Devil* apoyó las patas en el regazo de Maddy y se tendió con medio cuerpo sobre ella y el otro medio fuera, mientras *Cass* permanecía alerta pegado a las rodillas de la joven.

Maddy, parapetada entre los perros, saludó a Richard con una débil sonrisa.

–Eres muy amable por venir a ayudar.

El joven cuáquero miró a los demás y, a continuación, dijo con dulzura:

–Os seguí. Tenía miedo por ti, Arquimedea. ¿No te ha hecho daño?

–Oh, no. No. El duque nos trajo hasta aquí. Éstos son dos buenos amigos suyos: Durham y el coronel Fane.

Pese a la sencilla levita oscura y el sombrero de ala ancha, por alguna razón extraña y sutil, Richard se parecía al coronel Fane: el uno cubierto por el reluciente uniforme escarlata, ribeteado de blanco, dorado y azul; el otro, austero y sin adorno alguno; y, sin embargo, ambos irradiaban fuerza; bajo una capa externa que no podía ser más distinta, había algo en ambos que imponía respeto.

Durham no invitó al cuáquero a sentarse, apoyó las manos en el respaldo de una silla y dijo:

–Permítame que sea franco con usted, señor Gill. No tenemos ninguna intención de que el duque vuelva con su familia, no en las circunstancias que la señorita Timms nos ha descrito. Nos ha indicado que usted puede ser de diferente opinión. Tengo que confesarle que no veo razón para que esto sea asunto suyo, pero, tal como están las cosas, si usted va contándolo por ahí, nos causaría muchos inconvenientes, por lo que he pensado que sería mejor tener... digamos... un pequeño intercambio de pareceres sobre la cuestión.

Richard no abrió la boca. El coronel Fane estaba tras él, apoyado en el marco de la puerta, y ahora que bloqueaba la salida, no parecía tan estúpido.

–La señorita Timms solicitó su ayuda –continuó Durham–. ¿Está dispuesto a ofrecérsela?

–Arquimedea está haciendo lo que cree correcto –respondió Richard sin arriesgarse a una respuesta.

–Está bien, caballero. Si no le resulta demasiado impertinente, creo que lo que necesito saber es lo que usted piensa que es lo adecuado. Por lo que yo sé, usted se lo ha tomado como si fuese un asunto personal, y podría incluso compartir las ideas de la familia. En tal caso, no importaría que usted desconociese el nombre de estos aposentos, ¿sabe? Simplemente diciéndoles que los había seguido hasta Albany, se darían cuenta de a quién había acudido. –Durham flexionó las manos sobre la silla para añadir con voz suave–: Es mi amigo, señor Gill. Quiero que lo entienda con claridad. Con mucha claridad. No consentiré que lo encierren porque a usted lo mueva un celo piadoso.

Con un ligero entrechocar de metales, el coronel cambió de postura y se puso firme.

–Por supuesto que no –dijo entre murmullos.

–Dígame qué puedo hacer para convencerlo de que debe guardar silencio sobre el asunto, señor Gill.

En el tono de Durham apareció un leve rastro de ironía.

–No hay nada que puedas decirme.

–Ah. Imagino que sólo una voz con más autoridad que la mía podría convencerlo.

Richard hizo un gesto de asentimiento.

Durham enarcó las cejas.

–Entonces, ¿está usted seguro de que no ha venido hasta aquí por voluntad divina? ¿De que no hay nada que esté destinado a aprender?

–Creo –dijo Richard– que podrías echar mano de palabras muy hermosas para convencerme de que hay algo más.

Durham sonrió.

–¿Palabras? ¿De verdad cree que eso es lo único que tenemos para convencerle? Mi estimado señor, ¿es necesario que se lo explique?

La expresión del rostro de Richard no se alteró. Maddy se sintió muy orgullosa de él, de que no perdiese su fortaleza ni su serenidad ante aquella velada amenaza.

–En lo concerniente al duque de Jervaulx –dijo simplemente–, no me convence ninguna postura.

–Señor Gill, soy un tipo frívolo, como estoy seguro usted ya habrá apreciado. Me gusta cenar bien y beber buen vino; siento debilidad por las damas hermosas, los salones de juego y los mejores sastres. En realidad, no hay nada que me sirva de recomendación, ni siquiera estoy a la altura de Fane, aquí presente, que por lo menos puede decir que condujo a su batallón a campo abierto en las batallas de Quatre Bras y de Waterloo. Aparte de eso, lo mejor que cualquiera de nosotros dos tiene es que queremos a este hombre como si fuese de nuestra propia sangre; nos importa un bledo su título, su familia o lo que ellos quieran; nos dejaremos ahorcar antes de ver que lo encierran en contra de su voluntad, y él haría lo mismo por nosotros, ¿sabe?, igual que lo haría usted por los suyos. Y eso es todo, señor Gill. Ésas son todas las hermosas palabras que sé sobre esto.

El reloj esmaltado de la repisa de la chimenea empezó a sonar; su dulce melodía resonó en el silencio. *Devil* metió el hocico bajo la mano de Maddy y se la lamió.

Richard la miró.

–Te ruego que vengas conmigo y los dejes hacer. Son cuestiones mundanas que no tienen nada que ver con nosotros.

–Está bien, váyanse ahora –dijo Durham rápidamente, antes de que Maddy pudiese contestar–. Váyanse pero no se acerque a su padre, señorita Timms. Denos tiempo. Unas cuantas horas, medio día, lo suficiente para ponernos a salvo. Usted no correrá peligro, su padre la recibirá sin problemas. Por favor, ¿no podría concedernos siquiera eso? ¿Un poco de tiempo antes de volver a su lado?

Maddy se mordió el labio, imaginando los miedos de su padre, sopesando aquello frente a las mentiras que se vería obligada a decir, o frente a la posibilidad de que por su culpa llegasen a capturar a Jervaulx. Y tenía la horrible impresión de que sí que contaría mentiras, incluso a su propio padre; de que ella –al igual que Durham y el coronel Fane– sería capaz de casi cualquier cosa.

Inhaló aire y dijo:

–¿Hasta la noche?

–Con eso es suficiente.

Se levantó. El perro dio un golpe en el suelo y se alejó de ella, dando la vuelta al sofá, para ponerse al lado del duque.

–Entonces, me mantendré lejos de papá hasta la hora de la cena. A las siete.

Durham asintió casi imperceptiblemente.

–Bastará con eso. Váyanse de aquí los dos y no vuelvan la vista atrás, o les juro que los convertiremos en estatuas de sal.

Con palabras o sin ellas, Christian entendió que Durham y Fane se habían repartido los papeles para convencer al adusto cuáquero del ti-tú: Durham sirviéndose de su sonrisa sardónica y Fane de su aire negligente y con los músculos a punto. El proceso contaba con la aprobación de Christian. No le gustaba que Niñamaddy hubiera depositado su confianza en aquel tipo y que se hubiese puesto de su parte sin ningún problema, «cabezas juntas susurros miradas valoraciones», planes que no fue capaz de entender, hasta que oyó la palabra «regreso» y vio cómo Maddy discutía con aquel hombre sombrío que parecía un mulo. ¡Cabrón entrometido, mira que haberlos seguido hasta allí!

Durham y Fane se encargarían de todo. Christian observó con placer la escena, esperando que sacasen a patadas a el Mulo. Estaba dispuesto a echarles una mano, pero no quería alterar el plan que Durham había puesto en marcha. Christian fue incapaz de seguir el discurso; sólo sabía que Durham lo había amenazado sirviéndose de su tono de voz suave y dulce, y que había obtenido respuestas breves y obstinadas. Christian no haría sino avergonzarlo si intervenía en el momento equivocado.

Vio que el Mulo se dirigía a Maddy. «Terruego conternura quemeacom pañes dejesacer quedeseen.» Christian oyó la rápida respuesta de Durham y el ruego que le hacía a ella... «¿Pide horas tiempo? ¿Conceder tiempo?»

Christian no veía el rostro de Maddy, pero la pausa que hizo lo llenó de alarma y dio un paso. Ella le preguntó algo a Durham; él respondió: «¿Suficiente?». Maddy se levantó y Christian se puso en movimiento al segundo. Estaba fuera de su alcance. Durham le hablaba en tono de despedida, ¡instándola a marcharse! El Mulo se dio la vuelta para irse con ella, los perros cortaron el paso a

Christian... De repente descubrió que no tenía la más mínima idea de lo que había pasado, pero nadie hizo gesto de detenerla.

–Queda. –Su voz llena de ira hizo que todos se detuviesen–. ¡Niñamaddy! Tú... Quéda... te.

Llegó a su altura. Sin ceremonia alguna, la empujó de nuevo hacia el sofá. La capa revoloteó alrededor de ella al caer sobre el asiento.

Christian se inclinó sobre ella.

–Tú... yo.

Fue cuanto dijo, sabiendo que no era suficiente, incapaz de encontrar las palabras para decirle que no debía irse sin él y que él no iría a ninguna parte sin Durham, Fane y los perros. Pero, sobre todo, que no debía dejarlo e irse con el Mulo. Algo que quiso dejar claro, situándose entre ella y el cuáquero, con los perros a su lado, dispuestos a frustrar cualquier intento de llevársela.

Durham se dejó caer en una silla y cruzó los brazos. Dirigió una mirada a Christian para indicarle que había fastidiado la negociación, pero a Christian no le importó lo más mínimo. Cualquier acuerdo que requiriera que Maddy lo abandonase era un mal acuerdo.

El Mulo le dirigió miradas como dagas de hielo con aquellos ojos aburridos y sin brillo. Fane era el único que exhibía una perezosa sonrisa, como si todo fuese una pelea por un insecto sin importancia. Maddy permanecía quieta en el sofá con la cabeza inclinada y los puños sobre las rodillas. Se llevó uno de los puños a la boca, y Christian vio, y fue como si le hubiese dado una bofetada, que estaba llorando.

Su seguridad desapareció. De repente sintió que era muy visible, que se había convertido en el centro de todas las miradas acusadoras. Le había hecho llorar. Todos tenían la vista puesta en él, y no podía decirles por qué era tan importante que Maddy se quedase a su lado. Tenía que quedarse. Iba a volver a casa con ella, a casarse con ella y... no pudo pensar más allá de eso. ¿Por qué lloraba?

–Niñamaddy –dijo con voz ronca.

Ella hizo un gesto de rechazo con la cabeza.

Christian miró con odio a el Mulo. Pensó que él tenía la culpa, aquel bellaco entrometido, «anda sigiloso cuélate a hurtadillas con tu ropa de cuáquero y tu ti-tú». Tenía que estrangular al tipo.

Christian estaba dándole vueltas a la idea cuando de repente algo oscuro pasó por delante de él y corrió con rapidez hacia la puerta.

Se dio cuenta de que se trataba de Maddy. Ni siquiera la había visto levantarse; su cerebro volvió a quedarse atrás, tratando de encontrarle sentido a aquella figura encapuchada cuando se encontraba fuera de su alcance. Todavía estaba intentando obtener respuesta de su dispersa conciencia cuando Fane se enderezó y dejó su postura indolente frente al marco de la puerta, bloqueándola.

–Shev quiere sequede, señorita.

Ella se dio la vuelta hacia Christian.

–¡Papá! –gritó–. ¡Deboir conel! ¡Ir... ael! ¿Entiendes?

–Quédate –fue todo lo que Christian pudo pronunciar.

–¡Jervaulx! –Su rostro era horrible al rogarle–. Papá me necesita. Miedopor mí. ¡Deboir!

El miedo y el rechazo subieron por su garganta. Su padre: «ciego anciano con miedo». Pero Christian la necesitaba.

–Maddy... –Apretó los dientes con fuerza–. No puedes.

Odiaba tener que hablar delante de los otros: palabras de bestia idiota, los viejos chistes y el fácil intercambio con Durham y Fane se evaporaron ante el miedo.

–Por favor –suplicó ella–, asde dejarmarchar.

No. ¡No! Miró a Fane e hizo un gesto negativo con énfasis para que el guardián no abandonase su puesto, para que impidiese su deserción.

El Mulo del ti-tú tocó el hombro de Maddy.

–Arquimea. Yo iré tupadre –y miró a Christian directamente–. Dover padre sinvantar sospecha. Asuntos Amigos.

Niñamaddy se volvió hacia él, el rostro tan radiante de alegría que Christian se encendió.

–¿Loarías?

–¿Sintrai cionarnos? –Se oyó la voz aguda de Durham, procedente de algún lugar que Christian había olvidado.

Perdió la concentración; buscó a Durham y trató de no interponerse de nuevo.

–No –dijo el Mulo.

–¿Cuento consu palabra? –exigió Durham.

–Ya lo he dicho. La verdad tenece a Dios.

«Mulo beato», pensó Christian.

El austero cuáquero miró a Maddy.

–Tequedarás hasta mivuelta. Después lopensaremos.

Ella asintió con humildad ante aquella orden. El Mulo, que no se había quitado el sombrero en ningún momento, fue hacia la puerta. Fane permaneció imperturbable hasta que Durham dijo:

–Déjalo ir.

Entonces, el guardián hizo una reverencia, y se apartó a un lado.

Niñamaddy se volvió hacia Christian. Le dirigió una mirada que fue como un arañazo, una única mirada acusadora, y pasó por su lado para sentarse en el sofá.

Esperaron durante toda la mañana y las primeras horas de la tarde. El coronel Fane se marchó al cuartel después del almuerzo, prometiendo regresar antes de la cena. Maddy no abandonó el sofá. Evitó deliberadamente mirar a Jervaulx, pese a que él le llevó una taza de chocolate. La cogió sin darle las gracias. Quería que supiese que no se había quedado por propia voluntad, sino únicamente porque él le había impedido marcharse y Richard había sido muy amable al prometer que iría a ver a su padre para informarle de cuanto ocurría sin mencionar adónde había ido el duque.

Sorprendentemente, Jervaulx parecía darse cuenta de los sentimientos y el resentimiento de Maddy. En lugar de exhibir su aristocrático desinterés, pasó un sinfín de horas de pie cerca de ella, o a veces sentado en el otro extremo del sofá, con movimientos controlados, sin intentar hablar. Le llevó la taza de chocolate. No fue exactamente una petición de perdón, pero por lo menos era una señal de que reconocía que ella era una persona y no una pertenencia privada y exclusiva de él.

Cuando llegó la hora de la cena, seguían sin noticias de Richard, pero a la hora del té se llevaron un susto de muerte cuando apareció un criado de librea blanca y plateada que quería hablar con Durham. Mark no pudo deshacerse de él; el hombre insistió en entregarle la nota a Durham en mano. La disputa bajo la ventana lamentablemente subió de tono cuando los dos sirvientes se pusieron a discutir si el de la duquesa tenía que esperar el regreso del señor Durham o dejarle el mensaje a Mark. Cuando quedó claro que el otro sirviente no se iría sin antes ver a Durham, aquel caballero tan lleno de recursos subió al desván y se las arregló para salir a la calle.

Mientras Maddy y el duque esperaban en el dormitorio, Durham volvió a entrar por la puerta como si hubiese estado todo el tiempo fuera y se entrevistó en el salón, con toda la falsedad del mundo, con el criado de la duquesa. El sirviente se marchó tras haber oído una rocambolesca historia sobre la muerte de un primo lejano de Durham, tan intrincada que ni siquiera Maddy, que escuchaba tras la puerta, la entendió por completo.

Cuando se habló del duque de Jervaulx, Durham se mostró sorprendido. ¿Quería decir el hombre que el duque se había recuperado? ¡Qué noticia tan fantástica! Durham había pensado que estaba muriéndose; así se lo había dicho la duquesa. ¿Y ahora andaba por ahí? ¡Era milagroso! Durham se preguntó por qué no había ido a visitar a sus amigos, habría pensado que ése sería su primer destino en cuanto pudiese. ¿Quería decir de verdad –es que Durham no acababa de entenderlo– que el duque había desaparecido? Ah, que no había desaparecido. Entonces, si no había desaparecido ni estaba muriéndose, ni visitando a sus amigos, ¿qué demonios estaba haciendo? Nadie lo había visto desde hacía meses. A Durham le parecía muy, pero que muy sospechoso. Quizá habría que ponerlo en conocimiento de las autoridades, y al diablo con el escándalo.

Al llegar a ese punto, el criado reculó a toda velocidad, y se marchó mientras Durham le rogaba que la duquesa le informase en cuanto tuviesen una pista.

Maddy se había dado la vuelta en la penumbra de la habitación con las cortinas echadas y había visto el rostro serio de Jervaulx, que estaba con una mano apoyada en el cabecero de la cama, arrogante y atento, como un cazador al que su presa tiene arrinconado, irritado por la necesidad de tener que esconderse. Durham llegó hasta la puerta y la abrió, dejando que los perros entrasen en tropel. Recibieron a Jervaulx llenos de gozo, como si no lo hubiesen visto apenas un cuarto de hora antes, y su aire desdeñoso desapareció y se transformó en risas y juegos.

Ésos eran los momentos que impresionaban a Maddy, esas bruscas transiciones del orgullo más marcado al afecto. No tenía defensa ante ellos. Su Revelación se veía sumida en la confusión.

Ya no le quedaba siquiera la certeza de que fuese una auténtica misión. Richard no se había quedado convencido de que el camino que había elegido fuese el adecuado. Maddy era consciente de que toda la vida había tenido que luchar para no dejar que saliese a la superficie su fuerte voluntad, para evitar caer en la tentación de modas y fruslerías, contra el impulso de discutir y mostrarse en desacuerdo con sus mayores. Con demasiada frecuencia se sentía indómita y rebelde en su interior. Alguien como Richard sabría distinguir con más certeza la llamada de Dios de las artimañas del Razonador.

Maddy quería irse a casa con su padre. Anhelaba volver a sentirse segura. La puerta estaba allí, delante de ella, y ahora no estaba el oficial del rey para impedirle su marcha. El duque estaba ocupado con sus perros, y Durham, en sacar vasos y una botella de jerez.

Estaba ante la puerta, pero no se fue.

Christian decidió mandar a Maddy a la cama. De todas formas se había quedado dormida sentada, esperando a su amigo cuáquero con semblante de mulo. Fane había llegado y se había vuelto a marchar porque estaba de servicio: se había alegrado de sus tonterías y de la forma natural con la que aceptaba el habla torpe de Christian. Le dio pena que se fuese. Durham no era tan fácil de manejar; se lanzaba de continuo a hablarle para, a la mitad de uno de sus largos discursos, darse cuenta de pronto de que Christian no lo entendía, y entonces trataba desesperadamente de enmendar la plana.

Era embarazoso para ambos. Christian quería recurrir a Maddy en busca de ayuda, pero cuando la miraba, la veía rígida como una estatua, todavía enfadada con él por mantenerla alejada de su padre. Era incapaz de comunicar el alcance de la necesidad de tenerla allí. Lo sentía, pero el mundo iba demasiado deprisa para él: cosas nuevas, sorpresas, confusión y ruido que incrementaban la dificultad de comprensión.

Tenía que quedarse. El dormitorio estaba bien: cercano y podía ver la puerta y saber a ciencia cierta que ella se hallaba dentro.

La despertó al acercarse. *Devil*, que iba detrás, se detuvo y rozó la mano de Maddy con el hocico. Al abrir los ojos, Christian le tendió la mano.

–¿Ha venido? –fueron sus primeras palabras.

Christian la miró.

–Todavía no –dijo Durham.

–Cama.

El duque no apartó la mano.

–Sí –dijo Durham desde la mesa–. Vayacostarse, se ñorita Timms. Ladespertaré momento vuelva.

Maddy parpadeó hasta despertarse del todo y lanzó un suspiro. Apoyó la mano en la de Christian y se levantó. Él la habría acompañado, pero Maddy le soltó la mano al instante y se alejó.

Un montón de carbón cayó en la chimenea cuando la puerta se cerró tras ella. Durham estaba sentado a la mesa, examinando los restos de la cena.

–¡Diablos! –murmuró–. Menudo lío.

Christian se acercó al aparador, sacó aquella cosa dura de cristal de la botella de jerez y se sirvió un vaso.

–Yahora. –Durham levantó el vaso vacío y Christian lo llenó–. ¿Quesperanzai? ¿Queva mosacer?

Christian se llevó el índice a los labios. Silencio. Durham bebió un sorbo del vaso y reposó la cabeza en el respaldo con la mirada perdida en el techo. Christian se centró en el reloj y escuchó el tictac sin mirarlo, porque era como cuando se miraba en el espejo, lo que veía resultaba algo extraño e inquietante, había algo irreal en aquellos números que rodeaban la esfera. Era una de aquellas cosas incomprensibles que prefería soslayar siempre que podía.

La campana sonó una vez para dar la media. Sin conversación, él y Durham se dedicaron a beber. Durham sirvió otros dos vasos de jerez; y Christian sintió que una agradable lasitud se apoderaba de él. Estar allí sentados, como tantas otras veces, resultaba familiar y gratificante. Compañerismo.

El jerez enlentecía los movimientos de Durham; Christian lo conocía bien. Con tres copas perdía la capacidad de decisión; con cuatro se volvía insolente y se le trababa la lengua. Christian esperó hasta la cuarta.

Dejó el vaso sobre la mesa.

–Casar –dijo mirando a Durham–. Niñamaddy.

Durham frunció el ceño y negó con la cabeza.

–Lo siento, viejo amigo. Non tiendo.

Lo entendía mejor cuando hablaba con lentitud que cuando mascullaba a toda velocidad.

–Maddy.

Christian movió la cabeza para indicar la puerta del dormitorio.

–Sí. De acuerdo. Señorita Timms.

–Yo. –Christian metió la mano en el bolsillo de la levita, rebuscando, y encontró el anillo. Puso el estuche sobre la mesa y lo abrió con el pulgar–. Casar.

Su amigo miró el anillo. Parecía no entender. Christian estaba a punto de intentarlo de nuevo cuando Durham dejó de golpe el vaso sobre la mesa.

–Dios nos asista. ¿Asperdido cabeza?

–No –negó Christian.

–¿Casarte con la chica? –Durham se incorporó a medias. Al oír el siseo de advertencia de Christian, se volvió a sentar en la silla y bajó la voz hasta convertirla en un susurro violento–. Noirá en serio, ¿no?

Christian cogió el anillo y lo golpeó contra la madera.

–Noesmás cuna enfermera. –Durham se inclinó sobre la mesa–. ¡Caray! Es cuáquera.

–Casar. –Tras retorcer los labios con esfuerzo, añadió–: Volver... casa.

Durham negó con la cabeza.

–No puedes ir, queridoamigo. No es seguro. Tencerrarán, dice ella.

–¡No! –Christian alargó la mano para coger a su amigo de la muñeca–. Casado... no. Hijo... mujerdragón quiere... hijo. Suciente.

No captó el significado de sus palabras enseguida. Las cejas de Durham se elevaron. Se frotó la boca con la mano.

–¿Tener un heredero?

–Todo.

–¿Es todo cuanto quiere?

–Acuerdo –soltó Christian–. No... de vuelta... lugar. Casado.

–¿Por qué nocasarte con otrajoven tonces?

Christian emitió un sonido de disgusto.

Durham rodeó el pie de la copa con ambas manos y la hizo girar, mientras contemplaba cómo la luz de la vela iluminaba el cristal labrado y hacía que saltasen chispas de color y oscuridad en el licor.

–¿Ésta tegusta más? –preguntó, con una mirada de reojo desde el otro lado de la mesa.

Christian dio un largo sorbo de jerez. Apoyó la punta del pulgar en los labios, la besó y levantó el dedo con suavidad. Le dirigió una sonrisa a su amigo.

–Trenza... –Abrió las manos como si las posase en el pelo de Maddy–. Suelta.

Durham resopló. Apretó el puño con el pulgar hacia arriba y lo aproximó al rostro de Christian.

–Entonces, queasisea. Si la deseas, amigo mío, la tendrás. Paralgo estoy ordenado.

18

–Señorita Timms. –La voz parecía salir de sus sueños–. Hora de despertar, señorita Timms.

Maddy se sentó de golpe.

–¿Papá?

Estaba enrollada en la capa. Durante un momento de confusión pensó que era víctima de un robo: había un desconocido que se alejaba de la cama con una vela en la mano y lo único que vio fue el perfil de un rostro entre las sombras. Pero no estaba en casa, no recordaba dónde se encontraba hasta que en el círculo de luz apareció de repente un perro que de un salto puso las patas sobre el borde de la cama. El animal se estiró con entusiasmo y le lamió la nariz.

Maddy resopló y se echó hacia atrás, parpadeando para salir del sueño.

–Ha llegado esto para usted. –Durham tenía en la mano una nota sellada con una torpe marca de lacre–. Es del señor Gill.

Maddy, tras hacer un esfuerzo para mantener los ojos abiertos, recuperó la memoria y la conciencia. Aceptó la nota mientras Durham colocaba la vela cerca de la cama y la dejaba a solas.

Rasgó el sello de lacre y, acercando la hoja, escudriñó aquella letra de grandes rasgos.

Señorita Timms:

He hablado con tu padre a fondo. Está de acuerdo contigo en la necesidad de proteger al duque de esta farsa, y desea que te encargues de hacerlo. Te insta a que deposites tu confianza en los amigos del duque y que lo apartéis del peligro de inmediato, porque os están pisando los talones. Debes acompañar al duque dondequiera que vaya. Tu padre te ordena que no vuelvas a su lado, ya que te pondrías en peligro. Yo tampoco puedo acercarme a ti ante el riesgo de que me sigan. Levanté ciertas sospechas al ir a ver a tu padre. Si tienes algún mensaje para él, envíalo a la Belle Sauvage, y yo me encargaré de que lo reciba.

Que Dios te bendiga, Amiga.

RICHARD GILL

–Ah –susurró Maddy.

Acercó la nota a la luz, parpadeó con fuerza y la leyó de nuevo. Pero decía lo mismo de antes, de la misma forma torpe.

Tenía que ir con Jervaulx. Tenía que quedarse a su lado.

Ése era el deseo de su padre.

Era desconcertante. Y triste. ¡No podía volver con su padre! ¿Durante cuánto tiempo? ¿Cuánto peligro entrañaba?

Maddy se incorporó en la cama. La acusarían de secuestro, no cabía duda. Lady de Marly no titubearía ni un instante.

Cerró los ojos y rezó una plegaria rápida y silenciosa, rogando tener fuerzas para enfrentarse a su sino. Después, se apresuró a buscar los zapatos. Mientras estaba inclinada para abrochárselos, tuvo que quitarse cuatro veces de encima a *Devil*, que se dedicaba a saltar sobre ella. Cogió la vela y se adentró en la oscuridad hasta llegar al salón.

Jervaulx estaba allí, incongruente con aquella ropa tan extravagante y formal, despeinado y el rostro necesitado de un afeitado. La miró un instante, con desconfianza, como si esperara que le riñese por algo. El reloj sonó; Maddy acercó la vela: no eran más que las tres y media.

Desde el vestíbulo le llegó el ruido de la puerta al abrirse y la voz de Durham, quien conversaba con el criado. La puerta se cerró y apareció Durham, que sólo llevaba calcetines en los pies, con una bandeja en la que llevaba una cafetera.

–Mark ha ido a buscar un carruaje, si es que encuentra uno a estas horas. Así que hay que tomárselo deprisa. Hay un coche correo que sale de El Cisne a las cinco. Antes de arreglarse, señorita Timms, deje que primero busque ropa adecuada para Shev.

Su aspecto no era mejor que el del duque, y parecía que ambos hubiesen pasado la noche en vela. Durham apoyó la bandeja, bostezó, y a continuación cogió la vela y se fue arrastrando los pies hasta el dormitorio, dejando la tenue llama de la lámpara de aceite en el salón.

–Shev –llamó suavemente–. Ven aquí, amigo mío, y veamos si esto te sirve.

El duque le lanzó una mirada rápida y luego se dirigió a la sala.

Había un espejo colgado sobre la repisa de la chimenea. Maddy vio que su aspecto no era mejor que el de los hombres, y trató de hacer algo con el pelo pero, al carecer de cepillo y peine, le resultó una tarea inútil. Tendría que cubrirse con la capucha.

Se sirvió café, con la esperanza de que la bebida pudiese despejar el desorden en que su mente estaba sumida. Durham parecía tener un plan: había mencionado un coche correo, lo que significaba que tenía la intención de viajar con rapidez. Nada era más veloz que el correo, pero hasta la noche no salía ninguno. Un coche de correo sería veloz y tan anónimo como comprar un billete en la oficina de viajes, pero ¿adónde? Confiaba en que no fuese demasiado lejos. Pero, si iban a ahorcarla por secuestradora, quizá lo que tendría que desear era que se tratase de Escocia. O de América. O de la Luna.

Al final, resultó que irían a Bath. O, en cualquier caso, la Gran Calzada en aquella dirección, en un precioso coche de correo rojo y negro, decorado con el emblema del Cisne de Dos Cabezas y reluciente bajo la luz de las farolas de una mañana helada. Durham no le comunicó a Maddy el destino final; de hecho, se había vuelto reservado al hablar con ella. Cuando protestó por la distancia, lo único que le dijo fue que no se dirigían al mismo Bath.

Jervaulx y su amigo durmieron durante el trayecto. Formaban una pareja de aspecto más bien dudoso: Durham tendido sobre el asiento delantero y el duque apoyado con incomodidad en la ventanilla al otro lado de Maddy, envuelto en un amplio abrigo prestado, sin afeitar y sin sombrero, que, según la peculiar forma de ver las cosas de Durham, era la apariencia que debía tener un caballero que marchaba al campo por motivos de salud. A Maddy no le quedó más remedio que aceptar aquella descripción del duque, porque en el fondo era compatible con la verdad, pero se había negado a llamarlo «señor Higgens» y a presentarse como su hermana. Aunque no pensaba hacer nada para ofrecer la información voluntariamente, si alguien preguntaba, era su enfermera y se llamaba Arquimedea Timms.

No le permitieron abandonar el carruaje más que en las posadas abarrotadas, en las que nadie prestaba atención a ningún viajero en particular entre el estrépito de los caballos ensillados de antemano, los gritos de los postillones al llegar y las prisas de los pasajeros de las diligencias por entrar y salir tras un breve refrigerio. Incluso entonces, cuando se bajaba sola o en compañía de Durham, éste insistía en que no los viesen a los tres juntos, para despistar a cualquier perseguidor. Había pagado un billete completo para asegurarse el cuarto asiento en el ligero y elegante coche de correos y no tener que viajar en compañía de un desconocido y, tras el primer cambio de caballos y postillones, nadie miró en el interior del vehículo mientras él se asomaba por la ventanilla para dar las correspondientes propinas. Incluso habían dejado atrás a los perros, para disgusto de ellos, al cuidado de Mark, por ser demasiado vistosos para dejarlos ver en compañía del duque.

Era una maravilla viajar a aquella velocidad, en un vehículo con buena suspensión, por una carretera excelente, sacándoles ventaja a todas las diligencias e incluso, a veces, adelantando a un coche de alquiler. Maddy no estaba del todo segura de aprobar el coche de correo. Le parecía demasiado esfuerzo al servicio de asuntos terrenales. Debía ser un tanto vanidoso atravesar a tal velocidad la oscuridad de las primeras horas de la mañana. Los caballos recorrían al galope cada una de las etapas y se detenían agotados cada media hora para ser sustituidos en tan sólo dos minutos por un nuevo tiro. Al estar ambos caballeros dormidos entre etapa y etapa, Maddy tuvo mucho tiempo para ver cómo pasaban a toda velocidad ante sus ojos los mojones blancos, y para reflexionar sobre la rapidez con la que se sumía en el olvido.

Al alba, las largas sombras azuladas de los árboles acariciaban los campos brillantes de escarcha. Vislumbró la silueta de un castillo en la distancia, el perímetro fortificado por torres y altos muros. Los pendones de las torretas reflejaban los primeros rayos del sol. Maddy se asomó para ver cómo los rayos daban a la piedra un tono dorado con matices rosados.

–Wind-sor.

La voz del duque la sobresaltó. Se volvió y lo encontró observándola somnoliento; tenía los hombros apoyados en el costado del coche en una postura incómoda.

El vehículo dio un bote al pasar un tramo de carretera difícil, sin aminorar la velocidad ni un ápice. Maddy se asió al agarradero. La cabeza de Jervaulx chocó con fuerza contra la carrocería,

Durham estuvo a punto de rodar al suelo, pero frenó la caída, soltó una maldición y volvió a acomodarse sobre el asiento, apoyando un pie en el suelo y cubriéndose los ojos con el sombrero.

Jervaulx se irguió en el asiento. Se restregó el rostro con las palmas y, a continuación, lo cubrió con ambas manos un momento, con los codos apoyados en el gabán con que se cubría las rodillas. El carruaje se balanceó carretera adelante. Maddy pensó que quizá ahora se despertase por completo, pero el duque se dio la vuelta y se tendió de nuevo, esta vez en sentido contrario. Como era demasiado alto para encajar en el asiento, en aquella postura necesitaba apoyar la cabeza en el regazo de Maddy, y fue lo que hizo con descaro, sin más aviso que un profundo suspiro mientras se acomodaba.

–Jervaulx –dijo Maddy, enfadada.

Su respuesta se tradujo en una sonrisa lenta, que no tenía nada de civilizada vista de perfil sobre el fondo oscuro de la barba; parecía un gitano indolente, feliz de dormir bajo un seto.

Como le resultaba imposible ir con la mano en alto el resto del viaje, Maddy se vio obligada a apoyarla en el hombro de Jervaulx. La posó con tanta ligereza que con cada bache se alzaba, hasta que él la asió y entrelazó sus dedos con los de ella, obligándola a apoyar la mano con firmeza en su hombro. Ninguno de los dos llevaba guantes: Maddy los había dejado en la capilla, y el elegante par blanco de Jervaulx había quedado olvidado con las prisas.

Maddy vio cómo el campo iba iluminándose y el castillo de Windsor, enorme punto de referencia, aparecía y desaparecía al subir las cuestas o descender por las pendientes de la carretera. Jervaulx movió la cabeza nervioso y se acurrucó contra ella. Con la mano libre cogió la de Maddy y la colocó sobre la sien y la mejilla de forma que, cada vez que el coche se movía, le rozaba el rostro. Maddy fingió no darse cuenta y pensó que si el duque hubiese sido un paciente normal, un niño convaleciente o un vecino enfermo, seguro que se habría alegrado de poder proporcionarle todos los cuidados a su alcance en un viaje tan fatigoso. Se dijo a sí misma que Jervaulx se cansaba con facilidad, y que los acontecimientos de las últimas veinticuatro horas habrían sido suficientes para dejar exhausta a una persona rebosante de salud. Hasta ella misma sentía oleadas de debilidad causadas por la falta de sueño y el exceso de miedo.

La mano de Jervaulx en la suya, apresándole los dedos con firmeza, irradiaba calor y vida; sentía la cercanía de su hombro apretado contra ella. Su cuerpo no se mantenía tan pasivo con el traqueteo del coche como debería haber sido.

El duque murmuró algo entre sueños y se movió, levantando la barbilla como si no encontrase una postura cómoda. La piel de su rostro raspaba a causa de la barba incipiente y le arañaba la palma de la mano. Maddy no creía que estuviese dormido; sus sospechas se confirmaron en el siguiente cambio de tiro.

Cuando el carruaje se detuvo entre sacudidas, en medio de los toques de silbato y los gritos de los postillones, Durham se dio la vuelta y se incorporó en el asiento. Jervaulx ni se movió. Tras una breve ojeada a Maddy y a Jervaulx, Durham rebuscó el monedero en los bolsillos con gestos exagerados.

Al fin lo encontró y, cuando se bajó, Jervaulx le besó los dedos. Maddy apartó la mano de golpe. El duque, con un suspiro, se hundió todavía más en el regazo de la joven, sin abrir los ojos en ningún momento.

Durham apoyó la mano en el marco de la ventanilla y sonrió débilmente a la joven.

–Tendré que traerle el desayuno aquí, señorita Timms.

A veces, cuando soñaba despierta, Maddy se imaginaba un jardín, pero nunca rodeando a una casa; se trataba de un jardín con espacio para todo lo que quisiese plantar. Tenía lavanda en torno a los parterres y un muro bajo con la campiña tras él. En primavera había guisantes y espárragos, tulipanes y jacintos; en verano, verduras y malvarrosa, espuelas de caballero y minutisas; en otoño, los árboles de la esquina, cargados de fruta, se inclinaban sobre los ásteres y las matas de arándanos. El jardín no tenía el aire formal de los senderos rectos y las praderas majestuosas del de Blythedale Hall, cuyo único propósito era que la gente pasease por él y hablase de banalidades. Era un jardín para trabajarlo, con flores plantadas entre otras plantas más productivas.

Lo vio la primera mañana que al despertar miró por la ventana de cristal plomado de la rectoría de Saint Matthews-upon-Glade. Era su jardín o, mejor dicho, los restos descuidados de él, iluminado por el primer sol de la mañana, lleno de sombras y con miles de tallos que reflejaban la luz y se arqueaban bajo el rocío.

Era un auténtico caos tras un largo abandono, una mezcolanza de malas hierbas y antiguos planteles con los senderos de piedra apenas visibles bajo las desordenadas matas de hierba y las hojas muertas del otoño; pero era su jardín. Los muros de piedra rodeaban el medio acre de extensión, y había árboles frutales plantados en cada esquina con una sencilla urna en el centro. Más allá del muro, unos pastos de vívido color verde descendían en pendiente hasta una aldea. Las casas que salpicaban el valle eran todas de la misma piedra gris plateada, que reflejaba la luz entre la larga capa de neblina que desaparecía entre los árboles.

El estado de abandono de la rectoría era un auténtico pecado. Durham era peor de lo que ella había imaginado. No sólo resultó ser uno de esos falsos sacerdotes –y jamás había visto un hombre menos adecuado para estar al servicio de Dios, a menos que se tratase de Jervaulx o del coronel Fane–, sino que había descuidado el jardín y la casa hasta convertirlos en una ruina. La noche anterior habían llegado exhaustos a las diez y cuarto, el duque tan agotado que tropezaba constantemente con todo cuanto se cruzaba en su camino. Durham había girado la llave en la cerradura de la vieja rectoría y abierto la puerta como si de un palacio acogedor se tratase, y Maddy se había visto obligada a pasar media hora de un lado a otro a la búsqueda de sábanas sobre las que dormir.

Habían cenado el contenido de un envoltorio de papel: empanadillas de carne y bollos de pasas comprados a media tarde en Hungerford, punto en el que habían abandonado la carretera de Bath y habían alquilado un coche privado, en el que los tres tuvieron que viajar apretados, ya que el vehículo estaba pensado para dos pasajeros. Por segunda noche consecutiva, Maddy había dormido vestida y no muy profundamente, ya que tanto la casa como la ropa de cama estaban heladas. Y ahora, ya de mañana, al ver el abandono del jardín a la luz del día, imaginaba que tampoco habría nada adecuado para desayunar.

Se arregló como pudo, sin agua ni cepillo. Todos los muebles estaban cubiertos y las colgaduras sobre la cama, oscurecidas por el polvo. El colchón parecía muy endeble, cubierto por dos pares de sábanas y sin edredón. Temió que aquella bola de polvo que había bajo el soporte tuviese las huellas inconfundibles de los ratones.

Pese al abandono, la casa era cómoda. Bajó la escalera, aguzando en vano el oído para captar el ruido del despertar de alguno de los dos hombres en los dormitorios de la otra ala. Lo único que se oyó fue el eco de sus pasos al pasar a través de una celosía de madera labrada y entrar en un espacioso vestíbulo de suelo enlosado en el que, por todo mueble, había una mesa desnuda, de bastante antigüedad, enorme, larga y oscura, con patas que terminaban en pesadas bolas de madera.

En medio aún estaba el envoltorio de papel que había contenido la cena, doblado bajo una llave. Su nombre aparecía escrito en la parte superior. Tomó aire con fuerza, abrió el manchado documento y lo alisó.

Mi querida señorita Timms:

Para mi desgracia, me veo obligado a partir sin verla de nuevo, ya que debo regresar a la ciudad tan rápido como sea posible. Espero llegar Esta Noche, para Confundir a cualquiera que intente averiguar la distancia que hemos recorrido si cae la Sospecha sobre mí. De camino, informaré a la señora Digby de que he dejado la Rectoría a mi Amigo Convaleciente y le pediré que se encargue de buscar una Criada de cuyo Gasto me encargaré yo. Para lo demás tendrán que depender del dinero de las Hebillas hasta que reciba el pago de mi Estipendio Eclesiástico el próximo mes, ya que, desgraciadamente, en este momento me encuentro sin Fondos. Espero que se Sientan como en Casa. Si todo va Bien, creo que tendrán que quedarse en la casa algún tiempo. Le aseguro que está haciendo Lo Correcto, señorita Timms, y siguiendo los Mejores Dictados de su Conciencia, aunque puede que también alguno de los Peores: haga todo lo que esté en su mano para Protegerlo.

Su seguro servidor,

KIT DURHAM

P.D.: Le ruego que Le diga que Pensaré la manera de enviarle a los Perros, si antes no les pego un tiro.

¡El próximo mes! ¿Esperaba que estuviesen allí tanto tiempo? Maddy dobló la carta. Miró alrededor del vestíbulo vacío. En el corsé llevaba la billetera con las trescientas libras del duque todavía intactas, ya que Durham había pagado los billetes. Su padre y ella podrían haber vivido dos años con aquella suma.

Oyó fuertes pisadas en la escalera. Maddy levantó los ojos en el momento en que el duque aparecía en el umbral, desaliñado y hosco: vestido, pero con la ropa sin atar ni abotonar. Al verla, apareció en su rostro una expresión de liberación. Se agarró al marco de la puerta y apoyó el peso en él mientras exhalaba una bocanada de aire.

–So... lo. –Cerró los ojos y movió la cabeza.

–Estoy aquí –dijo Maddy.

Hizo un gesto con la cabeza en dirección al ala de la casa donde habían dormido Durham y él.

–No.

–Durham ha regresado a la ciudad.

Le mostró la nota manchada de aceite.

Jervaulx se acercó a ella y cogió la nota. Miró las palabras con el ceño fruncido y el rostro ladeado. La sombra de su barba se había convertido en una mancha oscura. Maddy se preguntó si habría utensilios de afeitar en la casa o si tendría que ir hasta la aldea a por ellos. ¿Hasta qué punto era seguro que se mostrasen en público? Durham había asegurado que nadie reconocería al duque en aquel lugar, pero ella no deseaba arriesgarse.

Jervaulx levantó la vista con una sonrisa ladeada.

–Perros.

Maddy hizo una mueca.

–Sí, vendrán tus perros traviesos.

Él se echó a reír, parecía un salvaje desaliñado.

Maddy lo asió por la muñeca y tiró de la manga de la camisa hacia abajo para sacarla de debajo del gabán.

–¿Gemelos?

Hizo un ruido de asentimiento y volvió a indicar con un gesto los dormitorios.

Maddy le arregló el otro puño y se acercó para atarle la chalina que llevaba alrededor de los hombros. Él se mantuvo quieto, observándola con la mirada baja mientras lo hacía. Cuando ella levantó la vista, le sonrió.

Así, sin afeitar, y aunque resultase extraño, parecía la sonrisa de un niño. Maddy tuvo que morderse el labio para no devolvérsela. En su lugar, adoptó un tono de maestra de escuela.

–Trae los gemelos.

Le tocó la muñeca y le señaló la puerta.

Sin titubear, el duque hizo ademán de obedecerla. Maddy observó que todavía tenía la carta en la mano.

–Jervaulx –dijo.

Él se volvió a mirarla.

–¿Puedes leer?

Se acercó, extendió el papel sobre la mesa y se inclinó sobre él, apoyándose en ambos brazos.

–Mi... Timm. Para mi des... gra... cia... me veo... o... bli... ga... do... a... partir... verla... ya que debo regresar a... ciu... ciudad... rápido... osible. –La miró con aire de triunfo–. Leer.

–Antes de ahora. ¿Leías?

–Matemática –respondió.

Maddy lo recordó trabajando con su padre.

–Sólo matemáticas –dijo–. Sólo números.

Él se encogió de hombros.

–¿Tendrías la amabilidad de traerme los gemelos?

Tras un leve gesto de asentimiento, se alejó de la mesa y abandonó el vestíbulo. Maddy lo siguió con la mirada. Apretó los labios. Una semana atrás, tan sólo un día atrás, no habría entendido una frase tan larga y complicada, sobre todo porque, deliberadamente, ella no había hablado haciendo pausas.

Regresó con los gemelos. Maddy los aceptó y, mientras se los ponía, preguntó:

–¿Qué crees que deberíamos hacer para desayunar?

Tomó el grasiento papel entre el índice y el pulgar y, con un leve gruñido, lo dejó caer.

–Empanada.

–Jervaulx –afirmó Maddy–, estás mejorando.

Respondió con una de sus sonrisas de pirata.

Niñamaddy había ido a la aldea. Christian merodeó por la casa, solo, en libertad y nervioso. Por hacer algo, se dedicó a arrancar las cubiertas de los muebles, formando montones blancos que quedaron diseminados por el suelo. Al tirar del paño que cubría un objeto situado en la repisa de la chimenea del salón, se encontró cara a cara con un espejo.

Dios. Parecía el mismo diablo, como si hubiese pasado tres días entregado a la bebida. La manga de la levita de Durham era demasiado corta y dejaba ver un palmo de puño de la forma más vulgar cuando Christian hizo ademán de llevarse la mano al rostro para palparse la barba.

Menudo tipo monstruoso parecía el duque de Jervaulx. Justo lo que le agradaría a una joven remilgada y tuteadora.

Mirarse lo mareó un poco: era un esfuerzo doloroso tratar de concentrarse en el aspecto inexistente, como intentar poner fin a un sueño sin despertar. Estaba allí, pero en cierta forma era inaprensible.

Un fuerte golpe en la puerta lo sobresaltó. Niñamaddy, pensó, al entrar en el pasillo, pero en el último momento dudó. Se detuvo mientras alargaba la mano. La aldaba había enmudecido, pero tras una pausa, comenzaron de nuevo los golpes.

Quería saber si era ella, mas las palabras le fallaron, como parecían fallarle siempre cuando más las necesitaba. Trató de calmarse, de controlar aquel pánico irracional. No podía quedarse allí y retrasar el momento eternamente. Por fin, agarró el viejo pomo y lo hizo girar hasta abrir la puerta.

Un viento bochornoso, impropio del mes de octubre, más cálido que el aire del interior, se coló en la casa. Tiempo de tormenta. Bajo el porche de piedra, una joven con delantal y gorro hizo una reverencia bajo la capa.

–Sun placerseñor, brunildigi, la criada.

Se miraron el uno al otro. La chica tenía los ojos grandes y oscuros y un aire aldeano de credulidad, demasiado ingenua para no mirarlo directamente, ni para fingir que no tenía aquel aspecto horrible, que él sabía que sí tenía. No parecía constituir ninguna amenaza: abrió la puerta de par en par y se hizo a un lado.

Maddy regresó. Traía pan y cordero asado con patatas en una fuente de horno. Entró por la puerta delantera y, mientras se apresuraba hacia la cocina con su tibia carga, oyó el sonido de una voz femenina y se detuvo en seco. Escudriñó, escondida tras la puerta, el interior de la cocina.

Jervaulx y una criada estaban sentados, uno frente al otro, a la mesa, y ambos sostenían unas tazas de barro humeantes. La muchacha, con el rostro vuelto, charlaba alegremente sobre su «mozo» y explicaba que él iría a la feria regional el fin de semana para asistir a una conferencia sobre «asuntos químicos». Frase que repitió dos veces, añadiéndole la coletilla de «¿entiende usted?», como si fuese algo perfectamente normal, cuando uno habla, asegurarse de que el interlocutor comprende lo que decimos, como seguro tenía por costumbre hacer la gente de allí cuando hablaban con forasteros.

Jervaulx dejó su taza con gesto enfático de aprobación. Con la vista clavada en la criada, no dio señales de advertir la presencia de Maddy, pese a que ella quedaba en su ángulo de visión.

–¡Ay! Vaya que sí. Mi mozo es de lo más inteligente –dijo la muchacha y apartó su silla–. Le aseguro que ya no sé qué pensar de él, desde que ha asistido al Instituto de Mecánica y a todos esos cursos y demás. Va a fabricar motores. Motores, ¿me entiende? –Se volvió hacia el fregadero vacío y vio a Maddy–. ¡Ah! Señora. –Hizo una profunda reverencia y se apresuró a coger la fuente de las manos de Maddy–. El señor Langland me pidió que me sentara con él, señora. Soy Brunilda Digby. ¿Ha visto a mi madre en la aldea? ¿Le ha dicho que iba a estar aquí? Mmm, ¡qué bien huele esto! ¿Quiere que lo ponga a calentar, señora?

Sin esperar respuesta, puso la fuente sobre la mesa y empezó a poner en marcha el horno de hierro que había en el hogar. Jervaulx se puso en pie, y su rostro se relajó en aquella sonrisa fácil que siempre conseguía que Maddy pensara en cosas mundanas y pasajeras. Depositó el pan y otro paquete sobre la mesa.

–Pareces un malhechor –dijo con severidad–. He comprado una navaja de afeitar y un cepillo.

Jervaulx inclinó la cabeza.

–El agua está caliente, señora –anunció Brunilda. Tras haber sido pillada ociosa, parecía ansiosa por agradar–. ¿Quiere que traiga la bacía?

La cocina empezaba a calentarse; Maddy pensó en las habitaciones húmedas y frías de arriba y asintió.

–Sí. Ven y enséñame dónde puedo encontrar más ropa de casa.

–Sí, señora. –La muchacha obedeció con rapidez, salió de la cocina y atravesó el vestíbulo delante de Maddy. Se detuvo en el primer escalón y le dijo sonriendo–: Está un poco tocado, ¿verdad? –Su sonrisa se hizo más amplia–. Pero es un encanto, muy apuesto y caballeroso. Le aseguro que comprendo por qué se ha casado con un hombre así, señora, aunque esté mal de la chaveta.

Cuando oscureció, se desató la tormenta: granizo y furia desencadenadas con tal fuerza que Maddy se asustó. En la ciudad, las tormentas le habían proporcionado un secreto placer mientras se acurrucaba en la cama para escuchar la fuerte lluvia, pero ahora era una verdadera devastación con un rugido propio. La casa semivacía parecía acoger los truenos en todos sus rincones y dispararlos de nuevo desde sus sombras una y otra vez.

Hacía horas que Brunilda había regresado a su casa. Mientras el fuego se avivaba o decrecía a causa de los golpes de aire, en la cocina Maddy desabrochaba los gemelos y el chaleco del duque. Al terminar, él dio un paso atrás, con una mirada que no fue capaz de interpretar, aunque sabía por experiencia que no tenía que insistir en proporcionarle más ayuda de la que él precisaba. Con Maddy delante, portando una sola vela, subieron juntos por la escalera. Ella se detuvo al llegar al descansillo que separaba las dos alas.

–¿Te encontrarás cómodo? –preguntó.

Hubo un breve momento de suspense; Jervaulx permaneció inmóvil bajo la luz dorada de la vela y la miró.

Le ofreció una sonrisa perezosa, con los ojos azul índigo medio ocultos por aquellas pestañas exageradamente largas. Maddy sintió una repentina oleada de emoción. Se adueñó de ella sin previo aviso, y sintió que le estallaba la garganta de dolor, como si estuviese a punto de echarse a llorar, pero no se trataba de llanto sino de otra cosa.

Los relámpagos iluminaron la escena por un instante; el rugido del trueno explotó sobre sus cabezas. Maddy, presa del sobresalto, dejó caer la vela y la oscuridad los cubrió mientras el estruendo reverberaba en el pasillo. El estrépito sacudió la casa como una fuerza viva.

–¡Oh, Dios! –exclamó Maddy asustada cuando el ruido empezó a disminuir.

Otra centella brilló y el ruido desencadenado resquebrajó el aire. Los músculos del cuerpo de Maddy se estremecieron y se convulsionaron. Sintió el roce de la mano del duque, y se dio la vuelta para dejarse caer en sus brazos en medio de las reverberaciones: movimiento tan carente de intención y motivos como el temblor de su mano al dejar caer la vela. Pero los brazos de él la rodearon, y Maddy supo de inmediato que había hecho algo indebido, algo tan dulce y peligroso que superaba con creces el estallido de un rayo.

Jervaulx se apoyó en la pared, la mano en su pelo, y apretó la mejilla de Maddy contra su hombro. Ella sentía el pecho de él al elevarse y contraerse, respiró el cálido incienso del hombre, mezclado todavía con el rastro del aroma floral con el que se había perfumado para su boda. El trueno se había convertido en una vibración sorda que aún resonaba, en un rumor como el que produce un carruaje que atraviesa un puente de madera durante largo rato.

Jervaulx dibujó el contorno de su sien con dedos ligeros, todo un contraste con la manera firme en que la tenía abrazada. Sus dedos descendieron y recorrieron su mejilla con la suavidad de la pluma para acariciar sus labios con delicadeza. La estrechó contra él con más fuerza y le susurró, acercando los labios a su pelo:

–¿Miedo, Niñamaddy?

–No –respondió ella mientras se apartaba–. No, ya estoy bien. Estoy tranquila.

Aquellas palabras iban dirigidas tanto a él como a sí misma, porque el duque no la retenía contra su voluntad. Ahora, mientras se libraba de su abrazo, se sentía nerviosa y avergonzada.

–La vela –dijo, sintiéndose arrebolada y estúpida. Se inclinó para buscarla a tientas, contenta de tener algo que hacer por muy fútil que fuese. Encontró la candela justo bajo sus pies, pero no tenía forma de encenderla–. Lo siento.

El duque emitió un sonido divertido y puso la mano bajo su codo para conducirla hasta su dormitorio. Los rayos, ya lejanos, les proporcionaban una iluminación tentadora aunque inútil, pero parecía encontrarse más cómodo que ella en la oscuridad. Fue palpando la pared con la mano mientras seguían adelante, hasta que, finalmente, Maddy divisó el tenue brillo de las llamas que iluminaban el espacio ante la puerta abierta de su dormitorio.

Se soltó de él con rapidez y entró en la habitación. La lluvia golpeaba en la ventana tras las cortinas y se oía el ruido que hacía en los desagües. A la temblorosa luz de las llamas, cruzó la habitación, se arrodilló y acercó la vela a los carbones para encenderla.

–Aquí tienes –dijo poniéndose en pie y acercándosela a Jervaulx–. Ahora podrás ver el camino de vuelta.

Él no la cogió. La miró por encima de la llama. Los lejanos rayos, mezclados con el fuego de la chimenea y la luz de la vela, iluminaron su rostro. Apuesto caballero, lo había llamado Brunilda. Maddy pensó que era cualquier cosa menos un caballero. La luz de la vela iluminó sus cejas y les confirió un aspecto villano que ocultó la perplejidad que suavizaba sus ojos.

Una gota de cera se deslizó vela abajo. Ambos se movieron al unísono: Maddy inclinó la candela para protegerse; al mismo tiempo, la mano izquierda de Jervaulx asió la de ella. La cera caliente cayó sin impedimento, pero no llegó muy lejos: se depositó en la parte interna de la muñeca del duque.

Él soltó una maldición. Maddy exclamó:

–¡Tu mano!

Jervaulx apagó la vela de un soplo.

–¡Cuidado! –dijo él con aspereza.

–¿Te has quemado?

La mano de Maddy seguía atrapada en la de él. Soltó una risa irónica.

–Quema.

Y recorrió los dedos de Maddy con el pulgar, en una lenta caricia. La abrazó con fuerza y, de inmediato, la soltó, el rostro perfilado por las llamas y la oscuridad.

La observó como si quisiese asegurarse de que lo comprendía. Allí, en aquella casa, aislados por la lluvia y los truenos, y por la intensidad de su mirada, Maddy tuvo miedo de mirarlo.

Jervaulx apoyó el puño en el pecho.

–Quema, Niñamaddy –afirmó.

Y, a continuación, se dio la vuelta y la dejó rodeada por las vacilantes llamas y los truenos.

19

Tener que vestirse por la mañana llenaba a Christian de furia. Estaba harto de llevar la ropa de Durham; tras un largo día de viaje, hasta su ropa de ceremonia tenía mejor aspecto, sobre todo tras haber sido lavada recientemente por Brunilda. Ponerse las medias, enrolladas con cuidado, le resultó fácil, pero cuando llegó el momento de abotonar los pantalones de terciopelo, se sintió furioso consigo mismo, con su mente obnubilada y con sus manos, que no respondían como debían y que convertían un gesto sencillo en una tarea difícil.

Tras un largo momento de frustración, acabó de abrochar el último botón con una sola mano, y escuchó el fuerte ruido de la puerta exterior. Miró por la ventana y vio a Niñamaddy, con la capa revoloteando a su alrededor, que se dirigía a lo alto de la colina por la senda de las ovejas. Iba en dirección contraria a la aldea, con paso rápido y decidido, con el aspecto de alguien que se va.

Christian soltó una maldición. Dejó el chaleco colgado de la mano y, sin levita y con la camisa abierta, salió de la habitación.

Maddy no sabía muy bien adónde se dirigía. La tormenta había traído consigo el invierno con toda su crudeza. El viento del norte le cortaba las mejillas. El chaparrón de la noche anterior había convertido el jardín en un sucio barrizal, una auténtica vergüenza, pero el césped bajo sus pies no se aplastaba, era resistente y apenas empezaba a helarse, de manera que cada paso que daba lo hacía crujir. Llevaba la falda recogida, aunque en ese momento no importaba mucho; su mejor vestido gris estaba tan remendado y tenía tantas manchas que el adjetivo «mejor» ya no era una definición adecuada.

Al llegar a lo alto de la colina, se detuvo y se puso de cara al norte, contenta con la helada brisa que le golpeaba el rostro. Se había pasado toda la noche escuchando la caprichosa tormenta;

aquella mañana lo único que quería era imponer una disciplina fría y férrea a su corazón.

Era una prueba, no cabía duda. Estaba sometida a examen, y descubrió que estaba hecha de una materia más común de lo que había imaginado.

Hasta someterse a la censura propia significaba adentrarse en arenas movedizas. Repetirse a sí misma que no debería deleitarse en caricias humanas era recordar la manera en que la mano de él había tocado la suya. Menospreciar la carnalidad de su ser era pensar en el rostro de él, iluminado por el resplandor del fuego, en una tempestad silenciosa, compuesta de llamas y del azul de la medianoche.

Oyó pasos tras ella, el sonido del aire tras una brusca exhalación; se dio la vuelta y allí estaba él. A tan sólo unos pasos de ella, con el cabello alborotado por el viento y en mangas de camisa, el tipo de hombre que las mujeres maduras y razonables que seguían la senda adecuada recomendaban a las jóvenes que, si alguien así se dirigía a ellas, no se diesen por aludidas.

–¿Qué sucede? –preguntó con tono cortante.

La boca de Jervaulx se frunció como si estuviese intentando hablar y no lo lograse. Apartó la mirada de ella y miró hacia abajo, hacia la lejanía. El viento alborotó su oscura cabellera.

–Vuelve. Te vas a congelar.

Jervaulx levantó la vista. Sus ojos eran del color de las nubes en el centro del ojo del huracán, de un azul más profundo que el cielo a sus espaldas.

–Vuelve a casa –repitió Maddy y echó a andar.

Él siguió a su lado.

Durante unos metros, ella fingió indiferencia. Luego se detuvo.

–Quiero caminar sola –afirmó con el rostro hacia el viento, sin mirarlo.

–¿Adónde?

Por la violencia de la pregunta, fue consciente del dolor que lo atenazaba, que la arrogancia con que se comportaba no era completamente real, y se sirvió de ello para preguntar:

–¿Por qué tienes que saberlo?

Jervaulx se tensó, como un caballo sensible que reacciona ante una palabra brusca. La agarró por el codo, pero Maddy dio un giro y se soltó.

–¿Qué es lo que quieres de mí? ¿Qué?

Su mandíbula se endureció. Hizo un ademán para detenerla y, a continuación, se controló con cierta dificultad, dejando caer la mano. Con un gran esfuerzo dijo:

–Amiga.

–Soy tu enfermera, nada más.

En su rostro se dibujó una mueca burlona.

–Enfermera... quédate –dijo con más claridad que antes.

Maddy cogió aire; se había quedado sin argumentos. Una enfermera como Dios manda no echaría a correr a campo traviesa para que su paciente se las arreglase sin sus cuidados. Molesta, se ciñó la capa.

–Vuelve... a... mí.

–No, por favor. Ahora no. No... Quiero dar un paseo. Sola.

La sonrisa de Jervaulx se convirtió en gesto de desagrado.

–Pasea –dijo con un temblor en el mentón–. Regre... sa.

Maddy no lo entendió, no encontró sentido a la contradicción hasta que él se alejó hacia el muro que se curvaba sobre la colina y se recostó en la primitiva estructura.

–Pasea –dijo mientras hacía un leve gesto con la mano.

Ahora ya no tenía sentido buscar la paz en los campos desiertos, pero Maddy, con terquedad, se ciñó al cuerpo la ondulante capa, se dio la vuelta y echó a andar. Descendió por un declive y subió la siguiente pendiente; atravesó otra colina y un nuevo valle, y asustó a un pequeño rebaño de ovejas que estaba al otro lado. Cuando alcanzó el punto más alto, el viento era tan cortante que le dolían las orejas incluso bajo la capucha de la capa.

No tenía ningún sentido aquel absurdo intento por escapar. La había vencido. Lo que quería evitar estaba en su interior; ni por un instante durante el paseo pensó en otra cosa que en Jervaulx.

Descubrió que no podía seguir adelante. Con renovada resolución de actuar como una enfermera cualificada y de alejar a su paciente de aquel aire insano, rehízo el camino recorrido, recogiendo la falda con cuidado cada vez que saltaba los pequeños riachuelos que había al fondo de cada hondonada.

Cuando tuvo a la vista la rectoría y la iglesia, se dio cuenta de que allí no había nadie con camisa blanca y paciencia hosca para darle la bienvenida. El lugar donde Jervaulx la había esperado no era más que una extensión solitaria de piedra sobre piedra. Maddy se detuvo y lo divisó en la cresta de la colina, sentado en un afloramiento de roca. Al acercarse la joven, se puso en pie y su silueta fuerte y elegante se recortó bajo el sol de la mañana.

–Ven –dijo ella, deteniéndose a la distancia adecuada para protegerse de cualquier emoción ajena a la preocupación natural de una enfermera–. Es hora de entrar.

Él le alargó la mano. A sus espaldas la luz atrapó un color inesperado: los largos tallos de áster silvestres mecidos por la brisa.

Jervaulx le ofrecía las flores sin expresión alguna, ni sonrisa ni contrición. Era algo tan inesperado que la sobrepasó: aquel extraño brillo de las margaritas, que no deberían estar allí a aquellas alturas del otoño, en el desnudo paisaje, su frescura radiante pese a la intensa tormenta. Se sintió confundida, incapaz de ofrecer una respuesta adecuada, de expresar una gratitud ligera e impersonal. Tuvo la sensación de que sus mejillas, encendidas de frustración, le ardían todavía más.

–¿Qué es lo que quieres de mí? –gritó–. No soy una complaciente mujer de la vida. –Le arrancó las flores de la mano y las lanzó por los aires. La brisa las envolvió, haciendo que sus tallos se juntasen y que el extraño ramo rodase por tierra–. ¡Eres un desconsiderado al asediarme con tus frívolas atenciones!

Él titubeó, volvió el rostro y la miró ceñudo. Al sentirse en evidencia, el color se extendió por su rostro.

–Pido... perdón –dijo con gesto duro y acalorado–. ¡Timms! Imperti... nente.

Las últimas sílabas se quedaron enredadas en un sonido entre la risa y la furia.

Desvió la mirada tratando todavía de hablar y sin conseguirlo, como si las palabras que necesitaba saliesen huyendo al campo que había tras ella. Torció el labio y exclamó:

–Estúpido.

–¡No! No eres ningún estúpido. Eres un hombre de mundo, perverso. Lo supe desde el primer momento en que te vi. Y cada vez es peor. ¡Me besas y me abrazas! –Su indignación aumentaba por segundos–. Eres abominable.

Jervaulx contempló la campiña, entrecerró los ojos ante el viento que hacía ondular su camisa y su pelo.

–Eso no puede existir entre nosotros, ¿lo entiendes? –Y añadió con abandono, pronunciando en voz alta algo que la habría sobresaltado sólo de pensarlo–: Yo he nacido cuáquera, Jervaulx. Tú, noble.

Obtuvo un hosco silencio por toda respuesta.

–¿Se te ha ocurrido pensar lo que sería de mí? No, seguro que no. –Exhaló aire con brusquedad–. Los Amigos renegarían de mí. Es nuestra ley.

Siguió sin recibir respuesta. Parecía inmerso en aquel estado suyo de orgullo vacuo: la mirada desenfocada, perdida, igual que ante el tribunal de la Cancillería.

–¡No pertenecería a los Amigos! –exclamó, frustrada, al no obtener respuesta–. ¡Estaría sola!

–No –dijo él inesperadamente. Se dio la vuelta y le tendió la mano con la palma hacia arriba, vacía, en un gesto simple y masculino–. Niñamaddy. Con... migo.

La joven miró la mano extendida. Brotó de su interior un dolor agudo y creciente, que detuvo en su garganta las palabras, negativas y explicaciones que pugnaban por aflorar a la superficie. Se apartó bruscamente de él y echó a correr prado abajo a toda velocidad, resbalando sobre la húmeda hierba verde, deslizándose sobre los talones, al borde de la caída pero sin llegar a desplomarse, excepto en su corazón.

Lo peor de aquello fue que le hizo pensar. Le había llenado la cabeza de falsedades y fantasías; soñó no sólo con el jardín que no le pertenecía, sino con vivir allí con él; los dos solos con su padre, tranquilos, en paz, laboriosos, con Maddy trabajando en el jardín y la casa, y Jervaulx y su padre con las cabezas inclinadas sobre números y ecuaciones. Por un momento imaginó que era el Jervaulx que había visto aquella noche antes de sucumbir a la enfermedad, burlón, derrochando expresividad y confianza en sí mismo, pero, con más frecuencia, era el Jervaulx actual el que aparecía, sólo que cuando luchaba contra las palabras y la frustración, ella le cogía la mano o lo acariciaba. Y esa imagen la llevaba a imaginar otras cosas imprecisas, o que no lo eran tanto, que despertaban algo en ella que la hacía sentirse libertina y avergonzada.

Durante todo el día, Maddy lo evitó. Se mantuvo ocupada en airear los dormitorios y limpiar los muebles de madera oscura de roble del salón, siempre en compañía de Brunilda. Sólo habló con

Jervaulx en una ocasión: al encontrárselo en el frío y polvoriento estudio de la rectoría, con una vieja pluma y unas cuantas hojas arrancadas de libros de sermones para hacer cálculos matemáticos. No había fuego, y la única luz que iluminaba la estancia era la que se filtraba por una ventana recubierta con una parra. Fue tal su irritación al descubrirlo en una situación de tanta incomodidad, que le ordenó con tono brusco que se marchase a la cocina para que ella y Brunilda pudiesen encargarse de hacer la estancia habitable.

Mientras se iba, ni lo miró, y se ocupó de inmediato en limpiar las telarañas. Brunilda se quedó en la puerta y, de repente, se dio la vuelta y desapareció. Regresó un cuarto de hora más tarde y cogió la escoba. Barrió por debajo de la mesa y alrededor de las estanterías sin hacer ni una pausa.

–Me gustaría darle mi opinión, señora, si es que desea oírla.

–¿Sí? –respondió Maddy, esperando algún consejo sobre labores domésticas.

–No debería hablarle con tanta desconsideración a su mozo. Con algunos de ellos no importa, pero hay otros que quieren cariño.

Maddy se mordió el labio con fuerza y siguió quitando el polvo. Brunilda continuó barriendo.

–Pero usted es mayor que yo, señora –dijo tras un buen rato–, y sabe mejor lo que hace. A lo mejor es que no se ha fijado en la forma en que la mira.

Maddy ordenó un montón de hojas de papel de escribir que encontró en uno de los cajones, y las colocó en medio del escritorio, al lado de una pluma recién afilada.

Brunilda se inclinó sobre la escoba.

–Él la quiere mucho –dijo mirando hacia el recogedor–, y no debería ser tan cortante con él, señora.

–Esta estancia necesita velas –dijo Maddy sin ninguna inflexión en la voz–. ¿Hay un par de tijeras de podar? Quiero podar la hiedra de la ventana.

–Sí, señora –respondió Brunilda.

Con la caída de la tarde llegó la madre de Brunilda con truchas frescas, un pastel y nata para el chocolate de Jervaulx.

–Porque mi hija me ha dicho que el señor Langland siente pasión por el chocolate. –La campesina se sentó con un ondular de carnes rosadas y empezó a limpiar el pescado–. ¿Adónde acudirá usted, señora, a la iglesia o a la capilla?

–¿No te ha dicho Brunilda que soy cuáquera?

–Sí que lo ha hecho. Entonces a la capilla.

–¿No hay una casa de Asamblea en las cercanías?

–Hay una importante capilla unitaria en Stroud, pero eso queda a más de diez kilómetros.

–Quizá me quede aquí. No estoy acostumbrada a cosas importantes –dijo Maddy con una sonrisa.

–Es una pena. Pues no querrá visitar nuestra nueva iglesia en el pueblo, donde se hacen las ferias. Es impresionante, se lo aseguro, y tiene un órgano que llega hasta los aleros. Una donación del duque. Tuvo que hacerlo, ¿sabe?, para que los clérigos le permitiesen levantar la biblioteca de la Sociedad Mecánica. Tengo que decir que hay hombres sabios y hombres sabios, y que los de nuestra iglesia son excepcionales, nadie puede negarlo. Ese órgano es una auténtica maravilla.

Maddy empezó a cortar con cuidado un calabacín.

–¿De qué duque estamos hablando?

–Del duque de Jervaulx. Me sonroja repetirlo, pero dicen que es un auténtico bribón, listo como una ardilla, pero no puedo dar fe de su sentido común. Toda esta tierra que ve y las ovejas son suyas. Ay, pero eso irrita a los agricultores, que piensan que podrían sacarle más provecho. Yo no puedo decir que entienda gran cosa. Pero no me gustaría que las cosas cambiasen, no a mi edad. Lo que no me importa decir es que me alegra ver esta vieja casa limpia. ¿Es pariente suyo el reverendo Durham, señora Langland?

–Es amigo de Francis Langland –dijo Maddy.

–Qué manera más curiosa tienen ustedes de hablar. Mira que llamar a su marido por el nombre completo.

Maddy se inclinó sobre las rodajas que estaba cortando.

–Es un testimonio público. No utilizar títulos mundanos, ni mentir ni decir que un hombre es nuestro amo cuando no lo es.

La mayor de las dos mujeres se echó a reír con ganas.

–¿No le llama amo a su marido?

Maddy continuó con la cabeza agachada.

–No –dijo con voz tenue.

–Anda, qué cosas. Mi hija dice que es un mozo fuerte que parece un caballero.

–Sí –dijo Maddy.

–Pero que tiene una mente débil.

Maddy dejó el cuchillo de cortar verduras.

–No tiene la mente débil. Ha estado enfermo.

–Claro, claro, no lo dudo. Esa palurda que tengo por hija es la que necesita que le mejore la cabeza. Pero tiene buen corazón, y siente mucho aprecio por él, ¿sabe? No dejó de insistir en que me pasara por aquí y le trajese la nata en cuanto acabara de colar la leche.

–Es muy amable por tu parte.

–No le dé importancia, señora Langland. Me alegra hacerlo. El rector no aparece por aquí más que una vez al año, da su sermón a las gallinas de la viuda Small que se meten en la iglesia, y no molesta a nadie. Si puedo hacer algo por él, lo haré.

Maddy la miró, desconcertada, no estaba segura de si decía aquello con sarcasmo, pero la mujer seguía trabajando con una sonrisa amable en su rostro redondo.

–Mi William trabaja en la sacristía –continuó– y me cuenta que un rector entrometido sería lo peor que podría pasarle a esta parroquia. Sobre todo porque, al ser el duque un hombre impetuoso e inteligente y el que se encarga de la designación, no se sabe lo que podría pasar. Estuvimos todos muy nerviosos, de verdad se lo digo, pero el reverendo Durham nos gusta mucho.

Los ladridos de un perro atormentaron los sueños de Maddy. Parecían ir aumentando de volumen, hasta que el ruido se convirtió en alguien que llamaba a la puerta. Se dio la vuelta en la cama y vio que la luz gris del alba se filtraba por el cristal emplomado.

Los golpes en la puerta eran reales. Y el perro también. Cogió la capa para cubrirse y atravesó a toda prisa el pasillo y una de las habitaciones vacías para mirar por la ventana a través de la débil luz.

Con los ojos aún adormilados, escudriñó el exterior y distinguió la silueta de un carruaje y el vaho de los caballos al respirar, pero el borde del porche de piedra no permitía ver a los ocupantes. Otro perro se unió al primero en sus ladridos. Los golpes cesaron de repente. Seguramente gracias a Brunilda. Se oyó la voz de un hombre: ¿Durham? Pero no había tenido tiempo para dar la vuelta y regresar. Maddy salió corriendo y llegó a la escalera justo en el instante en que un perro blanco y negro aparecía escaleras arriba y se encaramó a sus piernas.

–¡Señorita Timms! ¡No hay un minuto que perder! –gritaba Durham al pie de la escalera, al tiempo que una bocanada de aire frío le llegaba desde abajo–. ¡Vienen pisándome los talones! ¡Tenemos que irnos de inmediato!

Jervaulx ya estaba abajo, vestido con desaliño, cubierto por un abrigo campesino que le había conseguido Brunilda en la tienda de prendas confeccionadas que había en la ciudad donde se celebraban las ferias. La criada vestía capa y mandil como si acabase de llegar y parecía tan confundida como Maddy. Durham subió los escalones de dos en dos hasta asirla de la mano y tirar de ella hacia abajo. Maddy tuvo que concentrarse en no perder el equilibrio; al llegar abajo vio al coronel Fane enfundado en una capa azul que le cubría el uniforme escarlata, estaba junto a la entrada; por la puerta abierta entraban copos de nieve.

Durham la empujó hacia fuera en camisón y zapatos sin medias. El viento gélido le dio de lleno, pero no tuvo tiempo de pensar en ello, ya que el coronel Fane le rodeó los hombros y la obligó a correr a su lado, llevándola casi en volandas para no quedarse atrás.

–¿Qué ocurre? –gritó, tratando de volverse y mirar atrás–. ¿Han venido a por el duque?

–Nos pisan los talones –gritó él tirando de ella para luego, sin previo aviso, cogerla en brazos como si fuese tan ligera como una bolsa de plumas–. Tenemos que ir a la iglesia.

La silueta del campanario surgió oscura en medio de la fría madrugada, decorada con los pequeños copos de nieve que se habían pegado a las piedras y antepechos. El coronel Fane llegó al pórtico y la dejó en el suelo en el momento en que llegaba Jervaulx acompañado de Durham, con Brunilda detrás; se formó un revuelo de gente y perros en la entrada hasta que Durham abrió la pesada puerta en arco y se precipitaron al interior junto con una oleada de viento y nieve.

Durham puso el enorme travesaño de madera en su sitio y despertó ecos que resonaron en la bóveda. La difusa luz del alba llenó de color y sombras el recinto, las vidrieras eran brillantes franjas que flanqueaban un rosetón de color rosa, dorado y azul, suspendido sobre una cruz y un altar vacío, y dejaban el resto en sombras. De alguna parte llegó como un susurro el adormilado cacareo de unas gallinas y una de ellas, de color blanco, aleteó hasta situarse sobre la baranda en el frente de la iglesia y se dedicó a observarlos con mirada insulsa. *Devil* se quedó mirándola temblando de interés.

–Señorita Timms –dijo Durham entre jadeos–, están a menos de un cuarto de hora de aquí. Me encontré a Fane de camino: no hay tiempo para explicaciones, pero nos queda una última esperanza. Sólo una, señora: que usted se case con él. Aquí, en este instante. Yo puedo celebrar el matrimonio.

Maddy, en camisón y capa, se quedó sin habla.

–Ya sé que es muy precipitado. Esperaba poder evitarlo, encontrar otra salida, pero nos han descubierto mucho antes de lo que yo pensaba. Señorita Timms, se lo pueden llevar. No puedo evitarlo y Fane tampoco. Ante la ley no somos nadie para él. Pueden llevárselo y encerrarlo de nuevo.

–Pero ¿no puedes esconderlo? ¿Alejarlo de aquí?

–No hay tiempo. ¡No hay tiempo, señorita Timms! ¿Me oye? Fane, revisa las puertas. ¡Corre todos los cerrojos! ¡Son ellos con sus caballos!

Y así era, aparte el rugido del viento, Maddy oyó el sonido de lo que podrían ser herraduras sobre el puentecillo situado más abajo, pero después el sonido se perdió. Brunilda era toda ojos.

–¡Los oigo! –susurró.

–¡Por favor! –suplicó Durham–. Por el amor de Dios, señorita Timms, usted es la única con la que podemos contar. Serán sólo cinco minutos y se convertirá en su pariente más próximo ante la ley. No podrán tocarlo si usted se niega.

–Pero es imposible. ¡Soy cuáquera!

–Como si fuese una maldita hindú; me trae sin cuidado. Es nuestra única esperanza. ¡El manicomio, señora! Fue usted la que lo sacó de él. Lo conoce mejor que nadie.

–¡No lo entiendes! ¡No puedo casarme con un cura en una iglesia! ¡Y sólo para contentar a la ley! ¡No puedo! ¡Tenemos que tratar de esconderlo!

Durham se alejó con brusquedad. Maddy se metió las manos heladas bajo los brazos. Miró al duque. Él observaba a sus amigos, que estaban comprobando las entradas. Cuando la miró de reojo, sus ojos se cruzaron y hubo un momento de sensibilidad descarnada; no sabía si él había entendido todo lo dicho por Durham, pero en aquel instante supo que sí. Estaba rígido y se mostraba arrogante; no dijo nada, ni pidió ni suplicó su ayuda, actuaba con la misma frialdad que durante el tiempo transcurrido desde que la había dejado en la colina.

De repente, el sonido que un momento antes había parecido lejano e irreal tomó cuerpo; se oyó el golpear de herraduras de hierro en la piedra del atrio y a hombres que gritaban. *Devil* empezó a ladrar, y Brunilda gimió:

–¿Quiénes son?

Al mismo tiempo empezaron a dar sacudidas a la enorme tranca que cerraba la puerta, pero el ruido de la madera amortiguó las voces de fuera y lo único que les llegó fue la violencia y la ira que transmitían.

Durham regresó a grandes zancadas.

–¡Demasiado tarde! ¡Maldita sea!

Los perseguidores abandonaron la puerta principal. Una de las entradas laterales se estremeció ante su asalto y las voces confusas de fuera se volvieron más belicosas. *Cass* corrió hacia allí dando aullidos. Parecía como si fuera hubiese una multitud; la otra puerta lateral empezó a recibir sacudidas. Las gallinas, presas del pánico, echaron a correr y a pasearse por la barandilla en busca de un escondite. *Devil* perdió la compostura y empezó a perseguirlas entre ladridos frenéticos.

Brunilda dio un grito ahogado. Maddy se giró y vio al coronel Fane que avanzaba por la nave, con el sable desenvainado. Durham sacó otro del interior de un bastón y, a continuación, extrajo una pistola del interior de la levita y se la entregó a Jervaulx.

–¡No! –gritó Maddy y, presa del horror, fue incapaz de pronunciar otra palabra. Trató de agarrar a la vez a Durham y a Jervaulx. El duque estaba fuera de su alcance, pero asió la manga de Durham–. ¡No debes hacerlo! ¡No!

Él se soltó.

–¿Y qué sugiere usted que hagamos, señorita?

Con el estruendo del asalto a las puertas y los ladridos de los perros apenas se le oía. Tomó posición al frente, en el punto donde la puerta de madera se movía como si estuviese viva. Maddy miró hacia el otro lado, vio al coronel Fane que defendía la entrada izquierda y a Jervaulx, de rodillas tras uno de los bancos, con el brazo pegado al costado, apuntando hacia la otra puerta. Los ladridos y aullidos de *Devil* resonaron entre los graznidos de las aves.

–¡No! –gritó con toda la fuerza con la que fue capaz–. ¡No utilizaréis la violencia! ¡Ninguno de los tres!

Se volvieron a mirarla. Hasta *Devil* salió arrastrándose por debajo de un banco, en silencio, con una pluma de pollo en el hocico.

–Dejad esas... armas. ¡Y venid!

Durham fue el primero en obedecer y arrojó el sable al suelo. El coronel Fane envainó el suyo y siguió a Durham a la parte elevada tras la barandilla en la que Maddy se había detenido. La joven miró con furia a Jervaulx, quien por fin, haciendo gala de orgullosa displicencia, se levantó y depositó la pistola en el amplio banco que tenía delante.

Los golpes en las puertas habían cesado. Hasta las voces perdieron intensidad, como si se hubiesen agrupado para consultar.

–Jervaulx –le espetó Maddy–, he recibido de Dios la misión de amarte. Tú eres mi marido, y yo soy tu mujer, somos esposos sin más obligación que la de amarnos.

Los tres hombres la miraron como si se hubiese vuelto loca. Brunilda estaba tras ellos, temblando, cubriéndose la boca con el mandil; sólo se le veían la nariz roja y los ojos enormes.

–Eso es todo lo que se me permite decir, de momento.

Durham pareció recobrar la conciencia. Revolvió en la levita y sacó un librillo; se subió al lado de Maddy, volvió las páginas hasta llegar a una que tenía marcada y empezó a leer las plegarias del matrimonio eclesiástico. En el exterior, alguien empezó de nuevo a golpear en la puerta principal, mucho más fuerte, con un instrumento más sólido que una mano. *Devil* se agachó con la vista clavada en la puerta y se puso a gruñir. Cuando Durham llegó a la parte de los votos que el hombre debía repetir, Jervaulx miró a Maddy con tremenda y amarga arrogancia y, por un instante, ella creyó que no iba ni a intentarlo.

–¡Sí! –pronunció con ironía–. Yo... Christian Richard Nicholas Francis Langland... te tomo a ti... Niñamaddy... Maddy... ah... Arqu... ma Niñamaddy Timm... de ahora... en adelante en lo bueno... y en lo malo... en la riqueza... y en la pobreza... en la salud... y en la enfermedad... y amarte... y respetarte hasta que la muerte... nos separe, en cum... plimiento de la orden divina. Y por lo tanto... te declaro... mi... ¡posa!

Durham miró el libro.

–Ah... pues sí, está correcto, Shev, viejo amigo. –Alzó la voz para hacerse oír por encima de los rítmicos golpes contra la puerta–. Es exactamente así. Te has olvidado de tomarla de la mano, pero no importa. Y ahora, señorita Timms, ¿preferiría repetirlo después de mí?

–Ya he dicho todo lo que se me permite decir.

Durham frunció el ceño y, después, se encogió de hombros.

–Está bien, basta con eso. Ahora viene la parte del anillo. ¿Fane?

El coronel Fane había permanecido inmóvil con aire complacido y la mano en la empuñadura del sable. Cuando Durham se dirigió a él, una absurda expresión de horror cubrió su rostro.

–¡Dios bendito, Fane! Lo has olvidado.

–¡No! Justo ahora... yo dar. –Jervaulx le dirigió una fiera mirada–. ¡Tú... pensar!

El coronel pareció perplejo, y a continuación el rostro se le iluminó.

–¡Tengo los papeles! –exclamó, sacándolos y ofreciéndoselos a Durham.

Su amigo se los arrebató de las manos.

–Eres un tarugo. Tendremos que utilizar el sello de Jervaulx. –Durham consultó el libro, después miró esperanzado al duque–. Se supone que tienes que entregárselo a ella, quien a su vez me lo pasará a mí para que lo bendiga.

Jervaulx se miró la mano, en la que el sello de oro contrastaba por su opulencia sin brillo con su ropa oscura. Hubo una pausa en el ataque a la puerta, y al momento un golpe repentino que llenó con su estrépito la pequeña iglesia. *Devil* ladró una sola vez y echó a correr hacia allí. Las gallinas cloquearon asustadas, escondiéndose bajo los bancos.

Jervaulx acercó la mano del anillo a Maddy con la palma hacia arriba.

El frío entorpecía sus dedos. Mientras trataba de quitarle el anillo, sintió su piel cálida junto a la suya, su mano amplia y firme. El anillo cayó sobre su mano. Ella hizo ademán de entregárselo a Durham pero Jervaulx lo cogió de su mano y se lo puso en el dedo. Le quedaba tan grande que él tuvo que sujetarlo.

–Anillo... yo te... esposo.

La miró a los ojos como retándola a contradecirlo.

Se oyó un único aullido en la parte de atrás de la iglesia, y uno de los pollos revoloteó hasta subirse a lo alto del candelabro, dejando atrás a *Devil*, frustrado, con las patas delanteras levantadas.

–Lo llevaré como Dios me ordena –dijo Maddy.

–Se suponía que tenía que bendecirlo primero... –protestó Durham.

–Nadie sino Nuestro Señor puede hacerlo –fue la respuesta de Maddy.

–Muy bien. Pero el libro lo dice. Mantengamos cierto orden.

Los golpes empezaron de nuevo. Esta vez en una de las puertas laterales. Durham elevó la voz.

–¿Acepta que dirija yo la oración, señorita Timms? Por si le sirve de ayuda, he sido ordenado.

La madera de la puerta lateral empezó a ceder con un crujido alarmante. Los dos perros corrieron hacia ella, resoplando y con los pelos erizados.

–¡Deprisa! –urgió Maddy.

–Oh, ¡dese prisa! –repitió Brunilda.

–Dios eterno... vida eterna. Dejemos la pleglaria. –Durham recorrió la página con el dedo–. Mmm... mmm... ah. –Se inclinó y unió con torpeza la mano de Maddy con la del duque, pues tenía problemas para sostener el libro a la vez–. Lo que Dios ha unido, que no lo separe el hombre. –Empezó a buscar de nuevo. La puerta sufrió un nuevo empellón y se abrió una brecha–. En lo que a mí concierne, Christian... ¡Maldita sea, Shev! ¿Cómo es el resto de tu maldito nombre? Christian Richard, etcétera, etcétera, duque de Jervaulx y Arquimedea Timms han dado su consentimiento mutuo en sagrado matrimonio y testimonio del mismo ante Dios y los aquí presentes. –En ese momento, la puerta cedió de nuevo y él empezó a hablar más deprisa–. Y por consiguiente, han jurado y entregado su amor. –Se abrió otra grieta al romperse la puerta–. El-uno-al-otro-y-han-proclamado el mismo-al-hacer-entrega-y-recibir-un-anillo-y-uniendo-sus-manos.

–La puerta retembló, haciéndose añicos–. Yoosdeclaromaridoy-mujer-enelnombredelPadre-ydelHijo-ydelEspírituSanto. ¡Amén!

Igual que si de una obra de teatro se tratase, la puerta se abrió. Brunilda gritó y los perseguidores irrumpieron en la iglesia.

20

–¡Ay, señora! –Brunilda se abrió paso entre los hombres que abarrotaban el vestíbulo de la rectoría hasta llegar a Maddy, haciendo una reverencia a cada paso–. ¡Ay, milady! ¿Debería llamarla así? ¡Ay, señora! ¡Yo no lo sabía! ¡Le juro que no!

Maddy se ciñó la capa al cuerpo, aterrorizada de que se descubriese que estaba en camisón. Se sentía extraña e irreal, la realidad de lo sucedido se iba extendiendo con lentitud por sus huesos. En la iglesia, le había parecido un acto lleno de lógica; la necesidad de impedir un estallido de violencia se había impuesto sobre todo lo demás. Aquella imagen de Jervaulx con la pistola apuntando a la puerta, el rostro frío y rígido –Maddy sabía que prefería morir antes que regresar a Blythedale Hall; y en un momento cargado de electricidad había visto lo que sucedería cuando los hombres derribasen la puerta–, y seguro... seguro... que había hecho lo único que estaba en su mano para impedirlo.

Y ahora había que seguir adelante. No podía levantarse y declarar que todo había sido una farsa urdida en un momento de pánico. Tenía que comportarse como la duquesa de Jervaulx, mantener la calma al lado de él, hablar en su nombre y sostener que no iba a permitir que su familia –su verdadera familia– se interpusiera a los deseos de ambos.

–No te lo dijimos –confesó a la criada–. Siento lo ocurrido. Ha sido un gran engaño.

–No importa, señora. Quizá, al ser usted cuáquera, sus nobles parientes no se sientan complacidos. No la culpo, señora, por casarse en secreto. Mi tía y mi tío hicieron lo mismo: vivieron bajo el mismo techo hasta que pasaron por el altar. Y ustedes han ocupado habitaciones separadas; yo puedo dar fe. –Y sonrió con timidez–. Ahora ya no necesita hacerlo más, con un mozo tan apuesto para besarla y darle calor. ¡El duque! Casi no puedo creer que sea verdad. El señor Langland, bueno, pues no es lo que uno piensa, ¿a que no? Se dice que el duque de Jervaulx es un hombre muy inteligente. ¿Está usted...? –Y titubeó–. ¿Está usted segura de que se trata del verdadero duque?

–Sí –dijo Maddy; al menos podía responder a aquella pregunta con la verdad–. No debes llamarme milady.

–¿Cómo debo llamarla, señora?

–Excelencia –aconsejó Durham, a la vez que depositaba dos jarras de espumosa cerveza en manos de Brunilda–. Nuestros invitados están sedientos.

–Sí, señor. Subiré una bandeja.

Cogió las jarras y se dirigió al sótano.

Durham, cuando dejaba a un lado su aire perezoso y se ponía en acción, no dejaba a nadie tiempo para pensar. No sólo había anunciado a la media docena de esbirros enviados por la duquesa viuda que Maddy era la nueva duquesa de Jervaulx, sino que se las había arreglado para conducirlos, junto con los perros y los caballos, a través del atrio hasta el vestíbulo de la rectoría, dispuestos a participar en un desayuno nupcial. Pese a los gritos y los golpes, a los hombres no parecía importarles demasiado el fracaso de su misión. Y la promesa de licores fuertes en la celebración hizo que la olvidaran por completo.

Una vez en la rectoría, Durham había abordado a Maddy y Brunilda y les había explicado dónde encontrar la fuente que saciase a sus huéspedes. Regresaban los tres de la bodega en el momento en que apareció la madre de Brunilda, con las mejillas enrojecidas por el viento y sorprendida por la compañía. A Jervaulx no se lo veía por ningún lado, pero el coronel Fane daba explicaciones a voz en grito e informaba a la atónita matrona de la naturaleza de aquella celebración: las nupcias del duque de Jervaulx.

–Ah, ése –dijo ella y pareció algo menos perpleja–. Pues le deseo mucha felicidad. ¿Todos ustedes lo conocen en persona, señor?

–Por supuesto, querida. Muy bien. ¡Ah! Y ahí está ella: ¡la recién casada!

El coronel abrió los brazos y saludó a Maddy con galantería, como si fuesen espectadores de un desfile y él le señalase al rey.

La campesina se volvió riendo hacia él.

–¡Menuda broma! Ésa no es más que la señora Langland.

El coronel Fane se inclinó y le habló al oído.

Ella lo escuchó. Se llevó el pulgar a la boca y, tras mirar fijamente a Maddy, se puso pálida, para enrojecer de inmediato. Maddy se ciñó la capa al cuerpo, consciente de que no llevaba puesta la cofia y de que llevaba el cabello recogido en una única trenza floja que le descansaba en la espalda, tal y como lo peinaba para dormir. La mujer tragó aire y pareció debatirse entre el susto y la desaprobación.

–¡Ánimas benditas! –dijo al fin, negando con la cabeza–. ¡Las sorpresas que da la vida! Será mejor que me encargue de las vituallas, porque esa palurda de hija no sabrá ni por dónde empezar. La aldea entera se presentará aquí, antes de que acabe el día. Larga vida y felicidades a usted, milady, y a él.

Hizo una reverencia y se volvió en dirección a la cocina.

–¿Y dónde diablos está él? –preguntó Durham, mirando a Maddy.

Ella ya sabía que Jervaulx no se encontraba en la estancia.

–Voy a mirar arriba –dijo, contenta de tener una oportunidad para marcharse.

En el rellano superior reinaba la tranquilidad, en contraste con el alegre parloteo de voces masculinas procedentes de abajo. Lo encontró en su dormitorio, con los perros a sus pies, tratando de afeitarse. Estaba en mangas de camisa, vestido con los pantalones de terciopelo y el cuello abierto, de pie ante el espejo que se hallaba sobre la chimenea y con gesto hosco. Se había enjabonado un lado de la cara, en el otro apenas había unas salpicaduras de espuma, como si sólo de vez en cuando se hubiese acordado de que también tenía que enjabonarlo.

Maddy sacó un dedo de debajo de la capa y comprobó el agua de la bacía.

–Deberías hacerlo con agua caliente –dijo.

Él se sobresaltó, miró en el espejo hacia el lado que no era, y tuvo que darse la vuelta para verla. Maddy no fue capaz de mirarlo de frente. Ambos permanecieron incómodos por un momento y, después, él se acercó a la silla y se sentó de espaldas en ella, como hacía siempre que ella lo afeitaba.

Ella se metió en faena como si sólo se tratase de hacer la colada o de quitar el polvo, rápida y eficiente; no quería pensar en lo que había hecho; se negaba a prestar atención a su piel cálida y perfumada. Evitaba mirarlo a los ojos, porque eran muy azules y oscuros y la miraban con intensidad mientras ella luchaba por mantener la capa ceñida al cuerpo y afeitarlo a la vez.

Terminó. Él cogió la toalla de sus manos y se limpió la cara, levantándose de la silla. Maddy se volvió para acercarle la levita; había sacado la de terciopelo marrón; el chaleco bordado, la banda azul y la estrella estaban al lado, sobre la cama. Se dio cuenta de que él pensaba que aquellas prendas eran las que la ocasión requería. Y, por alguna razón, aquello hizo que su matrimonio pareciese auténtico. No la había desposado con aquella ropa espléndida, pero ahora, como si supiese lo que había predicho la madre de Brunilda, que la aldea entera iría hasta allí, se vestía como un duque.

Y ella tenía que ser su duquesa.

Miró para otro lado, y se examinó de arriba abajo: todavía vestía un camisón prestado bajo la capa, y la trenza le llegaba a las rodillas. Se reirían de ella, casada en camisón y sin cofia. Casada con un duque. Casada por un sacerdote. Casada en una iglesia. Casada, casada, casada... con él.

Se sintió un poco mareada. Cuando se dio la vuelta, Jervaulx la estaba observando. Dio un hondo respiro, se apretó más la capa y le acercó el chaleco.

Él le cogió la mano dentro de la tela.

–Esposa –dijo.

–Yo no soy duquesa.

No sabía si estaba pidiendo perdón o protestando.

Él descubrió la enorme banda del sello bajo la seda del chaleco y se lo colocó en el dedo.

–Mía.

Maddy apartó la mano.

–¿Al igual que son tuyos los perros? No te pertenezco, Jervaulx, pese a llevar tu anillo.

Con un movimiento rápido, el duque cogió el chaleco de su mano y se lo puso encogiendo los hombros. Empezó a abrocharse los botones con una mano, sin avanzar mucho pero sin pedir ayuda. Por fin, Maddy le cerró el chaleco y trató de abrochárselo. Como le preocupaba la capa, tuvo casi tantos problemas como había tenido él.

Tras estar un buen rato intentándolo sin éxito, él hizo un gesto de desesperación. Le tomó ambas manos y le apartó la capa. Maddy trató de hacerse de nuevo con ella, pero él tenía más fuerza; de una sacudida, abrió el cierre. Su escudo se deslizó hasta el suelo. Él repasó el camisón con la vista y, a continuación, apoyó la espalda en el cabecero de la cama, adornado con seda y encajes, y se dedicó a inspeccionarla lentamente.

Una sonrisa leve apareció en las comisuras de su boca.

–Ven –le ordenó, a la vez que se ponía en pie.

Como ella no le obedeció al momento, alargó la mano, tiró de ella y se la llevó a lo largo del pasillo, más allá del rellano, hasta su dormitorio, con los perros trotando alegres delante y detrás de ellos.

Jervaulx abrió el armario de golpe. Se quedó mirando el vestido plateado.

–¿Todo? –preguntó con las cejas enarcadas, como si Maddy ocultara una habitación repleta de trajes de fiesta en otra parte.

–Sí –contestó ella.

–Vestir... esposa. –E hizo una pequeña reverencia–. Placer.

Los ojos de Maddy se abrieron de par en par. Notó que el rostro se le encendía.

–Yo me visto sola, gracias. Haz el favor de marcharte.

Él ladeó la cabeza y, tras un instante de confusión, sonrió.

–Comprar vestidos... digo. Una docena. Cien.

–Oh. –Maddy se sintió llena de vergüenza–. No te entendí.

Jervaulx se alejó hacia la puerta. Maddy esperaba que se fuese; en su lugar, dejó salir a los perros y la cerró, se dio la vuelta y recostó la espalda. En sus labios no se apreciaba ninguna expresión, pero la sombra de su sonrisa de pirata apareció en sus ojos.

–Tienes que irte –dijo ella con rapidez–. No es decoroso.

El duque hizo gesto de sorpresa.

–¿No? Decoro... enfermera... yo. Pero... ¿marido... esposa?

–No lo somos de verdad... no estamos...

Fue incapaz de decirlo.

Algo inmutable apareció en el rostro de Jervaulx, algo nuevo a lo que agarrarse.

–Ante Dios... Niñamaddy. Yo te... desposo.

Ella se apartó.

–No veo cómo podría ser real. Estoy segura de que no lo es. Sólo es una forma de engañar a los hombres que están abajo.

El duque guardó silencio. Maddy contempló las colgaduras del lecho, el venerable tejido rojo, descolorido en la parte externa de los pliegues, el ribete manchado, el lío que formaban las sábanas en la cama que había abandonado con tantas prisas. Para su horror, se sintió muy consciente de sí misma, de su cuerpo bajo el fino lino, de la trenza que le caía por la espalda hasta las caderas.

El suelo crujió, y notó que él se acercaba por detrás y se quedaba muy cerca.

Se quedó quieta, inmóvil en su sitio.

Él cogió la trenza y tiró de ella. No le hizo daño. Jugueteaba con ella. Podría haberse apartado mientras él estaba entretenido dándole tironcitos, haciendo gala de paciencia para conseguir que se le rindiese. Lo sabía. Se quedó allí con el rostro escondido, ruborizado, consciente de que lo dejaba hacer. Jervaulx retorció la trenza y una sacudida le recorrió el cuello hasta la nuca.

–Niñamaddy –le dijo con dulzura, y ella supo que le sonreía con picardía.

Hizo un gesto negativo con la cabeza, como si le hubiese planteado una pregunta y ella le diese un no por respuesta.

Él se aproximó más. Maddy sintió en la espalda la calidez que desprendía. Le levantó la trenza por encima del hombro y se la enrolló al cuello.

Con mucha, mucha lentitud, fue apretando el lazo. Maddy se llevó la mano a la garganta para coger la trenza e impedir que le apretase más. Su espalda, sus caderas estaban en contacto con él. Se puso tensa y el miedo la inmovilizó.

Él la tomó por los hombros y la atrajo hacia sí, dominante; su fuerte respiración le rozaba la oreja. E, inesperadamente, la fuerza de su abrazo se tornó en caricias. Le recorrió las mangas con las manos, entrelazó los dedos con los suyos y le cubrió las manos con sus palmas.

Maddy oyó un suave murmullo, una música profunda como su risa: el sonido que él hizo mientras recorría con los labios su cuello desnudo pareció despertar una nota en su interior, que convirtió su temblor en resonancia. Jervaulx levantó los brazos, las manos de ambos aún entrelazadas, y los apretó contra el pecho de la joven.

La trenza cubría el hombro y las manos de ambos. Él jugueteaba con su extremo. La cogió en un puño y la acarició con el pulgar. El mechón con el que, como un hilo fino, Maddy había rodeado la trenza para sujetarla, se rompió y el cabello se soltó.

Él emitió un sonido ronco y profundo. Y la soltó, antes de que ella se encontrase a sí misma en aquel abrazo, antes de que pudiera decir cómo la hacía sentirse. Sólo sabía que él era fuerte, alto, cálido e invitaba al desastre. Ella se sentía desnuda y vacía cuando la soltó.

Él pasó por su lado y se apoyó en la cama, con su trenza despeinada en la mano. Cuando la frotó con los dedos, el trenzado se abrió y el pelo se enredó en ellos. Se sentó al borde de la cama deshecha y sonrió mirando el cabello en su mano.

–Torre –dijo–. Doncella... torre.

–No te entiendo. Tengo que vestirme.

Él abrió los dedos y se puso a deshacer el resto de la trenza desde abajo y subiendo cada vez más.

–Suéltate el pelo. Brillante... cabellera. –Negó con la cabeza–. Doncella. No puedo recordar... doncella.

–Tienes que irte –dijo Maddy con voz temblorosa.

A medida que subía y deshacía cada trozo de trenza, la acercaba a él paulatinamente.

–Niñamaddy. –Avanzaba sin pausa–. Princesa... torre. Encerrada. Sola. Príncipe... fuera... sin escala. –La rozó con la rodilla. Ya había llegado a la mitad, y el cabello ya estaba suelto por debajo de la cintura–. Llama... solitaria... bella princesa... suéltate el pelo. Precioso pelo. Largo. Sube... ven a mi lado.

La aproximó a él. Ella estaba ahora entre sus piernas, y la trenza casi deshecha. Se inclinó hacia delante y sopló para apartar el pelo del pecho de Maddy e introdujo los dedos en ese punto y recorrió con ellos todo el largo del cabello.

–Sube a mi lado.

Volvió a soplar y acercó los labios al pelo. Maddy sintió una suave presión en la punta del pecho, un instante robado de contacto, tan breve y exquisito que se echó a temblar y, con un estremecimiento, trató de apartarse cuando le besó el otro pecho con igual suavidad, pero su brazo estaba allí, alrededor de su cintura, para sujetarla.

–Niñamaddy –susurró, con aquel profundo gemido que le salía de la garganta mientras hundía el rostro en sus pechos y acercaba las manos para acariciarlos–. Brilla... princesa.

Y cubrió sus formas con las palmas de la mano, el cabello negro sobre el blanco de su camisón.

Maddy se apartó, rechazándolo.

–No. No puedo.

Los dedos de él la ciñeron, le apresaron la cintura. Recorrió con los labios sus pechos, su garganta.

–Mía.

Estaba muy cerca; la hacía añicos, la convertía en una extraña ante sí misma. Su cuerpo latía hasta dolerle, desnudo y entregado ante él.

Luchó por apartarse.

–No soy tuya. No ha sido un matrimonio válido.

La línea de su boca cambió. La ciñó con más fuerza.

–Sí. Válido.

–No para mí.

–Válido.

–No.

La miró, sus ojos lanzaban llamaradas azules y oscuras, estaba completamente inmóvil.

–Te lo dije –afirmó Maddy, con los brazos próximos a él, presionando hacia atrás–. Te lo dije antes. Es imposible.

La voz le temblaba, sentía que unos escalofríos le recorrían las extremidades y presionó con más fuerza.

–Iglesia. –Y la soltó tan de repente que tuvo que dar un paso para no perder el equilibrio–. Iglesia... digo... esposo yo... esposa. Yo... digo... te desposo. Amar, honrar, proteger, muerte. Digo. –Se levantó de la cama–. ¿Mentira?

Ella se humedeció los labios.

–¿Olvidado? –Su boca hizo un gesto de desprecio. Se alejó de ella–. Jervaulx... recibir... Dios... misión. Amar. Esposo yo... tú esposa. –Junto a la ventana, apoyó el antebrazo sobre el lado del hueco sin cortinas. Por los postigos a medio abrir se filtró una luz gris que iluminó su perfil–. Yo... recuerdo.

–Habrías empleado la violencia. Te habrías puesto a disparar contra esos hombres. Tuve miedo... –«Por ti», pensó, aunque no lo dijo–. Me da miedo la violencia.

Jervaulx sonrió con amargura.

–¿Palabras falsas, Niñamaddy? ¿Todo... mentiras?

Si se daba la vuelta, vería la trenza deshecha, cubriéndole los hombros como una especie de abanico que era obra de sus manos.

–No lo sé –dijo–. ¡No lo sé! ¿Cómo puede ser voluntad de Dios que me case contigo?

Jervaulx se irguió frente a la ventana, exageradamente atractivo, cubierto de encajes y dorados; la luz que caía sobre el oscuro pelo y las pestañas era tan sensual como sus besos, como sus manos sobre la piel.

–Hecho –dijo–. ¿Por... qué... no... aceptar?

Era una pregunta simple: y él no tenía nada de simple. Y ella tampoco, ya no.

–Hecho. –Apoyó la mano en el cabecero de la cama–. Casar. Esposa.

Se apartó en dirección a la puerta. Antes de abrirla, la miró. Aquella mirada encerraba una orden, un reto. La desafiaba a negarlo.

–Jervaulx –dijo despacio–, respóndeme a una pregunta. En la iglesia, si me hubiera interpuesto entre tú y los otros hombres... ¿habrías disparado?

–Entre –repitió e inclinó la cabeza con atención.

–Mi cuerpo... mi persona... entre tú y los otros.

La expresión de su rostro cambió, estaba alerta.

–Si me hubiese interpuesto –preguntó ella de nuevo–, ¿habría podido impedir que les dieses muerte?

Permaneció en silencio durante largo rato. Y después, dijo de forma escueta:

–Sí.

El corazón de Maddy dio un vuelco. Había existido otra solución. Después de todo, había actuado mal.

–¿Incluso si... si eso implicase tu regreso a Blythedale Hall?

–Sí.

Se había equivocado. Tendría que haber sido sumisa y no oponer resistencia, en vez de mostrar autoridad. Lo único que había conseguido era cambiar un mal por otro.

Atravesó la estancia para acercarse a ella y le levantó la barbilla con los dedos.

–Niñamaddy –dijo–. Nunca... poner en medio. Nunca.

La joven apartó el rostro.

–No puedo prometértelo.

–Responde... me –dijo–. Puesto entre... no matar... ¿Dejar... lleven, Niñamaddy? –La agarró de nuevo con tal fuerza que le hizo daño–. ¿Ese lugar? ¿Voluntad... de Dios?

No.

Aquella respuesta era clara, nítidamente clara: su voz interior hablaba con resolución.

El torbellino de dudas se calmó. Había hecho lo correcto. Hubiera podido elegir entre dos opciones con resultados obvios: casarse y asegurar su libertad, o impedir la lucha y dejar que lo capturaran y lo encadenasen.

Había cumplido el deseo de Dios: se había casado con él y, por lo tanto, el matrimonio era válido.

–Yo no permitiría que te atrapasen, Jervaulx, si en mis manos estuviera hacerlo. Y ésa es la Verdad.

Aflojó. Maddy podía haberle dicho muchas más cosas. Podía haberle dicho que ahora estaba segura de que las palabras en la iglesia habían sido fruto de la Iluminación, y que por lo tanto ella viviría para hacer realidad el compromiso adquirido.

No lo hizo. Pero recordaba las palabras que había pronunciado en la iglesia mejor que él. «Sin más obligación que la de amarnos», había sido su promesa. Y Jervaulx, pensó, incluso después de Blythedale Hall, sólo se regía por sus propias normas.

Quizá hubiera una razón para que Dios le pidiese aquello. Había sido un compromiso enorme para asumirlo en un instante. Pero esperaría el momento de explicarlo, porque Jervaulx era un duque, una criatura mundana, y todavía no estaba preparado para entenderlo.

Cuando el día ya acababa, mientras el carruaje remontaba con dificultad un empinado tramo de las estribaciones de los montes de Gales e iniciaba el descenso hacia el otro lado, era consciente de la primera consecuencia de la decisión adoptada.

–Allá –anunció Jervaulx.

Maddy ya lo había visto por la ventanilla del carruaje. Apareció de repente a la vista, como si flotase sobre la cresta al otro lado del valle: un blanco círculo de torres, una especie de gargantilla centelleante de piedras engarzadas; apenas tangible, enorme y liviano a la vez; coronadas de nubes y sombras, las torretas parecían surgir de las profundidades de un sueño: era una visión medieval, difusa y resplandeciente.

Era imponente y translúcido, como el eco de un ensueño que, en lugar de desaparecer, fuese adquiriendo forma a medida que se aproximaban. Los muros blancos destellaban, cientos de ventanales en las altas torres reflejaban el último sol de la tarde mientras el carruaje descendía hasta el valle a sus pies.

Durham sonrió a Maddy desde el asiento de enfrente. El coronel Fane estiró las piernas cuanto las buenas formas permitían y preguntó:

–¿A qué hora se cena?

–Casa –exclamó Jervaulx con una voz en la que resonaban el cariño y la satisfacción.

Maddy contempló el castillo. Era precioso. Con el cielo y las nubes tras él, parecía una proclama. Manifestaba poder, anunciaba riquezas y lujos fastuosos, pero no a voces, sino con una melodía.

Había una razón para que Dios le hubiese pedido aquello, se repitió en su interior.

Había hecho lo correcto.

Estaba aterrorizada.

21

Christian apoyó la cabeza en el respaldo tallado de una silla que la reina Isabel le había regalado a un lejano tatarabuelo suyo. Era una especie de trono, aunque concebida para un hombre de menor estatura, y por desgracia una de las garras del ave fénix que la coronaba se proyectaba hacia delante, y se clavaba en la oreja izquierda de Christian cuando no se sentaba con cuidado.

El lacayo retiró su plato. Contempló el brillo de la lámpara a través de la copa de vino mientras Fane hablaba sin freno de caballos, tema muy poco apropiado con una dama presente, pensó Christian, lo que le hizo recordar que era el anfitrión y el responsable de poner remedio. Durante tres siglos y medio, los señores y los duques de Jervaulx habían presidido la mesa en la Gran Cámara. Estaba cuatro pisos por encima de la torreta de entrada, a unos cien metros de la base de la roca que caía en precipicio a los pies, y tenía una batería de ventanas para vigilar los límites, con un radio de visión de unos treinta kilómetros en ambas direcciones.

Todo eso lo tenía en la memoria, pero no podía fiarse de su propia lengua para decir algo civilizado. Niñamaddy, sentada al final de la larga mesa, tenía la cabeza agachada. Era extraño pero parecía muy pequeña y dócil. Decidió que tenía que hacer algo para interrumpir aquella conversación tan masculina.

–Día... agotador, ¿Niñamaddy? –preguntó interrumpiendo a Fane en medio de una frase, ya que no podía contener las palabras; tenía que decirlas tan pronto le viniesen a la mente.

Ella levantó el rostro.

–Un poco –dijo con una voz apenas audible en la enorme estancia.

–Por supuesto que sí –dijo otra voz. Christian recordó que Durham se encontraba a su derecha y miró hacia allí. Sabía de la presencia de Durham, pero a veces lo olvidaba si dejaba de mirarlo–. Un viaje largo y fatigoso, además de la boda –añadió Durham–. Nos vendría bien un oporto.

–Oporto –dijo Christian–, salón.

–Excelente idea –concedió Fane, entre gestos de afirmación–. Oporto en el salón de las damas. Hay que retirarse temprano.

Los tres miraron a Maddy, esperando que se pusiese en pie. Ella les devolvió la mirada, parecía absurdamente pequeña en aquella silla que era igual a la de Christian, con las alas del fénix desplegadas sobre la cabeza.

Durham se percató antes que Christian.

–Duquesa, los hombres no podemos levantarnos hasta que usted lo ordene –dijo con amabilidad.

Maddy se puso en pie y los demás la imitaron. Todavía se mostraba titubeante. Christian fue hasta el final de la mesa y la cogió del brazo. La condujo hasta el salón adyacente, en el que habían cerrado los postigos y bajado los cortinajes para mantener el calor de la enorme chimenea de piedra. Los perros se levantaron de un salto de su alfombra delante de la chimenea y movieron la cola en señal de bienvenida. Con una brusca sílaba, Christian los hizo sentar. A Maddy parecían importarle más las puntas de sus pies que los ricos tapices de bacanales y guerras que decoraban las paredes. Tomó asiento donde él le indicó sin las alabanzas acostumbradas a la belleza de las colgaduras.

De hecho, daba la impresión de no sentir ningún interés por su nuevo hogar. Christian estaba acostumbrado a contar la historia del lugar a los huéspedes; tenía preparados tres discursos sobre el tema: uno corto, otro de duración media y el último muy extenso, dependiendo de si se trataba de una charla liviana tras una cena o de un recorrido completo por el lugar. En esta ocasión, al parecer, se los iba a ahorrar todos, lo que le resultó un tanto irritante, aun sabiendo que lo iba a hacer fatal.

–Fane y yo a la ciudad mañana –dijo Durham de espaldas al fuego.

Maddy mostró los primeros signos de vida desde su llegada, al volverse hacia Durham.

–¿Llevarás una carta mía?

–Por supuesto. Si así lo desea.

–Te lo ruego. A mi padre.

–¿Padre?

Durham dudó y buscó la mirada de Christian.

–Tendrás que leérsela –dijo Maddy como pidiendo disculpas–. Si no te importa.

Durham hizo un gesto de impotencia.

–Claro, pero debe tener en cuenta que puede que el viaje sea corto.

–Escribe –interrumpió Christian. Se acercó a la mesa y cogió papel y plumas; los desplegó sobre el escritorio y llevó una vela hasta él–. Niñamaddy escribe, Durham visita... Timms. –Lanzó una mirada a Durham llena de significado–. Pide... Timms venir aquí.

El placer y el alivio que inundaron el rostro de Maddy fueron la mejor recompensa.

–Oh, ¿puede venir aquí?

–Tu... hogar. ¿Quieres... venga... vivir?

Un tono rosáceo se extendió por sus mejillas.

–Padre... ¿a vivir aquí?

–Sí.

Maddy bajó la vista.

–¿Quieres? –preguntó de nuevo Christian.

Volvió a mirarlo.

–¡Sí! Lo quiero a mi lado. Pero... es tan extraño... ¿Aquí? No puedo hacerme a la idea.

Christian cogió la pluma.

–Escribe –dijo.

Maddy se recogió la falda y se sentó en el sitio que le había preparado. Él se quedó un momento a su lado y después se alejó. Quería escribirle a su padre él mismo, pero tuvo miedo de no ser capaz de hacerlo. En aquel momento, no. Ya le había resultado muy difícil tener que firmar en el libro de registros de la iglesia, todavía no estaba seguro de haber escrito el nombre entero sin incorrecciones. Con las prisas, parte del nombre se le resistía. Cuando tuviese tiempo escribiría en privado y obligaría a las malditas letras a aparecer con corrección.

La puerta de la Gran Cámara se abrió y apareció el mayordomo con el café y el oporto. Christian le indicó por señas que sirviera a Maddy en el escritorio. No hablaba con los empleados si no se veía obligado a hacerlo. Hasta el momento había sido sorprendentemente fácil: el castillo de Jervaulx funcionaba con la precisión de un reloj; desde el momento en que el carruaje había traspasado la caseta del guarda, el mecanismo se había puesto en marcha. Los viajeros habían sido recibidos en el vestíbulo por el mayordomo y el ama de llaves y Christian sólo había tenido que presentar a Maddy con las cuatro palabras que había estado practicando en voz baja desde Gloucester hasta su llegada: «La duquesa de Jervaulx».

Tenía la sensación de que olvidaba las palabras nimias, pero que pronunciaba las importantes con la autoridad precisa. Los sirvientes de mayor categoría habían respondido al instante con las reverencias adecuadas y diciendo sus nombres. Ahora, Calvin padre entendió el gesto silencioso de Christian y actuó en consecuencia, sirviendo el café a Maddy y depositándolo a su lado sobre el escritorio. Christian pensó que podía confiar sin temor a equivocarse que, por la mañana, habría un sustancioso desayuno dispuesto sobre la mesa a su hora, y que ya estarían preparadas las habitaciones de Durham y Fane.

De repente, le asaltó un pensamiento. Cuando Calvin padre se retiraba hacia la puerta, tras dejar el oporto, Christian lo siguió a la Gran Cámara y cerró la puerta tras él.

–Esta noche... el dormitorio –dijo–. El dormitorio de mi duquesa. –No, no era así. Christian sintió calor en el rostro. No era su duquesa; había querido decir su propio dormitorio. Ella dormiría allí. Tras un momento largo y doloroso, dijo–: La cama. –¡Por los clavos de Cristo! ¡Qué grosería!–. La habitación... duquesa. Ella es... –Otra interminable pausa–. Mía.

Iba de mal en peor y miró con furia al mayordomo.

–Como usted ordene, excelencia –dijo Calvin padre con las manos tras la espalda y una inclinación.

Lleno de vergüenza y furia, Christian se retiró al salón. Fane se servía oporto, mientras que Durham seguía balanceándose sobre los talones ante el fuego.

–¿Necesitas algo más de la ciudad, Shev? –preguntó Durham al tiempo que aceptaba una copa de manos de Fane.

Christian tomó aire. Era una auténtica prueba y le agotaba luchar contra el muro de su debilidad, pero tenía que seguir adelante.

–Cuenta. –Peleó por la manera de decirlo–. Tía Vest. Maddy... yo te desposo.

–De acuerdo –respondió Durham de inmediato–. Que los filisteos estén preparados para caer sobre ti, ¿eh?

Por supuesto que caerían sobre él. Toda su familia, con la mujer dragón a la cabeza, en cuanto se enterase. Dios bendito, su madre y sus hermanas se pondrían frenéticas. Con la mandíbula apretada, exhibió una sonrisa sardónica.

Se hizo el silencio. Maddy, ocupada en escribir la carta, no se enteró. Fane acariciaba las orejas de *Devil*, y se lo quitaba de encima cada tres caricias. Durham se balanceaba con suavidad ante el fuego.

–Te reto a una partida de billar, coronel –dijo Durham de repente.

–¡Vamos! –Fane se animó con la propuesta–. ¿A guinea el juego?

–¿Te crees que soy un maharajá? –Durham ya estaba ante la puerta con el oporto en una mano y el pomo en la otra. Hizo una ligera inclinación en dirección a Maddy–. ¿Nos da su permiso, excelencia?

Maddy lo miró.

–No debes llamarme excelencia.

–Duquesa –dijo para aplacarla–. Duquesa, quiero decir.

–Arquimedea –dijo Maddy con terquedad.

–Niñamaddy –sugirió Christian con una ligera sonrisa.

–Buenas noches –dijo Durham–. Antes de que nos metamos en el hoyo. Le deseo que sea muy feliz, duquesa-Arquimedea-Niñamaddy. Y a ti, Shev.

Fane se hizo eco de los buenos deseos y se conformó con un «señora» dirigido a Maddy.

–Perros –ordenó Christian–. Fuera.

Fane silbó, cual flautista de Hamelin del reino canino, y los perros se levantaron y lo siguieron a través de la puerta abierta.

–Durham –llamó Christian cuando ya la puerta se cerraba tras ellos–. Gracias...

Quería añadir algo más, pero las palabras no acudían a él.

A la sombra de la puerta, Durham levantó el pulgar y le sonrió. El pomo giró hasta cerrarse.

Christian se sirvió un vaso de oporto, tomó asiento y cerró los ojos.

Era un descanso estar a solas, en su propia casa. Se dejó ir. Sintió un cosquilleo en la mano derecha, tributo que tenía que pagar por el agotamiento. Oía el arañazo intermitente de la pluma de Maddy y vio desde la distancia que no le resultaba fácil escribir aquella carta.

La familiaridad del entorno resultaba extraña: la forma en que la casa funcionaba incluso si él se atoraba y confundía las órdenes. Se sentía en casa, pero también un impostor, como si el que viviese allí fuese un ser irreal, y el de verdad, él mismo, el ser confundido, asustado y hecho añicos, tuviese su lugar allá, en la celda desnuda, en compañía de las demás bestias rotas. Y, sin embargo, el manicomio se había convertido en un mal sueño: era él mismo, era normal; sólo una parte de su mente estaba sumergida en una oscura bruma, fuera de su alcance.

Pero estaba regresando. Había sido capaz de llegar hasta allí, hasta Jervaulx, por lo tanto debía de estar recuperándose. Recordaba haber estado en mucho peor estado que el actual, pero el presente era tan frustrante, y el futuro...

Hasta ese momento no había pensado en el futuro más allá de alcanzar su hogar sano y salvo, cada momento pasó ante él como un rápido vislumbre en el transcurso de una carrera de obstáculos, como cuando se va a todo galope por un terreno desconocido al caer la tarde y lo único posible es seguir el rastro de luz y rezar. Sonrió para sí con los ojos cerrados, pero ésa era su impresión: todo había sido una especie de torbellino de obstáculos, decisiones y palabras que le asaltaban para después desaparecer, y ahora lo había superado todo y había alcanzado el otro lado.

Había dado el gran salto. Estaba casado. Dios.

Hasta el momento todo había salido bien. Todo iba como él lo había imaginado: en casa, a salvo, en paz. La fiel Niñamaddy escribía en el escritorio.

Abrió los ojos y la miró. Había detenido la pluma, la sostenía en el aire y se acariciaba los labios con el remate de piel mientras reflexionaba. Parecía poner mucho cuidado en lo que hacía; desde donde se encontraba, no la había visto tachar nada, pese a que había papel suficiente para que hubiese escrito todos los borradores que le hubiera apetecido. Christian siempre utilizaba pliegos y pliegos para organizar sus pensamientos antes de contentarse con la versión final.

Depositó el vaso sobre la mesa y observó la autoridad cautelosa que desprendía. Imaginó que su educación cuáquera la obligaba a no despilfarrar. O quizá fuese porque había aprendido a economizar en circunstancias difíciles. O a lo mejor es que simplemente era tacaña de nacimiento.

De repente tuvo una revelación: se había casado con aquella joven pulcra, sencilla y llana, excepto en lo referente a su pelo y a sus hedonistas pestañas, y apenas sabía nada de ella.

Remilgada y decente, casta, cuidadosa, leal, valiente para algunas cosas y una auténtica leona para otras; cuando la tocaba, era presa de la agitación, de una agitación femenina y agradable. Mientras la observaba, ella rozó la cubierta de la pluma con la punta de la lengua y la lamió pensativa, con naturalidad, sin darse cuenta; un calor líquido empezó a brotar de sus entrañas.

No consiguió disolver del todo aquel cansancio de plomo que lo mantenía inmóvil. Tenía tiempo. Era su esposa. En cualquier momento, allí donde a él le apeteciese. Allí mismo si quería.

Sonrió. Se recostó en el asiento e imaginó que se levantaba, se acercaba a ella, soltaba su maravilloso cabello que caía en cascada hasta el suelo, arrancaba aquel cuello de solterona que escondía su garganta, abría todos los cierres; el vestido sin adornos le caía en desorden hasta la cintura y su vientre, sus pechos y sus hombros eran suaves y níveos, y el cabello...

Tomó aire y lo exhaló, conteniendo un gemido.

La tomaría allí, pensó, allí mismo, en el salón, a su duquesa. La desnudaría hasta la cintura, la besaría, la acariciaría; ella se agitaría como un pájaro de suave plumaje, se estremecería, suspiraría y alargaría las piernas y se recostaría en el escritorio, y su cabello reflejaría el brillo de las llamas y cubriría del color dorado de la cerveza desde su cuello hasta la rica alfombra, los pies desnudos y los dedos que flexionaría e hincaría en la seda mientras degustaba su sabor –tan dulce– entre los rizos cálidos y secretos, brillantes y descarados.

Y su interior, Dios, su interior... lo imaginó entreabriéndose ante él como una flor; en su imaginación, el vestido había desaparecido y ella estaba desnuda con toda su perfección, toda su gloria: una ninfa bella y esbelta en el salón, llena de deseo, arqueándose en la silla y empujándolo hacia dentro, los labios abiertos... deseando tenerlo más próximo, queriendo que se hundiese en ella cada vez con más profundidad y fuerza...

El duque hizo un leve ruido. Maddy, derrotada, bajó por fin la pluma. No podía explicárselo a su padre, no podía hacerlo con palabras que Durham leería en voz alta. Al mirar a Jervaulx se lo encontró dormido, con la cabeza levemente girada hacia ella, el rostro relajado, como si tuviese sueños agradables.

Maddy no lo pudo evitar: la hizo sonreír.

Tenía las manos apoyadas en la madera labrada de los brazos de la silla. En su propia mano notó el pesado sello suspendido del dedo, demasiado grande, pero no tan grande para él. Sus dedos eran fuertes y firmes; se movieron con una ligera sacudida mientras dormía, un gesto insignificante y privado, una señal de intimidad. Su respiración era profunda, silenciosa, aunque no regular, estaba todavía al borde del sueño profundo, pero mientras lo observaba, el ritmo adquirió cierta cadencia. La cabeza le volvió a caer hacia un lado.

Maddy sintió una oleada de confusión y ternura. No podía ser cierto; no lo era. No era su esposa... qué idea más absurda, la magnificencia de aquel lugar, la comida, los criados, el sinfín de velas y cuadros, los boles de cristal con flores y frutas, el arpa enorme en un rincón de la sala, los corredores infinitos... había hasta un retrete recubierto de ricos mármoles y otros diecisiete repartidos por el castillo, todos de estilo moderno, según le había informado sin inmutarse el ama de llaves.

No podía ser el ama de aquel lugar. Estaba segura que algo demostraría que se trataba de un error. La boda, precipitada y absurda, no podía ser legal, por mucho que Durham insistiese en que la licencia que le había encargado conseguir a Fane, previendo la persecución, estaba en regla. Y, aunque lo estuviese, los Amigos no la aceptarían. Cuando se enterasen, la repudiarían: se había casado en una iglesia, ante un sacerdote, sin permiso de su padre y, lo que era todavía peor, con un hombre mundano.

Pero, ahora que estaba dormido, no tenía un aspecto tan diabólico. Terrenal, sí; la línea sensual de su boca, la nariz recta y firme, el elegante mentón, el pelo medio caído sobre la frente, y aquellas largas pestañas, tan largas como las de un niño, pero cuya inocencia infantil era un auténtico despilfarro en un hombre hecho y derecho.

Las palabras pronunciadas en la iglesia provenían de las bodas cuáqueras a las que había asistido, ¿cómo podía saber si eran las palabras de Dios o las suyas propias? Podía explicarlas de ambas formas: tal como había razonado aquella mañana, negarse era condenarlo a Blythedale Hall, o, tal como ahora resultaba evidente, que no tuviese ninguna posibilidad de protegerlo, ni derecho legal alguno de estar en aquel lugar.

Nunca antes había estado tan confundida, atrapada entre lo que los Amigos dirían y lo que le dictaba su corazón. Durante largo rato lo contempló mientras dormía.

Si no fuese por aquel castillo. Si fuese un hombre común y corriente. Un hombre normal, para la normal Arquimedea Timms. Que recibiese la aprobación de la Asamblea, con un jardín práctico y una campanilla que funcionase. El duque de Jervaulx vestido con sencillez. Cuando las ranas críen pelo.

Se levantó silenciosa y tiró del cordón de la campanilla que adornaba el salón del duque, una cuerda gruesa de seda negra, entretejida de hilos dorados y adornada con borlas a juego. Funcionaba. En cuestión de instantes, apareció el mayordomo y la puerta se abrió sobre unos goznes bien engrasados. Cubierto por una larga levita de blanco satén y largos faldones, de nariz aguileña y barbilla protuberante, las medias igual de blancas que la peluca y la chaqueta, guardaba un enorme parecido con el mayordomo que el duque tenía en la ciudad. Maddy imaginó que la semejanza entre Calvin padre y el Calvin de Londres no era mera coincidencia. Le dirigió una sonrisa suave y tímida.

–¿Desea retirarse, excelencia? –preguntó el hombre en voz baja.

Tan tarde, y dadas las circunstancias, no valía la pena ponerse a discutir sobre el título. Miró insegura a Jervaulx y asintió.

Calvin padre se dio la vuelta y mantuvo la puerta abierta para ella. Maddy lo siguió, abandonó la calidez y la luz de la sala de los tapices y se internó en un helado corredor iluminado por antorchas cuya luz humeante refulgía sobre las brillantes armaduras que flanqueaban las paredes cual silencioso ejército. Al final, una amplia escalinata de piedra se curvaba hacia las profundidades y la oscuridad. Calvin padre se detuvo ante una mesita, encendió una vela que había allí a su disposición e inició el descenso.

Mientras bajaban, los rayos de luz en movimiento iluminaron la bóveda que se arqueaba sobre sus cabezas. Al pie de la escalera, el techo dio paso de repente a una profunda oscuridad: un vestíbulo, frío y resonante, que a la luz tenue de la vela parecía de mayor tamaño que la casa de Asambleas más grande en la que jamás hubiese puesto pie, más grande que una iglesia: el vasto espacio ascendía hasta alturas invisibles en que los extremos de las largas vidrieras se perdían en la penumbra.

Calvin padre caminaba en silencio, los pies enfundados en unas suaves zapatillas, pero los burdos zapatos de Maddy hacían ruido al andar. Sus pasos resonaban en el eco, como si alguien los siguiese al cruzar el enorme pasillo, un pensamiento que hizo que se le erizase el vello de la nuca.

En el otro extremo, el mayordomo la guió dos pisos más arriba por una escalera estrecha y curva de escalones de piedra desgastados en el medio por las pisadas. Antes de que pudiese recuperar el aire tras el ascenso, cruzaron otra puerta y la oscuridad se cernió de nuevo sobre ellos. El suelo crujió bajo la alfombra y Maddy se sobresaltó ante la repentina aparición de un rostro blanco de mirada fija. Calvin se limitó a seguir adelante, y la vela iluminó una figura arrogante y con mucho brillo, el retrato de un hombre con armadura y capa. Tras él apareció otro que mostraba una profusión de tejidos bordados con piedras preciosas y un tocado de perlas, bajo el que había un rostro de mujer, pálido y sin expresión alguna. Maddy se dio cuenta de que estaba en una larga galería, helada y cubierta a ambos lados, por aquellos cuadros de mirada inexpresiva. Los ojos de los retratos los siguieron durante el recorrido: surgían de las sombras, se iluminaban un instante a la luz de la vela y volvían a desaparecer en el fantasmal silencio.

A Maddy se le erizó el vello. Sintió el antagonismo de aquellos personajes como si estuvieran vivos.

Por fin, tras atravesar otra puerta y recorrer otro corredor, Calvin padre abrió una puerta y le dirigió una mirada grave mientras anunciaba:

–El *boudoir* de la duquesa.

Maddy tampoco creía contar con la aprobación de Calvin. Lo ocultaban tanto él como Ellen Rodees, el ama de llaves, pero los criados debían de estar muy sorprendidos, puede que hasta dudasen de la cordura del duque. Maddy pensó que, dadas las circunstancias, también ella hubiese dudado.

Entró en la estancia con timidez. La habitación no tendría que haberle sorprendido tras el resto de esplendor feudal, pero no fue así. La luz de una única llama oscilaba entre enormes sombras e iluminaba por un instante las paredes recubiertas de damasco color rosa, la escayola y dorados del techo y un sinnúmero de sillas y lujosas butacas. Un fuego humeaba en la chimenea abierta, incapaz de dar a la enorme estancia más calor del que había en la galería y los corredores. Calvin atravesó la habitación y abrió otra puerta.

–El dormitorio, excelencia.

Maddy fue tras él. Un nuevo estallido de lujo: un lecho con cortinajes dorados forrados de rosa pálido, paredes adornadas con tapices y apliques de plata. A Maddy todo aquello empezaba a inquietarla.

Sobre el banco acolchado al pie de la cama estaba su camisón desplegado con mimo, en blanco y sencillo contraste con el resto de la estancia.

–Aquí tiene el cordón de la campanilla, excelencia –dijo Calvin y se acercó para tirar de él–. Vendrá una mujer a atenderla.

–Oh, no. No necesito a nadie. Me las arreglo... sola.

El hombre se inclinó ante ella.

–El duque... –Maddy hizo un vago gesto, no muy segura de cuál era la dirección adecuada tras tantos corredores, giros y escaleras–. ¿Hay alguien para ayudarlo?

–Cuando no lo acompaña su propio valet, su excelencia prefiere arreglarse solo en aquellas ocasiones en las que se retira tarde. Los criados tienen orden de no molestarlo. Su habitación está preparada como su excelencia desea.

Maddy hizo un esfuerzo para no morderse el labio. Era imposible imaginar lo que le habrían dicho a los sirvientes sobre la enfermedad de Jervaulx, si es que les habían contado algo. No sería posible ocultárselo por mucho tiempo.

Calvin padre la miró, solemne e inquisitivo.

–¿Tendrá necesidad de un valet, excelencia?

Por su expresión se veía que sería algo inusual, inoportuno y en contra de las expectativas naturales, y tales rarezas y anomalías serían objeto de escrutinio en las presentes circunstancias.

–No –respondió Maddy.

Calvin hizo una reverencia y se retiró.

En cuanto desapareció, Maddy deseó que todavía estuviese allí con ella. La vela que le había dejado encendida daba muy poca luz y sólo servía para que la cama pareciese el doble de grande al proyectar su sombra en el techo. Se cambió rápidamente, se puso el camisón y llevó el vestido y la vela hasta el vestidor de menor tamaño que había junto a la habitación.

Mientras guardaba el vestido, oyó un ruido en el dormitorio y salió a toda prisa, contenta de tener compañía y esperando encontrar al duque.

Allí no había nadie. Algo crujió a sus espaldas. Se dio la vuelta. La puerta del ropero estaba abierta y ahora se veía oscuro y vacío. No quería volver hasta él; no quería que estuviese así, como una boca abierta. Lo cerró de golpe, negándose a mirar en su interior.

Colocó la lámpara sobre la mesilla de noche, se arrodilló y rezó con devoción para conservar el sentido común. Trató de encontrar la Luz Interior, pero extraños ruidos, suaves pisadas y respiraciones, sonidos que no se parecían en nada a los que había escuchado en otras casas, la hicieron distraerse y perder la calma y la concentración.

Deseaba la presencia de Jervaulx. La de Durham y Fane. La de quien fuese.

Utilizó la escalerilla de bambú y dorados para subir a la fría cama. El colchón se hundió bajo su cuerpo, rodeándola. La luz de la vela iluminó la parte interior del dosel y descubrió la viveza del color.

Oyó pasos. Estaban sobre su cabeza, eran pisadas perezosas que atravesaron la habitación y se detuvieron, para a continuación alejarse. No regresaron.

Los ojos de Maddy se humedecieron y se metió en la cama.

Ella no creía en fantasmas. Claro que no.

Ojalá estuviera Jervaulx con ella.

Christian se despertó helado. La habitación se había llenado de sombras, las velas estaban a punto de acabarse, el fuego no era más que un resplandor de carbones rojos. Le costó espabilarse; una y otra vez volvió a sucumbir al sopor, y retomó unos sueños extraños e intimidantes, pero la fuerza de la costumbre acabó por imponerse y se levantó, esparció los carbones con el atizador, apagó todas las velas, pasó por la puerta del salón y fue a tientas hasta su dormitorio. Estaba medio dormido; se dio cuenta cuando intentaba desabrocharse el chaleco. Era demasiado esfuerzo. Su lecho lo esperaba en la oscuridad, abierto y cálido. Se quitó la levita y los zapatos y se tendió cuan largo era. Se dio la vuelta y acercó una almohada hasta él, metió los pies bajo las sábanas y volvió a caer en las profundidades del sueño.

22

Por la mañana, Maddy encontró sin ayuda el camino hasta el inmenso vestíbulo medieval, con sus vigas oscuras y paredes de piedra. Era casi tan impresionante como la noche anterior: la altura increíble, el suelo resonante, los rayos de luz silenciosa a través de las estrechas vidrieras. Por fortuna, al entrar se encontró con el coronel Fane acompañado de los perros, que le hicieron de amables guías hasta la sala del desayuno. Durham ya se encontraba allí, ocupado con sus gachas de avena, que comía de pie mientras contemplaba a través de la ventana las magníficas vistas de la campiña.

–Buenos días, señora –fue su alegre saludo–. ¿Quiere un poco de *kedgeree*? ¿Té indio o chino? ¿Café?

La había conducido hasta la cabecera de la mesa con mantel de lino, y la atendía en persona, sirviéndole de las fuentes de plata que había sobre el aparador, persuasivo como siempre que se ponía en acción. Se sentó a su lado e indicó al coronel Fane que tomara asiento.

–Aquí podemos hablar en privado: los sirvientes no aparecerán a menos que los llamemos. –Le pasó la nata–. ¿Cómo cree que ha ido todo hasta ahora?

–No lo sé –respondió Maddy–. Me siento tan... rara.

Fane se acercó y le dio unas palmaditas en la mano.

–Son los nervios. La boda. La primera noche es siempre la peor.

Durham se aclaró la garganta.

–Fane, por favor. Ten un poco de delicadeza.

–¡Mis disculpas! –El coronel enrojeció y se afanó en darle una salchicha a *Devil*–. He olvidado mis modales.

–¿Qué sabes tú del matrimonio, en cualquier caso?

El coronel mantuvo los ojos bajos.

–Mis hermanas. Es lo que mi madre les decía. Lo siento, señora.

–No te preocupes –dijo Maddy–. Ojalá tuviese a mi madre para aconsejarme. Pero hace muchos años que no está a mi lado.

–Siento saberlo, señora. –Su embarazo pasajero se esfumó–. Es una pena que la mía no esté aquí, porque le dejaría las cosas claras en un segundo.

–Bueno, pero, gracias a Dios, no está –dijo Durham, y mirando a Maddy preguntó–: ¿Cree que Shev aparecerá pronto?

–No lo sé –respondió mirando las gachas que se espesaban en su plato–. Cuando os marchasteis, se quedó dormido en una silla. El mayordomo me dijo que normalmente no tiene a nadie para ayudarlo cuando se retira tarde, así que pensé que... Es que no quería que se hiciesen más preguntas sobre él de las que ya deben de estar haciéndose, por lo que pensé... –Apartó el plato–. Así que lo dejé aquí –dijo de un tirón–. Y no debería haberlo hecho. Me daba miedo el mayordomo, y no quería preguntar dónde iba a dormir el duque, así que fui a donde me llevaron, él no apareció, y yo no sabía cómo volver.

Un silencio incómodo recibió aquella información. Maddy se levantó y se acercó a la ventana. A través del antiguo panel de cristal ondulado contempló el valle a sus pies, los árboles y los campos bajo el sol de la mañana y los brillantes meandros del río entre tonos grises y marrones.

–Mirad bien esto –dijo desesperada–. Mirad este lugar. Nadie creerá jamás que yo pertenezca a este lugar. Ay. ¡Quiero irme a casa!

Apoyó la cabeza en el ventanal. *Devil* se acercó y jugueteó con su mano. Maddy la apartó y ciñó los brazos a su alrededor.

–Arquimedea –dijo Durham–, Shev está mejor, ¿no es cierto?

–Sí.

–Eso es lo que me pareció. Y sólo han transcurrido unos cuantos días.

Maddy no apartó la vista de la ventana.

–Mejora día a día. Cuando lo vi en Blythedale Hall era incapaz de articular una sola palabra.

–Entonces... puede que pronto esté bien. Superará la maldita vista, y esto se acabará.

Maddy no dijo nada.

–Nos enfrentamos a unos cuantos obstáculos –reconoció Durham–. Su familia se presentará aquí en cuanto se lo cuente. Lady de Marly... pero ya la conoce. Shev piensa que la boda no le importará; pero lo mejor sería que estuviese preparada para cualquier cosa. En cuanto al resto, si dijera otra cosa mentiría, armarán la de San Quintín..., pero si se mantiene firme, estoy seguro de que no sabrán qué hacer. Ni idea. Y si tratan de llevárselo, vive Dios que en ese caso llamaríamos al comendador real.

–Shev es el comendador real –dijo Fane.

–¡Maldita sea! Claro, tiene que serlo. Es el dueño y señor de todo el maldito condado. ¿Es también el juez de paz? Bueno, no importa, ya me enteraré. Manténgase firme y alcanzaremos la otra orilla.

Maddy se dio la vuelta.

–¿Qué otra orilla? Para mí no existe otra orilla. No puedo estar casada con él. ¡No puedo ser duquesa!

Durham la observó con detenimiento.

–¿No quiere ser duquesa... o no quiere estar casada con Shev?

–¡No lo entiendes! ¡No puedo! No puedo hacer ninguna de las dos cosas. Cuando los Amigos se enteren, me repudiarán.

Durham asintió lentamente.

–Ya entiendo. –Tomó aire–. Eso no lo sabía. Sabía que, a causa de sus creencias, no estaba muy de acuerdo.

–¡De acuerdo! –repitió Maddy.

Se volvió hacia la ventana y soltó una breve carcajada. *Devil* saltó sobre el banco bajo el alféizar y se apretó contra ella. No le quedó más remedio que hacerle caricias en la cabeza; era la única forma de impedir que pusiese las patas sobre sus hombros y le lamiese la cara.

–El matrimonio. –Durham titubeó–. ¿No la compensará por lo que ha perdido?

Se lo preguntó con gentileza, pero Maddy fue capaz de ver lo que sus palabras escondían. Pensaba que toda aquella riqueza, el castillo y el título de duquesa deberían ser suficientes para compensar cualquier cosa.

–No lo entiendes. Te niegas a entenderlo. –Acarició las sedosas orejas del perro–. Yo nunca perteneceré a este lugar.

–Tendrá que darse un poco de tiempo. No está acostumbrada. Es un lugar viejo y fantasmal, ya lo sé. Y frío como el hielo, además. Todos nos hemos perdido en él en alguna ocasión.

–Oh –dijo Maddy con voz temblorosa–, ahora mismo estoy realmente perdida.

–Él la necesita.

–¿Me necesita? ¿De verdad crees que yo podría impedirle a alguien hacer cualquier cosa? Mírame. Mira este castillo. ¡Nadie me haría caso!

Se mordió el labio con fuerza. No se permitiría derramar lágrimas de debilidad por lo que ya estaba hecho. Pero si no fuese así, si en realidad no...

Habló sin girarse.

–Voy a hacerte una pregunta. ¿Hay alguna forma de deshacer este matrimonio? ¿Es demasiado tarde?

Hubo una pausa.

–¿Desea anularlo?

–Sí.

–Escúcheme –dijo Durham–. Sólo será un momento. Olvídese de todo menos de Shev. Su familia no tardará en enterarse de que está aquí, tanto si se lo digo yo, como si no. Cuando lleguen, Fane y yo haremos todo lo que esté en nuestras manos, pero si él no puede hablar, si todavía es incapaz de defenderse por sí mismo, pueden ponernos de patitas en la calle. Pero usted, la duquesa de Jervaulx, usted sí que podrá echarlos. Puede protegerlo, legalmente, hasta que esté recuperado por completo.

–¿Estás seguro de eso? –preguntó Maddy sin apartar la vista del reluciente río hasta que los ojos empezaron a dolerle.

Devil se apartó y se bajó del banquillo de la ventana.

–Tiene sentido, ¿no? –preguntó Durham–. Deje las cosas como están. Por lo menos hasta que él pueda defenderse por sí mismo.

–Entonces hay manera de anularlo.

–Posiblemente.

–Tienes que decirme cómo.

–Por Dios bendito, Maddy. ¿Es que va a abandonarlo?

–¡Dímelo!

Tenía los puños apretados. El río, tan plateado y brillante en medio del paisaje invernal, le había irritado los ojos, pero no podía apartar los ojos de él.

Durham dijo en voz baja y sin inflexión:

–No ha dormido con él.

Era sólo una pregunta a medias. Maddy sintió que le ardían las mejillas, y negó con la cabeza.

–En ese caso, no lo haga. No consume el matrimonio. Y cuando decida que no quiere seguir siendo duquesa ni su esposa, acuda a mí, excelencia. –El tono de su voz se había vuelto amargo–. Yo le explicaré lo que necesita saber para anular el matrimonio.

Maddy oyó el ruido de su silla al arañar el suelo y lanzar una imprecación en voz baja.

Al darse la vuelta, se encontró a Jervaulx, con *Devil* y *Cass* a sus pies; estaba ante la puerta y la miraba.

Christian salía a las almenas cuando quería estar solo. Las conocía de memoria, las mantenía y las reservaba para uso propio, guardándose las llaves de todas las puertas que conducían a ellas. Cuanto más alta, mejor; y la torre de mayor altura entre todas las de Jervaulx le permitía tener una visión más amplia.

Envuelto en el gabán, se acodó en el murete encalado, rodeado de piedras. Desde allí, su vista alcanzaba hasta la torre Whitelady, que era la más antigua, sólida y achaparrada, y que compartía la función de vigilante con la de Knight's y, más allá, con la Phoenix, que rodeaban la torre Northwest y los aposentos isabelinos, reconstruidos y rediseñados por Christopher Wren, donde habían alojado a Maddy la noche anterior en los aposentos de su madre, y Beauvisage y Mirabile, que no podían verse debido a la curva de Belletoile, donde estaba.

Las conocía. Las amaba. Cuando había despertado aquella mañana, no recordaba que nada hubiese cambiado, que fuese otro sino el duque de Jervaulx, amo de su castillo y de su destino. Después había tratado de hablar con el lacayo que le había llevado el desayuno.

Se alegraba de no haber sido capaz de pronunciar palabra. Lo había tomado por alguien huraño, en lugar de pensar que era estúpido. Pero aquella situación sería momentánea, pues no podía mantenerse mudo ante los criados permanentemente.

Maddy. Apoyó los brazos en el muro, y recostó en ellos la cabeza.

Para ser sincero, le había llevado un tiempo acordarse de ella. No pensó en ella hasta que saltó de la cama y se vio vestido. E incluso entonces no se había sentido muy preocupado, sólo un tanto avergonzado de haberse quedado dormido la noche de bodas. Se había bañado, con la ayuda de un lacayo, que se portó bastante bien y mantuvo el rostro sereno, pese a la actitud huraña de Christian; estaba claro que lo habían seleccionado por su ambición de convertirse en valet.

Mientras bajaba la escalera, pensaba en qué haría para compensarla por lo sucedido. A riesgo de que lo creyesen un imbécil, estaba decidido a dejarles bien claro dónde tenía que dormir su esposa. Iba pensando en cómo lograrlo cuando entró y se la encontró con Durham aconsejándole que no yaciese con él.

Christian había fingido no entender. No era ningún problema. Se había quedado inmóvil y lo habían tomado por tonto. Mudo. Sordo. Necio.

Maddy lo había mirado con aire de culpabilidad. Pero él le había dedicado una sonrisa y se había servido una taza de chocolate del aparador.

«Lo entiendo, Niñamaddy.»

Entre la piedra blanca y un cielo azul y gris de acuarela, el viento se colaba como por un embudo y revoloteaba por Belletoile, levantando el cuello de la chaqueta de Christian y cubriéndole el rostro. Era novedoso que alguien despreciase el castillo de Jervaulx. Que no contento con despreciarlo, lo rechazase de pleno. Y a él.

Esto último lo entendía, dado su estado, pero no por ello la herida era menor. Había pensado, lo había asumido, que sus carencias se verían ampliamente recompensadas por todo lo que tenía para ofrecer. El propio castillo, y cuanto contenía, no era un tesoro desdeñable. Eso era lo que había pensado, que cuando ella se encontrase allí, cuando lo contemplase, vería aquel lugar con los mismos ojos que él.

Bueno, si no era así, no había nada que hacer.

«Niñamaddy. ¿Vas a dejarme?»

Miró hacia el cielo. Se sintió impotente, dolorido, furioso y desamparado.

Tras una imprecación, metió los puños con rabia en los bolsillos del gabán. Si quería la anulación, se la daría. Durham le había suplicado que se quedase hasta que su presencia no fuese necesaria, pero Christian ni siquiera le exigiría eso. Convertirla en su esposa había sido una decisión tomada en un momento de debilidad y atolondramiento. Era una cuáquera. No era nadie. Como ella misma había declarado con claridad meridiana, no pertenecía a aquel lugar.

«Déjala ir.»

Él ya estaba mejor. Iba a ser perfecto. «Déjala ir.» No la necesitaba, ni a ella ni a la endeble protección que podía ofrecerle. No la echaría en falta. Apenas notaría su ausencia cuando se hubiese ido, «terca mojigata de dulces besos».

Contempló el aspecto invernal de los montes. Toda la vida lo había dado por sentado: el castillo, su patrimonio. Había tratado de no hacerlo, pero así había sido. Había jugado a las reformas, participado en parodias de luchas, siempre a salvo en su inexpugnable torre. Sin saber la fortuna con la que contaba.

Podría volver a perderla. Sintió que una sensación nueva le helaba las entrañas. ¿Era suya en aquel momento? El instinto lo había empujado a refugiarse en Jervaulx; con la costumbre adquirida durante muchos años, el lugar funcionaba bajo sus órdenes. Pero en la Cancillería lo habían dejado reducido a nada. Y si iban hasta allí, y si intentaban llevárselo...

Atrapado, encadenado, vencido. Aplastado.

No permitiría que tal cosa sucediese.

Sabía cuanto había que saber sobre Jervaulx. Sabía que había una distancia de setenta metros desde las almenas de Belletoile al suelo. Y él era el único que tenía llave de la torre.

Encontró a Maddy en la salita de la duquesa, contemplando un cuadro de Herodías con la cabeza de san Juan Bautista. Bajo él, colgaba un crucifijo impregnado en sangre.

–Alegre –dijo tratando de mostrarse sarcástico.

La joven se dio la vuelta para mirarlo.

–Es una habitación suntuosa.

–Gracias.

La retaba a decir que aquello no era una alabanza.

Se dirigió a otro retrato: un par de niños apoyados en un mastín más alto que ellos.

–Éste es bonito.

Él hizo una leve inclinación.

–Hermano.

–¿Tus hermanos?

Jervaulx contempló el cuadro. James era real; era la parte que mostraba a Christian la que se le antojaba nebulosa, hasta que se obligó a concentrarse, levantó la mano y señaló el niño de cabello rizado y chaqueta corta.

–Yo... yo y... hermano. Diez años... James... seis. Murió... hace mucho. Fiebre... escarlata... escarlatina. –Recordó cuando posaban para el retrato. Qué tormento estar inmóviles cuando había juegos y campos y ranas–. El perro era... *Killbuck*. –Sonrió–. Jamás cazó nada... ese perro... ni una mariposa.

Maddy contempló el cuadro en silencio. Esa mañana tenía aire severo, el pelo tirante, como si quisiese mostrarse tan distinta del entorno como fuese posible.

–¿Quieres... anular –no podía abordar el asunto con más delicadeza– la boda?

Lo miró con sorpresa y puso las manos detrás de la espalda.

–Entender –dijo él–. Desayuno... Durham invalidar... matrimonio.

–Creo que sería una sabia medida. –No apartó los ojos de los de él–. Pero me quedaré hasta que te recuperes.

–Ahora. ¡Bastante bien! Vete... ahora.

–¿Quieres que me vaya ahora?

Apretó la mandíbula con fuerza al achacarle a él la responsabilidad.

–Yo... no digo. Tú. Desayuno a... Durham... invalidar boda. –Se apartó de ella–. No dormir juntos. Lo oí. –Se dio la vuelta–. Anoche... cama... no. Por eso. Anular. Llamar Durham... ahora... para anulación.

Alargó el brazo para tirar del cordón de la campanilla.

–Se han marchado –anunció Maddy–. Esperaron por ti, pero no te encontraron por ninguna parte.

–Marchado. –Al oírlo se detuvo, y se vio de repente sin nada práctico que hacer para descargar la hostilidad que guardaba en su interior. Dejó caer la mano–. Marchado. ¡Demasiado tarde! Ellos... visitar. Contar boda. Familia. ¡Al diablo con ellos!

–He pensado... –Maddy se sentó en una silla y puso las manos en el regazo–. Creo que debería quedarme al menos hasta la vista. Si estás de acuerdo. –Entrelazó los dedos con fuerza y Christian vio la ancha banda del sello en su dedo–. Te ruego... si estás de acuerdo, que no consumemos el matrimonio... y así podrá anularse cuando estés bien. –Se humedeció los labios–. Entonces ya no me necesitarás. Sería una carga para ti y te haría sufrir. Yo no pertenezco a tu mundo. Cuando estés recuperado del todo, te darás cuenta.

Quiso rebatir lo que ella había dicho, pero carecía de argumentos. Se sentía derrotado y presa de una angustia que no sabía expresar.

–¿Si no... bien? –quiso saber–. ¿Si nunca... del todo? ¿Marchar?

–No lo sé. Lo único que puedo afirmar es que me quedaré hasta la nueva vista.

–¿Hasta... nueva?

–La vista. Otra vez ante el lord canciller.

Su cuerpo se puso en tensión.

–¿Otra vez?

–Sí. Tendrás que comparecer de nuevo.

–¿Cuándo?

–No estoy segura. Quedan aún varios meses. Lady de Marly lo sabrá.

Dio un par de pasos hacia ella y se detuvo.

–¡Nueva! ¿Por qué?

La agresividad del tono pareció sobresaltarla e hizo que se retrepara en el asiento.

–Tus cuñados. Insisten en que te declaren incapacitado.

Christian la miró fijamente.

Había pensado... Había pensado que ya estaba todo arreglado.

Empezó a respirar deprisa, incapaz de formular una pregunta con el tropel de palabras que tenía en la cabeza. Se dio la vuelta y empezó a recorrer la estancia en un insistente ir y venir.

–Significa en forma... ¿ahora?

Parecía no entenderlo.

–¡Ahora! –dijo a gritos–. Compar... ¿ahora? Libre... ¿ahora? –La cogió de los hombros y se inclinó sobre ella–. ¡Di!

–Hasta que se celebre la vista –dijo, sentada bajo sus manos– tienes los mismos derechos que cualquier persona a los ojos de la ley.

Se quedó mirándola, incapaz de soltarla, de moverse.

–Si no fuese así, ¿cómo habrías podido pensar en casarte? –preguntó.

Por supuesto. Claro. Había estado demasiado confundido; ni siquiera se lo había planteado. Creía que lo habían despojado de su existencia legal, que lo habían declarado incapaz. Se había estado escondiendo tras Durham y Fane, tras Maddy y el castillo de Jervaulx, como si ellos pudiesen protegerlo cuando viniesen para llevárselo otra vez.

Otra vista. Meses.

–Maddy. –La asió con más fuerza–. Ayúda... me. Bien. Recuperado. Quiero... accedo... no cama. Quédate y ayuda. Acuerdo. Después vete... cuando yo... recuperado. Vista.

Lo miró directamente a los ojos.

–¿No habrá consumación?

Buscó su mano, la encontró y la estrechó.

–No. Vista. Recuperado. No... con... consu... cama. Anular boda.

Ella entornó las pestañas, aquellas eróticas pestañas. La miró y se arrepintió de su promesa incluso antes de que ella hiciese un leve gesto de asentimiento y la aceptase.

El acuerdo logró facilitar las cosas entre ellos. Maddy ya no se sentía tan incómoda en aquel entorno, sabiendo que sólo era un intervalo y no un compromiso formal. Cuando el duque sugirió enseñarle el castillo, se sintió dispuesta a acompañarlo. Hasta accedió a que arreglasen para ella uno de los vestidos más sencillos de la duquesa viuda, ya que no podía continuar vestida con su fiel seda gris para siempre.

Eligió un vestido de satén azul oscuro. En el armario, al lado de los otros, no había parecido demasiado lujoso, sobre todo cuando insistió en que la doncella le quitase los adornos, pero cuando se lo puso y se vio a plena luz del día en un espejo, el color le pareció de una opulencia desmesurada.

La muchacha la contempló.

–Muy hermoso, excelencia –dijo con el costurero en la mano.

Era precioso. Maddy jamás se había puesto algo parecido. Alisó la colorida tela con la mano.

–Sí –dijo mirándose maravillada–. Es... muy bonito.

Tras haber bajado el dobladillo y retirado adornos y pliegues, y con un chal blanco de seda india sobre las mangas abullonadas y el escote, se sintió lista para reunirse con Jervaulx. Al verlo, vaciló, convencida de que a él iba a parecerle una tontería que hubiese elegido un vestido tan lujoso, pero se limitó a contemplarla durante más tiempo del debido, y después sonrió con un lado de la boca mientras la tomaba del brazo. El color del vestido hacía juego con el de los ojos de él.

–Maddy –dijo–. Siento haber... accedido... no consu...

Pensó que entendía lo que quería decirle, pero lo pasó por alto sin más preguntas.

Los retratos de la galería seguían mostrando su desaprobación, lo que le hizo recordar el extraño momento vivido la noche anterior. Jervaulx se detuvo ante uno de los más imponentes: un enorme cuadro con un personaje grave y condescendiente, con vestiduras rojas y ancha gorguera blanca, enjoyado y majestuoso, que sostenía en la mano un bastón de mando.

–Lord Jervaulx –dijo–. El primero. Ejerció poder... gran señor.

–Es muy distinguido –dijo Maddy en tono bajo.

–Casar a los diecisiete. Una joven... logró casar con rica heredera. Ella escribió antes... a él... carta. La tengo. Ella dice mi dulce amor... digo mi pensamiento... piensa asignación. Ruego te imploro... amor mío... quiero dos mil seiscientas libras trimestre.

–Vaya –dijo Maddy, dudosa–. ¿No era una suma considerable para la época?

–Muy... considerable. –Jervaulx sonrió–. Además... para dejar las cosas claras... escribe... quiero tres caballos propios... dos damas de honor... caballo cada una, seis u ocho caballeros... dos carruajes... de terciopelo... cuatro caballos cada uno... lacayo... criado... seiscientas libras para caridad al trimestre... todo... costeado por él.

–Muy razonable –dijo Maddy y empezó a sonreír.

–Además... todos los años... veinte atuendos... ocho para el campo... seis buenos... seis excelentes. Además seis mil para comprar joyas... cuatro mil para collares perlas. Además... todas las casas... muebles... cámaras... con camas... taburetes... sillas... cojines... alfombras... doseles. Además... él pagará sus deudas. Además... comprará tierras. Además no prestará dinero... lord canciller. Además... suplica... cuando alcance... baronía... dos mil más... doblar número acompañantes.

–¿Todo eso decía en la carta?

Maddy contenía la risa, poco impresionada por la majestuosidad de aquel pobre individuo.

–Sí. Él dio –dijo Jervaulx–. Todo. Y nunca prestó al... canciller. Sabios consejos. Murió barón... consejero... tesorero del rey. Rico. Poderoso. Construyó... torre noroeste. Buena esposa.

Maddy hizo una mueca.

–¿Ésa es tu idea de una buena esposa?

–¡Sí! Rica. Astuta. Caprichosa. Elegante. Ambiciosa. Buena esposa.

–Pues te has casado con la mujer equivocada.

La miró, pensativo. Maddy sintió que se ruborizaba y se arrepintió de haberlo dicho. Al bajar la vista, él le cogió la barbilla con los dedos, se inclinó y depositó un suave beso en sus labios.

Maddy se apartó, cogiendo aire con rapidez.

Cuando iba a protestar, él negó con la cabeza con sonrisa pícara.

–Cama no... única promesa.

La cogió de nuevo del brazo y echó a andar junto a ella como si nada hubiese sucedido.

23

Lady de Marly se presentó sin avisar cinco días después de la partida de Durham y el coronel Fane. Maddy y Jervaulx se encontraban en el vestíbulo. Maddy estaba tumbada en el suelo a su lado para contemplar en el techo el fantástico detalle de la tracería tallada en la madera, mientras él le iba señalando las bestias heráldicas de los blasones, los trifolios y las flores de lis y el intrincado conjunto de flores y follaje que aparecían en las vigas que pendían sobre sus cabezas.

En compañía de Jervaulx, el castillo parecía un lugar diferente. Lo conocía como si formase parte de su persona; hablaba de él de la misma forma que las mujeres hablan de sus hijos, con infinito interés hacia los detalles más nimios, con cariño y humor suficientes para hacer interesantes hasta las anécdotas sin importancia. A Maddy el castillo le gustaba durante el día. Por la noche, cuando se retiraba a solas a los aposentos de la duquesa y, tumbada en la cama, aguzaba el oído para escuchar las pisadas en la planta superior, era presa del pánico y se arrepentía de haber pedido dormir sola.

–Sube... quinta... viga –estaba diciendo Jervaulx, para guiarla a un punto de interés, ya que hacía rato que habían decidido que su capacidad para señalar con la mano no era muy precisa–. El rostro... del perro... ¿Ves?

–Mmm... sí, lo veo.

–Perro. Dragón. Las bestias de Enrique Tudor.

–¿De qué Enrique?

–Enrique... siete. El de Lily.

–Ah.

Para entonces ya estaba familiarizada con Elizabeth, la avispada esposa de Francis Langland, el primer lord Jervaulx, que, a cambio de la dócil aquiescencia de su esposo en cuanto a su asignación personal, no había dudado en ampliar los intereses de la familia convirtiéndose en amante secreta de aquel rey misterioso e inteligente. Entre la riqueza de Lily, su discreción y belleza, y la lealtad astuta de su esposo a un monarca que procedía de las mismas brumosas tierras de Gales que el joven caballero, la dinastía iniciada por Francis Langland disfrutó de un principio lleno de buenos auspicios.

–Perro... gal. Galgo... dragón... mira al lado. –Y volvió el rostro hacia ella–. Lirio. ¿Ves?

Bajo la guía firme de su mano, Maddy se movió.

–¡Ah, sí!

Allí estaba el lirio, escondido entre los escudos heráldicos hasta que uno adoptaba la postura adecuada para verlo desde el ángulo correcto.

–Enrique envió a un... para cortar. A un hombre para cortar la madera.

–Un tallador.

–Tallador.

–¿Era una señal secreta entre ellos?

Jervaulx movió la cabeza hasta aproximarla a la de Maddy.

–Secreto –dijo.

Deslizó la mano hasta la cintura de la joven. Maddy dio un chillido por las cosquillas y la voz resonó por el vasto vestíbulo. Rodó para alejarse, pero él la atrapó y se puso casi encima de ella, haciéndole cosquillas en la cintura con una mano y cogiéndole la mejilla con la otra. Maddy se defendió, pero sin mucho esfuerzo. Estaba a punto de besarla, y a ella le agradaba.

Los labios de Jervaulx rozaron los suyos, cálidos en la atmósfera fría del vestíbulo, tan aterciopelados como duro era el suelo bajo su cuerpo. Cesaron las cosquillas. El cuerpo de la joven se relajó; cerró los ojos y lo sintió sobre ella, respiró su calor en el gélido aire, oyó el suave murmullo de placer que hizo mientras la exploraba. No le había devuelto el beso, aunque pronto lo haría.

Era algo singular, eso de ser y no ser su esposa, con libertad para besarse y retozar en el suelo como dos cachorrillos. No era casto; bien lo sabía ella. Pero él lo hacía con tanta dulzura, era tan juguetón, que no tuvo ocasión para exigir que se detuviese. «Cama no», le prometía cada vez que se apartaba de él. Y eso la tranquilizaba. Era una nimiedad, algo agradable, y si bien se trataba de un placer mundano y carnal, por lo menos sería temporal, y después volvería a ser la normal y escrupulosa Maddy Timms de siempre. La ejemplar Maddy Timms con un recuerdo secreto que guardar para sí, un lirio escondido entre los dragones de la virtud.

Levantó la barbilla y le devolvió el beso.

Él había sido su maestro: sabía cómo saborear su boca, explorar su interior mientras él se quedaba inmóvil, con los labios ligeramente entreabiertos. Su cuerpo empezó a responder y a tensarse con lentitud, notaba cómo se apretaba contra el de ella y hundía las manos en su piel. Sin embargo, no hizo el menor movimiento, se quedó en suspenso, la boca aquiescente a la de ella, como si toda su concentración se centrase en lo que le hacía sentir. Con cada nuevo contacto, su boca se abría, invitadora, y le permitía llegar más adentro.

Maddy lo rozó con la lengua. Era a la vez desconocido y familiar, tan cercano y tan distante de ella. Un noble con una historia de hadas, galeses y reyes tras de sí, señor del vestíbulo y el castillo, pero lo más extraño y poderoso de todo: un hombre. Olor a madera de sándalo y fuerza, y agresividad que, ella se daba cuenta, mantenía bajo control. Su aliento se mezcló con el de ella, liviano y lleno de esperanza.

Maddy lo saboreó en profundidad. La lengua de Jervaulx salió al encuentro de la suya, hizo un ruido visceral en su pecho y su respuesta fue penetrante. Ahora era él quien controlaba el abrazo. Su cuerpo se ciñó al de Maddy. En el suelo del vestíbulo, con todo el peso sobre ella, la besó sin control, y los juegos y la ligereza se desvanecieron.

Y ella le respondió y abrió la boca a la suya. Una especie de musiquilla sonaba en su pecho, un sonido primitivo que salía de la garganta del hombre. Le respondió adueñándose de todo cuanto ella le ofrecía con la misma facilidad que si le leyera el pensamiento y supiese el momento en el que el cuerpo y el corazón de la joven despertaron a los sentidos.

Entrelazó las manos con las de ella y las apoyó sobre el frío suelo. El sello se clavó en el dedo de Maddy, atrapado entre su mano y la de él con una presión dolorosa que le llegaba al hueso, pero ella la deseaba. Deseaba aquel dolor, igual que lo deseaba a él. Todo su cuerpo se arqueó hacia arriba para recibir su beso. Parecía como si hubiese estado maniatada, atrapada por hilos que él había roto con un roce.

Se oyó a sí misma gemir; era una especie de gimoteo infantil, ante todo el placer que sentía. Empezó a moverse, no pudo evitarlo, siguiendo el ritmo que él le marcaba con su lengua, arqueándose para obtener más.

–Muy edificante.

La voz de lady de Marly fue como una cascada de agua helada.

Maddy se sobresaltó. Jervaulx se quedó un instante quieto y, en lugar de saltar como movido por un resorte, se abrazó con más fuerza contra Maddy, que hacía esfuerzos convulsos para soltarse. Sin alzar la vista, la besó en la oreja.

–Tranquila –dijo, escondido en ella–. Tranquila, Niñamaddy.

Después la besó de nuevo brevemente, y se apartó para ponerse en pie.

Maddy se levantó a toda prisa. Jervaulx ya estaba en pie. Lady de Marly, con una doncella a sus espaldas y el bastón plantado delante, era una especie de rostro adusto y pálido, pintado sobre una negra estatua.

–Tía Vesta –dijo Jervaulx con una ligera inclinación. Tomó a Maddy del brazo; ella parecía incapaz de moverse por voluntad propia, la acercó a él y la movió hacia delante–. Bienvenida –dijo, dejando a Maddy admirada con su compostura. Toda su seguridad en sí misma se había desvanecido–. ¿Viaje agradable?

Maddy advirtió que su forma de hablar captaba la atención de lady de Marly, lo que, afortunadamente, la liberó de su escrutinio.

La anciana lo miró con fijeza, lo examinó con frío detenimiento durante un buen rato.

–Estás recuperado –dijo por fin.

–Mejor –concedió Jervaulx. La presión de su mano forzó a Maddy a dar un paso adelante–. La duquesa... Arqu... medea. Tengo... honor de... esposa.

Su forma de hablar había retrocedido. A solas con Maddy, se expresaba con más facilidad que ahora.

–No mucho mejor –dijo lady de Marly con sequedad, y miró a Maddy–. Y usted, señorita, no hay duda de que nos ha engañado a todos. No la había tomado por una aventurera.

–Duquesa –dijo Jervaulx con un énfasis que era más una advertencia que fruto del esfuerzo.

–¿Dónde están los documentos?

Jervaulx le sonrió, misterioso. No dijo nada.

–Muchacho insolente –soltó ella.

–Legal –dijo él–. Edad. Residente. Papel... especial. Iglesia. Testigos. Registro... poner sello. Ningún... impedi... mento legal.

–Excepto tal vez tu cordura –respondió la dama, pero sonó más a queja que a amenaza–. Lunático. Podías haberte quedado con la joven que te ofrecieron y habernos ahorrado a ambos muchos problemas.

–La señorita... Trothorse.

–La señorita Trotman. Cuyo padre amenaza con denunciarte por romper la promesa.

–¡A mí! –Se echó a reír abiertamente–. Tú prometes. Tú... pagas.

La forma en que lady de Marly contrajo la mandíbula dejó claro que le había dado de lleno. Dio un golpe de bastón en el suelo y el agudo sonido reverberó por todo el vestíbulo. Maddy había pasado a ser el centro de aquella mirada fría.

–Me retiro a descansar. Usted, señorita... duquesa. Reúnase conmigo dentro de una hora en mis aposentos.

No había escapatoria. Maddy asintió.

Lady de Marly cruzó el vestíbulo entre crujidos y el golpear del bastón. La doncella, casi tan anciana como su señora, dirigió una rápida mirada a Maddy y se apresuró a ir tras ella. Extrañamente, parecía como si la doncella le hubiera sonreído.

–Llamarte... duquesa. –Jervaulx miró a Maddy de reojo–. Acabará... aceptando.

Los aposentos de lady de Marly, que ocupaban una de las alas más antiguas del castillo, todavía guardaban el frío de haber estado deshabitados. Envuelta en una manta y cubierta hasta el cuello, la dama se había instalado en la alcobilla bajo la enorme chimenea. El fuego ardía con fuerza, pero en gran parte de la estancia el aliento todavía se helaba.

Lady de Marly podía haber aceptado la idea de que Maddy era ahora la duquesa, pero no le hizo ninguna deferencia por ello. Con el título universal de «joven», le ordenó sentarse en una silla de respaldo alto que no cabía del todo bajo la campana de la chimenea y en la que, al poco rato, se le tostó la parte delantera, mientras la espalda seguía helada. Sin más preámbulos, lady de Marly anunció:

–Me tomé la molestia de parar en ese sitio, Saint Matthews. El matrimonio está registrado en el libro parroquial.

–Sí –dijo Maddy.

Ella misma lo había firmado, en lo que temía que fuese la peor de sus ofensas.

–También hice pesquisas en el libro de registros de la Oficina de Licencias. La concesión de una licencia especial para el matrimonio entre el duque de Jervaulx y Arquimedea Timms está debidamente registrada. Por lo que parece que, tal como ha dicho él, todo está en orden.

–¿Es así?

Maddy no estaba al tanto de los formalismos del proceso fuera de lo acostumbrado por los Amigos. Sintió un extraño alivio al comprobar que, después de todo, Durham se había mantenido fiel a su palabra.

–Ya veo que eso la reconforta. ¿Pensaba que no lo estaba?

Maddy miró su falda y después levantó la mirada de nuevo.

–Para ser sincera, no me habría sorprendido que faltase algún requisito legal. Se hizo todo con mucha urgencia por indicación de Durham.

–¿Fue así de verdad?

Bajo la cubierta del chal, la mirada de lady de Marly era penetrante.

–Sí. –Maddy tomó aire–. Sabías que Jervaulx estaba dispuesto a todo para evitar el confinamiento. Ha hecho eso para que yo pueda protegerlo. Yo no habría dado mi consentimiento, hubiese buscado otra salida, pero con media docena de tus hombres asaltando la puerta de la iglesia...

–¿Mis hombres? ¿Un asalto? Está usted equivocada, jovencita. Nadie a mi servicio ha tenido nada que ver con semejante desatino.

–A la iglesia llegaron unos hombres decididos a llevárselo.

–¡Llevárselo! –Lady de Marly se encogió bajo la manta–. Su madre es idiota –declaró con gesto de desprecio en los labios–. Como si él fuese un delincuente común. Yo no sabía nada de eso.

–Durham nos contó que, al regresar a Londres, descubrió que unos esbirros habían estado haciendo preguntas sobre él y el duque. Tuvo miedo de que lo siguiesen al abandonar la ciudad, y no se le ocurrió otra solución que solicitar una licencia especial en caso de que así fuera, para que alguien pudiese enfrentarse a ellos y decirles que no.

–¡Cabeza de chorlito! ¡Tendría que haber acudido a mí! Yo podría haber sido la que les dijese que no, y sin perder un segundo. –Inesperadamente, la anciana se echó a reír–. Pero Jervaulx prefiere esconderse tras un rostro más bello, ¿no es así? Sus apetitos superan su buen juicio. Esos chacales con los que sus hermanas se casaron no se darán por vencidos y podrán con él, si no muestra más inteligencia. Recuerde mis palabras: si recurrieron a hombres contratados, podemos imaginar quién le metió semejante idea en la cabeza a su madre. Qué vulgares son esos desgraciados. Mercenarios, ¡valiente idea! Lo próximo será anunciar una recompensa en los periódicos. ¡Se busca duque loco! Es una bendición que su padre, que Dios tenga en su gloria, no haya vivido para ver esto. –Inhaló sales con fuerza y, a continuación, su mano volvió a desaparecer entre los pliegues del chal y la manta–. Ya han presentado la nueva petición de la vista. ¿La consiguió antes o después de la boda?

–¿Consiguió qué?

Lady de Marly soltó un bufido.

–Tener relaciones con usted, duquesa –dijo con tono irónico.

Como si el cuerpo lo entendiese antes que la cabeza, Maddy se ruborizó de arriba abajo. Cuando comprendió el significado de la pregunta, tuvo que hacer un esfuerzo para quedarse quieta en la silla, aunque las patas arañaron un poco el suelo con la fuerza de su reacción. Era consciente de la presencia de la doncella allá atrás, más alejada del fuego, y de la forma ácida en que la examinaba lady de Marly.

–Antes no –murmuró.

–Dígame la verdad, y hable alto, muchacha. Su moral no me interesa. Mi interés está en un heredero.

Maddy irguió la barbilla.

–Antes no –repitió con más énfasis–. ¿Cuándo fue su última menstruación?

–¡Eso es una indiscreción!

–Cuando una se convierte en duquesa, hija mía, descubre que esas cosas dejan de ser privadas. ¿Cuándo?

Maddy guardó silencio con terquedad.

–Me sorprende tanta reserva, teniendo en cuenta la exhibición pública que tuve que aguantar esta tarde. –Lady de Marly se retiró el chal de la cabeza y dejó al descubierto un gorro negro con lazos color azabache–. Aunque supongo que es un buen augurio de que el matrimonio producirá sus frutos. Hábleme de Jervaulx. Está muy recuperado.

Maddy se sintió aliviada al cambiar de asunto.

–Sí. Está mejor de lo que parece, cuando se siente cómodo.

Lady de Marly asintió.

–Había sopesado la idea de traer otro médico, pero ¿de qué iba a servir? Ya hemos recurrido a un centenar. Creo que con usted va bastante bien. –Levantó un dedo blanco que semejaba una ramita–. No se equivoque, joven. Este matrimonio es una vergüenza. Yo habría elegido a alguien mejor para él, pero mientras todo sea legal, y dadas las circunstancias, cualquier criadora sirve tanto como la de al lado. –Encogió los hombros–. Parece gustarle lo suficiente.

–Tu madre te ha enviado una carta –anunció lady de Marly en el salón después de cenar. Sacó un papel de debajo del chal y se lo acercó a Jervaulx. Cuando estaba a punto de cogerlo, lo retuvo en la mano–. ¿Quieres que te la lea?

Él se la arrancó de la mano.

–Yo... leo.

Se la llevó con él a su silla y allí la extendió. Sostuvo la misiva sellada entre las manos y después la puso sobre la rodilla. Lady de Marly lo observó fijamente, como si quisiera juzgar si de verdad la leería o fingiría hacerlo.

Jervaulx le dio la vuelta a la carta. La empujó a la otra rodilla. Por fin, se puso en pie, se la llevó a Maddy y le ordenó:

–Abre.

Cuando ella hubo roto el sello de lacre, regresó a su asiento y se puso a leer. Se tomó un buen rato para hacerlo y giró la cabeza un poco hacia la derecha, como si no viese bien la escritura de frente. Finalmente suspiró, puso los ojos en blanco y la tiró sobre la mesa que había a su lado. A continuación, dirigió una sonrisa pícara a Maddy.

–No... viene.

–¿Es eso todo lo que dice? –preguntó lady de Marly.

Jervaulx cogió de nuevo la carta y la abrió, asiéndola con los dedos.

–Reza. Reza. Muchas... plegarias. No... pondrá pie... en la misma casa que mi... ama. Amante. –Miró a Maddy–. Tú –consultó de nuevo la carta–. Hermanas no... permiten. Hijo natural.

La arrugó con una mano y la lanzó al fuego a través de la estancia.

–No le agrada tu elección –comentó lady de Marly.

–Legal –dijo Jervaulx–. No... amante. Esposa.

–Por supuesto –dijo su tía–. Pero les has dejado una puerta abierta, ¿sabes? Queda la cuestión de si estás en tu sano juicio. ¿Cuáles son las condiciones? ¿Está protegido el patrimonio? ¿Qué pasa si la señorita Timms es una cazafortunas que ha atrapado a un estúpido en su red?

–Él no es ningún...

Lady de Marly interrumpió a Maddy.

–Sólo planteo preguntas, duquesa. Su posición es débil. En la vista, este matrimonio irá en su contra. Ningún hombre de su rango, en plenas facultades mentales, hubiese hecho algo semejante.

De repente, el duque se puso en pie. Se acercó al escritorio, cogió una pluma y se la acercó a Maddy.

–Convenio... ahora. Escribe... lo que quieres.

–¿Lo que quiero? –preguntó Maddy.

Lady de Marly resopló.

Jervaulx sonrió.

–Mi dulce amor –dijo–. Tres caballos propios... dos damas de honor... veinte vestidos... todas las habitaciones amuebladas... camas... cojines... alfombras... seis u ocho caballeros. –Le puso la pluma en la mano–. Niñamaddy, ¿qué quieres?

–No quiero nada.

Lady de Marly se echó a reír sin disimulo, como si hubiese contado un chiste. Jervaulx miró a Maddy un momento y después se arrodilló junto a su silla.

–¿Nada?

Negó con la cabeza, desesperada.

–Claro que no.

La miró a los ojos, con la cabeza un poco ladeada. En sus labios había la sombra de una dulce sonrisa.

–¿Padre? –preguntó–. ¿No quieres entonces... mantener padre?

–Ah... –Se mordió el labio al sentir una fuerte tentación–. No. No estaría bien.

Lady de Marly habló con brusquedad.

–Sería mejor que no llevase esta farsa demasiado lejos, joven. Si él muriese esta noche, no habría ningún legado para usted en ninguna parte. No conseguiría ni un chelín, puede creerme. Establezca una suma razonable y previsora, y el tribunal tendrá mejor opinión de usted por su sentido común. Calvin y yo seremos testigos de su firma y de la del duque.

–Pero... –Maddy miró a Jervaulx–. Yo no quiero suma alguna. Tú y yo... no vamos a...

Cubrió la mano de la joven con la suya y le dio un fuerte pellizco. Aquello lo entendió con claridad. Durante un rato, la habitación estuvo en silencio.

–Niñamaddy –dijo–. Ahora te debo... todo. –Le dirigió una sonrisa, una sonrisa tal que el corazón le dolió–. Devolver... te... un poco.

–No me debes nada –murmuró ella.

La soltó y se puso en pie.

–¿Cuánto... Trotman? –preguntó mirando a su tía.

–Ella aportó diez mil de dote –dijo lady de Marly.

Jervaulx hizo un gesto de impaciencia con la mano.

–¿Cuánto?

–Una suma unitaria de cinco mil doscientas. Lo mismo de asignación y un interés vitalicio de una cuarta parte de las rentas de Monmouth en caso de tu fallecimiento. Pero, ten en cuenta que la señorita Trotman aportaba diez mil libras. Cincuenta mil para distribuir entre la descendencia femenina en caso de contraer matrimonio con previo consentimiento. Setenta y cinco mil entre el segundo, el tercero y el cuarto descendiente varón, cincuenta entre otros descendientes masculinos, en los mismos términos. Todo lo demás para el heredero.

Jervaulx se echó a reír.

–Esposa... productiva.

Lady de Marly enarcó las cejas y examinó a Maddy.

–Parece tener una salud excelente para cumplir con su tarea.

–Mañana –dijo él–, envío a por... Bailey. Tú le cuentas acuerdo. Escribir lo mismo... que tú has dicho. Añade... dos mil... anual... vitalicia... señor John Timms. Cuidado... equivocación. Yo puedo... leer.

–Pero... –dijo Maddy.

–Quiero –interrumpió Jervaulx–. Yo... quiero.

Maddy se recostó en la silla. Todo aquello era una parodia; había llegado tan lejos en el engaño que había terminado en la redacción de documentos absurdos que aseguraban el futuro a los hijos de un matrimonio inexistente. Con ánimo repentino se levantó y anunció:

–Voy a retirarme.

Jervaulx le hizo una inclinación. Lady de Marly hasta sonrió y alargó la mano.

–Que tenga una buena noche, duquesa.

Maddy tomó aquella mano de dedos delgados. Lady de Marly le dio un apretón y puso la mejilla hacia arriba. Maddy titubeó para después agacharse y depositar un rápido beso. Lady de Marly ya se apartaba cuando agarró el sello ducal y lo enderezó en el dedo de Maddy.

–¿Fue esto lo mejor que pudiste encontrar, Jervaulx? Por Dios bendito, muchacho, cómprale un anillo de boda de verdad.

–Haré –dijo él asintiendo.

Maddy retiró la mano cuando lady de Marly se la soltó. Se acercó a la puerta, horrorizada por el largo recorrido por los corredores en penumbra y a través del oscuro vestíbulo.

–Es la otra puerta, joven –dijo lady de Marly, irritada–. ¡No abra ésa, que entrará el frío!

Maddy se quedó dudando. Estaba segura de que aquélla era la puerta correcta.

–Maddy –dijo el duque.

Ella lo miró y vio que inclinaba la cabeza, señalando una entrada que nunca había utilizado.

Obediente, cruzó la estancia y abrió la puerta indicada. Llevaba a una habitación tan esplendorosa como el resto: un dormitorio decorado con el blanco y azul del fénix. Sobre el imponente lecho elevado, una corona dorada coronaba el dosel.

Entonces se dio cuenta de lo que aquello significaba. Se detuvo en el umbral. Era el dormitorio de Jervaulx.

Se dio la vuelta y volvió a salir.

–Prefiero...

Lady de Marly la interrumpió.

–Tonterías –dijo como si supiese con exactitud lo que Maddy iba a decir–. ¿Por qué razón tendría él que perseguirla y atravesar medio condado? Duerma ahí, joven. Tiene muchos años por delante para tener su propio dormitorio.

Jervaulx no dijo nada. Estaba en medio del salón con las manos a la espalda, alto y elegante. Se limitó a mirarla con aquellos ojos de profundo color azul llenos de misterio.

–Suficientes años, joven –volvió a decir lady de Marly en una voz que ahora sonaba anciana y desgastada por el tiempo–. No olvide mis palabras.

Maddy se sentó en una silla dorada con respaldo de ornados travesaños, calculados a la perfección para impedir que nadie se quedase dormido en ella. El dormitorio del duque tenía aspecto de haber sido mucho más utilizado que cualquiera de los otros que había visto. Además de aquella cama tan intimidante, contaba con una estantería en la que los libros estaban inclinados y amontonados unos sobre otros como si se los utilizase a menudo; montones de papeles y revistas estaban apilados en un escritorio ante una ventana, con aspecto de que allí se trabajaba de verdad y que no era un mero espectáculo que se monta para el visitante.

Había una lámpara de aceite encendida. El orden en que los papeles estaban apilados le sugirió a Maddy la ayuda de un sirviente y no la mano de Jervaulx. Recordó con qué rapidez había puesto patas arriba el estudio de Saint Matthew y sintió compasión por la doncella responsable, que habría tenido infinito cuidado para no desplazar nada al poner orden, atrapada sin duda entre el batiburrillo del duque, que él mantendría que estaba perfectamente organizado según su sistema tan personal y abstruso, y las órdenes del ama de llaves. Maddy estaba familiarizada con aquella organización. Consistía en apartar a un lado aquello en lo que no estuviese trabajando, en amontonar encima más y más papeles, en crear una nueva pila para un nuevo proyecto, empujando todo lo demás hacia atrás o hacia delante según lo iba necesitando, coger lo que estaba encima de un montón y ponerlo sobre otro cuando necesitaba una revista que estaba debajo de todo, y después culpar a los criados por haberse atrevido a poner orden cuando no podía encontrar un papel que necesitaba.

Se dedicó más que nada a mirar el escritorio, porque se azoraba si estudiaba los cuadros. Eran exactamente del estilo que, según los Amigos, peor simbolizaba la vana apariencia de las cosas mundanas. Hasta los religiosos eran lascivos: una pared entera estaba cubierta por la figura de Eva a tamaño natural, con la manzana a los pies y cubierta tan sólo por una mano colocada con timidez. Había uno de un grupo de mujeres que se bañaba en un arroyo mientras unos sátiros las espiaban escondidos entre los árboles, y otro de lady Godiva en el que el cabello suelto cubría más al caballo que su cuerpo.

El único cuadro que Maddy pudo contemplar sin sonrojarse era una pequeña pintura de una joven holandesa, cubierta por una cofia, vuelta hacia el espectador, como si la hubiesen sorprendido en el momento en que se miraba en el espejo que ella misma sostenía. Su mirada era una mezcla de timidez, picardía e invitación; era tan real y mostraba tanto placer y embarazo que no quedaba más remedio que sonreír al verlo. Maddy lo contempló durante largo rato, cautivada por la magia de que con un lienzo y unas simples pinturas se pudiese conseguir una presencia tan real.

En la mesa de al lado de la silla había una licorera y una copa, y varias miniaturas, todas ellas de damas. Supuso que debía de tratarse de sus hermanas, aunque no recordaban mucho a las señoras que Maddy había visto. Al lado de una de las miniaturas había algo que parecía una lente de cristal, pero en lugar de la lente tenía un mechón de cabello rubio aplastado en su interior. Ninguna de las hermanas tenía el cabello rubio.

Se puso de pie y se aproximó al cuadro de la joven y el espejo, tratando de descubrir las pinceladas que creaban el efecto. Estaba colgado al lado de los paneles del revestimiento, así que tuvo que inclinarse para mirarlo. Cuando estaba agachada la puerta se abrió sin ruido. Maddy se dio la vuelta.

Jervaulx cerraba la puerta tras los perros, que corretearon hacia ella, le dedicaron un breve saludo y de un salto se subieron a la cama y se acomodaron a los pies con una familiaridad que dejaba a las claras que aquel lugar les pertenecía desde hacía tiempo. Jervaulx se quedó quieto un momento, contemplándola.

–¿Gusta la joven... cuadro? –preguntó.

–Es una imagen muy encomiable –respondió ella.

–Atribuyen... Rembrandt.

–Ah, sí. Es muy famoso, ¿no?

–Algo.

Parecía divertido.

–Yo no sé mucho de pintura –dijo con timidez–. No se nos permite tener cuadros.

–¿No? –Se aproximó y se quedó a su lado mirando el retrato–. ¿Por qué?

Maddy frunció el ceño.

–La Biblia prohíbe la representación de imágenes. Y además son... mundanas.

Tras esas palabras, dirigió una mirada preñada de significado a las que adornaban la habitación. Era casi imposible concebir una colección de imágenes que pudiesen ser más mundanas que las que allí había.

–A mí... me gustan –dijo él, y sonrió.

Le acarició la mejilla y la besó.

Maddy se apartó, humedeciéndose los labios.

–¿Se ha retirado ya tu tía? Tengo que irme.

–No –negó con la cabeza–. Está... ahí. Quédate.

–Esta disposición es un tanto extraña –dijo Maddy con gesto de impotencia, señalando el salón contiguo.

–Vieja... usanza. Gran cámara... salón... retiro... dormitorio. –Dibujó tres líneas en el aire, una tras otra–. Viejos señores... comer y fiestas en la Gran Cámara... después comer... ah... terminada comida... entonces invitar... amigos a... retirar en privado a... salón. Era... señal de favor. Sólo invitar... buenos amigos. Igual... siempre igual... nunca cambió aquí. Gran Cámara... al salón... al dormitorio. Vieja costumbre de Jervaulx.

–Pese a todo, ahora resulta incómoda. Quizá estés cansado y quieras acostarte.

Se desprendió de la levita con un movimiento de los hombros.

–Ya atrás días, mejor amigos... invitados... hasta el final... a entrar aquí. –Cogió la levita y le hizo una reverencia–. Alto honor para... ti.

–Debo irme. ¿Hay otra forma de salir de aquí?

Él dejó la levita encima de una silla y empezó a desabrocharse el chaleco, después dejó caer la mano y la miró.

–No puedo... desabrochar.

Uno de los botones ya estaba desabrochado. Maddy frunció los labios.

–Sí que puedes. Deberías empezar a intentarlo.

–No puedo –dijo con serenidad–. Tú.

Se acercó y se colocó frente a ella, las mangas blancas y largas, el chaleco bordado de exquisitas florecillas plateadas, que contrastaban con la línea recia y masculina de su cuerpo.

Se portaba con tanta naturalidad que era difícil sentirse incómoda. Maddy se puso de puntillas y desabrochó los botones y después deshizo el nudo de la chalina. También había botones en los pantalones color crema, pero hizo caso omiso de ellos. Cuando terminó, él se alejó con presteza, dejándola con el chaleco y la chalina en las manos.

Se sintió un poco más relajada; cogió la levita y se dirigió con las ropas al vestidor. Cuando regresó, estaba sentado en la *chaise longue* y se inclinaba para quitarse los zapatos.

Con la camisa floja, el cuello abierto, a medio vestir y displicente, estiró las piernas y recostó la cabeza en el diván.

–Cansado –dijo con un largo suspiro–. Maldita... mujer dragón.

El último rastro de la incomodidad de Maddy se evaporó.

–Tiene una gran fortaleza de carácter –dijo con una ligera sonrisa.

Jervaulx alargó el brazo y acercó la silla del escritorio.

–Siéntate con... migo.

Maddy se sentó. Quizá sería mejor quedarse un rato más, para asegurarse de que su tía se había ido. Descansó las manos en el regazo.

Él la miró de reojo.

–Remilgada... Niñamaddy.

Y antes de que pudiese impedírselo, se inclinó hacia ella y le retiró la falda a un lado, dejando al descubierto los burdos zapatos y las medias de lana, ocultos bajo la elegante seda azul.

–Fuera –dijo enderezándose.

Se inclinó para desatarlos.

–Está claro que sí puedes –dijo ella en tono acusador.

Por toda respuesta obtuvo un gruñido evasivo. Y, cuando trató de alejar el tobillo, él lo retuvo con sus manos.

–Deja –dijo con firmeza.

Su mano era fuerte y cálida al rozarla, implacable. Le quitó los zapatos y, primero uno y después el otro, los tiró lejos.

–¿Agotada, Niñamaddy?

Le cogió los pies con las manos y los llevó hasta su regazo, para después frotarle los empeines con los pulgares.

Una maravillosa sensación de ligereza la invadió al instante y acalló la protesta que estaba a punto de salir de sus labios. Trató de seguir sentada erguida, pero la combinación del masaje delicioso en sus cansados músculos y el ángulo de su postura se lo impidieron.

–Ah... eso es muy relajante.

Él no respondió, tenía la mirada fija en los pies mientras los frotaba. La falda de Maddy se deslizó hasta el suelo con su resplandor azul zafiro en cierto desorden, cuando él le comprimió los talones para después deslizar las manos hasta la parte de atrás de los tobillos.

–Ah –murmuró Maddy entre nuevos suspiros.

Cerró los ojos. Él le frotó las pantorrillas y después deslizó una mano de nuevo hacia abajo, le separó los dedos de los pies, uno a uno, con una maniobra que fue tan deliciosa como singular. Maddy, sin aliento, soltó una leve risilla, sin abrir los ojos.

–No sabía que algo así pudiese resultar tan agradable.

–Mmm –dijo él, y cambió de postura.

Maddy abrió los ojos. Estaba acomodándose en el diván y estirando de nuevo las piernas. Hizo un intento de apartar los pies, pero él no los soltó mientras recobraba la posición. Cerró los ojos y continuó el suave masaje.

–¿No preferirías que fuese yo la que te frotase los pies?

–No.

Al mirarlo, parecía que estaba dormido, si no fuese porque continuaba dibujando círculos fuertes y regulares con los pulgares en las plantas de sus pies, después por los lados y alrededor de los talones. Luego otra vez en los dedos, uno a uno, hasta hacerle sentir cosquilleos de placer en los pies.

Cerró los ojos una vez más y se quedó quieta para sumergirse en aquella sensación. La chimenea de aquella estancia era de estilo moderno, el hogar estaba elevado de forma que irradiaba calor hasta las esquinas. Maddy dejó que el chal de seda que había llevado durante todo el día se deslizase por los hombros, dejándolos al descubierto.

–Sólo Rembrandt podría... pintarte –dijo el duque.

Descubrió que estaba mirándola. Recorrió con la palma de la mano todo el largo de la pierna, una caricia suave desde el tobillo hasta la rodilla.

–Pintar así... para que yo... pueda recordar.

El movimiento de sus manos cesó. El silencio reinaba en la habitación, a no ser por el suave siseo del carbón al arder en la chimenea. A la luz de la lámpara de aceite, en su falda se veían reflejos curvos de color azul índigo y cobalto, una intensidad de tonos que contrastaba con el blanco sin matices de las medias.

Él le miraba el rostro oscuro y afilado a la luz de la lámpara.

–¿Amiga?

No respondió, demasiados sentimientos para expresarlos con palabras.

–Tú, Maddy, siempre... amiga. No olvidar.

–No –susurró ella–. No te olvidaré.

Jervaulx hizo un brusco movimiento que apartó sus pies a un lado. Maddy los ocultó bajo la falda cuando se levantó.

–Duerme aquí –dijo–. Yo... cama vestidor.

Había un catre en el vestidor; Maddy lo había visto al ir a guardar la ropa.

–No, eso no sería justo. Me iré cuando tu tía se haya retirado.

–¿Irte? Largo camino, Niñamaddy. Oscuro. Nadie vivo. Fantasma. Quédate aquí.

–¿Fantasma? –preguntó Maddy.

–Fantasma... malo. –La miró con su inocencia de pirata–. ¿No te conté?

–No hay ningún fantasma.

Él emitió un sonido, un gemido bajo que helaba la sangre. *Devil* levantó la cabeza y se puso en actitud de alerta, ya no estaba hecho un ovillo sobre la cama.

–¡No hay ningún fantasma!

–Un paso... otro paso... –Los ojos de Jervaulx relucían en la semipenumbra–. Vestíbulo... subir... despacio... escaleras arriba.

Maddy respiró hondo, encontró los zapatos y se los puso. Se dirigió con paso firme hasta la puerta.

–Iré con lady de Marly.

–No le va a gustar. Te quiere aquí. Dormir –dijo riéndose–. Elige. Dragón... fantasma... yo.

–¡No hay ningún fantasma!

Él ni negó ni afirmó su existencia. Maddy escudriñó el salón y vio que lady de Marly ya se había marchado. La estancia estaba fría y oscura, sólo los rescoldos del carbón arrojaban una débil luz naranja sobre la alfombra. Pensó en llamar a Calvin padre y se dio cuenta de lo tarde que se había hecho. Además, era ridículo e impropio de cristianos creer en fantasmas. *Devil* saltó de la cama y se acercó a ella.

–¿Me acompañas tú? –le preguntó al perro.

Devil movió la cola, se puso en pie y apoyó las patas en su falda. Miró a Jervaulx con aire de superioridad.

–Nos llevaremos una vela.

Él se inclinó y extendió la mano.

–Vaya... bien.

–Ven –ordenó Maddy al perro, que salió obediente por la puerta delante de ella.

Un aire gélido se coló en el salón al abrir la puerta del corredor. *Devil* salió y desapareció al instante más allá de la luz temblorosa de la vela.

–¡Vuelve aquí! –le ordenó entre susurros.

El eco repitió sus palabras con sonido siniestro.

El perro, con las uñas arañando la piedra, volvió y le saltó encima. Ella lo acarició y siguió adelante. *Devil* se quedó atrás y se alejó hasta desaparecer de nuevo. Maddy aceleró el paso, escudriñando las sombras temblorosas que la vela proyectaba.

Los zapatos, sin atar, hacían ruido al arrastrarse por el suelo. Se detuvo una vez. El corredor estaba lleno de reverberaciones que se perdían en la distancia y dejaban atrás un silencio gélido. Si en aquella mastodóntica construcción de piedra había alguien más, aparte de ella, no había la menor señal de ello. El aliento se le heló y giró sobre sus talones.

Había un hombre de pie.

Se sobresaltó y saltó hacia atrás. No era más que una de aquellas armaduras inmóviles que, iluminada por la vela, había cobrado una vida ilusoria y extraña.

–*¡Devil!* –llamó en voz baja y urgente, y con esfuerzo le dio la espalda a la silueta.

Al momento, oyó el sonido tranquilizador de las patas de un perro, y la silueta familiar de *Devil*, cubierta de manchas blancas, surgió de la penumbra. Esta vez agarró el collar del animal para obligarlo a quedarse allí.

Siguieron adelante hasta el rellano de la escalinata. Sólo se oía la lengua de *Devil*, que aprovechó el momento para tumbarse y lamerse las patas.

La escalera se curvaba hacia abajo en un amplio semicírculo y desaparecía en la oscuridad. El recuerdo del gemido del duque helándole la sangre volvió a su mente; era tan vívido que se giró de nuevo para comprobar si la había seguido y estaba burlándose de ella.

El amplio corredor estaba vacío. Cuando Maddy se volvió hacia la escalinata, *Devil* levantó las orejas. Se puso en pie y examinó la oscuridad frente a ellos.

Maddy estaba inquieta. Los ojos empezaron a humedecérsele.

El perro se inclinó hacia la escalera. El pelo se le erizó. Un aullido bajo y amenazador empezó a salir de su garganta. Maddy sintió que no podía respirar.

El perro dio un salto, al tiempo que lanzaba un ladrido de furia. Maddy no aguantó más y echó a correr. Llevaba la falda recogida en una mano, la vela en la otra. Los zapatos golpeaban el suelo con torpeza y el eco hacía que pareciese que alguien corría tras ella a toda velocidad. *Devil* apareció a su lado y corrió delante de ella hasta desaparecer en la oscuridad. Maddy corrió más deprisa, mientras de su garganta salían pequeños gemidos, al sentir que los pasos la alcanzaban; cuando vio al perro arañando una puerta, la abrió de un empujón, tiró la vela sobre la piedra a sus espaldas y cerró de golpe aquella barrera. Se encontró en la habitación del duque. Él se dio la vuelta con la camisa en la mano. Maddy se arrojó sobre su pecho desnudo, girando a la vez para que él quedase entre ella y la puerta.

–¡Hay algo ahí fuera! –gritó–. El perro. *Devil*... ¡Hay algo en el vestíbulo!

24

–Niñamaddy, Niñamaddy –repetía Jervaulx acunándola entre sus brazos y riéndose divertido–. No pasa nada. No hay nada. No hay nada... ahí fuera.

Los escalofríos convulsivos de Maddy comenzaron a remitir, y ella empezó a sentirse un tanto ridícula incluso mientras seguía aferrada a él. No había nada. Pues claro que no había nada.

–Es que el perro se puso a gruñir –dijo a modo de excusa con una voz que todavía era aguda y entrecortada–. Miraba hacia la escalera.

Otro escalofrío se apoderó de ella. Respiró hondo para intentar recuperar la compostura. *Devil* había saltado a la cama y, sentado sobre ella, la miraba con una expresión absurda de total falta de interés.

Las mejillas de Maddy estaban bañadas en lágrimas. Jervaulx le secó una con el dedo.

–¡Lo siento! –exclamó ella–. Ya sé que no hay nada. Soy una estúpida. Pero es que de noche, en mi habitación, oigo pasos.

Jervaulx la apretó con más fuerza contra él.

–Niñamaddy. Cuánto... lo siento. Es culpa mía. Ven. Vamos a ver... qué era.

–No, no, mejor no.

Jervaulx le pasó un brazo por los hombros y la llevó hasta la puerta. Justo delante de ésta yacía, todavía ardiendo sobre el corredor de piedra, la vela que Maddy había arrojado. Jervaulx la recogió sin soltar a su asustada esposa. La luz tremoló cuando la levantó para encender uno de los flameros de las paredes. Avanzaron por el corredor; Maddy no se separó de Jervaulx en ningún momento mientras éste encendía las antorchas que había a su paso. Los perros los acompañaban, bien por delante, bien por detrás.

En lo alto de la escalera, Jervaulx apagó la vela contra la pared y sacó la última antorcha de su soporte. Con Maddy pegada a él y toda la escalera iluminada por aquella intensa llama, iniciaron el descenso.

Pese a su resplandor, la oscuridad del salón absorbió la luz de aquella única antorcha. Jervaulx soltó a Maddy al pie de la escalera y, tras pasarle el flamero, se dirigió hacia un enorme manubrio que había en una pared. Quitó el freno y, con un estruendo metálico, una cuerda comenzó a soltarse de la rueda.

La antorcha atrapó la sombra de una gran masa que descendía, e iluminó los dos inmensos candelabros de hierro que bajaban lentamente desde las alturas. Cuando estuvieron a su alcance, Jervaulx metió el freno y, cogiendo la antorcha, encendió todas las velas de ambas lámparas. Poco a poco todo el gran salón comenzó a resplandecer, iluminándolo a él también. Su piel desnuda refulgía con un brillo dorado, y su pelo era tan negro como los recovecos más intrincados de las sombras.

Cuando terminó, dio un paso atrás mientras sostenía la antorcha en alto. Era la viva imagen de un dios pagano en medio de aquel austero salón.

–¿Mejor? –preguntó.

Desde hacía unos instantes, Maddy se sentía muy, pero que muy tonta.

–Sí, sí –dijo con un débil hilo de voz–. Gracias.

Devil ladró de pronto y se precipitó tras una sombra que cayó desde la galería de los trovadores a una mesa de abajo. Ambos corrieron por el suelo hasta que el gato atigrado dio un brinco y desapareció por un nicho de la chimenea justo cuando *Devil* estaba a punto de alcanzarlo.

–El fantasma –dijo Jervaulx.

Un joven y asombrado lacayo en mangas de camisa apareció en uno de los umbrales arqueados que había bajo la galería. El duque lo miró.

–Ahuyentamos... espectros –comentó. Cuando el sirviente estuvo cerca de él, le pasó la antorcha–. Apágalas. Súbelos... por la mañana.

El lacayo cogió la llama e hizo una reverencia. Jervaulx se reunió con Maddy.

–Gracias –dijo ésta–. He sido una tonta. Creo que lo mejor será que me vaya a mi habitación.

Jervaulx la cogió por los hombros y se dirigieron hacia la escalera que conducía a la habitación de él. Los perros los siguieron corriendo. Maddy pensó en la oscura galería y en todos los rellanos y escaleras que había entre ella y las estancias de la duquesa viuda. Pensó en los pasos. No creía en fantasmas pero, en un lugar como aquél, no venía nada mal contar con dos perros y con un varón grande y vigoroso que recorrieran aquellos reverberantes pasajes junto a ella.

Fantasmas. Christian se puso las manos tras la cabeza mientras sonreía en la oscuridad del vestidor. Niñamaddy, la remilgada, recta y práctica Maddy, tenía miedo a los fantasmas.

El castillo Jervaulx los tenía, por supuesto. En número ilimitado. Había tenido que mentir mucho para calmarla. El favorito de Christian era el mastín que aparecía durmiendo ante la enorme chimenea del salón el día de Nochebuena. Él mismo lo había visto, cuando James todavía vivía, una fría noche después de misa. Pensaron que era un perro vagabundo que se había colado por la torre de entrada al castillo pero, cuando lo llamaron, se levantó, se desperezó, corrió unos pasos y se desvaneció a través de los paneles de madera tallada bajo la chimenea. Según la leyenda, el perro se había ganado ese lugar de honor junto al fuego por salvar de ahogarse al hijo del amo del castillo, y su fantasma aparecía a modo de guardián, como señal de que la señora del castillo pronto tendría y criaría felizmente a otro retoño. Christian pensaba que aquella historia era demasiado sensiblera e indigna de cualquier aparición seria, pero lo cierto era que su hermana pequeña, Katherine, nació al año siguiente y, a sus veinticinco años, seguía viva y en perfecto estado de salud, al contrario de tres de sus hermanos y dos hermanas que no habían sido tan afortunados. Christian suspiró pensando en James. Y en Clair, y en Anne, y en el dulce William Francis. Desde luego, a su madre no le habían faltado motivos para volverse una fanática religiosa. Quizá tendrían que haber puesto una pata de añojo para animar al sabueso fantasma a aparecer más a menudo.

No le había hablado a Maddy del mastín. Por interés, sólo había dejado caer una verdad a medias: que por el dormitorio de la duquesa se paseaba el Guardián Negro. Ni siquiera tuvo que contarle la historia; con el nombre fue más que suficiente.

Christian sonrió. A partir de ese momento, Maddy se quedaría con él.

Maddy se acurrucó en la cama del duque. Sólo llevaba puesta la camisa de algodón, ya que no tenía ningún camisón, pero, aun así, se sentía abrigada y segura. *Devil* y *Cass* estaban tumbados a los pies de la cama y, de vez en cuando, resoplaban.

Pese a lo cómoda que se encontraba, no se durmió enseguida. Había varias almohadas, y las probó todas hasta dar con la que estaba segura que usaba Jervaulx. Se tumbó sobre ella para aspirar el aroma de él.

En algún lugar a mitad de camino entre la estricta Arquimedea Timms y la entrega total y licenciosa a los placeres carnales, había alguien que era nuevo para ella: una persona a la que le gustaban los vestidos bonitos y llenos de colorido, y que le frotaran los pies y que la besaran. Y una almohada que era un recordatorio del hombre que dormía en la habitación de al lado, lo bastante cerca para acudir en su auxilio en caso de verse amenazada por el Guardián Negro.

Mientras se hallaba bajo cobijo, su miedo se fue transformando en un delicioso temblor, en la excusa para recordar la fuerza con la que él la había sujetado al entrar corriendo en su habitación. No había fantasmas. Jervaulx se lo había dicho. *Devil* le había gruñido a un gato, y el duque había iluminado el salón y se había deshecho de los espectros con su sólida y resplandeciente realidad, con su cuerpo a la luz incandescente de doscientas velas.

Maddy intentó oír su respiración en la habitación contigua pero, como no podía ser de otro modo, la puerta estaba cerrada, o más bien casi cerrada, pues Jervaulx había dejado una ranura abierta. Aun así, Maddy sólo podía oír la respiración de los perros.

Miró hacia arriba, hacia la oscuridad y, de repente, hizo algo inaudito.

Apartó las mantas y se levantó, deslizándose hasta el suelo desde aquella alta cama. Los rescoldos del fuego desprendían un color que no alumbraba nada, pero Maddy conocía el camino que llevaba hasta la puerta del vestidor. Anduvo con cuidado hasta allí, tanteando el suelo con los pies desnudos.

Llegó a la pared y tocó el marco de la puerta. Se detuvo y susurró por la rendija abierta:

–¿Jervaulx?

Lo dijo tan bajito que, si estaba dormido, no se iba a despertar. Sin embargo, al instante recibió contestación:

–¿Niñamaddy?

Ésta tomó aliento.

–Estoy... –No podía mentir y decir que todavía tenía miedo–. Estoy inquieta.

Eso se aproximaba bastante a la verdad. Temblaba de frío y nerviosismo.

Oyó crujir la cama de Jervaulx. Al momento, la puerta se escurrió de sus dedos y apareció él, como una cálida sombra. Jervaulx la tocó, la cogió del brazo y la apretó con fuerza contra él.

–¿Tienes miedo?

Maddy no contestó; se abrazó a él con aún mayor intensidad. Jervaulx seguía desnudo de cintura para arriba, lo cual hizo que Maddy se sintiera culpable por no haberse ocupado debidamente de él.

Lo que quería era un beso, y él se lo dio. Un beso ligero y suave, durante el que la lengua de él probó los labios de ella.

–¿Me quedo... contigo? –preguntó Jervaulx mientras seguía abrazándola y la guiaba por la habitación.

Maddy se apartó, pues no estaba segura de lo que quería aparte de aquel pretexto endeble, de aquella excusa para entregarse a los besos carnales. Él se mantuvo cerca de ella sin tocarla.

–¿Tienes miedo? –volvió a preguntarle para así ponerle una justificación fácil en bandeja–. ¿Quieres... que me quede... contigo?

Maddy tembló de nuevo, haciendo que él se riera.

–Mi pobre Maddy. Ven.

La rodeó con sus brazos ofreciéndole su calor, desnudez y suavidad. Maddy sintió la piel de su hombro contra la mejilla. Cuando Jervaulx hizo ademán de ir hasta la cama, lo acompañó. En aquella penumbra él conocía mejor el camino. Cuando llegaron a la cama, Jervaulx se giró y se sentó. Los perros se movieron y olisquearon a Maddy mientras Jervaulx le daba la mano y la acercaba a él.

–Fuera –les ordenó el duque tajantemente, haciendo que se retiraran a los pies del lecho.

Maddy sólo veía la silueta de Jervaulx moviéndose contra las blancas sábanas mientras se instalaba en la cama y lanzaba un suspiro de placer.

–Se está bien aquí. Ven... niña Maddy.

Ella seguía sentada en las sábanas, nerviosa y dubitativa ante el giro que estaba dando aquello. Jervaulx la hizo tenderse junto a él. Parecía arroparla: pegó su cuerpo a la espalda de ella y encajó las rodillas en sus curvas. Luego se inclinó sobre ella y le besó el hombro y el cuello.

Le bajó la manga de la camisa y sus dedos se deslizaron sobre su piel en dirección hacia el pecho. Jugó con la lengua tras la oreja de Maddy, muy cerca del pelo. Sus caricias denotaban una clara intencionalidad y firme decisión.

–Dijiste... –Maddy casi no encontraba la voz–. Aceptaste...

Todos los movimientos de Jervaulx cesaron súbitamente. Puso una mano sobre el brazo de ella y emitió un leve gruñido. Enterró el rostro en el hombro de Maddy durante un instante y, a continuación, se apartó y cayó boca arriba en la cama.

Maddy se quedó mirando la oscuridad. Se sentía aliviada pero, a la vez, frustrada, asustada de algo que no era un fantasma.

De pronto él volvió a cogerla entre sus brazos y la apretó muy fuerte mientras frotaba la mejilla contra su pelo y con las manos le recorría la espalda. Maddy se asustó al comprobar que Jervaulx no llevaba nada puesto y estaba en un estado de excitación animal.

Él cesó en su impetuoso abrazo. Suspirando profundamente, se limitó a acunarla pasándole un brazo por debajo de la cabeza. Maddy podía sentir su intenso calor contra la mejilla. Descansaron así durante largo tiempo.

–Jervaulx... –dijo ella al fin.

–Llámame... por mi nombre –dijo él acariciándole el cuello con su aliento al hablar–. Christian. –Se inclinó más sobre ella–. Esposa mía.

Maddy se sintió culpable y avergonzada. No era él quien había exigido que el matrimonio no se consumara. No era él quien se había levantado en medio de la noche y había acudido a ella.

Jervaulx no hizo ningún otro movimiento, ni le pidió nada. Tan sólo permaneció allí, lleno de pasión, abrazándola.

Maddy sabía lo que había hecho. Había cedido a la debilidad

de la carne. Pero le había pasado la decisión final a Jervaulx, y él, como hombre de palabra que era, se había mantenido firme a su promesa mucho más que ella a su verdad.

Christian pensó que, si sus iguales buscaban una ocasión para poner en tela de juicio su cordura, ninguna mejor que aquélla, si pudieran verlo rodeando con los brazos a la mujer que había tomado por esposa, deseándola con ardor tras días de contactos y juegos y sin llegar a poseerla.

Había decidido no hacerlo. Había olido el aroma ahumado y dulce de su pelo, había palpado las curvas de su cuerpo, su suavidad juvenil y delicada bajo el lino, y la sangre del cuerpo de Christian se había enfebrecido de sensualidad, mientras los latidos de su corazón repetían «mía, mía, mía» una y otra vez.

La deseaba, pero quería algo más que penetrar en ella; quería poseerla por completo.

Y ella también lo deseaba. Christian lo sabía. Maddy no se había puesto tensa, ni se había apartado asqueada, ni había dado muestras de enfado. Sabía distinguir muy bien cuándo una mujer le era hostil y cuándo jugaba a hacerse la indignada, y aquél no era ninguno de los dos casos. Aquello era un infierno: pensar que él podía darle todo el placer para el que la había ido preparando en esos últimos días, y más cuando ella había llegado al punto de buscarlo y dejarlo yacer a su lado, algo a lo que, por otra parte, él tenía todo el derecho del mundo.

Todo el derecho del mundo.

Al infierno su religión y sus Amigos. ¿Es que se habían comprometido cada uno ante un Dios diferente? ¿Es que ella se había casado con un infiel, con un pachá con doscientas esposas?

Él sólo era un hombre que tenía claro cuáles eran sus pecados. Y querer unirse de verdad a su esposa no era uno de ellos.

Ella era su mujer. Era suya.

La abrazó con más fuerza y hundió el rostro en ella.

–Dime... cuándo quieres que pare –dijo con voz sofocada–. Dime... si no quieres.

La llama de Maddy estaba apagada y escondida, pero él iba a avivarla con todo el fuego de su interior; él iba a provocar una llamarada que arrasaría ciudades, catedrales, castillos y sencillas casas de asambleas, dejando un mundo en el que sólo estarían ella y él, esa cama y una sola carne.

Maddy percibió el cambio incluso antes de que Jervaulx hablara. Sintió cómo su cuerpo se tensaba y agitaba y los músculos de su brazo se movían bajo su barbilla. Y entonces le pidió que se lo dijera.

«Dime... cuándo quieres que pare.»

Se puso sobre ella e inclinó el rostro sobre el suyo.

«Dime»: deja de besarme, detén esa catarata de sensaciones, el tacto de tu boca por mi garganta. «Dime»: deja de mover el cuerpo y las manos arriba y abajo, esas manos que me acarician los brazos.

Pero Maddy no podía decirlo. No podía.

«Dime que pare», porque conozco tu cara tan bien incluso en la oscuridad, tus ojos que me miran con sorpresa y arrogancia. Son azules y oscuros como las nubes que se cruzan ante las estrellas, y se ríen sin palabras.

No puedo más. Detente.

No podía más mientras él seguía sobre ella recorriéndole con ardiente deleite la barbilla, los labios, los ojos y las pestañas.

La excitaba, y eso era peligroso. Haz que mis manos dejen de sostener tu cara entre ellas y tire de ti para que te acerques más y me beses, y tu boca se funda con la mía profunda y apasionadamente.

Detente, no puede ser; es imposible, somos un accidente en el tiempo y el espacio, dos mundos que chocan. Detente, eres tan pesado pero a la vez tan dulce... Perverso y seguro de ti mismo, me besas la barbilla, la garganta y más abajo.

«Dime que pare...»

Tenía que ser ya, antes de que él le subiera la camisa y se juntaran sus pieles desnudas mientras le ponía la mano en el muslo y la deslizaba hacia la cadera y la cintura. Y Maddy sentía su pene erecto contra ella; la deducción y la teoría se estaban haciendo realidad. Había visto nacer criaturas; había cuidado a enfermos varones; había escuchado, callada y serena en las Asambleas, mientras las mujeres casadas hablaban libremente de sus intimidades. Y, por eso, no podía sino extrañarse de todo lo que no habían dicho.

Pero no podrían haber dicho en voz alta todas esas cosas: la lengua de Jervaulx dibujando círculos alrededor de su pezón hasta endurecerlo; la mano de él en su cadera empujándola hacia sí al mismo ritmo con el que tiraba del pezón. Maddy puso las manos sobre sus hombros y gimoteó a la vez que se arqueaba contra él.

Jervaulx respondió con un gruñido mientras apretaba su cuerpo contra el de ella. A continuación, se retiró un poco hacia atrás y, con un dedo, recorrió el torso, el estómago y los rizos más íntimos de Maddy.

Detente, detente; no recorras el camino del dedo con la boca besándome y lamiéndome. ¿Por qué tienes que dominar tan bien estos placeres carnales, y por qué yo me retuerzo encendida bajo tu cuerpo?

Maddy jadeó, sometida a aquella indecente tortura. Le clavó los dedos en la piel y la recorrió frenética mientras, en silencio, le suplicaba que parase: «deja de besarme, déjalo ya, pero quiero, quiero, quiero...».

Jervaulx no paró. Respondió a su cuerpo, que gritaba que sí. Deslizó los dedos entre sus muslos y en su interior ejerciendo una presión inaudita, ardiente y lasciva. Volvió a buscar su pecho con la boca.

Una sensación irracional se extendió por el cuerpo de Maddy. Un exabrupto cargado de promiscuidad salió de su garganta, un auténtico sonido animal. Aquella profunda exploración a la que la estaba sometiendo era a la vez un cúmulo de dolor y lujuria, y él, su marido, se abría paso para descubrir más de ella hasta arrancarle unos dulces gritos de rendición.

«Para... por favor... para.»

Jervaulx se levantó sobre ella. Maddy estaba abierta; era el momento de decir: «se acabó, no te quiero, vete y déjame».

Entró en ella produciéndole un delicioso dolor y ardor. Era su esposo, todo calor y fuego oscuro; su malvado esposo, que tan bien conocía las perversiones del mundo, que la sujetaba con fuerza cubriéndola de besos mientras seguía aquella quemazón, que estiraba su hermoso cuerpo sobre el de ella y la penetraba con más fuerza provocándole un dolor que se apaciguaba para volver a reproducirse, más dolor y más hasta que ella gritó angustiada.

–No, no... –murmuró él mientras la besaba en la boca–. No, no, mi dulce Maddy, no...

La voz de Jervaulx parecía también quebrada por el dolor. Respiraba suave y rápidamente, dejando caricias de mariposa sobre los ojos y las mejillas de Maddy. Se mantuvo sobre ella, totalmente dentro de ella, y esperó con un débil temblor en los brazos.

Maddy tomó aire. Sus tensos músculos tardaron en darse cuenta de que aquel dolor punzante y desgarrador había remitido.

Soltó un largo suspiro. Como si de una señal se tratase, Jervaulx la besó con la misma fuerza y carnalidad con la que su cuerpo se había apoderado del suyo.

Volvió a moverse en su interior, haciendo que el dolor se renovara. Maddy enroscó los dedos en los brazos de Jervaulx, alarmada. Él le susurró algo pero no pudo entenderlo. Hablaba para sí mientras la lamía, mientras succionaba su piel como si así pudiese atraerla hacia su boca mientras seguía alojado en el interior de su cuerpo.

Dolía, pero el dolor se perdía entre aquel movimiento sensual. Su miembro ardía tan dentro de ella que le provocaba un enorme placer. Maddy lo rodeó con los brazos para asegurarse de recibir más. Él gimió mientras movía la cabeza de un lado a otro y la levantaba con cada embestida. Jervaulx parecía estar cada vez más atormentado, como si ella no estuviese lo bastante cerca de él, como si quisiera que se fundiesen en un solo cuerpo. Se tensó dentro de ella emitiendo un sonido que salió de muy dentro de su pecho; fue un embate largo y vibrante, un intenso temblor en lo más profundo del interior de Maddy, y ésta sintió cómo él la llenaba de vida.

Maddy lo abrazó y lo mantuvo firmemente unido a ella mientras él temblaba una y otra vez. Casi no podía abarcar sus hombros ya que él era mucho más grande que ella pero, aun así, Jervaulx cayó agotado y descansó la cabeza contra su cuello como si fuese un niño.

–Maddy –dijo entre jadeos–, te voy a hacer... feliz. Lo juro.

Ella le acarició los hombros y la espalda. Sentía los latidos del corazón de él. Jervaulx volvió a temblar y se apretó más contra ella.

–Te voy a hacer muy feliz –repitió.

Maddy se mordió el labio y juntó su cabeza a la de él. Jervaulx se giró y la miró intensamente.

–El Guardián Negro nunca te podrá hacer nada –dijo, sofocado.

«Para. Para, di que pare, pero ya es demasiado tarde. Ya es demasiado tarde. Porque, que Dios me perdone, te quiero más que a mi vida.»

Maddy abrió los ojos a la luz de la mañana y el cálido abrazo de Jervaulx. Todavía llevaba el pelo recogido en las dos trenzas que se había hecho el día anterior.

Permaneció inmóvil, sintiendo cómo el pecho de él ascendía y descendía suavemente.

Era su esposo. Ya no había vuelta atrás.

Cuando Maddy se dio la vuelta, vio que él ya estaba despierto y yacía de lado con la mirada perdida en algún punto más allá de ella. A la tenue luz que entraba por las cortinas, su pelo era un intenso abanico negro sobre la almohada. La expresión de su rostro era austera, y su mandíbula mostraba cierto rictus.

Dejó de contemplar algo en la distancia y la miró. Ninguno habló. El cambio radical, el profundo abismo existente entre el día anterior y ese día se cernía entre ellos.

Jervaulx se apartó de ella y suspiró mientras se llevaba las manos detrás de la cabeza. A continuación, la miró de reojo.

–¿Arrepentida?

Esa única palabra era un desafío. Maddy buscó en su interior señales de arrepentimiento, ira, culpabilidad. No encontró ninguna. Tan sólo halló cierta consternación por haber cedido a semejante debilidad. Tan sólo la certeza de la magnitud de lo que había hecho.

–Rompí... el pacto –dijo él.

–Yo no te pedí que te detuvieses –dijo ella, lo cual era verdad.

Él se volvió a poner de lado y la contempló con sus ojos azules.

–Mi esposa.

La presencia física de Jervaulx era imponente. Su peso en la cama hacía que ésta se hundiera y Maddy se deslizara junto a él. Él tenía la rodilla contra la parte más alta de la pantorrilla de Maddy, donde nadie había tocado jamás salvo ella misma.

–Sí –contestó Maddy con un leve susurro–. En verdad soy tu esposa.

Jervaulx se sentó en la cama y retiró las sábanas expulsando a los perros del lecho. Maddy lo observó mientras atravesaba aquella suntuosa habitación, tan grácil y bárbaro como los mismos tapices y cuadros. Su piel estaba manchada con la sangre de ella. Las cortinas hicieron un ruido metálico cuando las abrió de par en par. Una intensa luz inundó la estancia, y la claridad delineó la silueta de él. Aunque la habitación estaba en alto, lo único que veía Maddy tras él al otro lado del cristal era luz y cielo.

Jervaulx apoyó un brazo en el marco de la ventana. A continuación la miró y sonrió.

–Mi esposa –repitió–. Bien.

Permaneció allí, relajado, una silueta medio oscurecida frente a la intensa claridad.

Su esposa.

Maddy parpadeó y apartó la vista, porque le dolían los ojos de mirarlo.

25

Al estar sola con él y no haberse comprometido a nada, Maddy no se había ocupado del servicio. Vivía en casa de Jervaulx como una invitada, pero ni éste ni lady de Marly estaban dispuestos a consentir que desatendiera sus obligaciones.

–Él es el duque y tú su duquesa, así que empieza a hacer lo que debes –afirmó la tía de Jervaulx.

Siguiendo las indicaciones de ésta, Maddy pidió ver las cuentas trimestrales, y se sentó con Rhodes y Calvin padre para revisarlas. Las páginas de medio año aparecieron ante ella, y así Maddy se enteró por primera vez de que, aunque la ausencia del duque se había justificado ante los criados como motivada por una larga enfermedad, Rhodes y Calvin padre conocían la naturaleza de la misma. Pese a que ninguno pronunció ni una vez la palabra «manicomio», Maddy tuvo la impresión de que habían estado muy intranquilos con respecto a su futuro y a quién llevaría las riendas del castillo. Ambos estaban tensos en presencia de Maddy, pero no se mostraron remisos a colaborar con ella. Antes de retirarse, Rhodes preguntó con suma cautela si tenía intención de cerrar el castillo.

–No lo sé –contestó Maddy con franqueza–. Se lo preguntaré al duque, aunque parece encontrarse muy a gusto aquí.

–Se lo ruego, excelencia, no lo pregunte. No lo haga. Ha sido una pregunta tonta –dijo Calvin padre mientras miraba a Rhodes con severidad–. Dice usted unas cosas absurdas, señora Rhodes. ¿Por qué tendría su excelencia que cerrar el castillo?

Rhodes aceptó el reproche en silencio.

Maddy consideró que lo mejor sería afrontar directamente la cuestión.

–Tal vez habéis oído que se está poniendo en tela de juicio la capacidad del duque para hacerse cargo de sus asuntos...

–No hemos oído nada, excelencia, salvo que su excelencia estaba enfermo –contestó Calvin padre en lo que era a todas luces una mentira.

–Es cierto que ha estado enfermo, como también lo es que, dentro de algunos meses, habrá una vista para juzgar su competencia.

Ambos la miraron con expresión estoica.

–¿Crees que parece incompetente? –preguntó Maddy a Calvin padre.

–Por supuesto que no, excelencia.

–Pero no puede hablar muy bien –replicó Maddy.

–Cierto, me he dado cuenta. Pero a mí me parece que está perfectamente capacitado.

Maddy pensó que aquella afirmación era fruto de la cortesía y no de la sinceridad pero, al menos, demostraba la lealtad del administrador.

–Sí –dijo–. Si sois pacientes, le dais tiempo y prestáis atención cuando habla, os daréis cuenta de que está bien.

–Muy bien, excelencia.

–Me quedo los libros para revisarlos –dijo Maddy cogiéndolos y acercándoselos–. Y os pido que informéis a todos los sirvientes de menor rango de que nadie se debe dirigir a mí como «excelencia», sino simplemente como «señora». Soy... me criaron de acuerdo con los principios de la Sociedad de Amigos, y ese tratamiento me incomoda.

–¿Señora excelencia?

–Señora –afirmó Maddy tajantemente–. Sólo eso.

–¿Puedo suplicarle que me deje llamarla «señoría» –preguntó Calvin padre–, ya que está más en consonancia con la reputación de esta casa?

Maddy lo miró fijamente a los ojos.

–Creo que la reputación de la casa estará mejor salvaguardada por el comportamiento de sus dueños que por la forma en que se dirijan a mí.

Al instante, Maddy se dio cuenta del tono de superioridad que se podría atribuir a sus palabras, por lo que se mordió la lengua y añadió:

–No pretendo que parezca que sé cómo llevar una casa como ésta. Está claro que necesito vuestra ayuda y consejo. Pero... os voy a ser totalmente sincera, y espero que vosotros lo seáis conmigo.

El duque corre grave peligro de ser declarado incompetente. Si ocurre eso, no sé qué pasará después. Así que tal vez no se os pueda culpar si decidís no obedecerme ahora. Pero como soy... como soy su esposa, debo hacer lo que me corresponde a ese respecto, y del modo que considere más apropiado.

–Sí, señora –reconoció Rhodes–. Hemos oído muchas cosas sobre su excelencia, y la verdad es que resulta preocupante. Por mi parte le agradezco su sinceridad. Es mejor saber lo peor que puede pasar a seguir en la ignorancia haciéndose una todo tipo de preguntas.

–Así es. Gracias..., señora.

Calvin pronunció esta última palabra como si fuera un vocablo difícil de pronunciar.

Maddy había mantenido esa reunión con los empleados en el tocador de la duquesa pero, tras ella, se sentó con lady de Marly en la sala de estar para calibrar la magnitud y necesidad de los gastos. El último trimestre revisado incluía anotaciones del duque, la mayoría de las cuales eran instrucciones a Calvin padre sobre las reparaciones de las cañerías. Los gastos de aquel lugar eran abrumadores. Había un leñador y cinco guardabosques; remeros, faroleros, dieciséis doncellas, tres carpinteros, un tapicero y alguien llamado «el hombre del gong». Sólo el gasto en velas dejó a Maddy anonadada. Se sintió culpable de que Jervaulx hubiera encendido tantas para espantar a los fantasmas del salón.

Tras confrontar Maddy con sumo cuidado la cantidad diaria exigida con el enorme número de empleados, lady de Marly y ella estuvieron de acuerdo en que la cantidad de cerveza que se consumía en las dependencias del servicio era excesiva para una casa que no recibía visitas con regularidad, pero, cuando Maddy se opuso a la cantidad de trece libras en concepto de polvos para el pelo para los lacayos, se encontró enfrentada a la idea de lady de Marly de lo que era la rectitud moral y la virtud.

–Se trata de la reputación de la casa –afirmó ésta para zanjar el tema.

–Aun así –alegó Maddy–, no creo que sea necesario mantener esa costumbre salvo en ocasiones especiales, ni tampoco cuando no haya invitados presentes.

–No sabes nada de estas cosas, niña ignorante. Parecerían pordioseros sin los polvos.

–Voy a incluir una nota diciendo que todos han de llevar el pelo corto y limpio.

Maddy la escribió del mismo modo que el duque lo había hecho y la incluyó en el libro.

–¡Tonterías! ¡Tienen que empolvarse el pelo!

–«En ocasiones especiales, y cuando haya invitados presentes» –dijo Maddy mientras añadía esas palabras a la nota.

–Vaya, así que eres de ésas...

Maddy miró a lady de Marly con expresión de no saber a qué se refería.

–Una de esas chicas serenas y de vocecita dulce que van a lo suyo por mucho que se les diga.

Maddy sonrió levemente.

–No. Creo que soy por naturaleza malhumorada y dominante, igual que tú. Aprendí de mi padre que eso se contrarresta con tenacidad, pero sin llegar nunca a alterarse.

–¿Yo malhumorada? ¿Cómo te atreves? ¡Menuda impertinencia!

–Tú... te vanaglorias de serlo..., tía –dijo Jervaulx entrando procedente de sus habitaciones.

–Dile a esta mocosa tonta que hay que empolvar a los hombres.

Jervaulx se quedó mirándola.

–¿Que hay que... qué?

–Polvos para el pelo de los criados –dijo Maddy–. El último trimestre te gastaste trece libras en eso.

–Una miseria –afirmó lady de Marly–. Tienen que llevar polvos. Piensa en tu prestigio, Jervaulx.

–Podrían llevarlos sólo en ocasiones especiales –dijo Maddy–, y cuando haya invitados.

–Los invitados pueden presentarse en cualquier momento. Y viene gente a visitar el castillo sin previo aviso. No comprendes lo que ocurre en una finca de esta envergadura. Jervaulx, te sugiero que metas a tu mujer en vereda inmediatamente.

Las miró a las dos con gesto adusto, como si se tratase de una controversia de vital trascendencia.

–Salomón –dijo al fin haciendo un corte vertical con la mano–. La mitad se empolvan, la mitad no.

Maddy hizo un recuento.

–Son siete. No se pueden dividir en dos partes iguales.

Su esposo la miró sin pestañear.

–Que se empolven... la mitad de la cabeza.

Maddy dudó unos instantes y se echó a reír. Christian la observó, encantado. Siempre se reía como si fuese la primera vez, como si el mismo hecho de reírse la sorprendiera y gustara.

Tenía que hacer que pintaran su retrato. Pensó que Lawrence sería el más indicado, mientras lamentaba con una sonrisa para sus adentros que Rembrandt ya no estuviese disponible. Quería una pintura que captara un instante, una expresión fugaz. Le encantaría atrapar esos momentos cuando él la convencía, cuando ella levantaba sus seductoras pestañas y su recta compostura daba paso a otra cosa, cuando la promesa se transformaba en realidad.

Christian había aprendido que comportarse con naturalidad la relajaba y lo más efectivo eran las bromas; un chiste tonto conseguía desarmarla con más facilidad que cualquier comportamiento galante o amoroso. Maddy tenía un sentido del humor muy poco sofisticado. Cuanto más absurda fuera una broma, más posibilidades había de que ella la entendiera. Christian se preguntó si los cuáqueros se reían alguna vez.

Tenía algo más para hacerla feliz. Le dio una nota enviada por Durham.

–Tu padre... va a venir. Puede que hoy.

El rostro de Maddy se iluminó de alegría al instante. Cogió el papel, lo leyó rápidamente y cerró los labios con gesto de preocupación.

–¿Y qué va a pensar? –dijo.

–Pues debería pensar que te las has apañado estupendamente bien –dijo la malhumorada tía Vesta.

–No debería haberme casado sin su permiso. No tendría que haberlo hecho por mi cuenta –dijo con una voz llena de pánico.

Christian observó que su rostro también reflejaba aquellas emociones encontradas.

–¿Estará... enfadado?

–No, no. Él nunca se enfadaría. Se limitará a guardar silencio. Y hará que me eche a llorar, porque tendría que haberme portado mejor.

–¿Mejor? –exclamó lady de Marly–. ¡Pero si has conseguido al mejor partido del país, niña! Yo misma me encargaré de decírselo, si es que aún no lo sabe.

Maddy se limitó a arrugar la nota entre sus manos. Christian se volvió a retirar a sus habitaciones pero, al llegar a la puerta, se detuvo.

–Niñamaddy –dijo–, te he desposado. No... lo olvides.

La miró a los ojos. No le iba a suplicar lealtad. La había hecho suya, tanto por ley como por posesión física. Era suya.

Christian tan sólo esperaba que Durham hubiera tenido una charla convincente con Timms.

Maddy había deseado con todas sus fuerzas ver a su padre y, casi con las mismas fuerzas, deseaba ahora disponer de más tiempo antes de verlo. Debería haberle escrito, haberle dado alguna explicación. Temía el encuentro que se avecinaba.

Y, sin embargo, cuando Calvin padre anunció que un carruaje se acercaba al castillo, fue corriendo a la torre de entrada y, desde allí, vio cómo el transporte entraba en el primer patio.

–¡Papá! –exclamó desde la ventana incluso antes de que el cochero hubiera detenido los caballos–. ¡Papá!

Su padre iba acompañado por Durham, quien se apeó primero del carruaje y lo ayudó a salir. Bajó los escalones con cuidado y apareció ante ella. Iba embutido en un abrigo de piel que lo empequeñecía, proporcionándole un aspecto frágil y delicado.

–Mi niña Maddy –dijo con gran afecto.

Maddy supo en esos momentos que, al menos, su padre se alegraba de reunirse con ella. Se abalanzó a sus brazos y lo abrazó muy fuerte.

–¡Cómo te he echado de menos, papá!

Él la besó en la mejilla mientras le cogía las manos.

–Mi niña Maddy –repitió, como si fuera lo único que era capaz de decir. Dio un paso atrás y le acarició la cara mientras esbozaba una ligera sonrisa–. ¿Qué has hecho?

Maddy negó con la cabeza.

–Papá, yo... –dijo sin poder continuar. Le apretó las manos muy fuerte–. ¡No va a cambiar nada! Vas a vivir con nosotros, ¿te lo ha dicho Durham? Es... ojalá pudieras verlo. Es un castillo, con grandes torres y un salón tan grande como una iglesia. No sé... no sé qué he hecho. Sólo sé que tú me ordenaste que me quedara con él, y lo hice, y éste es el resultado.

Su padre le dio unas palmaditas.

–La verdad, Maddy, es que no te lo ordené. Nunca lo haría. Te pregunté en Chalfont Giles si tan difícil era quedarte, y me contestaste que no podías abandonarlo.

–Sí, pero en tu mensaje...

–No nos entretengamos –intervino Durham–. Hace mucho frío aquí fuera, ¿no cree, duquesa? Vamos... ah, ahí viene Shev.

Jervaulx llegó hasta ellos tras atravesar el patio de grava. Durham lo cogió del brazo por el codo a modo de saludo.

–¿Cómo estás, amigo mío? Cielo santo, eres todo un hombre casado.

Jervaulx cogió la mano del padre de Maddy y la rodeó con las suyas.

–Timms, bienvenido. Entre..., hace frío.

Cuando Maddy se dio cuenta de que los seguía detrás mientras los dos hombres guiaban a su padre, los adelantó corriendo.

–Hay unos escalones, papá. Dos tramos largos. Cuidado, ya llegas.

Jervaulx y Durham ayudaron a su padre a subirlos rodeados por el eco de sus pasos sobre la piedra.

–Es grandioso –continuó Maddy mientras ascendía a su lado–. Esta escalinata debe de tener unos cinco metros de ancho, y está cubierta por unos arcos, y hay columnas en el rellano. Arriba del todo hay una enorme puerta antigua y un lacayo que la mantiene abierta para nosotros.

–Em... polvado –añadió Jervaulx con firmeza.

–De momento no hay problema con Timms –dijo Durham después de la cena, mientras Christian y él se tomaban el oporto a solas en la biblioteca–. Le dije que había sido una boda sorpresa por amor, que os dejasteis llevar y todo eso. ¿Crees que ella le dirá algo que contradiga mis palabras?

Christian lo meditó durante unos instantes. Pensó en Maddy, en su cama, en fantasmas y en una repentina risa tímida. Descansó el puño sobre la mesa y levantó el pulgar.

–Vaya, así que va todo bien –dijo Durham–. Bueno, tampoco fui muy concreto en los detalles, y no creo que él se dedique a comparar versiones. Todo lo que parece preocuparle es que ella esté bien.

–¿No estaba enfadado... por la boda?

Durham se llevó un pedazo de queso a la boca y se limpió los dedos.

–Estaba un poco confuso por todo, creo. Tampoco es que hable mucho ni haga demasiadas preguntas. Es un buen hombre. Y no es tonto, pese a ese sombrero que lleva. Sólo quería saber si tus intenciones con su hija eran honorables. No creo que le importe mucho todo lo demás. No ha hablado de dinero ni de dotes. El caso es que le caes bien. Piensa que eres un genio.

Christian soltó un gruñido irónico.

–Un maldito... imbécil.

–Desde luego está más claro que el agua que te encuentras mejor que la última vez que te vi. Casi como nuevo. –Durham levantó su copa de oporto–. Todo esto terminará tarde o temprano. Tiene que terminar. Lo único que espero es que después no te dediques a mirar atrás y a lamentarte por no haber hecho las cosas de otro modo.

–¿Como nuevo? ¿Lo crees... de verdad?

–Bueno, sólo hay que oírte. Dentro de nada estarás durmiéndolos a todos en la Cámara de los Lores.

Christian intentó imaginarse hablando de nuevo en la Cámara. Se le aceleró el pulso. «El ministro... el... no puede...» Todo se bloqueó de repente; la simple idea de hablar en público hacía que perdiera la capacidad de articular palabra.

–¡Maldición! –exclamó apartándose de las ventanas.

Se detuvo ante la librería y, agarrándose a un par de pilastras, miró los volúmenes encuadernados en piel y oro con títulos en latín que había alineados entre ellas. A continuación, apoyó la frente contra el borde de un estante. El olor rancio de los libros antiguos llenó su nariz, y la madera se clavó contra su cabeza.

–¡No puedo!

Durham permaneció callado. Christian siguió un rato allí dándole la espalda hasta que, tras respirar profundamente, se apartó y se dio la vuelta.

–Tengo... miedo –dijo mientras movía la cabeza de un lado a otro y se hundía en un sillón–. Miedo... nunca podré... Durham.

–No lo creo. Maldita sea, Shev, me niego a creerlo. ¡Con todo lo que has progresado!

–Progresado –repitió Christian con ironía–. Sólo hay... que oírme.

–Tienes que seguir intentándolo. A lo mejor si tuvieras un tutor...

–Mi cabeza. ¡Ida! Lo intento... intento... y no. Lo intento... y peor. ¿Entiendes?

–Y entonces, ¿qué? ¿Te vas a enterrar en este lugar para el resto de tus días? No servirá de nada, Shev. Se entrometerán y te obligarán a salir a la luz. Hay demasiado en juego. Manning se pasa el día con tu madre, ¿lo sabías?

Christian se agarró a los brazos del sillón con fuerza. Manning, el marido de su hermana Charlotte, que había estado acompañado por abogados y hombres con peluca en aquella habitación. Estaba vigilándolo, esperando el momento de verlo desposeído de todo y encadenado.

Un violento acceso de ira, mezclado con vergüenza y miedo, se apoderó de Christian dejándolo mudo. Movió la mano por el brazo del sillón apretando los dedos contra la madera hasta que le dolieron.

–Una nueva... vista –consiguió decir al fin con toda la calma de la que pudo hacer acopio.

–Eso esperan. Fui a verlo para hacerme una idea de cómo estaban las cosas, y te puedo asegurar, Shev, que se me heló la sangre. A ese hombre le han llenado la cabeza con cosas como que siempre has sido inconstante y promiscuo, que si se te deja a tu libre albedrío llevarás tus propiedades a la ruina, y que el futuro de tus sobrinos está en juego. Lo peor de todo es que él ha terminado por creérselo. No van a parar. Y, tengo que advertirte, que tu matrimonio les ha venido de perlas. Es justo lo que estaban esperando. No creas que, porque aún no hayas tenido noticias de ellos, no se van a hacer oír.

Christian cerró los ojos. Aunque hubiera querido, no habría podido hablar.

–Si Maddy consigue un solo penique, será como deshollarlos vivos –continuó Durham–. Harán todo lo que esté en su mano para impedirlo.

Christian asintió.

–Así que no digas que nunca te pondrás bien. Tienes responsabilidades, al menos con tu mujer.

Christian pensó en todo eso, en qué sería de Maddy si lo declararan incapaz y lo devolvieran a aquel lugar. Anularían el matrimonio, eso estaba claro. Su familia nunca consentiría que siguieran casados.

El día anterior ella no lo consideraba una gran tragedia, pero ahora las cosas habían cambiado...

Vivir en una celda prisionero sin saber dónde estaba ella ni lo que le habían hecho, sin saber siquiera si estaba viva. Christian intentó imaginárselo, y la pesadilla de aquel lugar lo hizo caer en un abismo al que nunca habría creído que podría llegar.

Maddy se encargó de que su padre se instalara en su habitación y, después de la cena, ambos se retiraron a la misma. Pasó largo rato asegurándose de que la estancia no se llenara de humo y la cama estuviese caliente.

–No debes quedarte tanto tiempo conmigo, Maddy –la riñó su padre con dulzura–. Tu esposo te estará esperando.

–No, no, seguro que al duque no le importa –contestó ella al tiempo que notaba cómo enrojecía–. Lady de Marly y Durham están con él.

–Aun así, lo más seguro es que sea a ti a quien quiere ver. Sólo llevas una semana casada.

–Pero podemos aprovechar para hablar...

–Vete ya, mi niña Maddy –dijo su padre sonriendo–. Estoy cansado y necesito dormir.

–Pero papá... –protestó ella débilmente.

Su padre se cubrió con las sábanas y cerró los ojos. Maddy permaneció sentada sin moverse. Al cabo de un momento, él se giró en la cama y le dio la espalda.

Maddy llamó a un lacayo para que la condujera por los oscuros pasajes y el salón hasta la sala de estar. Cuando llegó, Durham y el duque ya estaban allí tras haberse tomado una copa de oporto. Durham no se quedó mucho tiempo. En cuanto lady de Marly anunció que se retiraba, se levantó solícito y se ofreció a acompañarla.

Maddy se quedó a solas con Jervaulx. Al instante, un profundo rubor se apoderó de ella. Estaban solos los dos. Lo observó mientras apagaba las velas; quedó únicamente el intenso olor a mechas extinguidas y la luz anaranjada de la chimenea.

Jervaulx entró en su dormitorio. La puerta estaba abierta, y la habitación contigua, bien iluminada con lámparas de aceite, pero

Maddy se quedó en el sillón. Su padre se había negado a decirle lo que pensaba de aquel matrimonio. Maddy no creía que lo condenara por completo –al menos no parecía decepcionado ni enfadado con ella–, pero estaba claro que le preocupaba.

Se quedó en el sillón con las piernas juntas y las manos unidas sobre el regazo mientras sujetaba con ellas los extremos del chal.

Jervaulx apareció en el umbral en mangas de camisa, su silueta se recortaba contra la luz procedente de la habitación. La escasa iluminación de los rescoldos del fuego sólo permitía vislumbrar su rostro y las chorreras de la camisa. Se apoyó contra la puerta.

Maddy agachó la cabeza y apretó el chal con más fuerza. No oyó nada; sólo por la sombra de Jervaulx atravesando la luz que caía sobre la alfombra supo que éste había entrado en la habitación.

Se puso tras ella. Comenzó a soltarle el pelo, buscando las horquillas y dejándolas caer al suelo. Las trenzas se liberaron y se descolgaron sobre sus hombros sin que Maddy levantase la cabeza.

Jervaulx empezó a destrenzarlas mientras ella permanecía inmóvil. Desenredó los extremos con los dedos, las abrió, y las usó para acariciarla como si fueran una pluma, por las mejillas y a lo largo de la mandíbula hasta llegar detrás de las orejas. Entonces pasó a recorrer con ellas su garganta, apartando el chal con el que Maddy se cubría.

La prenda se le escurrió de los dedos. Con suavidad, los abanicos de pelo acariciaron sus hombros desnudos dibujando círculos y arcos hasta llegar a la nuca.

Maddy sintió cómo le desabrochaba los botones. Era un proceso laborioso pero que podía hacer sin problemas: fue bajando uno a uno a la vez que le soltaba las ballenas. Maddy agachó aún más la cabeza conforme se iba abriendo la ropa. Respiró profundamente.

Jervaulx se situó delante de ella y le ofreció la mano. Maddy se puso en pie suponiendo que la llevaría al dormitorio pero, en lugar de eso, él metió los dedos entre los restos de las trenzas y las desenredó y peinó con sumo cuidado. Su rostro había adquirido una extraña e intensa expresión de seriedad. No la miraba a la cara. La luz del fuego recorría sus mejillas y mandíbula y brillaba en sus pestañas. Terminó de desenredar el cabello y lo extendió sobre ella, como si la cubriera con un manto. Entonces puso las manos sobre sus hombros y le bajó el vestido y la ropa interior por los brazos. Maddy musitó una leve protesta. Allí no, en aquella habitación en la que podría aparecer cualquiera.

Christian la oyó pero no se detuvo. Ya ni recordaba la primera vez que se había imaginado aquella escena: Maddy con el pelo suelto en lascivas ondas, y su pálida piel vislumbrándose debajo. Aquella visión había formado parte de la pesadilla pero, ahora que la tenía, ahora que tenía toda aquella libertad, inteligencia y belleza ante él, ahora que podía tocarla, iba a hacerlo a la luz para que fuese real.

Maddy seguía inmóvil. Christian le puso el cabello por delante como si fuera un velo con que cubrir su pecho. Era la única protección que le permitiría, esa pátina de un dorado intenso que era su pelo, mientras por debajo de éste fue bajándole toda la ropa hasta la cintura, deslizando las mangas del vestido y la sencilla camisa blanca hasta las muñecas.

Maddy emitió otro sonido como si quisiera quejarse, pero sus manos no opusieron ninguna resistencia cuando él las liberó del vestido.

–Esto no está... –comenzó a decir ella, pero se interrumpió al quedarse sin aliento cuando Christian puso las manos sobre su pecho desnudo–. Jervaulx...

–Christian –dijo él mientras apoyaba la frente sobre el hombro de Maddy y aspiraba su aroma–. Para los demás... Jervaulx. Para ti... Christian.

Continuó explorando bajo la cascada de pelo hasta que encontró un gancho sin abrir. Lo soltó y las ropas cayeron en un montón de seda y lino a los pies de Maddy.

–¡Ah! –exclamó ella asustada y, a la vez, muy excitada.

Bajo la larguísima melena, las medias de Maddy mostraban toda su blancura hasta llegar a sus incongruentes y sólidos zapatos. Christian sonrió. La firme Maddy. La lasciva Maddy. Capas y más capas de la provocativa y puritana Niñamaddy.

Se arrodilló a sus pies y le desabrochó los zapatos, consciente del susurro del pelo de ella sobre sus sienes. Giró la cabeza y le besó la pantorrilla y la rodilla a través de aquella espesa cascada. Le rodeó la pierna con ambas manos y las deslizó por las medias de lana, presionando en la parte trasera de la rodilla para invitarla a unirse a él.

Maddy perdió el equilibrio y se apoyó sobre los hombros de él. Christian cogió uno de sus delicados y arqueados pies, todavía enfundado en la media pero libre del rígido zapato. Maddy se soltó rápidamente y lo dejó caer sobre los pliegues de seda esparcidos sobre el suelo, a la vez que quitaba las manos de los hombros de Christian.

Él hizo ademán de coger la otra pierna pero, en esa ocasión, ella se descalzó y se quitó la media. Durante un instante Christian vio la blanca punta de los dedos del pie de Maddy y, a continuación, ésta dio unos rápidos pasos atrás, mientras su cabello se movía en oleadas a su alrededor.

Christian se sentó en la alfombra que había delante de la chimenea, levantó la cabeza y la contempló. La melena suelta le daba un aspecto virginal, y sus hombros brillaban como el marfil allí donde el pelo se dividía. Era casta y seductora a la vez, una imagen viviente en bronce y oro.

–¡No me mires! –dijo Maddy con un hilo de voz.

–¿Por qué? –preguntó él sin apartar la mirada.

–No soy... una criatura animal.

Christian se reclinó, apoyando los codos sobre el mullido taburete para los pies de su tía.

–Eres... una criatura hermosa.

–No –susurró ella.

–Sí.

–Eres perverso.

–¿Por llamarte... hermosa? Si no lo digo... miento. No puedo mentir, Niñamaddy. Tú... me lo enseñaste.

Maddy se cubrió los pechos con los brazos. Sus ojos irradiaban un suave brillo.

Y entonces, de pronto, ella cayó de rodillas a los pies de él. Agitando la cabeza, se echó el cabello hacia atrás, dejando entrever su desnudez. El movimiento ascendente y descendente de su pecho al respirar permitió a Christian vislumbrar sus senos. Se sintió profundamente excitado. La imagen virginal cayó como una máscara. Maddy era una ninfa de fuego y sombras que se ofrecía a él.

–No –dijo ella–. No debo fingir. –Adelantó una mano hacia él, pero la dejó caer de nuevo–. Es que... no sé qué hacer.

Christian podría haberla cogido en esos momentos, tumbarla

sobre la alfombra junto a él y poseerla, sin ceremonias, sin atender a nada salvo a la lujuria que lo recorría. Podría haberla sujetado bajo él, hundirse en aquella melena y penetrarla con todas sus fuerzas presa del deseo.

Pero él era el único de los dos con experiencia. Desde luego ella no iba a admirarlo por cómo la había conseguido, pero Christian sentía que era su obligación darle una exhaustiva educación en el refinado arte de amar. Por eso no se abalanzó de inmediato sobre ella, y no porque no anhelara hacerlo.

–Haz... lo que quieras –dijo al fin.

Maddy dudó unos instantes mientras él se mantenía inmóvil, relajado, observándola. Ella inclinó la cabeza a un lado y su pelo cayó sobre su rostro. Cogió una de las botas de Christian. Éste sonrió mientras la contemplaba; de pronto la sensual ninfa se desvaneció y dejó paso a la práctica y sencilla Maddy de siempre: soltó las correas de las hebillas, cogió el pie con las dos manos y, con un hábil movimiento a un lado y arriba, descalzó la bota con tanta habilidad como si fuese un ayuda de cámara experimentado.

Christian movió los dedos del pie ante ella. Con cuidado, Maddy dejó la bota a un lado. Al cabo de un momento había sacado la otra y la había colocado junto a su pareja. Se adelantó un poco, se arregló el pelo, se sentó sobre los talones y puso los pies de Christian sobre su regazo.

Él echó la cabeza hacia atrás y miró al techo, complacido. Pero tampoco quería desperdiciar aquel momento pudiendo mirar a Maddy, a una Maddy que, envuelta en su extraordinario pelo, le frotaba los pies como si se tratase de una tarea que exigía la mayor seriedad y solemnidad. Le dio friegas en los arcos y los talones, deteniéndose de vez en cuando para torcer un pie un poco y agacharse ligeramente a inspeccionarlo; Christian supuso que quería comprobar que había hecho bien el trabajo.

En una de esas pausas él estiró el pie y la tocó con un dedo, apartándole el pelo. Bajo la garganta de Maddy, un débil haz de luz recorrió su piel como si de la nave de una catedral rebosante de sensualidad se tratase. La noche anterior todo había sido tacto; esa noche la veía a retazos, a momentos secretos.

Christian apartó el pie y el cabello de Maddy volvió a su posición original mientras ella volvía a aplicarse en el masaje. Él movió los dedos de nuevo para atraer su atención, ya que parecía demasiado concentrada en las friegas. Maddy levantó la cabeza. Christian apartó los pies de su regazo y, tras ponerlos en el suelo, la miró a través del hueco que dejaban sus rodillas. Era un reto: ella tenía que ir a él o alejarse por completo.

–Esto no es justo –dijo Maddy con un deje quejumbroso.

–¿Por qué?

–Tú estás vestido.

Christian sonrió complacido.

–Eres perverso y animal –afirmó Maddy.

Christian ladeó la cabeza y levantó las cejas.

–¡Te estás riendo de mí!

–No –dijo Christian a la vez que estiraba las piernas una a cada lado de ella–. Estoy... esperando.

–¿Tengo que desvestirte? –preguntó Maddy–. ¿Es eso lo que se supone que he de hacer?

Christian acercó los pies a sus caderas y la acarició.

–¿Quieres?

Maddy apartó la vista y miró a la alfombra que tenía delante. Christian fue recorriendo su piel desnuda y su pelo con los dedos de los pies.

–De verdad..., Niñamaddy. ¿Quieres? –repitió con extremada dulzura.

Maddy respiró hondo, soltó el aire y se inclinó sobre él. Era lo único que se le había ocurrido a Christian en esos momentos para refrenarse. La postura de Maddy, agachada, dejaba al descubierto buena parte de ella; sus pechos se vislumbraban bajo la cascada dorada que atrapaba la luz de la lumbre, y cuya exquisita transparencia no ocultaba nada. Apoyada sobre una mano, Maddy le desabrochó los pantalones.

El cabello de la joven se deslizó hacia delante, descubriendo su espalda y la curva de sus nalgas. Se levantó rápidamente para echárselo hacia atrás, permitiendo la visión fugaz de buena parte de su ser: el delicado torso, los pechos, el vientre y la oscura y rizada corona bajo él.

La contención abandonó a Christian por completo. Se sentó recto apoyándose en las manos. Maddy pareció asustarse; lo miró como si fuera una tímida criatura del bosque mientras intentaba alejarse, pero él la atrapó con las piernas. La cogió y tiró de ella hasta ponerla sobre él. Tumbado sobre la alfombra, le besó la garganta y los pechos mientras su larga cabellera lo cubría por todas partes.

Pero Christian no quería precipitarse, deseaba gozar de un fuego lento y lujurioso. Haciendo un esfuerzo, relajó las manos y con ellas recorrió el cuerpo de Maddy, todavía sobre él. Ella no se había apartado; parecía estar esperando, sin mirarlo a los ojos y con los labios entreabiertos.

–Me gusta... sin prisas –dijo Christian mientras se ponía las manos detrás de la cabeza–. Todavía... espero.

–No sé qué hacer –susurró Maddy de nuevo en tono quejumbroso.

–Piensa.

La luz del fuego brilló sobre sus labios húmedos.

–No puedo.

–Arriba –dijo Christian–. Ponte... de rodillas.

Maddy no se movió, por lo que la cogió de las muñecas. Juntó las palmas de las manos con las de ella y la empujó hacia arriba hasta que estuvo arrodillada. Maddy intentó soltarse, pero Christian sabía lo que haría si se lo permitía.

–No te escondas –dijo mientras seguía cogiéndole las manos–. Recuerdo... la primera noche que te vi... mi mesa... todo limpio y ordenado... la señorita Timms... y sus ti y tú. –Sonrió–. Te vi... como ahora..., señorita Timms.

Maddy se sonrojó.

–Porque eres perverso.

–¿Perverso? ¿Tan malo... soy..., Niñamaddy?

Maddy lo miró, no parecía ser consciente de su aspecto y del efecto que ejercía en él, ya que en ningún momento había bajado la vista más allá de la cara de Christian.

–Dime... qué pensaste... la primera vez... que me viste.

Maddy resopló divertida.

–Pensé que eras un hombre perverso.

–Desprecio –dijo él mientras levantaba las rodillas y las apretaba contra las caderas de Maddy–. Desprecio. Vete a casa... a rezar.

–Me gustaste un poco más cuando le ofreciste la cátedra de matemáticas a papá.

–Ambición –apuntó él–. Buena esposa.

Eso consiguió que Maddy sonriera de verdad. Christian la balanceó ligeramente con las piernas.

–Astuta. Ambiciosa. –Soltó una de las manos de Maddy y le retiró el pelo por encima del hombro–. Hermosa.

Ella comenzó a respirar más rápidamente. Christian la tocó, recorriendo su cintura con los dedos hasta llegar al pecho, que bordeó con el índice.

–Eso me gusta –dijo Maddy suavemente y sin titubear.

–A mí también –sentenció él con solemnidad.

El pecho de Maddy se elevaba y caía bajo las caricias de Christian. Éste iba muy despacio, observando cómo cada roce se reflejaba en la cara de ella. Cuando le tocó el pezón, Maddy inspiró profundamente y se mordió el labio inferior.

Christian lanzó un hondo gruñido. Se incorporó más y se juntó a ella. Con la lengua recorrió el sendero que previamente habían trazado sus dedos. Puso las manos en la cintura de Maddy y, tras abrir la boca sobre su pezón, lo lamió.

Maddy tembló y se arqueó contra Christian. Éste bajó las manos y con los pulgares acarició sus cortos y provocativos rizos. Maddy todavía desprendía el aroma de la noche anterior, denso de calor y pasión. Hundió los dedos en el pelo de él y lo atrajo hacia sí.

Christian le puso la mano entre las piernas, incitándola a abrirlas y que se sentara encima de él. La remilgada Maddy, la exquisita, sensible y amorosa Niñamaddy, con el cabello cayendo en cascada sobre uno de los hombros, la cabeza inclinada hacia atrás y la boca abierta y temblando de pasión.

Christian prolongó aquel momento durante largo tiempo, acariciándola, incitándola, hasta que los muslos de Maddy temblaron y pareció quedarse sin aliento cada vez que la tocaba. Y, cuando él se movió debajo de ella, Maddy lanzó un breve quejido y abrió los ojos de par en par para ver cómo él se abría paso en su interior mientras tiraba de ella.

Christian levantó la cabeza de la alfombra para lamerle los pechos. Maddy se movía retorciéndose con unos espasmos que eran extraños y exquisitos, hasta que él le cogió las nalgas y le enseñó el ritmo adecuado, mientras el pelo de Maddy se deslizaba entre las palmas de las manos de él y la piel de ella. De pronto, con una encantadora brusquedad, Maddy llegó al orgasmo lanzando unos débiles gritos, como alguien que tuviera un sueño inquietante. Christian la envolvió entre sus brazos y la abrazó con fuerza durante un instante. A continuación, con una profunda embestida mientras la sujetaba por las caderas, soltó todo el deseo que llevaba acumulado dentro de él.

Cuando terminó, la sujetó contra su pecho y no cerró los ojos en ningún momento, para comprobar que aquello era real y dejar que las pesadillas se desvanecieran a la luz de la lumbre.

26

Al día siguiente, Maddy casi no se atrevía a mirar a Jervaulx, por más que éste no dio ninguna señal de que recordara la falta de recato de ella la noche anterior, o ni tan siquiera de que se hubiera percatado. Ella pensó que hasta estaba algo más frío de lo habitual, compuesto y sereno, y tratándola en presencia de los demás sin ningún gesto especial de intimidad salvo los propios de una cortesía formal. El comportamiento de Jervaulx era de mera indiferencia despreocupada, y siguió así hasta que, mientras se hallaba detrás de su tía, lanzó a Maddy una mirada de complicidad. Acompañó la mirada, proveniente de aquellos ojos azules que refulgían bajo sus intensas pestañas negras, con una rápida y secreta sonrisa de pirata perverso, mientras los demás permanecían alrededor del fuego del gran salón haciendo planes para la cena de Navidad de los arrendatarios.

Maddy sintió que se sonrojaba de arriba abajo, y fue incapaz de apartar la mirada. La sonrisa de Jervaulx se tornó una mueca hasta que desapareció y él miró a otro lado.

Durham sugería dar un baile, con valses, mientras que lady de Marly afirmaba que un par de bueyes asados, una buena cena de tres platos –para no menos de doscientos comensales– y un concierto de música religiosa siempre había sido más que suficiente, y seguiría siéndolo en el futuro. El padre de Maddy sonrió ante ambas propuestas, y el mayor de los Calvin puso cara de calibrarlo todo con atención, como si hubiera participado en tales controversias infinidad de veces pero tuviera la obligación, por el puesto que ocupaba, de volver a sopesarlas una vez más.

El reverendo señor Durham no malgastó el tiempo en propuestas racionales que contrarrestaran las de lady de Marly. Se limitó a inclinarse ante ella e, iniciando unos gráciles pasos de baile, comenzó a tararear un vals, la cogió de la mano y se puso a dar vueltas a su alrededor. El bastón de la dama cayó al suelo. Lady de

Marly manifestó su irritación ante semejante osadía, pero sus pies se movieron con sorprendente libertad.

–Suélteme, descarado –dijo mientras intentaba zafarse de él–. Me va a romper los huesos.

Durham la mantuvo cogida de una mano para que no perdiera el equilibrio, y siguió canturreando y bailando alrededor de ella.

–Es un vals, mi señora. La la la la la, la la, la la...

Maddy se encontró con que, tan inesperadamente como le había ocurrido a lady de Marly, comenzaba a dar vueltas con el brazo de su marido alrededor de la cintura. El tarareo de Jervaulx se mezcló con el de Durham, y sus voces fueron cobrando cada vez más fuerza. Maddy no sabía bailar; tuvo que esforzarse para mantener el equilibrio y no dejaba de perder el paso mientras el duque la hacía dar vueltas y más vueltas.

El canturreo se transformó en una improvisación a pleno pulmón, la la la la la, la la, interpretada por fuertes voces masculinas que retumbaban en las paredes mientras la estancia giraba frenética alrededor de Maddy. Jervaulx la tenía cogida con suavidad pero con firmeza; los faldones de su chaqué daban vueltas y las faldas de Maddy brillaban a cada giro. Maddy tenía que moverse al paso para no salir despedida pero, cada vez que parecía que eso iba a ocurrir, él la hacía girar de un modo que la salvaba. Cuando, en una ocasión, ella le dio un pisotón, la única reacción de Jervaulx fue poner mayor énfasis en uno de los *la* a la vez que le sonreía y la cogía de la cintura con más fuerza.

Al fin Durham y él dejaron de interpretar la pieza. Jervaulx levantó el brazo de Maddy y se inclinó ante ella haciendo una floritura.

–Gracias..., duquesa. –Maddy estaba sofocada e intentaba recuperar el aliento. Jervaulx miró a los demás–. No sabe... bailar.

–No sé bailar, no –asintió Maddy–. Los Amigos no bailan.

Los tres la miraron. Se sintió ridícula con aquellos zapatos de diario, más torpe que lady de Marly tras el paso de los años.

–Es una diversión frívola –añadió.

Lady de Marly suspiró.

–Ponle un maestro de baile, Jervaulx –dijo.

Calvin padre fue al encuentro de un lacayo que esperaba junto a la mampara de la puerta de servicio y volvió con una bandeja de plata en la que había dos cartas.

–El correo ha llegado hoy antes de hora, excelencia. ¿Lo envío a su estudio? –Hizo una breve reverencia en dirección a la tía del duque–. También hay una carta para lady de Marly.

–Déjala en mi salita–dijo ella–. ¿Crees que aquel italiano que enseñó a las niñas seguirá en el país, Jervaulx?

El duque había cogido su carta. La abrió sin ayuda, un pequeño logro del que nadie, ni siquiera él mismo, pareció percatarse, tan sólo Maddy.

–Estaré encantado de encargarme yo mismo –dijo Durham–, hasta que encuentren un maestro de baile. Pero hará falta alguien que sepa tocar la música.

–No quiero aprender a bailar –dijo Maddy–. No voy a tener ocasión de ponerlo en práctica.

–Lo mejor es usar un violonchelo, pero seguro que lo único que encontraremos en el pueblo será alguna viuda que sepa tocar el piano –dijo lady de Marly.

–De verdad que no quiero...

–¡Tonterías! –exclamó lady de Marly–. No empieces con tus monsergas inconformistas, niña. Si quieres librarte de bailar el vals, puedes hacerlo apelando al decoro, pero los bailes respetables son imprescindibles. No estás inválida, así que todo el mundo esperará que bailes con el duque o, de lo contrario, quedarás en ridículo.

Maddy habría seguido discutiendo pero, cuando se disponía a hablar, miró a Jervaulx. Éste sostenía la carta abierta en la mano y tenía la mirada perdida y el rostro pálido y descompuesto.

–¿Qué pasa? –preguntó Maddy.

En cuanto habló deseó no haberlo hecho. Los demás miraron a Jervaulx, cuyo rostro se enturbió de exasperación. No dijo nada.

–Déjame verla –dijo lady de Marly estirando el brazo.

Jervaulx la miró como si no recordara que estaba allí. Negó con la cabeza.

–Déjame verla –insistió ella.

–No. No es... nada –dijo él frunciendo el ceño–. Nada.

–No seas tonto, muchacho –dijo su tía–. ¿Qué es? Déjame verla.

Jervaulx estrujó la carta y, sin decir palabra, la arrojó al fuego y se marchó del salón.

–Niño tonto –murmuró lady de Marly.

Maddy se giró hacia ella.

–¿No puedes hablarle como a un hombre en vez de como a un niño díscolo?

–Le hablo como siempre lo he hecho, niña. No veo por qué habría de cambiar ahora.

–Él ha cambiado.

–Pero el mundo sigue siendo el mismo. Que no se te olvide –dijo lady de Marly mientras golpeaba el suelo con el bastón–. El mundo siempre acecha. Que no se te olvide, duquesa.

Christian estaba apoyado de espaldas al parapeto, con los hombros contra la fría piedra. El viento se colaba por una fina hendidura y le agitaba el pelo. Un halcón sobrevoló Belletoile y se elevó sobre la torre dibujando una rápida curva para después inclinarse a un lado y descender. El cielo estaba vacío y gris.

Christian tenía la mirada perdida. Había sido una decisión estúpida, de eso no le cabía la menor duda. Los momentos transcurridos las dos noches atrás lo habían embaucado, esos instantes pasajeros en los que había tenido el habla casi intacta. Había llegado a pensar que si se concentraba...

Había intentado escribir y, mientras se dedicaba a ello, se había dado cuenta de que no lo hacía bien. Veía sus errores pero, cuando intentaba localizarlos con exactitud, parecían desaparecer para luego volver a verlos con el rabillo del ojo cuando miraba en otra dirección. Mientras plegaba la hoja era consciente del extraño aspecto que presentaba, doblada a un lado, pero, de todos modos, se la dio a Calvin padre para que la enviara.

Estúpido. Estúpido, estúpido, estúpido.

Oyó pasos en la escalera. Sería Maddy; los demás sabían que no debían seguirlo hasta allí. Había supuesto y casi deseado que ella acudiera, y hasta había dejado las puertas abiertas para que averiguara el camino.

Maddy apareció en la almena. No llevaba capa. El viento se arremolinó entre sus faldas, dejando los zapatones y las medias blancas al descubierto.

La leal, sencilla Maddy, que no sabía bailar, no quería dejarlo en ridículo. No quería decirle aquello de lo que, con gran dolor, él ya se había dado cuenta. Que sabría, si él le decía que tenía miedo, de qué lo tendría.

Christian alargó un brazo hacia ella. Maddy dudó unos instantes y, a continuación, cogió la mano que le ofrecía, uniendo su cálida y desnuda piel a la de él. Christian la rodeó con los brazos y se refugiaron contra el muro.

Maddy permanecía en silencio. Christian apoyó la frente sobre su hombro. Durante largo rato permaneció así, escondido, hasta que finalmente dijo:

–Estaba... escribí... a Bailey. A Monmouth. Para que venga... y redacte unos documentos –explicó temblando mientras el frío le calaba hasta los huesos. Apretó a Maddy más fuerte–. Bailey... desde hace quince años... abogado... se encarga de... mis asuntos. Las granjas... compra de tierras... elecciones... el condado... todo. –Christian veía por encima del hombro de Maddy la larga parhilera, un ala del castillo Jervaulx y las lejanas montañas–. No viene. Ha escrito. No piensa... hacer nada. –Christian lanzó una breve carcajada agónica–. No piensa hacer nada.

Giró la cabeza y reposó los labios sobre la fría oreja de Maddy. La apretaba tan fuerte porque temía echarse a llorar de un momento a otro.

Maddy permaneció firme e inmóvil. Levantó una mano y la entrelazó con la de él.

–Mi escritura... la carta... mal. Creo... que mal. Errores. ¡Estúpido!

–La próxima vez puedo leerla antes, si quieres –dijo ella.

Era la típica respuesta práctica y bondadosa de Niñamaddy. Siempre miraba hacia delante, no hacia atrás. La próxima vez. La próxima vez saldría mejor.

Christian era responsable de ella. Tenía que hacerlo mejor. Mucho mejor. Tenía que ser perfecto, para que nadie pudiera dudar de él. Para que nadie pudiera arrebatarle su vida, nadie pudiera llevarse a Maddy, nadie pudiera ponerle las manos encima y encerrarlo en aquel lugar.

–Maddy. La vista... yo...

Se calló presa de la frustración. Aquella forma en que se le desintegraba el habla cuando intentaba poner toda su atención y hacía grandes esfuerzos para lograrlo era lo que más lo aterrorizaba. Sabía que, cuando volvieran a juzgarlo, le haría tanta falta que sólo conseguiría quedarse mudo.

–Fallo. Demasiada... tensión. ¡Idiota!

–A veces... –Maddy hizo una pausa y, a continuación, añadió–: A veces sí que puedes.

Christian gruñó y apoyó la cabeza contra el muro.

–¿Por qué... ahora no? En la vista... –Volvió a gruñir–. Nunca.

Maddy levantó los brazos y los puso sobre los de él.

–Deberías practicar más, para tranquilizarte e ir haciéndolo mejor.

Podía intentarlo. Pero nada conseguiría enseñarle a ser capaz de responder a preguntas inesperadas, ni a la dura prueba de tener un montón de ojos críticos pendientes de él. Nada.

Christian contempló el valle y las montañas. Siempre había amado aquel lugar, aquel castillo que tan bien conocía, pero no era más que un refugio precario. Se sentía vulnerable, pero no sabía qué otra cosa hacer, adónde ir y sentirse seguro.

Maddy le cogió una mano y la cerró entre sus dedos helados. Christian se inclinó sobre su garganta y la besó, calentándola con su calor, quemando los miedos con la llama que ardió al instante entre los dos.

Lady de Marly los esperaba en la sala de estar cuando bajaron de la torre. Se puso en pie apoyándose en su bastón.

–He recibido esto de tu querido cuñado –dijo blandiendo un papel–. Es de Stoneham. Parece que alguien empieza a tener escrúpulos. –Levantó los impertinentes y leyó la misiva–. «Una vista pública resultaría ofensiva para ti y degradante para la familia.» ¡Ja, degradante! Ha tardado bastante en caer en la cuenta. Te ofrece un fideicomiso a cambio de una declaración de incapacidad. Vivirías en la propiedad de Cumberland, con una renta de cuatro mil libras, y el resto de tu patrimonio estaría en manos de fiduciarios si te comprometes a no tocar nada de él.

Jervaulx emitió un sonido. Dio una zancada y le arrebató a su tía la carta. La rompió en dos y la lanzó al fuego.

–No me has dejado terminar –dijo lady de Marly sin inmutarse–. Stoneham nos informa de que el señor Manning no está muy convencido de los beneficios de un acuerdo privado, y prefiere que todo se haga a la luz pública. Quiere que te declaren incapaz y te encierren, «por muy doloroso que resulte a corto plazo», creo que decía. Pero Stoneham está convencido de que, si aceptas renunciar a tu matrimonio con la cuáquera ante el Tribunal Eclesiástico, los demás se avendrán al acuerdo.

El duque se limitó a mirarla fijamente con una expresión de furia cortante y asesina en el rostro.

Su tía siguió imperturbable.

–Tu orgullo no te hará ningún bien en este asunto –comentó–. Piénsalo, Jervaulx. Si vas a juicio y pierdes, lo pierdes todo. Es una oferta. La posibilidad de iniciar una negociación.

–¡Oferta! –gritó él–. Al infierno... con la... maldita oferta. ¡Malditos bastardos! ¡No!

–Haz una contraoferta –dijo lady de Marly–. Te quedas a vivir aquí, con un fideicomiso, sí, pero de treinta mil libras al año. El matrimonio es válido, y exiges un documento firmado por tus parientes en el que se dé fe de que el primer varón de tu descendencia heredará el título.

Jervaulx agarró un atizador de la chimenea y lo lanzó contra la superficie de un aparador de marquetería; los candelabros cayeron al suelo y los jarrones chinos se hicieron añicos.

Su tía contempló el destrozo.

–Creo que sí que estás loco –dijo con suma frialdad–. O peor, que eres un idiota.

–No hay... oferta –dijo Jervaulx. Cogió una pantalla terminada en pico que había delante de la chimenea, le partió la duela dorada y tiró las dos partes contra el fuego–. No hay... fideicomiso.

–No pienso ver cómo lo destrozas todo –afirmó lady de Marly dirigiéndose hacia la puerta–. Seguiremos hablando cuando seas capaz de controlarte.

Jervaulx parecía haber olvidado que Maddy estaba allí. Murmuró «no, no, no» con furia y tiró de la cuerda del timbre cuando la puerta se cerró tras su tía. Apareció un lacayo.

–¡Calvin! –gritó el duque–. El libro de contabilidad... en el estudio.

Se giró y miró a Maddy.

–Tú... ven.

Las paredes estaban cubiertas del suelo al techo de estantes llenos de libros, excepto la que había detrás del escritorio, en la que una pizarra sobre un soporte estaba repleta de ecuaciones escritas con tiza. Pero lo que más destacaba en el estudio del duque era un reluciente telescopio de unos dos metros de largo. Apuntaba contra un pequeño postigo de bisagras de la ventana como si fuera una elegante lanza de latón dirigida hacia las estrellas, y tenía una brida de caballo sobre la rueda que guiaba al trípode.

Jervaulx se dejó caer en el sillón giratorio del escritorio como si supiera con exactitud hasta dónde se movería antes de que lo girase mientras rebuscaba entre el revoltijo que tenía ante él. Con un gruñido de impaciencia apartó papeles, libretas, un par de botas gastadas y tres globos, dos terráqueos y uno de la cara visible de la Luna, para hacer sitio en el escritorio. A continuación, miró a Maddy.

–Siéntate... y escucha.

Maddy tuvo que quitar una pila de diarios, una pieza de algún tipo de mecanismo y varios modelos de cañones pintados de rojo y negro brillantes para hacerse sitio. Se arropó con el chal para protegerse del frío que hacía en aquella habitación helada. Calvin padre entró con un grueso libro de cuentas y un paquete envuelto en piel, atado con cinta marrón.

–Un chico acaba de traer esto de Monmouth, excelencia. No se lo quisieron confiar al correo.

–¿Bailey?

–Sí, es del señor Bailey, excelencia.

Jervaulx lanzó una mirada cáustica al paquete e hizo una señal con la mano hacia una esquina del escritorio. Calvin padre dejó el bulto sobre un archivador que había en ella. Puso el libro de contabilidad en el espacio que el duque había dejado libre. Voluminoso y con los bordes gastados, aquel libro tenía un aspecto de mayor autoridad que los finos cuadernos que Maddy había examinado. Jervaulx lo abrió por el indicador.

Esas cuatro sencillas palabras, «no piensa hacer nada», no le habían parecido a Maddy tan graves. Habían herido el orgullo del duque, le habían hecho ver la cruda realidad, pero ella no se había dado cuenta de eso. Observó a Jervaulx mientras examinaba la página del libro que Calvin padre había señalado.

El administrador se aclaró la garganta.

–Para mí ha sido una gran satisfacción ver a su excelencia de nuevo en Jervaulx –dijo.

El duque no contestó. Miraba fijamente al libro sin pasar página.

Calvin padre permaneció de pie con sus nudosas manos juntas, moviendo un pulgar adelante y atrás sobre la muñeca.

–Le pedí al señor Bailey más dinero, y él lo hizo a Londres, pero nos informaron de que el síndico jefe de allí no podía hacer nada.

Ni siquiera daba la impresión de que Jervaulx estuviera leyendo el libro; tan sólo parecía hipnotizado por aquella página.

–A falta de instrucciones en otro sentido, he mantenido el castillo funcionando del modo habitual –siguió diciendo Calvin padre, con una voz que comenzaba a mostrar signos de envejecimiento–. Los sueldos se han pagado con los fondos para el mantenimiento de la casa hasta agotarse. Me tomé la libertad de retrasar el pago de mi salario del último trimestre, excelencia, para que los números cuadrasen. Los suministros los he conseguido a cuenta. –No miraba al duque, sino por encima de la cabeza de éste, a la pizarra que tenía detrás–. Sólo me gustaría añadir que me alegro mucho de que su excelencia haya tenido a bien supervisar la situación, ya que cada vez es más difícil... esto... lamento decir que circulan rumores... –Se volvió a aclarar la garganta–. Resulta de lo más desagradable y ridículo, pero algunos comerciantes han comenzado a inquietarse.

De pronto Jervaulx empujó el volumen hacia Maddy, que se inclinó hacia delante para echarle un vistazo.

El libro de contabilidad tenía tres columnas de entradas. Según el abstruso sistema que parecía regir los asuntos del duque, todas las rentas procedentes del castillo Jervaulx –arrendamientos de granjas y tierras, ingresos procedentes del carbón, intereses de préstamos– pasaban por las manos de Calvin padre y del abogado de Monmouth, y después iban a parar a un síndico jefe de Londres. Un síndico que ya no desembolsaba más dinero a cambio.

Mientras el castillo derrochaba dinero en velas, libreas, sirvientes y polvos para el pelo, no había nada que lo compensara; la propiedad acumulaba deudas mientras sumas inimaginables quedaban retenidas en algún lugar de Londres.

Maddy no podía entender cómo Calvin padre había esperado tanto tiempo, siendo la situación tan desesperada, hasta conseguir que Jervaulx se interesara por sus asuntos financieros. El administrador era demasiado mayor para desempeñar aquella tarea. Pero su alivio era tan manifiesto, su deferencia tan profunda y la aceptación del duque de la situación tan carente de acusaciones que era evidente que, para ambos, la contabilidad era cosa de Jervaulx.

Sin embargo, el duque apenas parecía preocupado por los gastos domésticos. Las sumas que habían dejado perpleja a Maddy apenas produjeron una ligera irritación en él, que dedicó muy poco tiempo a revisarlas con Calvin padre, mientras asentía a la información adicional que el administrador le daba.

No, no era la apabullante deuda de tres mil libras en gastos del castillo Jervaulx lo que hacía que el rostro del duque estuviera tan pálido. Era el paquete de Bailey. Mientras Maddy sostenía el libro de contabilidad y Calvin padre señalaba los impagos, Jervaulx no dejaba de mirar al paquete como si hubiera una víbora sobre el escritorio.

Cuando el sirviente hizo una pausa, el duque lo miró y únicamente dijo:

–¿Más?

–Eso es todo lo que ha habido en ausencia de su excelencia.

–Suficiente –dijo Jervaulx suspirando y negando con la cabeza–. Puedes... retirarte.

Calvin padre se inclinó y se marchó con la misma mirada de pesadumbre que ponía *Devil* cuando lo expulsaban de una habitación.

–Ábrelo –dijo Jervaulx a Maddy señalando al paquete forrado en piel.

Ella lo desató y sacó un puñado de cartas atadas con una cinta roja. Deshizo el nudo y las puso ante él. Jervaulx leyó una lentamente y se la pasó a Maddy.

El Banco Hoare, en un escrito fechado varios meses atrás, lamentaba comunicar que se veían obligados por las circunstancias a dirigirse a él en relación con la cuestión de los fondos, y con toda cortesía rogaban que se pusiera en contacto con ellos lo antes posible.

Maddy levantó la cabeza tras leerla. El duque tenía en la mano un papel encabezado con el colorido distintivo de la compañía de seguros Sun Fire. Sin expresión alguna en el rostro, le pasó esa carta.

Era mucho más reciente. Escrita con la caligrafía propia de ese tipo de comunicaciones, y entre numerosos cumplidos, efusivas disculpas y referencias más tangenciales a las «circunstancias», los directores de Sun Fire lamentaban comunicar que se veían en la obligación de apartarse de su proceder habitual y exigir el pago inmediato de la suma de cuarenta y cinco mil libras que habían prestado al duque.

–¡Cuarenta y cinco mil libras! –exclamó Maddy casi sin aliento.

Jervaulx estaba inmóvil con la mano en la frente y no levantó la cabeza.

–Maddy –dijo al fin–. Escribiré. Tú miras... que no haya errores.

La carta al Banco Hoare –a cuya redacción Christian tuvo finalmente que renunciar y dejar que fuera Maddy quien la escribiera para después él firmarla– incluía instrucciones muy precisas y directas para que enviaran de inmediato cinco mil libras de su cuenta personal. A Sun Insurance y sus otros acreedores les escribió una breve carta de disculpa asegurándoles que se encargaría del asunto al instante. A Bailey le mandó una nota cortante prescindiendo de sus servicios.

Pero era demasiado tarde. Poco después, Christian se sentaba en el estudio para leer la respuesta de Hoare. Era lamentable, decía la carta, pero ciertas normas nuevas y regulaciones, junto con determinadas complicaciones, hacían imposible cumplir las recientes instrucciones de su excelencia. Se apreciaban sombras sospechosas de la madre de Christian en la misiva, ya que los piadosos señores Hoare incluían en ella sus oraciones por la salud y el alma de Jervaulx.

No había dinero.

Ni un penique de un banco en el que Christian sabía perfectamente bien que tenía un saldo cuatro veces mayor que la cantidad que había solicitado. Se quedó mirando la carta hasta que las palabras parecieron mezclarse y transformarse en un extraño jeroglífico.

Lo habitual era que Christian soportara un gravamen de seiscientas mil libras, que llegaba hasta las setecientas mil cuando necesitaba préstamos a corto plazo. El delicado entramado de inversiones, rentas, deudas, mejoras, especulaciones y movimiento de capital suponía una compleja interacción que él mismo había creado, y exigía una intensa atención por su parte, que, además, debía gozar de la confianza total de aquellos que le anticipaban dinero. Como si se tratara de arcos entrelazados, de un hermoso acueducto de varios pisos que podía permanecer en pie durante siglos o caer de un plumazo, todo dependía de un punto crucial.

Ese punto crucial era la confianza, y ésta había desaparecido.

Christian tendría que haberlo supuesto. Debería haberlo previsto, pero llevaba tiempo viviendo en una neblina que sólo se despejaba a su propio e inconstante antojo.

Aquella estructura no podía resistir durante mucho tiempo sin su atención, pero la parálisis de sus agentes, la carta de Stoneham, el paquete de Bailey lleno de exigencias como la de Sun Fire, la respuesta evasiva del Banco Hoare, todo venía a demostrar que su destrucción se estaba acelerando. Estaba cayendo; ni siquiera iban a esperar a que se celebrara la vista, sino que iban a matarlo mientras él se ocultaba en el castillo Jervaulx.

Christian pasó ese día presa de un pánico silencioso sin desprenderse de la carta de Hoare, que leía una y otra vez como en un sueño, como si ésta pudiera cambiar con una nueva lectura.

Era todo una ilusión. Lo que lo rodeaba sólo era una ilusión de seguridad: el castillo, los cuadros, los tapices de Aubusson, los criados. Lo sabía desde hacía tiempo, lo que no sabía era qué hacer para defenderse.

Aún podían devolverlo a aquel lugar. Podían conseguir que se derrumbara y volviera al manicomio. Las protestas de Maddy se desvanecerían al cabo de poco tiempo, las promesas de su tía se olvidarían, todo volvería a ser una neblina. Haría falta una vista pública para arrebatarle su existencia legal, sí, pero sólo bastaba el uso de la coerción física para volver a sumirlo en la pesadilla.

¿Y qué les iba a impedir hacerlo? ¿Acaso alguien había encontrado alguna vez un impedimento para arrojar a los parientes molestos a una mazmorra?

Miró los muros del castillo. Podía bajar las verjas, atrincherarse en él, guarnecer los parapetos, prepararse para un asedio...

Se encontró frente a una armadura en un corredor vacío. Ni siquiera sabía dónde estaba. Su laberíntica mente volvía una y otra vez a la misma idea. Un asedio; tenía que defenderse; lo acosarían; ¿quién se lo iba a impedir? El castillo Jervaulx nunca había sido tomado tras un asedio o batalla, ni por la facción de Lancaster ni por las tropas a favor del Parlamento. Durante la guerra civil, el Parlamento no había intentado atacar una fortaleza que se sabía era demasiado fuerte para ser conquistada. Christian observó la armadura.

Y entonces encontró la respuesta.

Tenía que ser mucho más fuerte. Tenía que volver a ser el duque, el verdadero duque, no un petimetre confuso y agazapado.

El poder era su única protección, el poder para enfrentarse a la fuerza con la fuerza, su nombre, influencia, fortuna y control. Había perdido todo eso. No tenía dinero ni autoridad, y podían aparecer en cualquier momento para llevárselo a aquel lugar.

Neblina. Llevaba mucho tiempo viviendo en una neblina, mientras el manicomio se mantenía a la espera.

Durham exclamó:

–Santo cielo, dice Fane que se rumorea en la ciudad que no has estado enfermo, sino que estás aquí porque estás en la bancarrota.

Con hondo pesar, Calvin padre dijo:

–El comerciante de vinos lamenta no poder suministrar la bebida para la cena de los arrendatarios de este año, excelencia.

La tía Vesta se quedó mirando el periódico de Londres, horrorizada.

–¡Bendito sea Dios! «¿Arruinado o loco: qué ha sido de su excelencia?» –leyó mientras cogía corriendo las sales y aspiraba profundamente–. En los periódicos. ¡Y que haya llegado el día en que yo tenga que ver esto!

Maddy se limitó a sentarse con él en el estudio para escribir las respuestas a los acreedores. Ya no se quedaba atónita ante las cantidades que aparecían sobre el escritorio, sino que toda ella irradiaba una nueva severidad, una casta adustez que irritaba a Christian.

«No pienso hacer nada», había escrito Bailey como un insulto y un desafío.

«Pues yo sí», pensó Christian.

«A Londres. Intenta salvarte, idiota loco y arruinado.»

–Mañana, de vuelta a casa –dijo Durham alegremente, sentado a la mesa ante los postres; pastelillos de frutos secos, budín de pasas, gelatina y tarta de queso–. Ya casi sé el camino de memoria. ¿Quiere compartir un pastel conmigo, duquesa?

Maddy negó con la cabeza. Le costaba comer sabiendo que todo lo que había sobre la mesa estaba sin pagar, hasta el sueldo de la cocinera. Desde que se había enterado de la magnitud de las deudas de Jervaulx, se sentía muy mal. Sus rentas eran elevadas, pero los préstamos excedían lo imaginable. La cifra total al final de la lista era innombrable. Tremenda. Monstruosa. Hacía que ella, una cuáquera criada en el ahorro y la prudencia, tuviera miedo de él y de esa arrogancia desmedida que podía acumular semejante deuda sin pensar en las consecuencias. Ella lo amaba, se acostaba con él, se desnudaba para recibir su contacto carnal y, sin embargo, había descubierto de repente que no lo conocía en absoluto.

Dadas las circunstancias, no podía cenar aquellos manjares, ni siquiera una sola vez. En lugar del pastel, y antes del queso, cogió una manzana que sabía que procedía del huerto del castillo.

El duque, desde el otro extremo de la reluciente mesa, anunció:

–Mañana... nos vamos... Maddy y yo... a Belgrave Square.

Maddy dejó de cortar la fruta.

–¿A Londres? –preguntó, sorprendida, lady de Marly–. ¿Y qué significa esa locura?

La copa de vino del duque brilló mientras éste la giraba entre los dedos.

–Así... lo quiero.

Su tía clavó el tenedor en el pastelillo de frutos secos, machacándolo en diminutos fragmentos como si fuera su enemigo.

–Me lavo las manos contigo, muchacho. No quiero saber nada. Lánzate a sus garras. Más te valdría aceptar el fideicomiso de Stoneham y acabar con todo esto de una vez.

Jervaulx no respondió. No apartaba la vista de Maddy.

–Mañana –le dijo–. Prepárate... nos vamos... por la mañana.

Maddy dejó los cubiertos.

–No creo que pueda.

Jervaulx arqueó las cejas.

–Lo exijo.

Maddy pensó que la mesa no era lugar para discutir aquel asunto. Puso varios trozos de fruta en el plato de su padre, que estaba sentado a su izquierda.

–Toma, papá, la manzana está buenísima. ¿Quieres un poco de queso?

En los aposentos del duque, Maddy descubrió que el equipaje ya estaba hecho. Había un baúl abierto en el vestidor con camisas y levitas, así como su vestido de seda gris, planchado con esmero. Sacó el vestido y lo devolvió al armario.

Mientras cerraba la puerta del armario, Jervaulx se acercó a ella. Le desabrochó el chaleco como siempre hacía y dio unos pasos atrás. Él la miró con sus penetrantes ojos.

–¿Tienes... hambre? –preguntó con ironía.

–No –contestó ella.

–Pan, agua, manzana –enumeró él con amargura a modo de acusación.

–Como lo que creo que es más conveniente –replicó ella apartando la mirada.

Jervaulx no parecía tener la menor intención de reducir gastos, ni siquiera de intentarlo. Maddy se había aventurado a mencionar ciertos ahorros que podrían hacer en el castillo, sugerencias que habían encontrado un rechazo impaciente por parte de él. Desde luego una reducción de empleados y la venta de determinados objetos no contribuiría mucho a reducir su enorme deuda, pero el problema estaba en que no le veía voluntad alguna de intentarlo.

Esa forma de seguir viviendo en el lujo y la abundancia la alarmaba y ofendía, pues una persona cabal tendría que saber que todos sus esfuerzos deberían estar encaminados hacia la redención de semejante locura.

Jervaulx se quitó la levita y, antes de dejarla caer sobre el baúl abierto, se detuvo y miró a Maddy.

–¿El vestido?

–No puedo irme mañana –contestó ella–. Mi padre no está aún en condiciones de hacer otro viaje.

–Tú vienes... conmigo. Tu padre... después.

–Pero mi padre no puede...

–¡Al infierno... tu padre! –exclamó él tirando la levita y entrando en el dormitorio–. ¡Tú... conmigo!

Maddy cerró los ojos en un intento por encontrar la paz interior y negar el hondo pesar que sufría. Cuando consiguió recobrar la compostura, lo siguió al dormitorio. Jervaulx estaba sentado ante su escritorio, en mangas de camisa, contemplando una carta plegada. La lámpara le iluminaba el rostro con un fuerte contraste de claridad y sombras, y hacía que su cabello y las cejas fueran tan oscuras como las de Satanás.

–Nos vamos. Somos... el duque y la duquesa... de Jervaulx. Vamos... al teatro. A bailes. Tendrás... vestidos. Hasta creo... que daremos... un baile. Gastaremos dinero. Nada... va mal.

Maddy lo escuchó mientras se le encogía el corazón.

–No. No debes. No puedes.

–Debo... hacerlo.

–Ve a Londres. Encárgate de que tu agente pague los atrasos. Eso es lo justo, pagar lo que se debe y arreglar lo que se pueda arreglar, y después vivir con moderación hasta que consigas sanear tu fortuna.

Jervaulx se giró de pronto en la silla y la miró.

–¡No hay... nada que arreglar! ¡Ni fortuna... que sanear! Sanear mi reputación... ¿lo entiendes? Vivir... a lo grande. Mostrarles... seguridad y confianza.

–¿Y qué sentido tiene eso? –exclamó ella–. ¿De qué sirve cuando tus finanzas son un auténtico desastre? Una reducción de gastos, un sincero esfuerzo para reducir tus deudas, eso es lo que les inspirará confianza, y hasta puede que te ganes su respeto.

–¡No! –gritó él echando la cabeza hacia atrás y gruñendo–. ¡No, no, no! Es peor... saldar deudas. Entonces parece... que uno tiene... problemas de verdad... cuáquera tonta. No lo entiendes.

Maddy dio media vuelta y volvió al vestidor.

–Lo que entiendo es que estás lleno de engreimiento –exclamó desde allí mientras intentaba desabrocharse el vestido–. Lo que entiendo es que confías en las falsas apariencias, y que no has aprendido nada de tus penalidades. ¿Y qué piensas hacer con esa falsa seguridad en ti mismo? ¿Endeudarte aún más?

–Sí –contestó él.

Maddy apareció en la puerta. Tenía tanto que decir en ese momento que no sabía por dónde empezar, y sólo fue capaz de pronunciar las palabras que más daño le harían.

–Deberías hacer lo que dice lady de Marly, firmar el fideicomiso y dejar que otros más capacitados que tú traten de remediar tus locuras.

Jervaulx entornó los ojos. Con expresión amenazante se levantó de la silla y se puso ante ella.

–Nada de... más capacitados. Soy... Jervaulx.

Recorrió el cuerpo de Maddy con la mirada, y ésta se dio cuenta, horrorizada, de que estaba desnuda. Se cubrió con los brazos rápidamente. Jervaulx resopló con ironía y sonrió. Cogió la bata de raso que había sobre la cama y se la puso a Maddy por encima. A continuación, agarró la licorera y una copa y, tras hacer una desabrida y fría inclinación, se marchó de la estancia.

27

–Yo no tendría que estar aquí –dijo Maddy, dando muestras de inquietud en cuanto llegaron, mientras vagaba por el salón azul de la casa de Belgrave Square, el hogar londinense de Christian. Tras las tupidas cortinas se oía el lejano sonido del chisporroteo del fuego procedente de las celebraciones de ese 5 de noviembre, aniversario de la Conspiración de la Pólvora conocida como Noche de Guy Fawkes–. No debería haber dejado a mi padre.

Christian no contestó y siguió clasificando con sumo cuidado la pila de correo sin abrir que se había acumulado en su ausencia. Por un lado había peticiones de dinero, la mayoría nuevas pero otras meros duplicados de las que había recibido en el castillo Jervaulx; por otro, una serie de misivas interesándose por su salud y, por último, correspondencia personal e invitaciones de hacía seis meses.

–No creo que mi presencia aquí te sea de gran ayuda –añadió Maddy–. A lo mejor, ahora que ya estás instalado aquí, podría volver...

–No –dijo él.

La conversación de Maddy hacía que Christian se desconcentrara. Tenía a cada momento que detenerse para recordar qué carta tenía en la mano y en qué montón de los de la mesa del sofá debía colocarla.

–Seguro que Durham puede ayudarte con todo esto mucho mejor que yo.

Christian miró frunciendo el ceño la carta que sostenía en esos momentos. De Stafford. Sí, era de Stafford. Le manifestaba sus deseos por su pronta recuperación, y no hacía mención alguna a las quince mil libras que el marqués le había prestado con la propiedad de Gloucester como garantía. Era todo un caballero pero, de todos modos, su carta fue a parar al último montón, el de las que podían soslayarse sin problemas.

–No te soy de ninguna utilidad aquí. No sé bailar, ni sé mantener conversaciones frívolas.

–Habla frívolo... ahora –dijo Christian sin mirarla.

–Durham puede escribirte las cartas.

Christian tiró la carta que había cogido. Maddy le estaba poniendo las cosas muy difíciles ante su insistencia de querer irse, más de lo que ya eran de por sí.

–Te quedas.

–No debería haber dejado a mi padre.

Christian se golpeó el pecho con la mano.

–Soy... tu marido.

–No estás siendo razonable.

–¡Basta... ya! –exclamó enfurecido.

Maddy estaba consiguiendo irritarlo. ¿Qué podía haber más razonable que esperar que ella estuviera a su lado cuando más la necesitaba? Todas aquellas palabras y aquellas cartas le estaban dando dolor de cabeza.

Maddy se sentó en una silla enfrente de él con el rostro ensombrecido por el gorrito que había vuelto a ponerse.

–Deberías escucharme.

Christian miró los montones de cartas. Sabía que Maddy era infeliz con él; sabía que podría haber vuelto a Londres con Durham y dejarla en el castillo hasta que su padre pudiera viajar. Pero había insistido en que lo acompañara porque tenía el presentimiento –que se estaba convirtiendo en una sospecha bien fundada– de que, de algún modo, si no insistía, la llegada de Maddy a Londres se retrasaría y, finalmente, nunca tendría lugar por culpa de vagas complicaciones que Christian ni siquiera podía especificar. Había notado la resistencia de Maddy desde el mismo momento que había nombrado Londres por primera vez, resistencia que había ido en aumento conforme se acercaban a la ciudad.

–¡Escucha! Tengo que... comportarme como duque. Demostrarles... a todos... que todo bien. Si no... desastre... Maddy. Esto... –dijo señalando las cartas– es... el borde... del precipicio. Todo... a punto de... derrumbarse.

–Lo entiendo –dijo Maddy–. Entiendo perfectamente que te has endeudado más allá de lo razonable.

Maddy estaba sentada con la espalda erguida, y su voz no denotaba ninguna emoción. No obstante, Christian percibió el tono de desaprobación de sus palabras y se enfureció.

–¡No entiendes... nada!

Siempre había creído que ella sí lo entendería, ella que sabía a lo que se enfrentaba si perdía, pero lo único que hacía era sermonearlo sobre gastos y la necesidad de despedir a los lacayos, hasta que Christian se dio cuenta de que no entendía nada en absoluto. Maddy parecía incapaz de entender las reglas del poder temporal.

No sabía cómo explicárselo. No sabía cómo hacerle ver la enormidad de lo que estaba en juego, la cantidad de personas cuyas propias fortunas corrían peligro junto a la suya, y que irían a por él si no se comportaba como un duque; si les dejaba ver signos de debilidad, se abalanzarían sobre Christian como lobos sobre un ciervo que tropieza en su huida. De hecho ya lo estaban haciendo, con todas aquellas educadas cartas y las exigencias cada vez mayores de que pagara lo que debía.

Maddy decía que tenía que pagarles. ¿Con qué? «Vende los cuadros», dijo ella. No era suficiente. «Vende esta casa.» No era suficiente y, además, lo único que conseguía Maddy era frustrarlo al hacer gala de aquella moral obtusa. Incluso si se decidiera a vender, estaba claro que la repentina noticia de que sus posesiones estaban en el mercado provocaría una crisis y el valor de sus propiedades caería en picado.

«Vende el castillo Jervaulx», dijo ella. Con eso sí que habría más que suficiente, pero la mera idea de venderlo le resultaba tan extraña que no tenía sentido alguno para él. Se limitó a informar a Maddy de que el castillo tenía que pasar a su heredero, lo cual hizo que Maddy dijera que era un hombre egoísta y malvado por hacer que su hijo se endeudara incluso antes de nacer.

Christian era incapaz de verbalizar conceptos como «patrimonio neto» y «apalancamiento», «deuda flotante» y «activos bloqueados». Sobre todo, se dio cuenta de que no podía decirle la verdad a la que ella, afortunadamente, parecía del todo ajena: si fracasaba la arrastraría con él en su caída.

Maddy creía que lo protegía. Era su esposa, su familiar más cercano. Durham le había metido esa idea en la cabeza, y la sencilla y honrada Maddy lo había creído, porque confiaba en cosas tan endebles como la ley y el orden.

–No entiendes nada –repitió Christian respirando profundamente para calmarse–. Cuando alcancé... la mayoría de edad... mi padre... deudas por doscientas mil libras... hasta el último penique... gravado. Hoy... las propiedades valen... dos millones... con una renta neta... de cien mil.

–Y unas deudas que deben de estar haciendo que tu pobre padre no pueda descansar en su tumba.

–¡Préstamos, sí! –gritó furioso–. ¡Riesgos! Soy... el duque de Jervaulx... no una maldita viuda. Todos lo saben.

Pero Christian miró las cartas y se desesperó; casi ni podía leer lo que decían. Necesitaba ayuda, pero se habría cortado la garganta antes que pedírsela a ella en esos momentos.

–Tú... aquí –fue lo único en lo que insistió para zanjar el tema–. Timms... ya vendrá.

–Por lo menos preferiría volver para acompañarlo hasta aquí.

–No.

Si la dejaba marchar no volvería. Lo sabía de sobra.

–Será por muy poco tiempo, sólo hasta que pueda traerme a mi padre.

–No.

–Lamento que no lo apruebes, pero debo hacerlo.

–¡No! –dijo dando un paso hacia ella.

–Me iré mañana.

Christian avanzó hasta casi echársele encima.

–¡Obedece... mis órdenes!

Las mejillas de Maddy se encendieron. No levantó la cabeza, sino que siguió mirando al frente, medio oculta por el gorrito.

–No estoy a tus órdenes.

–¡Sí! Votos maritales. Tú... me obedeces.

–No hice semejante voto –replicó Maddy, impertérrita y desafiante–. No estoy obligada a acatar todos tus caprichos. No recuerdas lo que dije. –Seguía sin mirarlo a la cara–. Hasta dudo que escucharas lo que dije.

Christian tuvo de repente la sensación de haberse adentrado en terreno peligroso.

–Lo recuerdo –dijo–. Dios... nos conmina... a amarnos. Marido... y mujer.

–Esposos –dijo ella–, sin más obligación que la de amarnos.

«¡Pues entonces ayúdame, Maddy! Tengo miedo.» Pero Christian no se lo pidió. Había decidido que fuera una orden, y no iba a cambiarlo por una súplica. Los montones de cartas seguían esperándolo, palabras y más palabras que bailaban y se desvanecían en su mente, una vil y denigrante frustración, la lenta agonía de algo tan cotidiano que, en esos momentos, era tan difícil para él.

–No tendría que haber dicho nada –prosiguió Maddy–. Nunca debería haberme presentado ante aquel falso clérigo para casarme contigo. –Su voz sonaba remota y quebrada–. No puedo ser partícipe de esta conducta errónea. Tu comportamiento es absurdo, profano, vano y estéril.

Christian sintió cómo lo invadía una repentina e incontrolable ira. No estaba dispuesto a soportar aquello. No podía seguir allí mientras la señorita puritana miraba con mala cara su saldo bancario. Llevaba una semana sin tocarla, desde que se había vuelto tan remilgada. Ansiaba besarla hasta que ella se quedara sin aliento y lo deseara con pasión; hasta que se olvidara de su maldita e inmaculada rectitud y se convirtiera en lo que ambos sabían que era cuando estaba con él. Pero bastaba con que Christian la mirara, tan sólo con que la mirara, para que ella levantara la cabeza y su cuerpo adquiriera una rigidez pétrea.

Christian barrió con la mano el correo que había sobre la mesa y lo devolvió a la cesta plateada, pese a todo el tiempo que había pasado clasificándolo. Dio unos pasos y, cuando estaba detrás de su esposa, se detuvo y, tirando de la cinta del gorrito, se lo quitó de la cabeza.

–¡Pues vete! –exclamó–. ¡Vete!

–¡Eso pienso hacer! –dijo ella mientras intentaba recuperar el sombrero.

Christian lo arrojó al fuego, y salió de la habitación dando un portazo. Si había algo que odiara en el mundo, era una beata.

Maddy saltó de la silla para rescatar el gorrito de las llamas y las apagó golpeándolo contra el hogar de mármol.

–Eres... –murmuró entre dientes.

Jervaulx era despilfarrador, arrogante, imposible; ella no quería estar allí, ni podía hacer lo que él le exigía. Bailes, teatros; le había explicado todo lo que planeaba hacer, y ella había intentado hacerle ver que sería incapaz de estar a la altura de las circunstancias, pero él se negaba a atender a razones.

Debía tanto dinero... Maddy no sabía cómo podía Jervaulx dormir por las noches. De pronto se había convertido en un perfecto desconocido para ella. Eran muy distintos. ¿Por qué la miraba de aquella forma, a la vez prometedora y amenazante, para después pasarse toda la noche en un sillón de la sala de estar? ¿Por qué no podía ser un hombre sobrio, prudente y recto que se comportara con humildad y aceptara lo que Dios le había dado? Pero no, él prefería reinar en el infierno, como el Satanás del poema, y ordenarle que estuviera junto a él como su esposa y duquesa, desafiando al mundo sin importarle lo que éste pudiera pensar.

Una parte de Maddy le decía que debía quedarse. Sabía muy bien que él necesitaba a alguien a su lado, pues no podría apañarse solo durante mucho tiempo. Maddy era consciente de que no había desechado las enseñanzas que le habían inculcado, ese interés por el bienestar de los demás. Pero tenía que irse. Sabía que corría un gran peligro: su amor y su ansia de él distorsionaban la Verdad, y había formado una alianza ruinosa con un hombre mundano y carnal. Estaba en un verdadero dilema, dividida entre escapar y quedarse, incapaz de percibir la Luz en medio de todas aquellas pasiones obstinadas e irracionales.

Si pudiera encontrar la paz, calmarse y escuchar a su alma... Pero no podía. No dejaban de alterarla todo tipo de ecos estridentes, así como la presencia firme y frenética de Jervaulx, cuya ausencia de la habitación en esos momentos hacía que ésta estuviera más vacía que el silencio que la inundaba.

Maddy quería ir a la Asamblea. Hacía semanas que no acudía. Anhelaba estar allí sentada, callada, y escuchar, pero incluso ese deseo albergaba una nueva inquietud. Temía ir en su condición de duquesa, de esposa de un hijo del mundo. Tenía miedo de que los Amigos la miraran con desdén por haberse apartado tanto de la Luz.

El gorrito había quedado inservible. Maddy lanzó un quejido mientras examinaba el ala chamuscada. ¡Hombre demoníaco! Volvería con su padre. Que fuera Durham y se quedara con el duque.

Estallaron fuegos artificiales en el exterior y Maddy se sobresaltó. Con un gemido de desesperación, devolvió el gorrito al fuego. Las llamas se lo tragaron con rapidez, devorando su blanco inmaculado en el interior de una conflagración amarilla, roja y negra.

En Vauxhall, hacía frío y humedad. Como no era temporada, los paseos secundarios de aquellos jardines de recreo no estaban iluminados. Sólo el pabellón principal estaba abierto para la ocasión, ya que iba a celebrarse un concierto y un festival pirotécnico con motivo de la Noche de Guy Fawkes. Christian permanecía oculto entre las sombras sin mezclarse con la multitud que ocupaba el paseo central. No se sentía en condiciones de ser visto por nadie conocido, por más que, tratándose de una húmeda noche de otoño como aquélla, no parecía que muchos miembros de la alta sociedad hubieran pagado la entrada de tres peniques para ver «Dos mil lámparas con los colores de la patria, festival de fuegos artificiales, descarga de cañón y grandiosa hoguera».

Mejor así. Si tenía que parecer un loco, prefería que fuese ante extraños. Se incorporó al torbellino de gente y se dejó llevar por la masa. Al llegar a un puesto de comida se separó y, ocultándose entre las sombras, se apoyó en un árbol y sopesó la posibilidad de comprar unos caramelos. Mientras buscaba monedas en el bolsillo, una mano femenina tiró de su levita.

–*Preux chevalier* –dijo la dama, que llevaba velo y era casi invisible bajo sus ropas negras–, ¿tendrá la amabilidad de invitarme a una sidra caliente, y así podremos mantener una agradable conversación?

La suya era una voz cultivada, baja y ronca, y la familiaridad con que lo había abordado indicaba sin lugar a dudas que se trataba de una mujer de vida alegre. Christian la miró por encima del hombro sin apartarse del árbol. La blanca mano de ella, que había sacado de un manguito de marta, todavía descansaba sobre su brazo. La mujer movió la cabeza, de la que únicamente se veía su pálida barbilla bajo el elegante sombrero y el tupido velo. Christian tuvo la impresión de que estaba sonriendo. Él le devolvió la sonrisa con gesto irónico y negó con la cabeza.

–Vaya, ¿así que no está buscando la compañía de una dama? –De pronto impostó un acento francés bastante bueno–. ¿Usted, un caballero *du meilleur rang*? Como mínimo tiene que ser duque, ¿y va a decirme que no puede invitar a una pobre chica a un vasito de sidra?

Christian contrajo los músculos, alarmado. La miró detenidamente. Ella dio un paso atrás, se levantó un poco las faldas e hizo una lenta pirueta como invitándolo a examinarla. A continuación, se inclinó haciendo una profunda reverencia.

–¿Aún no me reconoces, Christian? –preguntó al tiempo que le mostraba un fino tobillo.

Él se dio media vuelta e hizo ademán de alejarse. No la reconocía ni le importaba, y tampoco sabía qué hacer. Ella echó a correr a su lado.

–¡Christian! –exclamó cogiéndolo del brazo y retirándose el velo–. ¡Por el amor de Dios, soy yo!

Christian se detuvo.

–Eydie –dijo.

El nombre le salió sin dificultad. Era una de esas palabras que flotaban en su mente. Christian deseó no haberse parado.

Eydie pasó un brazo por el suyo, se apoyó en él y frotó la cara contra la manga de la capa de Christian. Éste estaba paralizado.

–Ay, Christian, Christian... ¡Cuánto me alegro de verte!

La voz de Eydie sonó emocionada. Se aferró con más fuerza a él.

–Qué... –balbuceó él incapaz de decir nada más.

–¡No me riñas! –dijo ella–. Tenía que salir. No lo soportaba más. He venido con mi doncella. Está detrás de nosotros, ahí, ¿la ves? Ya sé que no debería salir, pero otros ocho meses de luto... ¿No te doy pena, Christian? ¡Estoy tan contenta de verte! –Comenzaron a caminar mientras ella seguía cogida de su brazo–. No te puedes ni imaginar lo que he pasado. ¡Lesley me mandó al exilio! Lo descubrió esa misma mañana, y no tuve ocasión de ponerme en contacto contigo. Se comportó de una manera odiosa, y hasta consiguió asustarme. ¡Y Escocia! Todo el verano y el otoño en ese horrible y lóbrego caserón de su familia. No pude ni escribirte, y te echaba tanto de menos... Dijeron que tenía que descansar después de una conmoción tan terrible, porque creían que la muerte de Lesley después de contraer una estúpida gripe era lo que me había sumido en ese estado, pero era a ti a quien echaba de menos; era por ti por quien no dejé de llorar todos esos horribles meses. Nadie quería darme noticias tuyas, ni en el funeral ni después, nada en absoluto. Todas esas viejas arpías querían que pensara que me habías olvidado. Acabo de llegar a la ciudad, por eso no has podido encontrarme. Me tenían encerrada como una prisionera hasta que...

Se detuvo y se quedó mirando fijamente el brazo de Christian mientras manoseaba el forro escarlata de su capa.

–Christian... tienes una hija.

Él permaneció inmóvil.

–Se lo dije –dijo ella con aire desafiante–. Tenía que decírselo, o nunca me habrían dejado salir de aquel lugar. Les dije que no era de Lesley, y tendrías que haber visto sus caras. Y me dejaron marchar.

Christian la miró fijamente.

–¡Idiota! –exclamó–. Eres...

–Tiene tus ojos, y el pelo negro como el carbón. No se parece a Lesley. Ni a mí tampoco, la verdad.

Christian la agarró por los hombros y la zarandeó.

–¡Zorra... egoísta! ¡Se lo... dijiste! ¿Y... la niña?

–Me la he traído conmigo –dijo mientras intentaba zafarse de él–. ¡Christian, me haces daño!

La soltó de un empujón.

–¡Estúpida! Es... de él... por ley... por matrimonio.

Se apartó de ella con un gruñido. ¿Lesley Sutherland había muerto? Y él tenía una hija bastarda, marcada y condenada a vivir con la familia de otro hombre. Se quedó aturdido, incapaz de controlar su cuerpo, como si estuviera sumergido en aguas muy heladas.

–¡No te enfades conmigo, por favor! –le suplicó Eydie mientras le acariciaba el brazo, conciliadora–. Christian, es tuya y mía. He pensado que...

Eydie se calló de repente. Siguió manoseando la manga de la capa sin decir nada.

De pronto Christian cayó en la cuenta de qué era eso que ella había pensado. El corazón comenzó a latirle muy deprisa.

Santo cielo. Pues claro.

–Eydie –dijo–. Eydie...

Ella se apoyó contra él como una niña, con la mejilla sobre su pecho.

–Christian, te quiero tanto...

–Estoy... –tuvo que hacer un gran esfuerzo para terminar la frase– casado.

Eydie levantó la cabeza. Su rostro era más redondo ahora, y sus ojos abiertos de par en par lo miraban con expresión interrogante y enloquecida.

Él asintió por respuesta.

Eydie se separó bruscamente de él mientras palidecía cada vez más.

–¡No es cierto!

–Sí.

Hasta esa palabra le costó una auténtica agonía.

–¡No! No. Estás mintiendo. Llevo meses sin leer los periódicos, pero me habría enterado. Me habría enterado de eso.

Él la miró muy serio.

–¿Cuándo? ¡Dime cuándo!

Christian ni lo intentó. Era incapaz de hablar.

–¡No es cierto! –repitió ella dándole un empujón–. Cuando te enteraste de que Lesley había muerto, te lo inventaste. Podrías haber ido a por mí entonces, pero, en vez de eso, inventaste esa mentira para deshacerte de mí. ¡Eres un canalla!

Christian negó con la cabeza.

–¡Es mentira! No hay más que verte. ¿Y quién es ella?

Él respiró más rápido intentando formar palabras.

–¿Lo ves? Ni siquiera eres capaz de inventar un nombre. ¡Es mentira!

Christian volvió a negar con la cabeza. Ella lo cogió de ambos lados de la capa.

–Christian, no seas tan cruel conmigo. Tú me quieres, y yo te quiero.

–Estoy... casado –repitió él al fin.

–¡Te lo he dado todo! ¡Nunca te he negado nada! Christian, me han repudiado, a mí y a la niña. Me pasan una pensión ridícula. ¡Sólo tengo una paga ridícula para vivir! Te quiero, Christian.

–Déjame... pensar –dijo él desembarazándose de ella.

–Sí, sí, claro –contestó Eydie como si ella misma se diera cuenta del tono desesperado de su voz. Se recompuso un poco y lo miró–. Lo siento... Es que te he echado tanto de menos... –Volvió a acariciarle la manga–. Y no te olvides de que tu familia siempre ha estado a favor. Tu hermana Clementia, y hasta tu horrible tía. –Soltó una risa llorosa y se apoyó en él–. ¡Ay! ¿Por qué me casaría con Lesley?

Christian sabía perfectamente por qué: porque él nunca se lo había ofrecido y, sin excederse nunca de los límites de la conversación galante, había dejado bien claro que nunca lo haría, por más que todos habían intentado arrojarla a sus brazos, como siempre hacían con la belleza de buena familia que más destacaba cada temporada.

–Vete... a casa –dijo Christian cogiéndola del codo y haciéndola girar en dirección hacia la doncella–. Tengo que... pensar.

Ella se aferró a él y, de pronto, se puso de puntillas y le dio un apasionado beso en los labios.

–No –dijo Christian mientras la apartaba sabiendo muy bien adónde quería ella llegar. La acompañó hasta donde estaba la sirvienta, en cuya mano dejó caer media corona–. Llévala... a casa... ya.

–Sí, señor –contestó la doncella que, conocedora de la generosidad de Christian, se apresuró a coger a su señora del brazo.

–¿Cuándo vendrás a verme? –preguntó Eydie.

Él la observó durante un instante y, a continuación, dio media vuelta y desapareció por la parte más oscura de los jardines.

Christian se sentó en un banco al que no llegaba la luz. Caía una fría llovizna que hacía que la capa le pesara todavía más sobre los hombros.

«Tengo que pensar», había dicho, pero seguía completamente atónito.

Tenía una hija.

Toda su vida parecía estar del revés y bajo amenaza. Tenía dinero, pero no podía disponer de él. Tenía una duquesa que pensaba que no se debería haber casado con él, y una antigua amante que pensaba que ella sí debería haberlo hecho. Tenía una hija que llevaba el nombre de otro hombre.

No le cabía la menor duda de que la niña era suya. Sutherland estaba fuera del país por aquella época, y él se había dejado llevar por la sensualidad y la despreocupación y se había acostado de acuerdo con su propio capricho y conveniencia con una mujer que se lo había consentido. Santo cielo, ¿era él ese hombre tan temerario? No es que no le hubieran preocupado las consecuencias; pero se había comportado como un galán seguro de poder hacer frente a cualquier impedimento.

Y ahí estaba, en medio de un problema irresoluble, totalmente indefenso. Si las cosas hubieran ocurrido como él se las había imaginado cuando supo que Eydie estaba encinta, ella se habría acostado con su marido y habría mentido. Christian se habría mantenido al margen y nunca se habría dudado de la paternidad de la criatura. Incluso si Sutherland hubiera sospechado, tampoco habría sido tan terrible. La gente podría hacer conjeturas, o hasta podrían afirmar conocer la verdad, pero habría sido una extremada falta de tacto manifestar en público esas dudas sobre la legitimidad de una hija nacida en el seno de una unión legal.

Maldita Eydie. No se lo tendría que haber confesado a la familia de Sutherland. Si hubiera callado, habrían aceptado a la niña como hija de su marido y hasta posiblemente la hubiesen recibido como una bendición del cielo, dadas las circunstancias. Pero, desde luego, no era un buen augurio que hubieran apartado tanto a la madre como a la hija del hogar familiar. Eydie no era ningún ángel maternal; tenía otros dos hijos que nunca salían de Escocia, y ni siquiera había mencionado que los hubiera visto mientras ella permanecía allí. Lo más probable era que, en cuanto se diera cuenta de que Christian no pensaba casarse con ella, mandara a la niña a Escocia para que la criaran como a una paria.

Y no había absolutamente nada que él pudiera hacer al respecto. No podía reconocer a la niña como suya, pues eso sería una gran crueldad. Entonces sí que se convertiría en una auténtica paria. Ni siquiera podía aportar dinero en secreto para contribuir al bienestar de la criatura; al menos no de momento, cuando ni tan sólo era capaz de convencer a su banco para que firmaran un cheque a su nombre. Y si lo condenaban y lo mandaban de vuelta a aquel lugar... Estaría totalmente indefenso en el manicomio.

Apoyó el rostro en las manos. Comenzaron los fuegos artificiales, y se oyeron los estallidos y los vítores en la distancia. Una fría gota le cayó desde el ala de su sombrero a la nuca, pero Christian no se movió. En su lugar, rezó. Fue una oración corta: «Ayúdame. Ya no puedo hacer todo esto yo solo. Amén».

Maddy estaba sentada en una silla en el recibidor de mármol. En un principio su intención era esperar a que él volviera e irse de inmediato. Pero allí seguía, vestida para partir de viaje, frotándose las manos, oyendo la algarabía y la confusión procedente del exterior y que había imperado toda la noche. Eran más de las tres de la madrugada.

«Por favor – rezó–. Por favor, Señor, protégelo. Por favor, Señor, haz que encuentre el camino. Por favor, Señor, si es tu voluntad, haz que vuelva a casa.»

Durham había salido para buscar a Jervaulx en los lugares que solía frecuentar. Los únicos sirvientes que tenían eran dos lacayos que los habían acompañado desde el castillo Jervaulx, y Maddy los había enviado a buscarlo. Habría salido ella misma, pero Durham había insistido en que se mantuviera alejada de las calles y, de todos modos, no tenía la menor idea de dónde buscar entre toda aquella multitud de gente y petardos, hogueras y efigies en llamas del conspirador Guy Fawkes que iluminaban la noche.

El ruido y los fuegos se fueron acallando lentamente, y el estruendo se convirtió en meros estallidos y gritos lejanos. Las calles se vaciaron, pero él seguía sin aparecer. Maddy se alarmaba cada vez que oía un carruaje fuera, pero ninguno se detenía.

Se inclinó sobre su regazo y siguió rezando. Cuando la cerradura de la puerta se abrió con un fuerte chasquido, levantó la cabeza rápidamente.

Jervaulx entró sin hacer ruido. Por su expresión al levantar los ojos y verla, Maddy se dio cuenta de que no esperaba encontrar a nadie allí.

–¿Estás bien? –preguntó ella con una voz aguda que preferiría haber evitado.

–Niñamaddy –dijo él por toda respuesta.

La capa y el sombrero brillaban por la humedad. Era hermoso, alto y oscuro, y en sus ojos azules se vislumbraba una leve perplejidad, como si no acabara de entender qué hacía ella allí.

Maddy se levantó.

–Estarás hambriento. Tengo un plato caliente abajo. Te lo puedo traer o, si no te importa, puedes comerlo en la cocina.

Jervaulx dudó unos instantes y, a continuación, dejó el sombrero sobre la mesa de la entrada. También tiró la capa encima de ella, pero cayó al suelo. Maddy la recogió y sacudió los pliegues húmedos. Jervaulx la tocó cuando se incorporó, y le apretó el brazo.

–Niñamaddy –repitió en voz baja.

Ella se mordió el labio. Había pasado tanto tiempo preocupada que no pudo contener las lágrimas, por muy absurdas que fueran. Se le escapó un pequeño sollozo semejante a un hipo. Jervaulx la rodeó con sus brazos y la apretó con fuerza contra él.

–Lo siento –balbuceó ella–. No puedo dejarte. No puedo.

Él la abrazó aún más fuerte.

–Tenía tanto miedo... –añadió Maddy con el rostro contra la solapa de la levita de él.

Jervaulx apoyó una mejilla sobre su pelo.

–No... te merezco, Maddy. Se lo... pido a Dios... pero... no te merezco.

28

Christian dejó que Maddy fuera a buscar a su padre. Insistió en que lo hiciera. No le explicó lo difícil que era para él todo aquello, el miedo que tendría que vencer por quedarse allí solo y ser presa fácil de sus enemigos. La besó con vehemencia y después permaneció apoyado sobre sus hombros durante mucho rato. Maddy lo miró con profundas muestras de preocupación, pero él consiguió armarse de valor y, haciendo un gran esfuerzo, le sonrió con expresión irónica para impedir que Maddy decidiera quedarse.

La mandó de vuelta al castillo con los dos lacayos en el mismo carruaje en el que habían ido a Londres. Christian se quedó en Belgrave Square, en aquella casa cerrada y vacía a excepción de él mismo. Era una sensación extraña, aunque tampoco demasiado desagradable. Tenía comida en la cocina (carne fría y pan), que Maddy se había encargado de dejar preparada, y tomaba tazas de chocolate ante un fuego que él mismo encendía. Durham se había ofrecido a quedarse con su ayuda de cámara, pero Christian estaba decidido a poner a prueba su resistencia. Si no conseguía cuidar de sí mismo durante una semana en su propio hogar, entonces no podría albergar muchas esperanzas de ser capaz de hacerse cargo de los asuntos de verdadera importancia.

La mañana que Maddy se marchó, Christian se sentó ante el fuego en la sala trasera mientras bebía chocolate y escuchaba la actividad matutina que comenzaba en los prados que había tras el muro del jardín. Nadie llamó a la puerta. No había informado a su familia de que estaba allí. Aún no era el momento, pues necesitaba pensar detenidamente. Y, encima, estaba el problema añadido de Eydie. Sorprendentemente, ésta no había hecho mención alguna de la afección de Christian. Salvo para acusarlo de estar mintiéndole, ni siquiera parecía haberse percatado de ninguna peculiaridad en la forma de hablar de él.

Estaba demasiado ocupada hablando sin parar para darse cuenta de nada, pensó Christian con ironía.

Así que Eydie lo amaba. Sí, sí. No le gustaba que las mujeres le dijeran eso. Tampoco se lo creía, lección que había aprendido a los diecisiete años por la vía más difícil.

Pensó en Maddy sentada con sobriedad y la cara pálida en la fría entrada de mármol, esperándolo durante esas largas horas que precedían al alba.

No quería fallarle. No quería cometer errores. En ese sentido era bastante lento y metódico pero, aun así, había ideado un plan.

Se vistió para salir, lo cual consiguió hacer bastante bien salvo por el lazo, ya que fue incapaz de anudarse el pañuelo. Al final tuvo que ponerse una media negra alrededor del cuello y esconder los extremos a la espalda.

En el espejo se veía casi completo. Si se concentraba se veía entero, no a la vez, sino por partes: la mano derecha, el brazo derecho, aunque un tanto raros y no exactamente con el aspecto que él esperaba. Abrió y cerró una de las manos ya enfundada en un guante blanco, y el guante del espejo se abrió y cerró en concordancia.

Tras él se veía su escritorio reflejado en el espejo. En un lado, bajo unos cuantos papeles, había una caja de madera cerrada. Contenía una máquina de escribir que el ingeniero Marc Brunel le había ofrecido para hacer copias simultáneas mientras estuviera transcribiendo cartas y dibujos. Christian apenas la había utilizado. Era una proeza mecánica, y por eso Christian la admiraba y conservaba, pero su letra se había vuelto tan ilegible que no tenía mucho sentido reproducirla cuando un secretario podía escribir mucho mejor que él mismo.

Pero ya no tenía secretario, por lo que, por muy mala que fuera su letra, tenía que intentarlo. Al menos la máquina le ahorraría buena parte del esfuerzo de concentración.

Se sentó y abrió la funda del aparato. Requería ciertos preparativos iniciales, pero Christian los recordaba perfectamente. Aquel invento era sin lugar a dudas un prodigio mecánico de gran precisión.

Brunel y su hijo eran formidables. Christian había utilizado sus muelles flotantes y su escudo perforador de túneles, y estaba muy interesado en su túnel de Rotherhithe bajo el Támesis. Era un proyecto infernal de altos vuelos en el que Christian ya había perdido miles de libras incluso antes de que hubiera comenzado a funcionar, si es que llegaba a hacerlo alguna vez. Era el tipo de inversiones que Christian había intentado explicar a Maddy pero no había podido; el tipo de inversiones que sus cuñados odiaban, que desequilibraba su saldo bancario, que no podía permitir que se viniera abajo por falta de capital, aunque fuera prestado, y que no podía financiarse despidiendo a unos cuantos lacayos.

Tras reafirmarse en sus intenciones, Christian metió varias hojas de papel bajo las dobles plumas. Hizo algunos círculos y garabatos para probar la máquina y, a continuación, escribió «Dios salve al rey».

Lo leyó. «Dios salve al rey.» Todo correcto.

Miró la copia de la segunda pluma. En letras amontonadas a un lado de la página, se leía «Dios save o rey».

Al principio pensó que era un fallo de la máquina pero, cuando volvió a fijarse en lo que había escrito, lanzó un callado perjuro. El original era exactamente igual. Al examinarlo con cuidado, se veía que las letras tenían la misma forma y tamaño apretado, pero, si lo miraba por encima, parecía bien escrito.

Se inclinó sobre el artilugio y volvió a escribir, esta vez con la vista puesta en la otra pluma en vez de en la que tenía en la mano. «Guy Fa», pero se dio cuenta de que estaba escribiendo una *u* en vez de una *w* y rectificó. Prosiguió con minuciosidad y mucho esfuerzo, deteniéndose de vez en cuando para corregir faltas de ortografía e incluso palabras completas que no eran las que quería escribir en un principio.

Era bastante terrorífico aquello de estar escribiendo como si un fantasma guiara su mano mientras él sólo podía comparar el resultado con su intención original fijándose en lo que salía de la segunda pluma.

Pero parecía funcionar, si es que de verdad podía confiar en lo que leía en la copia, lo cual le permitía corregir errores antes de que ocurriesen o, al menos, darse cuenta de ellos al cometerlos. Pasó cinco horas escribiendo. Cuando terminó, tenía dos hojas idénticas que, al compararlas boca abajo, demostraban tener ambas los márgenes bien centrados. La carta decía:

> Caballeros, por la presente les informo de que lego todos los bienes y propiedades de los que puedo disponer a mi esposa, Arquimedea

Timms Langland, duquesa de Jervaulx. Dicha resolución será efectiva de inmediato y pasará a ella y los suyos a perpetuidad, sin que pueda haber reclamaciones de ningún tipo por parte de nadie. Este legado seguirá adelante a menos que reciba pruebas concluyentes de que, ni ahora ni en el futuro, se pondrá en duda mi competencia o capacidad para llevar mis asuntos según mi propio criterio.

Si recibo tales pruebas y me son aceptables, estaría en disposición de revisar la presente resolución.

Christian, duque de Jervaulx

Al menos eso es lo que le pareció que decía la carta.

Christian deseó que surtiera efecto. Tenía que hacerlo. Que se preocuparan, que se pararan a pensar si de verdad estaba tan indefenso como parecía.

El empleado de la oficina de Torbyn nunca había visto a Christian. Aunque éste no era especialmente remiso a ir a la City, por lo general eran sus negocios los que iban a él y no al revés, y llegó a la oficina tras recibir todo tipo de empujones y rozaduras de consideración. El mozalbete se limitó a levantar la vista de lo que estaba copiando y dijo:

–Buenos días. ¿Tiene cita, señor?

Christian se quitó el sombrero y la capa y los arrojó sobre el escritorio justo encima de los papeles de aquel pobre diablo. Unas gotas de humedad condensada cayeron de los ropajes sobre la tinta aún fresca. Mientras el joven farfullaba indignado, Christian dejó caer su tarjeta sobre el montón y echó a andar, subiendo por la escalera. Un momento después el empleado lanzó una exclamación y corrió tras él.

Alcanzó a Christian en el rellano, inclinándose y mascullando todo tipo de disculpas. Entonces subió el segundo tramo de escaleras de espaldas mientras seguía intentando hacer reverencias. Pisó mal el tercer escalón, resbaló y, rápidamente, consiguió recuperar el equilibrio y volverse a inclinar ante Christian. Éste sintió pena por él.

Pero se guardó su momento de auténtica satisfacción hasta poder ver la cara que ponía Torbyn, y no quedó decepcionado.

–El duque de Jervaulx –anunció el empleado abriendo la puerta–. ¡Es su excelencia! –añadió con retraso y sonrojándose.

Christian se detuvo en la puerta, jugando sus cartas hasta el final. Había cogido al agente de la propiedad que ejercía las funciones de síndico general suyo dictando algo. Tenía la silla reclinada hacia atrás sobre las dos patas traseras y las manos cruzadas sobre el chaleco; era un agresivo bulldog de pelo blanco que estaba ladrando instrucciones para el administrador de alguna propiedad lejana.

Se quedó mirando a Christian con la boca abierta. Durante un largo momento, éste, Torbyn y los empleados formaron un retablo viviente sin movimiento alguno.

Christian fue el primero en actuar, para seguir manteniendo la ventaja. Durante el trayecto a Blackfriars, no había dejado de practicar una frase de tres palabras, repitiéndola una y otra vez.

–Desembolse... dinero –ordenó.

No consiguió decir la frase entera pero, de todos modos, la expresión de Torbyn pasó de la sorpresa inicial a dar signos de comprensión. Se levantó de la silla.

–Le ruego que se siente, excelencia.

Christian no se movió.

–Ahora. Cheques.

–Traiga la caja del duque. Aquí está el número. –Torbyn cogió un pedazo de papel y escribió rápidamente algo en él. Se lo dio a uno de los empleados. El chico se deslizó fuera de la habitación por detrás de Christian–. Comprenderá, excelencia, que tengo las manos atadas al no disponer de un poder notarial.

Christian nunca había permitido que se hicieran pagos en esa oficina que no estuvieran firmados por él. Era una antigua medida de precaución que había aprendido de los errores de su padre. Legalmente, Torbyn no podía desembolsar fondos, aunque a Christian no le cabía la menor duda de que el agente era perro viejo y habría sabido encontrar la forma de hacerlo si hubiera querido.

–Me alegro mucho de verlo recuperado –dijo Torbyn en vista de que Christian permanecía callado–. El señor Manning me había dado motivos para estar muy preocupado.

Algún portero silbó muy fuerte en el exterior. Christian se acercó a la ventana y contempló el tráfico.

–No... hay motivos –dijo.

Justo debajo, el chico que debía de haber respondido al silbido cruzó la calle corriendo mientras se metía un mensaje en el bolsillo. Un instante después, se oyeron los pasos del empleado en la escalera.

El joven entró en el despacho y puso una gran caja azul sobre el escritorio de Torbyn. Era la misma que solía llegar a Belgrave Square una vez al mes para que Christian llevara a cabo el pequeño ritual de firmar cheques. El agente la abrió y comenzó a sacar libros de ella.

–Me temo que nos ha cogido de improviso, y los cheques están sin redactar. Llevará algún tiempo. ¿Tendrá su excelencia la bondad de pasar conmigo a la sala para tomar una taza de café mientras tanto?

–No.

Christian no quería pasar más tiempo conversando de lo estrictamente necesario. ¡Maldición! No había contado con eso, ya que siempre había recibido los cheques y talones ya preparados y a falta sólo de su firma.

–Muy bien –dijo Torbyn cogiendo una silla–. Si quiere sentarse aquí...

–No –respondió Christian–. Tengo... que irme. –Notó cómo le costaba más controlar el habla–. Otros... asuntos.

–Si su excelencia nos honra con unos minutos de su tiempo...

–Después –dijo Christian mientras comenzaba a dirigirse hacia la puerta.

–No va a tardar mucho, de verdad. Voy a poner a los dos chicos a hacerlo. Un cuarto de hora a lo sumo.

Había algo en aquella insistencia de Torbyn que puso a Christian sobre aviso. Recordó el silbido y el mensajero corriendo. Se detuvo.

–¡Maldito sea! –exclamó girándose hacia Torbyn–. ¡Los ha... llamado!

–Bueno, verá..., excelencia, creo que debería tener en cuenta...

Christian empezó a meter los libros en la caja. El agente intentó evitarlo y, al ponerle la mano en la muñeca, Christian se detuvo en seco y lo miró fijamente a los ojos.

–¿Cómo se atreve? –dijo en tono pausado pero amenazante.

Torbyn lo soltó. Christian terminó de guardar los libros. No había sido su intención hacer el siguiente movimiento tan pronto, antes de estar preparado, pero se sacó el documento que había escrito del bolsillo de la levita y lo dejó sobre el escritorio del agente.

–Déselo... a Manning.

Tapó la caja azul, la cogió e inició la huida de aquel lugar, refrenándose para no echar a correr.

Ya no había vuelta atrás, ni podía flaquear. Entró en la residencia Jervaulx sin llamar, suponiendo que el mensajero de Torbyn habría ido a casa de uno de sus cuñados y no allí. Era el día en que su madre recibía en casa. Mejor así, pues entonces ésta tendría que controlarse en presencia de invitados. El mayordomo salió a su encuentro bajando la escalera.

–Calvin –exigió Christian.

El sirviente palideció por completo. Christian lo cogió del brazo antes de que se pudiera retirar.

–Dime... dónde.

–Está con su excelencia, pero...

Christian no le prestó más atención y subió los escalones de dos en dos. Bordeó la barandilla superior y entró en la sala de estar.

Había varias damas sentadas conversando, tiesas como si tuvieran tableros pegados a la espalda, y con las cabezas tocadas con sombreros llenos de plumas y flores. Se dirigió directamente hacia su madre.

Ésta estaba hablando. Fue el silencio que se iba haciendo conforme Christian avanzaba por la estancia lo que hizo que se diera cuenta de su presencia. Cuando la dama con la que conversaba también se calló, la madre de Christian levantó la cabeza, lo vio y, a renglón seguido, se desmayó.

Era un vahído real. Las damas lanzaron unos chillidos. Christian cogió a su madre mientras ésta se abalanzaba hacia delante en su sillón, evitando que cayera al suelo. Tras ella vio a Calvin, que recogía unas tazas en una bandeja al fondo de la habitación.

El desmayo apenas duró unos instantes. En cuanto recuperó el conocimiento, su madre comenzó a moverse débilmente. Entre Christian y Calvin la ayudaron a incorporarse. Se agarró al brazo de Christian y parpadeó varias veces mientras lo miraba.

–Estoy... en Belgrave Square –dijo él. Se soltó y, mientras su madre emitía varios susurros incoherentes de súplica, miró fijamente a Calvin–. ¿Vienes?

–Por supuesto, excelencia –contestó Calvin mientras seguía sujetando a la duquesa viuda–. Estaré allí enseguida.

–Necesito... personal–dijo Christian.

–Yo me encargo, excelencia.

Christian hizo una profunda reverencia a su madre, saludó educadamente con la cabeza al atónito círculo de féminas y se marchó de allí.

No tardaron en aparecer en Belgrave Square Manning, Stoneham, Tilgate y Perceval, acompañados de un abogado y de Torbyn, por si acaso. La presencia de los seis hombres hizo que Christian se alarmara, pero tenía un remedio, cargado y preparado en el bolsillo, para compensar aquel desequilibrio numérico.

Calvin no había llegado aún. Christian vio al grupo acercarse a la casa desde la ventana del salón azul. Esperó en la habitación mientras oía cómo aporreaban la puerta. Hizo una mueca de desprecio cuando la forzaron y empezaron a buscarlo por toda la casa.

La falsa hospitalidad no entraba dentro de sus posibilidades ni de su ánimo. Manning fue el primero en entrar al salón, con Stoneham detrás. Christian se limitó a mirarlos, levantando las cejas en señal de diversión ante la cara que pusieron al encontrarlo allí.

Stoneham fue a por los demás. Christian no hizo nada cuando entraron y Manning cerró la puerta. Estaba decidido a dejar que fueran ellos los que hicieran el primer movimiento.

Fue un tanto decepcionante. Stoneham, nervioso y tan petimetre como siempre, no dejaba de tocarse las patillas demasiado largas.

–Le has dado a tu pobre madre un buen susto –dijo.

Christian se apoyó contra la repisa de la chimenea.

–Pobre madre –dijo con expresión cínica.

Se hizo un silencio.

–¿Estás solo? –preguntó Manning–. ¿Dónde está esa mujer?

–¿Quieres decir... la duquesa?

Manning, hombre corpulento y rubicundo con todo el aspecto de señor rural aficionado a la caza, se acercó a una silla.

–¿Te importa si nos sentamos?

Christian torció un poco la boca con ironía.

–¿Acaso... lo puedo evitar?

Manning hizo una señal a los otros para que tomasen asiento. El abogado, un tal señor Bacon, puso un rollo de papeles sobre la mesita del sofá.

–Dice el señor Torbyn que te llevaste los cheques y los libros –dijo Manning–. No creo que haya sido una medida muy sabia, Jervaulx.

Christian permaneció de pie con los brazos cruzados.

–Queremos que los devuelvas –añadió su cuñado.

La amarga sonrisa de Christian se ensanchó.

–Bastardo –dijo.

Manning respiró hondo y se echó hacia delante en la silla.

–Intentamos hacer lo que consideramos que es mejor para ti.

Christian dejó que esas palabras resonaran en el aire.

–Maldita sea, intentamos salvar lo que se pueda –añadió Manning–. Pero tu tía y tú nos lo estáis poniendo muy difícil. –Se reclinó en la silla–. En cuanto a ese «legado» que afirmas haber hecho, no creerás de verdad que pueda ser aceptado por un tribunal de este país.

Christian inclinó la cabeza.

–Averígualo.

–Tienes que enfrentarte a la verdad, Jervaulx. Cualquier cosa que hagas ahora, desde que... desde que perdiste la razón, será puesta en tela de juicio. Incluso esa farsa de matrimonio. ¿Lo entiendes? Pareces... sí, tu tía habló de lucidez, pero los intervalos de lucidez no bastan para administrar un patrimonio como es debido. Cuando se celebre la vista, como tendría que haber ocurrido hace un mes, los testimonios cubrirán el período completo.

–Si... se celebra –dijo Christian sonriendo.

Manning alzó el tono de voz.

–¡Nada de si se celebra! La vista va a salir adelante.

–Pero, Manning... –dijo Stoneham alargando el brazo hacia aquél.

–Si me permiten que hable... –dijo el abogado en tono conciliador–. He traído la propuesta del señor Perceval y lord Stoneham para crear un fideicomiso privado, excelencia. Para mí será un honor repasarlo con usted.

Christian alargó el brazo. El abogado saltó de su silla y desató el rollo de papeles, que le pasó a continuación.

–La primera página sólo son cuestiones preliminares y demás –dijo el señor Bacon–. Así que si...

Christian cogió esa primera página y la arrojó al fuego.

–Bueno... –Bacon parecía desconcertado–. Si se fija en la segunda, verá que...

Christian lanzó la segunda página al fuego. Entonces cogió la tercera y miró sonriendo al abogado.

–¡Por todos los santos, es idiota! –exclamó Manning levantándose–. No se puede esperar que entienda las cosas racionalmente –añadió mientras daba unos pasos como si tuviera intención de quitarle a Christian las hojas restantes.

Jervaulx tiró el rollo al hogar. Las hojas se doblaron y ennegrecieron hasta que estallaron en llamas.

–No hay... fideicomiso –dijo Christian.

–Esto no sirve de nada –dijo Manning dirigiéndose hacia Christian–. ¡Stoneham! ¡Sujétalo!

Era lo que temía Christian y en buena medida esperaba pero, aun así, cuando ocurrió le pareció irreal. Manning intentó agarrarlo con violencia, pero Christian se echó atrás y sacó la pistola. Stoneham, que sólo había hecho un tímido avance, se detuvo al momento. Torbyn había sido más agresivo que el otro, y se quedó paralizado a unos centímetros de Christian, mientras el abogado se escondía tras él.

Christian quería ordenarles que se marcharan, pero le resonaban los latidos del corazón en los oídos y era incapaz de articular palabra. Querían atraparlo y, si tenían ocasión, se lo llevarían. Se dio cuenta de lo cerca que estaba de volver a aquel horror, de lo cerca que estaba de despertarse con la camisa de fuerza puesta y enfrentarse de nuevo a el Gorila, al garrote y a la locura.

–Cuidado –dijo Torbyn–. Cuidado, señor Manning.

Éste bajó la mano lentamente.

–Se ha vuelto loco –susurró Stoneham.

Christian lanzó una carcajada llena de ira.

–Aficionados... de pacotilla.

El Gorila habría conseguido reducirlo fácilmente. Sintió que las náuseas y la furia se acumulaban en su garganta.

–Déjala –dijo Manning señalando con la cabeza–. Déjala en la repisa, Jervaulx. No empeores las cosas.

–Fuera –dijo Christian.

–Estamos aquí para ayudarte –replicó Manning alegando una razón supuestamente convincente que, sin él saberlo, lo estaba poniendo en mayor peligro de muerte.

–Fuera –repitió Christian con un gruñido.

–Baja la pistola –dijo Manning.

Christian se dio cuenta de que su cuñado pretendía forzar la situación. O bien Manning no era consciente de hasta dónde era capaz de llegar un verdadero loco, o confiaba en que Christian tuviera la suficiente lucidez para ver lo obvio: que no podía cometer un asesinato en su propio salón y salir indemne de aquello y como si estuviera en sus cabales.

–Bájala –repitió Manning–. No vas a disparar a nadie.

Christian sabía que debería haber esperado hasta tener a Durham a su lado. No tendría que haber permitido que lo acorralaran estando solo. Su cuñado tenía razón en que aquello era un farol, mientras que lo único que tenía él era el manicomio, donde sin duda perdería a Maddy, su fortuna y la razón.

Antes prefería que lo colgaran.

Apuntó a Manning con la pistola. Era un arma de cañón corto sin estrías que no precisaba de mucha puntería para abatir a quien tuviera a tiro. Por la expresión de Manning, pareció que al fin comprendía la situación. Se quedó lívido.

–¡No lo hagas!

Pero no era la voz de Manning, sino la de Maddy, alta y clara, un estruendo como el de una trompeta tocando diana en medio del silencio petrificado. Estaba en la puerta rezumando sencillez, serenidad y sensatez de su vestido gris, mientras Calvin y tres lacayos permanecían a sus espaldas.

Christian soltó un largo y mudo suspiro de alivio. Lentamente esbozó una sonrisa mientras miraba a sus cuñados.

Maddy se apartó de la puerta y señaló hacia la salida con el dedo.

–Salid todos de aquí. El duque desea que abandonéis este lugar lo antes posible.

29

Christian estaba sentado en un sillón descargando la pistola. Lo hacía con lentitud y minuciosidad, con la cabeza ladeada para ver el arma mejor y manipulando el percutor con sumo cuidado. Cuando hubo terminado, la apartó a un lado y miró a Maddy.

–Deberías estar... con tu padre.

–Cuanto más nos alejábamos, más me daba cuenta de que me necesitabas –contestó Maddy bajando la mirada–. Soy tu protección, y no puedo dejarte.

Christian dejó que siguiera creyéndolo. No le dijo que en cualquier momento preferiría a Calvin, la pistola y tres fornidos lacayos a su protección. Hasta deseaba que ella no hubiera aparecido en aquel momento tan imprevisible. Al final todo se había reducido a lo que él se imaginaba: la fuerza bruta contra la fuerza bruta.

–¿Querían llevarte?

–Manning... saltó. Stoneham y Perceval... no tan seguros. Calvin... y tú... los hicisteis cambiar de idea. –Sonrió por haberle concedido ese mérito–. Me alegro... de que aparecieras.

–Sí, no pienso volver a dejarte. –Maddy parecía temblorosa tras el episodio–. Pero no van a olvidar lo que ha pasado. No ha sido muy sabio por tu parte lo de la pistola, Jervaulx.

Éste se encogió de hombros.

–Defensa propia.

–Una conducta pacífica siempre será tu mejor defensa –repuso ella con una voz que dejaba traslucir su nerviosismo.

–Es fácil... decirlo –replicó él poniéndose en pie y levantando los brazos de Maddy–. Una bestia enorme... como tú. Asustas... a los niños. Los perros huyen... a tu paso. La tierra tiembla. Para ti... muy fácil... ser pacífica.

Maddy tragó saliva y cerró los labios mientras el buen humor ganaba la batalla a los nervios.

–Eres un tonto –dijo.

Christian se alegraba mucho de verla. Muchísimo.

–Sí. Tengo la cabeza... tonta. –Juntó las manos de ella y le besó los dedos–. Con descanso... estaré mejor.

Maddy cerró las manos, pero Christian las retuvo. La boca de ella sonreía tímida y ligeramente; sus largas pestañas formaban un velo dorado sobre sus ojos verdes.

Christian la atrajo hacia sí, exultante de alivio tanto por haber salido airoso de aquel momento de tensión que habían vivido como por la presencia de Maddy. Seguía vivo y en libertad, por lo que la besó y succionó sus labios como si quisiera sustraerle el aliento mientras la apretaba firmemente contra él. Sin decir nada la elevó en el aire. Atravesaron la puerta y el recibidor mientras sus bocas seguían unidas y él la llevaba en brazos, hasta que llegaron a la cama de Christian.

No perdió el tiempo con preliminares galantes. La poseyó con rudo vigor, reclamando lo que era suyo, mientras ella enroscaba las manos a su alrededor y tiraba de él con la misma urgencia.

A la mañana siguiente, Christian puso a Maddy a trabajar después del desayuno pidiéndole que escribiera una concisa y educada nota a un socio del Banco Hoare en la que había de rogarle que se presentara a la mayor brevedad en casa del duque. Maddy estuvo encantada de hacerlo, ya que, mientras tanto, estaban viviendo de las doscientas ochenta y siete libras que quedaban de las hebillas de Jervaulx, cantidad que ya no le parecía desorbitada, sino terriblemente limitada a la vista de los gastos de Jervaulx.

En cuanto terminó la nota de acuerdo con sus deseos, tuvo que escribir un anuncio para los periódicos, al efecto de que el duque de Jervaulx ya no honraba al señor Torbyn, agente de la propiedad, con el ejercicio de sus asuntos. A partir de ese momento, toda cuestión relacionada con éstos debía dirigirse a Belgrave Square, y ningún gasto o comisión debía llevarse a cabo a no ser que contara con la autorización personal del duque. A continuación, Maddy pudo tomarse un respiro mientras Jervaulx iba al piso de arriba para que lo afeitaran y vistieran.

Se permitió el placer de una segunda taza de té sentada en la sala trasera, una agradable habitación decorada de amarillo margarita que daba a un árido jardín trasero y al muro que separaba la casa de los prados. Comenzó a escribir una carta para su padre a sabiendas de que, cuando volviera Jervaulx, no tendría tiempo para hacerlo.

Estaba a mitad de la segunda hoja cuando Calvin entró en la sala haciendo equilibrios con una bandeja de plata en una mano y cerrando la puerta tras él con la otra. Maddy levantó la cabeza de mala gana.

El mayordomo se inclinó ante ella.

–¿No está el duque con su excelencia?

Maddy tenía la sensación de que ni ella ni el Calvin londinense sabían muy bien qué hacer el uno con el otro. Eran como viejos rivales que se habían encontrado de pronto la noche anterior unidos frente a la adversidad, por lo que parecían estar en medio de una extraña tregua de sus hostilidades que podría transformarse tanto en guerra como en paz a la mínima de cambio. Maddy prefería sinceramente la paz, así que, cuando él se dirigió a ella como «su excelencia» con toda solemnidad, casi le pareció bien. No obstante, ese título mundano se estaba convirtiendo en una verdadera cruz, por lo que Maddy se reafirmó en su convicción de que debía hacer frente a las consecuencias de oponerse a él.

–Quiero que me llamen señora, Calvin –dijo en el tono más amable del que fue capaz–. Recuerda que no puedo dar ni recibir cumplidos de ese tipo.

Maddy esperaba que el otro se estirara y la mirara ofendido desde lo alto de su larga nariz, al igual que Calvin padre. Sabía que era una provocación llevarle la contraria de ese modo. Sin embargo, la digna y rígida mandíbula de Calvin pareció atemperarse un poco.

–Lo recuerdo, señora –dijo.

Maddy se sorprendió ante aquella capitulación tan fácil.

–¿Y no estás ofendido?

–Sería una impertinencia por mi parte ofenderme por nada que diga la señora.

Maddy agachó la cabeza, llena de dudas.

Calvin se inclinó ante ella y siguió hablando:

–Si, después de negarle el tratamiento correcto a su excelencia el duque, usted se comportara como si lo mereciera más que él, en ese caso me ofendería. Por el contrario, puesto que su comportamiento siempre es coherente con lo que afirma, no puedo sino apreciarlo.

Maddy mordió el extremo de la pluma.

–¿Te gusta llevar polvos para el pelo?

Se dio cuenta al momento de que la pregunta había desconcertado a Calvin. Éste dejó la bandeja sobre la mesa.

–Pues nunca he pensado si me gusta o no... Supongo que deja el pelo muy tieso cuando se fija la pasta. Y hay que lavárselo todas las noches, lo cual a veces provoca resfriados.

–Bueno, pues si no te gusta llevarlos, no hace falta que lo hagas. A Jervaulx no le importa, y a mí me parece que es un derroche absurdo de dinero.

Calvin se inclinó a modo de asentimiento. Maddy tuvo que hacer un esfuerzo para no sonreír.

–Tampoco deberías inclinarte ante mí –dijo.

Calvin inició otra reverencia pero se refrenó a la mitad.

–Como diga, señora –dijo mientras se erguía–. ¿El duque está arriba?

–Sí. ¿Hay algo que pueda hacer yo?

–No hace falta que se moleste, señora. Su excelencia tiene una visita.

–Vaya –exclamó Maddy mientras le daba un vuelco el corazón–. ¿Es la duquesa viuda?

–No, no. Nunca le pediría que esperase en la entrada –dijo mientras volvía a coger la bandeja–. Y, además –añadió a modo de confidencia–, el duque nunca anima a su madre a venir a esta casa. Es siempre él el que va a la de ella.

–Entiendo –dijo Maddy. Esa falta de hospitalidad filial no parecía muy correcta, pero quizá no estaba totalmente injustificada. Se mordió el labio mientras pensaba–. Quizá Jervaulx quiera que sea yo quien hable con quien sea –dijo poniéndose en pie–. Quizá lo mejor sea que reciba yo a la visita, si tienes la amabilidad de hacerla pasar aquí, hasta que baje el duque.

Calvin carraspeó.

–Creo que, en este caso, lo mejor sería que le preguntara primero a su excelencia, señora. ¿Quiere que vaya yo a decírselo?

–¿En este caso?

–Sí, en este caso –respondió Calvin, que cerró la boca con expresión de haber dicho ya todo lo que podía decir.

–Bueno, pero... ¿no crees que es grosero tener a la visita esperando?

–Voy a informar al duque, señora.

Calvin se dispuso a hacer otra reverencia, se detuvo a medias de nuevo y salió de la habitación cerrando la puerta.

Maddy se quedó perpleja. No sabía si se trataba de que Calvin tenía alguna objeción contra esa visita en particular, o si se temía que Maddy pondría a ella misma y a toda la casa en ridículo al enfrentarse a esa primera prueba social. Se sorprendió de que Calvin no hubiera hecho pasar al caballero en cuestión a la sala del desayuno, donde ella misma había esperado tantas veces. Parecía una ofensa deliberada dejarlo esperando de pie en la entrada. Eso y la extraña actitud de Calvin hicieron que Maddy llegara a la conclusión de que el problema estaba más en el visitante que en ella misma.

Justo cuando estaba dándole vueltas a esa idea, la puerta se abrió un poco.

–Christian –dijo una voz femenina en tono juguetón–. Soy Eydie. –La puerta se abrió más–. Vamos, sé que estás aquí...

La mujer se detuvo en el umbral. Iba vestida de luto, y el velo retirado hacia atrás dejaba al descubierto su delicado rostro y un llamativo e intenso pelo rubio que caía en tirabuzones sobre sus mejillas. Durante unos instantes Eydie pareció desconcertada mientras examinaba a Maddy de arriba abajo. A continuación, su expresión cambió a una de total falta de interés.

–Ah... –dijo–. Quiero ver a tu señor.

–El duque está arriba –explicó Maddy con voz firme, decidida como estaba a no estropear aquel primer encuentro con alguien perteneciente a la misma clase social que Jervaulx–. Soy Arquimedea Timms... bueno, soy su esposa –añadió mientras alargaba la mano para saludarla.

Mientras Maddy decía eso, la mujer estaba ocupada buscando algo en su bolso de mano. Cuando le ofreció la mano, Eydie levantó la suya.

–Dale esto a... –Eydie se detuvo en medio de la frase y levantó la cabeza para mirarla, con una nota en la mano y media corona bajo el guante–. ¿Qué has dicho?

–Soy Arquimedea –repitió Maddy intentando sonreír sin mucho éxito–. La esposa del duque. Ya sé que es un tanto sorprendente.

A Eydie pareció resultarle mucho más que sorprendente. Más bien pareció resultarle hilarante, porque echó la cabeza hacia atrás y estalló en una risa nerviosa y aguda.

–Es una broma –dijo al fin.

–No –contestó Maddy.

La nota y la moneda cayeron al suelo.

–Te ha pagado. Te ha pagado para que estés aquí esperando a que yo aparezca y me digas eso. Es una broma.

–No, me temo que no es ninguna broma.

Eydie negó con la cabeza.

–Sí que lo es. Sí, sí que lo es. Es una broma.

Apareció Calvin en la puerta. Estaba rígido como una piedra y su rostro no denotaba ninguna expresión.

–Su excelencia no está en casa, señora –dijo a Eydie.

Ésta lo miró.

–No está en casa –repitió Calvin tajantemente.

La risita nerviosa de Eydie volvió, aún más aguda y espantosa, y se dejó caer en un sillón como si algún veleidoso marionetista la hubiera soltado sobre él.

–¡Es una broma! –exclamó reclinándose en el sillón y riéndose de esa forma tan extraña y cada vez más agitada–. Es un chiste muy cruel.

–Señora Sutherland, debo rogarle que se marche de inmediato –dijo Calvin.

–¡Es cruel! –gritó Eydie echando la cabeza hacia atrás. Saltó de un respingo del sillón y salió corriendo de la habitación en dirección a la entrada–. ¡Christian! –Su voz y sus pasos resonaron en la escalera de mármol–. ¡Christian, es cruel! ¿Me oyes? ¡Es muy cruel!

Maddy se apresuró a salir de la habitación detrás de Calvin, y llegó al gran recibidor a tiempo de ver a Eydie subiendo enloquecida la curvada escalera.

–¿Me oyes? –chilló ésta mientras se sujetaba las faldas y subía–. ¡Es mentira! ¡No estás casado!

En medio de aquellos chillidos reverberantes, apareció Jervaulx en lo alto de la escalera. Iba en mangas de camisa y ya tenía las botas puestas. Se agarró a la balaustrada dorada de hierro forjado y se quedó quieto, con los dedos blancos por la fuerza con que estaba asido.

–¡Christian! –exclamó Eydie deteniéndose–. No es cierto.

Jervaulx no se movió. Se limitó a mirarla sin mover un músculo. Eydie se apoyó sobre el pasamanos con las manos enroscadas alrededor de él y la cabeza sobre sus brazos estirados mientras miraba hacia arriba a Jervaulx como si fuera un cachorro suplicando cariño.

–No me hagas rabiar así, por favor. Dime que no es cierto.

–Es cierto –dijo él con una voz baja que llenó el recibidor de un sonido mitigado.

Eydie cayó sobre los escalones y retomó la misma risita histérica.

–Pero si te lo he dado todo, Christian.

Sus sollozos mezclados con risas resonaban contra el mármol. Maddy se dio cuenta de que el ayuda de cámara de Jervaulx estaba tras él; los tres lacayos estaban en el piso de abajo, y la doncella y la cocinera se habían asomado por la puerta que conducía al sótano. Todos permanecían inmóviles contemplando la escena.

Maddy se cogió la falda y subió la escalera. Oyó a Jervaulx emitir un sonido inarticulado, pero siguió subiendo hasta que se arrodilló junto a la llorosa Eydie.

–Vamos –dijo mientras cogía la mano enfundada en un guante negro de Eydie y la levantaba de la fría piedra–. Vamos, te vas a poner enferma si sigues así. –Eydie renqueó y jadeó al incorporarse. Maddy se sentó en un escalón y le pasó el brazo por detrás haciendo que Eydie se apoyara en su hombro para así poder acunarla–. Lo siento mucho. No tendría que haber pasado todo esto. Lo siento.

Eydie lloraba desconsoladamente, derramando lágrimas sin cesar y expulsando aire de forma espasmódica, como un niño con una rabieta. Maddy miró a Calvin y le hizo una señal con la cabeza para que despejara el recibidor. El mayordomo tenía una expresión como si acabase de presenciar un terrible accidente, y se movió para obedecer las instrucciones de Maddy como si estuviese acartonado y desconcertado.

–Lo odio –murmuró Eydie–. Lo odio. ¡Te odio!

Maddy dejó que hablara mientras la seguía sujetando y contemplaba sus propias rodillas y el rico encaje del vestido negro de Eydie. El ala del sombrero de ésta se le clavaba contra el cuello.

Eydie lanzó un largo y patético quejido de desolación.

–Tendría que haber sido yo. Tendría que ser yo.

–Ya lo sé –dijo Maddy sin alterarse. Observó los brillantes rizos rubios de Eydie y se acordó del mechón de pelo que había visto dentro del reloj junto a la cama de Jervaulx–. Estoy convencida de que tendrías que haber sido tú.

–¿Qué? –Eydie se convulsionó con un sollozo lleno de desdén–. ¿Es que no lo quieres... encima de que tú...? –Volvió a gemir inclinándose sobre su regazo y rodeándose el cuerpo con los brazos–. ¿Es que no lo quieres? –repitió entre lágrimas y una carcajada de amargura.

–Me refiero a que somos muy distintos –explicó Maddy.

–¡Distintos! –exclamó Eydie volviendo a temblar.

Escondió la cara en el regazo y lloró.

Maddy le acarició el hombro para consolarla. Sentía el movimiento que provocaban los pucheros bajo aquella exquisita tela de raso.

Eydie sacó un pañuelo del bolso de mano y se lo llevó a la boca.

–Eres una cuáquera –dijo a través del lino.

–Sí, soy una Amiga.

Eydie comenzó a balancearse.

–No me lo creo. No me lo creo. Te odio, Christian. –Elevó el tono de voz hasta convertirla en un grito–. ¡Te odio! ¿Me oyes?

No hubo respuesta. Maddy no miró hacia arriba para ver si él seguía allí. Eydie volvió a llorar de una forma menos agitada y con el pañuelo contra la cara. Con un movimiento de hombro se quitó la mano de Maddy de encima.

–¿Y cómo lo conseguiste? –preguntó de pronto.

Maddy se rodeó las rodillas con los brazos y entrelazó las manos.

–¿Qué?

–¿Cómo conseguiste atraparlo? Y no me vengas con mentiras tontas –exclamó Eydie–. Su hermana es amiga mía, y me contará toda la verdad.

De repente Eydie se levantó y, agarrándose la falda, comenzó a bajar la escalera, como si ese pensamiento la hubiera impulsado a pasar de la pena a la acción. Al llegar abajo, se detuvo y miró rápidamente hacia arriba, más allá de donde estaba Maddy. A continuación, se cubrió el rostro con el velo y desapareció por el vestíbulo. Se oyó el portazo de la puerta de entrada, que resonó por todo el salón.

Maddy permaneció sentada en los escalones. Tenía que controlar la respiración para refrenar el temblor que le había comenzado en el estómago e intentaba extenderse por todo su cuerpo. Cuando creyó que lo tenía dominado, se levantó. Dio media vuelta para mirar hacia arriba, por más que sabía que él no estaba allí. Lo había visto en el rostro de Eydie.

En el piso de abajo, Calvin se acercó a ella muy despacio.

–Es culpa mía, señora –dijo–. No tendría que haberla dejado entrar.

–Calvin –dijo Maddy con voz temblorosa–. Necesito mi capa.

–Pero, señora...

–Tengo que salir. Necesito salir.

–El jardín está...

–No –dijo Maddy mientras se dirigía hacia la entrada principal–. Tengo que salir de aquí.

–Espere un momento, señora. Debo informar a su excelencia.

Maddy abrió la puerta. Entró un aire frío y húmedo que recibió con agrado contra sus ardientes mejillas. No esperó a que volviera Calvin con la capa, sino que cerró la puerta sin hacer ruido, bajó los prístinos escalones blancos y comenzó a andar hacia su casa.

Christian oyó el portazo desde su vestidor. Ni se movió ni miró por la ventana para ver a Eydie marcharse. Estaba solo en medio de la habitación mientras los chillidos de Eydie todavía resonaban en sus oídos. Permaneció así durante largo tiempo.

Había sido muy extraño e irreal aquello de ver a su esposa consolando a su amante. Y, para rematar su vileza, Christian había pensado en esos momentos: «No se ha dado cuenta de lo que pasa».

Se hubiera dado cuenta o no, lo cierto era que la sencilla muestra de compasión de Maddy hacia otro ser humano había sido toda una revelación para él, pues le había hecho ver cómo era en realidad. Se había enfurecido ante la desfachatez de Eydie al aparecer en su casa, irritado hasta el paroxismo por la escenita que había montado, y dispuesto en cualquier momento a arrojarla a la calle sin contemplaciones. Pero Maddy, siempre Maddy, había hecho que se diera cuenta de la verdad y del mucho daño que le había ocasionado.

«Yo no quería llegar a estos extremos, ni tener que lamentarme como un diablo inconsciente que se arrepiente de sus actos cuando ya es demasiado tarde. No era mi intención; no lo habría hecho si hubiera sabido, si hubiera podido prever, si hubiera pensado, si, si, si...»

Calvin tocó ligeramente a la puerta, haciendo que Christian se girase y la abriera. El mayordomo parecía un reo a punto de ser ejecutado.

–Excelencia... –comenzó a decir.

Christian impidió que el otro llegara a excusarse. Sería absurdo y repugnante humillar a un sirviente por algo provocado por su propia falta de sentido común.

–¿Dónde está? –preguntó con firmeza.

–¿La señora Sutherland? –dijo Calvin.

–¡Al infierno... Sutherland! La duquesa.

–Ha salido, excelencia. Hace unos minutos. –Al ver que Christian lanzaba una exclamación de sorpresa y se dirigía a toda prisa hacia la puerta, el mayordomo añadió rápidamente–: Excelencia, intenté que esperara, pero parecía decidida a salir. He mandado a un lacayo que la siga con su capa y mande recado si no vuelve enseguida.

Christian se detuvo. Sí, lo mejor era dejar que Maddy se calmara. Tenía que dejarla sola y darle tiempo.

–Bien. Has hecho... bien.

El mayordomo carraspeó y dijo dubitativo:

–El señor Hoare ha venido a ver a su excelencia. Lo he pasado a la biblioteca.

¡Maldición, tan pronto! Christian no estaba preparado. Su intención era tener a Maddy junto a él para que lo ayudara en caso de necesitarlo. Hoare era la pieza clave de todo. Si Christian fracasaba, podía darse por muerto.

Respiró entre dientes y cogió la levita. No tenía elección. La rueda había empezado a girar. Él la había puesto en movimiento y no tenía más remedio que seguir.

Christian entró en la biblioteca de dos pisos de altura por la galería de los libros, desde donde podía observar la habitación de abajo. Tras detenerse mientras lo rodeaba el familiar olor a encuadernaciones en piel, perjuró en silencio cuando vio a los dos hombres sentados, como un par de enterradores fuera de lugar, en un sofá que todavía estaba cubierto por una funda protectora. Su citación había sido respondida por el socio con quien Christian tenía menos ganas de tratar. De los dos prometedores vástagos de la familia Hoare que lo aguardaban, el mayor era bastante agradable, pero su primo más joven era muy religioso, lo cual hacía que no fuera muy del agrado de Christian, sentimiento que era recíproco.

Los Hoare eran banqueros de los duques de Jervaulx desde hacía un siglo. Christian había mantenido dicha situación, por más que a menudo había pensado en prescindir de sus servicios, sobre todo cuando los socios arremetían con educado vigor contra sus planes, que tildaban de temerarios o visionarios dependiendo de con quién estuviese tratando. Pero el Banco Hoare había seguido con la familia a lo largo de todas las décadas de grandes deudas de su padre, por lo que Christian había mantenido sus cuentas con ellos, pese a lo mucho que lo irritaban en ocasiones. En esos momentos Christian deseó no haberles sido tan fiel.

Recordó la carta que le habían mandado en respuesta a su última nota. Así que rezaban por su salud. Los muy cretinos. Ya les daría él motivos para rezar.

Con pasos fuertes y sonoros bajó la escalera y los miró desde el pie de la escalinata.

–Caballeros –dijo sin preámbulos–, explíquense.

Los dos se levantaron murmurando buenos días. Hoare el religioso se adelantó como si pretendiera darle la mano.

Christian no se movió, por lo que Hoare se detuvo al instante.

–Espero –dijo Christian–. Explíquense.

–Si se refiere al retraso de...

–¡Retraso! –exclamó Christian interrumpiendo las dignas palabras del banquero. No se atrevía a dejar que el diálogo fuese muy fluido–. Estoy... tan contrariado –dijo apartándose de la escalera–; casi... no puedo hablar, señor.

No quería dar muchas muestras de furia inarticulada por si fomentaban las dudas sobre su cordura. Así pues, fue hasta el escritorio y se sentó. Al menos había dispuesto de tiempo para preparar su siguiente jugada: tenía otra nota escrita bajo una hoja en blanco, oculta a la vista de los banqueros por una pila de libros convenientemente colocada delante. Cogió una pluma y escribió en la hoja en blanco; a saber cómo salió, pero tampoco se paró a comprobarlo. A continuación, sacó la hoja de debajo, que Maddy había revisado previamente en busca de errores. Se puso en pie y se la dio a los otros.

–Prueben... otra vez.

Christian había notado desde el principio que los dos Hoare parecían intranquilos. El mayor de ellos se adelantó para coger la nota, pero su socio dijo:

–Me temo que todavía puede que haya algún retraso.

–¿Por qué?

–Hemos establecido ciertas regulaciones nuevas.

Christian se apoyó sobre el escritorio.

–Mi dinero –dijo en tono amenazante–. ¿Lo han... perdido?

–¡Por supuesto que no! –se apresuró a decir el de más edad.

–Para ser totalmente sinceros, excelencia –dijo el más joven con suma frialdad–, su familia nos ha dado motivos para preocuparnos en lo referente a... –de pronto se encontró en aguas peligrosas y abrió más las piernas como para sentirse más firme–, a si es adecuado que permitamos que retire fondos de su cuenta en estos momentos.

–Ya –dijo Christian sonriendo irónicamente–. No hay... regulaciones. Es un... simple robo.

–¡Compréndanos! Lo único que hacemos es extremar las precauciones, como cualquier persona razonable esperaría que hiciésemos ante una situación tan incierta como ésta.

Christian se reclinó en la silla y cogió un ejemplar del *Times*. Lo sostuvo con una mano mientras hacía como si lo leyera con mucho interés.

–Robo en banco. Hoare roba... depósito. –Inclinó la cabeza en señal de aceptación–. Buen titular.

Los dos Hoare lo miraron como si tuviesen enfrente a un salteador de caminos armado. Christian bajó el periódico y sonrió a modo de disculpa.

El mayor de los Hoare dobló la nota y se la guardó en el bolsillo.

–No hará falta nada de eso –dijo en un tono más pacífico del que había empleado su primo–. Teníamos entendido, excelencia, que no se encontraba bien, y que cualquier comunicación que recibiéramos supuestamente procedente de usted podría no ser del todo legítima. Sólo queríamos tener la debida prudencia. Por mi parte, espero que todo esto no haya ofendido a su excelencia. Si ha sido así, le manifestamos nuestras más sentidas disculpas. ¿No es cierto, primo Hoare?

Su pariente asintió de mala gana, pero su tono de voz seguía siendo desafiante.

–Claro está que registraremos todos los movimientos con sumo detalle, por si nos llega alguna petición del Ministerio de Hacienda.

–Por supuesto –dijo Christian–. ¿Cuándo... el dinero?

–Mandaré a un mensajero antes del mediodía –contestó el mayor.

Christian hizo sonar el timbre para que acudiera Calvin. Dejó que siguieran de pie hasta que llegara el mayordomo mientras los miraba en silencio y los odiaba para sus adentros. Por fin se marcharon deseándole de forma envarada que siguiese bien de salud, a lo que contestó con un mero y breve movimiento de cabeza.

En cuanto salieron de la biblioteca, Christian se dejó caer en la silla. Le temblaban las manos.

Victoria.

Había triunfado estando solo.

Sintió deseos de reír y llorar, todo al mismo tiempo. Quería compartir aquel profundo alivio. Necesitaba a Maddy a su lado.

Los gritos de los barqueros era lo único tangible del río; los gritos y la lenta corriente junto a la orilla que hacía balancearse a las algas formando una superficie plateada que se desvanecía entre la neblina a unos metros de distancia. La niebla se había aferrado a Chelsea durante todo el día, tragándose las hileras de casas que había detrás de Maddy y sofocando el ruido del tráfico. Maddy estaba apoyada en una barandilla junto al río, abrigada con la capa. El lacayo de Belgrave Square seguía con ella como una paciente silueta que esperaba bajo un toldo al otro lado de la calle, al borde de la neblina.

Había comenzado a extinguirse la luz. Maddy sabía que tenía que hacer algo y pronto. No podía seguir allí eternamente.

Un barquero acercó su batea a la orilla, la amarró y sacó una cesta de ella. Maddy lo contempló mientras se subía los pantalones y saltaba sobre unos peldaños de madera por los que ascendió.

–¿Anguilas vivas, señora? –preguntó alegremente.

Maddy negó con la cabeza.

El hombre siguió andando y levantó la cesta para mostrarla a un carruaje que Maddy oyó cómo se acercaba por la calle a sus espaldas.

–¡Anguilas vivas! ¡Vivitas y coleando!

El regular ritmo de los cascos de los caballos se aproximaba lentamente. Maddy se dio la vuelta a tiempo de ver al cochero frenar el tiro de animales con un cascabeleo de los arneses. El barquero levantó esperanzado las anguilas hacia el reluciente carruaje negro.

Tenía un emblema familiar en la puerta. El lacayo de Maddy salió de la neblina y se acercó al vehículo. Se abrió la puerta. Bajó Jervaulx, y su capa se abrió mostrando un destello escarlata. Una vez en tierra, se detuvo y miró a Maddy.

–A cinco y media, señor –dijo el barquero, lo cual era un precio desorbitado–. Están vivas. Mire –añadió mientras comenzaba a abrir la cesta.

Jervaulx lo miró y, a continuación, hizo una señal al lacayo. Éste evitó que el emocionado barquero mostrara su captura al duque llevándoselo a la parte trasera del carruaje. Jervaulx avanzó unos pasos hacia Maddy, hasta quedar delante de ella.

–Ya... está bien –dijo sin alterarse–. Ven... a casa.

«A casa», pensó ella. Pero ésa era su casa, ese pueblo y ese río, esos árboles y esas barcas. Las conocía todas, y hasta podría haberlas encontrado en medio de la niebla con los ojos cerrados. Había vivido toda su vida allí.

Jervaulx apartó la vista de ella y miró el río. Entonces despidió al carruaje con un movimiento del brazo.

–¿Andamos? –dijo ofreciendo el brazo a Maddy.

Maddy apoyó la mano suavemente sobre la manga de Jervaulx, y notó el calor de éste bajo sus frías manos. Él le tapó los dedos con el guante para protegerlos del aire húmedo.

Era siempre muy fácil caminar con él. No hacía que sintiera ninguna incomodidad sino que, por el contrario, parecía que Jervaulx sabía cómo adaptarse al paso de ella con naturalidad. Siguieron andando hasta que Maddy ya no pudo oír los relinchos y las intermitentes pisadas de los caballos que esperaban.

–¿Estabas comprometido para casarte con ella? –preguntó Maddy.

Notó que los músculos del brazo de Jervaulx se tensaban bajo sus manos, la única señal de cambio que éste manifestó.

–No.

–Dijo que tendría que haber sido ella.

Jervaulx no contestó.

–Al lado de tu cama tenías un mechón de su cabello.

Él miraba a la acera con la boca muy prieta. Ni lo negó ni se arrepintió.

–¿Y la amas? –preguntó Maddy al fin.

Jervaulx se detuvo y le cogió las manos.

–No, Maddy. No.

Ella se apartó de él y, mientras se frotaba con los brazos para entrar en calor, miró el río.

–Si eso es cierto, y aceptaste el mechón como prenda de su amor, entonces desde luego eres un hombre muy perverso.

–Sí –contestó él con una ruda nota de emoción que ella fue incapaz de identificar.

Maddy vio cómo la silueta casi invisible de un gato blanco se movía entre las barcas amarradas. El agua saltaba suavemente en la orilla y se difuminaba entre la penumbra.

–Ven –dijo él–. Está oscuro.

Maddy no se movió. El gato puso una pata sobre la proa de una barca, saltó rápidamente dentro y desapareció bajo el asiento.

–Eres un extraño para mí –dijo Maddy, embargada por la pena–. Ni te conozco ni sé quién eres en realidad.

Jervaulx habló entre susurros.

–Estoy... avergonzado, Maddy. Hasta lo... más profundo... de mi alma. No puedo... decir más. No puedo... volver atrás. No puedo... cambiarlo.

El gato blanco volvió a aparecer en la popa de la batea. Se subió a una soga enroscada y se tumbó sobre ella. Maddy sentía a Jervaulx inmóvil detrás.

–Ven a casa, Maddy –dijo.

Pobre Eydie, darle un mechón de pelo a un libertino. Enamorarse de él y terminar llorando desesperada en su escalera. Era como un cuento moral de un libro de sermones del que Maddy podía extraer la enseñanza adecuada.

–Tengo miedo –susurró ella–. Tengo miedo a lo que le puedas hacer a mi alma y a mi corazón.

–Tu corazón... es lo más valioso... para mí –dijo él en voz baja.

Maddy agachó la cabeza. Se giró hacia él sin mirarlo y se cogió de su brazo.

30

–¿Te gusta... la ópera? –preguntó Jervaulx mientras la ayudaba a bajar del carruaje en Belgrave Square.

–No he ido nunca.

–Esta noche –dijo él–. Vístete... de azul.

Calvin los recibió en la puerta. Cogió la capa de Maddy y, justo cuando iba a hacer una reverencia, se refrenó.

–Me he ocupado de que haya un buen fuego encendido para usted, señora. Haré que suban una bandeja con té. ¿Le gustan la mermelada de fresa y la nata? Si lo prefiere, acabo de subir mermelada de naranja de la despensa, o me puedo encargar de... –Se calló de repente, como si se hubiera dado cuenta del tono de ansiedad de su voz, e inclinó rápidamente la cabeza ante Maddy–. Quería disculparme de nuevo por mi negligencia, señora.

–No has hecho nada malo –dijo Maddy.

El mayordomo puso cara como si eso no le sirviera de mucho consuelo, pero no dijo nada más. Cuando Maddy se dirigió al piso de arriba, los sirvientes se apresuraron a realizar sus cometidos, y la doncella, a quien Maddy casi no conocía, le informó tímidamente de que había puesto un ladrillo caliente en la cama, por si la señora quería descansar un rato antes de la cena.

Maddy se tumbó encantada, ya que la humedad todavía le calaba los huesos. Era la habitación del duque, pero él se había quedado abajo. Maddy disponía de aquel lujo pecaminoso para ella sola, excepto por el débil aroma de él que la envolvía por completo.

Cuando despertó, ya era de noche. Jervaulx estaba sentado junto a la cama contemplándola a la luz de una vela. Iba vestido con mucha elegancia en azul y blanco, muy bien arreglado por su ayuda de cámara de un modo que Maddy nunca había conseguido.

–La ópera –dijo ella desperezándose no sin sentir cierto miedo.

El teatro, los bailes, la ropa elegante; había llegado el momento de enfrentarse al mundo de Jervaulx.

–Cena –dijo él señalando con la cabeza hacia una gran bandeja colocada sobre una mesa junto al fuego con una silla delante–. Después... te vistes. –Dejó un estuche sobre el cubrecama, justo al lado de Maddy. Se levantó y se dirigió a la puerta. Cuando llegó a ella se detuvo y, con la mano en el pomo, señaló con la cabeza el estuche–. Para el pelo –dijo antes de salir de la habitación.

Maddy se sentó y abrió el estuche. Contenía un collar de perlas, igual que el de su madre, pero más grande y aún más luminoso a la luz de las velas, con un diamante ensartado entre cada perla.

Maddy cerró los labios. Era algo vano, frívolo y caro, aunque resplandeciente y muy bonito. Intentaba estar en guardia, atrincherarse contra él, pero Jervaulx siempre conseguía atacar sus debilidades sin fallar. No se trataba del regalo, no, ni tampoco de su suntuosidad o de la inesperada belleza de la joya.

Para el pelo, le había dicho. Se acordaba de eso, y había conseguido vencer sus defensas con toda facilidad.

Llegaron tarde. Christian lo había calculado para que así fuera. El exterior del teatro de Haymarket estaba iluminado pero vacío durante la representación. Las farolas de gas brillaban sobre las filas de carruajes que esperaban a las puertas del teatro.

Después de que llegara el dinero de Hoare, Christian había tardado menos de media hora en hacerse con los hombres, caballos y libreas necesarios para su carruaje de la ciudad. El mundo volvía a estar a sus pies. Había comenzado a gastar dinero como un magnate, con la intención de impresionar hasta al acreedor más implacable. Tampoco es que hubiera pagado sus deudas, pero sí que había comprado cosas y las había abonado en metálico para darles que pensar.

Había enviado a Calvin a la joyería de Rundell y Bridge a por las perlas; había mandado a un lacayo a que se gastara doscientas libras en una platería; la cocinera había adquirido costosas delicias en Harrod's y en un establecimiento de vinos y, a través de Calvin, Christian le había hecho algunos encargos al dueño de unos viveros. Todo lo había pagado por adelantado.

Maddy se había puesto las perlas. Christian no las tenía todas consigo sobre si lo haría. No sabía cómo tratarla, cómo atravesar aquella bruma de reserva que todavía la rodeaba. Sólo se le ocurría intentarlo con palabras cariñosas y regalos caros, aunque era consciente de que, probablemente, ella diría que todo aquello era falso e inmoral. Le habría venido bien disponer de más tiempo, pero carecía de él. Esa noche necesitaba a Maddy a su lado.

La luz que caía del pórtico corintio del teatro inundó a Maddy cuando ésta descendió del carruaje, haciendo que su sencilla indumentaria –el vestido azul y su dorado cabello, el sutil lustre de las perlas contra el brillo de los diamantes– se enriqueciera de color. Christian pensó que estaba cautivadora, por más que la suya no fuese una belleza convencional. Su aspecto era más casto y espartano que el propio de una encantadora dama rosácea. No era Afrodita, sino la prudente Atenea, la del búho sabio y la brida dorada que amansó a Pegaso.

El vestíbulo casi desierto, los oscuros pasillos, incluso el sonido cada vez mayor de la música, no preparó a Maddy para el estallido de luz y color que la deslumbró al adentrarse en el palco del duque. Con los oídos llenos de música, contempló las hileras de palcos decorados en rojo y dorado que se elevaban hasta el techo y estaban llenos de gente que, o estaba inclinada a un lado hablando con sus acompañantes, o bien permanecía reclinada sobre la barandilla mirando hacia abajo, hacia el escenario y el público que inundaba el patio de butacas.

Maddy dirigió la vista hacia el escenario y la apartó rápidamente. ¡Las bailarinas no iban vestidas! De pronto oyó un murmullo cada vez más alto procedente de los espectadores, un alboroto más que añadir a la música y al zumbido de los asistentes. La gente que se encontraba en el patio de butacas, dos filas de palcos más abajo, estaba mirando hacia arriba, y los ocupantes de los palcos de enfrente también miraban fijamente a través de sus binoculares, hacia donde estaban sentados Jervaulx y ella.

Maddy bajó la vista inmediatamente, incapaz de mirar a ninguna parte; ni al indecente espectáculo del escenario ni al público.

–Barbilla... arriba –dijo Jervaulx sin girarse hacia ella.

Maddy obedeció.

–Gracias –dijo él–. Atiende a... la representación. Al escenario.

–Pero es que... están... ¡santo cielo! –dijo obedeciéndole también en eso. Se volvió a quedar abrumada por aquellas chicas con medias de color rosa que llevaban hasta los tobillos y las pantorrillas al descubierto, y cuyas piernas también se percibían perfectamente a través de sus faldas casi transparentes–. Esto es horrible.

–Atiende –insistió él.

Aquello no carecía de cierta fascinación morbosa. Las figuras ligeras de ropa brincaban y retozaban por el escenario para después detenerse, adoptar la postura adecuada y comenzar a cantar a todo pulmón. Los conocimientos musicales de Maddy se limitaban a unos cuantos villancicos navideños y las canciones callejeras que había oído, pero sabía por los periódicos que la ópera era una manifestación artística muy elevada. Desde luego alta sí que era y, para colmo, a la mayoría de los asistentes parecía no importarles hablar por encima de la música.

Tal era así que Maddy oyó voces tras la cortina que cerraba su palco. A la entrada de éste Jervaulx había dejado a un lacayo que se mantenía firme ante aquella sonora controversia sobre si debía dejar que entrasen al palco quienes se lo estaban pidiendo. Jervaulx siguió impertérrito, por más que él también los oía.

Llegó un momento en que Maddy no pudo resistirlo más y, dejando de contemplar el comportamiento inmoral del escenario, se concentró en el público de abajo. Entonces se llevó otra sorpresa aún mayor, pues poco a poco se fue dando cuenta de que había muchos hombres solos paseándose entre las filas de asientos y sentándose con mujeres a las que no parecían conocer. Las cogían de la mano y hasta las rodeaban con los brazos. La levita escarlata de un oficial llamó la atención de Maddy cuando aquél se levantó.

–Ahí está el coronel Fane –dijo.

Mientras lo decía, el coronel levantó la cabeza y miró hacia el palco. Sonrió y saludó con la cabeza, haciendo que todos los que lo rodeaban se fijasen.

Jervaulx le devolvió el saludo, el único que había dirigido en toda la noche. El oficial comenzó a caminar por el pasillo central. Unos instantes más tarde, el duque se levantó y apartó la cortina, dejando que el coronel Fane entrara en el palco.

–Señora –dijo sonriendo e inclinándose ante Maddy a la vez que le cogía la mano–, es un placer volver a verla, y además tan hermosa. Y tú, Shev, maldita sea, ¿por qué no me habías dicho que estabas en la ciudad?

–Hace... poco –respondió Jervaulx.

–¿Puedo ir a visitarla, señora? –preguntó Fane mientras se sentaba junto a Maddy y se inclinaba ligeramente sobre ella.

–Siempre serás bienvenido.

Fane sonrió moviendo la cabeza de un lado a otro.

–Vaya, me encanta su manera de hablar. –Miró por encima de la cabeza de Maddy hacia Jervaulx–. Te advierto que pienso convertirme en su tórtolo.

El duque levantó las cejas por toda respuesta.

–¿En mi qué? –preguntó Maddy.

El coronel Fane se puso en pie y, volviendo a coger la mano de Maddy, la besó.

–En su amante, mi querida señora. Y he de irme, antes de que termine de romperme el corazón o su marido me tire abajo. Adiós, mi severa Elena. Muero por ti.

Antes de que Maddy pudiera terminar de asimilar aquel sorprendente parlamento, el coronel ya se había marchado. Bajó la cabeza, a sabiendas de que había gente observándolos desde todos los puntos del teatro. Miró de reojo a Jervaulx.

Él le devolvió la mirada con expresión sombría pero, a continuación, le sonrió con un gesto de intimidad y complicidad que conmovió a Maddy.

–¿He de... matarlo? –preguntó Jervaulx.

Maddy tomó aliento y levantó la cabeza.

–No te preocupes –respondió con toda serenidad–. No juego con el amor, Jervaulx.

Éste volvió a su actitud hierática. Maddy apartó la vista de él y la dirigió hacia las retozonas actrices mientras corrían de un lugar a otro del escenario haciendo gorgoritos como alondras delirantes.

Jervaulx se puso en pie y le ofreció la mano.

–Ya está. Vamos.

De soltero, a Christian no le había preocupado demasiado recibir visitas o no. Lo más normal era que las hiciera él, ya fuera para agradecer cenas o fiestas, o para cuidar de sus intereses, de negocios o de cualquier otro tipo, o para flirtear o presentar sus respetos como era debido. Pero, esa mañana, las tarjetas de visita se amontonaron en la bandeja de plata de la entrada. Un torrente de carruajes se fueron deteniendo, uno tras otro, durante unos momentos ante la puerta de la casa de Belgrave Square, para después proseguir su camino tras haberles sido negada la entrada a sus ocupantes. Cada hora Calvin llevaba un nuevo montón de tarjetas a la biblioteca.

Maddy, sentada frente a Christian en el escritorio, leía en voz alta el nombre de cada tarjeta. Entonces, dependiendo del movimiento de cabeza que hiciera Christian, la tiraba a uno u otro de los dos jarrones de jade a juego que habían cogido de una consola para tal propósito. Entre cada nueva llegada de tarjetas, Christian le dictaba cheques y cartas mientras revisaba los libros de contabilidad. Y, cada media hora, Calvin volvía a entrar con un nuevo ramo de flores para ella.

Había comenzado antes del desayuno aquella constante entrega de tulipanes, narcisos, jacintos de dulce olor, claveles de varios tipos y prímulas enviados por Christian. Algunos iban cortados, otros en macetas holandesas, otros en cestas; cada uno era un poco más grande que el anterior, hasta que la biblioteca se convirtió en un jardín y las flores se desbordaron al salón contiguo.

Para consternación de Christian, Maddy parecía no estar impresionada. Llevaba todo el día recibiendo aquellos obsequios florales sin decir ni una palabra, y dando instrucciones a Calvin para que las pusiera a un lado. Pero, cuando dos lacayos ayudados por los mozos de los viveros entraron un par de enormes maceteros con dos naranjos en flor plantados en ellos, Maddy terminó por llevarse las manos a la boca y cerrar los ojos.

–¿Qué estás tramando? –exclamó a través de los dedos.

–Llevan una nota, señora –dijo Calvin cogiéndola–. «El dueño del vivero pasará a verte cuando te venga bien para saber qué plantas quieres poner en el jardín trasero, así como en el invernadero que construirán para ti en él.»

Maddy lanzó un pequeño gemido de alegría y miró a Christian. Éste no estaba seguro de si aquello significaba éxito o desastre. Cuando los sirvientes salieron de la habitación, fue hasta uno de los árboles y arrancó una flor mientras Maddy lo observaba, incapaz de llegar a entenderlo.

Christian aspiró el aroma de la flor profunda y sensualmente, la hizo girar varias veces entre sus dedos y se acercó muy despacio hasta donde estaba Maddy. Se detuvo como si estuviese decidiendo qué hacer con ella y, entonces, se la puso en la oreja.

–¿Me queda... bien? –preguntó llevándose la mano a la cabeza y girándola para que se viese la oreja mejor.

Maddy se echó a reír con un sonido extraño, como si le saliera de dentro de forma espasmódica sin que pudiera evitarlo. La pobre y sencilla Niñamaddy, riéndose de algo así. El pobre y simplón Christian, llegando a esos extremos. La experiencia de éste era muy amplia, pero se había dado cuenta de que no era lo bastante para aplacar la sensibilidad herida de una dama puritana.

–Sé lo que estás haciendo –dijo ella.

–Poniéndome... guapo.

–Estás intentando tentarme con joyas y flores.

Christian sacudió la cabeza y la flor cayó en su mano.

–¿Y funciona?

Maddy se sonrojó ligeramente y bajó la mirada.

–¿Si funciona para qué?

–Para que seas... más dulce.

–¿Para qué?

Christian se encogió de hombros.

–Para que no tenga... que dormir... en el vestidor.

Maddy miró todas las flores que la rodeaban ocupando hasta la última mesa y aparador.

–¿Y todo este gasto, sólo para eso?

Con la flor entre los dedos, Christian acarició la palma de la mano de Maddy.

–¿Sólo?

Ella se sonrojó por completo.

–Es tu casa. Nunca te he dicho dónde has de dormir. No me corresponde a mí decirlo.

–Te corresponde... decir... que me quieres... contigo –dijo él al tiempo que dibujaba círculos con los pétalos sobre la piel de Maddy.

–¿De verdad? –dijo ella cada vez más agitada.

–Dilo. Di... que me quieres... contigo.

Maddy miró la flor.

–No lo sé –contestó llena de tristeza.

–¿No lo sabes... Niñamaddy? –preguntó él suavemente.

–¡Por qué tienes que ser tan... tan carnal! –exclamó ella apartando la mano–. ¡No debo!

Christian se animó al instante. Eso sí que era algo que conocía muy bien: una dama que no debía pero que, con toda probabilidad, lo haría. Partiendo de esa idea, decidió llevar a cabo una retirada estratégica. Sabía ser paciente.

–Muy bien –dijo con toda dignidad apartándose de ella y volviendo a sentarse ante su escritorio para seguir revisando los libros de cuentas.

Al cabo de unos instantes, levantó la cabeza.

–Otra cosa. Dentro de un mes... daremos un baile... para quinientos invitados. –Empujó el jarrón que contenía mayor número de tarjetas hacia Maddy–. Invitaciones... para todos éstos.

Jervaulx no la visitó esa noche, como tampoco lo había hecho la noche anterior. Maddy se quedó sola en el dormitorio de él pensando en el baile para quinientas personas y en lo que, según él, le correspondía a ella decir.

Tenía ganas de enfadarse con Jervaulx por todas esas nuevas extravagancias. Las flores, las joyas, no eran sino meras artimañas mundanas y ladinas. Él mismo lo había admitido abiertamente con una flor de naranjo tras la oreja: «¿Y funciona?», privándola así de la inmunidad que le concedía sentirse indignada en lo más profundo de su virtud. Maddy sentía que estaba resbalando y cayendo en la red tendida por él.

A la mañana siguiente volvieron a reunirse en la biblioteca llena de flores para seguir ocupándose de sus asuntos. Jervaulx trabajaba con una concentración agotadora. Hacia el mediodía su capacidad de habla se había deteriorado, y cerraba los libros de golpe lleno de impaciencia.

–Deberías descansar –dijo Maddy después de que él hubiera intentado decirle la cantidad total de un pago y hubiera tenido que calcular la cifra tres veces–. Te cuesta bastante.

–¡No... cuesta! –exclamó él reclinándose en el sillón–. Es fácil... pero... se escapa. Como cuando... intento trabajar... y alguien habla. No puedo... las dos cosas. –Echó la cabeza hacia atrás y se llevó las manos a los ojos–. No soy... idiota.

–Yo no he dicho que lo seas –murmuró Maddy.

Jervaulx suspiró profundamente y dejó caer ambas manos mientras seguía mirando al techo.

–Me siento... idiota –gruñó–. Un maldito... idiota.

Maddy tenía la mirada fija en el escritorio. Jugaba con el extremo de un papel enrollándolo y desenrollándolo.

–Christian –dijo de pronto sin dejar de mirar su mano–, ¿me harás el favor de venir esta noche?

Él no hizo nada durante unos instantes, hasta que apoyó los codos sobre la mesa, levantó la cabeza del respaldo de la silla y descansó la barbilla sobre sus manos entrelazadas mirando fijamente a Maddy.

–¿Por qué... esperar? –dijo sonriendo–. Estoy aquí... ahora.

Maddy abrió los ojos como platos. Volvió a concentrarse en la hoja pero, a cada momento, lo miraba desconcertada.

–Estás confuso –dijo al fin.

Jervaulx se rió en voz baja. Maddy consideró que lo más prudente sería recoger los papeles que tenía delante. Se puso en pie y los fue apilando en montones bien ordenados. Pero, cuando Jervaulx también se levantó, Maddy casi derramó un tintero. Él se lo quitó de la mano y lo depositó sobre la mesa.

–¿Confusa? –preguntó divertido.

–Creo que Calvin ya tiene la comida preparada.

–Más tarde.

–Es hora de comer, Jervaulx. Y es de día. No te he dicho que...

Maddy se olvidó de lo que iba a decir cuando él se colocó tras ella y restregó los labios contra su cuello.

–¿Me deseas, Niñamaddy? –murmuró.

Maddy tembló con aquel delicioso roce.

–¡Es de día! –exclamó.

Jervaulx volvió a reírse, y su aliento acarició la piel de Maddy.

–No te he preguntado... la hora.

Con un dedo le recorrió la garganta hasta llegar a los botones que tenía a la espalda. Maddy notó cómo desabrochaba el primero.

–¡Calvin puede entrar en cualquier momento! –alegó, desesperada.

Él desabrochó otro botón y le besó la nuca.

–¡Estás cansado!

Maddy parecía clavada a aquel lugar mientras sentía cómo las caricias de él provocaban una corriente eléctrica que fluía por todo su cuerpo hasta derretirse en un torrente de calor por todos sus puntos más carnales: por sus pezones y mucho más abajo.

–No deberías... Tienes que descansar.

–Sigues... sin contestar –dijo él a la vez que terminaba de desabrochar todos los botones y las cintas del corsé y encontraba la abertura de la camisola–. ¿Me deseas, Maddy?

–Eres...

Unos ligeros golpes en la puerta hicieron que diera un respingo de pánico.

–¿Sí? –dijo Jervaulx en dirección a la puerta.

Puso las manos sobre los hombros de Maddy para mantenerla inmóvil, y le sujetó los extremos del vestido desabrochado con los pulgares.

Calvin apareció en el umbral.

–La comida está lista, excelencia.

–Sírvela aquí –dijo Jervaulx con indiferencia.

Bajó una de las manos y recorrió con un dedo la espalda al descubierto de Maddy, provocándole una intensa sensación cargada de sensualidad.

Maddy, incapaz de moverse o hablar, se sonrojó mientras miraba a Calvin. El mayordomo se limitó a inclinar la cabeza.

–Enseguida, excelencia –dijo antes de retirarse.

–Vamos –dijo Maddy intentando subirse el vestido mientras Jervaulx se lo bajaba de los hombros–. Haz el favor de tener un poco de sentido común. Volverá dentro de un momento. ¡No! ¡Aquí no, por favor!

El corpiño de Maddy se soltó. Jervaulx la apretó contra él y besó la curva de su hombro a través de la fina camisola de algodón. Metió la mano por debajo del corsé abierto y recorrió el pecho de Maddy por encima de la tela hasta acariciarle el pezón, haciendo que ella sintiera un profundo deleite y se quedara sin aliento.

–¿Me deseas? –le murmuró él al oído.

–Van a entrar –gimió ella–. Van a entrar en cualquier momento.

La abrazó con mayor fuerza.

–¿Me deseas?

Un ruido en el exterior de la puerta cerrada hizo que a Maddy le entrara el pánico. Intentó zafarse de él sin conseguirlo. Jervaulx la llevó hasta el estrecho hueco que había entre una estantería y un aparador. Una vez Maddy estuvo allí metida medio desnuda, la soltó y, cuando la puerta se abrió, se colocó delante de ella y cogió un libro de la estantería.

Se puso a buscar algo en él de espaldas a los sirvientes, impidiendo así que pudieran ver a Maddy. Ésta oyó el ruido de bandejas y platos, y vio de repente las medias blancas de un lacayo que pasaba por detrás de Jervaulx. Maddy temió que, pese al escondite, fuera visible para los criados, por más que ella no podía ver nada tras los anchos hombros de Jervaulx.

Éste pasó una página del libro.

–Aquí está –dijo como si acabara de encontrar el pasaje que buscaba. La miró con los ojos iluminados por la risa–. Hamlet. «Señora, ¿puedo yacer... en vuestro regazo?» –Maddy se apretó más contra la pared con la boca muy cerrada y mirando a Jervaulx con una expresión mezcla de enfado y miedo. Él cambió la suya por una de inocencia–. «Me refiero... a poner... la cabeza en vuestro regazo.»

–¡No! –susurró Maddy, furiosa.

Jervaulx sonrió.

–Lo pone aquí... en la obra. Sólo... leía.

Maddy oyó la puerta abrirse y cerrarse. Durante un prolongado momento Jervaulx la miró mientras seguía atrapada en aquel hueco por pudor y por él mismo, que constituía una barrera infranqueable. Maddy aguzó el oído intentando oír algo y, a continuación, preguntó con sigilo:

–¿Se han ido?

Jervaulx miró por encima de su hombro a uno y otro lado con actitud histriónica y volvió a mirarla.

–No sé. Mejor... sigue ahí.

Maddy le dio un empujón. Jervaulx bajó el libro, se lo puso a la espalda y lo dejó caer con estruendo mientras se inclinaba hacia delante y la besaba en la boca. La cogió con las manos y recorrió sus pechos con los pulgares acariciándole los pezones incansablemente. El cuerpo de Maddy se arqueó contra él.

–¿Me deseas? –susurró Jervaulx con lascivia.

Era el diablo hablándole al oído a plena luz del día. Las firmes y elegantes manos de un hombre recorrían su cuerpo mientras la contemplaba con sus intensos ojos azules y sus largas y hermosas pestañas.

Maddy se puso de espaldas a él y apretó su encendida mejilla contra la suave y fría piel de la pared de la biblioteca. Él le acarició la espalda desnuda apartándole la ropa interior. Pasó los brazos por debajo de los de ella y recorrió su pecho con las manos, sumiéndola en una mezcla de éxtasis y agonía cargada de vergüenza al no ser capaz de detener aquel estremecimiento de placer.

–Es de día –gimió Maddy ocultando su rostro contra la pared forrada en piel–. No lo hagas.

Jervaulx dejó de acariciarle el torso desnudo, pero no se retiró sino que, por el contrario, se acercó aún más y la apretó contra la pared. Maddy notaba el encaje de la camisa de él contra su piel. El olor de Jervaulx se mezcló con el del cuero. Éste comenzó a subirle la falda.

–¡No! –gritó ella–. ¡No, es una indecencia! ¡Christian, por favor!

Él le mordió el hombro y se apretó más contra ella. Maddy intentó apartarse de la pared, pero lo único que consiguió fue estar aún más unida a él. Jervaulx le cubrió la garganta y el hombro de besos y le lamió la piel con frenesí mientras le bajaba los brazos y los apartaba de la pared, haciendo que quedaran colgantes e indefensos. La falda de Maddy estaba cogida entre ellos; se sintió desnuda, con las piernas y las medias al aire hasta la altura de las ligas.

Pero Jervaulx no se detuvo ahí. Le subió el vestido aún más y puso las manos sobre sus caderas y trasero. Lanzó un sonido brusco y apasionado muy cerca del oído de Maddy. La mordió haciéndole daño mientras apretaba aquellas zonas tan íntimas de su cuerpo con las manos, pero era un dolor dulce, de puro éxtasis pecaminoso. Maddy notó cómo Jervaulx se desabrochaba el pantalón; su miembro viril se abrió paso y empujó contra ella, consiguiendo que Maddy comenzara a jadear desesperada e intensamente excitada.

Como si fuera una piedra derritiéndose, el cuerpo de Maddy se relajó y permitió que él entrara entre sus piernas. La respiración de Jervaulx era como la de un animal enfebrecido que arrojaba oleadas de calor contra su piel desnuda. Le apretó las caderas con violencia haciendo que Maddy cerrara las piernas sobre su miembro.

Jervaulx puso los brazos entre el cuerpo de Maddy y la pared, atrapando la falda entre ambos. La cogió de las muñecas.

–Tócame –dijo mientras le bajaba la mano hasta el hueco formado por sus piernas, donde esperaba su húmedo y caliente falo–. Sí –gimió conforme comenzaba a moverse de forma exigente contra ella–. Sí, sí... Maddy.

Con una mano entrelazada a la de Maddy y los dos apretados contra la pared, Jervaulx deslizó la otra hasta la parte más íntima de ella, que acarició y frotó al mismo ritmo que marcaba el movimiento de su cuerpo contra el de Maddy. Su miembro viril se movía entre sus piernas provocando un inimaginable placer en Maddy, una sensación que fluyó hasta sus pechos haciendo que sus pezones florecieran como una llama contra la fría piel. Un rocío húmedo y caliente se extendió por los dedos de ambos. Maddy acopló la mano a la cabeza del miembro de él, y sintió una profunda y morbosa satisfacción al oír los sonidos que conseguía extraer de Jervaulx.

–¿Me deseas... dentro de ti? –preguntó él con una voz incisiva, insistente y extrema.

Maddy se mordió el labio con el rostro apoyado sobre un lado contra la pared.

–Sí, te deseo –dijo con un sollozo–. Te deseo.

Y entonces fue cuando él le enseñó cómo hacerlo, cómo inclinarse hacia delante y ofrecerse a él, cautiva de él, perdiéndose en él, a la luz del día; los dos se pusieron de rodillas en el suelo y él penetró muy dentro de ella mientras con las manos le cogía los pechos y le besaba la nuca. Cuando llegó al orgasmo gritó gozosa, fundiéndose su voz con el gruñido masculino de Jervaulx. Los dos eran, ni más ni menos, como las demás criaturas salvajes que Dios había creado de la arcilla para que poblaran la tierra.

Jervaulx le compró no uno, sino dos carruajes. Uno tirado por cuatro caballos zainos y el otro por una pareja de ponis color crema. Para el parque, dijo, como si ella tuviera la menor intención de pasear por allí montada en él.

Maddy le dijo que no los quería, e insistió en que pusiera fin a todos aquellos obsequios caprichosos. Jervaulx compró un mueble antiguo de marquetería que escogió entre una selección que el comerciante llevó a Belgrave Square, y se dedicó a redecorar la sala trasera, una habitación que ya era de por sí elegante y cómoda y que apenas tenía un año de uso, transformándola en un caro y extravagante salón plagado de dorados y raso rojo.

Maddy lo reprendía por tanto derroche. Jervaulx también le compró una magnífica pintura de Rembrandt, que adquirió a un particular, y era la pareja de la que tenía en su dormitorio del castillo Jervaulx, un estudio de un joven en actitud muy seria que parecía ser el hermano de la pícara joven del otro cuadro. Maddy se enteró después por los periódicos de que la oferta del duque había sido tan generosa que se había cancelado la subasta que iba a celebrarse en Christie's, para desesperación y celos de muchos expertos y aficionados.

Maddy vivía en lo que era una mezcla de tristeza y felicidad en el pequeño mundo de la casa del duque. Nunca estaban en casa para las visitas, ni tampoco salían salvo al anochecer, cuando iban en uno de los carruajes a algún apartado sendero en medio del campo para que Jervaulx estirara las piernas dando un paseo que obligaba a Maddy a tener que correr para no quedarse rezagada. Tras un árbol o junto a cualquier seto, mientras la tenue luz otoñal dibujaba sombras entre los montones de hojas caídas y heladas, Jervaulx se paraba y la besaba, y a veces incluso más. La acariciaba, levantaba la vista desde el otro lado del escritorio de la biblioteca y la miraba con una sonrisa que decía muchas cosas de ella. Maddy sentía que le pertenecía sin remedio. Los regalos no significaban nada; era su propia ansia la que la tenía esclavizada. Quería que él la tocara, que la poseyera, de la manera que fuese, en cualquier momento y lugar, sin preocuparse de la decencia y el pudor.

Muchas veces quería simplemente poder mirarlo. Cada pelea por sus gastos era aún más dolorosa, porque él ya ni siquiera discutía. Se marchaba solo en el carruaje, dejándola abandonada en medio de aquel lujo, o la seducía. Al igual que le había pasado a Eydie, estaba entregada a él, aunque en su caso era peor, por lo mucho que lo necesitaba y dependía de él. Hacía cualquier cosa que él le pidiera, y le gustaba. Le tenía mucho miedo a Jervaulx por ese poder que ejercía sobre ella pero, aun así, seguía dándoselo todo, lo cual hacía que fuese feliz y desdichada a la vez.

Maddy se sentía indefensa. Se acordó de Eydie en la escalera. Las hábiles caricias de Jervaulx, su mundana sofisticación. Seguro que había habido otras mujeres antes y habría otras muchas más después, y más mechones de pelo, más miniaturas pintadas y más dolor.

Debería irse. Marcharse de aquel lugar. Cualquiera –un oficinista, un secretario– podía hacer el trabajo que realizaba para él. Debería escapar, volver con su padre y salvarse mientras todavía le quedara suficiente vergüenza para comprender lo que le estaba pasando y en qué se estaba convirtiendo. Pero también seguía siendo consciente de su responsabilidad. Esa misma mañana había recibido una carta de lady de Marly. La había leído y la había quemado, para que Jervaulx no pudiera ver lo que había escrito su tía.

Su madre quería que volvieran a encerrarlo. Había que anular el poder que ejercía sobre él esa indigna mujerzuela que afirmaba ser su esposa. De momento, el abogado de lady de Marly había convencido a la duquesa viuda para retrasar la detención de Jervaulx, y así evitar un lamentable incidente que, probablemente, se convertiría en un escándalo público de grandes dimensiones, por intentar encerrar a un hombre al que todavía no se había declarado oficialmente incapacitado. Pero, como resultado, las presiones para que se celebrara la vista pública se habían incrementado. El abogado tenía serias dificultades para evitar que se fijara la fecha de la vista. La familia de Jervaulx estaba indignada por el monto de los gastos y por haber despedido al agente que llevaba tantos años haciéndose cargo de sus asuntos. Lady de Marly no tuvo el menor reparo en explicarle a Maddy que la familia consideraba que la única culpable de aquel derroche económico era ella, de la que ya no había nadie en el Ministerio de Hacienda que no supiera que era una arpía avariciosa y oportunista que controlaba la mente enferma del duque de Jervaulx.

Esa descripción estaba tan alejada de la realidad que Maddy no pudo evitar reírse horrorizada al leerlo. Pero tampoco le sorprendió mucho. Ni siquiera ella misma estaba segura de que Jervaulx fuera capaz de controlar sus asuntos como era debido, con lo cual podía esperarse cualquier cosa de los demás. Era normal que pensaran que ella era la culpable de todo. Maddy creía que aquélla era una razón más para marcharse de su lado, pero lady de Marly le ordenaba en la carta –o, más bien, le suplicaba– que hiciese todo lo que estuviera en su mano para que Jervaulx redujera sus gastos a un nivel razonable, e incluso daba una cantidad que a

Maddy le habría parecido monstruosa un mes antes, pero ahora le resultó bastante discreta.

Maddy dudaba de que fuera capaz de hacerlo. Jervaulx ni siquiera pagaba los atrasos que debía de los préstamos; aunque le dictaba cartas muy educadas en respuesta a todas las peticiones de pago, sólo satisfacía las más amenazantes. Pese a todo el trabajo que él hacía al revisar las cuentas, Maddy no veía que hubiese ningún progreso y, desde hacía algún tiempo, sospechaba que lo que hacía en realidad era acumular dinero, desentenderse de muchos pagos para disponer de una mayor cantidad en metálico que antes.

También esa misma mañana habían discutido por eso o, al menos, Maddy había discutido con él. Jervaulx se había limitado a reprenderla hasta que había perdido la paciencia y, levantándose de su silla, la había besado con pasión.

Afortunadamente, Durham había llegado en ese momento, poniendo punto final a aquello de una forma mucho más efectiva de lo que lo podría haber hecho ella. Jervaulx no le pidió a Maddy que los acompañara a su amigo y a él a hacer una primera ronda de visitas que habían seleccionado con sumo cuidado, costumbre social que la intimidaba. Durham, que parecía ajeno a lo que pensaba ella al respecto, se disculpó por dejarla en casa.

–Estará haciendo visitas sin parar antes de que se dé cuenta –predijo lleno de optimismo–. En cuanto el baile le sirva de carta de presentación oficial.

–Vaya –dijo Maddy mirando a Jervaulx–. ¿Es para eso?

Él se inclinó ante ella.

–Para presentar... a mi duquesa.

–Hay que dejarlos sin habla –explicó Durham–. Es la única forma. Atacar con todo lo que se tiene. No es el mejor momento de la temporada pero, como tampoco hay nada más interesante, seguro que vendrán todos. La caza está tan de capa caída que hasta los que quieran ir a la cacería de Melton lo retrasarán un día o dos para venir al baile.

–Menudo... sacrificio –dijo Jervaulx con ironía.

–A Shev no le gusta la caza del zorro –dijo Durham a Maddy a modo de confidencia–. No es lo bastante moderna para él. Prefiere la caza con escopeta, porque es más científica.

Esa reflexión pareció entristecer al duque.

–Ya no –dijo–. No podría... acertar... ni a un granero.

–Ya pasará –dijo Durham lleno de fervor–. Fíjate en lo mucho que estás mejorando.

Jervaulx no contestó, se quedó en la puerta como una estatua con expresión seria esperando a que su amigo se despidiera de Maddy. Al salir le dijo a Durham:

–Sólo nos quedamos... cinco minutos. Sólo, ¿entiendes? Así... no hablo.

Calvin apareció a los pocos instantes de haberse marchado los dos.

–Su excelencia me ha pedido que la ayude con las invitaciones, señora, para que salgan mañana. Han enviado todo lo necesario de la papelería.

Calvin dejó un paquete sobre el escritorio y cogió unas tijeras pequeñas para cortar el nudo.

Maddy suspiró. Estaba claro que la paciencia no era una de las virtudes del duque.

Horas más tarde, mientras a Maddy le dolían la mano y la espalda de tanto transcribir las cartas de la mañana y las invitaciones de la tarde, un lacayo llamó a la puerta.

–El señor Butterfield, dueño de los viveros, y su jardinero el señor Hill –anunció.

Pese a todas las flores que llenaban la biblioteca, y que seguían llegando todos los días, Maddy había olvidado por completo la cita que Jervaulx le había concertado con el dueño del vivero. Pero Calvin ya se había puesto en pie y el lacayo hacía pasar a los dos hombres a la estancia. El segundo de ellos llevaba un sombrero cuáquero y una levita sencilla.

–Has dicho mal mi nombre –dijo éste al lacayo con la mirada puesta en Maddy–. Me llamo Richard Gill.

31

Maddy se sintió profundamente humillada. Se quedó pegada al sillón, casi ocultándose tras él y conteniendo la respiración como si estuviese siendo expuesta sobre una tarima mientras sus delitos eran aireados a los cuatro vientos.

El señor Butterfield hizo una profunda reverencia, tras lo cual le sonrió jovialmente al tiempo que erguía su corpulenta figura.

–Es un honor servir a su excelencia. Espero que las flores y las plantas sean de su agrado.

Maddy asintió. Se puso en pie como si fuese una marioneta rota y dio la mano a Richard.

–Amigo –dijo.

–Arquimedea –contestó él tocándole levemente la mano y apartando la suya al instante.

El dueño del vivero los miró sorprendido.

–Ya nos conocíamos –le explicó Maddy–. Soy...

Pero no le dijo que era una Amiga. No podía hacerlo en esos momentos. No tenía derecho.

–Conocí a Richard Gill hace tiempo –añadió en su lugar.

El señor Butterfield volvió a deshacerse en sonrisas.

–Qué coincidencia. Gill lleva poco tiempo conmigo, pero quizá su excelencia sepa que antes estaba con el señor Loudon.

–No –dijo Maddy de forma mecánica–. No lo sabía.

–Pero conoce el trabajo del señor Loudon, ¿no?

–¿El señor Loudon? –De pronto Maddy recordó un retazo de información al que aferrarse–. ¿El del *Jardinero suburbano*?

–Así es, excelencia. El principal horticulturista de nuestros días: *Guía del jardinero suburbano, Enciclopedia de jardinería, La revista del jardinero...* Es el digno sucesor de Brown y Repton, se lo puedo asegurar. Y, aquí Gill, tiene excelentes recomendaciones del señor Loudon como proyectista y florista. Es experto en botánica, y nos puede ayudar a diseñar un arboreto y jardín al estilo actual. Que sea hermoso para la vista, educativo para la mente y, lo que es más importante, que eleve el espíritu. Espero que le parezca la persona adecuada...

Richard se limitó a contemplarla con una mirada cristalina y fija que resultaba insoportable por su falta de reproches. Maddy tuvo que apartar la suya al instante.

–Sí, muy adecuado. Estoy segura de que Richard es del todo adecuado.

En cuanto lo dijo pensó en Jervaulx, quien no lo consideraría nada adecuado. Pero no podía decir eso, como tampoco encontraba la forma de despedir al sonriente Butterfield y su magno proyecto. Era evidente que el dueño del vivero estaba pletórico por el encargo.

–Bien, pues entonces... –Butterfield se giró hacia Richard y cogió una libreta y un bloc de dibujo que éste llevaba–. ¿Echamos un vistazo al terreno?

El espacio –pavimentado, lóbrego e impecable– que separaba la casa de los establos no era mayor que el de su jardín de Chelsea. Entre aquellos muros, que no tenían ningún recubrimiento de plantas trepadoras o árboles que los suavizaran, no había ornamentación alguna salvo un único banco de hierro forjado. Butterfield hizo una leve mueca de disgusto con los labios.

–¿Hay un sótano para el servicio bajo el pavimento?

–Sí. –Maddy estaba familiarizada con la cocina y las bodegas desde el primer día que había llegado con Jervaulx, y se alegró, por pura cobardía, de tener algo impersonal de lo que hablar–. Va por debajo de las caballerizas.

–Tengo que echar un vistazo a la parte inferior antes de empezar. No tardo nada. Gill, atienda usted a la duquesa. Si su excelencia tiene la bondad, infórmele de aquellas plantas por las que sienta especial predilección. No, no, no se mueva. Ya encontraré a alguien que me lleve abajo.

Butterfield se dirigió a toda prisa hacia la casa y Maddy se dio cuenta de que los dejaba solos. Levantó la mano para detenerlo, pero aquél ya había desaparecido.

Se quedó mirando a la elegante cristalera por la que Butterfield había entrado en la casa. Alguien silbaba en el callejón tras los establos. Maddy permaneció inmóvil en medio del poderoso silencio que dominaba aquel árido patio.

–¿Por qué? –preguntó Richard.

A Maddy no le quedó más remedio que girarse hacia él. No levantó la vista, sino que siguió mirando fijamente al duro pavimento.

–¿Te obligó? Arquimedea... –Tras su voz pausada se podía percibir una intensa carga de emoción–. Podrías haber acudido a mí.

Maddy negó con la cabeza rápidamente, incapaz de hablar. Richard dio unos pasos hacia el muro.

–El Señor me pidió que te cuidara y, para pesar de mi alma, fallé.

–No, Richard, tú no fallaste.

La silueta de él, con sus anchos hombros y de cara a la pared, se recortaba contra la piedra blanca, convirtiéndolo en una presencia oscura y severa que contrastaba con la brillante luz. Cuando se dio la vuelta, Maddy volvió a apartar la vista, incapaz de mirarlo a los ojos. Richard se acercó a ella.

–No importa que se propasara contigo –dijo en voz baja y con un tono de ardiente intensidad–. Le habría pedido permiso a la Asamblea para hacerte mi mujer.

–¡Tu mujer! –Maddy levantó la cabeza y lo miró fijamente.

–Y aún puedo hacerlo, Arquimedea, si repudias tu terrible error. –Bajo la oscuridad de su sombrero, el rostro de Richard parecía presentar una férrea pureza de intenciones, casi de inocencia en comparación con la confusión que la atormentaba a ella en esos momentos–. Es culpa mía.

–Eres demasiado bueno –dijo ella sintiéndose muy desdichada.

–Vuelve conmigo. Márchate de aquí. Márchate de este lugar corrupto y vuelve conmigo ahora.

Maddy se apartó de él mientras notaba cómo el corazón le latía más deprisa. Sabía desde hacía tiempo que estaba cayendo en un abismo de vanidad y deseo carnal, pero no se había dado cuenta del punto al que había llegado hasta que él le tendió la mano para liberarla de todo aquello.

–Me he casado con él –dijo insegura.

–Con un infiel. Con un hombre impío. «Duquesa» te llaman. ¡«Excelencia»! –exclamó con una mueca de repulsión–. «Casada.» ¿Cómo puedes llamarlo así, Arquimedea? ¿Casada? No ante la Verdad, ni ante la Luz, con el consentimiento de tu Asamblea y de tu padre. No es un matrimonio. No eres más que su ramera.

Maddy dejó escapar un pequeño gemido mientras se ceñía más el chal y apartaba el rostro.

–No, lo que he dicho no es justo –añadió Richard mientras ponía una mano sobre el brazo de Maddy–. No eres tú quien debe avergonzarse, sino yo. Cuando volví, ya era demasiado tarde. Y no ha habido día ni noche –añadió iracundo– que no me haya maldecido por dejarte sola ni tan siquiera una hora o un minuto. Sabía que no era seguro.

–Pero... así lo quiso mi padre.

–¡Tu padre! Que Dios lo perdone si quiso eso alguna vez.

Maddy se giró hacia él.

–¡Me escribiste diciendo que mi padre quería que me fuese con Jervaulx!

–¡Yo nunca te escribí semejante tontería! –repuso él con vehemencia–. Y nunca lo habría hecho, incluso si hubiera podido ver a tu padre y él me lo hubiera ordenado.

–¿Qué? –Maddy agarró con fuerza los extremos del chal–. Pero si lo viste...

–No. No estaba en la pensión. Tendría que haber vuelto contigo al instante, pero esperé para ver si aparecía.

–¡Richard! –Se cubrió el rostro con el chal, tras lo cual se apartó de él unos pasos–. Dime si no fue así. –Le habló mirando hacia otro lado, con una intensidad plena de desesperación–. Fuiste a ver a mi padre ese día, y me mandaste una nota ya bien avanzada la noche dándome instrucciones de que acompañase al duque allí donde sus amigos lo enviasen para esconderlo.

El silencio de Richard parecía crecer cada vez más, convirtiéndose para Maddy en truenos ensordecedores. Ella lo miró.

–Dime, ¿escribiste esa nota?

Richard negó lentamente con la cabeza.

Maddy sintió que la invadía una gran debilidad. Su mente no parecía capaz de asumir aquella revelación, pero su cuerpo ya había comenzado a temblar. Richard la cogió de las manos.

–¡Ese hombre es el demonio! –exclamó–. Tienes que venir...

Se oyeron voces procedentes del interior de la casa. Eran las de Butterfield y Durham. La cristalera se abrió y por ella salió Jervaulx, dejando a los otros dos tras él.

El leve eco de voces cordiales se apagó, a excepción del animado monólogo de Butterfield:

–... el soporte más adecuado para los macizos, y se me ha ocurrido instalar tuberías y utilizar vapor para calentar el invernadero. Si su excelencia...

Su voz también se apagó cuando pareció caer en la cuenta de que nadie le prestaba atención.

Richard no le soltó las manos, sino que las apretó con más fuerza.

–Vente conmigo ahora, Arquimedea –le dijo con voz calmada y firme–. Vente.

Jervaulx avanzaba iracundo hacia ellos. Maddy sintió un profundo terror. Intentó con todas sus fuerzas hablar, soltarse de Richard, pero ya era demasiado tarde. Jervaulx agarró a Richard y lo empujó; el puño del duque, enfundado en un guante de piel, se movió con rapidez en el espacio que se abrió entre ellos. Maddy se echó hacia delante para evitarlo, pero la fuerza del ataque de Jervaulx era tal que la golpeó con el hombro, proporcionándole una brutal sacudida que hizo que saliera despedida. Se soltó bruscamente de las manos de Richard y, mientras caía sobre la dura piedra, oyó la tos agónica de éste. Sintió una intensa punzada de dolor en la cabeza y el brazo.

Se le nubló la vista. Yació en el suelo atónita, encogiéndose para hacer frente al dolor. Jervaulx se arrodilló a su lado murmurando «Maddy... Maddy...», y la expresión de su rostro mientras permanecía allí inclinado sobre ella era tal que Maddy consiguió sacar fuerzas de algún sitio y hablar.

–Déjame. Estoy bien –dijo mientras intentaba incorporarse.

–¡Calvin! –gritó Jervaulx mientras le sostenía la cabeza con la mano y se inclinaba aún más sobre ella–. Tranquila, tranquila... Maddy... herida.

Aparecieron Durham y el dueño del vivero. Por encima del hombro de Jervaulx, Maddy vio a Richard ponerse en pie con dificultad. Durham lo ayudó y, a continuación, también se inclinó sobre ella.

–Maldita sea. ¿Está malherida?

–No. –Maddy intentó levantarse una vez más, pero el brazo no le respondía–. No. Sólo me he quedado sin respiración.

Calvin llegó corriendo.

–¡Médico! –espetó Jervaulx.

Le rodeó el hombro con el brazo para sostenerla.

–No necesito un médico –dijo mientras intentaba separarse de él, pero no tenía fuerzas.

Tampoco conseguía recuperar el aliento. Cuando movió el brazo, un espasmo de dolor insoportable le recorrió el brazo desde la muñeca hasta el hombro. Una oleada de arcadas la hizo estremecerse. No tuvo más remedio que seguir descansando apoyada en Jervaulx.

Éste le acarició la frente y juntó su rostro al de ella. No dijo nada, pero cada vez que respiraba parecía oírse una palabra a medio formar: el nombre de ella y perdón, perdón, perdón.

–¿Richard? –dijo Maddy con voz temblorosa mientras intentaba incorporarse poniendo el peso sobre la otra mano–. ¿Estás herido?

Richard apareció ante ella.

–Estoy bien –dijo con serenidad, pero tenía el rostro muy pálido y un brazo apoyado sobre el diafragma.

Jervaulx levantó la cabeza y lo miró.

–Fuera –dijo–. Si vuelvo a ver... fusta.

Richard permaneció inmóvil.

–No pienso dejarla sola contigo.

Maddy sintió que el cuerpo de Jervaulx se tensaba.

–¡Excelencia! –dijo Butterfield adelantándose–. Le ruego acepte mis más sentidas disculpas por la terrible insolencia de este hombre. No tenía la menor idea de que fuese tan indeseable. A partir de este momento, Richard Gill ya no es empleado mío, ni recibirá ninguna carta de recomendación, ni de mí ni de nadie si está en mi mano impedirlo.

–No –gimió Maddy–, te lo ruego.

Se revolvió y consiguió zafarse de Jervaulx mientras se sujetaba el brazo. Le dolía la cadera. Estiró la mano que no había resultado herida hacia Durham, quien de inmediato se agachó para ayudarla.

–Siéntese aquí, señora –dijo.

Mientras Maddy renqueaba hacia el banco que había entre Durham y Jervaulx, la doncella le llevó un vial de amoníaco.

–Gracias –dijo Maddy con verdadero agradecimiento.

El acre olor pareció despejarle la cabeza un poco. Permaneció sentada sujetándose el brazo herido.

–Butterfield –dijo levantando la barbilla con toda la firmeza de la que pudo hacer acopio–. Quiero tener un invernadero. El duque me lo ha prometido, y no voy a consentir que lo diseñe o construya nadie salvo Richard Gill.

–No pienso entrar en esta casa mientras tú sigas en ella, Arquimedea –dijo Richard.

Maddy lo miró mientras se mordía el labio para que dejase de temblar.

–Ven conmigo –añadió él.

–¡No! –exclamó Jervaulx.

Richard hizo caso omiso del duque.

–Si has podido caminar hasta el banco, también puedes caminar para salir de aquí.

–¡No! –repitió Jervaulx mientras daba un paso hacia delante.

El cuáquero se giró hacia él.

–¿Y qué vas a hacer para evitar que se vaya? ¿Vas a usar la fusta?

Habló con su habitual tono calmado, sin que se percibiera el menor atisbo de malicia en él y, sin embargo, el efecto que produjo en Jervaulx fue como el de un latigazo. Se quedó inerte. A continuación, apoyó un hombro contra el muro. Durante unos instantes pareció la imagen de un aristócrata despreocupado sacada de un alegre cuadro, hasta que giró la cara hacia el muro y apoyó la frente sobre la piedra.

Maddy cerró los ojos. No quería llorar. No, no quería.

–Vámonos, Gill.

La voz de Butterfield produjo un ligero eco en el patio, pero Maddy no abrió los ojos.

Nada se movía. Maddy permaneció con los ojos muy cerrados.

–¡Gill! –insistió Butterfield.

Richard dijo su nombre, con firmeza y tranquilidad. Maddy sabía que era la última vez que lo diría.

Jervaulx era un mentiroso, un villano, un hombre mundano, altivo, temerario y violento. Iba a peor en vez de a mejor. Richard le estaba pidiendo que lo abandonara, ofreciéndole su férrea voluntad para que ocupara el lugar de la suya propia.

Pero no podía moverse. Su expresión helada no dejaba traslucir ni el menor movimiento.

Y entonces oyó los pasos de Richard mientras se giraba y comenzaba a marcharse.

No abrió los ojos hasta que dejó de oírse el sonido de la puerta al cerrarse. Cuando levantó la vista, vio que el patio estaba vacío a excepción de Jervaulx y de Durham, que estaba de pie junto a la puerta.

–Creo que debería entrar y acostarse, señora –dijo éste.

–Me engañaste –dijo Maddy–. No hubo ningún mensaje de Richard. Mi padre nunca dijo que me quedara contigo.

Jervaulx se apartó del muro, con una media sonrisa de amargura.

–Bastardo... Gill.

–Fue idea mía –se apresuró a decir Durham–. Toda la culpa es mía, y le ruego de todo corazón que me perdone, señora. Estuvo muy mal, pero que muy mal. Pero... –Se había puesto rojo de la cabeza a los pies–. Deje que la ayude a entrar.

Maddy se puso en pie. Todavía notaba una sensación extraña de debilidad en el estómago. Parecía como si el brazo fuese de caucho. Cuando lo movió más allá de cierto ángulo, se quedó sin aliento mientras un dolor agónico le recorría todo el cuerpo.

–Maddy –dijo Jervaulx con voz áspera, como si estuviese enfadado con ella.

Le rodeó la cintura con el brazo con una gentileza que contradijo esa impresión, teniendo mucho cuidado de no tocar el miembro herido. Ante el peligro de que se acrecentara la turbia sensación de mareo que padecía, Maddy se apresuró a entrar en la sala trasera, en la que Durham puso rápidamente una almohada en el diván. Ya estaban allí un lacayo y la doncella, y Calvin entró desde el recibidor.

–He mandado llamar a un médico –dijo.

Llevaba una toquilla y otra almohada.

Con gesto de dolor, Maddy dejó que se las pusiera.

–No, señora, no se mueva. Procure tener el brazo quieto.

–Vete –dijo Maddy con voz débil–. Estoy bien.

Calvin no se ofendió.

–Ahí tiene las sales, a su lado.

–Vete –volvió a decir ella–. Todos.

–Sí, señora. Llámenos si nos necesita.

El mayordomo se retiró junto con los demás sirvientes. Tras hacer una reverencia, Durham los siguió con gran celeridad.

–Vete –repitió Maddy.

Jervaulx no se movió de donde estaba. Permaneció de pie, con las manos a la espalda, contemplando el yermo jardín.

–Por favor –dijo ella.

Jervaulx giró la cabeza como si la escuchara, pero no se fue.

Era un simple esguince, dijo el médico, que le inmovilizó el brazo poniéndoselo en cabestrillo. Indicó que la trasladaran a la cama y le administró láudano para sedarla.

Mientras la examinaba en el diván de la sala trasera, Maddy no emitió ningún sonido pese a todos los movimientos del brazo, hasta que el médico quiso saber qué había pasado.

–¿Se ha caído por la escalera? –preguntó en tono jovial.

–Ha sido fuera –contestó ella con voz apagada.

–¿Ha tropezado, entonces? ¿Qué ha pasado?

Maddy no contestó. «He sido yo», pensó Christian mientras sentía derrumbarse.

–¿Un mareo, quizá? –Christian nunca había visto a ese médico antes. Parecía un tipo bondadoso, al modo de un maestro de escuela, y bastante insistente–. ¿Se ha notado débil últimamente?

–Me he caído –dijo Maddy.

–Debe intentar tener más cuidado –dijo el médico–. Supongo que no lleva mucho tiempo casada, ¿no? Este tipo de accidentes en apariencia menores a veces pueden tener graves consecuencias. Ahora he de ser un poco brusco, y preguntarle si cabe la posibilidad de que esté encinta.

Santo cielo. Christian cerró los ojos.

Maddy tampoco contestó. El doctor miró por encima de sus gafas a Christian, levantando las cejas para preguntárselo en silencio, de hombre a hombre. Éste asintió bruscamente.

El médico dio a Maddy unas palmaditas en la mano sana.

–Creo que vamos a trasladarla a la cama, jovencita, y estaremos muy atentos por si acaso –dijo sonriendo–. Vamos, vamos, querida, no empiece a llorar ahora, después de que ha soportado todos mis manoseos y apretones con tanta valentía. De momento no he visto nada que nos haya de preocupar, nada en absoluto. Pobrecita, se ha portado como toda una troyana, ¿verdad? Vamos a subirla arriba para que pueda dormir a gusto.

Indicó a Calvin y a un lacayo que la subieran. Cuando el doctor volvió a la estancia, Christian estaba sirviéndose el tercer coñac. Se giró al oír que la puerta se abría.

El médico entró, se sentó sin ninguna ceremonia, y sacó una libreta de su maletín.

–Ha sufrido un desgarro de ligamentos en el brazo que no tiene mayores complicaciones. No parece que el hueso esté dañado. Será muy doloroso, pero se curará con tiempo y reposo.

Hizo unos cálculos y frunció el ceño. A continuación miró a Christian.

–Siéntese, señor. Siéntese. Quiero hablar con usted. ¿Diría que su esposa es de temperamento nervioso?

Christian se sentó. Pensó en Maddy, la fuerte Maddy.

Nerviosa no. No. Negó con la cabeza.

–En estos momentos tiene los nervios bastante alterados. Lo más probable es que sea por la lesión, aunque ha soportado el examen con gran entereza. Me va a perdonar que sea tan directo, pero es que la inestabilidad emocional puede ser también una señal temprana de embarazo, y eso me preocupa tras la caída. La señora no me ha aclarado mucho sobre la caída ni sobre su período. ¿Estaba usted presente cuando tuvo el accidente?

Christian miró a la alfombra oriental que tenía bajo los pies y asintió.

–¿Estaba pálida o parecía débil?

Christian se puso en pie y comenzó a andar. No iba a ningún sitio concreto, sólo quería caminar por la habitación.

–Señor, soy médico –dijo el otro en tono calmado–. Comprendo que estas cosas resultan...

–Fui... yo.

Christian se detuvo ante la ventana y miró por ella. Hubo un breve momento de silencio.

–¿Usted provocó la caída?

Se giró hacia el médico.

–Sí.

El doctor asintió con la cabeza sin dejar de mirar a Christian.

–Entiendo. –Su semblante se volvió más sombrío–. Entonces no cree que la caída tuviera que ver con algún desequilibrio nervioso de ella.

–No.

–La señora me ha dicho que llevan casados unas semanas.

–Un mes.

–Con la poca información que he conseguido sacarle, calculo que tiene un retraso. Ojalá la caída no hubiera ocurrido justo ahora. Si comienza a sangrar, no sabremos si ha perdido algo o si no había nada que perder, pero le diré, señor, que mi instinto de médico me dice que va a ser usted padre.

Christian se tomó un gran trago de coñac.

El médico se puso en pie.

–Me pasaré esta noche. A propósito, me llamo Beckett. Me acabo de mudar a este vecindario, hace una semana. Me temo que su sirviente me trajo con tantas prisas que no me comunicó su nombre.

–Jervaulx.

El otro le ofreció la mano y, mientras le daba un fuerte apretón, dijo:

–Bien, señor Chervo, voy a serle claro. Le recomiendo que sea más cariñoso con su esposa y no le provoque más caídas.

Maddy no había estado enferma en toda su vida. Estaba enfadada con aquel médico, que hacía un drama de lo sucedido. Fue aún peor cuando volvió por la noche. Comenzó a llamarla «excelencia», a cloquear a su alrededor como una gallina con sus polluelos, a regañarla por no tomarse el láudano que había dejado, por levantarse de la cama para sentarse o por cualquier movimiento que hacía. Y todo aquello no era para proteger el brazo, sino para evitar la inminente tragedia que estaba convencido que iba a ocurrir.

Y, para gran exasperación de Maddy, comenzó a sangrar durante la noche. Durmió muy poco, erguida sobre un montón de almohadas para mantener el brazo en alto. No pudo ocultar al doctor su inoportuno estado cuando llegó por la mañana. Éste movió la cabeza lamentándose y le prescribió reposo absoluto en cama durante tres semanas. Ni siquiera se interesó por el brazo antes de irse.

Maddy sacó los pies de debajo de las sábanas. Se cogió el brazo en cabestrillo y se sentó en el borde de la cama con los pies apoyados sobre los escalones del lecho.

¡Médico ignorante! Estaba haciendo todo aquel drama sólo para aumentar sus honorarios, cuando no se trataba más que de una lesión muscular.

Se abrió la puerta del dormitorio. Vio la cara pálida y descompuesta de Jervaulx.

–¡No es cierto! –exclamó ella mientras se cogía el brazo herido–. Es lo que pasa cada mes. Tú no has hecho nada, ¿me oyes?

Había levantado la voz. Sin motivo alguno, comenzó a llorar, y su visión del rostro tenso de él se fue enturbiando hasta que ya no pudo verlo. Negó violentamente con la cabeza y alargó la mano sana.

–Christian, tú no has hecho nada.

Él se acercó. Cogió su mano entre las suyas y se quedó mirándola. Maddy se soltó.

–¿Me oyes? –Se tragó las lágrimas y volvió a negar con la cabeza, una y otra vez–. Es demasiado pronto para que el médico sepa nada. Yo me sentiría de otra forma. Tú no has provocado nada.

Él no la miró. Se quedó inmóvil junto a la cama.

Indignada, Maddy tomó aliento.

–No es más que palabrería y tonterías. Sólo deberías pagarle por ponerme este cabestrillo.

Jervaulx levantó las pestañas. Durante largo tiempo escrutó su rostro y, a continuación, se apartó para apoyarse contra una de las columnas blancas que había cerca de los pies de la cama y miró por la ventana, que se hallaba a cierta distancia.

–Yo...

Apretó la mandíbula y, levantando la cabeza hacia el techo mientras respiraba entre dientes, negó con la cabeza.

Maddy no podía mirarlo. Intentó absorber la mucosidad y limpiarse los ojos, pero era incapaz de detener aquellas lágrimas absurdas.

–Marcharte –dijo él de repente–. ¿Quieres?

La miraba con una intensa expresión inquisitiva.

–No puedo marcharme –contestó ella con resignación–. Estamos casados. No puedes quedarte solo. Debo permanecer contigo.

–¿Quieres marchar?

–Me duele el brazo. Quiero dormir.

–¿Con Gill? –dijo él entre dientes–. ¿Con Gill?

Las lágrimas no dejaban de brotar. Maddy soltó un puchero lleno de resentimiento.

–¡Por lo menos es un hombre honrado! No es un mentiroso, ni un despilfarrador, ni un animal.

Jervaulx rodeó la columna con el brazo para sostenerse. Emitió una breve y turbia carcajada.

–Animal... idiota.

Maddy se alegró de que el brazo le doliera tanto, pues así no podía acercarse a él en respuesta a la amarga penitencia que se percibía en su rostro. Estaba horrorizada de sí misma; tendría que haberse ido con Richard, pero se había limitado a quedarse allí sentada, helada, como si alguna otra persona fuese a tomar la decisión por ella.

–Él no va por ahí pegando a la gente –replicó Maddy–. Ni da bailes ridículos para quinientos invitados.

–Es un asno... santurrón. Nunca... irías con él.

–Déjame en paz, por favor.

–Nunca te irías... con él –repitió Jervaulx con más fuerza.

–¡Vete!

–Un cuáquero... asno... aburrido... santurrón.

–¿Y tú qué sabes? –gritó ella–. Es mejor persona que tú. ¿Acaso conoces tú la diferencia entre el bien y el mal?

–Te conozco... a ti –contestó él.

Maddy cayó sobre la almohada y se enroscó alrededor de su brazo herido, ocultando su rostro para impedir que él lo viera.

–Déjame en paz –gimió–. Vete y déjame en paz.

32

Con gran discreción, pero sin escabullirse ni cerrar puertas con llave, Christian trasladó la máquina de escribir de Brunel a la sala de juegos y comenzó a intentar perfeccionar su juego de billar siempre que tenía ocasión. Al cabo de una semana, Maddy se levantó de la cama, en contra de las órdenes del médico, pero Christian tenía la impresión de que incluso las mujeres con tendencia a reprobar el vicio de la holgazanería no encontrarían muy interesantes las partidas de billar.

La primera vez llegó a jugar una bola o dos, e intentó dar unas cuantas tacadas antes de acabar deprimido. Otro placer proscrito para su laberíntica mente; la elegante mesa y su taco favorito con empuñadura de marfil no evitaban que perdiera la tronera de vista cuando se concentraba en la bola. Era esa sensación de algo que estaba y a la vez no estaba allí; algo raro que daba miedo, y que desde luego no era muy beneficioso para su estado de ánimo. Suspiró y esparció las bolas por la mesa, tras lo cual dejó el taco sobre el tapete. Retiró al fondo las licoreras del aparador para dejar espacio a la máquina de escribir; así quedaba fuera de la vista si alguien abría la puerta.

Al parecer, Eydie estaba decidida a crear el mayor número de dificultades sin que supusieran inconveniente alguno para ella. No, no pensaba aceptar ningún tipo de fideicomiso para la niña; sabía muy bien de qué iba aquello, y no soportaba la idea de tener siempre la casa llena de abogados con cara de palo inmiscuyéndose en sus asuntos personales. Sí, por supuesto que enviaría a la niña a Escocia si así le convenía. No, no le gustaba eso de un discreto arreglo con los Sutherland para salvaguardar el bienestar de la criatura. ¿Por qué, escribió Eydie en tono quejumbroso, no podía limitarse a mandarle el dinero directamente? Parecía como si no confiara en ella.

Y no confiaba. Su compasión por ella se había desvanecido

tras aquel numerito en la escalera. Puede que le hubiera hecho daño, pero Eydie conocía las reglas del juego tan bien como él. Nadie la había obligado a jugar. No estaba metido en ese lío tan desagradable por el bien de ella.

Algo extraño y doloroso le había sucedido a Christian. «Va a ser usted padre», le dijo el médico. Maddy alargó la mano y lloró y, sin que existiera un orden lógico de pensamientos que pudiera establecer, Christian había tomado la sombría determinación de hacer lo que debía por esa hija suya a la que no conocía ni quería tener.

Era un asunto muy delicado. En realidad lo único que podía ofrecer era una ayuda económica y, en esos momentos, ni siquiera una suma elevada. Sus ingresos tenían que hacer frente a otros problemas más inmediatos, y ya le mandaba una suma semanal en metálico para los gastos de la casa y el sueldo de un ama de cría que Eydie se había quejado que no se podía permitir. Se suponía que las damas de su posición no ahorraban en esas cosas, pensó Christian con cinismo. Pero no era el mantenimiento de la niña lo que le preocupaba. El tipo de obligación a largo plazo que preveía –niñera, institutriz, escuela, vida social y una dote sustancial– requería de una serie de arreglos al margen de los pagos previos que ya gravaban sus propiedades, de una fuente segura y oculta de ingresos que no pudiera ser eliminada por su familia en caso de que él desapareciera antes de hora.

Ése era el problema. Nada de lo que poseía en esos momentos servía para tales propósitos, y todavía tenía que encontrar la forma de financiar nuevas empresas, mientras los rumores sobre una posible vista pública para discernir sobre sus capacidades mentales se propagaban a su alrededor como ondas en un estanque. Y si se atrevía a esperar hasta después... y si perdía...

Sería el final, si perdía.

Miró la máquina de escribir. Mientras pudiera controlar su cuenta bancaria, estaba a salvo. Había detectado en Maddy el pánico que se escondía tras sus críticas, y comprendía mejor que ella que estaba jugando con fuego. Cada penique que gastaba sería una prueba contra él ante la Corte Suprema si llegaban a esos extremos, y contra ella también.

Había intentado vivir el momento, sentir que seguía allí, libre, vivo. Pero ya no era el de antes. A veces las pérdidas lo sorprendían como una bofetada inesperada en la cara; las minucias le dolían tanto como las cosas más grandes; la actitud desafiante de sus banqueros le irritaba; el confuso balanceo de una bola de billar le daba ganas de llorar.

Durham había dicho que estaba mejorando. Christian se aferraba a eso como si le fuese la vida pero, al mismo tiempo, no confiaba en esas palabras. Mejor, sí. Bastante bien, no estaba seguro. Pero que llegara a recuperarse por completo, a sabiendas de que todo, absolutamente todo, dependía de su errática mente...

De todos modos, el precio del fracaso era demasiado alto. No pensaba depender de su mente tarada. No pensaba someterse a ningún tribunal.

Todo lo que hacía –las visitas, la ópera, las compras, la importante cantidad de dinero que había conseguido reunir gracias a una cuidadosa reorganización del pago de sus deudas–, todo tenía su culminación en el baile. El baile que serviría para presentar a su duquesa en sociedad. Y, aún más, para librarlo del manicomio de una vez por todas.

Pero los preparativos del baile se le hacían una montaña. Leer y escribir, la lista de invitados, las facturas de los proveedores, las cajas de champán, el balance de su cuenta en continua fluctuación, el metálico del que disponía estirado al límite, intentar llevarlo todo en la cabeza porque no confiaba en las notas, su cabeza tan poco fiable que de pronto se despejaba para a continuación enturbiarse, mientras se esforzaba por encontrar palabras e ideas que se le escapaban y lo dejaban sin saber qué hacer.

Tras afirmar su rotunda ignorancia de semejantes depravaciones mundanas como los bailes, Maddy se negó a ayudarlo en nada salvo en los pagos de las deudas, de las que Christian pagó la parte que podía permitirse. No podía desprenderse de más dinero, lo cual se convirtió en otro motivo de disputa entre ambos.

La lesión de Maddy lo obligó a retrasar el acontecimiento una quincena más de la fecha prevista. Hasta donde alcanzaba a ver, aquello no significaba ningún inconveniente grave; daba al asunto un mayor toque navideño y hacía la espera dos semanas más tensa. Utilizó a Durham para que corriera la voz sobre el accidente de Maddy y así tener una excusa para justificar las escasas apariciones de él en público. Volvió dos veces a la ópera, una solo y la otra con Durham y Fane, e hizo unas cuantas visitas más en compañía de aquéllos a sabiendas de que las circunstancias no requerirían de mucha conversación por su parte. Controlaba sus apariciones públicas con sumo cuidado, y hasta el momento parecía que había tenido éxito.

Durham no podía creerlo. Se sentó a desayunar con Christian y Maddy para ponerlos al tanto de las últimas novedades.

–Resulta increíble –dijo mientras le llevaba a Maddy más té del recipiente del aparador–. Es como si se tratase de lord Byron, admirado por todos por estar ahí de pie con una mirada intensa y la boca cerrada.

Le sirvió a Maddy la taza de té.

–¿Leche, querida?

–Sí, gracias. No deberías llamarme así.

Durham y Fane habían iniciado una campaña para congraciarse con Maddy, tras sobrevivir a sus leves reproches por el incidente de la carta falsificada. Era Christian el que cargaba con el peso de sus acusaciones, lo cual, pensó él con resentimiento, era una injusticia, pues ella desconocía lo poco que él recordaba de aquella estratagema. La noche de su huida no era para él más que un revoltijo incoherente. Durham había maquinado todos los detalles, pero al único al que ella llamaba mentiroso a la cara era a él.

Claro que todo parecía ser culpa de él esos días, según la señorita Arquimedea Timms de Tú.

–Tendrá que vigilar mucho a las damas cuando estén con él –le aconsejó Durham mientras se acomodaba en una silla.

–¿Y eso? –preguntó Maddy sin dejar de mirar la taza.

Sus dedos recorrían incansablemente el asa de porcelana. Christian los observaba, intentando grabarlos en su mente. Si perdía, si lo devolvían a aquel lugar, ella ya no estaría allí.

–A las damas parece encantarles –dijo Durham mientras movía incrédulo la cabeza–. Esa mirada de tórrido misterio, los rumores de una peligrosa predisposición a volverse violento cuando hay luna llena, esos simples «síes» y «noes» por respuesta a todo... Vaya, hasta creo que lo voy a poner yo en práctica. Caerán rendidas a mis pies, pues desde luego caen a los de él. ¿Qué opina?

Entró Fane, que se quedó inmóvil.

–¿Qué le pasa?

Durham abandonó la pose de seductor.

–Estoy practicando el aire de pasión contenida.

–Bien, pues no lo hagas. –El coronel se inclinó ante Maddy y le cogió la mano–. ¿Cómo se encuentra esta mañana, ángel?

–No deberías llamarme así –respondió ella, como hacía siempre–. Estoy mucho mejor. Puedo mover los dedos sin que me duelan, y anoche dormí sin el cabestrillo.

Fane escuchó el informe con interés.

–Entonces está espléndidamente. ¿Quiere acompañarme a dar un paseo en carruaje por el parque?

–Después... del baile –dijo Christian.

–Aguafiestas –gruñó Fane.

–Un auténtico cascarrabias –dijo Durham–. Maldita sea, no hay nada peor que un marido celoso.

Christian sonrió con ironía, pero lo cierto era que estaba celoso, por más que preferiría ahogarse antes que reconocerlo delante de sus amigos. Estaba celoso de la familiaridad que tenían con ella, de la facilidad con que podían besarle los dedos y tocarla, algo que él no había vuelto a hacer desde el momento en que ella se había sentado en el borde de la cama, encogida y dolorida por culpa de él.

Y estaba terriblemente celoso de Richard Gill, una presencia invisible que se interponía entre ellos. Christian se había tragado toda su rabia y orgullo y había hecho llamar a Butterfield, el dueño del vivero, para asegurarse de que no despidiera a ese asno piadoso que tenía empleado, echándole la culpa de lo sucedido a ese caso universal y diáfano llamado el «lamentable error». Christian había hecho eso por Maddy, y se había encargado de que ella se enterara, esperando recibir la recompensa que estaba seguro que se merecía por pasar el amargo trago de dejar al asno sin castigo, después de que éste hubiera intentado convencer a su esposa de que lo abandonara a la vista de todos y en su propio jardín.

Fue su primer intento consciente de ser mejor persona, pero cuanto consiguió fue un modesto: «Has hecho bien».

Christian apretó los dientes. No estaba seguro de que le gustase mucho ser mejor persona. Pensó que, si no conseguía pronto deshacerse del espectro santificado de Richard Gill, cambiaría rápidamente a peor.

Jervaulx había elegido la tela y el patrón de su vestido para el baile. Maddy sabía perfectamente que tenía que ponerse uno, pero, como reacción perversa a la satisfacción interior que le producía la idea de hacerse un vestido de gala, y en total concordancia con la inquietud que sentía por el baile, recibió a la costurera de mala gana, y se negó a dar su opinión acerca de las telas y los distintos estampados.

Eso no pareció preocupar a Jervaulx. Él también estuvo presente en esa reunión en la sala posterior, examinando figurines de vestidos y maniquíes como si fuese un gran entendido. En su interior, Maddy se inclinaba por los colores vivos y chillones de un vestido de seda verde con remates púrpura, tan bonito como una flor exótica e igual de opulento; en la ilustración aparecía con tres filas de volantes en el dobladillo, mangas abullonadas y una larga boa de un púrpura transparente, pero, por supuesto, no dijo ni una palabra. Al fin y al cabo, por nada del mundo se veía a sí misma llevándolo, pero, aun así, pensó que era muy bonito.

La modista tuvo la astucia de volver a dejar a la vista esa ilustración varias veces mientras les enseñaba muestras de diversas telas, pero Jervaulx ni siquiera se molestó en mirarlas. Había cogido un pedazo de una tela acromática y fue pasando rápidamente los figurines hasta que llegó al fondo del montón, tras lo que se recostó en su asiento.

La modista francesa retomó el conjunto púrpura y verde y, poniendo la lámina delante de Maddy, frunció el ceño levemente y negó con la cabeza.

–No –sentenció–, no sirve. Se la comería entera.

Maddy seguía sin inmutarse, manteniendo su actitud distante. Aquella decisión de la modista no hizo que se sintiera decepcionada. Los días que había pasado sola en la cama, protegida por la lesión de los encantos y tentaciones de él, había tenido tiempo de meditar sobre su debilidad, y había conseguido eliminar gran parte de ella, la que se sentía atraída por el color, la alegría superficial y por él.

Jervaulx cogió uno de los maniquíes y lo observó por todos los lados. De pronto agarró unas tijeras y comenzó a recortar los adornos del vestido, haciendo caso omiso de la débil exclamación de sorpresa de la modista. Cayeron los volantes, logrando que el vestido resultante pareciera tan sencillo como el de Maddy, salvo por el ancho y bajo escote en pico. El diseño original tenía un amplio pespunte de encaje que lo bordeaba; Jervaulx lo cortó por la mitad, dejando tan sólo una especie de chal de encaje que caía sobre las mangas. Puso el soso pedazo de tela sobre la muñeca y se lo pasó a la modista.

Ésta lo examinó durante unos instantes, mirando de vez en cuando a Maddy con los ojos entornados. A continuación, hizo un mohín con los labios y levantó las cejas.

–Si es lo que su excelencia desea...

Jervaulx asintió y se marchó para que tomaran medidas a Maddy.

Como Maddy aún tenía el brazo inmovilizado, el proceso fue lento y doloroso. Sin embargo, al día siguiente, como la lesión le permitía mayor libertad de movimientos, Jervaulx le informó durante el desayuno de que la modista tenía que hacer otra prueba.

Maddy se presentó de mala gana ante ella a la hora señalada. La insulsa tela que Jervaulx había elegido había terminado con la oculta satisfacción que le producía hacerse un vestido nuevo. Era el recordatorio constante de la incontrolable intemperancia de él y de la dura prueba del baile que se avecinaba.

La auxiliar de la modista la ayudó a despojarse de su atuendo habitual, ya que tenía todavía el brazo demasiado debilitado para vestirse por sí sola. La modista refunfuñó mientras desabrochaba el corsé y la enagua de Maddy:

–Es demasiado alto. Se verá por debajo.

Y, antes de que Maddy se diera cuenta de lo que pretendía hacer, la modista le bajó la ropa interior hasta la cintura. Maddy, asustada, contuvo la respiración y se cubrió los pechos con los brazos. Y, de todos los momentos posibles, Jervaulx eligió justo ése para entrar en la habitación.

Maddy lo observó horrorizada, pero él le devolvió la mirada sin demostrar la más mínima reacción. Mientras a ella le ajustaban el polisón, él se sentó en un sillón, perfectamente relajado, como si fuese un consumado conocedor de la forma en que se vestían las mujeres y no estuviera demasiado interesado.

El vestido cayó por la cabeza de Maddy. Ésta no se lo esperaba, ya que no se había recuperado de la mortificación que le había provocado la entrada de Jervaulx ni del dolor que le había producido el rápido movimiento de brazo para cubrirse. La ayudante le propinó un golpe en la mano mientras intentaba subirle las mangas, haciendo que Maddy diese un respingo.

–¡Cuidado! –exclamó Jervaulx, irritado.

La modista y su ayudante se deshicieron en todo tipo de disculpas, tras lo que volvieron a afanarse en su trabajo con más cuidado, dejando que Maddy moviera el brazo poco a poco hasta conseguir meterlo por la manga. Ella estaba expuesta ante Jervaulx, quien ni siquiera tuvo la decencia de apartar la vista ni un instante. Cuando por fin tuvo el vestido puesto, Maddy estaba sonrojada y avergonzada.

La ayudante cogió el vestido por la espalda y lo sujetó muy fuerte con alfileres, ya que no llevaba corsé.

–Intente bajar el brazo si puede, señora –le pidió la modista.

Maddy separó el codo del cuerpo poco a poco mordiéndose el labio inferior de dolor. Jervaulx agachó la cabeza, apoyó la boca en el anverso de la mano y bajó la vista por primera vez.

La modista dio unos pasos atrás y torció la boca en señal de asentimiento.

–Claro, ya veo las intenciones de su excelencia.

Jervaulx levantó la cabeza. Contempló a Maddy de la cabeza a los pies, y ese lento examen hizo que ella volviese a sonrojarse. Finalmente, asintió con la cabeza, y la ayudante se apresuró a colocar el espejo de pie delante de Maddy, de modo que ésta se vio por primera vez.

Se quedó atónita. Esa insulsa tela que la arañaba, y que pinchaba y escoriaba su piel desnuda, brillaba ante el espejo como si fuera un débil prisma, con sus hilos metálicos mezclados con seda para producir un tejido plateado que atrapaba la luz y la mantenía como si de una llama transparente se tratase.

El sencillo corte del vestido, sin volantes y con tan sólo el medio chal de encaje veneciano, hacía que la mirada se dirigiera enseguida hacia el escote, sobrio pero a la vez voluptuoso, que caía desde los hombros hasta bordear sus pechos. Las mangas, que terminaban encima de los codos, eran similares a la de su sencillo vestido cuáquero, pero refulgían una intensa luz.

Era una blasfemia, una transformación deliberada del sencillo atuendo cuáquero en un lujo provocativo y deslumbrante.

–¡No puedo ponerme esto! –exclamó Maddy.

–*Madame* –dijo la modista sin alterarse–, es espléndido.

Maddy miró a Jervaulx.

–No puedo. Y tú lo sabes.

Él sonrió sin decir nada, con esa sonrisa perspicaz que ella tanto aborrecía porque parecía decir que él la conocía mejor de lo que se conocía ella.

–¡No puedo!

La modista se agachó para alisar un pliegue de la falda.

–Si no es del agrado de *madame,* me lo llevaré. Sé de media docena de clientas que...

–Se queda –dijo Jervaulx–. Se lo pondrá.

Se llevó la mano bajo la levita y sacó un estuche que comenzaba a ser muy familiar para Maddy.

–No –dijo mirando el joyero–. No lo quiero. No quiero esos adornos. ¿Es que no lo entiendes?

Jervaulx se puso en pie. Abrió el joyero y Maddy emitió un suspiro de desesperación. La modista y su ayudante no fueron tan poco agradecidas; contuvieron la respiración presas de una admiración sin reparos al ver aquella refulgente tiara con tres piedras del tamaño de huevos de codorniz, y del color que Maddy tanto había deseado para sus adentros: un derroche verde de esmeraldas engarzadas en unas revueltas enredaderas de amatistas, perlas y diamantes.

Maddy ya había aprendido algo sobre el dinero y lo que éste podía comprar, y supo al instante que aquello no era ningún regalo informal de un collar de perlas o incluso de un invernadero. Aquello era algo por lo que los reyes pagarían un dineral para que engalanara a sus reinas, pues ya sólo el tamaño de las piedras equivalía a una afirmación de soberanía.

Maddy dio un paso atrás cuando Jervaulx levantó la tiara para colocársela.

–¿De dónde la has sacado?

Albergaba la esperanza de que fuese una joya de la familia, una reliquia ducal que quería que su duquesa llevara el día de su presentación en sociedad, pero Jervaulx se limitó a decir por toda explicación:

–La compré. ¿Crees que... robé?

–¡Jervaulx! –exclamó ella–. ¿Más aún? Cuando estás...

Se calló al percibir una advertencia en la mirada de reojo de él. Volvió a lloriquear cuando él deslizó la peineta de plata entre sus trenzas recogidas en rodete.

–Pero ¿por qué, por qué? –gimió–. Sabes que desprecio estas cosas. ¿Es que has perdido la razón?

–Una pequeña adquisición –dijo él.

–¿Pequeña? ¡Habrase visto la infamia! Cuando tendrías que estar pagando...

Jervaulx puso un dedo contra los labios de ella, acariciándolos con un toque sensual. Maddy apartó el rostro bruscamente. No podía dejar que la tocara, no podía ceder al ardor de amor y anhelo que él provocaba en ella con tanta facilidad.

Jervaulx bajó la mirada mientras retrocedía.

–Quizá no te guste –dijo parodiando un tono de severa autoridad–. Pero... mostrarás pleitesía... a Su Majestad.

Maddy se quedó inmóvil.

–¿A quién?

Jervaulx dio unos pasos atrás y se sentó en el sillón, estirando las piernas. La observó con ojo crítico y, a continuación, se dirigió a la modista:

–¿Qué opina?

La mujer contempló a Maddy con una mirada profesional.

–Extraordinario, excelencia –dijo mientras asentía lentamente con la cabeza–. Memorable.

–¿El rey? –preguntó Maddy con la boca pequeña–. ¿Estás hablando del rey?

Jervaulx estiró la mano, tras lo cual la modista se apresuró a retirar la tiara del cabello de Maddy y devolvérsela con toda solemnidad. La joya volvió a desaparecer dentro de su estuche. El duque se dirigió hacia la puerta.

–Jervaulx –dijo Maddy temblando–. ¿Estás diciendo que el rey acudirá al baile?

Él la miró y se encogió de hombros.

–Quizá –dijo mientras cerraba la puerta tras él.

–*Quelle chance!* –exclamó la modista mientras juntaba las manos–. Madame, es el *coup de main*. ¡Su Majestad acudirá a su presentación!

Las habladurías se desataron a partir de esa única insinuación dejada caer por Christian. No se arriesgó a volver a aparecer en público; dejó que Durham y Fane actuaran como sus emisarios y le llevaran informes de quién había dicho qué.

No había forma de saber si había acabado consigo mismo al

arriesgarse a hacer aquella última apuesta. Había hecho uso de todo el dinero en metálico que había podido reunir, agotado sus fuentes de ingresos, pulverizado su cuenta en el Banco Hoare y provocado otra visita del señor Manning y sus amigos, a los que Calvin y un grupo de lacayos cuidadosamente seleccionados de acuerdo con su gran tamaño y robusta constitución habían prohibido el paso en la puerta.

El bueno del rey Jorge llevaba años intentando vender la tiara con discreción, una bagatela regalo de Napoleón Bonaparte a la emperatriz María Luisa, por el exorbitante precio de cincuenta mil libras. No habían aparecido posibles compradores; aquel capricho real de Su Majestad no tenía el suficiente peso político como para que valiese la pena realizar semejante desembolso. Pero Christian la había comprado, a sabiendas de que la finalización del pabellón de Brighton daría paso al gusto del monarca por recrear glorias góticas en Windsor, por lo que una fuerte inyección de dinero en metálico sería muy bien recibida por el rey, en lugar de tener que depender de otro aburrido acreedor.

Gran cantidad de invitados ya habían confirmado su asistencia al baile, pero la perspectiva, la gran cuestión de si Su Majestad también acudiría provocó un enorme revuelo. El rey podía resultar muy ridículo, gordo y aquejado de gota, siempre recluido y víctima de chistes fáciles, pero bastaba que el monarca condescendiera a asistir a un acto social, pensó Christian con ironía, para que el viejo y seductor perfume de la realeza demostrara ser más que un mero tufillo pasajero.

Era una cuestión de poder. Si conseguía ungirse con esa influyente distinción, entonces sus cuñados se encontrarían de repente con que pertenecían al club equivocado. Insistir públicamente ante los tribunales en que Su Majestad elegía honrar con su amistad a idiotas y locos sería pasarse de la raya. Ir en contra de la indulgencia del rey y forzar a que se celebrara una vista para decidir el estado mental de Christian sería una metedura de pata de dimensiones colosales. Jorge podía detenerlos con una sola palabra, siempre que se dignara pronunciarla.

El libro de apuestas estaba abierto en White's, y Durham afirmó haber presenciado en Brook's un debate de tres horas de duración: las ideas políticas firmemente progresistas de Jervaulx, que eran anatema para el rey, frente al hecho, todavía increíble, de que en los años veinte Christian se hubiera enfrentado a todo su partido y a la opinión pública para apoyar el intento de Jorge de librarse de su sórdida reina, cuando incluso los pares *tories* se habían mantenido al margen. De hecho, Christian había adoptado esa postura por una apuesta, para demostrar que podía hacerlo y seguir entrando en Whitehall sin que le lanzaran huevos podridos. Había perdido la apuesta, pero eso sólo lo sabían Fane, Durham y él.

Y, casi a su pesar, a Christian siempre le había caído bien el rey Jorge. Era necesario tratarlo en privado para darse cuenta de la sinceridad, el buen corazón y el humor inteligente que se escondían tras el hombre caprichoso y encerrado en su tristeza en que se había convertido. Tenía un temperamento infantil y pasión por las extravagancias, carecía de compostura y juicio, pero también había transformado el aspecto de Londres gracias a su elegante gusto y había concedido pensiones vitalicias a personajes tan diversos como el poeta Coleridge o Phoebe Hessel, la mujer soldado. Tenía constantemente a sus ministros revisando la lista de criminales para encontrar prisioneros ya condenados que no tuvieran quien intercediera por ellos y hacerlo él mismo, y había donado su biblioteca a la nación, después de que el emperador de Rusia le hubiera ofrecido cien mil libras por ella.

Jorge tenía sus buenos momentos. Christian esperaba con ansiedad que le concediera uno.

Incluso contando con la ayuda de Calvin y del nuevo secretario, que se encargaba de los recados, quedaba agotado al final de cada día por el esfuerzo de los preparativos; cansado, enfadado y sintiéndose muy solo cuando veía el vestidor y la cama individual. Maddy y él no se dirigían la palabra. No sabía con exactitud cuándo había comenzado; sencillamente había crecido una lenta barrera de silencio entre ellos conforme el brazo de ella se curaba y el día del baile se acercaba. Durham y Fane le daban conversación durante el desayuno y, al mediodía, Christian comía en la biblioteca mientras seguía trabajando.

El momento de agonía llegaba a la hora de la cena, cuando se sentaba a la mesa a solas con ella. Cogió la costumbre de dedicarse a resolver mentalmente ecuaciones matemáticas, para así tener algo que hacer aparte de verla picotear la comida como si fuera un pajarito enjaulado e infeliz.

La estaba perdiendo. Maddy estaba apartándose de él deliberadamente. Su cuerpo seguía allí, pero su Maddy, aquella que se reía de sus chistes tontos y que lo admiraba a través de sus sensuales pestañas, estaba desapareciendo poco a poco ante él, transformándose en aquella criatura fantasmagórica de aspecto grave y gris.

Nunca la tocaba. Nunca lo intentaba. Al principio había sido porque no quería volver a lastimarla, pero luego, conforme ella se restablecía, se volvió cada vez más rígida. Se apartaba cuando él se acercaba.

Conseguía que él se paralizara y sólo le dedicara frías cortesías. Christian no deseaba comportarse como un animal. Por eso trabajaba, intentaba disfrutar los momentos transitorios en que gozaba de autonomía y anhelaba con fervor poder disponer de tan sólo una hora con ella, sin palabras, sin futuro, sin nada salvo sus cuerpos unidos en pura y primitiva comunión.

La mañana del baile, Durham informó de que el rumor de que el rey tenía un edema había hecho subir las apuestas en Brook's setenta contra uno. Christian intentó no pensar en ello. No estaba seguro de que Maddy lo pudiera resistir. Parecía enferma durante el desayuno, comiendo frugalmente mientras Christian y el secretario repasaban algunos detalles.

–¿El vestido? –le preguntó Christian–. ¿Está aquí? ¿Ha quedado bien?

–Sí –contestó ella mientras contemplaba los huevos fritos como si llevaran escrito «muerte» en letras enormes.

–¿Guantes?

–Sí, tengo los guantes.

Christian inclinó la cabeza.

–¿El brazo... duele?

Maddy revolvió los huevos con un cuchillo.

–No, está bien.

«Maddy –quería suplicarle Christian–, no me hagas esto. Te necesito.»

Pero era imposible. El abismo entre ambos había alcanzado proporciones insalvables. Christian no sabía qué hacer. No podía tocarla, no podía depender de ella; sólo se tenía a sí mismo.

De pronto ella levantó la cabeza.

–Jervaulx –dijo con aire de haber tomado una decisión irrevocable.

Él apretó las manos con fuerza y la miró.

–Has de entender que no puedo inclinarme ante el rey ni dirigirme a él con títulos vanidosos para adularlo –afirmó lanzándole una mirada como si esperara que comenzase una discusión, pero, de inmediato, apartó la vista, retiró la silla y salió corriendo de la habitación.

«Genial –pensó Christian mientras apoyaba la cabeza en el respaldo de la silla–. Estoy deseando que llegue el momento.»

La cena se serviría a medianoche en el comedor. Christian quería poner un cuarteto de músicos en la galería de la biblioteca para los jugadores de cartas. Había hecho que despejaran el salón azul para situar allí la orquesta y celebrar el baile. Habían llevado algunos de los mejores muebles del salón a la sala trasera de la planta baja. Esa habitación había quedado irreconocible tras los cambios, pues había pasado de la más completa informalidad a convertirse en la estancia más espléndida de la casa, con su ornamentación en blanco y oro ampliada con espejos, acentuada con una alfombra en vivos tonos azul y rojo y dragones de porcelana que se retorcían bajo los altos candelabros situados a cada lado del nuevo diván carmesí.

Ese diván, vacío, no parecía presagiar nada bueno cuando Christian realizó su inspección. La habitación parecía lo que era: el ostentoso refugio de un rey que no podía subir escaleras, por lo que había que llevar el baile adonde estuviera él. Había un sillón para lady Conyngham, su querida, además de acomodo para el doctor Knighton, el favorito real, espacio de sobra para quien Su Majestad quisiera honrar haciendo que bajara del piso superior, y otro grupo de músicos que esperarían en la sala adyacente hasta que el rey apareciera –si es que aparecía–, momento en el cual interpretarían aires italianos.

Christian se apoyó en el quicio de la puerta. A sus espaldas, un lacayo emitió una leve y cortés tos. Christian se giró y cogió la carta que el otro le ofrecía mientras intentaba disimular cómo su estado de ánimo se hundía más al reconocer el sello. Suspirando, atravesó el recibidor hasta la sala de billar, se sirvió un coñac aunque aún era temprano, y rompió el sello. Con clara intención sarcástica, supuso Christian, Eydie había escrito:

> Excelencia, he recibido por correo una honorable propuesta de matrimonio del señor Newdigate, de Bombay. En vista de su firme devoción por mí, que se remonta a antes de mi matrimonio, su gran prosperidad y la generosidad de su propuesta, y dado que finalmente me he convencido de que no puedo esperar recibir mejor trato de aquellos de quienes merezco recibirlo [«mejor» estaba subrayado tres veces], voy a aceptar su propuesta. Así pues, parto hacia Calais de inmediato. El señor Newdigate ha tenido la amabilidad de enviar fondos suficientes para sufragar mi viaje; sin embargo, desconoce que existe cierta carga que me veo obligada a dejar tras de mí, ya que carezco de los medios para enviarla a Escocia. Como usted me ha comunicado su gran interés por dicho paquete, dejo en sus manos la forma de disponer de él. Espero que su pequeña enfermera cuáquera no le suponga una terrible vergüenza en su fiesta, mi querido duque. Su hermana me ha dicho que no se encuentra usted bien, por lo que me sorprende mucho que se haya decidido a darla. ¿Cree que es lo más apropiado?

El tono descarado de la misiva hizo que Christian apretara los dientes. Le parecía muy bien que Eydie hubiera conseguido atrapar a un ricachón, pero no tenía tiempo para esas cosas en esos momentos. Tendría que disponerlo todo para llevar a la niña a Escocia él mismo, ya que estaba claro que Eydie no pensaba mover ni un dedo. Por lo menos no parecía tener ninguna intención de llevarse a la pequeña a la India, pues resultaba evidente que el ricachón no pensaba consentir que le impusieran tediosas minucias tales como el luto riguroso o soportar la carga de una niña.

Cogió la máquina de escribir, pero sólo fue capaz de garabatear una breve respuesta sin dejar de observar el copiador por si cometía errores. Era tan breve que no podría haberlo hecho mal ni a la primera. Sacó la hoja de la máquina y la envió.

33

Maddy estaba de pie, vestida con una bata y mirando con languidez por una ventana del dormitorio de invitados en el que se iba a ataviar para la fiesta, cuando vio detenerse un carruaje de alquiler ante la puerta de la casa. La puerta del vehículo se abrió y contuvo la respiración horrorizada al ver el sombrero y abrigo oscuros de un Amigo.

La doncella estaba poniendo el vestido plateado sobre la cama. Maddy se apartó rápidamente de la ventana y cerró los postigos con violencia.

–Rápido, tengo que vestirme. –El vestido de diario se había quedado en el piso de abajo–. Ayúdame a ponérmelo.

Cogió el vestido del baile y se lo lanzó a la asombrada doncella. Un momento después, casi sin abrochar ni abotonar, Maddy corrió escaleras abajo.

Llegó al recibidor justo cuando un apresurado lacayo estaba dejando una bandeja llena de copas para abrir la puerta.

–Es para mí –dijo Maddy mientras, desesperada, intentaba pensar en algún lugar donde esconderlo.

¿Por qué tenía que aparecer Richard en ese preciso momento? Era imposible ir a la sala trasera, la habitación del desayuno estaba llena de músicos italianos, la despensa de Calvin repleta de cajas de champán apiladas hasta el techo. Abrió la puerta de la sala de billar.

–Hazlo pasar aquí –dijo al lacayo, mientras entraba y cerraba.

Se oyeron voces en el vestíbulo y, a continuación, el lacayo abrió la puerta.

–El señor y la señora Little, el señor Bond, el señor Osborne.

Maddy se quedó atónita durante unos instantes. No era Richard. Miró a los mayores de su Asamblea, mientras el corazón le ardía en el pecho.

El lacayo cerró la puerta. Maddy abrió la boca, pero no llegó a decir nada.

–Arquimedea Timms –dijo Elias Little–, estamos preocupados por verte aquí, en casa de un infiel.

Los otros tres tenían aspecto sombrío mientras la contemplaban con el vestido plateado del baile que era una burla del atuendo sencillo.

Elias habló con calma:

–Nuestra pregunta es: ¿te has casado con ese hombre?

Maddy sabía que tenía que pasar, que irían a preguntárselo, pero no sabía cómo reaccionaría llegado el momento. No sabía qué sentiría al encontrarse frente a ellos, esas personas a las que quería y que habían sido como una familia para ella. Constance Little lloraba, en silencio, mientras retorcía el delantal entre sus manos.

Maddy parpadeó y giró la cabeza. Sin decir una palabra, asintió.

–Ay, Maddy –susurró Constance.

Era como si hubieran sido incapaces de creerlo. Elias observó la suntuosa decoración, en cuero y oro, de la habitación. Miró hacia la mesa de billar con su gentil rostro surcado por la preocupación.

–Es una gran pena para los Amigos –dijo con la suave pero rotunda voz con la que Maddy lo había oído tantas veces hablar el Primer Día–. La Asamblea nos ha indicado que viniéramos a verte para hacerte recapacitar sobre tu error. De acuerdo con las buenas enseñanzas de la Verdad, un Amigo no debe unirse a alguien del mundo que no sea su igual, ni contraer matrimonio sin el consentimiento y aprobación de la Asamblea. –Elias alargó la mano para tocarle la muñeca y pasó a hablarle con más dulzura–. Arquimedea, no son normas sin sentido, sino que están pensadas con la intención de protegerte, para evitar que caigas en la trampa del enemigo. Una persona joven puede apresurarse y equivocar el Camino, por lo que su caso ha de presentarse ante la Asamblea y explicarse a los Amigos, quienes, gracias a la sabiduría y el poder de Dios, pueden distinguir si está al amparo de la Luz o no. ¿Comprendes que ésa es la Verdad?

Maddy tragó saliva.

–Sí.

Claro que sí. Claro que lo comprendía.

–Y, sin embargo, no te has guiado por ella. No has pedido consejo al Señor, ni a los Amigos, sino que has hecho tu propia voluntad.

Maddy abrió la boca pero, a continuación, cerró los labios sin decir una sola palabra.

–Si entiendes eso, sabrás para qué hemos venido.

Maddy emitió un pequeño gemido de desazón y les dio la espalda.

Oyó un leve movimiento de papeles y a Elias aclararse la garganta.

–Arquimedea Timms, dado que desde pequeña has acudido con tu padre a las Asambleas, y has adoptado las formas propias de nuestra fe y el nombre de cuáquera, y puesto que te has apartado de la Verdad y casado con un hombre del mundo, nos vemos en la necesidad de presentar este testimonio contra ti y afirmar que no eres... –la voz suave y profunda de Elias se quebró– que ya no eres reconocida por nosotros como un miembro de nuestra hermandad.

Comenzaron a brotar las lágrimas, que cayeron con su pena ardiente y salada hasta la barbilla de Maddy.

Elias tomó aliento.

–Además, puesto que es sabido por muchos que asumiste el nombre y el aspecto de una Amiga, y eres considerada una cuáquera por la gente del mundo, para preservar la seguridad y el honor de nuestra sociedad, te instamos a que aclares públicamente la verdad escribiendo una nota en que hagas saber que tu indigno matrimonio no te fue aconsejado ni apoyado por los Amigos, y a que la copies tres veces, para que dichas copias sean entregadas una a la Asamblea, donde será leída ante todos; otra al llamado ministro que celebró el matrimonio, y otra a los periódicos, para que no puedas engañar al mundo haciéndote pasar por cuáquera.

Maddy cerró los ojos. ¡Los periódicos! Era por Jervaulx, porque era duque y, por lo tanto, todo el mundo se tenía que enterar. Se enjugó las lágrimas y se giró rápidamente.

–Pues hagámoslo ya.

Si esperaba, si se paraba a pensarlo, tenía miedo de carecer de valor para hacerlo. Miró desesperada por toda la habitación intentando hacer caso omiso de las lágrimas de Constance. Allí estaba, la máquina de escribir del duque; tiró del pequeño cajón de la caja cerrada y encontró pluma y tinta. No había papel, así que abrió con fuerza la caja y cogió los papeles que salieron despedidos de ésta.

El de encima estaba usado, y se podía leer en él, garabateado con la endeble letra de Jervaulx: «Envíame el paquete». Maddy lo tachó con tanta fuerza que la punta de la pluma se rompió.

–Arquimedea –dijo Elias–, no deberías escribir estando tan agitada. Tus palabras deben resultar aceptables para la Asamblea.

Maddy soltó la pluma y se sentó en un banco.

–No tendría que haberlo hecho.

Su rostro se contrajo. No podía controlar las lágrimas, ni el tono de profunda desazón que salía de su garganta.

–Quiero volver –dijo mientras se estremecía llorando y levantaba la cabeza–. Constance, quiero volver a casa. ¿Es que ya no puedo volver a casa?

Constance fue corriendo a su lado y, cogiéndole las manos, se arrodilló.

–Maddy, ¿quieres volver? Puedes volver conmigo. Aclara la Verdad, y ven a vivir en la Luz.

Maddy miró por encima del hombro de Constance hacia Elias sintiendo cómo surgía en ella un repentino y violento brote de esperanza.

–Sabes que no le prohibimos a nadie la entrada en la Asamblea, Arquimedea –dijo él–. Pero no puedes adoptar el aspecto de una Amiga y casarte con ese hombre del mundo. No sería una situación cómoda para nosotros.

–Pero ¿podría volver?

–No puedo hablar en nombre de la Asamblea –respondió Elias–. Lo único que podemos decir es que debe escribirse ese papel.

Maddy inclinó la cabeza.

–Sí, sí, lo haré.

La puerta de la sala de billar se abrió de repente. Maddy se puso en pie de un salto mientras apretaba con fuerza las manos de Constance.

Jervaulx se detuvo, con expresión de asombro. Parecía que le costaba abarcar lo que tenía ante él, pues durante largo tiempo sólo miró a Elias Little.

A continuación, localizó a Maddy; vio sus manos enlazadas con las de Constance y los papeles esparcidos sobre el aparador. Una expresión de recelo apareció en su rostro.

Maddy suspiró aliviada al comprobar que Jervaulx no iba a explotar. Se soltó de Constance.

–Jervaulx –dijo levantando la barbilla–, son Amigos que han venido a hablar conmigo.

Él no dijo nada; se limitó a permanecer inmóvil con una mirada de cautela.

–Es mi esposo –dijo Maddy en voz baja.

Iba vestido con una levita de etiqueta y pantalones negros; la pechera de la camisa era de encaje, un alfiler de esmeraldas brillaba entre los pliegues. Alto e inmóvil, y no carente de cierto aspecto demoníaco, era la viva imagen de un hombre hedonista en busca de placer carnal.

–¿Hablar de qué? –preguntó con cierto aire de desafío.

–Hemos venido a dejar constancia de que Arquimedea ya no pertenece a nuestra hermandad –dijo Elias en tono sombrío–, porque se ha apartado de la Verdad y se ha casado contigo.

Jervaulx miró el rostro devastado por las lágrimas de Maddy y volvió a dirigirse a Elias:

–Habéis hecho... llorar.

–Es una causa muy triste la que nos ha traído aquí.

Y el duque sorprendió a Maddy. En lugar de estallar presa de la ira, tan sólo dijo:

–¿Terminado?

El anciano asintió.

–Ya hemos dicho lo que se nos indicó que dijésemos.

Jervaulx retrocedió y abrió la puerta.

Constance se giró y dio un rápido abrazo a Maddy.

–Ven a nosotros –dijo antes de pasar junto al duque a toda prisa para salir de la habitación.

Los otros la siguieron más despacio.

Ninguno miró atrás ni dijo nada.

Maddy se quedó frente a él.

Jervaulx fue hasta el aparador y recogió la pluma rota y las hojas de papel. Lo metió todo en la caja, la cerró y la guardó. Hizo una bola con la hoja que Maddy había tachado y la miró de reojo.

–No siento... Maddy –dijo en un tono de frío desafío–. Tú lloras... pero yo no lo siento.

Al anochecer, Christian miró por la ventana de la biblioteca y la vio en el patio vacío, arrodillada junto al muro, con la cabeza agachada como si estuviese rezando. Se dirigió con un gruñido a su secretario y salió de la habitación. La encontró de rodillas en el patio, a merced del cortante frío, vestida con sus viejas y sosas ropas de cuáquera, arrancando con las uñas los diminutos hierbajos que crecían en la base del muro.

–Maddy –dijo él mientras su enfado daba paso a la confusión al verla entregada a aquella extraña tarea–. ¿Qué haces?

Ella se sentó sobre los talones y levantó la cabeza para mirarlo brevemente antes de retomar su meticulosa labor de limpieza.

–Quiero hacer algo útil.

Christian la observó intensamente.

–Ahora no. Vístete. No tienes... que ser útil.

Maddy se inclinó aún más sobre el suelo, cavando en la argamasa con los dedos.

–No –dijo él con enojo, pues no le gustaba verla dedicada a semejante labor.

–¿No me lo permites?

–No. Maddy...

Ella se incorporó y se sentó en el banco de hierro, en el que se quedó mirándose el regazo.

«¿Qué pasa? ¿Qué pasa?» A Christian le daba miedo saberlo.

–Quiero tener algo que hacer –dijo ella mientras su aliento se helaba al hablar–. No estoy acostumbrada a estar sin hacer nada.

–El baile...

–Ah, claro –replicó ella con aparente alegría–. ¿Has añadido una entrada en tu registro? «Una duquesa, con vestido de fiesta, estará en lo alto de la escalera para recibir.» –Maddy negó con la cabeza–. No soy ninguna duquesa. Mi sitio no es éste.

–Maddy –dijo él alargando el brazo para tocarla.

Ella se levantó de repente y se apartó.

–Éste no es mi sitio –repitió mirando hacia otro lado.

–Te necesito... Maddy. Si quieres tarea... el baile...

–¡No sé nada de bailes! –dijo ella con voz enojada pero subyugada, que pareció perderse mientras ella seguía con la mirada cabizbaja–. Tienes a tu secretario. No me necesitas. –Cogió el borde del cabestrillo y elevó la voz–: No me necesitas.

Él la miró intentando mantener la compostura.

–Entonces... ¿qué quieres?

Maddy agachó la cabeza y no contestó.

–¿Al cuáquero? –preguntó él en voz baja–. ¿A Gill?

–No quiero olvidar lo que soy –replicó ella con una extraña intensidad–. No quiero olvidarlo.

Christian se puso muy tenso. Abrió y cerró el puño.

–Mi esposa. Necesito ahora... esta noche... junto a mí.

–¡Esta noche! –exclamó ella con ironía–. Hay otras cosas en el mundo además de tu frívolo baile. Hay otras cosas además de volver a ser el gran duque.

Jervaulx empezaba a ceder. Respiró profundamente entre dientes.

–¿Dónde está vestido?

–No pienso ir –dijo ella mientras negaba con un dedo levantado–. Es una diversión infantil.

–¿Diversión? –gritó él, irritado–. ¿Crees que hago... por diversión? –La cogió del brazo y la obligó a mirarlo–. ¿Qué pasa... si no soy duque? –Le apretó el brazo con fuerza–. ¿Qué pasa... contigo... si vuelvo allí? –Agitándola, comenzó a gritar–: ¡Lunático! Lunático, Maddy. ¿Crees que puedes evitar? No puedes. No puedo. El rey. El rey puede evitar, si quiere. –Tras emitir un violento sonido, la soltó–. No voy a volver... No voy a perderte... a perder todo... Soy el duque.

Se apartó, se dio la vuelta y la dejó en aquel patio vacío. Al llegar a la puerta, se detuvo y la miró.

–Sálvanos. Por eso... tiara... rey... baile frívolo. Sálvanos –dijo mientras señalaba con la cabeza hacia la casa–. Quieres... ser útil. Bien. Útil. Sé duquesa. Recibe. Vestido plateado. ¿Comprendes?

Maddy lo miraba, inmóvil, como si fuese alguien al que nunca había visto. Él se quedó contemplándola fijamente. Ella se humedeció los labios.

–¿Es para salvarte?

–A los dos. Tú y yo. Ve... a vestirte –contestó él cerrando la puerta de un portazo.

En lo alto de la escalera, en un recibidor que olía a flores y a perfume, tan lleno de ruido que el sonido parecía tangible, Christian daba la mano a sus invitados. No hacía falta que hablara, pues nadie podría oír sus palabras. Un lacayo a los pies de la escalera vociferaba los nombres de los invitados conforme comenzaban a ascender, pero tampoco lo oían.

Maddy estaba a su lado, y la tiara refulgía un fuego verde cada vez que movía la cabeza. Había vuelto a la vida, volvía a ser su Maddy. Seguía seria pero, de vez en cuando, lo miraba de reojo como preguntándole con ansiedad si estaban consiguiendo lo que querían.

Christian sabía que a Maddy le dolía el brazo. Lo tenía contra sí, intentando sujetarlo sin que se notara, sin duda tan consciente como él de ser examinada por infinidad de ojos. Christian esperó hasta que hubo una breve pausa, una distracción provocada por una dama a la que se le enganchó el dobladillo en la escalera. Cogió a Maddy del codo y la condujo desde el lugar en el que llevaban una hora de pie hasta el salón azul.

Los invitados empezaron a apartarse como por arte de magia del centro de la estancia, de donde se habían quitado las alfombras, a la espera de que Maddy y él abrieran el baile. Pero no podía hacerlo, no hasta que llegara el rey. Christian pasó justo por delante de la expectante orquesta y comenzó un recorrido por todas las estancias.

Se había dado cuenta de que los tópicos propios de la vida social eran muy sencillos, y estaban tan arraigados en él que podía decirlos sin vacilar, como si fueran la letra de una vieja canción tan familiar que había perdido todo su significado. El bullicio también ayudaba; en la biblioteca, el cuarteto era apenas audible por encima de las conversaciones. Sólo se detenía el tiempo justo para recibir mecánicamente las felicitaciones de los invitados, soportando la curiosidad y el intercambio de miradas que sabía que iba dejando a su paso.

Sólo era una apuesta más, esperar a iniciar el baile. Cada minuto que pasaba de la medianoche lo dejaba más claro. Christian pensó que podía aguardar hasta y media. Si Su Majestad no había llegado para entonces, se lo habría jugado todo a la carta equivocada.

Al menos sus cuñados no estaban allí para verlo con sus propios ojos. Había invitado a su familia pero, por supuesto, no habían ido ni se habían dado por enterados. No con Maddy en la mansión, ni con sus abogados intentando adueñarse de sus posesiones.

Maddy caminaba a su lado como una Galatea plateada, la vida convertida en estatua en vez de al revés. Conseguía un efecto extraño con su fría reserva: los avergonzaba a todos. Christian lo notaba. Habían ido a burlarse de ella –aquella noche en la ópera y los rumores habían obrado su efecto–, a burlarse de la cazadora de fortunas, de la cuáquera, de la mujerzuela que había ascendido en la escala social. Pero no sabían a qué atenerse, y ella no les daba ninguna pista.

Christian se encontró con Fane casi al final del recorrido y, apartándolo del círculo de militares con los que estaba, lo llevó al vestidor abierto al público, al que las flores y unas cuantas sillas convertían en un remanso de tranquilidad, pero a la vista de todos, en medio del lento desfilar de invitados.

–Descansa –dijo mientras dejaba a Maddy en un sillón.

Ella se aferró a él un momento, su única señal de debilidad en toda la noche, pero él se apartó.

–Una copa –le prometió–. Fane se queda.

–Para mí será un gran honor –dijo éste al instante.

Christian se fue para mandarles un lacayo y comprobar si se sabía algo del rey.

–Está usted realmente atractiva esta noche, querida –dijo el coronel Fane mientras se inclinaba ante Maddy.

Una pareja se detuvo a su lado.

–Ciertamente. Es una rara avis –asintió el caballero mientras hacía otra reverencia.

–Su vestido es... tan poco corriente, duquesa –dijo la dama que lo acompañaba en un tono que podría haber sido tanto un cumplido como un insulto–. ¿Es de Devey?

–¿De Devey? –repitió Maddy.

La mujer le dedicó una sonrisa condescendiente.

–Madame Devey, de Grosvenor Square –explicó abanicándose con las plumas que llevaba–. Esa idea de retrasar el baile resulta muy novedosa. ¿No es ya muy tarde? ¿Es más de medianoche?

El coronel buscó en un bolsillo bajo su reluciente levita escarlata. Rebuscó aún más, mientras fruncía el ceño ligeramente.

–Son y veinticinco –dijo el otro hombre consultando su reloj.

–¿Va a empezar pronto, duquesa? –le preguntó la mujer con dulzura.

–No lo sé –contestó Maddy.

–¡Ah! Bueno, no debemos acapararla sólo para nosotros, señora. –Tras emitir una leve carcajada, la mujer se inclinó ante Maddy–: La decoración es magnífica.

Cuando la pareja se retiró, el coronel Fane hizo una mueca.

–No se pierden una –dijo. Tenía el reloj en una mano, pero seguía buscando en el bolsillo–. Vaya, mire lo que he encontrado. –Sacó la mano y la abrió–. Se había enganchado en el forro, maldita sea.

Maddy miró la palma de la mano abierta de Fane y vio un anillo de filigrana de ópalos y diamantes de un diseño muy particular.

–Es su anillo de bodas, señora –anunció Fane con orgullo.

Maddy hizo un gesto de desagrado.

–Seré idiota, con razón no lo encontraba en la ceremonia. Esta levita se quedó en Londres.

Le cogió la mano y le puso el anillo en ella.

–Eso es. Lo mejor es que se lo ponga, así no lo perderá.

Hacía mucho tiempo que Maddy había dejado de intentar llevar la sortija de Jervaulx. Se mordió el labio y deslizó el ópalo en su dedo, en el que se ajustó a la perfección.

La tiara le daba un enorme dolor de cabeza. Maddy no conseguía entender qué veían todos en aquella diversión tan desagradable: una masa amontonada de gente demasiado arreglada que pasaba calor y que no tenía otra cosa que hacer más que hablar entre sí a gritos y beber. Las risas ya eran alocadas, y los invitados comenzaban a quejarse. Le habían preguntado cinco veces si aparecería Su Majestad, y Maddy había contestado con sinceridad que no lo sabía. Tenía la sospecha de que querían preguntarle otras muchas cosas, pero siempre tenía al coronel Fane o a Durham a su lado –y a veces a los dos–, para protegerla de las pesquisas más mordaces con su singular mezcla de tonterías e ingenio.

Había aprendido de los comentarios de Durham, y procuraba mantener conversaciones muy breves. Pero con ella no parecía funcionar tan bien como Durham decía que pasaba con Jervaulx. La gente la miraba de forma extraña, pero Maddy no paraba de repetirse que le daba igual. No quería gustarles ni ser su amiga, lo cual iba bien, porque nadie parecía intentarlo.

Una mujer un tanto achispada que llevaba un vestido púrpura llegó por detrás de Maddy y tropezó con ella. Las manos enguantadas de la dama se aferraron dolorosamente al brazo herido de aquélla, mientras su boca pintada se abría y le sonreía con excesiva proximidad.

–¡Perdóneme! –exclamó la dama–. Soy muy torpe –explicó mientras cogía la mano de Maddy–. Es una fiesta encantadora, querida. ¿Cuándo empieza el baile?

–No lo sé –contestó Maddy, pero su interlocutora ya se había ido, tras dejarle una nota en la mano.

Maddy la abrió.

«Arriba» era cuanto decía, escrito de una forma irregular.

Maddy no podía entender por qué Jervaulx no iba él mismo a por ella en vez de enviar de mensajera a una dama ebria pero, de todos modos, le dijo al coronel Fane que la esperaban arriba. Éste asintió con afabilidad, aunque el champán también empezaba a hacer estragos en él, y la escoltó a través de la multitud hasta la escalera trasera.

A la una menos cuarto llegaron los buitres. Calvin le comunicó a Christian que el señor Manning y lord Stoneham habían entrado sin ser anunciados. «Vienen a regodearse», pensó Christian. Se había dado cuenta de que, durante los últimos minutos, parte de la gente había comenzado a marcharse. No podía culparlos. Ya tenían lo que querían, verlos a Maddy y a él, y el baile aún no había empezado. La cena de medianoche seguía esperando, y muchos llevaban rato mirándolo y hablando entre ellos en voz baja.

Durham apareció entre la multitud. Sonrió mientras sostenía una copa de champán por encima del tocado de plumas de una condesa que no paraba de hablarle a Christian de una hija suya que él no recordaba. Durham no dijo nada. Con la mayor sutileza posible, se limitó a negar con la cabeza.

Christian se rindió. Hizo una reverencia a la condesa y fue a buscar a su esposa.

Maddy subió sola la escalera trasera. En el piso de arriba, la música procedente de la galería se oía aún más, mientras que el sonido de los invitados se desvanecía hasta convertirse en un murmullo monocorde. Se detuvo en el pasillo y, a continuación, se dirigió hacia la puerta entreabierta de la habitación de invitados en la que se había vestido.

–¿Jervaulx? –dijo mientras se asomaba por la puerta.

Cuando vio a dos de los cuñados del duque, buscó rápidamente a éste pero no lo encontró.

–Pase, señora. Queremos hablar con usted.

Maddy abrió la puerta del todo.

–¿Dónde está?

El de rostro rubicundo se acercó y la cogió de la muñeca para hacerla entrar.

–¿Quién, Jervaulx? Pues supongo que abajo con sus invitados. Creo que nunca hemos sido presentados –dijo mientras cerraba la puerta–. Yo soy Manning, y éste es lord Stoneham.

Maddy miró al otro hombre, que no dejaba de mesarse sus amplias patillas. Le hizo una rápida reverencia.

–Permítame que vaya al grano –dijo Manning–. Estamos aquí para hacer un trato con usted.

Maddy permaneció en silencio.

–Vamos, señorita Timms –añadió Manning poniendo un fuerte y sarcástico énfasis en el nombre–. A estas alturas ya tiene que haberse dado cuenta de que este intento loco a costa del rey no va a dar resultado.

Maddy siguió callada.

–No va a venir, señora. Han comprado esa vulgar baratija que lleva en la cabeza para nada, si creían que con ella también estaban comprando la protección de Su Majestad. Todo el mundo sabe lo imprevisible que es, querida. Ha sido una jugada hábil, y que además podría haberla salvado, pero me temo que no va a ser así.

Maddy se dejó caer lentamente en una silla mientras contemplaba fascinada a aquel hombre.

–¿Haberme salvado?

–Si creía que estaría a salvo impidiendo toda posibilidad de que hubiera una vista, pues entonces sí. Si el rey se hubiera molestado en presentarse aquí esta noche, usted se habría salvado, ¿no? Pero no lo ha hecho.

Maddy juntó las manos sobre su regazo y se quedó mirándolas mientras sentía el peso de la tiara sobre la cabeza.

–Quizá... todavía puede que venga.

–Es muy poco probable. Tienen a la orquesta en silencio para nada. Pero no viene al caso que hablemos más de eso. Hablemos de negocios. Usted lleva puesta la tiara y sabe lo que vale. Puede quedársela.

Maddy permaneció con la cabeza agachada.

–¿Qué?

–Señorita Timms, voy a serle sincero. Hemos investigado su supuesta boda, y hemos descubierto su estratagema. Su farsa, mejor dicho, pues sólo un hombre con las facultades mentales mermadas podría asustarse de un puñado de campesinos contratados para aporrear la puerta.

Maddy levantó la cabeza rápidamente. Manning sonrió.

–Sí, la hemos descubierto, como puede ver.

–¿Contratados para aporrear la puerta? –repitió Maddy sin salir de su asombro.

–Ahórrenos su talento histriónico, señorita Timms. Esos sujetos están dispuestos a declarar ante el tribunal. Supongo que ese maldito Kit Durham lo planeó todo con usted, pero lo principal ahora, señora, es que se dé cuenta de que no hay tal matrimonio. La ley requiere que se celebre la ceremonia aprobada por la Iglesia anglicana y que no haya ningún tipo de coacción. Aparte de la incompetencia manifiesta de Jervaulx y de la falsa persecución, tenemos un testigo que puede explicar las irregularidades de la propia ceremonia. Todo esto tiene un aspecto muy feo, señorita Timms, pero que muy feo. Hay penas muy severas para el tipo de jugarreta que ha intentado usted.

–Yo no contraté a nadie –dijo Maddy–. Yo...

–No crea que va a conseguir nada haciendo del señor Durham su chivo expiatorio. Puede que él hiciera el trabajo sucio, pero ya me encargaré yo, y con todas mis fuerzas, señorita Timms, de que reciba usted el castigo que se merece, si me obliga a ello.

–Manning –dijo el otro con voz conciliadora–, déjame que hable con ella. Intente comprenderlo, señorita... bueno, señora. Estamos muy contrariados. No nos gusta airear esta basura, pero usted debería pensar en ello. Por eso estamos aquí, ¿se da cuenta? No queremos llegar hasta el final, pero usted nos está obligando, con tanto gasto y bailes. Le ruego que lo piense.

–¿Qué es lo que debo pensar?

–Recortar los gastos, señora –dijo Manning abruptamente.

–Que también son nuestros –añadió Stoneham–. No haga que tengamos que llegar a una vista pública. Piense en el nombre de la familia, señora. Apiádese. Devuélvanos a Jervaulx y no tendremos que llegar a los tribunales.

–Donde usted lo perdería todo, señorita Timms, todo, en cuanto lo declararan incompetente. Y no tengo reparos en decir que es precisamente usted la principal prueba en contra de la capacidad mental de Jervaulx, como demuestra que se casara con alguien como usted y las acciones desquiciadas que ha llevado a cabo estando bajo su influencia: despedir a Torbyn, el arma, la tiara, el montón de deudas, este mismo baile, señora, en momentos como éstos. Admito que Jervaulx puede engañar a cualquiera a primera vista, pero todo esto que le digo saldrá a la luz ante el tribunal, y entonces usted tendrá que desaparecer... sin nada. Salvo quizá una plaza en un transporte de convictos.

–Pero no queremos llegar a ese punto –apuntó Stoneham rápidamente–. Estamos dispuestos a ser generosos. Muy generosos. Haremos lo que haga falta para evitar la vista pública.

Maddy negó con la cabeza mientras intentaba comprender lo que oía.

–Pero... ¿qué decís?... ¿no queréis que se celebre?

–¡Pues claro que no lo queremos! Y le pagaremos. Con la tiara, como ha dicho Manning. Quédesela.

–Pero ¿por qué? –preguntó Maddy, estupefacta.

–Señorita Timms, le ruego que no nos haga perder el tiempo haciéndose la inocente –dijo Manning–. Si está de acuerdo en no oponerse a la anulación del matrimonio, estamos dispuestos a consentir que se quede la tiara.

Maddy permaneció inmóvil en la silla y lo miró fijamente.

–¿Se puede anular?

–Claro que sí. Y se anulará, le guste a usted o no. La única decisión que tiene que tomar es si será razonable y se quedará con lo que le ofrecemos u obligará a que se lo quitemos todo por la fuerza.

–No se me había ocurrido... –dijo Maddy en voz más baja y con la mirada perdida–. Pero ¿se puede anular...? –Se detuvo y se humedeció los labios–. ¿Después de...?

–¡Vaya, la dama se sonroja! –exclamó Manning en tono muy desagradable–. Eso sólo demuestra su falta de astucia. ¿Acaso creía que la consumación del matrimonio la protegería? Fue un matrimonio ilegal y fraudulento. El duque no estaba en sus cabales. Se puede anular.

–Pero usted puede evitar que lleguemos a esos extremos si colabora con nosotros –dijo Stoneham–. Si acepta que se anule, alegando que no llegó a consumarse, sería todo mucho más sencillo. No habría que llegar a la vista pública.

–Y si está encinta, lo cual espero de verdad por su bien que no sea así –añadió Manning–, podemos acordar entre nosotros un estipendio para la criatura. Es mucho más de lo que conseguiría de otro modo.

Maddy se puso en pie de repente y se apartó de ellos, de sus falsedades, condiciones y manipulaciones. Se puso ante el espejo y contempló la figura plateada y desconocida frente a ella.

–Así que no queréis que haya vista pública –dijo, y la extraña del espejo de pronto le pareció mucho más segura de sí misma y sofisticada que la ingenua Maddy Timms.

–¿Está buscando librarse de la ley, señora?

Maddy volvió a mirar a la figura plateada y se giró.

–Si he de aceptar la anulación, quiero garantías de que nunca habrá juicio. Jamás.

–Tiene nuestra palabra –se apresuró a decir Stoneham.

Maddy los miró, primero a él y después al tenaz y beligerante Manning. No eran Amigos; no se podía fiar de ellos.

–No estoy decidida. Tengo que pensarlo –dijo mientras se giraba para salir de la habitación, haciendo que el vestido produjera un fuerte frufrú.

Manning la cogió del brazo.

–No dispone de mucho tiempo, señora –dijo–. La paciencia se me agota.

Maddy se soltó de él y se dirigió hacia la puerta.

–Y no intente convencerlo otra vez para huir –añadió Manning–. Se lo advierto, esta vez saldría muy mal parada.

Christian no encontraba a Maddy. Para esquivar a una pareja que conversaba animadamente, se metió en el hueco de un mirador y, de repente, se detuvo al ver en la calle a un hombre inmóvil bajo una farola.

Se agarró como presa de un espasmo a las cortinas y, a continuación, se echó hacia atrás chocando con un invitado que tenía a sus espaldas. El hombre comenzó a disculparse, pero Christian no le hizo caso y se abrió paso entre la multitud.

El Gorila estaba abajo.

A Christian le costaba respirar. Siguió avanzando entre los invitados, sin tener en cuenta el tumulto que causaba. En lo alto de la escalera, cogió a un lacayo del brazo.

–Fuera... el hombre... afeitado.

El sirviente lo miró perplejo.

–¿Excelencia?

–¡Líbrate de él! –exclamó Christian mientras lo empujaba escaleras abajo.

El lacayo se inclinó con expresión de extrañeza y comenzó a bajar. Christian lo observó mientras descendía y volvió al mirador para ver qué ocurría fuera.

El criado con librea hablaba con el cochero de uno de los invitados, y el segundo se encogía de hombros. No había nadie más.

Una mano se posó sobre el hombro de Christian. Éste dio un respingo y se giró para abalanzarse furioso sobre su asaltante, pero se trataba de un parlamentario y consiguió controlarse a tiempo. El político sonrió y agitó su copa de champán antes de lanzarse a un prolijo discurso sobre la emancipación de los católicos. Christian se quedó contemplándolo, incapaz de pronunciar una sola palabra. Miró por encima del hombro de su interlocutor y vio la espalda de aquel ser maldito, con la típica levita de cuáquero. Éste se detuvo un momento en la puerta más alejada de Christian y, a continuación, entró y se perdió entre la multitud.

El político hizo una pausa y miró a Christian con aire inquisitivo.

–Esto... tiene usted mal aspecto, amigo mío. ¿Quiere que abra la ventana?

34

En la fría oscuridad de los establos del duque, las patas traseras de las nuevas caballerías formaban una hilera de ocho siluetas perfectamente alineadas. Los caballos se movieron y relincharon al percatarse de la presencia de un intruso. Maddy se detuvo para acostumbrarse, tras el bullicio de la fiesta y las sombras del patio trasero, a aquella penumbra aún mayor.

La tela de su vestido atrapaba y emitía la poca luz que había. Se recogió las faldas y se dirigió hacia el carruaje que estaba al final del pasillo pero, al llegar a él, dio la vuelta y volvió al otro punto mientras intentaba aclarar sus ideas, encontrar la Luz y algunas respuestas.

El hecho de que le costase tanto alcanzar un estado de serenidad interior y escuchar a su conciencia era otra señal de hasta qué punto se había alejado del camino de la Verdad. Había perdido el rumbo; hacía mucho tiempo que no iba a ninguna Asamblea ni rezaba, y era consciente de que ni siquiera lo había intentado. Todas esas noches de preocupaciones sólo habían sido eso: preocupaciones, tristeza y el deseo de que las cosas fueran de otro modo. Habían sido una firme y obstinada resistencia a la Verdad.

Aquél no era su sitio y, sin embargo, se había quedado. ¿Por qué? Richard le había suplicado que se marchara; sus mayores le habían dado a entender que podía volver con ellos cuando quisiera y, aun así, seguía allí.

Porque Jervaulx la necesitaba.

Porque habían hecho de su matrimonio algo irrevocable.

Pero Jervaulx no la necesitaba, y el matrimonio no era irrevocable.

Poco a poco las ventanas en forma de arco que daban al callejón comenzaron a cobrar forma. Las grupas de los ponis de color crema se divisaban tenuemente y, más allá, había dos compartimientos negros y vacíos. Cuando se le aguzó la vista, Maddy pudo ver el débil brillo del carruaje que utilizaban para los desplazamientos a la ciudad, así como el otro vehículo más a lo lejos. Algo se restregó contra sus faldas haciendo que diera un salto, pero se trataba de un gato, que ronroneaba.

Un matrimonio que no era tal matrimonio; una boda que había sido una farsa, un truco. Maddy sintió que la ira crecía rápidamente en su interior y se quitó el anillo de ópalo del dedo. Nunca salió de Londres, había admitido Fane, pero Maddy recordaba perfectamente a Jervaulx diciendo que se lo había dado al coronel justo antes de la ceremonia. Mentiras y falsedades. ¡Campesinos contratados para aporrear la puerta! Para que ella creyese que él estaba en peligro, para utilizarla, para arruinar su vida porque Jervaulx sólo era capaz de pensar en sí mismo.

Entonces sí que la había necesitado, y mucho.

Se detuvo ante una ventana y contempló las caballerizas. Los otros establos estaban a oscuras; la única luz que caía en tenues cuadrados sobre los adoquines procedía de los alojamientos de los mozos de cuadra de los pisos superiores.

Podía anularse el matrimonio. Así ella podría volver a casa. Incluso le estaría haciendo un favor al quitarle aquella terrible mancha para su cordura por haberse casado con una cuáquera. Habían prometido que no habría nunca una vista pública si lo dejaba. Había notado todo el odio que latía en Manning; quizá se lo llevaría también con ella, del mismo modo que la zorra se llevaba a los perros de caza lejos de sus crías.

Volvió a caminar por el pasillo, pasando junto a las imperturbables grupas de los caballos. No podía confiar en aquellos hombres. No podía fiarse de su palabra. Esa parte se la habían enseñado muy bien el mundo de Jervaulx y él mismo.

Recordó la noche en que lo había dejado allí, y cómo su inquietud había ido creciendo cada vez más a cada kilómetro que avanzaba, hasta que le había dado la espalda a su padre y había regresado para encontrarse a Jervaulx acorralado por ellos. Sin duda esa inquietud había sido provocada por la voz de Dios, que le había hablado al corazón y le había dicho lo que debía hacer.

Si ella, su esposa legal, no estaba allí, ¿qué les impediría volverlo a intentar? Pero, si no era su esposa legal, ¿qué los detendría de todos modos?

¿Cómo podía abandonarlo, sabiendo lo que podían hacerle utilizando la fuerza, la ley o la maldad?

Pero ¿cómo podía permanecer allí?

Apretó el anillo entre sus frías manos y se las llevó a la boca. ¿Cómo había llegado a ese punto? ¿Cómo podía amarlo más allá de toda lógica?

Elias Little tenía la respuesta. Era porque se había apartado de la Verdad y había caído en el egoísmo y la tentación carnal. No había pedido ayuda a los Amigos, ni había escuchado los consejos de Richard en la posada de postas; siempre se había puesto de parte de aquel hombre perverso y mundano.

Pero él la necesitaba.

No, no la necesitaba.

Fuera brilló otra lámpara, y el ruido de un portón al abrirse devolvió el establo de enfrente a la vida. El callejón se llenó de voces, y la gran puerta de la cochera vacía quedó abierta.

Una figura que hasta ese momento había permanecido invisible cobró forma bajo la luz y volvió a desaparecer entre las sombras. Era una mujer que llevaba la cabeza cubierta y un chal. Maddy se quedó mirando por la ventana.

–¿Qué quiere? –preguntó uno de los mozos de cuadra a la sombra, pero sólo recibió una débil negativa por toda respuesta–. Váyase entonces –añadió–. Va a entrar nuestro carruaje.

Siempre había gente harapienta y mendigos en la plaza; era una de las dolorosas ironías de aquel lugar, y algo a lo que Maddy no se había enfrentado directamente. Sintió la magnitud de su fallo en esos momentos, esa ceguera interesada por su parte que era todo un alivio frente al baile, las mesas llenas de comida y las risas provocadas por el alcohol.

Se oyó el eco de cascos de caballos en el callejón. El traqueteo del carruaje que regresaba sobre los adoquines hizo que comenzara cierto ajetreo en el lugar. Las lámparas del vehículo se reflejaron contra los cristales de las ventanas del piso de arriba mientras el conductor hacía que los caballos retrocedieran con una habilidad producto de la experiencia. Cuando el carruaje estuvo ante la puerta, el lacayo se bajó de la parte de detrás. Sacó una lámpara de su soporte para que los mozos tuvieran más luz mientras, con toda eficacia, desenganchaban a la pareja de animales.

El aliento helado de los mozos se mezcló con el vapor de los caballos y se llevaron a los rucios uno a uno. A continuación, los mozos volvieron, agarraron el eje y, haciendo fuerza a la vez, empujaron el carruaje para entrarlo.

El lacayo hizo un rápido barrido por los adoquines con la lámpara, iluminando por unos instantes la figura silenciosa de la mendiga. No pareció percatarse de su presencia. El aliento del hombre brilló durante un momento mientras volvía al interior del recinto y cogía la argolla de la puerta, cerrando de nuevo aquella gran barrera.

El callejón volvió a quedarse a oscuras y en silencio, a excepción del murmullo de la fiesta que resonaba sobre los yermos adoquines.

Maddy permanecía ante la ventana. Todo el calor que había sentido mientras caminaba agitada de un lado para otro se había extinguido, y estaba tiritando pese al cobijo que le ofrecía el establo. Aunque no podía ver a la mendiga, percibía con gran fuerza su presencia invisible en las sombras.

Respiró profundamente y se frotó sus brazos helados. Abrió la puerta del establo y salió al callejón.

La mujer se puso en pie y fue hacia ella al instante, como si la hubiese estado esperando.

–¿Qué tengo que hacer? –preguntó.

Maddy se detuvo, sorprendida por aquella forma tan directa en que se le había dirigido la mujer.

–¿Tienes hambre? –le preguntó.

La figura encapuchada se acercó a ella y también se detuvo con la misma expresión de sorpresa. Era una chica mucho más joven de lo que Maddy había pensado, de mejillas sonrosadas y con los ojos rojos.

–Perdóneme, señora –dijo la joven haciendo una rápida reverencia–. No quería... Creía que usted... Me dijeron que esperara aquí. Perdóneme –y volvió a esconderse entre las sombras mientras apretaba con fuerza el bulto que llevaba.

–¿Tienes hambre? –preguntó Maddy de nuevo–. ¿Quieres pasar a la cocina?

–No, no, señora. Me dijeron que no entrara.

Maddy avanzó unos pasos, confusa.

–No me tengas miedo. Soy... soy la señora de esta casa. Si digo que puedes entrar, es que puedes.

La chica se detuvo.

–Entonces, ¿es usted el ama de llaves, señora? –exclamó aliviada. Volvió a hacer una reverencia y se acercó a Maddy mientras le enseñaba una nota y seguía apretando el bulto contra sí–. Si tiene la bondad, señora, me dijeron que viniera aquí y le dijera a su excelencia que ya ha llegado el paquete de la señora Sutherland.

Maddy cogió la nota. No estaba sellada. La chica abrió la hoja para que viera lo que contenía. «Envíame el paquete», rezaba, escrito en la reconocible letra de Jervaulx.

–Vaya –dijo Maddy–. Bien, pues entonces éntralo. No tienes por qué esperar aquí fuera.

De pronto se oyó un leve lamento procedente del bulto que la chica sostenía entre sus brazos. Se lo llevó al hombro y lo arrulló suavemente, mientras miraba a Maddy y sonreía a modo de disculpa.

Maddy permaneció inmóvil durante unos instantes. Se sentía como si estuviera en lo alto de un enorme precipicio y no pudiera respirar ni pensar.

Haciendo un esfuerzo, susurró:

–¿Y es de la señora Sutherland?

La chica volvió a inclinarse.

–Sí, señora.

Maddy comenzó a temblar. El frío se había apoderado de ella. Se cubrió con los brazos.

–¿Un paquete? ¿Es eso? –preguntó con voz temblorosa–. ¿Es eso... el paquete?

–Sí, señora –contestó la chica mientras volvía a sonreír con cierto deje de tristeza–. Hacen cosas horribles esos encopetados, por llamarlos de alguna forma. Es una niña encantadora. Soy el ama de cría. Perdí a mi niño hace dos meses.

Esa simple confesión rompió el estado de ensoñación en el que se hallaba Maddy. Comenzó a caer por el precipicio, un descenso nauseabundo y en picado hacia la comprensión de los hechos.

Eydie. La señora Sutherland.

Habían sido amantes.

Y habían tenido un hijo.

–¿Está bien, señora? –preguntó la chica.

Maddy parpadeó. No podía dejar de temblar. Se le habían llenado los ojos de lágrimas y veía a la chica borrosa, entre luces y sombras.

–Estoy bien –dijo con voz apagada. Se aclaró la garganta–. Estoy bien.

Tenían un hijo. Lo había hecho con ella... con Eydie.

Todos los besos de él. Sabía tanto, lo sabía todo. Y Maddy, perdidamente enamorada, cautivada, había pensado que era perverso guardar un mechón de pelo y una miniatura.

Había estado ciega. Ciega, deslumbrada y perdida. Oyó el frágil lloriqueo de la niña y, en lugar de repugnancia justificada, sintió una oleada de amor, dolor y pena que la ahogó, porque la niña era de él, porque le pertenecía, y Maddy amaba hasta el deshonor y la ignominia si le pertenecían a él.

–Tiene usted más frío que nosotras, señora, por la forma en que tiembla. ¿Entramos, entonces?

–Yo...

La campana de los establos comenzó a sonar desaforadamente, como si fuera una alarma de incendios. Tanto Maddy como la chica se echaron atrás cuando empezaron a encenderse faroles y aparecieron mozos corriendo de todas partes. La niña comenzó a llorar. Tras la joven, se vio un intenso destello de luz al final del callejón. Una pareja de caballos pasaron trotando bajo el arco; sus jinetes iban vestidos de escarlata y oro, llevaban antorchas y precedían a un carruaje que giró la esquina con suma elegancia. El cochero iba sentado en un suntuoso asiento azul y púrpura y llevaba peluca y charreteras, como correspondía a la realeza. Había llegado el rey.

En la entrada principal, Christian estaba en plena agitación silenciosa, eufórico y alterado, mientras ayudaba a Su Majestad a realizar el penoso trayecto desde el bordillo de la acera a los escalones. Christian estaba a un lado, y Wellington al otro.

Wellington, por el amor de Dios. Christian se encontró de repente inmerso en un juego político: él podía utilizar al rey, así que el rey podía utilizarlo a él. No había gastado mucha de su preciosa concentración leyendo periódicos, pero sí lo suficiente para saber que había fuertes presiones y era probable que el actual gobierno desapareciese pronto. Y la única explicación posible para aquella subsanación pública de las diferencias existentes entre el rey Jorge y el duque de hierro era que así preparaban el camino para que Wellington se hiciera con las riendas del gobierno.

Habían elegido su baile para escenificar aquella reconciliación, lo cual era un golpe de gran suerte, pero Christian no tenía tiempo para regodearse. No tenía la menor idea del paradero de Maddy, cuando tendría que haber estado a su lado para recibir al rey al bajar del carruaje y, en esos momentos, tendría que estar allí, ante la puerta. Maldición, ¿dónde estaba?

El rey Jorge puso una de sus piernas hinchadas sobre el segundo escalón mientras se agarraba con fuerza al brazo izquierdo de Christian. Entonces llegó el turno de Wellington, al otro lado de Su Majestad, que abrazó la poco majestuosa mole. Un fuerte olor a brillantina se elevó de los lustrosos rizos de la peluca color castaño de Jorge IV y se mezcló con el fuerte perfume procedente de su pañuelo de bolsillo. Christian apartó el rostro para respirar disimuladamente una bocanada de aire fresco y, a continuación, volvió a mirar hacia delante. En esos momentos, una enorme sensación de alivio se apoderó de él.

Ella estaba allí, de pie en el umbral, con Calvin y un par de altos lacayos tras ella. La tiara relucía; sus mejillas eran dos puntos rojos en medio de un intenso blanco; sus labios también estaban pálidos. Christian deseó con todas sus fuerzas que Maddy no se desmayara en esos momentos.

Le hizo un gesto para darle ánimos y volvió a ocuparse del rey sin esperar la reacción de ella. Los ayudantes reales se arremolinaban a su alrededor, y Christian perdió de vista a Maddy cuando llegaron a la puerta y el rey entró. Éste dio unas palmaditas a Christian en el brazo.

–Gracias, gracias, amigo mío. Creo que puedo seguir solo. ¿Dónde está mi bastón?

El rey se apoyó en su báculo. El recibidor estaba lleno de invitados, ya que los que sabían que gozaban del favor real se habían apresurado a bajar del piso superior. Jorge se dedicó a darle la mano a todo el mundo con claros gestos de satisfacción mientras, discretamente, Calvin y los lacayos lo guiaban hacia la habitación que habían preparado para él.

Christian oyó la reacción de la gente al ver a Wellington. Subió por la escalera como un maremoto, un leve murmullo que se fue convirtiendo en un rugido. Al infierno con todos. Al infierno con el Gorila, con el hombre de las sangrías, Manning y toda su familia.

Wellington se quedó tras el rey mientras éste seguía ocupado. Christian, que no era muy apreciado por aquel héroe de guerra *tory,* se sintió atravesado por aquellos célebres ojos azules que se habían hecho con campos de batalla enteros de un solo vistazo. El duque de hierro inclinó la cabeza para saludarlo.

–Su Majestad me ha ordenado que lo acompañe esta noche. Espero que no le resulte una molestia.

Christian le dio la mano.

–Es... un honor –dijo, y lo pensaba de verdad. Vio que el otro se daba cuenta rápidamente de su forma de hablar–. He cambiado –añadió de pronto, tras considerar que Wellington, con todos sus contactos en las altas instancias gubernamentales, estaría al tanto de su debacle en el despacho del ministro de Hacienda. Sonrió levemente–. Usted... más que nadie... sabe que las grandes pruebas... cambian.

Wellington lo miró con una expresión intensa y burlona mientras se daban la mano. Christian siguió mirándolo a la cara. Si había sido capaz de sobrevivir a su infierno particular, no tenía por qué apartar la vista por sus ideas políticas.

Wellington arqueó las cejas.

–¿Y existe alguna posibilidad de que cambien sus opiniones liberales?

Christian se encogió de hombros.

–No creo.

El militar gruñó.

–Bueno, al menos está usted en sus cabales. Le concedo eso –dijo con una débil sonrisa–. Un *visage de fer*. Es la única elección posible en la vida, ¿no?

Christian abrió los brazos para referirse al baile en el que estaban y al propio rostro de hierro del otro. Wellington, que no era tonto, inclinó la cabeza en señal de reconocimiento. Puso una mano sobre el hombro de Christian y lo apretó con fuerza antes de girarse hacia el rey.

El rey Jorge había llegado al fin al sofá de la sala, en el que se hundió entre crujidos de ballenas de corsé. Llamó a Christian mientras sonreía como si fuese un querubín obeso de mejillas sonrosadas.

–¿No va a presentarnos a su duquesa?

Christian se giró. Maddy se había quedado cerca de la puerta, medio escondida entre los invitados y los cortesanos, mientras lady Conyngham y Knighton se sentaban.

Christian alargó el brazo. Maddy no lo miró, pero se adelantó y se detuvo ante el rey. El murmullo de conversaciones se apagó.

–Arquimedea –dijo Christian–. Duquesa de Jervaulx.

Maddy extendió la mano sin inclinar la cabeza ni hacer reverencias.

–Te doy la bienvenida –dijo en tono solemne.

El rey Jorge se echó a reír.

–¡Válgame Dios! ¡Sí que es cuáquera! Me lo habían dicho, pero no me lo creía –dijo mientras cogía la mano de Maddy, la besaba y la mantenía entre las suyas–. Siento un gran aprecio por su gente, un gran aprecio. Son buenos, amables y honrados. Escuelas, Biblias, bancos. Usted los honra, querida.

En voz baja y firme, Maddy dijo:

–He de decir que ya no me consideran Amiga.

El rey le dio unos golpecitos en la mano.

–Por su matrimonio, ¿no? Los principios religiosos son a veces una carga para todos nosotros, ya lo creo. Pero tiene usted a su marido, que es todo un caballero, para consolarse. –A continuación, miró a Christian–: No se olvide usted de que lo considero un buen amigo. Estaré a su servicio siempre que lo necesite.

Christian hizo una reverencia. Tuvo que hacer un esfuerzo para no echarse a reír de alegría. El rey... y Wellington.

¡Al infierno con todos! ¡Que intentaran ponerle un solo dedo encima!

Christian abrió el baile limitándose a llevar a Maddy al centro de la habitación, inclinándose ante los invitados y ante ella, y haciendo una señal al director de la orquesta para que comenzaran a tocar. Al infierno con las excusas y las explicaciones. Que pensaran lo que quisieran de una duquesa que no bailaba.

Cuando salieron de la estancia, mientras se formaban las parejas de baile y todo el mundo tenía la atención puesta en la pista, Christian se dio cuenta de que su esposa y él estaban solos y nadie los observaba.

Estaba tan eufórico con su triunfo que cogió a Maddy de su helada mano, la atrajo hacia sí y la besó, mientras la música los envolvía.

Inhaló una brisa nocturna procedente de ella, un remanso de fresca limpieza en medio de aquella atmósfera cargada y perfumada. Maddy no lo había mirado a la cara ni una sola vez, pero no le importaba. Se sentía invulnerable en esos momentos. Nada malo podía pasarle.

Pero, durante unos instantes, pareció que estaba equivocado. Maddy se quedó rígida y lo rechazó con un fuerte aspaviento. Christian la soltó. Ella dio unos pasos atrás y lo miró, su Maddy, su refulgente y sabia Atenea, plateada y hermosa incluso estando tan seria. Ella lo miró con aquellas pestañas que convertían sus ojos verdes en dorados, tan casta y sensual a la vez, haciendo que la sangre ardiera en su interior.

–Te amo –dijo él entre dientes mientras la música sofocaba sus palabras.

Sabía que ella no podía oírlo. No quería que lo oyera. No quería que ella tuviera ocasión de contestarle esa noche, su noche, cuando todo, hasta su maculado ser, gritaba victoria.

–¿Estarás a salvo ahora? –preguntó ella.

Christian no hizo ademán de intentar acercarse.

–El Gorila... aquí –le dijo.

Maddy cerró las manos. Dio un paso tembloroso hacia él y se detuvo.

–El Gorila –repitió él–. El médico... del manicomio. Calvin los encontró... malditos bastardos... intentando pasar inadvertidos... entre los invitados.

Maddy estaba tensa y sus puños adquirieron una tonalidad blanca que destacaba en el vestido plateado.

Christian sonrió con malicia.

–Ahora están arrestados. Intrusos. Ladrones.

–¿Arrestados? –preguntó Maddy mientras abría los ojos de par en par, estupefacta–. ¿Has hecho que arresten al primo Edward por ladrón?

–Esposados... detenidos. –Los labios de Christian se torcieron en una mueca de satisfacción ante la idea–. Que lo disfruten.

Christian vio que Maddy no parecía muy contenta. Lo miraba con una expresión que fue incapaz de interpretar. Él se encogió de hombros y añadió:

–Quizá mañana... o dentro de una semana... retiraré los cargos. Soy mejor persona. Por ti. Los dejaré libres.

De pronto la expresión de Maddy cambió. Todo rastro de severidad desapareció de su cara. Se abalanzó sobre Christian y lo abrazó. Levantó los brazos y tiró de él mientras elevaba su boca hacia la suya.

Christian emitió un sonido de entusiasmo y placer como respuesta. Ella se había lanzado a sus brazos con un arrojo que lo sorprendió, y entonces abrió los labios y lo besó con frenesí, como si no lo hubiera hecho nunca y no pudiera volver a hacerlo, como si no hubiera nadie cerca que los pudiera ver. Christian se olvidó del baile y de la música y se perdió en ella, sintiendo cómo el cuerpo de Maddy se apretaba contra el suyo lleno de deseo, lleno de una promesa que a Christian le resultaba muy difícil aplazar.

–Maddy, mi Maddy...

Finalmente, haciendo un gran esfuerzo, la separó de él. Christian sabía que estaba sonriendo como un bobo, pero no podía evitarlo. Era tan feliz... más de lo que nunca lo había sido en toda su vida.

Maddy lo miró con intensidad mientras se mordía el labio inferior. Parecía enferma, con aquella palidez que contrastaba con sus encendidas mejillas.

–Pronto –apremió él mientras acariciaba el rostro ardiente de ella–. Primero... hay que librarse del rey. –Con un dedo recorrió la nariz de Maddy y la besó en la punta–. Entonces solos... tú y yo.

Maddy bajó la mirada. Sin decir palabra, se soltó de él, se dio la vuelta y bajó la escalera.

Su Majestad, maldición, no se retiró hasta las seis. Para entonces Christian ya lo veía todo a través de una vertiginosa neblina producto del agotamiento. Estaba exultante, casi eufórico. Ya no se creía capaz de poder hacer nada bien pero, de algún modo, lo conseguía.

Maddy no dejaba de sorprenderlo. Cada una de las infinitas veces que la miró pensó en lo hermosa que era. Lo tenía cautivado con su sencillez plateada, con su sobria delicadeza. Estaba orgulloso de ella: no se había inclinado ante el rey, no había dejado de ser ella ni de ser consecuente consigo misma ni por un instante.

Hasta pasó media hora hablando con Wellington, nada menos, sin duda arengándolo en contra de la marginación política de los grupos religiosos disidentes. Los dos eran todo un cuadro, tan dignos y serios. Christian sonrió.

Cuando miraba a su alrededor, veía a las mujeres a las que podía haber tomado por esposa, pero no se imaginaba a ninguna de ellas ayudándolo a sobrevivir a todo aquello. Al diablo si Maddy no sabía bailar. Eso la hacía aún más especial.

Buscaba a Manning y a Stoneham, pero no los vio. Daba igual; sólo deseaba ver qué cara se les había quedado. Al amanecer, cuando el último carruaje partió bajo la fría luz, dejando tras de sí una casa que olía a vino y perfume rancios, Christian anhelaba tumbarse y dejar que la bendita inconsciencia se apoderase de él.

Vio cómo Calvin cerraba la puerta y se agachaba para recoger del suelo una pluma rota. Hacía rato que Maddy había desaparecido. No podía culparla de eso, ya que él mismo casi ni podía verse las manos de lo cansado que estaba.

Subió la escalera y pasó por delante del salón, en el que los criados contratados para la ocasión barrían la estancia. Subir otro piso se le hacía casi imposible pero, al fin y al cabo, el vestidor en el que había estado durmiendo el último mes estaba lleno de sillas y flores.

Apareció su ayuda de cámara, al que despidió con un movimiento de cabeza. Se apoyó en el poste de la barandilla y miró hacia arriba. Un tramo de escaleras más y Maddy estaría allí, en la habitación de invitados. Quería tumbarse junto a ella y dormir. Ya estaba bien de aquella extraña distancia que había entre ellos.

Ese beso. Se le aceleró el pulso. Esa noche...

Bueno, ya era por la mañana. Christian sonrió, se aflojó el lazo del cuello y subió la escalera.

En el descansillo de arriba, un haz de luz matutina procedente de la puerta abierta del dormitorio de invitados se extendía por la alfombra. Christian vaciló unos instantes mientras intentaba aclarar su embotada cabeza. De pronto le daba vergüenza, después de tanto tiempo, aparecer en la habitación como si nada. Podía fingir que se le había olvidado ordenar que preparasen dos dormitorios libres. O podía simplemente volver a besarla –idea que, de nuevo, lo excitó–, caer sobre ella en la cama y besarla. Ganas no le faltaban.

Oyó un suave murmullo femenino procedente del interior de la habitación. Haciendo un esfuerzo, volvió a ponerse en movimiento, apartándose de la pared.

–¿Niñamaddy? –dijo mientras miraba por la puerta con expresión mansa, incapaz de encontrar alguna excusa o explicación y, desde luego, sin dar muestras de caballerosidad.

La habitación de invitados estaba decorada, con elegante gusto femenino, en un radiante chintz rosa nuevecito. En el diminuto reposapiés de un sillón tapizado estaba sentada una chica a la que Christian nunca había visto.

Tenía una criatura en brazos, la fuente de los murmullos, que movía los bracitos para intentar coger el lazo del gorro de la joven.

Durante unos instantes, Christian tuvo la extraña sensación de haberse equivocado de casa. No conocía aquella habitación, la chica era una extraña, y la criatura...

Se quedó mirándolas.

–¡Maldición! –exclamó de pronto al entrar en la estancia.

Sobre la cama había una tela de un brillo metálico, el vestido de Maddy, que tenía la tiara y una nota sellada encima. Christian se giró y miró a la chica.

–¿Qué... significa esto?

La criatura dejó de balbucear al oír su voz. La chica, que no se había movido, se humedeció los labios y dijo:

–La señora me dijo que esperara aquí a su excelencia.

Dicho lo cual, se puso en pie, se acomodó a la niña sobre el hombro e hizo una reverencia, tras lo que añadió:

–Ésta es la niña, señor. La señora Sutherland partió ayer, y me dijo que se la trajera.

Christian agarró la nota y la abrió. Le temblaba la mano derecha, por lo que rompió el papel por la mitad y no parecía poder juntar las partes, además de ser incapaz de descifrar su contenido. Se oyó a sí mismo emitiendo unos ruidos de angustia, e intentó calmarse apoyándose sobre el tocador y alisando el papel, pero las palabras no dejaban de saltar ante sus ojos cada vez que las miraba: «Christian». Leyó su nombre. Vio palabras que decían cosas, cosas que no quería oír: «Tengo que dejarte. No estuvo bien. Tu mundo, la boda, ilegal, anulación. Tu hija».

Cerró los ojos e inclinó la cabeza sobre la nota. Se había quedado sin aliento, como si le hubieran golpeado en el pecho.

–Sal –dijo–. Habitación... de al lado. Vete.

–Sí, señor. –La joven pasó junto a él rápidamente.

Oyó cómo la puerta se abría y cerraba.

«Maddy –pensó–. Maddy, Maddy...»

Christian tiró de la cuerda del timbre. Iría tras ella. La traería de vuelta. Se explicaría. Salió de allí cerrando la puerta de un portazo.

En la otra habitación, la niña comenzó a llorar. Aquel sonido paralizó a Christian. De pronto se le ocurrió que todo aquello era un error, que Maddy lo escucharía si le decía que era un error. La niña era de Eydie, y ella debería cuidarla, pero había ocurrido aquel malentendido... aquel lamentable malentendido.

Abrió la puerta del dormitorio de un empujón. La chica lo miró asustada mientras la criatura volvía a llorar.

–Lo siento –dijo mientras cambiaba a la niña de sitio sobre su regazo–. No volverá a pasar. Es muy buena, excelencia.

Su mirada de terror hizo que Christian se detuviese de pronto en el umbral. Los lloros cesaron con la misma rapidez. La chica tenía a la niña sentada de espaldas a ella, y Christian vio su carita.

La niña gimoteó de nuevo. Sus ojitos llenos de lágrimas se quedaron mirándolo fijamente con expresión de angustia, y su frente se arrugó como si fuera a hacer una pregunta, como si fuera el pasajero de un ómnibus que se acaba de bajar y descubre que lo ha hecho en la parada equivocada.

Y, como si de una extraña revelación se tratase, de pronto Christian se reconoció a sí mismo en ella. No en su carita redonda y carente de rasgos coronada con una mata de pelo, ni en la niña en sí, que podría haber sido cualquier criatura en una cuna elegida al azar. Lo que vio fue el desconcierto y la preocupación, el repentino caer en la cuenta de que el mundo era un lugar extraño y caprichoso, la absurda sensación de indefensión tras acabar de caer en arenas movedizas.

Él conocía muy bien esa sensación.

Christian abrió la mano. Soltó la puerta y avanzó unos pasos. Aquellos ojos tan abiertos que no pestañeaban siguieron sus movimientos con ardiente perplejidad. La niña contempló su camisa y su levita negra como si todo él fuera alguien de gran pero incomprensible importancia.

A continuación la niña lo miró a la cara. Y entonces sonrió de repente, como lo haría una enamorada que lo divisase entre una multitud. «¡Estás aquí!» Aquel mensaje silencioso iluminó a la niña como una vela y lo atrapó también a él. «¡Al fin estás aquí!»

La niña agitó los brazos y comenzó a balbucear. Christian dio un paso atrás, abrumado por aquella sensación que lo sobrecogía.

–Vete al infierno –dijo en voz baja. La niña se rió.

–¿Perdone, señor?

La voz de su ayuda de cámara tras él hizo que se sobresaltara.

Con gran esfuerzo, Christian consiguió concentrarse en el sirviente.

–La duquesa... –De pronto Christian se dio cuenta de que tendría que soportar que toda la casa se enterase, lo cual lo llenó de ira–. Cuándo se marchó. Entérate.

–Excelencia, la cocinera dice que la señora salió por la cocina hace dos horas sin permitir que nadie la siguiera.

Christian sabía adónde había ido. Con sus cuáqueros, con aquellos seres sombríos que habían estado allí el día anterior.

O con Richard Gill.

Un arrebato de violencia muda explotó en su interior. «¡Pues que se vaya! Que se vaya, que se quede con él.» Christian golpeó la puerta con el brazo haciendo que chocara contra la pared. La niña comenzó a llorar de nuevo.

–Calla, calla –la instó la joven, pero la niña lloró aún más fuerte. La cogió en brazos y acunó contra el hombro, pero el llanto no cesaba–. Se calmará si la acuesto –explicó el ama de cría–. Si pudiera acostarla en algún sitio... Llevo toda la noche con ella en brazos.

–Pues acuéstala–dijo Christian señalando la cama–. Ahí.

Se acercó al timbre a la vez que la joven obedecía sus indicaciones. Esa niña, esa maldita niña, Richard Gill, Maddy... Maddy... Seguro que no tendría que soportar las coces de aquel asno. Ese imbécil piadoso no sabría ni...

Christian se encendió de rabia y al mismo tiempo se quedó helado por los pensamientos que lo asaltaban.

Era suya; era su mujer. No pensaba consentir que Gill la tocara. Tiró de la cuerda del timbre.

–La capa –dijo a su ayuda de cámara cuando volvió a aparecer–. Que preparen el carruaje.

Bajo una de las largas y arqueadas salas de exposición del vivero de Butterfield en Lambeth, y flanqueado por hileras de macetas, Christian esperaba con un pie puesto sobre el extremo de un banco. Estaba apoyado sobre la rodilla golpeándose ligeramente la pierna con la fusta cuando apareció el cuáquero en dirección hacia él.

Gill se detuvo. Christian no se enderezó, sino que se limitó a mirarlo de lado.

El último eco de las pisadas del jardinero se apagó al final de la caverna arqueada. Gill devolvió a Christian la mirada con una expresión contenida y levemente inquisitiva, carente de cualquier triunfo o desafío. Fue entonces cuando Christian supo que ella no estaba allí.

Bajó la mirada y dejó de apretar la fusta con tanta fuerza. Con la punta de la misma, recorrió los capullos de los claveles de color rosa y blanco, mientras contemplaba sus pétalos en silencio. De pronto sintió la gran necesidad de arrancar con la fusta todos los capullos de las flores que tenía a su alcance.

Pero no lo hizo. En su lugar, agachó la cabeza y se frotó los ojos con la mano.

–Te ha dejado –dijo Gill.

Al mirar entre los dedos de su mano, Christian vio la seda negra de sus ropas contra un alegre fondo de pétalos verdes. Movió la fusta para agitar el follaje. Pensó que el olor a tierra húmeda y claveles le haría sentir vergüenza y dolor el resto de su vida.

–No ha venido a verme –dijo el cuáquero–. ¿Sabes a qué Asamblea solía asistir?

Christian negó con la cabeza.

–Me puedo enterar –dijo Gill–. Te enviaré noticias de ella si quieres.

Christian se sintió como si estuviese fuera de un gran muro mientras las puertas de acceso se cerraban empujadas por unas sobrias figuras vestidas de negro.

«Niñamaddy –pensó, indefenso–. Maddy.»

Ella se había marchado por su propia voluntad, abandonándolo.

Él nunca podría ser como ella, ni llegar a ser el hombre que ella amara; bastaba con recordar a la criatura que lloraba a pleno pulmón en la habitación de invitados. A Maddy le repelía su vida; era ese serio jardinero temeroso de Dios, ese sencillo buscador de la virtud a quien ella quería.

Miró a Gill y pensó: «Pero nunca la harás reír, ¿a que no? Serás amable, constante y sabio, mucho más sabio que yo, y ella te respetará. Maldito seas. Maldito seas. Mejor persona».

Christian se echó la capa hacia atrás y se enderezó. Se echó a andar, pero se detuvo mientras empujaba la puerta para que se abriera con la mano en la que llevaba la fusta y el sombrero.

–Le tiene miedo a las tormentas –dijo.

Era algo que quizá Gill nunca tendría ocasión de averiguar por sí mismo.

«Y a los fantasmas», pensó Christian mientras salía al helor de la mañana. Pero eso no se lo dijo a Richard Gill.

El sol de la mañana entraba a través de la rendija que había entre las cortinas de la habitación de invitados, arrojando un haz de brillante luz sobre la cama y las almohadas en las que estaba descansando la niña. Christian apoyó una mano en uno de los pilares del dosel.

Miró a la joven, sentada en una esquina, y se dio cuenta por primera vez de que parecía estar muy cansada.

–¿Comido?–preguntó en voz baja.

–Le di el pecho y la limpié hace media hora, señor.

Christian ni había pensado en eso.

–Digo... tú.

–Anoche. La señora me obligó a comer cuando entramos –respondió ella.

–Baja ahora.

–Pero, señor, no puedo dejarla sola.

–Estoy aquí.

–¿Usted, señor?

Hasta en aquella habitación en penumbra, su rostro reflejó claramente las dudas que la asaltaron.

–Diez minutos –dijo Christian–. ¡Come!

La joven se inclinó y salió corriendo por la puerta.

Christian la cerró. Fue a los pies de la cama y se quedó mirando a la niña, que yacía boca arriba. La había despertado. Movió los bracitos y emitió un leve gemido que parecía destinado a convertirse en llanto.

Preparativos. Escocia. Tendría que escribir a los Sutherland.

La simple idea de intentar escribir lo agotaba. Simplemente ponerse en pie lo agotaba.

La chica parecía responsable. Quizá podría pagarle para que ella se encargara de llevar a la niña. Los gemidos del bebé se intensificaron, como una puerta que chirriara, y comenzó a llorar con todas sus fuerzas.

Christian se apartó de la cama y cerró las cortinas del todo para que desapareciera el haz de brillante luz. La oscuridad se hizo mayor, pero la niña siguió llorando. No eran gritos, sino una especie de balido desconsolado, como el de una oveja en las colinas.

La niña sólo estaba arropada con el chal del ama de cría. Christian pensó que hacía frío en la habitación, ya que la chimenea no estaba encendida, y se quitó la levita. Cuando se la puso encima, los ojos de la niña volvieron a fijarse en él. Cesaron los lloros, que pasaron a ser meros pucheros de incertidumbre. Christian retrocedió unos pasos y la criatura comenzó a llorar de nuevo.

Comer, estar limpio y caliente; Christian no sabía qué diablos más necesitaba un niño pequeño. Tal vez que lo cogieran en brazos, pero no estaba dispuesto a llegar a esos extremos. Tendría que haber llamado a alguna doncella, pues quería acostarse antes de que su cuerpo y su mente se derrumbaran de puro agotamiento.

Se le ocurrió que podía dejarla sola, ya que no parecía correr ningún peligro. Así podría tumbarse en la cama de la habitación contigua. La chica volvería al cabo de unos pocos minutos.

La niña seguía llorando, con unos sollozos largos, frágiles, como de alma en pena. Se inclinó sobre ella de nuevo para ver si de verdad le pasaba algo o se trataba tan sólo de alguna artimaña femenina que todas aprendían ya desde la cuna.

La niña lo miró mientras lloraba como si todo el mundo fuese demasiado triste para poder soportarlo. La cama cedió bajo el peso de Christian, que cayó sobre su hombro.

La niña dejó de llorar y lo contempló con expresión de esperanza mientras lanzaba unos leves hipos.

–Dios –dijo Christian.

Se tumbó en la cama, acomodándose la almohada bajo la cabeza, y tiró de la levita y el chal trayendo a la niña hacia sí. Una manita de ésta se aferró a uno de los volantes de su camisa. Lanzó un puchero que, a mitad de camino, se transformó en un suave suspiro.

«Mujeres», pensó Christian con ironía mientras se acomodaba más en la cama y el sueño se apoderaba de él. Movió un dedo y acarició una suave mejilla.

«¿Cómo te llamas?»

«No te olvides de preguntárselo a la chica...»

«Maddy...»

«No estuvo bien. Tengo que dejarte.»

«No llores, no llores, niñita... Estoy tan cansado... Nunca te he merecido, ¿verdad?... Maddy... Pero te quiero.»

«Siempre te he querido.»

35

Elias Little había ido a buscar a su padre. Consideraron que no era aconsejable que Maddy también fuera o que corriera el peligro de volver a entrar en contacto con el mundo que acababa de abandonar. Ella aceptó las sabias palabras de la Asamblea. Viviría retirada con los Little en Kensington hasta que finalizara el contrato de subarrendamiento de la casa de Chelsea y su padre y ella pudiesen volver a su hogar, ya que lo que estaba claro era que no iban a ser bien recibidos por el primo Edward después de que éste hubiera sido finalmente puesto en libertad tras su ignominioso encarcelamiento.

Su padre estaba muy apagado. Tiempo atrás, Maddy habría pensado que no se encontraba bien al verlo tan callado, pero sabía que lo que lo oprimía era la debacle que ella había ocasionado en la vida de él y en la suya propia. Ni siquiera hablaba mucho con Elias, casi como si estuviesen de algún modo enfrentados tras toda una vida de fraternidad. Cuando acudió el abogado para hablar de la anulación del matrimonio, Elias y Constance la acompañaron durante aquel calvario de explicaciones. Su padre ni entró en la habitación.

La parte más difícil era que no podía hacer lo que le habían pedido los cuñados de Jervaulx y afirmar que el matrimonio no se había consumado. Habría que basar el caso en las propias irregularidades del matrimonio y en el hecho de que ninguna de las partes se oponía a la nulidad. Maddy sabía que se escribían cartas y se consultaba a juristas, pero no tenía relación directa con nada de aquello. Elias y los mayores se encargaban de mantenerse en contacto con el mundo. La única tarea reservada para ella era que escribiese una carta condenando sus actos.

Era lo más difícil que había tenido que hacer en toda su vida. No había llorado ni una sola vez desde que se había marchado de Belgrave Square, pero, cada vez que tomaba papel y pluma todo se enturbiaba de tal modo que era incapaz de escribir. Lo había intentado varias veces: había esperado a sentirse más calmada, se había encerrado al final de la tarde, se había levantado muy temprano, y hasta se había puesto a hacerlo tras volver de las horas de oración de mitad de semana, empapando en esa ocasión el papel con abundantes lágrimas.

Esa misma noche, durante la cena, mientras Elias trinchaba el asado y ponía un pedazo de carne en el plato de Maddy, dijo:

–Hoy ha venido a verme el abogado. Le han asegurado que el duque de Jervaulx no quiere poner ninguna traba que impida subsanar el error.

Así era como lo llamaban: «el error». Maddy clavó la vista en su plato. Nadie dijo nada más. Cogió los viejos cubiertos de acero con el mango de marfil blanco y pinchó un pedazo de carne con el tenedor, pero fue incapaz de comérselo.

Había vuelto a integrarse con facilidad en aquella vida sencilla, en aquella tranquila espera del silencio y de Dios: ayudaba a Constance a fregar, asistía a las oraciones, acompañaba a su amiga a visitar a los enfermos y afligidos. Todo era sencillo: estaba bien levantarse temprano, trabajar mucho y hablar poco. Estaba mal ser vago, deshonesto y caprichoso. Estaba mal pensar en él.

Se sentía como en casa pero, a la vez, muy lejos de ella. No echaba de menos a los criados, ni los carruajes, ni el rico mobiliario. Ni siquiera echaba de menos los bonitos vestidos, sobre todo cuando pensaba en lo mal que le sentaban en comparación con las damas que, con todas aquellas brillantes plumas, habían bailado en los salones de Belgrave Square.

Sólo echaba una cosa de menos, y era la parte de su alma que se había quedado allí.

En algunos momentos extraños e irracionales, se descubría a sí misma pensando que debería estar ayudándolo a abotonarse el chaleco, o que él querría que le escribiese algunas cartas, cosas que ni siquiera le había pedido que hiciera desde que su brazo sanara. Cuando oía pasos en la escalera, levantaba rápidamente la cabeza, pero nunca eran pasos rápidos e impacientes.

Entonces apretaba el anillo de filigrana entre los dedos, su pequeño tesoro robado, su único hurto. Paseaba entre los setos, se detenía y estrechaba los brazos contra su cuerpo mientras levantaba la cabeza hacia el sol invernal que ya se ponía y hacia él, como si estuviese allí, como si pudiese sentirlo junto a ella una vez más, sólo una vez más.

Pero él no quería poner ninguna traba. Maddy se llevó el pedazo de carne a la boca y se obligó a tragarlo.

Antes él la necesitaba, pero ya no. Durante un breve espacio de tiempo sus vidas se habían cruzado para volver a separarse. Él era el duque de Jervaulx. Ella era el escándalo de su Asamblea. Asistía rodeada por una nube de censuras, siendo una más de ellos sin serlo del todo, mientras su nombre se convertía en motivo de interés público en los periódicos, provocando una profunda humillación a la Sociedad.

Estaba muy agradecida de que Elias, Constance y otros Amigos de peso hubieran hablado en su favor, dejando constancia de que había estado equivocada pero se había apartado de todo aquello y, con el tiempo, conseguiría volver a la Luz. Y todos estaban a la espera de leer su carta condenándose a sí misma. No era algo que dijeran abiertamente, pero Maddy sabía que, si las palabras que escribía resultaban convincentes, si mostraban su deseo real y absoluto de encontrar la Verdad, los Amigos volverían a acogerla dentro de la Sociedad.

–¿Cómo va tu ensayo, John? –preguntó Constance a su padre.

Éste se frotó la barbilla.

–Lento. Últimamente avanza muy lento.

–No me has pedido que te lo transcriba –dijo Maddy.

–No estoy seguro de querer publicarlo.

Maddy lo miró sorprendida.

–¿No?

–Mi niña Maddy –dijo él con calma–, sabes que todo el mérito de ese ensayo no es mío.

–Todo no, pero... –Maddy se calló.

–¿Lo publico con su nombre en él? Creía que eso no te gustaría. –Su padre esbozó su característica sonrisa llena de dulzura y tristeza–. Y, para ser sinceros, me he encontrado con una complicación que soy incapaz de resolver yo solo.

Maddy agachó la cabeza sobre el plato. No era justo. Su padre llevaba largo tiempo entregado a aquel ensayo y había trabajado mucho. Tanto esfuerzo no debería quedar en nada por culpa de sus propios errores.

–¿Quieres un poco de esta col de Milán, John? –preguntó Constance para cambiar de tema mientras le servía en su plato–. La ha traído el Amigo Gill esta mañana. Dice que ya hay en el mercado, a un chelín y seis peniques la cesta.

–Ojalá encuentre espárragos –dijo Elias–. O los cultive él junto con todas esas flores suyas.

Constance sonrió.

–Que se lo pida Arquimedea. Seguro que lo hace por ella.

–Vamos, Constance –la reprendió Elias levemente–. Estás adelantándote a los acontecimientos.

Constance, sin sentir ningún arrepentimiento, sirvió col en el plato de Maddy.

–Todo se resolverá felizmente –dijo Constance–. Siento en mi interior que así será.

–¿Has seguido escribiendo tu carta, Arquimedea? –preguntó Elias.

–Sí –contestó Maddy mientras jugueteaba con la col en el plato–. Pero no la he terminado todavía.

–Esta noche rezaremos juntos –dijo Elias–. Puede que eso te ayude.

–Sí –contestó Maddy.

El error quedaría subsanado. Él no quería poner ninguna traba.

Se acordaba de él en esos últimos momentos que habían estado juntos. Nunca podría olvidarlo: aquella astucia y seguridad en sí mismo, aquella brillantez y control de las cosas. Las estrellas y el infinito, un mundo que nadie podía alcanzar. Un *bon chat, bon rat* bajo el ave fénix que resurgía de sus cenizas. Convencido, audaz, sanguinario en su venganza. Como el gato bueno, haragán y juguetón pero poderoso e inmisericorde, había girado las tornas y atormentado a sus verdugos. Los había metido en la cárcel, casi los había dejado en libertad pero se había echado atrás y había vuelto a presentar cargos, había hecho que tuvieran que enfrentarse a un jurado antes de volver a ponerlos en libertad cuando se le había antojado. El pobre primo Edward, pensó Maddy, nunca sería el mismo después de todo aquello.

Porque él era el duque de Jervaulx. Tenía amantes. Había conseguido vencer su aflicción gracias a su propia fuerza.

«Ven», le había dicho muchas veces. Casi podía oír su voz diciéndolo una vez más.

Pero las palabras se desvanecieron hasta en su imaginación. Eran el último vínculo que la unía a aquella otra vida. Tenía que escribir la carta. Había llegado el momento.

Después de cenar, se sentó con Elias y Constance en la austera salita y escuchó la voz profunda de su mayor mientras oraba. Oyó todas las cosas que debía escribir. Tras los rezos, las escribió sin derramar una sola lágrima.

Christian estaba sentado mirando el correo y lanzando las invitaciones una por una al fuego. Se detuvo al llegar a una carta procedente de Escocia, que apartó a un lado. Tras contemplarla un rato sobre el escritorio, rompió el sello y la leyó. A continuación, se levantó y fue al piso de arriba.

En la habitación amarilla, una cuna ocupaba el lugar más cálido de la estancia, separada con todo cuidado de la chimenea por una pantalla. Jilly levantó la cabeza de la cuna al entrar Christian.

–Ah, excelencia, acaba de despertarse y está deseando verlo.

Christian asintió. La chica hizo una reverencia y salió de la habitación, cerrando con cuidado la puerta tras ella.

Christian no fue hasta la cuna, sino que se apoyó contra la cama y observó a la niña desde allí. Diana no se había percatado de su presencia. Estaba tumbada boca arriba dando patadas a su largo camisón de lino y jugando con sus pies. Ahora tenía un gorrito blanco bordado y diminutos peúcos con lazos, baberos, un sonajero de plata, un cepillo y un peine de marfil muy suaves; todo el equipamiento que necesitaba una niña pequeña, tal y como le habían explicado a Christian tanto Jilly como el personal femenino de la casa.

–Pequeña –dijo con dulzura.

La niña se giró al oír su voz, algo que acababa de aprender a hacer. Una mueca de sorpresa arrugó su frente mientras buscaba la fuente del sonido.

Christian fue hacia la cuna. La niña comenzó a sonreír antes de que llegara allí, y empezó a mover las piernas y los brazos con frenesí cuando Christian se inclinó sobre ella. A continuación, éste frotó su nariz contra la de ella, provocándole chillidos de felicidad. Diana le golpeó la mandíbula y las mejillas con sus puñitos. A cada golpe, él giraba la cabeza y emitía un sonido, juego que parecía encantar a la niña.

Christian se incorporó y la contempló desde arriba mientras le ofrecía sus dedos. Ella los agarró de inmediato y arqueó la cabeza hacia atrás para mirarlo.

–¿Tendrás frío en Escocia? –le preguntó Christian.

Ella frunció la frente en actitud interrogativa.

–Ropa de abrigo –prometió él–. Te la enviaré. Vestidos. Dinero. Cosas bonitas.

Juguetes por su cumpleaños. Christian se preguntó si se los darían. Él no podría escribirle ni recibir noticias suyas. Se lo habían dejado bien claro. Pagaría su mantenimiento en secreto y no haría nada que pudiera causar a la familia mayor vergüenza.

Era lo mejor, por supuesto. Lo mejor para ella.

Tenía que mantenerse al margen, en silencio, como estaba haciendo con la anulación de su matrimonio. Eso también era lo mejor. Parecía haberse convertido en un motivo de vergüenza para todo el mundo.

Se soltó de la niña y se dirigió a la puerta. Ella giró la cabeza y siguió sus movimientos. Un pequeño mohín de inseguridad y preocupación nubló su rostro.

Era lo mejor.

Christian se dio la vuelta, miró a la niña, desesperado, y cerró la puerta sin hacer ruido.

La Noche de Reyes pasó sin tarta ni juegos. Christian encontró excusas para retrasar el momento de enviar a Diana a Escocia: eran fiestas, hacía mal tiempo, aún necesitaba más ropa de abrigo. La niña ya tenía un vestuario que sería la envidia de cualquier *femme fatale,* creado por su propia modista, una prima de la hermana de la cocinera, supervisada por ésta y Jilly. Calvin había aportado una pieza de muselina bordada que, de algún modo, se le había colado en la cesta cuando había ido a encargar las libreas de primavera. Durham había llevado cintas azules que hacían juego con sus ojos.

Christian recorría la calle Oxford al anochecer e indicaba que el carruaje lo esperara mientras él caminaba entre las farolas comprando chales, lana y terciopelo. No quería que la niña cogiese frío. Por encima de todo, no quería que cogiese frío.

Cuando hasta él tomó conciencia de que ninguna criatura podía necesitar tanta ropa a la vez, Jilly empaquetó las piezas de tela en un baúl. Christian sabía que tenía que encargarse de contratar un carruaje y un acompañante para el viaje al norte, pero nunca parecía encontrar el momento de hacerlo.

Un día de enero, Calvin hizo pasar a un chico de aspecto desarreglado a la biblioteca. El joven no dejaba de manosear sus mitones mientras el mayordomo anunciaba solemnemente:

–Excelencia, un joven de la Escuela Lancasteriana desea hablar con vos.

–Por favor, señor –dijo el chico antes de que Christian ni siquiera hubiera levantado una ceja–, soy monitor de la escuela. El Amigo Timms nos enseña aritmética. Traigo un recado de parte de él –y cerró los ojos para recitar el mensaje–: «Te ruego me concedas un momento para estudiar un problema. ¿Puedo ir a verte?». –El joven volvió a abrir los ojos–. Y si el duque me dice que no, entonces he de pedirle perdón de parte del amigo Timms y marcharme, y si el duque dice que sí que puede venir, entonces tengo que decirle que el Amigo Timms da clase el Cuarto Día (eso es el miércoles, señor), y después el Amigo Timms puede pasarse por Belgrave Square a las dos. Ése es el único momento en él que puede venir solo, y el duque sabrá por qué. Y eso es todo, señor.

El joven respiró hondo tras hablar y relajó las manos.

Christian no había hecho nada durante todo el parlamento, salvo permanecer sentado y contemplar la pared vacía del jardín posterior. Se había encendido una pequeña chispa agridulce en su interior.

–Ve a la cochera –dijo al chico–. Fíjate en el carruaje. Recuérdalo. Miércoles, a las dos... estará esperando cerca de la escuela. Lo encuentras. Llevas al señor Timms a él... para que lo traiga.

–Sí, señor –dijo el chico inclinando la cabeza.

Christian se sentía nervioso como un colegial cuando Calvin pasó a Timms a la biblioteca y le pidió que se acomodara.

–¿Está bien? –le preguntó desde la distancia tras retirarse el mayordomo.

Desde debajo del ala de su sombrero, Timms se giró hacia el lugar del que provenía la voz de Christian.

–Estoy bien físicamente –respondió sin alterarse.

Christian no sabía si había algún tipo de acusación en su tono de voz. Movió los dedos de su mano derecha. La habitación pareció llenarse de un silencio cada vez más fuerte.

–¿Y Maddy? –preguntó en voz muy baja.

El otro sonrió débilmente y negó con la cabeza.

–No lo sé.

Christian fue hasta el escritorio en el que Timms estaba sentado y corrió la silla que había al otro lado.

–¿Qué problema... quiere que vea?

Timms no llevaba papeles ni cifras grabadas con él. Brevemente describió una ecuación de una forma tan clara que Christian no tuvo ni que apuntarla, tras lo que éste le sugirió otro planteamiento obvio de la variable problemática.

–Claro –dijo Timms con otra leve sonrisa, como si la solución fuese más irónica que satisfactoria.

Christian esperó a que el otro le presentara el verdadero reto, pero Timms no dijo nada.

–No ha venido... sólo por eso –dijo Christian al fin.

–Creía que tardaríamos más –contestó Timms con ironía.

Eso era lo que Christian habría preferido.

–Por lo demás... ¿va bien... el ensayo? –preguntó.

–No he avanzado mucho –respondió Timms–. Me temo que me dejé llevar por tu excelente biblioteca matemática del castillo y me ensimismé demasiado.

–¿Se queda a cenar?

–No puedo. Mi hija no sabe que estoy aquí.

Christian se levantó del escritorio de repente y fue a la ventana.

–Se... enfadaría.

–No, no creo que se enfadara, pero no quiero alterarla más.

–¿Alterarla? –preguntó Christian cerrando los ojos.

–Mañana es la Asamblea mensual. Tiene que leer su carta. La Asamblea ha exigido que envíe también una copia a los periódicos y a tu amigo Durham, que ofició el matrimonio.

–¿Qué carta? –preguntó Christian volviendo la cabeza.

Timms se levantó con las manos apoyadas en el borde del escritorio.

–Ven a la Asamblea, amigo, y la oirás.

Cada mañana Maddy iba con Constance al asilo, adonde llevaban comida para las ancianas y los niños. Esa mañana también acudió, aunque era el día de su deshonra, en el que sería criticada por la Asamblea.

Hacían el trayecto hasta allí rodeando el pueblo, atravesando campos y viveros. Al otro lado de una parcela de terreno labrado, en la esquina en la que el sendero se adentraba en el patio del asilo, pudieron ver una extraña imagen mucho antes de llegar a la institución benéfica.

Una vaca estaba atada al tronco de un árbol comiendo de un montón de heno; aquello era algo que veían todos los días en ese lugar. Pero esa mañana, en medio del sucio sendero, había junto a la vaca dos lacayos con pelucas y libreas blancas que flanqueaban la insólita aparición de lady de Marly sentada en una silla dorada con los pies descansando delicadamente sobre un taburete a juego. Un carruaje cubierto esperaba un poco más allá, bloqueando el paso por completo.

Constance se limitó a preguntar «¿Qué significa esto?», y siguió andando hacia ellos. Maddy avanzaba cada vez más despacio. Finalmente se detuvo a unos metros de aquella barricada humana.

–Creo que debería dar la vuelta.

Constance la miró, y su rostro redondo y suave mostraba tanta tranquilidad como el de la vaca.

–Es el acoso del mundo –dijo con tal serenidad que Maddy recobró algo de valor–. Lo único que tenemos que hacer es seguir andando y pasar por su lado.

Y prosiguieron hasta acercarse a lady de Marly. Maddy vio que la anciana tenía en el regazo un frasco de sales de jade tallado.

–Qué conmovedor –dijo lady de Marly, y su provecta voz resonó con firmeza y claridad–. Haciendo nuestras obras de caridad, ¿no?

Maddy no contestó. Intentó pasar por un lado, pero un lacayo se interpuso en su camino.

–Vamos a hablar, duquesa –dijo lady de Marly–. Aquí y ahora o en cualquier otro lugar.

Maddy se apartó del lacayo.

–No soy duquesa.

–No. Eres una cobarde.

La tía del duque estaba envuelta en ricos chales; tenía el regazo cubierto por una fina manta de lana y las manos metidas en un manguito de marta.

–Vamos, Arquimedea –dijo Constance apartándose a un lado.

–¿Y por qué no la deja que me escuche? –preguntó lady de Marly–. Si soy el diablo que ha venido a tentarla, ¿es que no será lo bastante fuerte para resistir?

–No eres el diablo, sino tan sólo otro problema más para ella –respondió Constance–. Y ya tiene bastantes pruebas a las que enfrentarse hoy.

–No –dijo Maddy, a la que había enojado aquella sugerencia de que cualquier cosa que lady de Marly pudiera ofrecerle a modo de tentación bastaría para acabar con su vocación de verdadera Amiga–. Que hable. No tiene nada que decir que pueda alterarme.

–Jervaulx no está bien –murmuró lady de Marly.

Maddy se giró rápidamente con un nudo en la garganta.

–¿Que no está bien?

Lady de Marly soltó una risita.

–Y luego dices que no hay nada que pueda alterarte.

La sangre bulló en las mejillas de Maddy. Sintió cómo se arremolinaba en su cabeza un latido febril.

–Es la gracia que hay dentro de ella la que hace que Arquimedea se preocupe por el bienestar de cualquier ser humano –dijo Constance.

–Ah, ¿sí? –comentó lady de Marly en tono divertido e irónico. Se inclinó hacia delante, ajustándose uno de los chales–. Jervaulx está bien, niña, lo bastante bien para maldecirme por entrometida si se entera. He tenido que encontrarte por mi cuenta. Ya sabes qué es lo que me interesa –añadió mientras escrutaba a Maddy intensamente–. ¿Hay alguna expectativa?

Maddy entendió lo que quería decir. Pensó en el «paquete», en el fardo en brazos de la chica, en la sangre de la sangre de Jervaulx perdida en un callejón. Pero una hija así no respondía a las expectativas de lady de Marly.

–No –contestó Maddy breve y tajantemente.

La anciana la contempló durante largo tiempo. A continuación, torció la boca y suspiró.

–Bueno, pues eso es lo que hay, supongo.

–Necesito decirte la verdad –dijo Constance de pronto con un firme tono de voz–. Aunque deseo de todo corazón que recaigan todas las bendiciones sobre ti y los tuyos, también has de comprender que ese matrimonio estuvo mal. Fue algo terrible hacer que Arquimedea se casara y se apartara de nosotros. No puedes ni imaginar el valor que le ha hecho falta, y aún le hará, para volver a su antigua alianza con Dios.

–Sí, claro –dijo lady de Marly señalando con la cabeza a las cestas que llevaban–. Y lo conseguirá llevando panes y peces para los pobres.

–Te burlas de lo que no entiendes.

–Está claro que usted conoce a Dios mejor que yo –replicó lady de Marly–, pero yo conozco a su Arquimedea muy bien. No es ninguna santa llena de coraje. –Miró a Maddy y añadió–: ¿Lo eres, niña? No, claro que no. Te da miedo la verdadera tarea que Dios ha puesto ante ti. –Sacó una mano del manguito y cogió su bastón, con el que señaló la cesta de Maddy–. Para eso no hace falta pensar mucho, ¿verdad? Es un bonito gesto, sin duda, pero ¿con eso se consigue trabajo para los hombres?

–Es para los niños y los ancianos. No tengo los medios para conseguir trabajo para los hombres. Si los tuviera, lo haría –contestó Maddy.

–Eres una niña tonta, pero que muy tonta. No sabes lo que tenías. Estabas demasiado asustada para quitarte las manos de los ojos y mirar. –Con mucho cuidado, lady de Marly puso los pies en tierra y se incorporó. Un lacayo se le acercó rápidamente y la ayudó a llegar a la puerta del carruaje. Una vez allí, la dama se detuvo y se giró hacia Maddy mientras se apoyaba sobre el bastón–. ¿A cuántos vas a dar de comer con eso, a diez o así? Piénsalo, niña. A diez, cuando podías haber alimentado a diez mil, si hubieras tenido valor.

–¿Vas a ir a Brook's con nosotros? –Durham subió los escalones de dos en dos. Hizo oscilar un diminuto espejo que colgaba de una cuerda–. Es para la encantadora Diana. –Se lo dio a Christian y lo siguió a la habitación de invitados–. A las damas les gusta empezar a arreglarse desde pequeñas. ¿Qué me dices? Fane se reunirá conmigo en cuanto no esté de servicio.

Christian le mostró el espejito a Diana, que dio unos gritos de alegría y lo cogió. Christian se puso a jugar al tira y afloja con ella.

–Hoy no –respondió a Durham.

–¿Y cuándo? –preguntó éste. Fue hasta la ventana y se apoyó en ella mientras miraba al exterior–. ¿Crees que algún día?

Su tono de voz, en apariencia intrascendente, ocultaba la afirmación de que Christian no podía retrasarlo indefinidamente.

–Hoy no –repitió Christian, que miró al otro de reojo–. Durham, ¿has recibido carta de Maddy?

Su amigo dejó de golpear el postigo de la ventana con los nudillos. No se giró.

–Algo... sí, creo que recibí algo –dijo vagamente.

–¿Algo?

–Una especie de carta. No sé. ¿Estás seguro de que no quieres ir a Brook's, muchachote?

–Dime... qué decía.

Durham seguía mirando por la ventana.

–Mucha palabrería espiritual. Todo muy cuáquero. La verdad es que no la leí con mucha atención.

–¿Muy cuáquero?

–Mira, decía muchas tonterías. Me voy, si no vienes.

–Va a leerla hoy a los cuáqueros. Y sale... en periódicos.

Durham se dio la vuelta.

–Pues en ese caso, muchachote, te recomiendo encarecidamente que no compres el periódico. –La expresión de su rostro contradecía el tono frívolo de sus palabras. Se metió las manos en los bolsillos y salió de la habitación–. Si cambias de idea, nos vemos en el club.

36

Christian cruzó aquella puerta sin saber muy bien lo que le esperaba: si la Inquisición, un tribunal de justicia o una congregación silenciosa entregada a la oración. Lo que se encontró se parecía más a una discreta junta directiva en la que no había presidente. Estaban sentados en bancos en aquella enorme y austera sala. Parecía que todos podían hacer uso de la palabra si así lo querían. Los ruidos de pies resonaban en los tableros del suelo y en el techo conforme los allí reunidos se levantaban uno por uno para expresar sus sentimientos, hasta que alguien extraía de todo aquello una afirmación que conseguía la aprobación general y era incluida en acta.

Christian no tomó asiento, sino que se quedó de pie junto a la puerta. La hilera de hombres sentados sobre el estrado que había en un extremo de la sala lo miraron con recelo al verlo entrar. Ninguno hizo ademán de echarlo, pero uno de ellos seguía mirándolo con expresión muy seria. Christian reconoció al cabecilla del adusto grupo que había ido a ver a Maddy a su casa, y le devolvió la mirada sin inmutarse.

Sólo había una mujer presente. Estaba sentada sola en uno de los primeros bancos, bajo el estrado, mirando al frente. Aquella figura anónima llevaba un gorrito y chal blancos sobre sus ropas negras. Se hizo el silencio en la sala. El único sonido perceptible procedía de la pluma del secretario mientras terminaba de escribir la última acta.

–¿Está presente Arquimedea Timms? –preguntó una voz pausada.

Christian sintió que le costaba respirar cuando ella se puso en pie. No podía verle la cara desde donde estaba, pero sabía que Maddy estaba temblando. Lo sabía.

Maddy agachó la cabeza mientras daba la espalda a los presentes.

–Arquimedea Timms –declamó uno de los hombres del estrado–, se te ha convocado aquí por tu matrimonio, oficiado por un sacerdote, con alguien del mundo, así como por otras faltas. Los Amigos te han pedido que aclares la verdad escribiendo una carta de condena de tus actos.

La congregación emitió un leve murmullo de asentimiento.

–Te pido que la leas ahora –dijo alguien desde uno de los bancos.

Christian se agarró muy fuerte al marco de la puerta que tenía tras él.

Con la cabeza todavía agachada, Maddy levantó el papel que sostenía en las manos y comenzó a leerlo. Su voz era temblorosa y baja, ininteligible salvo por su sonido, un sonido tan dulce y familiar que Christian lo sintió en su interior como si de un dolor físico se tratase.

–Amiga, debes volverte y hablar alto –se quejó un hombre desde el fondo.

Maddy se calló durante unos instantes. A continuación, se giró hacia los asistentes.

–«No dudo...» –dijo todavía con la cabeza agachada y, entonces, como si se hubiera decidido a enfrentarse a ellos de verdad, levantó la cabeza.

Por encima de las de los congregados, su mirada se encontró al instante con la de Christian.

Abrió la boca para hablar, pero no dijo nada. La luz que entraba por las altas ventanas redondas caía sobre ella, una figura pálida e inerte.

Christian la miró, desafiante.

«Dilo –pensó–. Dímelo a mí, si puedes decírselo a ellos.»

Maddy pareció perder la noción de las cosas. Apartó la vista de él y recorrió con mirada ansiosa los bancos que los separaban, como si creyera que iba a ver algo más en ellos o como si no recordara lo que tenía que hacer.

–Arquimedea –dijo el hombre corpulento y de tenue voz que la había visitado–, debes continuar.

Maddy había bajado los brazos, y el papel descansaba sobre su falda negra. Lo levantó. Temblaba como el ala rota de un pájaro mientras lo miraba sin ver nada.

–«No dudo... » –repitió con voz temblorosa. Se detuvo e hizo visibles esfuerzos por recobrar la compostura–. «No dudo de que es justo que sufra, y me alegro de que sea así –alzó la cabeza y su voz surgió más alta–, porque es espantoso que, aunque he caminado junto a Amigos, no fuera realmente una de ellos, ya que, de haberlo sido, no habría hecho lo que hice, y si hubiera acudido al Señor o a los Amigos en busca de consejo, nunca lo habría hecho.»

Se detuvo y se humedeció los labios. Cuando prosiguió, su voz adquirió un temblor distinto y más alto.

–«Cuando estaba en el templo ante el falso ministro, dije que recibía el encargo de Dios de amar a aquel hombre, y lo llamé mi esposo, pero eso iba en contra de la Verdad y, mientras seguía allí, dije que era su esposa, pero eso también iba en contra de la Verdad.»

Maddy dirigió la mirada a un lugar apartado de la sala para no ver ni el papel ni a él. Sus mejillas comenzaron a bañarse de lágrimas.

–«Supe, una vez lo hube hecho, que era algo terrible –continuó–, y que debía rechazarlo, y así se lo dije, pero no tuve valor para actuar ni siquiera cuando la Luz pareció iluminarme. Fue una revelación muy fuerte, pero mi voluntad lo era aún más. Yo...»

Se detuvo de nuevo. Estaba llorando abiertamente, de pie ante todos ellos, una figura sola y aislada que sujetaba un papel que se estaba desintegrando lentamente por la agitación a la que lo sometían sus manos. Maddy apretó los labios con fuerza y miró al techo y al suelo, a cualquier parte menos a todos los que la observaban.

–«Fui a su casa –dijo con voz tenue– y viví en ella como una perdida...»

Christian lanzó un gruñido, se soltó de la madera y dio un paso adelante, pero Maddy continuó leyendo.

–«... rodeada de lujos y de comodidades vanidosas y mundanas y, aunque sabía de sobra que no estaba casada de acuerdo con la Verdad, y había caído en el pecado de la fornicación y del deseo carnal, mi voluntad seguía siendo más fuerte, y ni podía ni quería obedecer las órdenes del Evangelio, sino que, por el contrario, caí aún más profundamente en la trampa del enemigo, y volví a él incluso después de haber intentado liberarme regresando con mi padre.»

Christian negó con la cabeza. La miró, deseoso de que ella lo mirara a él, sin dejar de decir que no con la cabeza.

–«A menudo me he dicho que lo amaba, y que eso tenía que ser la Verdad, pero sólo era una ilusión de mi imaginación o una tentación de Satanás, y no la bendita influencia del Espíritu Santo –continuó Maddy, incansable, en ese mismo tono de voz alto y tembloroso–, y sé que era así porque sentí que estaba haciendo lo que no debía y, cuando tiempo después vi a unos Amigos, me avergoncé de mirarlos a la cara. –Se calló un instante mientras las lágrimas caían como un torrente por su rostro–. Y lo siento. Soy una mujer indigna. Me arrepiento de lo que hice y les ruego a los Amigos que no me repudien, pues ya me he apartado de ese hombre. –Hizo otra pausa y pestañeó con la mirada perdida–. Lamento profundamente haber sido tan débil –dijo agachando la cabeza–. Y ahora deseo fervientemente volver a la Luz y vivir conforme a la Verdad.»

–¡La verdad! –exclamó Christian.

Sus palabras resonaron en medio del silencio de la sala.

Al fin había conseguido que Maddy lo mirara, junto con los demás asistentes. Estaba delante de la puerta, fuera de lugar, sin vestir la ropa adecuada, enfadado, humillado, y sólo Maddy parecía en esos momentos ser tan humana como él entre aquellas filas de rostros severos.

–¡La verdad! –gritó de nuevo mientras miraba fijamente a Maddy como un eco inconsciente de sí mismo, porque eran las únicas palabras que podía decir en esos momentos.

Su voz recorrió de nuevo la austera caverna en que se había convertido aquella estancia.

El hombre que siempre hablaba en voz baja se levantó en el estrado.

–Amigo –dijo dirigiéndose a Christian con serenidad–, sentimos una profunda compasión por ti, pero debemos informarte de que estás apartado de la vida divina, por lo que eres un intruso en esta Asamblea.

Otro hombre sentado en uno de los bancos también se puso en pie. Era Richard Gill.

–Queremos que te marches –dijo.

Christian se rió enloquecido. Recorrió el pasillo central y le arrebató a Maddy la hoja arrugada de las manos.

–¿Quién ha escrito esto? –preguntó mientras sostenía la hoja ante ella.

Maddy lo miró como si fuera una alucinación, como si hablara en alguna jerga extraña incapaz de comprender. La expresión de su rostro encolerizó a Christian. «Esa mirada perdida, ese miedo, ese dolor, esa estupidez, esa debilidad, no eres tú, no eres mi Maddy, son mentiras, mentiras, ¡mentiras!»

Volvió a mirarla mientras estrujaba el papel. Sentía a los cuáqueros a su espalda, veía a Maddy ante él, ahí de pie, mintiendo, esas palabras tan pías y tan falsas. ¡Falsas! Tenía que decírselo. Intentó hacerlo pero no pudo. Todo se ahogó en su mente antes de que llegara a su garganta.

Había sucedido. Sabía que pasaría cuando más lo necesitara. Todos lo miraban. Era una atracción de circo, se hundía, se secaba, no podía hablar, un lunático, esos cuáqueros, «¡qué miráis!».

Pero, pese a toda aquella furia y desesperación, consiguió no hundirse del todo. Temblaba de vergüenza e ira, respiraba como un animal salvaje, sabía que era un pobre idiota loco ante todos ellos.

Ante todos esos cuáqueros. Ante el piadoso Richard Gill.

–¡Mejor! –La palabra surgió de su boca como un exabrupto. Christian abrió los brazos–. ¡Mírame! El pecador... no puede hablar –dijo, y su voz retumbó contra las paredes vacías mientras señalaba a Gill–. ¿Crees... que es mejor? –Miró con desdén a el Mulo–. ¿Crees... tú tan santo... que te mereces... a mi mujer? –Se dio la vuelta y levantó el papel hacia los solemnes hombres del estrado–. ¿Quién ha escrito esto? ¿Tú? –Lo blandió contra aquellos rostros severos–. ¿O tú? Ella no. Ella no... diría que soy... enemigo. –Christian movió la cabeza en sentido negativo y emitió un gruñido que confirmó que no podía creerlo–. Maddy... ¿fornicación? –Estaba a mitad de camino entre las lágrimas y la risa–. Yo lo llamo... amor por ti. Ante Dios... amar... honrar... a mi esposa... adorarla toda la vida. Así lo dije. Todavía es cierto, Maddy. Todavía es cierto... para mí... y para siempre.

Maddy, rígida e inmóvil, lo miró fijamente. Las lágrimas surcaban su rostro.

–¡Mi abnegada esposa! –gritó Christian a aquella fachada inexpresiva y llorosa–. Dios... nos mandó... amarnos. La única obligación es amarnos, duquesa.

Maddy abrió la boca pero no dijo nada.

–¿No... lo crees? –preguntó Christian–. ¿Crees... que eres... una pequeña cuáquera... mansa y dócil? –Otra carcajada salvaje ascendió hasta las vigas del techo–. Obstinada... segura... orgullosa... dogmática... mentirosa. No se inclina ante el rey, maldita sea. Entra... en la celda del loco... con la cabeza alta... sin miedo. Te podría haber matado... en esos momentos, Maddy. Una y otra vez.

–Era una Revelación –susurró ella.

–Eras tú –dijo Christian–. Tú, duquesa. Me sacaste de allí. Te casaste... con el duque. Dijiste... que los lacayos no... tenían que empolvarse el pelo. –Señaló al suelo–. Dime... que me arrodille... y lo haré. Será el regalo del diablo –añadió torciendo la boca–. Ni perlas, ni flores... ni vestidos. Algo nada santo. Te doy... a este bastardo egoísta y arrogante... lo que soy... y lo mucho o poco... que puedo hacer. Te doy... a mi hija... porque me quedo con ella... porque arruinaré su nombre para mi propia satisfacción... porque sólo tú, sólo tú... duquesa... entiendes por qué lo hago. Porque sólo tú... puedes enseñarle a tener valor... a que no se preocupe... de lo que digan los demás. Solo tú... puedes enseñarle... a ser como tú. Una duquesa. –Abrió la mano y el papel cayó al suelo–. Una verdadera duquesa.

Christian recorrió con la vista las filas de cuáqueros, a los que miró con fiereza, tras lo cual se dio la vuelta y se dirigió a la puerta. Una vez allí, se giró y dijo:

–Espero fuera... cinco minutos. Ven... o se acabó.

Al otro lado de la casa de Asambleas, entre las sombras del cementerio de una pequeña iglesia, compuesto por un árbol y unas pocas viejas tumbas amontonadas entre los edificios, Christian permanecía aferrado a la verja. Todavía temblaba. Había comenzado a hacerlo en cuanto salió por la puerta, fruto de la ira y el miedo que recorrían sus venas. Había mucho tráfico en la calle. Sólo la diminuta iglesia y la casa de Asambleas parecían no tener vida ni movimiento, y se miraban la una a la otra como remansos de paz en medio del tumulto.

Esperó mucho más de cinco minutos. Esperó, cada vez con menos esperanza, durante una hora y luego dos, sabiendo que debería irse, sabiendo que era absurdo lanzar ultimátums estúpidos, y sabiendo por último que, por ridículo que fuese, aguardaba a verla una vez más, sólo una vez más, antes de que desapareciese por completo de su vida.

Mientras seguía aferrado a la verja, contempló el tráfico, que discurría sin cesar como un torrente. Pasó un carromato cubierto con una lona y tirado por dos bueyes, sin prisa pero sin pausa en su constante movimiento hacia delante. Una vez hubo pasado, Christian vio a Maddy en los escalones de entrada a la casa de Asambleas.

Las puntas de la verja le hacían daño en los pulgares. No salió nadie más de la casa. Christian frunció el ceño, pues era incapaz de ver la expresión de su rostro, oculto bajo el gorrito. Maddy estaba sola.

Parecía estar buscando con la mirada arriba y abajo de la calle. Finalmente, descendió los escalones y se dirigió hacia él.

Christian notó que se le paralizaban las piernas. Se limitó a mirarla; no podía moverse ni hablar mientras ella se detenía en el bordillo de la acera a esperar que pasase un carruaje. A continuación, se recogió las faldas y cruzó la calle.

Christian apretó las palmas de la mano contra las afiladas puntas de la verja. Cuando ella estuvo frente a él, se detuvo y levantó la cabeza. La verja de hierro los separaba. El rostro de Maddy estaba surcado de lágrimas pero no denotaba tristeza. En la penumbra del cementerio, el ala blanca de su gorrito parecía atrapar la poca luz que había, haciéndola refulgir.

Una terrible duda se apoderó de Christian. Se soltó de la verja y anduvo unos pasos por el cementerio. No quería saberlo. No quería enterarse de que la fuente de aquel brillo de Maddy procedía de un acuerdo con su Asamblea cuáquera.

–La niña –dijo Christian con una voz ronca que resonó por el estrecho cementerio–. La de Eydie y mía –explicó mirándola con una mueca en los labios carente de ironía–. Eso es... lo que se llama fornicación.

–Sí –contestó ella mientras seguía inmóvil tras la verja.

Christian sintió la necesidad de contárselo todo, de hablarle de todos sus trapos sucios y sus secretos para que ella no pudiera volver a decir nunca que era un falso. Miró fijamente las letras gastadas de una lápida de mármol.

–Los Sutherland saben... que es mía. No les gusta nada... pero se la quedarán. –Se encogió de hombros–. Tiene linaje. Aunque no hace falta... que ella lo sepa nunca –añadió sonriendo con amargura mientras seguía mirando hacia la tumba–, siempre que yo sea su benefactor anónimo.

No podía mirarla. Todo aquello era muy difícil para él. Su vergüenza, sus errores, sus pecados. La había arrastrado a ellos incluso mucho antes de conocerla. Pero Maddy estaba radiante y tranquila, etérea. El aura de sosiego que la rodeaba hizo que Christian se alterara aún más en su interior.

–¿Te la vas a quedar? –preguntó ella.

–Mi hija –dijo él con tristeza–. Mi hija bastarda. Así la conocerán.

–Sí –dijo Maddy–. Pero ¿te la vas a quedar?

Christian torció la cabeza. Una extraña sensación se apoderó de su pecho. Los líquenes de la tumba comenzaron a deslizarse sobre las letras. Parpadeó y se echó a reír.

–Bueno... puede que tenga frío... y no le hagan caso. –El sonido del tráfico se había convertido en un chirrido lejano, amortiguado, como procedente de otro mundo–. No sabía... que fuese tan difícil –dijo mientras se limpiaba los ojos con el anverso de las manos–. Maddy...

Ella abrió la verja y entró. Fue hasta el árbol y se quedó junto a él, serena y firme, como un hermoso ángel inflexible. Había ido a decírselo, claro. No iba a omitir nada ni a dejarlo caer poco a poco para no causarle más daño.

–¿Te dejan... que te quedes con ellos como cuáquera? –preguntó Christian en voz baja–. ¿Han aprobado tu carta?

–No era verdad –se limitó a contestar ella–. Por eso he vuelto a ti.

El sonido seguía disminuyendo, alejándose cada vez más de él.

–¿A mí? –repitió, anonadado.

Maddy hizo una mueca irónica con la boca.

–Eres mi esposo, y yo soy tu mujer. Tu abnegada esposa, y la única obligación es amarnos. –Le tocó el brazo ligeramente, como si fuera un profesor aconsejando a un alumno–. Te repetiré esa última parte cada mañana.

Christian le cogió la mano y se aferró a ella. En su interior, las palabras eran como pájaros precipitándose contra cristales.

–Si es que me dejas volver contigo –añadió ella tímidamente tras esa pausa–. En cuanto a la carta, me quedé para reescribirla y leerla de nuevo, y así decir la verdad. Y la verdad es que sólo podemos acudir a nuestro Amo y Señor, que habla a nuestras almas por mediación de Su Espíritu, y sólo Él puede decidir en qué ha de consistir nuestro servicio, y cuándo, dónde y cómo hemos de llevarlo a cabo. –Enroscó los dedos entre los de Christian y levantó la cabeza–. He tardado más de los cinco minutos que me diste...

Christian seguía sin tener dominio de sí mismo, y la única forma en que pudo contestarle fue arrodillándose y hundiendo la cara en su cuerpo, mientras emitía un gruñido con el que quería decir «Sí, sí, te amo, ¿estás segura de lo que haces?».

Sintió cómo Maddy le acariciaba el cabello con los dedos. A continuación, se agachó y se sentó sobre la lápida de mármol mientras seguía sosteniéndole el rostro entre las manos. Los ojos de ambos estaban a la misma altura.

–¿No prefieres... a Gill? –preguntó él con gran dificultad–. ¿No prefieres... a ese hombre mejor?

Maddy se miró las manos mientras le acariciaba el pelo de nuevo. Como no contestó, Christian emitió un gruñido de amargura que hizo que ella reaccionara.

–¿Es que no te has dado cuenta aún? –dijo Maddy sonriendo–. Me temo que sólo sirvo para ser tu duquesa.

–Tú... me harás... mejor.

–Bueno, lo intentaré –dijo ella mientras jugaba con un rizo de la frente de Christian–. Pero tú eres el duque, un hombre malo y perverso, y te amo demasiado para conseguir que cambies.

–Malo, perverso... e idiota –añadió él.

–No –repuso Maddy–. Eras una estrella que yo sólo podía ver allá arriba en lo alto y maravillarme. Pero te diste cuenta de mi auténtica naturaleza codiciosa, y me alegro de que hayas caído a tierra y te pueda tener en mis manos.

Christian soltó una gran carcajada.

–Una estrella... de hojalata. –Agachó la cabeza y miró al regazo de Maddy–. No te merezco, pero soy... demasiado degenerado... para dejarte marchar.

–¿Lo ves? –dijo ella–. Somos igual de malos y egoístas.

Christian volvió a reírse con ironía.

–No tanto... no tanto, mi Maddy.

Los dedos de Christian seguían entrelazados con los de ella, y él sintió un ardor cada vez mayor en los ojos y en el pecho.

Tras un breve silencio, ella preguntó:

–¿Cómo se llama tu hija?

–Diana –contestó Christian, tras lo que tragó saliva y se aclaró la garganta–. La... su familia... la bautizó. –Negó con la cabeza con la vista todavía fija en el regazo de ella–. Maddy, ¿te das cuenta... de lo que va a pasar? La gente... nos mirará mal. Hablarán de ella. De ti. Serán... crueles.

Maddy hizo un gesto de desdén con la mano.

–Le enseñaré a saber hacer frente a esas minucias mundanas.

Christian levantó la cabeza.

–¿Lo harás?

–Pues claro –contestó ella con total y sereno convencimiento.

A Christian se le escapó una ligera risita.

–Patas arriba. Pones mi mundo... patas arriba, Maddy.

Ella agachó la cabeza y volvió a entrelazar los dedos con los de él.

–Y tú el mío. Eso es lo que me da miedo. Que, con tus besos, me conviertas en una mujer libertina. Y celosa, y temerosa de que no los guardes todos para mí.

Christian contempló sus mejillas rosáceas y cómo se mordía el labio inferior y se dio cuenta de que hablaba en serio. Se inclinó hacia delante y acercó sus labios a los de ella.

–Maddy –susurró mientras le rozaba la boca.

Ella le apretó las manos más fuerte y, girando ligeramente la cabeza, lo besó con abandono y avaricia, con desenfreno y ardor. Christian la atrajo hacia sí hasta que sus cuerpos se fundieron y las piernas de ella lo rodearon. Él exploró su boca y sintió cómo ella respondía con frenesí; su pequeña duquesa que tuteaba a la gente era tan ferviente en sus pasiones como en sus virtudes, lo que hizo que Christian sonriera, lo cual era bastante difícil en medio de un beso tan apasionado. Tuvo que apartarse de ella y bajar la cabeza. Maddy se irguió.

–¡Te estás riendo de mí! –exclamó mientras intentaba soltarse de él.

–Te estoy amando –contestó él sin soltarle las manos y sonriéndole. Comenzó a darle ligeros besos de mariposa con la lengua a lo largo de la suave curvatura de la barbilla–. Te estoy besando. –Soltó el nudo del gorrito y se lo retiró–. Vida mía. –Le sujetó la cara entre las manos–. Mi dulce amor. Tres caballos propios... dos carruajes... de terciopelo... cámaras... con cojines... cama... mis besos. Todo... sólo para ti.

Epílogo

Como se habían perdido la comida de Navidad del año anterior, los habitantes del castillo Jervaulx parecían decididos a tener celebración doble ese año, y el duque parecía encantado de que fuese incluso triple. Dos días antes de Navidad, sobre una tarima de madera colocada encima del suelo de piedra del gran salón, hubo comida, bebida, música, baile, diversión y muchos besos desde el mediodía hasta pasada la medianoche. Hasta Maddy tuvo que bailar, por más que intentó negarse entre risas. Tras llevarla por la fuerza al centro de la tarima, Jervaulx se quedó frente a ella e iniciaron los majestuosos pasos de una cuadrilla junto a Durham y lady de Marly, para gran regocijo de todos los presentes. Eran risas amables que crecieron hasta convertirse en un rugido cuando Jervaulx, como si fuera un solemne titiritero, cogió a Maddy de un hombro y de la cabeza para ponerla en el sitio correcto después de que ella se equivocara en uno de los pasos.

Cuando terminaron de bailar, él se inclinó ante ella. Maddy, con una tímida sonrisa, le ofreció la mano. Jervaulx la cogió con toda seriedad para, a continuación, tirar de ella y besarla, en medio del salón y de todo el mundo. Los aplausos enfervorizados y la música latían en los oídos de Maddy. Fue un beso largo e intenso; un momento de ardiente silencio de ellos dos en medio de aquel clamor.

–Y ahora –le susurró él–, retirémonos... grácilmente.

Maddy besó a su padre, y ella misma recibió en la mejilla los besos de todos los miembros de la familia del duque: de su madre, de sus hermanas y hasta de lady de Marly, junto con la queja de ésta de que ya era hora de que el duque y la duquesa se retiraran, ya que Maddy había consentido que toda aquella tontería durase demasiado. Cuando se marcharon, dejaron a lady de Marly siguiendo el ritmo de la música con el bastón y diciéndole al padre de Maddy que ya estaba mayor y debería irse a dormir.

–Ven conmigo –dijo Christian a Maddy mientras subían por la escalera del otro extremo del salón.

Ella lo siguió encantada por los corredores, iluminados con brillantes y humeantes antorchas, hasta que llegaron a las estancias que habían elegido como cuarto de los niños.

Christian abrió la puerta con cuidado. Jilly estaba sentada en la antesala con una lamparita, arreglada y expectante. Se puso en pie de un salto e hizo una reverencia. Cuando Christian asintió con la cabeza, la joven sonrió de alegría y, tras volver a inclinarse, salió corriendo de la habitación para unirse a la fiesta. Una vez se hubo marchado, Maddy vio cómo Christian se asomaba por la puerta abierta que daba a la habitación contigua.

Durante el último año, Maddy había intentado vivir de acuerdo con los dictados de la Luz, incluso entre toda aquella grandeza y lujo, y había llegado a comprender de pleno el significado de las palabras de lady de Marly cuando ésta le había dicho que hacía falta mucho nervio y valor. Cuando disponía de tan sólo una pequeña renta, no le había sido difícil saber qué hacer. Se había quedado con lo suficiente para poder vivir su padre y ella, y el resto lo había entregado en las colectas de la Asamblea.

Pero ahora, al disponer de tanto, tenía que tomar decisiones a diario, elegir entre lo que era necesario y lo que era mera frivolidad. Se podía despedir a la mitad de los lacayos pero, como apuntó Jervaulx irónicamente, entonces tendría que dar dinero a la parroquia para que los mantuvieran. Casi todo era gris, en pocas ocasiones blanco o negro. Durante ese año se había pasado más tiempo que en toda su vida cuestionándose a sí misma e intentando averiguar si realmente se había comportado de acuerdo con la Verdad. Tenía sus propios proyectos, además de otros de los que había conseguido que Christian se hiciera cargo; eran sus «buenas obras», como él los llamaba mientras le guiñaba el ojo a Maddy y firmaba los cheques, unos cheques que suponían una enorme carga de responsabilidad bajo cuyo peso Maddy temblaba.

Pero no todo eran incertidumbres. Estaba plenamente segura de una cosa, de un servicio que sabía de corazón que estaba haciendo como debía.

Por mucho que pudiera deparar el futuro, por mucho que el mundo pudiera hablar de deshonra, Diana era una bendición, y si la niña crecía viendo la expresión del rostro de Christian de esos momentos, mientras la contemplaba dormida, entonces no habría nada que temer.

Christian cerró la puerta hasta dejar una ranura abierta y volvió con Maddy. La mirada de enajenación había ido borrándose de sus ojos durante ese año, de forma tan gradual que Maddy no sabría decir en qué momento exacto había desaparecido. Como Christian decía con impaciencia en ocasiones, ya no era el de antes, pero Maddy sabía que lo que quería decir era que antes apenas tardaba un instante en analizar, decir o decidir algo, y ahora tardaba dos, además de que sólo podía ocuparse de un tema en lugar de varios a la vez. Pero ya era capaz de contemplarla con una perfecta percepción de las cosas. En esos momentos no parecía confundido mientras, con sumo cuidado, le quitaba a Maddy las perlas del cabello y le soltaba las trenzas. Después, recorrió con los dedos sus mejillas y sus brazos desnudos.

–Ya había visto este vestido –murmuró.

–Con un vestido de gala sobra –afirmó ella tajantemente mientras él abría los corchetes del vestido plateado.

–Pero piensa... en las pobres modistas... muertas de hambre.

–No te burles. Muchas se mueren de hambre de verdad.

–Pues no encargues... otro vestido –dijo él con la boca apoyada en el hombro de ella–. Envíales dinero... directamente.

Maddy puso una mano sobre la mejilla de él y sintió su firmeza.

–Mejor aún es que hables con el Gobierno y aprueben una ley que les garantice un sueldo justo.

Christian levantó la cabeza.

–Por supuesto. Aprobaré... una ley. Nada más fácil... en la tierra del libre comercio.

Maddy sonrió mientras le seguía acariciando la mejilla y la boca.

–Tengo algunas cifras de...

Christian apoyó la cabeza contra la garganta de Maddy y gruñó.

–Bueno, lo dejaremos para mañana –dijo ella.

Christian volvió a gruñir y, deslizando las manos bajo sus pechos, empujó a Maddy hacia atrás. La cama de Jilly era estrecha y blanda. Cuando Christian la besó, Maddy se olvidó de vestidos y leyes. Cuando entró en ella, se aferró con fuerza a él. Ese momento les pertenecía sólo a ellos dos, libres de cualquier preocupación del mundo exterior. Eran una dulce unidad que rebosaba dicha por todas partes; era su obligación de amarse para siempre.

El día de Nochebuena, el gran salón era un desastre de bancos esparcidos, velas consumidas, muérdago descolorido y cintas rojas desperdigadas. El tronco de Navidad todavía ardía en la gigantesca chimenea y calentaba la habitación desierta. Christian sonrió ante la exasperación de Maddy cuando vio a *Devil* encima de una larga mesa royendo un hueso de jamón que tenía atrapado entre sus patas delanteras. *Cass* daba tímidos lengüetazos al hielo derretido del enorme recipiente plateado para mantener frío el vino que estaba tirado en el suelo.

Christian silbó. *Cass* acudió a la llamada, pero *Devil* se limitó a levantar la cabeza y seguir con su faena.

–¿Qué perro es ése? –preguntó Maddy, sorprendida.

Christian se giró. Delante de la chimenea yacía un enorme mastín, cuya piel gris casi se confundía con la piedra iluminada por los primeros rayos del sol. Christian cogió a Maddy de la cintura y la guió hacia la escalera.

–Pues eso, un perro.

–Nunca lo había visto.

–No entra a menudo.

Maddy comenzó a subir la escalera mientras miraba hacia atrás.

–Supongo que alguien lo dejaría entrar anoche. Es un animal enorme.

–Es un buen perro –dijo Christian siguiéndola–. Nunca muerde. Y le encantan los niños.

–Entonces cuando Diana sea un poco más grande... –dijo Maddy bostezando–, podría servirle de poni.

Christian se detuvo y, apoyándose contra la pared de la escalera, atrajo a Maddy hacia sí. Cuando agachó la cabeza para besar a su esposa, vio a lo lejos la chimenea detrás de ella. El mastín se levantó, se desperezó y se volvió para mirar a Christian durante unos instantes.

Mientras se besaban, Christian cerró los ojos. Cuando los abrió, vio un breve destello de una cola que desaparecía. Podía haber sido *Devil*, o *Cass*, o su propia imaginación. Era imposible saberlo.

Pero Christian lo sabía. Tenía a Maddy entre sus brazos con las mejillas encendidas, una expresión de felicidad y ojos de sueño. Ella apoyó la cabeza sobre su pecho y volvió a bostezar.

Christian sonrió. Él lo sabía. Puede que fuera un hombre perverso y loco, pero sabía reconocer un milagro cuando lo veía.